48 वर्ष | पंचम् अंक | दिसम्बर 2025

प्रतियोगिता दर्पण

हिन्दी मासिक

566 वाँ सफलतम अंक

AF731672

इस अंक में...

High Commission of India
Suva

प्रतियोगिता दर्पण
Fresh
Arrivals
₹ 399.00
Code No. 791
अतिरिक्तांक
प्रतियोगिता दर्पण
शिक्षित युवा वर्ग के स्वर्णिम भविष्य के लिये
भारतीय
अर्थव्यवस्था
2025
GST
आर्थिक समीक्षा : 2024-25
केन्द्रीय बजट : 2025-26
संघ एवं राज्य लोक सेवा आयोग, बैंक, एम.बी.ए. तथा
अन्य प्रतियोगिता परीक्षाओं हेतु विशेष उपयोगी
आर्थिक समीक्षा : 2024-25
केन्द्रीय बजट : 2025-26
और भी बहुत कुछ
₹ 375.00
Code No. 790
PRATIYOGITA DARPAN
Extra Issue
WHERE EXCELLENCE GUIDES THE SUCCESS
INDIAN
ECONOMY
2025
GST REFORM
Economic Survey 2024-25
Union Budget 2025-26
Extremely Useful for Union and State Civil Services,
Banks, MBA and Other Competitive Exams.
Exam Oriented Series-1 GENERAL STUDIES INDIAN ECONOMY 2025 Extra Issue
Economic Survey 2024-25
Union Budget 2025-26
and much more
Available on :
pdgroup.in
amazon
Flipkart
प्रतियोगिता दर्पण
E-mail : sales@pdgroup.in
Website : www.pdgroup.in

प्रतियोगिता दर्पण
हिन्दी मासिक

रजिस्टर्ड ऑफिस
2/11 ए, स्वदेशी बीमा नगर,
आगरा—282 002

सम्पादकीय ऑफिस
1, स्टेट बैंक कॉलोनी, खन्दारी,
आगरा-मथुरा बाईपास,
आगरा—282 005
फोन : 0562-2531101, 2530966
ई-मेल : सम्पादकीय : publisher@pdgroup.in
कस्टमर केयर : care@pdgroup.in

हल्द्वानी ऑफिस
8-310/1, ए.के. हाउस हीरानगर,
हल्द्वानी, जिला—नैनीताल—263 139
(उत्तराखण्ड)
मो.—07060421008

के पाठकों से...

प्रिय पाठको !

आपकी सर्वाग्रगण्य एवं लोकप्रिय पत्रिका **'प्रतियोगिता दर्पण'** का **दिसम्बर 2025 अंक** आपके समक्ष प्रस्तुत करते हुए हमें हर्ष एवं संतोष की अनुभूति हो रही है. पत्रिका के प्रस्तुत अंक को आपकी आकांक्षाओं के अनुरूप अधिक-से-अधिक उपयोगी बनाने का प्रयास किया गया है. प्रकाशन से सम्बन्धित सभी लोगों के सामूहिक प्रयास एवं सहयोग से यह अंक इतना अधिक परीक्षोपयोगी बन पाया है.

विभिन्न प्रतियोगी परीक्षाओं के लिए उपयोगी बनाने की दृष्टि से इस अंक में अनेक महत्वपूर्ण विषयों पर सारगर्भित एवं विश्लेषणात्मक लेख दिए गए हैं. इनमें से कुछ लेख इस प्रकार हैं—सुधारों की ओर अग्रसर भारतीय चुनाव प्रणाली, भारत का विदेश व्यापार (अप्रैल-सितम्बर 2025), सहकारिता क्षेत्र में विकास के नए सोपान : राष्ट्रीय सहकारी नीति 2025, वैश्विक आर्थिक परिदृश्य को नया आकार देते नए निवेश पैटर्न, ब्रेटन वुड्स से टर्नबेरी तक : विश्व अर्थव्यवस्था की बदलती संरचना, मंदिर, ग्रन्थ और ऐतिहासिक संधियाँ : भारतीय कूटनीति की सांस्कृतिक शक्ति, उपचार से रोकथाम तक : भारत की कैंसर नीति पर पुनर्विचार.

पत्रिका के सर्वाधिक विश्लेषणात्मक महत्वपूर्ण भाग में दिव्य दर्पण, चर्चित विभिन्न अवधारणाएँ, ऐतिहासिक व्यक्तित्व. विभिन्न प्रतियोगी परीक्षाओं के चयनित हल प्रश्न-पत्र एवं मॉडल प्रश्न-पत्र आवश्यक व्याख्या एवं संकेतों के साथ दिए गए हैं. इनमें से कुछ प्रश्न-पत्र इस प्रकार हैं—

हल प्रश्न-पत्र

उ.प्र. सम्मिलित राज्य/प्रवर अधीनस्थ सेवा (प्रा.) परीक्षा, 2025 का हल प्रश्न-पत्र

मॉडल पेपर

आगामी सिविल सेवा और राज्य सिविल सेवा (प्रा.) परीक्षाओं हेतु विशेष हल प्रश्न

हमारे सम्मानित पाठकों की माँग पर परीक्षोपयोगी पत्रिकाओं का सार उपलब्ध कराना शुरू किया है, जिसे आप हमारी वेबसाइट से डाउनलोड कर सकते हैं.

हम आपको स्मरण कराना चाहते हैं कि **"कठिन परिश्रम एवं उचित और सामयिक मार्गदर्शन सफलता प्राप्त करने का मूलमंत्र है." प्रतियोगिता दर्पण** आपका सही एवं सामयिक मार्गदर्शन करने में बेजोड़ है. आप प्रयास कीजिए, आपकी सुनिश्चित सफलता के लिए प्रतियोगिता दर्पण आपके साथ है.

नियमित रूप से एवं समझदारी के साथ प्रतियोगिता दर्पण पढ़िए. यह आपको अभीष्ट सफलता दिलाने एवं आपके उज्ज्वल भविष्य का निर्माण करने में पूर्णतः सक्षम है.

आपकी चतुर्दिक सफलता एवं स्वर्णिम भविष्य की हार्दिक शुभकामनाओं सहित

राहुल जैन
(सम्पादक)

सम्पादकीय

असफलता रहित जोखिम का अर्थ है, जोखिम न उठाना

"Only those who dare to fall greatly can ever achieve greatly."

– Robert F. Kennedy

सदियों से आदमी खोजी रहा है. उसने प्रत्येक प्रकार के सामाजिक-राजनीतिक-आर्थिक-धार्मिक-सांस्कृतिक एवं प्राकृतिक परिवेश में वातावरण में खुद को समायोजित (Adjust) किया भी है और साथ-ही-साथ हर वातावरण को अपने अनुकूल बनाने का प्रयास भी किया. मनुष्य इन समस्त वातावरणों को अपने अनुकूल बनाने अथवा इनके अनुसार स्वयं को ढाल लेने का प्रयास करता रहा है. इसी प्रक्रिया से जंगलों व गुफाओं में रहने वाला आदमी शानदार महलों में, बंगलों में, एयर कंडीशन्ड गाड़ियों में पहुँच पाया. उसने सुविधाएँ खोजीं, हर सुविधा के लिए उसे जोखिम (Risk) तो उठाना ही पड़ा. जोखिम उठाने को तत्पर लोगों ने ही दुनिया को ज्ञान-विज्ञान की अनेकानेक शाखाओं से परिचय कराया. समुद्र की अतुल गहराइयों को नापा, हिमालय के शिखरों को लांघा, नदी-सरोवरों को जोड़ा, धरती के भीतर से सभी प्रकार की सम्पदाएँ—लोहा, सोना, चाँदी, ताँबा, पेट्रोलियम आदि खोजीं. धूल छानी, पत्थर तोड़े, चट्टानें हटाईं और ब्रिज बनाए, ये सब काम बिना जोखिम लिए नहीं हो सकते थे. यह एक तथ्यपूर्ण सत्य है कि—

जोखिम उठाए बिना लाभ प्राप्त नहीं होता.

आर्थिक विचारक एफ. डब्ल्यू. हाउले का कहना है कि गत्यात्मक उत्पादन में जिन लोगों में जोखिम उठाने की दक्षता है वे ही प्रतिफल (लाभ) का ठोस दावा कर सकते हैं.

बिना जोखिम जायदाद नहीं मिलती. बिना जान की बाजी लगाए जानकारियों के खजाने नहीं खुलते. जोखिम उठाने को वे लोग तैयार होते हैं जिन्हें कुछ करने की तमन्ना होती है. कुछ पाने का अदम्य उत्साह व लगन होती है. जिनको आन्तरिक प्रेरणाएँ चलाती हैं, जो मजबूरियों व सीमाओं के शिकंजे में कैद होकर जीना नहीं चाहते. जो अपनी सीमाओं का विस्तार चाहते हैं. अपने मस्तक पर विजय का तिलक लगाना चाहते हैं. जिन्हें प्रेम है ज्ञान से, जिन्हें प्रेम है प्राणों के विस्तार से. जोखिम उठाने वाले लोग अपनी कायरता की तिलांजली क्षण में देते हैं. उनका कथन होता है कि—

Do before die.

मरना तो एक दिन सबको है, किन्तु हमें कुछ करके मरना है. अपने जीवन को अधिकतम उपयोगी बनाना है. अपनी योग्यताओं को दक्ष बनाना है, उन्हें खिलाना है. अपने सपनों को सच कर दिखाना है. इस तरह की सोच, संस्कार व प्रेरणाएँ आदमी को जोखिम लेने में तत्पर बना देती हैं.

किन्तु इस दुनिया का यह विचित्र सत्य है कि हर जोखिम लेने वाला जीतता ही हो, जरूरी नहीं.

सबके सपने सच होते ही हों, ऐसा भी नहीं.

हर कामयाबी कुर्बानी की माँग करती है. हर जीत के पीछे न जाने कितनी हार को पार करना होता है. जो लोग असफलता से घबरा जाते हैं वे सफलता के पथ के काबिल नहीं समझे जाते. असफलता तो सफलता के मार्ग की पहली सीढ़ी है. आत्मज्ञानी श्री विराट गुरुजी अपनी पुस्तक 'सफलता का एकमात्र सूत्र' में लिखते हैं कि—

"असफलता सफलता के मार्ग की पहली सीढ़ी है."

जो पहली हार में घबरा कर मैदान छोड़ जाते हैं वस्तुतः वे कभी जीत के हकदार नहीं हो पाते हैं, क्योंकि

"असफलता रहित जोखिम का अर्थ है—जोखिम न उठाना."

जिन्हें कामयाबी की चाहत है उन्हें खुद को हर हाल में ढालने की तैयारी रखनी होगी. उन्हें कवि के इन शब्दों से प्रेरणा लेनी होगी कि—

जब नाव जल में छोड़ दी,
तूफान ही में मोड़ दी,
दे दी चुनौती सिन्धु को
फिर पार क्या, मझधार क्या ॥
जब छोड़ सुख की कामना,
आरम्भ कर दी साधना
भगवान शंकर हो गए
फिर राख क्या शृंगार क्या ॥

'सफलता' की राह में असफलता हमजोली है. जैसे धूप के बिना छांव नहीं होती और बिना ठण्ड के आह नहीं होती, गर्मी से आहत को राहत का महत्व पता लगता है. ऐसे ही असफलताओं से गुजर कर ही सफलता का मूल्य सिद्ध हो पाता है. जो आदमी जितनी अधिक बड़ी सफलता की सिद्धी चाहता है उसे उतना ही अधिक आत्मबल, संयम और धैर्य रखना होता है. प्रकृति का नियम है कि गुल खिलेंगे तो उसकी राह में काँटे भी मिलेंगे. जिन्हें काँटों से भय है वे गुलों की चाहत छोड़ दें.

युवा वर्ग में मौजूद अपनी प्रतिभा प्रदर्शन की चाहत, डिग्री पाने की आकांक्षा धनी मानी कहलाने की इच्छा, हर सुख-सुविधा हासिल करने की लालसा तब ही पूरी हो सकती है, जबकि वे प्रतियोगिता-प्रतिस्पर्धा के क्षणों में अपना सन्तुलन न खोए. लाभ प्राप्ति की राह में हानि आए तब भी धैर्य व विवेक बनाए रखें. अपनी नाकामियों से भी सीख लेकर समझदार बने न कि ब्लेम गेम के चक्रव्यूह में उलझे. हर हाल में अपना दृष्टिकोण सँभाले. जोखिम उठाया है तो असफलता को भी स्वीकार करना सीखें. जब दाँव खेला है, तो हार व जीत दोनों को झेलना जानें. "जब हार हो जाए तब भी आत्मविश्वास को न हारने दें तथा जब जीत हो जाए तब भी अभिमान को न जीतने दें—विनम्रता को अपनाए रखें तब ही आपकी सफलता की यात्रा आपको भीतर बाहर से योग्य बनाती जाएगी."

बहुत समय पूर्व अरब में एक धनी-मानी व्यापारी था. वह जब भी अपने विलास-भवन को छोड़ कहीं यात्रा पर जाता तो उसके ऊँटों को नए खजानों के बोझ से दबना पड़ता. कभी वे हीरे-मोतियों के भार से दबे लौटते तो कभी स्वर्ण अशर्फियों के. फिर एक दिन अफवाह उड़ी कि उस अद्भुत व्यापारी ने अपनी सफलता का रहस्य एक किताब में प्रकट कर दिया है. अब उसके द्वार पर हजारों व्यक्तियों की भीड़ इकट्ठी हो गई. उस व्यापारी ने केवल यह स्वीकार किया है कि **उसने अपनी सफलता का राज एक किताब में लिख दिया है** वरन् यह भी कहा कि उसने स्वयं विगत 50 वर्षों में उसे नियमित पढ़ा भी है और अन्त में उसने यह भी कहा कि यदि तुम मेरी सलाह मानोगे तो तुम्हारा जीवन भी उतना ही चमत्कारपूर्ण हो जाएगा, जैसा कि मेरा हुआ है, लेकिन उसने जब इन उत्सुक लोगों की भीड़ को दिखाने के लिए पुस्तक खोली तो उस पुस्तक में केवल एक पंक्ति लिखी थी, वह थी—

Whatever happens, always act just once more.

कुछ भी घटित हो सदा एक बार और प्रयास करो. कभी हार से हारो नहीं. असफलता रहित जोखिम चाहो नहीं. हर असफलता को अपनी सफलता का पायदान बना लो. जो भी राह में मिले उन सबसे कुछ सीख लो और सबकी मदद करते चलो, आपकी राह प्रशक्त होती जाएगी.

वार्षिक सदस्यता शुल्क

मासिक पत्रिकाएँ	सामान्य ज्ञान दर्पण	सक्सेस मिरर	प्रतियोगिता दर्पण	PRATIYOGITA DARPAN
एक प्रति मूल्य	₹ 50.00	₹ 30.00	₹ 150.00	₹ 150.00
वार्षिक मूल्य :				
साधारण डाक से	₹ 450.00	₹ 270.00	₹ 1355.00	₹ 1350.00
रजिस्टर्ड डाक से	₹ 710.00	₹ 525.00	₹ 1615.00	₹ 1610.00
द्विवार्षिक मूल्य :				
साधारण डाक से	₹ 840.00	₹ 505.00	₹ 2525.00	₹ 2520.00
रजिस्टर्ड डाक से	₹ 1360.00	₹ 1015.00	₹ 3045.00	₹ 3040.00

वार्षिक सामूहिक सदस्यता शुल्क (Including Registered Post + GST)

प्रतियोगिता दर्पण (हिन्दी) + Pratiyogita Darpan (English)	₹ 3000
प्रतियोगिता दर्पण (हिन्दी) + सामान्य ज्ञान दर्पण	₹ 2100
सामान्य ज्ञान दर्पण + सक्सेस मिरर	₹ 1000
सामान्य ज्ञान दर्पण + प्रतियोगिता दर्पण (हिन्दी) + Pratiyogita Darpan (English)	₹ 3450
प्रतियोगिता दर्पण (हिन्दी) + सामान्य ज्ञान दर्पण + सक्सेस मिरर	₹ 2370
प्रतियोगिता दर्पण (हिन्दी) + Pratiyogita Darpan (English) + सामान्य ज्ञान दर्पण + सक्सेस मिरर	₹ 3725

PRATIYOGITA DARPAN

SCAN TO SUBSCRIBE MAGAZINES

ऑनलाइन आर्डर के लिए हमारी वेबसाइट www.pdgroup.in पर विजिट करें या CALL अथवा WHATSAPP करें-

9634167776 | care@pdgroup.in

- सदस्यता शुल्क किसी भी माध्यम से भेजा जा सकता है।
- पुराने ग्राहक अपना सब्सक्रिप्शन RENEW करते समय अपने OLD SUBSCRIPTION NO. का उल्लेख अवश्य करें।
- चैक अथवा बैंक ड्राफ्ट 'प्रतियोगिता दर्पण' के नाम से आगरा में देय ही स्वीकार किए जाएंगे।

आगामी प्रतियोगिता परीक्षाएँ

2025

नवम्बर-दिसम्बर—आईबीपीएस आरआरबी भर्ती परीक्षा, 2025 (प्रारम्भिक चरण)

नवम्बर-दिसम्बर—दिल्ली पुलिस और केन्द्रीय सशस्त्र पुलिस बल में उपनिरीक्षक भर्ती परीक्षा, 2025

12 नवम्बर (प्रारम्भ)—एसएससी संयुक्त उच्चतर माध्यमिक स्तर (CHSL) (TIER-1) परीक्षा, 2025

15-16 नवम्बर—एसबीआई क्लर्क भर्ती (मुख्य) परीक्षा, 2025

16 नवम्बर—नेशनल मीन्स कम मेरिट स्कॉलरशिप परीक्षा, 2025

17 नवम्बर-31 दिसम्बर—आरआरबी ग्रुप डी भर्ती परीक्षा, 2025

22 नवम्बर—उत्तराखण्ड डी.एल.एड. परीक्षा, 2025

22 नवम्बर—आरएसएसबी प्लाटून कमाण्डर भर्ती परीक्षा, 2025

22-23 नवम्बर—राजस्थान वाहन चालक भर्ती परीक्षा, 2025

दिसम्बर—एसएससी संयुक्त स्नातक स्तर भर्ती परीक्षा, 2025 (द्वितीय चरण)

6-7 दिसम्बर—आरबीआई अधिकारी ग्रेड बी भर्ती परीक्षा, 2025 (फेज-2)

10 दिसम्बर (प्रारम्भ)—मध्य प्रदेश सूबेदार शीघ्रलेखक एवं सहायक उपनिरीक्षक भर्ती परीक्षा, 2025

13 दिसम्बर (प्रारम्भ)—मध्य प्रदेश ग्रुप-2 (सब ग्रुप-3) संयुक्त भर्ती परीक्षा, 2025

13, 14 एवं 21 दिसम्बर—एकलव्य मॉडल आवासीय विद्यालय (EMRS) टीचिंग और नॉन-टीचिंग भर्ती परीक्षा, 2025

14 दिसम्बर—मध्य प्रदेश खाद्य सुरक्षा अधिकारी भर्ती परीक्षा, 2025

18 दिसम्बर—संयुक्त सीएसआईआर–यूजीसी नेट परीक्षा दिसम्बर, 2025

18-19 दिसम्बर—उत्तर प्रदेश प्रशिक्षित स्नातक शिक्षक भर्ती परीक्षा, 2022

28 दिसम्बर—मध्य प्रदेश परिवहनयान परिवहन उपनिरीक्षक भर्ती परीक्षा, 2025

31 दिसम्बर से 7 जनवरी, 2026—यूजीसी-नेट/जेआरएफ दिसम्बर 2025

दिसम्बर-जनवरी—दिल्ली पुलिस कॉंस्टेबल (ड्राइवर) भर्ती परीक्षा, 2025 (केवल पुरुषों के लिए)

दिसम्बर-जनवरी—दिल्ली पुलिस कॉंस्टेबल (कार्यकारी) भर्ती परीक्षा, 2025

दिसम्बर-जनवरी—दिल्ली पुलिस हेड कॉंस्टेबल (मिनिस्ट्रियल) भर्ती परीक्षा, 2025

दिसम्बर-फरवरी—आईबीपीएस आरआरबी भर्ती परीक्षा, 2025 (मुख्य चरण)

2026

जनवरी—अखिल भारतीय सैनिक स्कूल प्रवेश परीक्षा (कक्षा-VI एवं IX) (**ऑनलाइन अन्तिम तिथि** : 30 अक्टूबर, 2025)

9 जनवरी (प्रारम्भ)—मध्य प्रदेश पुलिस सब-इंस्पेक्टर/सूबेदार भर्ती परीक्षा, 2025

जनवरी-फरवरी—केन्द्रीय सशस्त्र पुलिस बल कॉंस्टेबल (जनरल ड्यूटी) भर्ती परीक्षा, 2026

11 जनवरी—यूपीएसएसएससी स्वास्थ्य कार्यकर्ता (महिला) मुख्य परीक्षा, 2024

11 जनवरी—एमपीपीएससी राज्य पात्रता परीक्षा (सेट), 2025

18 जनवरी—यूपीएसएसएससी आशुलिपिक (स्टैनो) मुख्य परीक्षा, 2024

29-30 जनवरी—उत्तर प्रदेश शिक्षक पात्रता परीक्षा, 2025

1 फरवरी—यूपीएसएसएससी कनिष्ठ सहायक (जूनियर असिस्टेंट) मुख्य परीक्षा, 2024

7 फरवरी—पीएम श्री जवाहर नवोदय विद्यालय प्रवेश परीक्षा (कक्षा-9) लेटेरल एन्ट्री, 2026

8 फरवरी—इंजीनियरिंग सेवा (प्रारम्भिक) परीक्षा, 2026

8 फरवरी—केन्द्रीय शिक्षक पात्रता परीक्षा (CTET), 2025

5 अप्रैल—राजस्थान पुलिस सब-इंस्पेक्टर/प्लाटून कमाण्डर भर्ती परीक्षा, 2025

12 अप्रैल—एनडीए और एनए परीक्षा (I), 2026

12 अप्रैल—सीडीएस परीक्षा (I), 2026

24 मई—सिविल सेवा (प्रारम्भिक) परीक्षा, 2026

12-18 जुलाई—राजस्थान ग्रेड-2 प्रवक्ता भर्ती परीक्षा, 2025

राष्ट्रीय घटनाक्रम

- **प्रमुख विश्वविद्यालयों की टाइम्स हायर एज्यूकेशन रैंकिंग 2026 : विश्व के शीर्ष 200 विश्वविद्यालयों में भारत का कोई विश्वविद्यालय नहीं**
- **संघ लोक सेवा आयोग : स्थापना का शताब्दी वर्ष प्रारम्भ**
- **सिविल सेवा प्रारम्भिक परीक्षा की 'प्रॉविजनल आंसर की' परीक्षा के बाद ही जारी करने का यूपीएससी का निर्णय**
- **पनडुब्बी रोधी युद्धपोत आन्द्रोत नौसेना में शामिल**
- **अदम्य श्रेणी का दूसरा गश्ती पोत आईसीजीएस अक्षर तटरक्षक बल में शामिल**
- **बोडोलैण्ड टेरीटोरियल काउंसिल में बोडोलैण्ड पीपुल्स फ्रंट की वापसी**
- **तेजस एमके-1ए विमान की पहली उड़ान**

प्रमुख विश्वविद्यालयों की टाइम्स हायर एज्यूकेशन रैंकिंग 2026 : विश्व के शीर्ष 200 विश्वविद्यालयों में भारत का कोई विश्वविद्यालय नहीं

विभिन्न मानकों के आधार पर विश्व के प्रमुख विश्वविद्यालयों की **टाइम्स हायर एज्यूकेशन वर्ल्ड यूनिवर्सिटी रैंकिंग 2026,** 9 अक्टूबर, 2025 को जारी की गई. उच्च शिक्षा से सम्बन्धित ब्रिटिश पत्रिका टाइम्स हायर एज्यूकेशन (THE) की रैंकिंग के इस 22वें संस्करण में 115 देशों एवं क्षेत्रों के कुल 2191 संस्थानों को शामिल किया गया है जिनमें सर्वाधिक 171 विश्वविद्यालय/उच्च शिक्षा संस्थान जहाँ अमेरिका के हैं, दूसरे स्थान पर भारत के 128 तथा तीसरे व चौथे स्थान पर 115 व 109 संस्थान क्रमशः जापान व तुर्किए के हैं. पिछले वर्ष भारत के 107 विश्वविद्यालय/उच्च शिक्षा संस्थान ही टाइम्स हायर एज्यूकेशन वर्ल्ड यूनिवर्सिटी रैंकिंग 2025 में स्थान पा सके थे, जबकि 2016 में यह संख्या 19 ही थी.

टाइम्स हायर एज्यूकेशन की वर्ष 2026 की वर्ल्ड यूनिवर्सिटी रैंकिंग में शीर्ष 100 विश्वविद्यालयों को ही अलग-अलग रैंकिंग प्रदान की गई है, उसके पश्चात् विभिन्न विश्वविद्यालयों को अलग-अलग रैंक देने के स्थान पर 200-250, 251-300 आदि के समूहों में रखा गया है.

- टाइम्स हायर एज्यूकेशन की 2026 की वर्ल्ड यूनिवर्सिटी रैंकिंग में शीर्ष 200 विश्वविद्यालयों में भारत का कोई भी विश्वविद्यालय नहीं है. भारतीय विश्वविद्यालयों में पहला स्थान इंडियन इंस्टीट्यूट ऑफ साइंस (IISc), बेंगलुरु का है जिसकी वैश्विक रैंकिंग 201-250 के समूह में है पिछले वर्ष 2025 की रैंकिंग में भी इसी बैण्ड में था.
- भारतीय विश्वविद्यालयों में चेन्नई स्थित सवीथा इंस्टीट्यूट ऑफ मेडिकल एण्ड टेक्निकल साइंसेज की रैंक इस वर्ष 351-400 बैण्ड में है (पिछले वर्ष इसकी रैंक 401-500 बैण्ड में थी). इस प्रकार टाइम्स हायर एज्यूकेशन रैंकिंग में यह दूसरा शीर्ष भारतीय विश्वविद्यालय है. इस रैंकिंग में भारतीय विश्वविद्यालयों में आगे के स्थान जामिया मिलिया इस्लामिया (नई दिल्ली) व शूलिनी यूनिवर्सिटी ऑफ बायोटेक्नोलॉजी एण्ड

टाइम्स हायर एज्यूकेशन वर्ल्ड यूनिवर्सिटी रैंकिंग 2026 में शीर्ष 800 में शामिल भारतीय विश्वविद्यालय

विश्वविद्यालय/संस्थान	वैश्विक रैंक (2026)
• इंडियन इंस्टीट्यूट ऑफ साइंस (IISc) बेंगलुरु	201–250
• सवीथा इंस्टीट्यूट ऑफ मेडिकल एण्ड टेक्निकल साइंसेज, चेन्नई	351–400
• जामिया मिलिया (नई दिल्ली) व शूलिनी यूनिवर्सिटी (हिमाचल प्रदेश)	401–500
• आईआईटी (इन्दौर), बीएचयू (वाराणसी), KIIT यूनिवर्सिटी (ओडिशा), लवली प्रोफेशनल यूनिवर्सिटी (पंजाब), यूनिवर्सिटी ऑफ पेट्रोलियम एण्ड एनर्जी स्टडीज (देहरादून)	501–600
• अलीगढ़ मुस्लिम यूनिवर्सिटी, एमिटी यूनिवर्सिटी (नोएडा), भरथियार यूनिवर्सिटी (कोएम्बटूर), सेन्ट्रल यूनिवर्सिटी पंजाब (भटिंडा), चितकारा यूनिवर्सिटी (चण्डीगढ़), ग्राफिक इरा यूनिवर्सिटी (देहरादून), आईआईटी (पटना), आईआईटी (हैदराबाद), मालवीय नेशनल इंस्टीट्यूट ऑफ टेक्नोलॉजी (जयपुर), मणिपाल एकेडमी ऑफ हायर एज्यूकेशन, एनआईटी (राउरकेला), पंजाब यूनिवर्सिटी (चण्डीगढ़), शारदा यूनिवर्सिटी (ग्रेटर नोएडा), सिम्बॉयसेज इंटरनेशनल यूनिवर्सिटी (पुणे), थापर इंस्टीट्यूट ऑफ इंजीनियरिंग टेक्नोलॉजी (पटियाला), दिल्ली यूनिवर्सिटी, वीआईटी यूनिवर्सिटी (वेल्लोर)	601–800

टाइम्स हायर एज्यूकेशन की वर्ल्ड यूनिवर्सिटीज की यह रैंकिंग 5 विभिन्न क्षेत्रों के 18 निष्पादन सूचकों के आधार पर आकलित है. यह 5 क्षेत्र शिक्षण (Teaching), शोध वातावरण (Research Environment), शोध गुणवत्ता (Research Quality), अन्तर्राष्ट्रीय दृष्टिकोण (International Outlook) तथा उद्योग प्रभाव (Industry Impact) है.

टाइम्स हायर एज्यूकेशन की 2026 की विश्व यूनिवर्सिटी रैंकिंग में विश्व के शीर्ष 10 विश्वविद्यालय

वर्ष 2026 के लिए इस रैंकिंग में सबसे ऊपर यूनिवर्सिटी ऑफ ऑक्सफोर्ड (University of Oxford,, United Kingdom) है, जबकि दूसरा स्थान अमेरिका के मैसाचुसेट्स इंस्टीट्यूट ऑफ टेक्नोलॉजी (Massachusetts Institute of Technology) का है. तीसरे स्थान पर अमेरिका की प्रिंसटन यूनिवर्सिटी (Princeton University) तथा यूनाइटेड किंगडम की कैम्ब्रिज यूनिवर्सिटी संयुक्त रूप से है. टॉप-10 यूनिवर्सिटीज की लिस्ट निम्नलिखित है–(कोष्ठक में 2025 की रैंक दर्शाई गई है)

रैंक (2026)

1 ऑक्सफोर्ड विश्वविद्यालय (University of Oxford)*, यूके (1)
2 मैसाचुसेट्स इंस्टीट्यूट ऑफ टेक्नोलॉजी (Massachusetts Institute of Technology), यूएसए(2)
3 प्रिंसटन विश्वविद्यालय (Princeton University), यूएसए (4)
3 कैम्ब्रिज विश्वविद्यालय (University of Cambridge), यूके (5)
5 हार्वर्ड विश्वविद्यालय (Harvard University), यूएसए (3)
5 स्टेनफोर्ड विश्वविद्यालय (Stanford University), यूएसए (6)
7 कैलिफोर्निया इंस्टीट्यूट ऑफ टेक्नोलॉजी (California Institute of Technology), यूएसए (7)
8 इम्पीरियल कॉलेज लंदन (Imperial College London), यूके (9)
9 कैलिफोर्निया विश्वविद्यालय, बर्कले (University of California, Berkeley), यूएसए (8)
10 येल विश्वविद्यालय (Yale University), यूएसए (10)

*ऑक्सफोर्ड विश्वविद्यालय का विगत 10 वर्षों से टाइम्स की इस वैश्विक रैंकिंग में शीर्ष स्थान बना हुआ है.

मैनेजमेंट साइंसेज (हिमाचल प्रदेश) हैं, जिनकी रैंक 401-500 के बैण्ड में हैं.

- इस रैंकिंग में पाँचवाँ संयुक्त स्थान इंडियन इंस्टीट्यूट ऑफ टेक्नोलॉजी (IIT) इन्दौर, बनारस हिन्दू यूनिवर्सिटी (BHU) वाराणसी, KIIT यूनिवर्सिटी, ओडिशा, लवली प्रोफेशनल यूनिवर्सिटी (LPU) पंजाब तथा यूनिवर्सिटी ऑफ पेट्रोलियम एण्ड एनर्जी स्टडीज (UPES) देहरादून का है जिनकी ग्लोबल रैंकिंग 501-600 के बैण्ड में है.

संघ लोक सेवा आयोग : स्थापना का शताब्दी वर्ष प्रारम्भ

1 अक्टूबर, 1926 को स्थापित संघ लोक सेवा आयोग (Union Public Service Commission–UPSC) ने अपनी स्थापना के सौवें वर्ष में प्रवेश 1 अक्टूबर, 2025 को किया है. स्थापना की शताब्दी के उपलक्ष्य में वर्षभर कार्यक्रमों व गतिविधियों की शृंखला आयोजित करने का निर्णय आयोग ने किया है, जोकि 1 अक्टूबर, 2026 तक चलेंगे. शताब्दी वर्ष की शुरुआत के अवसर पर नई दिल्ली में आयोजित एक कार्यक्रम में राष्ट्र निर्माण में इसकी भूमिका के लिए एक दूरदर्शी दृष्टिकोण आयोग के चैयरमैन डॉ. अजय कुमार ने प्रस्तुत किया. शताब्दी वर्ष को संस्थागत सुधारों को गति प्रदान करने का एक अवसर बताते हुए उन्होंने इस बात पर भी बल दिया कि संघ लोक सेवा आयोग राज्य लोक सेवा आयोगों के साथ मिलकर काम करेगा, सर्वोत्तम प्रथाओं को साझा करेगा तथा अपनी चयन प्रक्रियाओं को अधिक समावेशी और उत्तरदायी बनाने के लिए प्रतिक्रिया व्यवस्था को मजबूत करेगा. समावेशिता, डिजिटल परिवर्तन तथा नई पीढ़ी के उम्मीदवारों के साथ जुड़ाव को प्राथमिकता वाले क्षेत्रों के रूप में उन्होंने रेखांकित किया.

प्रतीक चिह्न

शताब्दी प्रतीक चिह्न

शताब्दी वर्ष की गतिविधियों के एक भाग के रूप में **माई यूपीएससी इंटरव्यू : स्वप्न से वास्तविकता तक (My UPSC Interview : From Dream to Reality)** शीर्षक से एक पोर्टल भी आयोग ने इस अवसर पर लॉन्च किया. यह पहल सेवारत् व सेवानिवृत्त, दोनों सिविल सर्वेन्ट्स को यूपीएससी साक्षात्कार बोर्ड के समक्ष उपस्थित होने के अपने अनुभव साझा करने के लिए आमंत्रित करती है. इस पहल के तहत् चयनित प्रविष्टियों का संकलन शताब्दी वर्ष के दौरान 2026 में प्रकाशित किया जाएगा.

गवर्नमेन्ट ऑफ इण्डिया एक्ट, 1919 के प्रावधानों तथा ली आयोग (1924) [Lee Commission (1924)] की संस्तुतियों के पश्चात् भारत में लोक सेवा आयोग (Public Service Commission) की स्थापना 1 अक्टूबर, 1926 को की गई थी. बाद में इसका नाम ***संघीय लोक सेवा आयोग*** *(Federal Public Service Commission) 1937 में किया गया था. 26 जनवरी, 1950 को भारत का संविधान पूर्णतः लागू किए जाने के साथ ही इसका नाम बदलकर संघ लोक सेवा आयोग (Union Public Service Commission) कर दिया गया था.*

शताब्दी वर्ष के शुभारम्भ के अवसर पर आयोजित इस कार्यक्रम में यूपीएससी के नए प्रतीक चिह्न (logo) के साथ-साथ एक शताब्दी प्रतीक चिह्न (Centenary Logo) का अनावरण भी किया गया.

सिविल सेवा प्रारम्भिक परीक्षा की 'प्रॉविजनल आंसर की' परीक्षा के बाद ही जारी करने का यूपीएससी का निर्णय

सिविल सेवा परीक्षा के सम्बन्ध में अपनी एक नीति में परिवर्तन करते हुए संघ लोक सेवा आयोग (UPSC) ने यह निर्णय किया है कि सिविल सेवा प्रारम्भिक परीक्षा (CSE Prelims) की अनंतिम उत्तर कुंजी (Provisional Answer Key) परीक्षा के तुरन्त बाद ही जारी कर दी जाएगी. इससे गलत उत्तरों को अभ्यर्थी चुनौती दे सकेंगे. साथ ही अपनी गलतियों को समय से समझने का अवसर उन्हें प्राप्त हो सकेगा. अभी तक परीक्षा का फाइनल रिजल्ट घोषित होने के बाद ही प्रीलिम्स परीक्षा की आंसर की को आयोग सार्वजनिक करता रहा है जिससे जिन अभ्यर्थियों का प्रीलिम्स में चयन नहीं होता था, उन्हें अपने नम्बरों की जानकारी बहुत देर से मिलती थी; किन्तु आयोग अब प्रीलिम्स परीक्षा के तुरन्त बाद ही 'प्रॉविजनल आंसर की' जारी करने को तैयार हो गया है. (हालाँकि, फाइनल आंसर की परीक्षा का परिणाम घोषित होने के बाद जारी होगा)

परीक्षा में शामिल हुए अभ्यर्थी 'प्रॉविजनल आंसर की' में दर्शाए गए उत्तरों पर आपत्ति दर्ज कर सकेंगे, किन्तु प्रत्येक आपत्ति के साथ कम-से-कम तीन आधिकारिक/प्रामाणिक स्रोत इन्हें प्रस्तुत करने होंगे. इसके बिना आपत्तियों पर विचार आयोग द्वारा नहीं किया जाएगा. प्रामाणिक स्रोतों के साथ प्राप्त आपत्तियों पर आयोग की विषय विशेषज्ञों की टीम विचार करेगी. सभी आपत्तियों पर विचार के पश्चात् 'फाइनल आंसर की' आयोग द्वारा फाइनल रिजल्ट आने के पश्चात् ही जारी की जाएगी.

सिविल सेवा प्रारम्भिक परीक्षा की 'प्रॉविजनल आंसर की' परीक्षा के बाद ही जारी करने का उपर्युक्त निर्णय यूपीएससी ने इस मामले में सर्वोच्च न्यायालय में लम्बित एक रिट याचिका पर विचार करते हुए लिया है. याचिका में माँग की गई है कि यूपीएससी सिविल सर्विसेज प्रीलिम्स परीक्षा की आंसर की फाइनल रिजल्ट के बाद जारी करने की प्रथा खत्म की जाए और उसे प्रीलिम्स एग्जाम के तुरन्त बाद जारी किया जाए.

ज्ञातव्य है कि सिविल सेवा अभ्यर्थी वर्षों से यह शिकायत करते आ रहे थे कि उनके पास प्रारम्भिक परीक्षाओं में हुई गलतियों को चुनौती देने का कोई तरीका नहीं है. प्रति वर्ष 5 लाख से ज्यादा उम्मीदवार प्रारम्भिक परीक्षा में शामिल होते हैं और केवल 12 से 15 हजार के करीब ही (सम्बन्धित वर्ष में कुल वैकेंसी के अनुपात में निर्धारित) मुख्य परीक्षा के लिए अर्हता प्राप्त कर पाते हैं. यूपीएससी के इस नीतिगत बदलाव से अभ्यर्थी प्रारम्भिक परीक्षा के तुरन्त बाद सम्भवत: यह भी जान सकेंगे कि वह चयन प्रक्रिया में आगे बढ़ पाएंगे या नहीं.

पनडुब्बी रोधी युद्धपोत आन्द्रोत नौसेना में शामिल

रक्षा क्षेत्र की सार्वजनिक कम्पनी गार्डन रीच शिपबिल्डर्स एण्ड इंजीनियर्स (GRSE) द्वारा निर्मित दूसरा पनडुब्बी रोधी युद्धक उथले पानी का युद्धपोत (Anti-Submarine Warfare Shallor Water Craft) आईएनएस आन्द्रोत (Androth) को औपचारिक रूप से 6 अक्टूबर, 2025 को नौसेना में कमीशन

आईएनएस आन्द्रोत

किया गया. तटीय क्षेत्रों में पनडुब्बियों की पूरी निगरानी करने में सक्षम तथा खोजी अभियानों के साथ-साथ हमला करने में सक्षम यह पोत जीआरएसई द्वारा 13 सितम्बर, 2025 को नौसेना को सौंपा गया था तथा इसे अब विशाखापट्टनम स्थित नौसेना डॉक यार्ड में नौसेना की पूर्वी कमान के फ्लैग ऑफिसर कमांडिंग इन चीफ वाइस एडमिरल राजेश पेंढारकर ने नौसेना में विधिवत् कमीशन किया. लड़ाकू प्रबंधन प्रणालियों से लैस इस युद्धपोत को हल्के तारपीड़ो व पनडुब्बी रोधी रॉकेटों से लैस किया गया है. 7 अफसरों सहित 57 कर्मियों के रहने की इसमें व्यवस्था है. इसकी बड़ी विशेषता यह है कि केवल 2·7 मीटर गहराई की इसे आवश्यकता होती है जिससे सतह के नीचे के खतरों की तलाश में यह आसानी से तटों तक पहुँच सकता है. इस पोत का यह नामकरण लक्षद्वीप समूह के आन्द्रोत द्वीप के नाम पर किया गया है.

भारतीय नौसेना ने कुल ऐसे 16 युद्धपोतों के लिए ऑर्डर दिया हुआ है जिनमें से 8 का निर्माण गार्डन रीच शिपबिल्डर्स एण्ड इंजीनियर्स द्वारा किया जाना है. गार्डनरीच शिपबिल्डर्स ने ऐसा पहला युद्धपोत **अर्नाला** 5 मई को नौसेना को सौंपा था जिसकी कमीशनिंग 18 जून, 2025 को की गई थी.

अदम्य श्रेणी का दूसरा गश्ती पोत आईसीजीएस अक्षर तटरक्षक बल में शामिल

भारत की समुद्री सीमा पर निगरानी, बचाव अभियानों व आक्रामक शक्ति में और वृद्धि अक्टूबर 2025 में इस समय हुई जब स्वदेश निर्मित गश्ती पोत आईसीजीएस **अक्षर** को तटरक्षक बल में औपचारिक रूप से शामिल किया गया. 60 प्रतिशत से अधिक स्वदेशी सामग्री वाले गश्ती पोत आईसीजीएस अक्षर का निर्माण गोवा शिपयार्ड लि. में किया गया है. 320 टन विस्थापन क्षमता वाले 51 मीटर लम्बे अत्याधुनिक प्रणालियों से युक्त इस पोत को 4 अक्टूबर, 2025 को रक्षा मंत्रालय की अपर सचिव श्रीमती दीप्ति मोहित चावला ने पुदुचेरी में कराइकल (Karaikal) में तटरक्षक बल में कमीशन किया. अदम्य श्रेणी के तीव्र गश्ती पोतों (फास्ट पेट्रोल वेसेल) में यह दूसरा पोत

आईसीजीएस अक्षर

कराइकल में ही तैनात रहेगा. रक्षा मंत्रालय की विज्ञप्ति के अनुसार आईसीजीएस अक्षर 'मेक इन इंडिया' पहल के तहत् भारत की

हवाई खतरों से निपटने के लिए अनंत शस्त्र की खरीद

*दुश्मन के हवाई हमलों को नाकाम करने के लिए भारतीय सेना ने स्वदेशी वायु रक्षा मिसाइल प्रणाली (Surface to Air Missile Weapon System) चीन व पाकिस्तान की सीमा पर तैनात करने का निर्णय किया है. इसके लिए देश में ही बने **एयर डिफेंस मिसाइल सिस्टम**, जिसे **अनंत शस्त्र** नाम दिया गया है, की 5 से 6 रेजीमेंट के लिए ठेका सार्वजनिक क्षेत्र की रक्षा उत्पादन कम्पनी 'भारत इलेक्ट्रॉनिक लि. (BEL)' को सितम्बर 2025 में दिया है. **रक्षा अनुसंधान एवं विकास संगठन (DRDO) द्वारा विकसित इस मिसाइल रक्षा प्रणाली को पहले क्विक रिएक्शन सरफेस-टू-एयर मिसाइल (क्यू आर-सैम–QR-SAM) नाम से जाना जाता था.** अनन्त शस्त्र की 5 से 6 रेजीमेंट विकसित करने के लिए सेना का यह ठेका ₹ 30,000 करोड़ का है. रक्षा सूत्रों के अनुसार अनंत शस्त्र प्रणाली सेना की आर्मी एयर डिफेंस (AAD) को मजबूत करने में महत्वपूर्ण भूमिका निभाएगी. हवाई खतरों से निपटने के लिए भारतीय सेना का एएडी फिलहाल MRSAM (Medium Range Surface to Air Missile–एमआर-सैम), आकाश व अन्य छोटे वायु रक्षा प्रणालियों का इस्तेमाल करते हुए भारतीय वायु सेना के साथ एकीकृत तरीके से काम करता है. मई में ऑपरेशन सिन्दूर में चार दिन के सशस्त्र संघर्ष के दौरान एएडी की इन प्रणालियों ने वायु सेना के वायु सेना की स्पाइडर (SPYDER) रक्षा प्रणाली व एस-400 वायु रक्षा प्रणालियों के साथ महत्वपूर्ण भूमिका निभाई थी. ऑपरेशन सिन्दूर के तुरन्त बाद ही देश की रक्षा अधिग्रहण परिषद् (Defence Acquisition Council) ने स्वदेशी वायु रक्षा प्रणालियों की खरीद के लिए परियोजना को मंजूरी प्रदान कर दी थी.*

अनंत शस्त्र कम दूरी की सतह से हवा में मार करने वाली मिसाइल प्रणाली है. डीआरडीओ द्वारा विकसित अनंत शस्त्र को एमआर-सैम व आकाश जैसे मौजूदा सिस्टम का पूरक माना जाता है. ट्रायल में किए गए परीक्षणों के तहत् इसका दिन व रात में समान रूप से इस्तेमाल किया जा सकता है. यह 30-40 किमी की दूरी और 6–10 किमी की ऊँचाई पर मौजूद खतरों को नष्ट करने में सक्षम है. इसे तेज रफ्तार बख्तरबंद वाहनों पर तैनात किया जा सकता है और यह दुर्गम इलाकों में मेकेनाइज्ड फोर्स के साथ आगे बढ़ सकता है. इसका 360 डिग्री निगरानी रडार दुश्मन के ड्रोन, मिसाइल, लड़ाकू विमानों और हेलीकाप्टरों पर 80 से 120 किमी दूर से ही नजर रख सकता है. सभी मौसमों में ट्रैकिंग करने में सक्षम इस सिस्टम को दुश्मन इलेक्ट्रॉनिक तौर पर जाम नहीं कर सकता. दुश्मन के तेज हमलों के बीच ये अपनी सटीकता बनाए रख सकता है.

ज्ञातव्य है कि ऑपरेशन सिन्दूर के दौरान पाकिस्तानी ड्रोन्स व मिसाइल्स को आकाश में ही नष्ट करने में डीआरडीओ द्वारा विकसित आर्टीफिशियल इंटेलीजेंस पॉवर्ड एयर डिफेंस सिस्टम आकाशतीर ने भी महत्वपूर्ण भूमिका निभाई थी.

*उल्लेखनीय है कि तटरक्षक बल के लिए इस श्रेणी के 8 फास्ट पेट्रोल वेसेल्स (FPVs) के लिए ऑर्डर गोवा शिपयार्ड लि. (GSL) को रक्षा मंत्रालय द्वारा मार्च 2022 में दिया गया था. जीएसएल द्वारा इनकी आपूर्ति 45 माह में की जानी थी. इस श्रेणी के पहले दो पोतों **अदम्य** व **अक्षर** का जलावतरण 28 अक्टूबर, 2024 को, तीसरे व चौथे पोत **अमूल्य** व **अक्षय** का जलावतरण 6 जनवरी, 2025 को, पाँचवें पोत **अचल** का जलावतरण 16 जून, 2025 को तथा छठे पोत **अटल** का जलावतरण 29 जुलाई, 2025 को किया गया था. इस श्रेणी के दो अन्य पोत गोवा शिपयार्ड लि. में निर्माणाधीन हैं.*

*इस श्रेणी के पहले पोत **आईसीजीएस अदम्य** की तटरक्षक बल में औपचारिक कमीशनिंग पारादीप में 19 सितम्बर, 2025 को हुई थी तथा दूसरे **आईसीजीएस अक्षर** को अब 4 अक्टूबर, 2025 को कराइकल में कमीशन किया गया है.*

बढ़ती समुद्री ताकत और तकनीकी प्रगति का सशक्त प्रमाण है.

बोडोलैण्ड टेरिटोरियल काउंसिल में बोडोलैण्ड पीपुल्स फ्रंट की वापसी

असम के स्वायत्त बोडोलैण्ड टेरिटोरियल रीजन की स्वायत्त परिषद् बोडोलैण्ड टेरिटोरियल काउंसिल (BTC) के लिए गत् सितम्बर माह में हुए चुनाव में 5 वर्षों से विपक्ष में रहे बोडोलैण्ड पीपुल्स फ्रंट (BPF) ने सत्ता में शानदार वापसी की है. काउंसिल परिषद् की **चुनाव वाली 40 सीटों में से 28 पर विजय इसे प्राप्त हुई है, जबकि यूनाइटेड पीपुल्स पार्टी लिबरल (UPPL) के साथ मिलकर 5 वर्ष सत्ता में रही. भाजपा (BJP) 5 सीटों पर ही इस चुनाव में विजय दर्ज कर सकी है तथा यूपीपीएल को 7 सीटें ही इस चुनाव में प्राप्त हो सकी हैं.** बीपीएफ व यूपीपीएल दोनों ने ही 40-40 सीटों पर उम्मीदवार खड़े किए थे, जबकि भारतीय जनता पार्टी ने 30 सीटों पर उम्मीदवार उतारे थे. वैसे बीपीएफ कभी यूपीए से तथा कभी एनडीए से सम्बद्ध रही है. फिलहाल 2024 से यह केन्द्र में सत्तारूढ़ एनडीए की एक घटक है.

परिषद् के पिछले 2020 के चुनावों में भी बोडोलैण्ड पीपुल्स फ्रंट 17 सीटों के साथ सबसे बड़ी पार्टी के रूप में उभरी थी, किन्तु सत्ता पर कब्जा बनाए रखने के लिए स्पष्ट बहुमत यह नहीं जुटा पाई थी. प्रमोद बोरो (Promod Boro) के नेतृत्व वाली यूपीपीएल जिसे 12 तथा भाजपा, जिसे 9 सीटों पर विजय 2020 के चुनाव में प्राप्त हुई थी, ने एक अन्य सीट वाली गाना सुरक्षा पार्टी के साथ गठबन्धन कर परिषद् पर कब्जा किया था तथा यूपीपीएल के प्रमोद बोरो परिषद् के मुख्य कार्यकारी सदस्य (Chief Executive Member) बनाए गए थे. कांग्रेस को केवल एक सीट पर विजय 2020 के चुनाव में प्राप्त हुई थी. कांग्रेस का एकमात्र सदस्य भी बाद में भाजपा में शामिल हो गया था. कांग्रेस को ताजा 2025 के चुनाव में एक भी सीट प्राप्त नहीं हुई है.

ताजा चुनावों के पश्चात् बोडोलैण्ड पीपुल्स पार्टी के नेता हग्रामा मोहिलरी (Hagrama Mohilary) 'जो पूर्व वर्षों में बोडो लिबरेशन टाइगर्स नामक उग्रवादी संगठन के प्रमुख रहे थे', ही एक बार पुनः मुख्य कार्यकारी सदस्य (Chief Executive Member of Bodoland Territorial Council) 5 अक्टूबर, 2025 को निर्वाचित हुए हैं. इससे पूर्व 2005 से 2020 तक इस पद पर वह रहे थे.

उल्लेखनीय है कि असम के 5 जिलों वाली 46 सदस्यीय बोडोलैण्ड टेरिटोरियल काउंसिल की 40 सीटें चुनाव द्वारा भरी जाती हैं, जबकि 6 सदस्यों का मनोनयन राज्यपाल द्वारा किया जाता है.

भारतीय वायु सेना विश्व की तीसरी सबसे शक्तिशाली वायु सेना : अन्तर्राष्ट्रीय रिपोर्ट

एक अन्तर्राष्ट्रीय एजेंसी वर्ल्ड डाइरेक्टरी ऑफ मॉडर्न मिलिट्री एयरक्राफ्ट (WDMMA) की रिपोर्ट के अनुसार, भारतीय वायु सेना (IAF) अब अमेरिका व रूस की वायु सेनाओं के पश्चात् विश्व की तीसरी सबसे शक्तिशाली वायु सेना है. डब्ल्यूडीएमएमए की गत अक्टूबर माह में जारी इस रिपोर्ट में बताया गया है कि ताकत के मोर्चे पर भारतीय वायु सेना ने चीनी वायु सेना (पीपुल्स रिबलरेशन आर्मी एयर फोर्स–PLAAF) को भी पीछे छोड़ दिया है. एजेंसी के अनुसार, चीन के पास भारत से अधिक लड़ाकू विमान हैं, किन्तु भारतीय वायु सेना की ताकत आधुनिक ट्रेनिंग, तेज प्रतिक्रिया व सटीक हमलों में है.

***डब्ल्यूडीएमएमए की अक्टूबर माह में जारी वर्ष 2025 की रिपोर्ट में ताकत के मामले में अमेरिका, रूस, भारत व चीन की वायु सेनाओं के पश्चात् आगे क्रमशः जापान, इजरायल, फ्रांस व यूके की वायु सेनाओं के स्थान बताए गए हैं.** पाकिस्तानी वायु सेना को इस आकलन में ओवरऑल 18वाँ स्थान प्रदान किया गया है. डब्ल्यूडीएमएमए द्वारा विश्व भर की वायु सेनाओं की शक्ति का आकलन अपने TruVal Rating (TVR) के आधार पर प्रति वर्ष किया जाता है. इस रैंकिंग के आकलन में केवल लड़ाकू विमानों की संख्या ही नहीं, इनकी लड़ाकू एवं रक्षा क्षमता, लॉजिस्टिक सपोर्ट, ट्रेनिंग व तकनीकी आधुनिकता की भी भूमिका होती है.*

वायु सेनाओं के लिए डब्ल्यूडीएमएमए के 2025 के आकलन में अमेरिकी वायु सेना की TruVal Rating जहाँ सर्वाधिक 242·9 बताई गई है, वहीं रूस के लिए यह 114·2 तथा तीसरे स्थान पर भारतीय वायु सेना के लिए यह 69·4 तथा चीन के लिए 63·8 बताई गई है. इनके बाद क्रमशः जापान (58·1), इजरायल (56·3), फ्रांस (55·3) व यूके (55·3) के डब्ल्यूडीएमएमए की सेनाओं के सभी रूपों की ताकत के आधार पर ओवरऑल रैंकिंग 2025 के आधार पर संयुक्त राज्य अमेरिकी वायु सेना (प्रथम रैंक), यूएस नेवी (द्वितीय रैंक); रूसी वायु सेना (तृतीय रैंक); यूएस आर्मी (चतुर्थ रैंक); यूएस मरीन (पाँचवीं रैंक) व भारतीय वायु सेना (छठी रैंक) के स्थान हैं. ओवरऑल 18वें स्थान पर पाकिस्तानी वायु सेना के लिए टीवीआर 46·3 आकलित है.

तेजस एमके-1ए विमान की पहली उड़ान

स्वदेश निर्मित हल्के लड़ाकू विमान तेजस मार्क-1ए (एमके-1ए) ने पहली उड़ान 17 अक्टूबर, 2025 को नासिक में रक्षा मंत्री राजनाथ सिंह की उपस्थिति में भरी. हिन्दुस्तान एयरोनॉटिक्स लि. (HAL) की नासिक इकाई में निर्मित इस विमान की पहली उड़ान के दौरान वाटर केनन से इसे सलामी दी गई. तेजस एमके-1ए विमान तेजस एलसीए का ही आधुनिक एवं उन्नत संस्करण है, जो 9 टन हथियारों के साथ 2200 किमी प्रति घण्टा की गति से उड़ान भर सकता है तथा यह एक साथ कई लक्ष्यों को भेदने की क्षमता रखता है. इस विमान में अब हथियारों का परीक्षण एचएएल द्वारा किया जाएगा जिसके बाद ही पहले दो विमान भारतीय वायु सेना को सौंपे जाएंगे. इन विमानों के लिए इंजन अमेरिका की जनरल इलेक्ट्रिक कम्पनी से आयात किए जा रहे हैं. अमेरिकी कम्पनी से एचएएल को चौथा इंजन अक्टूबर माह में ही मिला है. एचएएल के पास फिलहाल 10 विमान तैयार हैं. इंजन मिलने पर इन्हें इन विमानों में फिट किया जाएगा.

रक्षा मंत्रालय ने 83 मार्क-1ए विमानों के लिए लगभग ₹ 48,000 करोड़ का सौदा एचएएल के साथ फरवरी 2021 में किया था, जबकि 97 अन्य ऐसे विमानों के लिए लगभग ₹ 6237 करोड़ का सौदा हाल ही में सितम्बर 2025 में किया है. अमेरिकी कम्पनी से इंजन मिलने में हुई देरी की वजह से इनकी आपूर्ति में देरी हुई है. एचएएल ने 2032-33 तक यह सभी 180 विमान बना लेने का लक्ष्य रखा है. विमान उत्पादन में तेजी लाने के लिए रक्षा मंत्री राजनाथ सिंह ने एचएएल के नासिक इकाई में मार्क-1ए विमानों की तीसरी उत्पादन लाइन का तथा हिन्दुस्तान टर्बो ट्रेनर (HTT-40) विमानों की दूसरी उत्पादन लाइन का उद्घाटन भी 17 अक्टूबर को किया.

राज्य समाचार

उत्तर प्रदेश

ब्रह्मोस के लखनऊ स्थित उत्पादन केन्द्र से पहली खेप तैनाती के लिए रवाना

तेज एवं घातक सटीक प्रहार क्षमता वाली ब्रह्मोस सुपरसोनिक मिसाइलों की लखनऊ में बनी पहली खेप सेना के लिए 17 अक्टूबर, 2025 को रवाना कर दी गई. भारत-रूस संयुक्त रक्षा उपक्रम के रूप में लखनऊ में ब्रह्मोस एयरोस्पेस इकाई का उद्‌घाटन इसी वर्ष 11 मई को हुआ था तथा 5 माह में ही मिसाइलों की पहली खेप तैनाती के लिए तैयार हो गई. यूनिट में तैयार मिसाइलों की पहली खेप रक्षा मंत्री राजनाथ सिंह के साथ मुख्यमंत्री योगी आदित्यनाथ ने 17 अक्टूबर को रवाना की. यहाँ से तैयार मिसाइलें सेना के तीनों अंगों को मिलेंगी.

लखनऊ स्थित ब्रह्मोस एयरोस्पेस यूनिट में प्रति वर्ष 100 मिसाइलों का उत्पादन होगा. इस क्षमता को आगे बढ़ाकर 150 करने का इरादा है.

उच्च शिक्षा सेवा चयन आयोग की अध्यक्ष का त्यागपत्र

उत्तर प्रदेश शिक्षा सेवा चयन आयोग (UPESSC) की अध्यक्ष प्रो. कीर्ति पाण्डेय ने अपने इस पद से गत सितम्बर माह में त्यागपत्र दे दिया है. प्रो. पाण्डेय ने एक वर्ष पूर्व ही यह दायित्व सँभाला था. उनके एक वर्ष के कार्यकाल में किसी भी भर्ती के लिए कोई विज्ञापन तक आयोग ने जारी नहीं किया. उनके त्यागपत्र के पश्चात् नई नियुक्ति तक आयोग के वरिष्ठतम् सदस्य यह कार्यभार देख रहे हैं.

राजस्थान

भारतीय पुलिस सेवा के गोविंद गुप्ता भ्रष्टाचार निरोधक ब्यूरो के नए महानिदेशक

भारतीय पुलिस सेवा के वरिष्ठ अधिकारी गोविंद गुप्ता राजस्थान में भ्रष्टाचार निरोधक ब्यूरो (Anti Corruption Bureau-ACB) के नए महानिदेशक गत अक्टूबर माह में बनाए गए हैं. जेल विभाग के महानिदेशक रहे गोविंद गुप्ता ने अपना यह कार्यभार 27 अक्टूबर, 2025 से सँभाल लिया है. भ्रष्टाचार के विरुद्ध राज्य सरकार की जीरो टॉलरेंस नीति को मजबूती से लागू करने की प्रतिबद्धता उन्होंने कार्यभार ग्रहण करने के पश्चात् जताई.

मुख्यमंत्री किसान सम्मान निधि की चौथी किश्त पात्र किसानों को जारी

राजस्थान के लगभग 72 लाख किसानों को मुख्यमंत्री किसान सम्मान निधि की चौथी किश्त मुख्यमंत्री भजन लाल शर्मा ने 18 अक्टूबर, 2025 को धनतेरस के दिन भरतपुर जिले के नदबई में आयोजित समारोह में जारी की. इस किश्त के तहत् ₹ 718 करोड़ की राशि पात्र किसानों के खाते में ट्रांसफर की गई.

ज्ञातव्य है कि प्रधानमंत्री किसान सम्मान निधि योजना के तहत् जहाँ किसानों को ₹ 6000-6000 वार्षिक तीन किश्तों में प्राप्त होते हैं, वहीं राजस्थान सरकार अपनी ओर से ₹ 3000 वार्षिक का लाभ किसानों को मुख्यमंत्री किसान सम्मान निधि योजना के तहत् उपलब्ध कराती है. मुख्यमंत्री के अनुसार राज्य के 70 लाख से अधिक किसानों को ₹ 1355 करोड़ इस योजना के तहत् अक्टूबर 2025 तक ट्रांसफर की जा चुकी है.

बिहार

बिहार में विधान सभा चुनाव प्रक्रिया प्रारम्भ

बिहार की मौजूदा 17वीं विधान सभा का कार्यकाल 22 नवम्बर, 2025 को समाप्त होने को है. 18वीं विधान सभा के लिए नए चुनाव कार्यक्रम की घोषणा केन्द्रीय चुनाव आयोग ने 7 अक्टूबर को कर दी थी. 243 सदस्यीय विधान सभा के लिए मतदान 2 चरणों में कराया जाएगा. पहले चरण में 121 सीटों के लिए मतदान 6 नवम्बर को तथा दूसरे चरण में 122 सीटों के लिए मतदान 11 नवम्बर को होगा. सभी 243 सीटों के लिए मतगणना 14 नवम्बर को होगी तथा 16 नवम्बर को सम्पूर्ण चुनाव प्रक्रिया पूरी कर ली जाएगी. चुनाव कार्यक्रम की घोषणा के साथ ही आदर्श आचार संहिता राज्य में लागू हो गई है.

पहले चरण में 121 सीटों के लिए अधिसूचना 10 अक्टूबर, 2025 को जारी कर दी गई थी, जबकि नामांकन व नाम वापसी की अंतिम तिथियाँ क्रमशः 17 अक्टूबर व 20 अक्टूबर थी. दूसरे चरण में 122 सीटों, जिनके लिए मतदान 11 नवम्बर को होना है, की अधिसूचना 13 अक्टूबर को जारी की गई थी तथा नामांकन व नाम वापसी की अंतिम तिथियाँ क्रमशः 20 अक्टूबर व 23 अक्टूबर थीं.

राज्य में विधान सभा चुनावों से पूर्व मतदाता सूची के 3 माह तक चले विशेष गहन पुनरीक्षण (Special Intensive Revision–SIR) में मतदाता सूची में 68·66 लाख अपात्र नाम कट गए थे, जबकि 21·53 लाख नए मतदाता इसमें जोड़े गए थे. इस प्रकार मतदाता सूची में मतदाताओं की संख्या 6 प्रतिशत घट गई है. **एसआईआर प्रारम्भ करने से पूर्व राज्य की मतदाता सूची में 7·89 करोड़ नाम थे. 3 माह तक चले एसआईआर में अपात्र नाम काटे जाने तथा नए मतदाताओं के नाम जोड़े जाने के पश्चात् अंतिम मतदाता सूची चुनाव आयोग द्वारा 30 सितम्बर, 2025 को प्रकाशित की गई थी जिसमें मतदाताओं की संख्या 7·42 करोड़ है.**

बिहार में इस चुनाव के लिए कुल 90,712 मतदान केन्द्र बनाए गए हैं. इनमें से शहरी क्षेत्र में 13,911 और ग्रामीण क्षेत्र में 76,801 मतदान केन्द्र हैं. एक मतदान केन्द्र पर औसतन 818 मतदाता वोट करेंगे. चुनाव को पारदर्शी और शान्तिपूर्ण ढंग से कराने के लिए 8·5 लाख चुनाव अधिकारियों की तैनाती की जाएगी. इनमें 4·53 लाख मतदान कर्मी, 9·6 हजार सेक्टर अधिकारी, मतदान के लिए 17·8 हजार पर्यवेक्षक व मतगणना के 4·8 हजार पर्यवेक्षक शामिल हैं, वहीं 28·3 हजार मतगणना अधिकारी, 2·5 लाख पुलिस अधिकारी और 90,712 आँगनवाड़ी सेविकाओं की भी मतदान के दौरान तैनाती होगी.

झारखण्ड

अलका तिवारी राज्य की नई निर्वाचन आयुक्त

झारखण्ड की सेवानिवृत्त मुख्य सचिव अलका तिवारी को अब राज्य की नई निर्वाचन आयुक्त अक्टूबर 2025 में बनाया गया है. भारतीय प्रशासनिक सेवा के 1988 बैच की अलका तिवारी 30 सितम्बर, 2025 को ही मुख्य सचिव पद से सेवानिवृत्त हुई थी. राज्य के निर्वाचन आयुक्त पद पर उनका कार्यकाल 4 वर्ष (अधिकतम 65 वर्ष की आयु तक) रहेगा.

राँची में डिफेंस एक्सपो

देश के रक्षा क्षेत्र के उत्पादों की प्रदर्शनी 'डिफेंस एक्सपो' का आयोजन झारखण्ड में राँची में 19-21 सितम्बर, 2025 को हुआ. इसका उत्पादन राज्यपाल संतोष गंगवार व मुख्यमंत्री हेमन्त सोरेन ने किया. चीफ ऑफ डिफेंस स्टॉफ (CDS) जनरल अनिल चौहान, सेना की पूर्वी कमान के कमांडर लेफ्टि. जनरल आर.सी. तिवारी व केन्द्रीय रक्षा राज्य मंत्री अजय सेठ भी इस अवसर पर उपस्थित थे उद्‌घाटन समारोह में राज्यपाल संतोष गंगवार ने कहा कि यह प्रदर्शनी केवल

शेष पृष्ठ 22 पर

अन्तर्राष्ट्रीय घटनाक्रम

- ब्रिटेन के प्रधानमंत्री कीर स्टार्मर की भारत यात्रा
- मंगोलिया के राष्ट्रपति खुरेलसुख उखना की भारत यात्रा
- 2 वर्ष तक चले इजरायल-हमास युद्ध में संघर्ष विराम
- पाकिस्तान व सऊदी अरब के बीच रणनीतिक पारस्परिक रक्षा समझौता
- गाजा में स्थायी शान्ति के लिए अमेरिकी राष्ट्रपति डोनाल्ड ट्रम्प व मिस्र के राष्ट्रपति अल-सीसी की सह अध्यक्षता में गाजा शान्ति सम्मेलन
- भारत सातवीं बार संयुक्त राष्ट्र मानवाधिकार परिषद् हेतु निर्वाचित
- अफ्रीकी देश मेडागास्कर में सैन्य तख्ता पलट : कर्नल रैंड्रियनिरिना ने राष्ट्रपति पद की शपथ ली
- शिगेरू इशिबा के त्यागपत्र के पश्चात् साने ताकाइची जापान की पहली महिला प्रधानमंत्री
- भारतीय मूल के निवर्तमान राष्ट्र-पति वेवल रामकलावन को हराकर विपक्षी नेता पैट्रिक हर्मिनी सेशेल्स के नए राष्ट्रपति
- काबुल में भारत के तकनीकी मिशन को पूर्ण दूतावास का दर्जा
- श्रीलंका की प्रधानमंत्री हरिनी अमरसूर्या की भारत यात्रा
- आसियान का 47वाँ शिखर सम्मेलन, कुआलालम्पुर (मलेशिया) में सम्पन्न (तिमोर लेस्ते 11वें सदस्य के रूप में आसियान में शामिल)
- आसियान-भारत 22वाँ शिखर सम्मेलन
- 20वाँ पूर्वी एशिया शिखर सम्मेलन भी कुआलालम्पुर में सम्पन्न

ब्रिटेन के प्रधानमंत्री कीर स्टार्मर की भारत यात्रा

प्रधानमंत्री श्री नरेन्द्र मोदी के निमंत्रण पर ब्रिटिश प्रधानमंत्री कीर स्टार्मर (Keir Starmer) ने अपने देश के एक बड़े शिष्टमण्डल के साथ भारत की यात्रा 8-9 अक्टूबर, 2025 को की. प्रधानमंत्री के रूप में उनकी भारत की यह पहली ही यात्रा थी जो भारतीय प्रधानमंत्री

मुम्बई में राजभवन में प्रधानमंत्री श्री नरेन्द्र मोदी के साथ ब्रिटिश प्रधानमंत्री कीर स्टार्मर

श्री नरेन्द्र मोदी की 23-24 जुलाई, 2025 की ब्रिटेन यात्रा के 3 माह के भीतर ही सम्पन्न हुई, जब दोनों देशों के बीच व्यापक आर्थिक एवं व्यापार समझौते (Comprehensive Economic and Trade Agreement–CETA) पर हस्ताक्षर किए गए थे तथा **भारत-ब्रिटेन विजन 2035** तथा एक इण्डस्ट्रियल रोडमैप अपनाया गया था. ब्रिटिश प्रधानमंत्री की भारत की इस यात्रा का मुख्य उद्देश्य भारत व ब्रिटेन के बीच व्यापार, निवेश व प्रौद्योगिकी सम्बन्धों को मजबूत करना था. इसी परिप्रेक्ष्य में उनके साथ आए विशाल शिष्टमण्डल में उच्च-स्तरीय वाणिज्यिक अधिकारियों के अतिरिक्त 125 सीईओ, उद्यमी, शिक्षाविद्, विश्वविद्यालयों के कुलपति व संस्कृति से जुड़े अग्रणी व्यक्ति शामिल थे. 2 दिन की उनकी भारत की यह यात्रा मुम्बई तक ही सीमित रही.

8 अक्टूबर को मुम्बई पहुँचने पर छत्रपति शिवाजी महाराज अन्तर्राष्ट्रीय हवाई अड्डे पर उनकी अगवानी महाराष्ट्र के मुख्यमंत्री देवेन्द्र फडणवीस व उपमुख्यमंत्री एकनाथ शिंदे व अजित पवार ने राज्यपाल आचार्य देवव्रत के साथ की. बाद में दिन में अंधेरी में यशराज फिल्म (YRF) स्टूडियो का दौरा उन्होंने किया, जहाँ भारतीय फिल्म निर्माताओं से उनकी मुलाकात हुई. इसके साथ ही उन्होंने घोषणा की कि YRF की फिल्में यूके में विभिन्न स्थानों पर शूट की जाएंगी. इस सिलसिले में ब्रिटिश फिल्म इंस्टीट्यूट (BFI) ने भारत के राष्ट्रीय फिल्म विकास निगम (NFDC) के साथ एक समझौता भी सम्पन्न किया. भारत व ब्रिटेन के गहरे सांस्कृतिक सम्बन्धों के प्रतीक के रूप में दीये भी ब्रिटिश प्रधानमंत्री ने जलाए. मुम्बई के कूपरेज फुटबॉल ग्राउण्ड में प्रीमियर लीग कम्यूनिटी फुटबॉल के एक कार्यक्रम में भी उसी शाम वह शामिल हुए.

प्रधानमंत्री श्री नरेन्द्र मोदी ने मेहमान प्रधानमंत्री स्टार्मर का स्वागत 9 अक्टूबर को राजभवन में किया. दोनों नेताओं के बीच द्विपक्षीय सम्बन्धों पर विस्तृत वार्ता भी राजभवन में ही हुई. अमेरिकी टैरिफ के दबाव के माहौल में व्यापार, सुरक्षा, प्रौद्योगिकी व शिक्षा सहित अनेक मुद्दों पर प्रतिनिधिमण्डल स्तर की चर्चा इस वार्ता में की गई. दोनों देशों के बीच सालाना द्विपक्षीय व्यापार वर्तमान में लगभग 56 अरब डॉलर का है जिसे 2030 तक दोगुना करने का लक्ष्य है. द्विपक्षीय सम्बन्धों के भविष्य को आकार देने में युवा, सांस्कृतिक व शैक्षिक आदान-प्रदान के महत्व पर बल दोनों नेताओं ने दिया. दोनों देशों के बीच व्यापार और निवेश प्रौद्योगिकी और नवाचार, जलवायु व ऊर्जा, रक्षा, शिक्षा, स्वास्थ्य व लोगों के बीच सम्बन्धों के प्रमुख कार्यक्रमों पर केन्द्रित 10 वर्षीय रोडमैप भारत यूके विजन 2035 पर चर्चा दोनों पक्षों में हुई. शिक्षा के क्षेत्र में सहयोग के लिए ब्रिटेन के 9 विश्वविद्यालयों के भारत में कैम्पस स्थापित करने के मामले में हुई प्रगति का दोनों पक्षों ने स्वागत किया. ऊर्जा के क्षेत्र में जीरो नेट लक्ष्य को प्राप्त करने में आपसी सहयोग की दोनों नेताओं ने पुष्टि की. 'सीटा' (CETA) को मजबूती प्रदान करते हुए ब्रिटेन से 350 मिलियन डॉलर की बहुउद्देशीय मिसाइलें खरीदने के लिए एक समझौता भी भारत ने सम्पन्न किया. विभिन्न क्षेत्रों में हुए दर्जन-भर समझौतों में से एक के तहत् भारतीय वायु सेना के प्रशिक्षक ब्रिटेन की रॉयल वायु सेना को प्रशिक्षण भी प्रदान करेंगे.

वैश्विक शांति, समृद्धि व नियम आधारित अन्तर्राष्ट्रीय व्यवस्था के लिए अपनी साझा प्रतिबद्धता दोनों पक्षों ने व्यक्त की. संयुक्त राष्ट्र सुरक्षा परिषद् में भारत की स्थायी सदस्यता के लिए ब्रिटेन के समर्थन को मेहमान प्रधानमंत्री ने दोहराया. यूक्रेन में अन्तर्राष्ट्रीय कानूनों के अनुसार न्याय-संगति व स्थायी शांति के लिए अपना समर्थन दोनों पक्षों ने व्यक्त किया तथा गाजा के लिए अमेरिकी शांति योजना के लिए अपना समर्थन तथा एक व्यवहार्य फिलीस्तीन के साथ-साथ एक सुरक्षित इजरायल के साथ टू स्टेट समाधान की दिशा में एक कदम के रूप में स्थायी व न्यायपूर्ण शांति के लिए अपनी साझा प्रतिबद्धता दोनों पक्षों ने व्यक्त की.

मुम्बई में मेजबान प्रधानमंत्री श्री मोदी के साथ दो अन्य कार्यक्रम भी ब्रिटिश प्रधानमंत्री के थे. इनमें जियो वर्ल्ड सेन्टर में ग्लोबल फिनटेक फेस्ट (Global Fintech Fest) 2025 के छठे संस्करण में भाग लेने के अतिरिक्त जियो वर्ल्ड सेन्टर में उद्यमियों के इंडिया-यूके सीईओ फोरम में भागीदारी के कार्यक्रम शामिल थे. दोनों ही कार्यक्रमों में भारत की प्रगति का हवाला देते हुए भारत के साथ सहयोग साझेदारी का आह्वान ब्रिटिश प्रधानमंत्री ने किया. भारत को विश्व की तीसरी बड़ी अर्थव्यवस्था बनने की ओर अग्रसर बताते हुए उसकी इस यात्रा में एक महत्वपूर्ण साझीदार देश बनने का आह्वान उन्होंने किया. भारत के आधार प्रणाली की तर्ज पर अपने देश में डिजिटल पहचान प्रणाली विकसित करने का ब्रिटिश प्रधानमंत्री स्टार्मर का इरादा है. इस सिलसिले में इंफोसिस के सह-संस्थापक व यूआईडीएआई के पूर्व अध्यक्ष नंदन नीलेकणि के साथ बैठक भी उन्होंने की.

मुम्बई में तीन व्यस्त कार्यक्रमों में भागीदारी व भारत के साथ विभिन्न सहयोग समझौतों के पश्चात् ब्रिटिश प्रधानमंत्री की मुम्बई से ही स्वदेश वापसी 9 अक्टूबर को हुई.

मंगोलिया के राष्ट्रपति खुरेलसुख उखना की भारत यात्रा

राष्ट्रपति श्रीमती द्रौपदी मुर्मू के निमंत्रण पर मंगोलिया के राष्ट्रपति खुरेलसुख उखना

नई दिल्ली में हैदराबाद हाउस में मंगोलियाई राष्ट्रपति खुरेलसुख उखना का स्वागत करते प्रधानमंत्री श्री नरेन्द्र मोदी

(Khurelsukh Ukhnaa) ने अपने देश के उच्च-स्तरीय शिष्टमण्डल के साथ भारत की राजकीय यात्रा 13-16 अक्टूबर, 2025 को की. मंगोलिया के किसी राष्ट्रपति की 6 वर्षों के अन्तराल के पश्चात् भारत की यह यात्रा थी. वैसे खुरेलसुख उखना की राष्ट्रपति के रूप में भारत की यह पहली ही यात्रा थी. प्रधानमंत्री श्री नरेन्द्र मोदी ने 10 वर्ष पूर्व मंगोलिया की यात्रा की थी जब दोनों देशों के बीच रणनीतिक साझेदारी (Strategic Partnership) की शुरुआत हुई थी.

मंगोलियाई राष्ट्रपति की ताजा भारत यात्रा में उनके साथ आए शिष्टमण्डल में उनकी कैबिनेट के वरिष्ठ सदस्य, वरिष्ठ अधिकारी व व्यापारिक नेता आदि शामिल थे. 13 अक्टूबर को नई दिल्ली पहुँचने पर हवाई अड्डे पर उनकी अगवानी केन्द्रीय मंत्री मुरलीधर मोहोल ने की, जहाँ गार्ड ऑफ ऑनर के साथ उनका औपचारिक स्वागत किया गया. 14 अक्टूबर को राजघाट पर महात्मा गाँधी की समाधि पर पुष्पांजलि अर्पित करने के पश्चात् प्रधानमंत्री श्री नरेन्द्र मोदी के साथ द्विपक्षीय सम्बन्धों पर उनकी विस्तृत वार्ता हुई. वार्ता से पूर्व मंगोलियाई राष्ट्रपति व उनके **शिष्टमण्डल का स्वागत करते हुए प्रधानमंत्री श्री मोदी ने कहा कि भारत व मंगोलिया के सम्बन्ध केवल राजनयिक नहीं हैं, बल्कि हमारे बीच आत्मीय व आध्यात्मिक बंधन है. सदियों से दोनों देश Buddhism के सूत्र में बँधे हैं जिसकी वजह से हमें 'स्प्रिचुअल सिबलिंग' भी कहा जाता है. उन्होंने कहा कि हमारी सीमाएँ यद्यपि जुड़ी हुई नहीं हैं, लेकिन भारत ने मंगोलिया को सदा ही एक पड़ोसी के रूप में देखा है.**

हैदराबाद हाउस में मेहमान राष्ट्रपति उखना के साथ द्विपक्षीय वार्ता में शिक्षा, ऊर्जा, रक्षा, सुरक्षा, संस्कृति एवं डिजिटल क्षेत्रों में सहयोग सम्बर्द्धन के लिए चर्चा की गई. मंगोलिया के सीमा सुरक्षा बलों की क्षमता बढ़ाने में मदद तथा वहाँ के सैन्य बलों के साथ संयुक्त अभ्यास बढ़ाने का निर्णय वार्ता में लिया गया. दोनों देशों के बीच व्यापार, पर्यटन एवं सांस्कृतिक आदान-प्रदान को बढ़ावा देने के लिए मंगोलियाई नागरिकों को निःशुल्क ई-वीजा प्रदान करने की घोषणा भारतीय प्रधानमंत्री ने की. मंगोलियाई राष्ट्रपति ने बताया कि उनके देश की उड़ान कम्पनी नई दिल्ली व अमृतसर के लिए उड़ान सेवा संचालित करने की तैयारी कर रही है. दोनों देशों के बौद्धिक व धार्मिक सम्बन्धों को गहरा करने के लिए भगवान बुद्ध के दो शिष्यों—सारिपुत्र व मौद्गल्यायन के पवित्र अवशेष मंगोलिया भेजने की घोषणा भी श्री मोदी ने की. **दोनों देशों के राजनयिक सम्बन्धों की 70वीं वर्षगाँठ के उपलक्ष्य में एक संयुक्त डाक टिकट भी दोनों देशों ने इस अवसर पर जारी किया.**

व्यापारिक सम्बन्धों के विस्तार के लिए भारत मंगोलिया से कोयला आयात करने पर विचार कर रहा है. मंगोलिया में तेल गैस अन्वेषण में भागीदारी के लिए भारतीय तेल कम्पनियों को मंगोलिया ने आमंत्रित किया. भारत द्वारा वित्त पोषित 1·7 अरब डॉलर को लाइन ऑफ क्रेडिट पर आधारित मंगोलिया की पहली तेल रिफाइनरी 2028 तक प्रारम्भ होने की सम्भावना व्यक्त की गई. यह परियोजना मंगोलिया की ऊर्जा सुरक्षा को सशक्त बनाएगी. यह भारत की विश्व में सबसे बड़ी डेवलपमेंट पार्टनरशिप परियोजना बताई गई है.

अन्तर्राष्ट्रीय मंचों पर करीबी साझेदारी के लिए सहमति दोनों पक्षों में रही. एक स्वतंत्र, खुले, समावेशी, नियम आधारित हिन्द-प्रशान्त क्षेत्र का समर्थन दोनों पक्षों ने किया तथा ग्लोबल साउथ की आवाज को सशक्त बनाने के लिए भी मिलकर काम करने को सहमति दोनों पक्षों में रही. विभिन्न क्षेत्रों में सहयोग के 10 समझौता-ज्ञापनों पर हस्ताक्षर इस अवसर पर किए गए. मानवीय सहायता, मंगोलिया के विरासत स्थलों की बहाली, आव्रजन सहयोग, खनिज संसाधन व डिजिटल समाधान जैसे मामलों में सहयोग के ज्ञापन इनमें शामिल हैं.

प्रधानमंत्री के साथ वार्ता के पश्चात् मेहमान राष्ट्रपति उखना ने भारत के नए संसद भवन का दौरा भी किया जहाँ लोक सभाध्यक्ष ओम बिड़ला ने उनका स्वागत किया. उसी शाम राष्ट्रपति श्रीमती द्रौपदी मुर्मू से राष्ट्रपति भवन में उन्होंने भेंट की. **उनका स्वागत करते हुए भारतीय राष्ट्रपति ने कहा कि भारत ने पिछले 25 वर्षों में मंगोलिया में बौद्ध मठों के जीर्णोद्वार, व प्राचीन पांडुलिपियों के पुनर्मुद्रण सहित विभिन्न सांस्कृतिक परियोजनाएँ संचालित की हैं. उन्होंने कहा कि अब समय आ गया है कि दोनों देशों के द्विपक्षीय सम्बन्धों को आगे बढ़ाया जाए तथा सहयोग के नए आयाम जोड़े जाएँ.**

अगले दिन भारत के उपराष्ट्रपति सी.पी. राधाकृष्णन, रक्षा मंत्री राजनाथ सिंह तथा स्वास्थ्य व परिवार कल्याण मंत्री जे.पी. नड्डा आदि के साथ बैठकें मेहमान राष्ट्रपति की हुईं तथा भारत-मंगोलिया के उद्यमियों की एक संयुक्त बैठक में वह शामिल हुए. अगले दिन स्वदेश वापसी से पूर्व नई दिल्ली में स्वामीनारायण अक्षरधाम मन्दिर का अवलोकन भी मेहमान राष्ट्रपति ने किया.

2 वर्ष तक चले इजरायल-हमास युद्ध में संघर्ष विराम

इजरायल व हमास के बीच चल रहे टकराव में विगत 2 वर्षों से चल रहे विनाशकारी युद्ध में लगभग 67,000 लोगों की मौत के पश्चात् अन्ततः युद्ध विराम का पहला चरण 10 अक्टूबर से यद्यपि लागू हो गया है, किन्तु जिस तरह की छुटपुट घटनाएँ युद्ध विराम के बावजूद हो रही हैं, इससे इस बात पर संदेह के बादल अभी छाए हुए हैं कि यह युद्ध विराम कितने दिन तक चलेगा.

अमेरिकी राष्ट्रपति डोनाल्ड ट्रम्प की पश्चिम एशिया शांति योजना जिसे अरब देशों सहित प्रमुख अन्तर्राष्ट्रीय शक्तियों का समर्थन प्राप्त है, के पहले चरण पर दोनों पक्षों की सहमति के पश्चात् इजरायल व हमास दोनों ने ही गाजा में लड़ाई 10 अक्टूबर से रोक दी है, तथा इजरायल ने गाजा के बड़े भाग से अपनी फौजें वापस बुला ली हैं. **समझौते के तहत् हमास ने जहाँ प्रत्यक्षतः हथियार डाल दिए हैं, वहीं इजरायल ने 2000 फिलीस्तीनी कैदियों की रिहाई प्रारम्भ कर दी है.** हमास द्वारा 7 अक्टूबर, 2023 को अगवा किए गए बंधकों में से बाकी बचे सभी 48 बंधकों को 72 घण्टे में रिहा करने को सहमति समझौते के तहत् दी थी. इनमें से 20 के ही जीवित बचे होने की सम्भावना बताई गई थी. हथियार डालने के साथ इजरायली बंधकों व फिलीस्तीनी कैदियों की रिहाई विवाद की समाप्ति के लिए अमेरिकी राष्ट्रपति ट्रम्प की 20 सूत्रीय ट्रम्प प्लान का पहला चरण है. मृत बंधकों व कैदियों के शवों का आदान-प्रदान भी इस चरण में शामिल है. युद्ध विराम के साथ ही फिलीस्तीनियों को मानवीय सहायता के लिए ट्रकों का आवागमन शुरू हो गया है. स्थायी शांति एवं युद्ध की समाप्ति के लिए भी कई कदम ट्रम्प प्लान में शामिल हैं. इनमें किस सीमा तक अमल हो पाता है, यह तो समय ही बताएगा.

उल्लेखनीय है कि 7 अक्टूबर, 2023 को हमास के इजरायल पर अप्रत्याशित हमले के प्रत्युत्तर में इजरायल की सैन्य कार्यवाही में अब तक 67,000 से ज्यादा फिलीस्तीनी नागरिक मारे जा चुके थे, जबकि 1·70 लाख लोग घायल हुए थे. मरने वालों में आधे से ज्यादा महिलाएँ व बच्चे थे. दोनों पक्षों में 2 वर्ष पूर्व ताजा युद्ध शुरू होने के पश्चात् यह तीसरा संघर्ष विराम है. नवम्बर 2023 में पहले संघर्ष विराम में हमास द्वारा 100 बंधक छोड़े गए थे, तथा इजरायल की ओर से भी कुछ कैदियों की रिहाई हुई थी. बाद में फरवरी 2025 में दूसरे संघर्ष विराम में 25 इजरायली बंधकों को हमास ने रिहा किया था, जबकि इजरायल ने लगभग 2000 कैदियों की रिहाई की थी.

गाजा में स्थायी शांति के लिए डोनाल्ड ट्रम्प के 20 सूत्रीय प्लान में सशस्त्र स्वतंत्र फिलीस्तीनी देश के गठन की भी बात कही गई है जिसे इजरायली प्रधानमंत्री बेंजामिन नेतन्याहू नकार चुके हैं. समझौते के तहत् गाजा से हमास के सारे ठिकाने और हथियार हटाए जाएंगे तथा हमास गाजा की सरकार का हिस्सा नहीं बनेगा. पूरी तरह से बर्बाद हो चुके इस क्षेत्र के पुनर्निर्माण की योजना लागू की जाएगी. गाजा में सुरक्षा बनाए रखने के लिए एक अन्तर्राष्ट्रीय सुरक्षा बल गाजा में तैनात रहेगा जो गाजा पुलिस की मदद भी करेगा. क्षेत्र में स्थायी शांति के लिए फिलीस्तीन व इजरायल के बीच शांति वार्ता शुरू करने का प्रस्ताव भी ट्रम्प के 20 सूत्रीय प्लान में शामिल है.

गाजा में स्थायी शान्ति के लिए अमेरिकी राष्ट्रपति डोनाल्ड ट्रम्प व मिस्र के राष्ट्रपति अल-सीसी की सह अध्यक्षता में गाजा शान्ति सम्मेलन

अमेरिकी राष्ट्रपति डोनाल्ड ट्रम्प की अपील पर गाजा में इजरायल-हमास के बीच हुए युद्ध विराम के पहले चरण के पश्चात् इस क्षेत्र में शान्ति बनाए रखने तथा एक नए दौर की क्षेत्रीय सुरक्षा की शुरुआत करने के लिए आगे के कदमों पर चर्चा के लिए 'गाजा शान्ति शिखर सम्मेलन' (Gaza Peace Summit)

का आयोजन मिस्र में शर्म अल-शेख (Sharm El-Sheikh) में 13 अक्टूबर, 2025 को हुआ. डोनाल्ड ट्रम्प के ही आह्वान पर उनकी तथा मिस्र के राष्ट्रपति अब्देल फतेह अल-सीसी (Abdel Fattah al-sisi) की सह अध्यक्षता में आयोजित इस शान्ति शिखर सम्मेलन में लगभग 30 देशों के नेता उपस्थित रहे. इनमें दोनों सह-अध्यक्षों के अतिरिक्त ब्रिटेन के प्रधानमंत्री कीर स्टार्मर, इटली की प्रधानमंत्री जियार्जिया मेलोनी, स्पेन के प्रधानमंत्री पेद्रो सांचेज, फ्रांस के राष्ट्रपति इमैन्युएल मैक्रॉं, तुर्किए के राष्ट्रपति रेसेप तैय्यप एर्दोगन, पाकिस्तान के प्रधानमंत्री शहबाज शरीफ, फिलिस्तीनी प्राधिकरण के अध्यक्ष महमूद अब्बास, कतर के अमीर शेख तमीम बिन हमाद अल थानी, जर्मनी के चांसलर फ्रेड्रिक मर्ज, कुवैत के अमीर शेख मेशाल अल-अहमद अल-जबेर अल-शेख, जॉर्डन के राजा अब्दुल्ला-II, बहरीन के राजा हमद बिन ईसा अल खलीफा, इराक के प्रधानमंत्री, इण्डोनेशिया के राष्ट्रपति, अजरबेजान के राष्ट्रपति, ग्रीस के प्रधानमंत्री, आर्मेनिया के प्रधानमंत्री, हंगरी के प्रधानमंत्री, कनाडा के प्रधानमंत्री, नॉर्वे के प्रधानमंत्री, साइप्रस के राष्ट्रपति, संयुक्त अरब अमीरात के उपराष्ट्रपति, भारत के विदेश राज्य मंत्री, ओमान के विदेश मंत्री, जापान के मिस्र स्थित राजदूत तथा अरब लीग के महासचिव अहमद अबूल घीट, यूरोपीय परिषद् के अध्यक्ष एंटोनियो कोस्टा व संयुक्त राष्ट्र महासचिव एंटोनियो गुटेरेस शामिल थे. इजरायल व हमास इस समिति में शामिल नहीं थे.

ट्रम्प की 20 सूत्रीय शान्ति योजना के पहले चरण के कार्यान्वयन के पश्चात् इसके अगले दो चरणों पर चर्चा इस सम्मेलन में की गई. गाजा से इजरायली सेना की पूर्ण वापसी, गाजा के प्रशासनिक स्वरूप तथा भविष्य में सुरक्षा व्यवस्था आदि से सम्बन्धित मुद्दे इनमें शामिल थे. ट्रम्प प्लान के अनुसार गाजा की प्रशासनिक जिम्मेदारी फिलिस्तीनी तकनीकी विशेषज्ञों की एक अन्तरिम समिति के हवाले होगी, जिसे बाद में सुधारों के पश्चात् फिलिस्तीनी प्राधिकरण को सौंपा जाएगा. प्लान के तहत् हमास की सत्ता में कोई भूमिका नहीं होगी. ट्रम्प के शान्ति प्लान में गाजा के आर्थिक पुनर्निर्माण के लिए ट्रम्प के नेतृत्व में एक अन्तर्राष्ट्रीय बोर्ड के गठन का प्रस्ताव किया गया है. वैसे हमास अभी हथियार डालने के लिए तैयार नहीं है. उनका कहना है कि स्वतंत्र फिलिस्तीनी देश के बिना वे हथियारबद्ध ही रहेंगे. इजरायल ने भी गाजा के प्रशासन में फिलिस्तीनी प्राधिकरण की सीधी भूमिका पर आपत्ति जताई है. इस शान्ति समझौते के जरिए **अब्राहम समझौते** (Abraham Accord) को भी ट्रम्प आगे बढ़ाना चाहते हैं. वह चाहते हैं कि सऊदी अरब व इण्डोनेशिया जैसे मुस्लिम देशों को भी इजरायल के साथ सम्बन्ध सामान्य करने के लिए तैयार कर लिया जाए. उधर सऊदी अरब का कहना है कि वह इजरायल को तब तक स्वीकार नहीं करेगा जब तक इजरायल व फिलिस्तीन का शान्ति समझौता वास्तविकता में लागू नहीं हो जाता. शान्ति स्थापना के लिए अमेरिकी राष्ट्रपति ट्रम्प के प्रयासों की सम्मेलन में सभी ने प्रशंसा की. स्थायी शान्ति के लिए स्वतंत्र फिलिस्तीन राष्ट्र की स्थापना पर भी वक्ताओं ने बल दिया. द्विराष्ट्र सिद्धान्त पर अमल को ही क्षेत्रीय शान्ति व स्थिरता की सबसे बड़ी गारण्टी मिस्र के राष्ट्रपति अल-सीसी ने बताया. अमेरिकी राष्ट्रपति डोनाल्ड ट्रम्प को मिस्र के सर्वोच्च नागरिक सम्मान 'ऑर्डर ऑफ नील' से सम्मानित करने की घोषणा भी उन्होंने इस अवसर पर की. सम्मेलन को सम्बोधित करते हुए पश्चिम एशिया में सद्भाव का नया युग शुरू करने का आह्वान अमेरिकी राष्ट्रपति ट्रम्प ने सम्बन्धित नेताओं से यह घोषित करने का आग्रह किया कि हमारा भविष्य पिछली पीढ़ियों के झगड़ों से संचालित नहीं होगा. सहिष्णुता, गरिमा व समान अवसर पर जोर देते हुए इस क्षेत्र के शान्ति, सुरक्षा और समृद्धि का केन्द्र बनने की बात उन्होंने कही.

विभिन्न मुद्दों पर चर्चा के पश्चात् ट्रम्प के शान्ति समझौते को सभी ने स्वीकार किया. शान्ति समझौते पर हस्ताक्षर करते हुए सभी

शान्ति समझौते पर गारण्टी के हस्ताक्षर दिखाते हुए डोनाल्ड ट्रम्प

ने इसे मिडिल ईस्ट के लिए आशा, सुरक्षा व साझा विजन का नया अध्याय बताया और स्वीकार किया कि ट्रम्प ने गाजा में युद्ध की समाप्ति करा कर मिडिल ईस्ट में शान्ति बहाल की है. इस क्षेत्र के गहरे ऐतिहासिक व आध्यात्मिक महत्व को स्वीकार करते हुए यह कहा गया है कि इस्लाम, ईसाई व यहूदी धर्म की जड़ें इस भूमि से जुड़ी हैं. युद्ध से बुरी तरह से बर्बाद हुए गाजा में भोजन, ईंधन व दवाओं की आपूर्ति के साथ-साथ इसके पुनर्निर्माण की आवश्यकता पर बल सम्मेलन में स्वीकार किए गए प्रस्ताव में दिया गया है. (पुनर्निर्माण के लिए एक और सम्मेलन का आयोजन मिस्र द्वारा नवम्बर 2025 में किया जाएगा) गाजा को एक 'बोर्ड ऑफ पीस' के तहत् चलाने का प्रस्ताव सम्मेलन में स्वीकार की गई ट्रम्प शान्ति योजना में शामिल है. इस पर सभी उपस्थित नेताओं के साथ-साथ मुख्य गारन्टर के रूप में अमेरिकी राष्ट्रपति डोनाल्ड ट्रम्प, मिस्र के राष्ट्रपति अब्देल फतेह

भारत सातवीं बार संयुक्त राष्ट्र मानवाधिकार परिषद् हेतु निर्वाचित

*भारत 3 वर्ष के एक और कार्यकाल हेतु संयुक्त राष्ट्र मानवाधिकार परिषद् (United Nations Human Rights Council–UNHRC) का सदस्य अक्टूबर 2025 में निर्वाचित हुआ है. 47 सदस्यीय मानवाधिकार परिषद् में भारत छह कार्यकालों (2006-07, 2008-10, 2012-14, 2015-17, 2019-21 तथा 2022-24) तक उसका सदस्य पहले रह चुका है तथा ताजा निर्वाचन के चलते भारत अब सातवीं बार 3 वर्ष के एक और कार्यकाल के लिए इसका सदस्य रहेगा. भारत का यह नया कार्यकाल 1 जनवरी, 2026 से प्रारम्भ होगा तथा 31 दिसम्बर, 2028 तक वह इसका सदस्य बना रहेगा. संयुक्त राष्ट्र मानवाधिकार परिषद् की स्थापना मानवाधिकारों पर संयुक्त राष्ट्र आयोग (United Nations Commission on Human Rights) के स्थान पर महासभा द्वारा मार्च 2006 में की गई थी तथा **इस 47 सदस्यीय निकाय में कोई देश लगातार तीसरे कार्यकाल के लिए नहीं चुना जा सकता. इसी प्रावधान के चलते भारत 3 वर्षों–2011, 2018 व 2025 को छोड़ कर लगातार ही इस परिषद् में बना रहा है.***

परिषद् की 47 सीटों में से 13 सीटें अफ्रीकी क्षेत्र से, 13 एशिया-प्रशांत क्षेत्र से, 8 लेटिन अमेरिकी व कैरिबियाई क्षेत्र से, 6 सीटें पूर्वी यूरोप क्षेत्र से तथा 7 सीटें पश्चिमी यूरोप व अन्य राज्यों से भरी जाती हैं.

47 सदस्यीय मानवाधिकार परिषद् की 31 दिसम्बर, 2025 को रिक्त होने वाली 14 सीटों के लिए 193 सदस्यीय महासभा में चुनाव 14 अक्टूबर, 2025 को गुप्त 'मतदान' के जरिए कराया गया था. एशिया प्रशान्त क्षेत्र से 4 सीटें इस चुनाव के जरिए भरी जाने वाली थीं. इस क्षेत्र से चुने गए 4 देशों में भारत के अतिरिक्त इराक, पाकिस्तान वियतनाम शामिल है. इनके अतिरिक्त जो 10 अन्य देश अन्य क्षेत्रों से मानवाधिकार परिषद् के लिए चुने गए हैं, उनमें अफ्रीकी क्षेत्र से अंगोला व मॉरिशस, पूर्वी यूरोप क्षेत्र से एस्टोनिया व स्लोवेनिया, लेटिन अमेरिकी व कैरिबियाई क्षेत्र से चिली व ईक्वेडोर तथा 'पश्चिमी यूरोप व अन्य देशों' के वर्ग से मिस्र, द. अफ्रीका, यू.के. व इटली शामिल हैं.

अल-सीसी, कतर के अमीर शेख तमीम बिन हमाद अल थानी व तुर्किए के राष्ट्रपति रेसेप तैय्यप एर्दोगन के हस्ताक्षर हैं.

पाकिस्तान व सऊदी अरब के बीच रणनीतिक पारस्परिक रक्षा समझौता

पाकिस्तान के प्रधानमंत्री शहबाज शरीफ की गत सितम्बर माह में सऊदी अरब यात्रा के दौरान दोनों देशों ने अपने दशकों पुराने सैन्य सम्बन्धों को नए आयाम प्रदान करते हुए 'नाटो' की तर्ज पर एक रणनीतिक पारस्परिक रक्षा समझौते (Strategic Mutual Defence Agreement–SMDA) पर हस्ताक्षर गत सितम्बर माह में किए हैं. दूरगामी रणनीतिक अंजाम वाले इस समझौते के तहत् सऊदी अरब व पाकिस्तान ने कहा है कि दोनों देशों में से किसी पर भी किए गए किसी आक्रमण को वह अपने ऊपर किया गया हमला मानेंगे. मई 2025 में पाकिस्तान के विरुद्ध भारत के 'ऑपरेशन सिन्दूर' के 4 माह पश्चात् ही सऊदी अरब के साथ पाकिस्तान के इस समझौते को भारत ने काफी गम्भीरता से लिया है. समझौते पर प्रतिक्रिया व्यक्त करते हुए पाकिस्तान के उप-प्रधानमंत्री इशाक डार ने पाकिस्तानी संसद में बाद में 3 अक्टूबर को अपने एक सम्बोधन में ऑपरेशन सिन्दूर का उल्लेख करते हुए कहा कि पाकिस्तान व सऊदी अरब के बीच हुए इस समझौते के तहत् पाकिस्तान पर भारत के ऐसे हमलों को सऊदी अरब पर आक्रमण माना जाता. पाकिस्तान के रक्षा मंत्री ख्वाजा आसिफ ने भी यह दावा किया है कि भारत के साथ युद्ध होने की स्थिति में सऊदी अरब पाकिस्तान का साथ देगा.

ऐसा भी माना जा रहा है कि सऊदी अरब ने परमाणु शक्ति सम्पन्न पाकिस्तान के साथ यह समझौता इजरायल की मध्य-पूर्व में बढ़ती आक्रामकता को देखते हुए किया है, किन्तु पड़ोसी देश पाकिस्तान के व्यवहार को देखते हुए भारत इसे अपनी राष्ट्रीय सुरक्षा से भी जोड़ रहा है. इस आशय के रणनीतिक समझौते के चलते पाकिस्तान को अपने सशस्त्र बलों को मजबूत करने के लिए सऊदी अरब से अधिक धन प्राप्त हो सकेगा. पाकिस्तानी प्रधानमंत्री शहबाज शरीफ की सऊदी अरब यात्रा के दौरान रियाद (Riyadh) में 17 सितम्बर को इस समझौते पर पाकिस्तान की ओर से प्रधानमंत्री शहबाज शरीफ ने जहाँ हस्ताक्षर किए, वहीं सऊदी अरब की ओर से वहाँ के क्राउन प्रिंस व प्रधानमंत्री मोहम्मद बिन सलमान ने इस **स्ट्रैटेजिक म्यूचुअल डिफेंस एग्रीमेंट** पर हस्ताक्षर किए. समझौते पर हस्ताक्षर के पश्चात् जारी साझा बयान में कहा गया है कि यह समझौता द्विपक्षीय सुरक्षा सम्बन्धों को बढ़ाने तथा क्षेत्रीय एवं वैश्विक शांति में योगदान देने की संयुक्त प्रतिबद्धता को दर्शाता है तथा इसका उद्देश्य रक्षा सहयोग को और विकसित करना और किसी भी आक्रमण के विरुद्ध संयुक्त प्रतिरोध को मजबूत करना है.

भारतीय विदेश मंत्रालय के प्रवक्ता रणधीर जायसवाल ने कहा कि भारत सरकार को इन दोनों देशों के बीच होने वाले इस समझौते की पहले से जानकारी थी. समझौते पर सन्तुलित प्रतिक्रिया व्यक्त करते हुए भारतीय विदेश मंत्रालय के प्रवक्ता ने कहा है कि भारत राष्ट्रीय सुरक्षा के साथ क्षेत्रीय एवं वैश्विक स्थिरता पर इसके प्रभावों का आकलन करेगा. उन्होंने कहा कि सरकार भारत के राष्ट्रीय हितों की सुरक्षा के लिए प्रतिबद्ध है.

उल्लेखनीय है कि भारत के साथ भी सऊदी अरब के सम्बन्ध काफी घनिष्ठ रहे हैं. 2016 में भारतीय प्रधानमंत्री श्री नरेन्द्र मोदी की सऊदी अरब यात्रा के दौरान सऊदी अरब ने उन्हें देश के सर्वोच्च नागरिक सम्मान 'ऑर्डर ऑफ द किंग अब्दुल अजीज अल साद' से सम्मानित किया था. व्यापार की दृष्टि से देखा जाए तो भारत सऊदी अरब का दूसरा सबसे बड़ा व्यापारिक साझेदार है, जबकि सऊदी अरब भारत का 5वाँ बड़ा व्यापारिक साझेदार है.

अफ्रीकी देश मेडागास्कर में सैन्य तख्ता पलट : कर्नल रैंड्रियनिरिना ने राष्ट्रपति पद की शपथ ली

देश में बिजली-पानी की कमी, महँगाई, बेरोजगारी व सरकार में भ्रष्टाचार के आरोपों के चलते अफ्रीकी देश मेडागास्कर (Madagascar) में तीन सप्ताह तक चले युवाओं के आन्दोलन ने सरकार के विरुद्ध व्यापक मोर्चे का रूप गत अक्टूबर माह में ले लिया. आन्दोलन को सेना का भी समर्थन मिलने के पश्चात् 2009 से सत्तारूढ़ एंड्री नीरिना राजोइलिना (Andry Nirina Rajoelina) 13 अक्टूबर, 2025 को देश छोड़कर भाग गए जिसके बाद संसद ने उन्हें राष्ट्रपति पद से अपदस्थ कर दिया तथा सेना की एक विशेष यूनिट के कमांडर कर्नल माइकल रैंड्रियनिरिना (Michael Randrianirina), जो जेन जैड आन्दोलनकारियों के साथ मिल गए थे, ने सत्ता पर कब्जा करते हुए, संसद के निचले सदन को छोड़कर देश की सभी संवैधानिक अदालत व चुनाव आयोग सहित सभी प्रमुख लोकतांत्रिक संस्थाओं को निलम्बित करने की घोषणा कर दी. इस सैन्य तख्ता पलट के पश्चात् कर्नल रैंड्रियनिरिना ने राजधानी अंतानानारिवो (Antananarivo) स्थित एक हाई कॉंस्टीट्यूशनल कोर्ट में देश के नए राष्ट्रपति के रूप में शपथ 17 अक्टूबर को ग्रहण कर ली. राष्ट्रपति के रूप में शपथ लेने के पश्चात् उन्होंने कहा कि मेडागास्कर का शासन एक सैन्य परिषद् द्वारा चलाया जाएगा जिसके अध्यक्ष वह 18 महीने से 2 वर्ष तक रहेंगे. उसके पश्चात् ही नया चुनाव कराने की घोषणा कर्नल रैंड्रियनिरिना ने की है.

उधर पूर्व राष्ट्रपति एंड्री राजोइलिना जो दुबई पहुँचे बताए गए हैं, ने सैन्य तख्ता पलट को अवैध बताते हुए, निर्वासन में रहते हुए भी खुद को ही वैध राष्ट्रपति बताया है तथा पद छोड़ने से इंकार किया है. अफ्रीकी संघ ने भी तख्ता पलट की निंदा करते हुए मेडागास्कर की सदस्यता निलम्बित कर दी है. संयुक्त राष्ट्र महासचिव एंटोनियो गुटेरेस ने भी इस सैन्य तख्ता पलट की निंदा करते हुए कहा है कि मेडागास्कर में संवैधानिक व्यवस्था व कानून का राज बहाल होना चाहिए.

उल्लेखनीय है कि 1960 में आजादी मिलने के पश्चात् ही राजनीतिक अस्थिरता व कई तख्ता पलटों से गुजर चुके मेडागास्कर में निर्धनता की स्थिति बरकरार है. अपदस्थ किए गए राष्ट्रपति एंड्री राजोइलिना स्वयं भी एक सैन्य समझौते तख्ता पलट के जरिए 2009 में सत्ता में आए थे तथा 2009 से 2014 तक एक उच्च प्राधिकरण के अध्यक्ष रहने के पश्चात् 2018 में चुनाव जीतकर राष्ट्रपति पद उन्होंने सँभाला था.

शिगेरू इशिबा के त्यागपत्र के पश्चात् सांने ताकाइची जापान की पहली महिला प्रधानमंत्री

जापान की पुरुष प्रधान राजनीति में इतिहास गत अक्टूबर माह में उस समय रचा गया जब पहली बार एक महिला साने ताकाइची (Sanae Takaichi) को संसद ने प्रधानमंत्री निर्वाचित किया. उनके प्रधानमंत्री बनने का मार्ग 4 अक्टूबर, 2025 को ही उस समय प्रशस्त हो गया था जब 1 वर्ष से प्रधानमंत्री रहे शिगेरू इशिबा (Shigeru Ishiba) द्वारा सत्तारूढ़ लिबरल डेमोक्रेटिक पार्टी (LDP) के अध्यक्ष पद से त्यागपत्र दे दिए जाने के पश्चात् अति रूढ़िवादी मानी जाने वाली 64 वर्षीय ताकाइची को पार्टी अध्यक्ष चुन लिया गया था. अल्पमत में आई

साने ताकाइची

लिबरल डेमोक्रेटिक पार्टी ने प्रधानमंत्री पद पर कब्जा बनाए रखने के लिए दक्षिणपंथी जापान इनोवेशन पार्टी के साथ गठबंधन कर स्पष्ट बहुमत की स्थिति प्राप्त कर ली जिसके पश्चात् शिगेरू इशिबा ने प्रधानमंत्री पद से त्यागपत्र 21 अक्टूबर, 2025 को दे दिया तथा संसद के 465 सीटों वाले निचले सदन प्रतिनिधि सभा में 237 मत (बहुमत से 4 अधिक) प्राप्त करके ताकाइची नई प्रधानमंत्री निर्वाचित हुई.

शिंजो आबे व फुमियो किशिदा के प्रधान-मंत्रित्व काल में कई मंत्री पदों पर कार्य कर चुकी जापान में पहली महिला प्रधानमंत्री 21 अक्टूबर, 2025 से बनी है. ब्रिटेन की पूर्व प्रधानमंत्री मार्गरेट थैचर को अपना आदर्श बताने वाली ताकाइची जापान में 'आयरन लेडी' के उपनाम से भी जानी जाती है.

साने ताकाइची के प्रधानमंत्री चुने जाने पर उन्हें बधाई देते हुए प्रधानमंत्री श्री नरेन्द्र मोदी ने भारत-जापान विशेष रणनीतिक एवं वैश्विक साझेदारी को और मजबूत करने के लिए उत्सुकता व्यक्त की है.

भारतीय मूल के निवर्तमान राष्ट्रपति वेवल रामकलावन को हराकर विपक्षी नेता पैट्रिक हर्मिनी सेशेल्स के नए राष्ट्रपति

पूर्वी अफ्रीकी देश सेशेल्स (Seychelles) में राष्ट्रपति पद के लिए गत अक्टूबर माह में सम्पन्न चुनाव में विगत 5 वर्षों से राष्ट्रपति रहे भारतीय मूल के वेवल रामकलावन (Wavel Ramkalawan) को हराकर विपक्षी नेता पैट्रिक हर्मिनी (Patrick Herminie) राष्ट्रपति निर्वाचित हुए हैं. पैट्रिक हर्मिनी यूनाइटेड सेशेल्स पार्टी, जो 1977 से 2020 तक, लगभग चार दशक तक हिन्द महासागर के इस छोटे द्वीपीय राष्ट्र पर शासन किया था, के नेता हैं. 2020 के चुनाव में इस पार्टी को पराजय का सामना करना पड़ा था तथा सेशेल्वा डेमोक्रेटिक यूनियन पार्टी के वेवल रामकलावन राष्ट्रपति निर्वाचित हुए थे. राष्ट्रपति पद के लिए ताजा चुनाव में अक्टूबर 2025 में दूसरे दौर के मतदान में रामकलावन को 47·3 प्रतिशत मत प्राप्त हुए तथा 52·7 प्रतिशत मत प्राप्त करके पैट्रिक हर्मिनी निर्वाचित हुए हैं. उनके निर्वाचन पर उन्हें बधाई देते हुए प्रधानमंत्री श्री नरेन्द्र मोदी ने विश्वास व्यक्त किया है कि राष्ट्रपति के रूप में उनके कार्यकाल में दोनों देशों के समय परीक्षित व बहुआयामी सम्बन्ध और भी प्रगाढ़ होंगे तथा और गति पकड़ेंगे.

पैट्रिक हर्मिनी

26 अक्टूबर को सेशेल्स के नए राष्ट्रपति के रूप में शपथ पैट्रिक हर्मिनी ने ग्रहण की. उनके निमंत्रण पर भारत के उपराष्ट्रपति सीपी राधाकृष्णन ने 26 अक्टूबर को राजधानी विक्टोरिया स्थित स्टेट हाउस में उनके शपथ-ग्रहण समारोह में भाग लिया.

काबुल में भारत के तकनीकी मिशन को पूर्ण दूतावास का दर्जा

केन्द्र सरकार ने अफगानिस्तान के साथ द्विपक्षीय सम्बन्धों को मजबूत करने के प्रयासों के तहत् काबुल स्थित तकनीकी मिशन को दूतावास का दर्जा प्रदान करने की घोषणा 21 अक्टूबर, 2025 को की. विदेश

मंत्री एस. जयशंकर ने इस आशय की घोषणा अफगानिस्तान के विदेश मंत्री आमिर खान मुत्तकी के साथ बैठक के दौरान डेढ़ सप्ताह पहले ही की थी. उन्होंने कहा था कि भारत काबुल में अपनी राजनयिक उपस्थिति को उन्नत करेगा. आमिर खान मुत्तकी अफगानिस्तान के पहले विदेश मंत्री हैं, जो तालिबान शासन के दौरान अक्टूबर 2025 में ही भारत आए थे. उनकी यह भारत यात्रा ऐसे समय में हुई थी जब पाकिस्तान के साथ अफगानिस्तान का तनाव चरम पर था तथा अफगानिस्तान के कई शहरों पर पाकिस्तान की वायु सेना ने बम बरसाए थे. अफगान विदेश मंत्री की भारत यात्रा व भारतीय नेताओं के साथ वार्ताओं के एक सप्ताह बाद ही काबुल स्थित अपने तकनीकी मिशन को पूर्ण दूतावास का दर्जा प्रदान करते हुए भारतीय विदेश मंत्रालय ने कहा कि काबुल स्थित भारतीय दूतावास अफगानिस्तान के व्यापक विकास, मानवीय सहायता और क्षमता निर्माण पहलों में भारत के योगदान को और बढ़ाएगा. इस मिशन का नेतृत्व चार्ज डी अफेयर्स रैंक के एक राजनयिक करेंगे. अगस्त 2021 में तालिबान के सत्ता में आने के बाद भारत ने काबुल स्थित दूतावास से सभी अधिकारियों को वापस बुला लिया था. इसके पश्चात् जून 2022 में तकनीकी टीम तैनात कर अफगानिस्तान की राजधानी में अपनी राजनयिक उपस्थिति दर्ज की थी. इस तकनीकी मिशन को ही अब पूर्ण दूतावास का दर्जा भारत ने अक्टूबर 2025 में प्रदान कर दिया है.

भारत सरकार के इस कदम का स्वागत करते हुए तालिबान प्रशासन के अन्तर्राष्ट्रीय मीडिया के प्रवक्ता ने द्विपक्षीय सम्बन्धों को सामान्य पटरी पर लाने, विश्वास बनाने, व्यापार और सहयोग को बढ़ावा देने और क्षेत्रीय शान्ति में रचनात्मक भूमिका निभाने के लिए इसे एक उचित कदम बताया है.

श्रीलंका की प्रधानमंत्री हरिनी अमरसूर्या की भारत यात्रा

श्रीलंका की प्रधानमंत्री डॉ. हरिनी अमरसूर्या (Harini Amarasuriya) ने भारत की आधिकारिक यात्रा 16-18 अक्टूबर, 2025

नई दिल्ली में श्रीलंका की प्रधानमंत्री डॉ. हरिनी अमरसूर्या के साथ प्रधानमंत्री श्री नरेन्द्र मोदी

को की. नवम्बर 2024 में प्रधानमंत्री के रूप में कार्यभार सँभालने के पश्चात् भारत की उनकी यह पहली ही यात्रा थी. नई दिल्ली में आयोजित एनडीटीवी वर्ल्ड समिट 2025 में भागीदारी भी उनकी इस यात्रा के कार्यक्रमों में शामिल थी. इस कार्यक्रम में मुख्य वक्ता के रूप में वह आमंत्रित थीं. ब्रिटेन के पूर्व प्रधानमंत्री ऋषि सुनक तथा ऑस्ट्रेलिया के पूर्व प्रधानमंत्री टोनी एबट भी इस कार्यक्रम में शामिल थे. प्रधानमंत्री श्री मोदी ने भी इस कार्यक्रम को सम्बोधित किया. श्रीलंका में शिक्षा मंत्री के रूप में भी कार्यभार सँभाले हुए डॉ. हरिनी का शिक्षा एवं प्रौद्योगिकी के क्षेत्र में सहयोग के लिए नई दिल्ली में आईआईटी के दौरे तथा नीति आयोग के साथ बैठक का भी कार्यक्रम था. प्रधानमंत्री श्री नरेन्द्र मोदी से वह 17 अक्टूबर को ही मिली. उनका स्वागत करते हुए प्रधानमंत्री श्री मोदी ने कहा कि उनकी इस यात्रा से भारत-श्रीलंका के ऐतिहासिक व बहुआयामी सम्बन्धों को गति मिलेगी. शिक्षा, प्रौद्योगिकी, नवाचार, विकास, सहयोग व दोनों देशों के मछुआरों के कल्याण सहित अनेक क्षेत्रों में सहयोग को मजबूत करने के उपायों पर चर्चा दोनों प्रधानमंत्रियों ने की. भारत व श्रीलंका के बीच विशेष सम्बन्धों का उल्लेख करते हुए श्री मोदी ने दोनों देशों की साझा विकास यात्रा में एक साथ मिलकर काम करने की भारत की प्रतिबद्धता को दोहराया.

नई दिल्ली में आईआईटी के अतिरिक्त एक सर्वोदय विद्यालय का अवलोकन भी दिल्ली के शिक्षा मंत्री आशीष सूद के साथ मेहमान प्रधानमंत्री ने किया. इससे पूर्व दिल्ली

विश्वविद्यालय के हिन्दू कॉलेज में भी कदम उन्होंने रखे जहाँ तीन दशक पूर्व 1991-94 के दौरान समाजशास्त्र की छात्रा वह रही थीं. कॉलेज में उनका भव्य स्वागत एनसीसी कैडेट्स द्वारा गार्ड ऑफ ऑनर के साथ किया गया. कॉलेज में विद्यार्थियों, शिक्षकों व प्रधाना-चार्य के साथ एक समारोह में अपने बीते दिनों का स्मरण मेहमान प्रधानमंत्री हरिनी ने किया.

उल्लेखनीय है कि श्रीलंका की प्रधानमंत्री की भारत की इस यात्रा से 1 वर्ष पूर्व वहाँ के राष्ट्रपति अनुरा कुमार दिसानायके ने दिसम्बर 2024 में भारत की राजकीय यात्रा की थी. राष्ट्रपति के रूप में कार्यभार सँभालने के पश्चात् उनकी पहली ही विदेश यात्रा थी.

आसियान का 47वाँ शिखर सम्मेलन, कुआलालम्पुर (मलेशिया) में सम्पन्न (तिमोर लेस्ते 11वें सदस्य के रूप में आसियान में शामिल)

दक्षिण पूर्व एशिया के 10 देशों (इण्डोनेशिया, मलेशिया, सिंगापुर, थाइलैण्ड,

फिलीपींस, वियतनाम, ब्रुनेई, कम्बोडिया, म्यांमार व लाओस) के संगठन आसियान (ASEAN-Association of South East Asian Nations) का 47वाँ शिखर सम्मेलन मलेशिया की मेजबानी में राजधानी कुआलालम्पुर में 26-28 अक्टूबर, 2025 को आयोजित हुआ. वर्ष 2007 से आसियान का शिखर सम्मेलन वर्ष में दो बार होता है. इसका पिछला 46वाँ शिखर सम्मेलन भी कुआलालम्पुर में ही मई 2025 में सम्पन्न हुआ था, जबकि 44वाँ व 45वाँ शिखर सम्मेलन एक साथ ही अक्टूबर 2024 में लाओस में विएनतियाने में हुए थे.

कुआलालम्पुर में 47वें शिखर सम्मेलन की अध्यक्षता मलेशिया के प्रधानमंत्री दातो सेरी अनवर इब्राहिम (Dato Seri Anwar Ibrahim) ने की. आसियान के वर्ष के दूसरे शिखर सम्मेलन के साथ सम्बद्ध वार्षिक बैठकों में वार्ता सहभागियों (Dialogue Partners) के साथ अलग-अलग 'आसियान + 1' शिखर बैठकें (आसियान के 10 वार्ता सहभागियों में भारत भी शामिल है.) 'आसियान + 3' (आसियान के साथ चीन, जापान व द. कोरिया शिखर) बैठक तथा पूर्वी एशियाई शिखर सम्मेलन (East Asia Summit) आदि शामिल हैं. इन सभी शिखर बैठकों की अध्यक्षता मलेशिया के प्रधानमंत्री अनवर इब्राहिम ने ही की.

भारत आसियान का सदस्य नहीं है तथा इसका वार्ता सहभागी (Dialogue Partner) ही है, जिससे 26 अक्टूबर को 22वीं आसियान-भारत शिखर बैठक तथा 27 अक्टूबर को 20वें पूर्वी एशिया शिखर सम्मेलन में भी भारत ने भाग लिया. भारत-आसियान शिखर सम्मेलनों में प्रधानमंत्री श्री नरेन्द्र मोदी ने वर्चुअल तरीके से भाग लिया, वहीं पूर्वी एशिया शिखर सम्मेलन में भारत का प्रतिनिधित्व विदेश मंत्री डॉ. एस. जयशंकर ने किया.

आसियान शिखर सम्मेलन में सदस्य देशों ने **इन्क्लूसिविटी एण्ड सस्टेनेबिलिटी** थीम के साथ मलेशिया की अध्यक्षता को समर्थन व्यक्त किया तथा **तिमोर लेस्ते (ईस्ट तिमोर) का पूर्ण सदस्य के रूप में स्वागत किया. ऑस्ट्रेलिया व इण्डोनेशिया के बीच स्थित 14 लाख की जनसंख्या वाला देश तिमोर लेस्ते (ईस्ट तिमोर) आसियान का 11वाँ सदस्य बना है. 1999 में कम्बोडिया को शामिल किए जाने के पश्चात् पहली बार आसियान में कोई नया देश जोड़ा गया है.** कम्बोडिया-थाइलैण्ड सीमा युद्ध इस शिखर सम्मेलन में चर्चा का सबसे ज्वलंत मुद्दा था. अन्य चर्चित मुद्दों में म्यांमार, मध्य पूर्वी क्षेत्र, यूक्रेन, उत्तर कोरिया व दक्षिणी चीन सागर के मुद्दे शिखर सम्मेलन में चर्चा के मुद्दों में शामिल थे. आसियान की केन्द्रीय भूमिका मजबूत करने, देशों के बीच विश्वास बढ़ाने, व्यापार निवेश में वृद्धि, विज्ञान तकनीक का लाभ उठाने, डिजिटल बदलाव को अपनाने, असंतुलित विकास का अन्तर कम करने, असमानता दूर करने, जीवन स्तर सुधारने तथा जलवायु परिवर्तन से निपटने आदि की प्राथमिकताओं के परिप्रेक्ष्य में नया आसियान विजन 2045 स्वीकार किया गया. आसियान की आन्तरिक विकास पहलों के साथ-साथ सहयोगी देशों के साथ सहयोग में वृद्धि की बात सम्मेलन में की गई.

'आसियान अब दक्षिण पूर्व एशिया के 11 राष्ट्रों का एक संगठन है, जिसकी स्थापना 8 अगस्त, 1967 को मूलतः पाँच देशों—इण्डोनेशिया, मलेशिया, फिलीपीन्स, सिंगापुर व थाइलैण्ड द्वारा आसियान घोषणा-पत्र (बैंकाक घोषणापत्र) पर हस्ताक्षर के साथ हुई थी. 1984 में ब्रुनेई उसका छठा सदस्य बना था. 1995 में वियतनाम, 1997 में लाओस व म्यांमार तथा कम्बोडिया 1999 में इसका सदस्य बना, जिससे इसके सदस्य देशों की संख्या 10 हो गई थी. वर्ष 2025 में अब तिमोर लेस्ते (ईस्ट तिमोर) आसियान का 11वाँ सदस्य है.

आसियान के 47वें शिखर सम्मेलन के साथ ही इसके 7 वार्ता भागीदार देशों (ऑस्ट्रेलिया, चीन, भारत, जापान, द. कोरिया, रूस व अमेरिका) के साथ इसकी अलग-अलग शिखर बैठकें, [पाँचवाँ आसियान-ऑस्ट्रेलिया शिखर सम्मेलन, 28वाँ आसियान-चीन शिखर सम्मेलन, 13वाँ आसियान-अमेरिका शिखर सम्मेलन, 22वाँ आसियान-भारत शिखर सम्मेलन, 28वाँ आसियान-जापान शिखर

इन सभी बैठकों की समाप्ति के पश्चात् आसियान की अध्यक्षता अब फिलीपींस के पास आ गई है. फिलीपींस 1 जनवरी, 2026 से यह दायित्व सँभालेगा तथा आसियान के अगले दो शिखर सम्मेलन (48वाँ व 49वाँ शिखर सम्मेलन) अब फिलीपींस की मेजबानी में पसाय सिटी (Pasay City) में क्रमशः मई व अक्टूबर 2026 में होंगे. फिलीपींस की अध्यक्षता वर्ष की थीम नेविगेटिंग अवर फ्यूचर टुगैदर (Navigating Our Future) रहेगी.

कम्बोडियाई युवा संगठन को आसियान पुरस्कार (2025)

कुआलालम्पुर में 26 अक्टूबर, 2025 को आसियान (ASEAN) के 47वें शिखर सम्मेलन के उद्घाटन समारोह में (आठवाँ) आसियान पुरस्कार कम्बोडिया के 'यूनियन यूथ फेडरेशन ऑफ कम्बोडिया' (UYFC) को प्रदान किया गया. संगठन की उपाध्यक्ष ने आसियान शिखर सम्मेलन के अध्यक्ष (मलेशिया के प्रधानमंत्री) अनवर इब्राहिम के हाथों आसियान पुरस्कार की ट्रॉफी 20 हजार डॉलर की राशि के साथ प्राप्त की.

आसियान के इस पुरस्कार का उद्देश्य उन व्यक्तियों को सम्मानित करना है जिन्होंने क्षेत्र में समुदाय निर्माण प्रक्रिया में बढ़ावा देने में असाधारण व सार्थक प्रयास किए हों.

कम्बोडियाई संगठन की प्रतिनिधि को पुरस्कार देते हुए सम्मेलन के अध्यक्ष (मलेशिया के प्रधानमंत्री) अनवर इब्राहिम

सम्मेलन, 26वाँ आसियान-कोरिया शिखर सम्मेलन, आदि] 28वाँ आसियान + 3 (चीन, जापान, कोरिया) शिखर सम्मेलन, आसियान-न्यूजीलैण्ड विशेष सम्मेलन, 15वाँ आसियान-यूएन शिखर सम्मेलन व 20वाँ पूर्वी एशिया शिखर सम्मेलन आदि भी कुआलालम्पुर में 26-28 अक्टूबर को सम्पन्न हुए.

आसियान-भारत 22वाँ शिखर सम्मेलन

आसियान (ASEAN)-भारत का 22वाँ शिखर सम्मेलन मलेशिया में कुआलालम्पुर

शिखर सम्मेलन को ऑनलाइन सम्बोधित करते प्रधानमंत्री श्री नरेन्द्र मोदी

में 26 अक्टूबर, 2025 को सम्पन्न हुआ. यह सम्मेलन आसियान के 47वें शिखर सम्मेलन के अवसर पर ही अलग से हुआ. भारत द. पूर्वी एशियाई देशों के संगठन आसियान का सदस्य नहीं है तथा इस संगठन के साथ वर्ष में कम-से-कम एक बार भारत की शिखर बैठक आयोजित होती है जिसमें आसियान के सभी सदस्य देशों के शासन प्रमुख व भारत के प्रधानमंत्री भाग लेते हैं. आसियान के साथ भारत की ऐसी 22वीं शिखर बैठक 26 अक्टूबर को कुआलालम्पुर में सम्पन्न हुई. इस बार इस शिखर सम्मेलन में प्रधानमंत्री श्री नरेन्द्र मोदी ने वर्चुअल तरीके से ही भाग लिया. आसियान-भारत शिखर सम्मेलन में भी मोदी की यह 12वीं भागीदारी थी. बैठक में सर्वप्रथम नए सदस्य तिमोर लेस्ते (ईस्ट तिमोर) का स्वागत प्रधानमंत्री ने किया.

आसियान देशों के नेताओं के साथ भारतीय प्रधानमंत्री की 26 अक्टूबर शिखर बैठक में आसियान भारत के समग्र रणनीतिक सहयोग (ASEAN–India Comprehensive Strategic Partnership)

2026 समुद्री सहयोग का वर्ष घोषित

सम्मेलन को सम्बोधित करते हुए प्रधानमंत्री ने कहा कि भारत हर आपदा में अपने आसियान साथियों के साथ हमेशा खड़ा रहा है. मानवीय मदद और आपदा राहत (Humanitarian Assistance and Disaster Relief) समुद्री सुरक्षा और नीली अर्थव्यवस्था में हमारा सहयोग तेजी से बढ़ रहा है. इस परिप्रेक्ष्य में 2026 को आसियान-भारत समुद्री सहयोग का वर्ष उन्होंने घोषित किया.

सहयोग की प्रगति की समीक्षा की गई तथा भविष्य में इसके विस्तार पर विचार-विमर्श हुआ. सम्मेलन में अपने सम्बोधन में प्रधानमंत्री ने आसियान एकता (ASEAN Unity) आसियान केन्द्रीयता (ASEAN Centrality) तथा हिन्द प्रशान्त क्षेत्र पर आसियान दृष्टिकोण (ASEAN Outlook) के प्रति भारत का समर्थन दोहराते हुए **आसियान कम्यूनिटी विजन 2045** अपनाने के लिए आसियान की सराहना की. इस बात पर उन्होंने बल दिया कि **आसियान-भारत व्यापार समझौते** (AITIGA–ASEAN–India Trade in Goods Agreement) की शीघ्र समीक्षा से हमारे सम्बन्धों की पूर्ण आर्थिक क्षमता का उपयोग हो सकेगा तथा क्षेत्रीय सहयोग और मजबूत होगा. भारत व आसियान को वैश्विक दक्षिण का हिस्सा बताते हुए श्री मोदी ने कहा कि भारत और आसियान मिलकर विश्व की लगभग एक-चौथाई जनसंख्या का प्रतिनिधित्व करते हैं तथा हम केवल भूगोल ही नहीं, बल्कि गहरे ऐतिहासिक और सांस्कृतिक सम्बन्धों से भी जुड़े हैं. आसियान को भारत की एक्ट ईस्ट नीति का मुख्य स्तम्भ बताते हुए श्री मोदी ने कहा कि हम शिक्षा, पर्यटन, विज्ञान और तकनीक, स्वास्थ्य, हरित ऊर्जा और साइबर सुरक्षा में अपने सहयोग को और मजबूत कर रहे हैं. 21वीं सदी भारत और आसियान की सदी है. उन्होंने विश्वास जताया कि **आसियान सामुदायिक विजन 2045** और **विकसित भारत 2047** का उद्देश्य सभी के लिए एक उज्ज्वल भविष्य बनाना है. इससे पूरी मानवता को फायदा होगा.

सम्मेलन की अध्यक्षता करते हुए मलेशिया के प्रधानमंत्री अनवर इब्राहिम ने कहा कि आसियान-भारत व्यापार समझौते में अच्छी प्रगति हुई है. व्यापार समझौते को इस वर्ष के अन्त तक पूरा कर लिए जाने की आशा व्यक्त करते हुए मलेशियाई प्रधानमंत्री ने कहा कि यह समझौता क्षेत्र में आर्थिक सहयोग को मजबूत करेगा और निवेश व व्यापार को नई दिशा देगा. उन्होंने कहा, आसियान और भारत की साझेदारी स्थिरता व साझा समृद्धि की मजबूत ताकत बन चुकी है. दोनों के बीच रणनीतिक साझेदारी गहरी हो रही है, जो आर्थिक नहीं बल्कि सांस्कृतिक और सामाजिक स्तर पर भी सम्बन्धों को मजबूत बना रही है. भारत और आसियान देश मिलकर क्षेत्र में सतत् विकास, व्यापार के नए अवसर और लोगों के बीच बेहतर सम्पर्क बढ़ाने के लिए काम कर रहे हैं.

बाद में भारत-आसियान की ओर से पर्यटन पर एक सतत् साझा बयान जारी किया गया जिसमें पर्यटन को आर्थिक वृद्धि, रोजगार सृजन, बुनियादी ढाँचा विकास और सांस्कृतिक आदान-प्रदान का महत्वपूर्ण साधन माना गया है. साथ ही, जरूरत से ज्यादा पर्यटन के पर्यावरण व स्थानीय समुदायों पर नकारात्मक प्रभाव को स्वीकार करते हुए ऐसी पर्यटन व्यवस्था बनाने की बात कही गई है जिसमें पर्यावरण को क्षति न हो और अर्थव्यवस्था को फायदा हो, इसके लिए भारत व आसियान मिलकर प्लास्टिक मुक्त पर्यटन को बढ़ावा देंगे. इसके लिए नवीकरणीय ऊर्जा पर जोर दिया जाएगा तथा जैव विविधता संरक्षण का काम किया जाएगा.

20वाँ पूर्वी एशिया शिखर सम्मेलन भी कुआलालम्पुर में सम्पन्न

आसियान-भारत 22वें शिखर सम्मेलन के अगले दिन 27 अक्टूबर को कुआलालम्पुर में ही 20वाँ पूर्वी एशिया शिखर सम्मेलन (East Asia Summit–EAS) निर्धारित था. आसियान द्वारा ही आयोजित इस सम्मेलन में आसियान के सदस्य देशों के अतिरिक्त भारत, ऑस्ट्रेलिया, चीन, जापान, न्यूजीलैण्ड, द. कोरिया, रूस तथा अमेरिका शामिल रहते हैं. सम्मेलन में भाग ले चुके नेताओं में भारतीय

प्रधानमंत्री श्री नरेन्द्र मोदी ने ही सर्वाधिक 9 बार इस सम्मेलन में भाग लिया है, किन्तु इस बार बिहार में चुनाव निकट होने के कारण वह स्वयं इसमें शामिल नहीं हुए. मलेशिया के प्रधानमंत्री अनवर इब्राहिम की अध्यक्षता में सम्पन्न 20वें पूर्वी एशिया सम्मेलन में भारत का प्रतिनिधित्व विदेश मंत्री एस. जयशंकर ने किया.

सम्मेलन में वैश्विक जटिल परिस्थितियों में ईएएस की भूमिका को रेखांकित करते हुए पूर्वी एशियाई देशों के साथ भारत की समग्र रणनीतिक साझेदारी को और मजबूत बनाने की प्रतिबद्धता भारतीय विदेश मंत्री एस. जयशंकर ने व्यक्त की. उन्होंने कहा कि यह बैठक बहुत ही चुनौतीपूर्ण समय में सम्पन्न हो रही है, सप्लाई चेन की विश्वसनीयता व बाजार में पहुँच को लेकर चिन्ताएँ बढ़ रही हैं. वैश्विक सिद्धान्तों के एकसमान लागू नहीं होने तथा कुछ देशों की तरफ से दूसरे देशों को फालतू में ही उपदेश देने पर चिन्ता उन्होंने व्यक्त की. ऐसे में बहुध्रुवीयता को अपरिहार्य बताते हुए गम्भीर वैश्विक संवाद की आवश्यकता पर बल उन्होंने दिया. आतंकवाद को निरन्तर नष्ट करने वाला खतरा बताते हुए इसके प्रति जीरो टॉलरेंस की अपील उन्होंने विश्व समुदाय से की. उन्होंने स्पष्ट तौर पर कहा कि आतंकवाद

पूर्वी एशिया शिखर सम्मेलन

क्रम	तिथि	आयोजन स्थल
1.	14 दिसम्बर, 2005	कुआलालम्पुर (मलेशिया)
2.	15 जनवरी, 2007	सेबू सिटी (फिलीपींस)
3.	21 नवम्बर, 2007	सिंगापुर (सिंगापुर)
4.	25 अक्टूबर, 2009	चा आम व हुआ हिन (थाइलैण्ड)
5.	30 अक्टूबर, 2010	हनोई (वियतनाम)
6.	19 नवम्बर, 2011	बाली (इण्डोनेशिया)
7.	20 नवम्बर, 2012	नॉम पेन्ह (कम्बोडिया)
8.	10 अक्टूबर, 2013	बांदर सेरी बागवान (ब्रुनेई)
9.	13 नवम्बर, 2014	ने पी तॉ (म्यांमार)
10.	22 नवम्बर, 2015	कुआलालम्पुर (मलेशिया)
11.	8 सितम्बर, 2016	वियनतियाने (लाओस)
12.	13-14 नवम्बर, 2017	मनीला (फिलीपींस)
13.	15 नवम्बर, 2018	सिंगापुर
14.	4 नवम्बर, 2019	बैंकॉक (थाइलैण्ड)
15.	15 नवम्बर, 2020	हनोई (वियतनाम)
16.	28 अक्टूबर, 2021	बांदर सेरी बागवान (ब्रुनेई)
17.	13 नवम्बर, 2022	नॉम पेन्ह (कम्बोडिया)
18.	7 सितम्बर, 2023	वियनतियाने (लाओस)
19.	11 अक्टूबर, 2024	वियनतियाने (लाओस)
20.	27 अक्टूबर, 2025	कुआलालम्पुर (मलेशिया)

पूर्वी एशिया शिखर सम्मेलन के भागीदार राष्ट्र

(आसियान के 11 सदस्य व 8 अन्य राष्ट्र)

आसियान सदस्य—ब्रुनेई, कम्बोडिया, इण्डोनेशिया, लाओस, मलेशिया, म्यांमार, फिलीपींस, सिंगापुर, थाइलैण्ड, वियतनाम व तिमोर लेस्ते.

अन्य 8 सदस्य—ऑस्ट्रेलिया, चीन, भारत, जापान, न्यूजीलैण्ड, रूस, द. कोरिया व अमेरिका. रूस व अमेरिका को नवम्बर 2011 में छठे पूर्वी एशियाई शिखर सम्मेलन में ही इसमें शामिल किया गया था.

के विरुद्ध रक्षा के हमारे अधिकार से कभी कोई समझौता नहीं किया जा सकता. गाजा शान्ति योजना का स्वागत करते हुए यूक्रेन युद्ध के शीघ्र समाप्ति का आह्वान उन्होंने किया.

पूर्वी एशियाई देशों के साथ भारत के सहयोग का उल्लेख करते हुए विदेश मंत्री ने कहा कि मार्च 2025 में म्यांमार में आए भूकम्प के समय सबसे पहले सहायता भारत ने ही प्रदान की थी. भारत-म्यांमार-थाइलैण्ड त्रिपक्षीय राजमार्ग परियोजना की प्रगति का उल्लेख भी उन्होंने किया. पूर्वी एशिया शिखर सम्मेलन की सराहना करते हुए भारतीय विदेश मंत्री ने कहा कि भारत पूर्वी एशिया में शान्ति, प्रगति और समृद्धि में इसकी भूमिका को महत्व देता है तथा इस सम्मेलन से सकारात्मक परिणामों की आशा करता है.

मौजूदा वैश्विक चुनौतियों एवं उनके समाधान के लिए व्यापक चर्चा इस सम्मेलन में हुई तथा आर्थिक सहयोग का विस्तार करने व क्षेत्र में विकास असमानता कम करने पर सहमति सभी ने व्यक्त की. दक्षिणी चीन सागर के मामले में भी चर्चा सम्मेलन में हुई. दक्षिणी चीन सागर के मामले में फिलीपींस, ब्रूनेई व वियतनाम आदि का चीन से विवाद है. चीन जहाँ इस पूरे समुद्री क्षेत्र पर अपना अधिकार जताता है, अन्य देश इसे अन्तर्राष्ट्रीय समुद्री क्षेत्र मानते हैं. भारत सहित अनेक देश संयुक्त राष्ट्र समुद्री कानून के तहत् शान्तिपूर्ण तरीके से इस विवाद के समाधान की माँग करते रहे हैं. दक्षिणी चीन सागर में चीन की बढ़ती आक्रामकता को लेकर कड़ा संदेश पूर्वी एशिया शिखर सम्मेलन में दिया गया. सम्मेलन में जारी कुआलालम्पुर घोषणा-पत्र में कहा गया है कि क्षेत्रीय विवादों का समाधान शान्तिपूर्ण तरीके से अन्तर्राष्ट्रीय कानूनों के अनुसार होना चाहिए. घोषणा-पत्र में कहा है कि सदस्य देश आपसी विश्वास और समझ बढ़ाने, विवादों को बातचीत से सुलझाने के लिए प्रतिबद्ध हैं. इसका उद्देश्य क्षेत्र में शान्ति, स्थिरता व समृद्धि को मजबूत करना है. यह भी कहा गया कि आसियान क्षेत्रीय रणनीतिक और आर्थिक मुद्दों में केन्द्र की भूमिका निभाए. सदस्य देशों ने संयुक्त राष्ट्र चार्टर को वैश्विक शान्ति व स्थिरता की अनिवार्य नींव बताया और बहुपक्षवाद का समर्थन किया.

कुआलालम्पुर प्रवास के दौरान भारतीय विदेश मंत्री एस. जयशंकर ने विश्व के अनेक प्रमुख नेताओं के साथ मुलाकात कर वार्ताएँ की. इनमें मलेशिया के प्रधानमंत्री अनवर इब्राहिम और मलेशिया के विदेश मंत्री मोहम्मद हाजी हसन, अमेरिका के विदेश मंत्री मार्को रुबियो, न्यूजीलैण्ड के प्रधानमंत्री क्रिस्टोफर लक्सन, ऑस्ट्रेलिया के प्रधानमंत्री एंथनी एल्बनीज, सिंगापुर के प्रधानमंत्री लॉरेंस वॉन्ग, जापान के विदेश मंत्री तोशिमित्सु मोटेगी, ब्राजील के विदेश मंत्री मौरो विएरा, सिंगापुर के विदेश मंत्री विवियन बालकृष्णन, दक्षिण कोरिया के विदेश मंत्री चो ह्यून, थाइलैण्ड के विदेश मंत्री सिहसाक फुआंगकेटकेव, ब्रुनेई के विदेश मंत्री दातो एरीवान पेहिन यूसुफ, वियतनाम के विदेश मंत्री ले होई ट्रंग और कनाडा के मिनिस्टर ऑफ इंटरनेशनल ट्रेड मनिंदर सिंह शामिल हैं.

●●●

शेष पृष्ठ 13 का

रक्षा उत्पादों का प्रदर्शन ही नहीं बल्कि भारत की आत्मनिर्भरता व आत्मविश्वास का प्रतीक भी है. उन्होंने बताया कि मेक इन इण्डिया अभियान के तहत् भारत वर्तमान में 92 देशों को रक्षा उत्पादों का निर्यात कर रहा है.

छत्तीसगढ़

1 नवम्बर को छत्तीसगढ़ स्थापना दिवस पर राज्य के सभी शैक्षणिक संस्थानों के लिए अवकाश घोषित

मध्य प्रदेश का विभाजन कर छत्तीसगढ़ राज्य का गठन 1 नवम्बर, 2000 को हुआ था. इस परिप्रेक्ष्य में 1 नवम्बर को राज्य स्थापना दिवस के रूप में प्रति वर्ष मनाया जाता है. राज्य शासन ने इस वर्ष इस दिन को (1 नवम्बर को) राज्य के सभी शैक्षणिक संस्थानों के लिए स्थानीय/सामान्य अवकाश घोषित किया है. इस आशय का शासनादेश 24 अक्टूबर को जारी किया गया.

राज्य स्थापना की 25वीं वर्षगाँठ पर नवा रायपुर में 'सूर्यकिरण एरोबैटिक शो'

छत्तीसगढ़ राज्य की स्थापना का यह 25वाँ वर्ष है. राज्य स्थापना के रजत जयंती समारोह के तहत् 'सूर्यकिरण एरोबैटिक शो' का आयोजन राजधानी नवा रायपुर में होगा. भारतीय वायु सेना की सूर्यकिरण एरोबैटिक टीम इस अवसर पर अपने रोमांचकारी करतबों का प्रदर्शन करेगी जोकि रजत जयंती समारोह का सबसे विशेष आकर्षण होगा.

●●●

आर्थिक वाणिज्यिक परिदृश्य

- 2025-26 की पहली छमाही में देश के निर्यातों व आयातों में धनात्मक वृद्धि
- जून 2025 के अन्त में भारत पर विदेशी ऋण : रिजर्व बैंक की रिपोर्ट
- 2025-26 में मौद्रिक नीति की चौथी द्वैमासिक समीक्षा में रेपो दर सहित सभी प्रमुख बैंकिंग दरें अपरिवर्तित
- 2025-26 से 2030-31 तक की अवधि के लिए दलहन आत्म-निर्भरता मिशन
- विपणन वर्ष 2026-27 के लिए रबी उपजों के न्यूनतम समर्थन मूल्य
- 2025-26 में भारत में आर्थिक वृद्धि 6·5 प्रतिशत व 2026-27 में 6·3 प्रतिशत रहने का विश्व बैंक का ताजा पूर्वानुमान
- मुकेश अंबानी ही भारत में सबसे धनी : फोर्ब्स इंडिया रिपोर्ट (2025)
- 2025 व 2026 में विभिन्न देशों में आर्थिक वृद्धि के सम्बन्ध में अन्तर्राष्ट्रीय मुद्रा कोष के ताजा अक्टूबर 2025 के पूर्वानुमान
- भारत व चीन के बीच 5 वर्ष के अन्तराल के पश्चात् सीधी विमान सेवाएँ प्रारम्भ
- चीन से आयातित सभी उत्पादों पर 100 प्रतिशत अतिरिक्त शुल्क अमेरिका द्वारा आरोपित
- भूटान व भारत के बीच दो रेलवे रूट्स के लिए दोनों देशों में सहमति

2025-26 की पहली छमाही में देश के निर्यातों व आयातों में धनात्मक वृद्धि

विश्व के विभिन्न क्षेत्रों में चल रही उथल-पुथल व अमेरिका के टैरिफ दबाव के बावजूद चालू वित्तीय वर्ष 2025-26 की पहली छमाही (अप्रैल-सितम्बर 2025) में देश के वस्तुगत निर्यातों में 3·01 प्रतिशत व आयातों में 4·53 प्रतिशत की वृद्धि दर्ज की गई है, वाणिज्य मंत्रालय द्वारा 15 अक्टूबर, 2025 को जारी आँकड़ों के अनुसार अप्रैल-सितम्बर 2025 में भारत के वस्तुगत निर्यात 220·12 अरब डॉलर के रहे हैं, जो पूर्व वर्ष की समान अवधि अप्रैल-सितम्बर 2024 में 213·68 अरब डॉलर थे. इसी के साथ अप्रैल-सितम्बर 2024 की तुलना में अप्रैल-सितम्बर 2025 में वस्तुगत आयात 358·85 अरब डॉलर से बढ़कर 375·11 अरब डॉलर के हो गए. अप्रैल-सितम्बर 2024 (2024-25 की पहली छमाही) की तुलना में यह 4·53 प्रतिशत अधिक है. इन आँकड़ों के साथ वस्तुगत व्यापार घाटा (Trade Deficit) 2025-26 की पहली छमाही में 154·98 अरब डॉलर रहा है. पूर्व वर्ष 2024-25 की पहली छमाही में यह 145·18 अरब डॉलर था.

सेवाओं का व्यापार

वाणिज्य मंत्रालय के 15 अक्टूबर, 2025 के अनंतिम आँकड़ों (अप्रैल-सितम्बर 2025 के दौरान देश के सेवाओं के व्यापार को इन आँकड़ों में सितम्बर माह के आँकड़े अनुमान पर आधारित हैं. इनमें बाद में संशोधन अपेक्षित हैं) में अप्रैल-सितम्बर 2025 की अवधि में देश में सेवाओं का कुल आयात 97·68 अरब डॉलर अनुमानित है जबकि इसी अवधि में सेवाओं का कुल निर्यात 193·18 अरब डॉलर अनुमानित है. पूर्व वर्ष की समान अवधि (अप्रैल-सितम्बर 2024) की तुलना में सेवाओं के आयात लगभग यथावत् ही रहे जबकि सेवाओं का निर्यात 6·31 प्रतिशत अधिक रहने का अनुमान वाणिज्य मंत्रालय के इन आँकड़ों में लगाया गया है. इस प्रकार अप्रैल-सितम्बर

भारत के विदेशी व्यापार (वस्तुगत व्यापार एवं सेवा व्यापार) के आँकड़े

वस्तुगत व्यापार (Merchandise Trade) (अरब डॉलर)

	अप्रैल-सितम्बर	
	2024-25	**2025-26**
निर्यात (Exports)	213·68	220·12 (3·01)
आयात (Imports)	358·85	375·11 (4·53)
व्यापार शेष (Trade Balance)	145·18	154·98

सेवाओं का व्यापार* (Trade in Services) (अरब डॉलर)

	अप्रैल-सितम्बर	
	2024-25	**2025-26**
निर्यात (प्राप्तियाँ)	182·03	193·18 (6·13)
आयात भुगतान	97·73	97·68
सेवाओं से निवल प्राप्तियाँ	84·31	95·50

वस्तुओं और सेवाओं का व्यापार* (Foreign Trade in Goods and Services) (अरब डॉलर)

	अप्रैल-सितम्बर	
	2024-25	**2025-26**
वस्तुओं और सेवाओं के कुल निर्यात	395·71	413·30 (4·45)
वस्तुओं और सेवाओं के कुल आयात	456·58	472·79 (3·55)
व्यापार शेष	–60·87	–59·48

* सेवाओं के व्यापार (Trade in Services) के आँकड़ों में सितम्बर 2025 के आँकड़े अनुमान पर आधारित हैं.

नोट—कोष्ठक में दिए गए आँकड़े पूर्व वर्ष की समान अवधि की तुलना में प्रतिशत वृद्धि दर्शाते हैं.

2025 छमाही में सेवाओं के व्यापार में 95·50 अरब डॉलर का आधिक्य रहा है जो पूर्व वर्ष की समान अवधि में 84·31 अरब डॉलर था. सेवाओं के व्यापार के यह आँकड़े भी तालिका/बॉक्स में प्रदर्शित हैं.

वस्तुओं एवं सेवाओं का संयुक्त विदेशी व्यापार

2025-26 की पहली छमाही (अप्रैल-सितम्बर 2025) के वस्तुगत एवं सेवाओं के व्यापार के आँकड़ों को मिलाकर देखें, तो इस छमाही में देश के कुल निर्यात (वस्तुगत व सेवाओं के निर्यात मिलाकर) 413·30 अरब डॉलर (पूर्व वर्ष की समान अवधि की तुलना में 4·45 प्रतिशत अधिक) तथा कुल आयात 472·79 अरब डॉलर (3·55 प्रतिशत की वृद्धि) के रहे. इस प्रकार 59·48 अरब डॉलर का व्यापार घाटा (Trade deficit) इस छमाही में वस्तुओं व सेवाओं के विदेशी व्यापार में प्राप्त हुआ. इन आँकड़ों में सेवाओं के व्यापार के सितम्बर माह के आँकड़े अनुमान पर आधारित हैं, जिनमें संशोधन बाद में आरबीआई द्वारा किया जाएगा.

जून 2025 के अन्त में भारत पर विदेशी ऋण : रिजर्व बैंक की रिपोर्ट

भारत पर विदेशी ऋण की स्थिति के सम्बन्ध में रिजर्व बैंक ने अपनी ताजा रिपोर्ट 30 सितम्बर, 2025 को जारी की. इस रिपोर्ट के अनुसार–

- जून 2025 के अन्त में भारत पर कुल विदेशी ऋण 747·2 अरब डॉलर था, जो मार्च 2025 के अन्त में 735·9 अरब डॉलर था. इस प्रकार कुल विदेशी ऋण में 11·2 अरब डॉलर (11·2 प्रतिशत) की वृद्धि मार्च-जून 2025 के दौरान हुई.
- रिजर्व बैंक की रिपोर्ट के अनुसार मार्च-जून 2025 के दौरान विदेशी ऋण में हुई वृद्धि रुपए व अन्य प्रमुख मुद्राओं की तुलना में डॉलर के मूल्य में हुई वृद्धि के चलते अधिक रही है. डॉलर के मूल्य में यदि वृद्धि नहीं हुई होती, तो इस अवधि में विदेशी ऋण में वृद्धि 11·2 अरब डॉलर के स्थान पर 6·2 अरब डॉलर की होती. जून 2025 के अन्त में भारत पर कुल विदेशी ऋण जीडीपी का 18·9 प्रतिशत था, जो मार्च 2025 के अन्त में 19·1 प्रतिशत था.
- जून 2025 के अन्त में भारत पर 747·2 अरब डॉलर के कुल विदेशी ऋण में दीर्घकालिक ऋण 611·7 अरब डॉलर व अल्पकालिक ऋण 135·4 अरब डॉलर था.
- जून 2024 की तुलना में जून 2025 के अन्त में दीर्घकालिक ऋण में 11·3 प्रतिशत तथा अल्पकालिक ऋण में 2·6 प्रतिशत की वृद्धि दर्ज की गई. जबकि मार्च 2025 की तुलना में जून 2025 में यह वृद्धियाँ क्रमशः 1·7 प्रतिशत व 0·7 प्रतिशत रहीं.
- जून 2025 के अन्त में कुल विदेशी ऋण में 81·9 प्रतिशत भाग दीर्घकालिक ऋणों का था, जबकि अल्पकालिक ऋणों का भार 18·1 प्रतिशत था.
- आरबीआई की इस रिपोर्ट के अनुसार, जून 2025 के अन्त में देश के कुल विदेशी ऋण का सर्वाधिक 53·8 प्रतिशत भाग डॉलर में निरूपित था. दूसरे स्थान पर 30·6 प्रतिशत भाग भारतीय रुपए में निरूपित था. कुल विदेशी ऋण का 6·6 प्रतिशत भाग येन में, 4·6 प्रतिशत भाग एसडीआर में तथा 3·5 प्रतिशत भाग यूरो में निरूपित था.
- **रिपोर्ट के अनुसार, भारत का ऋण सेवा अनुपात** (Debt Service Ratio)– निर्यात प्राप्तियों के प्रतिशत के रूप में ऋणों पर ब्याज की अदायगियाँ मार्च 2024 के अन्त में 6·7 प्रतिशत था, जो मामूली घटकर जून 2025 के अन्त में 6·6 प्रतिशत हो गया था.
- जून 2025 के अन्त में देश में, आरक्षित विदेशी मुद्रा कोष कुल विदेशी ऋणों के 93·4 प्रतिशत थे, जो मार्च 2025 के अन्त में 90·8 प्रतिशत थे.
- रिपोर्ट के अनुसार, जून 2025 के अन्त में कुल विदेशी ऋण में 168·0 अरब डॉलर सरकारी ऋण (जीडीपी का 4·3 प्रतिशत) तथा 579·2 अरब डॉलर गैर-सरकारी ऋण (जीडीपी का 14·7 प्रतिशत) था.
- जून 2025 के अन्त में देश पर कुल अल्पकालिक बाह्य ऋण कुल विदेशी मुद्रा कोष के 19·4 प्रतिशत थे, जो मार्च 2025 के अन्त में 20·1 प्रतिशत थे.

2025-26 में मौद्रिक नीति की चौथी द्वैमासिक समीक्षा में रेपो दर सहित सभी प्रमुख बैंकिंग दरें अपरिवर्तित

चालू वित्तीय वर्ष 2025-26 में मौद्रिक नीति की चौथी द्वैमासिक समीक्षा 6 सदस्यीय मौद्रिक नीति समिति (MPC) की 29 सितम्बर-1 अक्टूबर, 2025 की बैठक में की गई. लगातार तीन समीक्षाओं (2024-25 की फरवरी 2025 की अन्तिम द्वैमासिक समीक्षा तथा 2025-26 की अप्रैल व जून 2025 की समीक्षा) में रेपो दर में लगातार कटौतियों के पश्चात् 4-6 अगस्त, 2025 की द्वैमासिक समीक्षा में तटस्थ रुख जारी रखते हुए रेपो दर में कोई परिवर्तन नहीं किया गया था तथा इसे 5·5 प्रतिशत पर ही बरकरार रखा गया था. **1 अक्टूबर, 2025 को घोषित, 2025-26 की चौथी समीक्षा में भी रेपो दर में कोई परिवर्तन न करते हुए तटस्थ रूख के साथ 5·5 प्रतिशत पर ही इसे बरकरार रखा गया है. इस प्रकार लगातार दूसरी बार प्रमुख ब्याज दरों में कोई परिवर्तन आरबीआई ने नहीं किया है.** यह निर्णय यह संकेत देता है कि आरबीआई फिलहाल मुद्रास्फीति व आर्थिक वृद्धि में सन्तुलन बनाए रखने के

प्रमुख बाह्य ऋण संकेतक
(India's Key External Debt Indicators)

अवधि (मार्च अन्त)	कुल बाह्य ऋण (Total External Debt.) (अरब डॉलर)	जीडीपी के प्रतिशत के रूप में बाह्य ऋण (प्रतिशत)	ऋण सेवा अनुपात (Debt Service Ratio) (प्रतिशत)	कुल बाह्य ऋण की तुलना में विदेशी मुद्रा कोष (प्रतिशत)	कुल बाह्य ऋण में रियायती ऋण का भाग (प्रतिशत)	विदेशी मुद्रा कोष की तुलना में अल्पकालिक ऋण का भाग (प्रतिशत)	कुल बाह्य ऋण में अल्पकालिक ऋण का भाग (प्रतिशत)
2024*	668·7	18·5	6·7	96·7	7·4	19·7	19·1
2025*	735·9	19·1	6·6	90·8	6·9	20·1	18·3
जून 2025**	747·2	18·9	6·6	93·4	7·1	19·4	18·1

* आंशिक रूप से संशोधित (Partially Revised), ** अनंतिम (Provisional)

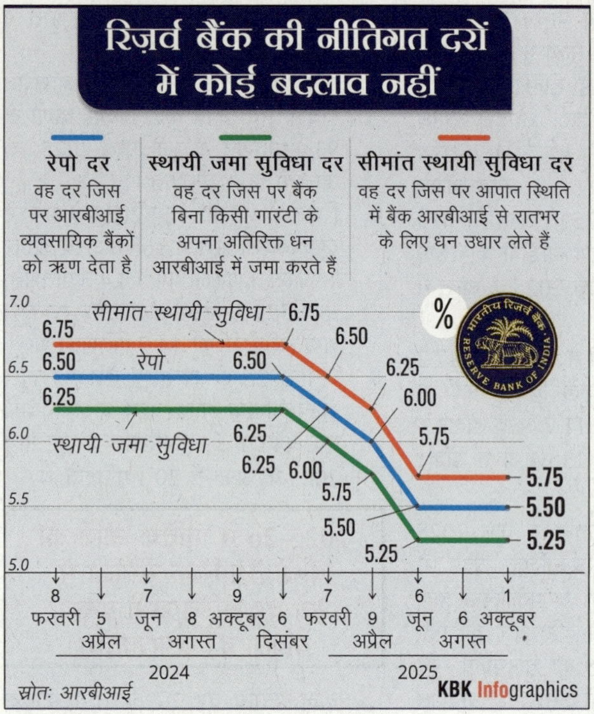

पक्ष में है तथा निकट भविष्य में आर्थिक आँकड़ों का आकलन करने के पश्चात् ही कोई कदम वह उठाएगा. नीति की घोषणा करते हुए रिजर्व बैंक के गवर्नर संजय मल्होत्रा ने 1 अक्टूबर को बताया कि रेपो दर में कोई परिवर्तन न करने का निर्णय अर्थव्यवस्था की मौजूदा स्थिति व क्षमता को देखते हुए ही 6 सदस्यीय मौद्रिक नीति समिति ने सर्वसम्मति से ही लिया है. इससे पूर्व 2 वर्ष से भी अधिक समय तक रेपो दर को 6·5 प्रतिशत के उच्च-स्तर पर बनाए रखने के पश्चात् 7 फरवरी, 2025 को घटा कर इसे 6·25 प्रतिशत, 9 अप्रैल को 6·0 प्रतिशत तथा 6 जून, 2025 को इसे 5·50 प्रतिशत किया गया था. विशेषज्ञों का पूर्वानुमान भी इस बार यही था कि हाल ही में तीन बार में रेपो दर में कुल मिलाकर 1 प्रतिशत की कटौती के पश्चात् इस बार भी रेपो दर में और कटौती की सम्भावना कम ही है.

1 अक्टूबर, 2025 को रेपो दर में कोई परिवर्तन न किए जाने से सम्बद्ध दरें— बैंक दर, एमएसएफ रेट तथा स्टैंडिंग डिपॉजिट फैसिलिटी रेट में भी कोई परिवर्तन नहीं हुआ है, रिवर्स रेपो दर व सांविधिक तरलता अनुपात (SLR) भी अपने पूर्व स्तरों पर ही बनी हुई हैं, इससे 1 अक्टूबर, 2025 के पश्चात् रेपो दर 5·50 प्रतिशत, रिवर्स रेपो दर 3·35 प्रतिशत, बैंक दर 5·75 प्रतिशत, सीमांत स्थायी सुविधा (Marginal Standing Facility–MSF) दर 5·75 प्रतिशत तथा स्टैंडिंग डिपॉजिट फैसिलिटी रेट 5·25 प्रतिशत के स्तर पर बरकरार है.

वित्तीय वर्ष 2024-25 में देश में जीडीपी में वृद्धि 6·5 प्रतिशत रहने का अनुमान राष्ट्रीय सांख्यिकी कार्यालय (NSO) का है. चालू वित्तीय वर्ष 2025-26 में भी जीडीपी में वृद्धि 6·5 प्रतिशत ही रहने का पूर्वानुमान आरबीआई की मौद्रिक नीति समिति की 4-6 जून, 2025 व 4-6 अगस्त, 2025 की बैठक में बरकरार रखा था, **किन्तु इस वित्तीय वर्ष की पहली तिमाही (अप्रैल-जून 2025) में वृद्धि 7·8 प्रतिशत रहने तथा जीएसटी में ऐतिहासिक कटौती को देखते हुए 2025-26 में वृद्धि के अपने पूर्वानुमान को 6·5 प्रतिशत से बढ़ाकर 6·8 प्रतिशत आरबीआई ने 1 अक्टूबर, 2025 को किया** है. आरबीआई ने 1 अक्टूबर, 2025 के ताजा अनुमान के अनुसार, 2025-26 की पहली तिमाही Q_1 में जीडीपी वृद्धि 7·8 प्रतिशत रहने के पश्चात, दूसरी तिमाही Q_2 में 7·0 प्रतिशत, तीसरी तिमाही Q_3 में 6·4 प्रतिशत तथा चौथी तिमाही Q_4 में यह 6·2 प्रतिशत अपेक्षित है. आगामी वित्त वर्ष 2026-27 की पहली तिमाही Q_1 में जीडीपी वृद्धि 6·4 प्रतिशत रहने का अनुमान आरबीआई ने मौद्रिक नीति की इस समीक्षा में व्यक्त किया है.

मुद्रास्फीति की घटती हुई प्रवृत्ति को देखते हुए 2025-26 में उपभोक्ता मूल्य आधारित मुद्रास्फीति (CPI Inflation) 4·0 प्रतिशत रहने का अनुमान मौद्रिक नीति की 7-9 अप्रैल, 2025 की समीक्षा में व्यक्त किया गया था. इसे घटाकर 3·7 प्रतिशत 4-6 जून, 2025 की बैठक में तथा 3·1 प्रतिशत 4-6 अगस्त, 2025 की बैठक में किया गया था. जीएसटी में हुई कटौती के कारण

भारतीय रिजर्व बैंक की मौद्रिक नीति समिति

मौद्रिक नीति का निर्धारण करने वाली रिजर्व बैंक की मौद्रिक नीति समिति के 6 सदस्यों में से 3 सदस्य रिजर्व बैंक के पदेन सदस्य होते हैं. जबकि तीन अन्य सदस्य सरकार द्वारा मनोनीत होते हैं. समिति के वर्तमान सदस्यों के नाम निम्नलिखित हैं—

1. संजय मल्होत्रा (गवर्नर, आरबीआई), अध्यक्ष
2. पूनम गुप्ता (डिप्टी गवर्नर, आरबीआई)
3. डॉ. राजीव रंजन (आरबीआई के कार्यकारी निदेशक)

सरकार द्वारा मनोनीत सदस्य

4. प्रो राम सिंह (दिल्ली स्कूल ऑफ इकोनॉमिक्स, निदेशक)
5. सौगत भट्टाचार्य (अर्थशास्त्री)
6. डॉ. नागेश कुमार (निदेशक, इंस्टीट्यूट फॉर स्टडीज इन इण्डस्ट्रियल डेवलपमेन्ट, नई दिल्ली)

प्रमुख बैंकिंग दरें

(प्रतिशत में)

	9 अक्टूबर, 2024 की स्थिति	6 दिसम्बर, 2024 की स्थिति	7 फरवरी, 2025 व बाद की स्थिति	9 अप्रैल, 2025 व बाद की स्थिति	6 जून, 2025 व बाद की स्थिति	6 अगस्त, 2025 व बाद की स्थिति	1 अक्टूबर, 2025 व बाद की स्थिति
रेपो दर	6·50	6·50	6·25	6·00	5·50	5·50	5·50
रिवर्स रेपो दर	3·35	3·35	3·35	3·35	3·35	3·35	3·35
स्टैंडिंग डिपॉजिट फैसिलिटी (SDF) दर	6·25	6·25	6·00	5·75	5·25	5·25	5·25
बैंक दर	6·75	6·75	6·50	6·25	5·75	5·75	5·75
एमएसएफ दर	6·75	6·75	6·50	6·25	5·75	5·75	5·75
नकद आरक्षण अनुपात (CRR)	4·50	4·00	4·00	4·00	4·00*	4·00*	3·50*
सांविधिक तरलता अनुपात (SLR)	18·00	18·00	18·00	18·00	18·00	18·00	18·00

* यह दर 6 सितम्बर से 3·75 प्रतिशत, 4 अक्टूबर से 3·50 प्रतिशत हुई है तथा 1 नवम्बर से 3·25 प्रतिशत तथा 29 नवम्बर, 2025 से 3·00 प्रतिशत होगी.

2025-26 से 2030-31 तक की अवधि के लिए दलहन आत्मनिर्भरता मिशन

भारत विश्व में दालों का सबसे बड़ा उत्पादक व उपभोक्ता राष्ट्र है. सबसे बड़ा उत्पादक होने के बावजूद देश में दालों की घरेलू जरूरतें पूरी नहीं हो पातीं तथा इसके लिए बड़ी मात्रा में दालों का आयात करना पड़ता है. देश में दालों के आयात पर निर्भरता कम करने व बढ़ती हुई घरेलू जरूरतों को पूरा करने के लिए उत्पादन को अधिकतम करने तथा किसानों की आय में वृद्धि के लिए 6 वर्षीय दलहन आत्मनिर्भरता मिशन का उल्लेख 2025-26 के केन्द्रीय बजट में किया गया था. 2025-26 से 2030-31 तक की अवधि के लिए इस मिशन को प्रधानमंत्री श्री नरेन्द्र मोदी की अध्यक्षता में केन्द्रीय मंत्रिमण्डल की 1 अक्टूबर, 2025 की बैठक में मंजूरी दी गई थी. मिशन का शुभारम्भ प्रधानमंत्री श्री नरेन्द्र मोदी ने 11 अक्टूबर, 2025 को किया. 6 वर्षों की सन्दर्भित अवधि में ₹ 11,440 करोड़ के परिव्यय से इसे क्रियान्वित किया जाएगा. इस मिशन का उद्देश्य दलहन खेती के क्षेत्र को 310 लाख हेक्टेयर तक विस्तृत करना, दलहन उत्पादन को 350 लाख टन तक बढ़ाना तथा उत्पादकता को 1130 किग्रा/हेक्टेयर तक बढ़ाना है. पूर्व वर्ष 2024-25 में देश में दालों का कुल उत्पादन 252 लाख टन (तीसरे अग्रिम अनुमान) रहा था. उत्पादन में वृद्धि से दालों में आत्मनिर्भरता प्राप्त करने का लक्ष्य है. उत्पादन में वृद्धि के लिए दालों की उच्च उत्पादकता वाली, कीट प्रतिरोधी (Pest-resistant) व जलवायु प्रतिरोधी (Climate-resistant) नवीनतम किस्मों के विकास और प्रसार पर जोर दिया जाएगा तथा क्षेत्रीय उपयुक्तता सुनिश्चित करने के लिए प्रमुख दलहन उत्पादक राज्यों में बहु-स्थानीय परीक्षण (Multi-location Trials) किए जाएंगे.

दालों की उन्नत किस्मों को व्यापक रूप से उपलब्ध कराने के लिए 2030-31 तक 370 लाख हेक्टेयर क्षेत्र को कवर करते हुए दलहन उत्पादक किसानों को 126 लाख क्विंटल प्रमाणित बीज इस मिशन के तहत् वितरित किए जाएंगे. मिशन के उद्देश्यों में दलहन के तहत् 35 लाख हेक्टेयर क्षेत्र का विस्तार करना शामिल है. इसके लिए किसानों को 88 लाख बीज किट निःशुल्क वितरित किए जाएंगे.

कीमतों में गिरावट आने की सम्भावना के चलते 2025-26 में मुद्रास्फीति के अपने पूर्वानुमान को 3·1 प्रतिशत से घटाकर 2·6 प्रतिशत आरबीआई की मौद्रिक नीति समिति ने 29 सितम्बर-1 अक्टूबर, 2025 की बैठक में किया है. **2025-26 की दूसरी तिमाही (Q_2) में खुदरा मुद्रा-स्फीति 1·8 प्रतिशत, तीसरी तिमाही (Q_3) में भी 1·8 प्रतिशत तथा चौथी तिमाही में यह 4·0 प्रतिशत** अब अनुमानित है. 2026-27 की पहली तिमाही Q_1 में यह 4·5 प्रतिशत रहने का अनुमान है.

मौद्रिक नीति की आगामी द्वैमासिक समीक्षा, जो 2025-26 में पाँचवीं द्वैमासिक समीक्षा होगी, 3-5 दिसम्बर, 2025 को होगी.

विपणन वर्ष 2026-27 के लिए रबी उपजों के न्यूनतम समर्थन मूल्य

विपणन वर्ष 2026-27 (फसल वर्ष 2025-26) की रबी उपजों के लिए न्यूनतम समर्थन मूल्यों (Minimum Support Prices–MSPs) की घोषणा केन्द्र सरकार ने 1 अक्टूबर, 2025 को की. **यह नए समर्थन मूल्य स्वामीनाथन आयोग की अनुशंसाओं के अनुरूप ही निर्धारित किए गए हैं. तथा न्यूनतम समर्थन मूल्यों को उपजों की लागत से न्यूनतम डेढ़ गुना रखने की 2018-19 के केन्द्रीय बजट में घोषित नीति का अनुपालन नए समर्थन मूल्यों के निर्धारण में किया गया है.** न्यूनतम समर्थन मूल्य सरकार द्वारा निर्धारित किए गए हैं—

- विपणन वर्ष 2026-27 के लिए गेहूँ का न्यूनतम समर्थन मूल्य ₹ 2425 प्रति क्विंटल से बढ़ाकर ₹ 2585 प्रति क्विंटल निर्धारित किया गया है. इस प्रकार ₹ 160 प्रति क्विंटल की वृद्धि गेहूँ के एमएसपी में की गई है. गेहूँ का यह समर्थन मूल्य उसकी उत्पादन लागत पर 6·6 प्रतिशत का प्रतिफल किसानों को देगा. सरकारी आकलन में 2026-27 में गेहूँ की उत्पादन लागत ₹ 1239 प्रति क्विंटल आकलित की गई है.
- विपणन वर्ष 2025-26 में चना (Gram) का न्यूनतम समर्थन मूल्य ₹ 5650 प्रति क्विंटल था. 2026-27 में इसकी उत्पादन लागत (₹ 3699 प्रति क्विंटल) पर 59 प्रतिशत प्रतिफल प्रदान करते हुए इसका नया समर्थन मूल्य (2026-27 के लिए) ₹ 5875 प्रति क्विंटल निर्धारित किया गया है.
- जौ (Barley) की उत्पादन लागत 2026-27 में ₹ 1361 प्रति क्विंटल आकलित की गई है. इस पर 58 प्रतिशत का प्रतिफल प्रदान करते हुए विपणन वर्ष 2026-27 के लिए इसका न्यूनतम समर्थन मूल्य ₹ 2150 प्रति क्विंटल निर्धारित किया गया है. यह इसके वर्ष 2025-26 के एमएसपी (₹ 1980 प्रति क्विंटल) की तुलना में ₹ 170 प्रति क्विंटल अधिक है.

उपज की उत्पादन लागत के आकलन हेतु शामिल की जाने वाली लागतें हैं—उपजों की उत्पादन लागत में सभी भुगतान की गई लागतों जैसे कि चुकाई गई श्रम लागत (Hired Human Labour), बैल श्रम/मशीन श्रम, भूमि पट्टा के लिए दिया गया किराया, बीज, उर्वरक, खाद सिंचाई प्रभार जैसे भौतिक साधनों के उपयोग पर व्यय, उपकरणों व फार्म भवनों का मूल्यह्रास (Depreciation of Implement and Farm buildings), वर्किंग कैपिटल पर ब्याज, पम्प सैटों आदि के प्रचालन के लिए डीजल/बिजली व अन्य विविध व्ययों के अतिरिक्त पारिवारिक श्रम का आकलित मूल्य (Imputed Value of family labour) शामिल हैं. कृषिगत उपजों के लिए न्यूनतम समर्थन मूल्यों को उनकी अखिल भारतीय भारित औसत उत्पादन लागत (All India Weighted Average Cost of Production) के कम-से-कम डेढ़ गुना रखने की घोषणा 2018-19 के केन्द्रीय बजट में की गई थी. इस नीति का अनुपालन 2025-26 के लिए न्यूनतम समर्थन मूल्यों के निर्धारण में भी किया गया है. उपज की घरेलू एवं अन्तर्राष्ट्रीय कीमत, माँग-आपूर्ति की स्थिति, फसलों के बीच मूल्य में समानता तथा कृषि एवं गैर-कृषि क्षेत्रों के बीच व्यापार की शर्तों पर भी ध्यान एमएसपी निर्धारित करते समय दिया जाता है.

- मसूर का न्यूनतम समर्थन मूल्य ₹ 6700 प्रति क्विंटल से बढ़ाकर ₹ 7000 प्रति क्विंटल किया गया है. इस प्रकार ₹ 300 प्रति क्विंटल की वृद्धि इसमें की गई है. यह इसकी लागत (₹ 3705 प्रति क्विंटल) पर 89 प्रतिशत का प्रतिफल किसानों को प्रदान करेगा.
- कुसुम (Safflower) के न्यूनतम समर्थन में सर्वाधिक ₹ 600 प्रति क्विंटल की वृद्धि करते हुए इसे ₹ 5940 प्रति क्विंटल से बढ़ाकर ₹ 6540 प्रति क्विंटल किया गया है. इससे लागत पर 50 प्रतिशत का प्रतिफल किसानों को प्राप्त हो सकेगा.
- रेपसीड एवं सरसों के न्यूनतम समर्थन मूल्य को ₹ 5950 प्रति क्विंटल से बढ़ाकर 2026-27 के लिए ₹ 6200 प्रति क्विंटल किया गया है. इस प्रकार इसके न्यूनतम समर्थन मूल्य में ₹ 250 प्रति क्विंटल की वृद्धि की गई है. 2026-27 के लिए इसकी उत्पादन लागत ₹ 3210 प्रति क्विंटल आकलित की गई है. इस **प्रकार इसके नए समर्थन मूल्य से 93 प्रतिशत का प्रतिफल किसानों को प्राप्त हो सकेगा.**

रबी उपजों के न्यूनतम समर्थन मूल्य

उपज	न्यूनतम समर्थन मूल्य (MSP) (₹ प्रति क्विंटल)		उपज की लागत	2026-27 में न्यूनतम समर्थन मूल्य में वृद्धि		लागत पर प्रतिफल (प्रतिशत)
	विपणन वर्ष 2026-27	विपणन वर्ष 2025-26	विपणन वर्ष 2026-27	निरपेक्ष वृद्धि	प्रतिशत वृद्धि	
गेहूँ	2585	2425	1239	160	6.6	109
जौ	2150	1980	1361	170	8·6	58
चना	5875	5650	3699	225	4·0	59
मसूर	7000	6700	3705	300	4·5	89
रेपसीड एवं सरसों	6200	5950	3210	250	4·2	93
सैफ्लॉवर (कुसुम)	6540	5940	4360	600	10·1	50

नोट—फसल वर्ष 2025-26 की रबी उपजों का विपणन 2026-27 में होगा.

हाल ही के रबी विपणन वर्षों में रबी उपजों के न्यूनतम समर्थन मूल्य

(₹ प्रति क्विंटल)

उपज	विपणन वर्ष					
	2021-22	2022-23	2023-24	2024-25	2025-26	2026-27
गेहूँ	1975	2015	2125	2275	2425	2585
जौ	1600	1635	1735	1850	1980	2150
चना	5100	5230	5335	5440	5650	5875
मसूर	5100	5500	6000	6425	6700	7000
रेपसीड एवं सरसों	4650	5050	5450	5650	5950	6200
कुसुम	5327	5441	5650	5800	5940	6540

2026-27 के लिए नए समर्थन मूल्यों में सर्वाधिक ₹ 600 प्रति क्विंटल की वृद्धि कुसुम (सैफ्लॉवर) के न्यूनतम समर्थन मूल्य में तथा सबसे कम ₹ 160 प्रति क्विंटल की वृद्धि गेहूँ के मामले में की गई है. जौ के न्यूनतम समर्थन मूल्यों में ₹ 170 प्रति क्विंटल की तथा चना के न्यूनतम समर्थन मूल्य में ₹ 225 प्रति क्विंटल की वृद्धि इस वर्ष की गई है. इसके बावजूद अखिल भारतीय औसत भारित उत्पादन लागत (All-India Weighted Average Cost of Production) पर सर्वाधिक 109 प्रतिशत प्रतिफल किसानों को गेहूँ के मामले में प्राप्त होगा.

2025-26 में भारत में आर्थिक वृद्धि 6·5 प्रतिशत व 2026-27 में 6·3 प्रतिशत रहने का विश्व बैंक का ताजा पूर्वानुमान

विश्व बैंक ने अक्टूबर 2025 में जारी अपनी एक रिपोर्ट में भारत में 2025-26 (अप्रैल-मार्च) में आर्थिक वृद्धि के पूर्वानुमान को 6·3 प्रतिशत से बढ़ाकर 6·5 प्रतिशत कर दिया है. दक्षिण एशिया पर केन्द्रित बैंक की **साउथ-एशिया डेवलपमेंट अपडेट** (South Asia Development Update) रिपोर्ट 7 अक्टूबर, 2025 को जारी हुई जिसमें भारत सहित दक्षिण एशिया के सभी देशों में आर्थिक स्थिति का विवेचन किया गया है. भारत में 2025-26 में आर्थिक वृद्धि 6·3 प्रतिशत रहने का बैंक का पहले का पूर्वानुमान था, किन्तु इस वित्तीय वर्ष की पहली तिमाही में वृद्धि 7·8 प्रतिशत रहने के कारण अपने इस पूर्वानुमान को 6·3 प्रतिशत से बढ़ाकर 6·5 प्रतिशत बैंक की अक्टूबर साउथ एशिया डेवलपमेंट अपडेट रिपोर्ट में अक्टूबर 2025 में किया है. वृद्धि दर के पूर्वानुमान में इस वृद्धि के लिए देश में उम्मीद से ज्यादा मजबूत घरेलू खपत, कृषि उत्पादन में व ग्रामीण मजदूरी में वृद्धि का हवाला भी विश्व बैंक रिपोर्ट में दिया गया है. वस्तु एवं सेवा कर (GST) में सुधारों तथा कर स्लैब्स की संख्या में कमी किए जाने से भी आर्थिक गतिविधियों को बढ़ावा मिलने की उम्मीद बैंक की रिपोर्ट में व्यक्त की गई है.

इसके साथ ही 2026-27 के लिए भारत में वृद्धि के अपने पूर्वानुमान को 6·5 प्रतिशत से घटाकर 6·3 प्रतिशत विश्व बैंक ने अक्टूबर 2025 की अपनी इस रिपोर्ट में किया है. अमेरिका के लिए भारत के तीन-चौथाई से अधिक निर्यातों पर 50 प्रतिशत टैरिफ आरोपित किए जाने के कारण आर्थिक वृद्धि में इस कमी का अनुमान विश्व बैंक ने लगाया है. इस मंदी के बावजूद भारत में विकास दर अन्य उभरते बाजारों व विकासशील अर्थव्यवस्थाओं की तुलना में अधिक मजबूत रहेगी.

विश्व बैंक

साउथ एशिया डेवलपमेंट अपडेट, अक्टूबर 2025

जीडीपी वृद्धि दर अनुमान

स्थिर बाजार मूल्यों पर वास्तविक सकल घरेलू उत्पाद (जीडीपी) वृद्धि दर

आंकड़े % में	वित्तीय वर्ष	अनुमान		पूर्वानुमान	
		2023-24	2024-25	**2025-26**	2026-27
भारत	अप्रैल से मार्च	9.2	6.5	**6.5**	6.3
बांग्लादेश	जुलाई से जून	4.2	4.0	**4.8**	6.3
भूटान	जुलाई से जून	6.1	7.0	**7.3**	6.1
नेपाल	जुलाई से जून	3.7	4.6	**2.1**	4.7
		अनुमान		पूर्वानुमान	
		2024	2025	**2026**	2027
मालदीव	जनवरी से दिसंबर	3.3	4.2	**3.9**	4.0
श्रीलंका	जनवरी से दिसंबर	5.0	4.6	**3.5**	3.1
दक्षिण एशिया क्षेत्र		6.4	6.6	**5.8**	6.5

1 जुलाई 2025 से अफगानिस्तान और पाकिस्तान को मध्य-पूर्व और उत्तरी अफ्रीका क्षेत्र में शामिल किया गया है

KBK Infographics

दक्षिण एशिया पर केन्द्रित विश्व बैंक की इस रिपोर्ट में कई कारणों से दक्षिण एशिया में 2026 में ग्रोथ घटने का अनुमान लगाया गया है. इस क्षेत्र में 2025 में ग्रोथ 6·6 प्रतिशत रहने के पश्चात् 2026 में 5·8 प्रतिशत ही रहने का अनुमान व्यक्त किया गया है रिपोर्ट के अनुसार व्यापार में रुकावट तथा AI सहित उभरती प्रौद्योगिकी इस क्षेत्र के लिए कई चुनौतियाँ पैदा कर रही हैं.

द. एशिया के अन्य देशों में बांग्लादेश में वृद्धि 2024-25 (जुलाई-जून) में 4·0 प्रतिशत रहने के पश्चात् 2025-26 में 4·8 प्रतिशत विश्व बैंक की इस रिपोर्ट में अनुमानित की गई है, जबकि भूटान में 2024-25 (जुलाई-जून) में 7·0 प्रतिशत रहने के पश्चात् 2025-26 में यह 7·3 प्रतिशत अनुमानित है. नेपाल में 2024-25 (जुलाई-जून) में वृद्धि 4·6 प्रतिशत रही है, जो 2025-26 में 2·1 प्रतिशत ही रहने का अनुमान विश्व बैंक रिपोर्ट में लगाया गया है.

द. एशिया के अन्य देशों में मालदीव में 2025 (जनवरी-दिसम्बर) में वृद्धि 5·7 प्रतिशत पहले अनुमानित थी, जो अब 4·2 प्रतिशत ही अनुमानित है, जबकि 2026 में वहाँ यह 5·3 प्रतिशत से घट कर 3·9 प्रतिशत ही रहने का अब ताजा अनुमान है इसी प्रकार श्रीलंका में विकास दर 2025 (जनवरी-दिसम्बर) में 4·6 प्रतिशत व 2026 में 3·5 प्रतिशत रहने का अनुमान व्यक्त किया गया है.

मुकेश अंबानी ही भारत में सबसे धनी : फोर्ब्स इंडिया रिपोर्ट (2025)

वाणिज्यिक पत्रिका फोर्ब्स (Forbes) ने भारत के सबसे धनी 100 व्यक्तियों की वर्ष 2025 की अपनी सूची 8 अक्टूबर, 2025 में जारी की. फोर्ब्स के इस आकलन के अनुसार वर्ष 2025 में भारत के 100 सर्वाधिक अमीरों की कुल सम्पत्ति का मूल्य पूर्व वर्ष की तुलना में 9 प्रतिशत घटा है. यह 1·1 ट्रिलियन डॉलर से घटकर 1 ट्रिलियन डॉलर ही रह गया है. फोर्ब्स के अनुसार यह गिरावट मुख्यतः रुपए के मूल्य में गिरावट व पूर्व वर्ष की तुलना में सेंसेक्स (Sensex) में 3 प्रतिशत की गिरावट के कारण आई है. इसी के चलते भारत के 100 सर्वाधिक अमीरों में अधिकांश की कुल सम्पत्ति का मूल्य इस वर्ष घटा है. इस सबके बावजूद रिलायंस इंडस्ट्रीज के मुकेश अंबानी ही देश के सबसे सम्पन्न बने हुए हैं जबकि दूसरा स्थान

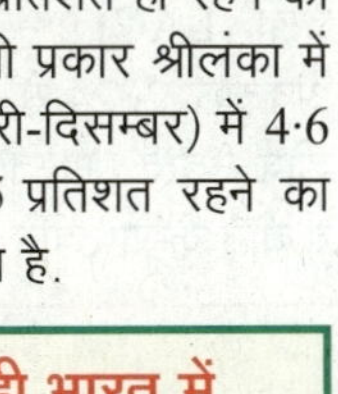

मुकेश अंबानी

भारत के सबसे धनी (2024) : फोर्ब्स आकलन

रैंक	नाम	कम्पनी/समूह	सम्पत्ति (अरब डॉलर)
1.	मुकेश अंबानी	रिलायंस इंडस्ट्रीज	105 बिलियन डॉलर
2.	गौतम अडानी	अडानी एंटरप्राइजेज	92 बिलियन डॉलर
3.	सावित्री जिंदल	ओपी जिंदल ग्रुप	40·2 बिलियन डॉलर
4.	सुनील मित्तल	भारती एयरटेल	34·2 बिलियन डॉलर
5.	शिव नाडार	एचसीएल टेक्नोलॉजीज	33·2 बिलियन डॉलर
6.	राधाकिशन दमानी	एवेन्यु सुपरमार्केट्स	28·2 बिलियन डॉलर
7.	दिलीप सांघवी	सन् फार्मास्युटिकल इंडस्ट्रीज	26·3 बिलियन डॉलर
8.	बजाज परिवार	बजाज ऑटो	21·8 बिलियन डॉलर
9.	साइरस पूनावाला	सीरम इंस्टीट्यूट ऑफ इंडिया	21·4 बिलियन डॉलर
10.	कुमार बिड़ला	आदित्य बिड़ला ग्रुप	20·7 बिलियन डॉलर

अडानी ग्रुप के गौतम अडानी एण्ड फैमिली का है. विभिन्न परिसम्पत्तियों को मिलाकर मुकेश अंबानी की सम्पत्ति का कुल मूल्य 105 अरब डॉलर आकलित किया गया है जो पूर्व वर्ष की तुलना में 14·5 अरब डॉलर (लगभग 12 प्रतिशत कम है), जबकि दूसरे स्थान पर इस वर्ष गौतम अडानी की कुल सम्पत्ति 92 अरब डॉलर आकलित की गई है.

भारत के सबसे धनी व्यक्तियों की फोर्ब्स की वर्ष 2025 की इस सूची में तीसरा स्थान जिंदल ग्रुप की सावित्री जिंदल का है जिनकी कुल सम्पत्ति का मूल्य 3·5 अरब डॉलर घटकर 40·2 अरब डॉलर फोर्ब्स ने इस वर्ष आकलित किया है. भारती एयरटेल ग्रुप के सुनील मित्तल इस वर्ष सबसे बड़े 'गेनर' रहे हैं. उनकी सम्पत्ति 3·5 अरब डॉलर बढ़कर 34·2 अरब डॉलर इस वर्ष हो गई है तथा सातवें स्थान से चौथे स्थान पर वह आ गए हैं. 33·2 अरब डॉलर की सम्पत्ति के साथ एचसीएल टेक्नोलॉजीज के शिव नाडार व 28·2 अरब डॉलर की सम्पत्ति के साथ एवेन्यू सुपर मार्केट्स के राधाकिशन दमानी इस मामले में क्रमशः पाँचवें व छठे स्थान पर हैं. फोर्ब्स की वर्ष 2025 की इस सूची में आगे के स्थान क्रमशः दिलीप सांघवी (सन फार्मा, 26·3 अरब डॉलर), बजाज परिवार (बजाज ऑटो, 21·8 अरब डॉलर), साइरस पूनावाला (सीरम इंस्टीट्यूट, 21·4 अरब डॉलर) व आदित्य बिड़ला ग्रुप के कुमार मंगलम बिड़ला (20·7 अरब डॉलर) के हैं. इस प्रकार भारत के सबसे धनी 10 व्यक्तियों की वर्ष 2025 की सूची में एक महिला शामिल है. अमीरों की सम्पत्ति का यह मूल्य शेयरों के 19 सितम्बर, 2025 के मूल्यों के आधार पर फोर्ब्स द्वारा आकलित किया गया है.

फोर्ब्स की सबसे अमीर 100 भारतीयों की इस सूची में हिन्दुजा परिवार (20·6 अरब डॉलर, 11वाँ स्थान), कुशल पाल सिंह (16·7 अरब डॉलर, 13वाँ स्थान), उदय कोटक (14·6 अरब डॉलर, 14वाँ स्थान), अजीम प्रेमजी (10·8 अरब डॉलर, 22वाँ स्थान), मुथूट परिवार (10·4 अरब डॉलर, 23वाँ स्थान), हल्दीराम फूड्स के अग्रवाल बंधु (9 अरब डॉलर, 28वाँ स्थान), निवेशक रेखा झुनझुनवाला (8·7 अरब डॉलर, 30वाँ स्थान), नुस्ली वाडिया (6·35 अरब डॉलर, 44वाँ स्थान), रेणुका जग्तियानी (5·6 अरब डॉलर, 53वाँ स्थान), एन.आर. नारायण मूर्ति (4·6 अरब डॉलर, 62वाँ स्थान), आनंद महिंद्रा (4·23 अरब डॉलर, 69वाँ स्थान), संजीव गोयनका (4·15 अरब डॉलर, 72वाँ स्थान), हर्ष गोएनका (4·03 अरब डॉलर, 77वाँ स्थान), किरण मजूमदार शॉ (3·42 अरब डॉलर, 93वाँ स्थान) व नंदन निलेकणि (3·2 अरब डॉलर, 100वाँ स्थान) आदि शामिल हैं.

फोर्ब्स की सबसे अमीर 100 भारतीयों की 2025 की सूची में पहली बार स्थान पाने वाले तीन नाम वारी एनर्जी (सोलर ग्रुप) के दोशी भाई-बहन (7·5 अरब डॉलर, 37वाँ स्थान), फाइनेंस कम्पनी ऑथम इण्डस्ट्रीज की अल्पना डांगी (4·3 अरब डॉलर, 67वाँ स्थान) व इलेक्ट्रॉनिक कम्पनी डिक्सन टेक्नोलॉजीज के सुनील वचानी (3·85 अरब डॉलर, 80वाँ स्थान) है. पिछले वर्ष सूची में शामिल 7 लोग इस वर्ष पहले 100 में स्थान नहीं पा सके हैं.

2025 व 2026 में विभिन्न देशों में आर्थिक वृद्धि के सम्बन्ध में अन्तर्राष्ट्रीय मुद्रा कोष के ताजा अक्टूबर 2025 के पूर्वानुमान

विश्व के विभिन्न भागों एवं क्षेत्रों में सामाजिक-आर्थिक व रणनीतिक परिस्थितियों में आ रहे बदलावों के परिप्रेक्ष्य में अन्तर्राष्ट्रीय मुद्रा कोष (IMF) ने विश्व के विभिन्न देशों,

क्षेत्रों एवं सम्पूर्ण विश्व में आर्थिक वृद्धि के सम्बन्ध में अपने पहले के (जुलाई 2025 के) पूर्वानुमानों में संशोधन अक्टूबर 2025 में किए हैं. भारत में वृद्धि के सम्बन्ध में अपने जुलाई 2025 के पूर्वानुमानों में 0·2 प्रतिशत की वृद्धि आईएमएफ ने अक्टूबर माह में करते हुए विश्व का ग्रोथ इंजन इसे करार दिया है. विभिन्न देशों एवं क्षेत्रों के सम्बन्ध में आर्थिक वृद्धि के ताजा अनुमान मुद्रा कोष द्वारा अक्टूबर 2025 में वर्ल्ड इकोनॉमिक आउटलुक रिपोर्ट में जारी किए गए हैं.

- आईएमएफ की इस रिपोर्ट के अनुसार 2024 में वैश्विक जीडीपी में वृद्धि 3·3 प्रतिशत रही थी, यह घटकर 2025 व 2026 में 3·2 व 3·1 प्रतिशत रहने का कोष का ताजा अक्टूबर 2025 का पूर्वानुमान है. इससे पूर्व 2025 में वैश्विक वृद्धि 3·0 प्रतिशत तथा 2026 में 3·1 प्रतिशत ही रहने का पूर्वानुमान आईएमएफ ने जुलाई 2025 में व्यक्त किया था.
- आईएमएफ की ताजा रिपोर्ट के अनुसार विकसित अर्थव्यवस्थाओं में 2024 में वृद्धि 1·8 प्रतिशत थी. इन देशों में 2025 में 1·5 प्रतिशत व 2026 में 1·6 प्रतिशत वृद्धि का पूर्वानुमान आईएमएफ ने जुलाई 2025 में व्यक्त किया था. इन देशों में 2025 व 2026 दोनों ही वर्षों में वृद्धि 1·6-1·6 प्रतिशत रहने का कोष का ताजा अक्टूबर 2025 का पूर्वानुमान है.
- आईएमएफ की अक्टूबर 2025 की रिपोर्ट में आशा व्यक्त की गई है कि विश्व की सबसे बड़ी अर्थव्यवस्था संयुक्त राज्य अमेरिका में 2025 में जीडीपी वृद्धि 2·0 प्रतिशत रहेगी, जो 2024 में प्राप्त की गई वृद्धि (2·8 प्रतिशत) से काफी कम है, किन्तु जुलाई 2025 में लगाए गए 1·9 प्रतिशत के पूर्वानुमान से बेहतर है. वर्ष 2026 के लिए भी 2·0 प्रतिशत वृद्धि का पूर्वानुमान आईएमएफ ने जुलाई 2025 में व्यक्त किया था. यह अब 2·1 प्रतिशत अनुमानित है.
- विश्व की दूसरी बड़ी अर्थव्यवस्था चीन में 2024 में 5·0 प्रतिशत की वृद्धि के पश्चात् व 2025 में 4·8 प्रतिशत व 2026 में 4·2 प्रतिशत वृद्धि का आईएमएफ का पूर्वानुमान जुलाई 2025 में था. इन पूर्वानुमानों में कोई परिवर्तन कोष ने अक्टूबर 2025 में अपनी ताजा रिपोर्ट में नहीं किया है.
- चीन में 2025 में वृद्धि दर के अपने पूर्वानुमान में कोई परिवर्तन जहाँ आईएमएफ ने नहीं किया है. वही भारत में 2025-26 में वृद्धि के पूर्वानुमान में 0·2 प्रतिशत बिन्दु की वृद्धि व 2026-27 में वृद्धि दर के पूर्वानुमान में 0·2 प्रतिशत बिन्दु की कटौती कोष ने अक्टूबर 2025 में की है. आईएमएफ की अक्टूबर 2025 की वर्ल्ड इकोनॉमिक आउटलुक रिपोर्ट के अनुसार 2024-25 में भारत में वृद्धि 6·5 प्रतिशत रही थीं. 2025-26 में 6·4 प्रतिशत तथा 2026-27 में यह वृद्धि 6·4 प्रतिशत रहने का पूर्वानुमान कोष ने जुलाई 2025 में व्यक्त किया था. अक्टूबर 2025 के ताजा पूर्वानुमानों में भी भारत में 2025-26 में जीडीपी वृद्धि 6·6 प्रतिशत व 2026-27 में यह 6·2 प्रतिशत रहने का अन्तर्राष्ट्रीय मुद्रा कोष का पूर्वानुमान है. भारत में यह वृद्धियाँ सभी प्रमुख अर्थव्यवस्थाओं में सर्वोच्च होंगी. विश्व के अन्य देशों/क्षेत्रों में भी वृद्धियों में आईएमएफ के अक्टूबर 2025 के पूर्वानुमान बॉक्स में प्रदर्शित हैं.

भारत व चीन के बीच 5 वर्ष के अन्तराल के पश्चात् सीधी विमान सेवाएँ प्रारम्भ

भारत-चीन सीमा पर वास्तविक नियंत्रण रेखा (LAC) पर 2020 से पहले की स्थिति अक्टूबर 2024 से बहाल होने, दोनों देशों के शीर्ष नेतृत्व (भारतीय प्रधानमंत्री नरेन्द्र मोदी व चीन के राष्ट्रपति शी जिनपिंग) की अक्टूबर

प्रमुख अर्थव्यवस्थाओं में वृद्धि दरें
(आईएमएफ के अक्टूबर 2025 के आकलन)

	अक्टूबर 2025 के पूर्वानुमान			जुलाई 2025 के पूर्वानुमान की तुलना ताजा पूर्वानुमान में अन्तर	
	2024	2025	2026	2025 के लिए	2026 के लिए
सम्पूर्ण विश्व	**3·3**	**3·2**	**3·1**	**0·2**	**0·0**
विकसित राष्ट्र	**1·8**	**1·6**	**1·6**	**0·1**	**0·0**
अमेरिका	2·8	2·0	2·1	0·1	0·1
यूरोप क्षेत्र	0·9	1·2	1·1	0·2	–0·1
जापान	0·1	1·1	0·6	0·4	0·1
एमर्जिंग मार्केट्स एण्ड डेवलपिंग इकोनॉमीज	**4·3**	**4·2**	**4·0**	**0·1**	**0·0**
चीन	5·0	4·8	4·2	0·0	0·0
भारत*	6·5	6·6	6·2	0·2	–0·2
रूस	4·3	0·6	1·0	–0·3	0·0
ब्राजील	3·4	2·4	1·0	0·1	–0·2
सऊदी अरब	2·0	4·0	4·0	0·4	0·1
द. अफ्रीका	0·5	1·1	1·2	0·1	–0·1
कम आय वाले विकासशील देश	**4·2**	**4·4**	**5·0**	**0·0**	**0·0**
वस्तुओं और सेवाओं का वैश्विक व्यापार	**3·5**	**3·6**	**2·3**	**1·0**	**0·4**

*भारत में वृद्धि दर के आँकड़े वित्तीय वर्ष के लिए है. इसमें भारत के लिए 2024 से तात्पर्य 2024-25 से तथा 2025 से तात्पर्य 2025-26 से है कैलेंडर वर्ष 2025 व 2026 के लिए भारत के लिए वृद्धि दरें क्रमशः 7·0 प्रतिशत व 6·1 प्रतिशत अनुमानित हैं.

2024 में कज़ान (रूस) में तथा अगस्त 2025 में तियानजिन (चीन) में सम्पन्न वार्ता, विदेश मंत्रियों की वार्ताओं तथा अन्य उच्च-स्तरीय वार्ताओं के पश्चात् दोनों देशों के बीच सम्बन्धों में सुधार का सिलसिला जारी है. कैलाश मानसरोवर यात्रा, पर्यटकों के लिए वीजा सुविधा तथा सीमा व्यापार पुनः प्रारम्भ करने के पश्चात् दोनों देशों के बीच सीधी विमान सेवाएँ प्रारम्भ करने को भी सहमति हो गई है. तदुनुरूप दोनों देशों की सिविल एविएशन अथॉरिटीज के बीच बनी सहमति के अनुसार दोनों देशों के कुछ डेस्टिनेशंस के बीच यह उड़ानें अक्टूबर 2025 से प्रारम्भ हो गई हैं. भारत की ओर से इंडिगो द्वारा कोलकाता से ग्वांगझू के लिए उड़ान 26 अक्टूबर से शुरू की गई है, जबकि शंघाई-दिल्ली रूट पर उड़ानें 9 नवम्बर से प्रारम्भ होंगी.

ज्ञातव्य है कि भारत व चीन के बीच सीधी उड़ानें 2020 में कोविड तथा गलवान घाटी में हुई झड़पों के बाद से ही बन्द थीं तथा 5 वर्ष के अन्तराल के पश्चात् यह उड़ानें अब पुनः प्रारम्भ हुई हैं.

चीन से आयातित सभी उत्पादों पर 100 प्रतिशत अतिरिक्त शुल्क अमेरिका द्वारा आरोपित

विभिन्न देशों की नीतियों पर दबाव बनाने के लिए उनके साथ द्विपक्षीय व्यापार में भारी शुल्क लगाने की नीति अमेरिकी राष्ट्रपति डोनाल्ड ट्रम्प द्वारा अपनाई जा रही है. भारत द्वारा रूस से खनिज तेल की खरीद को रोकने के लिए भारत से किए जाने वाले आयातों पर 50 प्रतिशत अतिरिक्त शुल्क अगस्त 2025 से आरोपित है, जिसके चलते भारत के निर्यातों पर काफी प्रतिकूल प्रभाव पड़ रहा है. (इस समस्या से निपटने के लिए भारत व अमेरिका के बीच व्यापार वार्ता यह पंक्तियाँ लिखे जाने तक जारी थी).

इसी शृंखला में अमेरिका ने अब चीन से होने वाले सभी आयातों पर 100 प्रतिशत का अतिरिक्त शुल्क 1 नवम्बर, 2025 से आरोपित किया है. यह अतिरिक्त टैरिफ पहले से लागू 30 प्रतिशत टैरिफ के अतिरिक्त है. इससे वैश्विक बाजारों पर असर पड़ेगा तथा मंदी की आशंकाएँ भी व्यक्त की जा रही हैं.

अमेरिका द्वारा चीनी आयातों पर 100 प्रतिशत का यह अतिरिक्त शुल्क चीन द्वारा रेयर अर्थ के निर्यात पर नियंत्रण के कारण लगाया गया है. वर्तमान में स्मार्टफोन, सैन्य हार्डवेयर, इलेक्ट्रिक वाहनों व नवीकरणीय ऊर्जा प्रौद्योगिकी आदि के लिए रेयर अर्थ मिनरल्स काफी महत्वपूर्ण हैं तथा इनके निर्यात पर चीन का दबदबा हैं. इनके निर्यात पर नियंत्रण आरोपित करने से नाराज होकर ही अमेरिकी राष्ट्रपति ट्रम्प ने चीन से होने वाले सभी आयातों पर 100 प्रतिशत का अतिरिक्त शुल्क आरोपित किया है, जो 1 नवम्बर, 2025 से प्रभावी किया गया है.

भूटान व भारत के बीच दो रेलवे रूट्स के लिए दोनों देशों में सहमति

भारत व भूटान के आपसी रिश्तों में और अधिक गहराई लाते हुए दोनों देशों के बीच दो साझा रेल परियोजनाओं के लिए सहमति हुई है. इनमें से एक परियोजना भूटान के समत्से (Samtse) शहर को भारत के बानरहाट (प. बंगाल) से जोड़ेगी, जबकि दूसरी परियोजना भूटान के गेलेफू (Gelephu) व भारत के कोकराझार (असम) के बीच होगी. इनमें से पहली परियोजना चार वर्ष में व दूसरी तीन वर्ष में पूरी होगी तथा इन पर कुल मिलाकर ₹ 4033 करोड़ की लागत आने का अनुमान है.

परियोजनाओं की जानकारी देते हुए रेल मंत्री अश्विनी वैष्णव ने बताया कि कोकराझार और गेलेफू के बीच 69 किमी लम्बी रेल लाइन पर दोनों शहरों के बीच छह स्टेशन होंगे. पूरी लाइन के निर्माण में दो महत्वपूर्ण पुल, 29 बड़े पुल, 65 छोटे पुल होंगे. यह परियोजना ₹ 3,456 करोड़ के निवेश से चार वर्षों में पूरी होगी और 69 किमी रेल मार्ग में से 2·39 किमी हिस्सा भूटान में होगा.

बानरहाट से समत्से के बीच दूसरी रेल लाइन 20 किमी लम्बी होगी और इस पर बीच में दो स्टेशन होंगे. इसे पूरा करने में तीन वर्ष लगेंगे और इसकी लागत ₹ 577 करोड़ होगी. 20 किमी लम्बे इस रेलमार्ग में से 2·13 किमी भूटान में होगा. इस रेल मार्ग पर एक बड़ा पुल और 24 छोटे पुल होंगे.

दोनों देशों के बीच इस रेल कनेक्टिविटी के लिए समझौता ज्ञापन (MoU) पर हस्ताक्षर प्रधानमंत्री श्री नरेन्द्र मोदी की मार्च 2024 की भूटान यात्रा के दौरान हुए थे तथा इसके लिए अब औपचारिक समझौता भूटान के विदेश सचिव की 29-30 सितम्बर, 2025 की नई दिल्ली यात्रा के दौरान सम्पन्न हुआ है.

●●●

नवीनतम सामान्य ज्ञान

शब्द संक्षेप
(Abbreviation)

यूएनटीसीसी–यूनाइटेड नेशंस ट्रुप कंट्रीब्यूटिंग कंट्रीज

UNTCC–United Nations Troop Contributing Countries

व्याख्या–संयुक्त राष्ट्र संघ के शान्ति अभियानों के लिए सैन्य योगदान करने वाले देशों के लिए यह शब्द संक्षेप है. ऐसा योगदान करने वाले देशों की संख्या भारत सहित लगभग 32 है. इनमें सबसे बड़ा योगदानकर्ता देश भारत ही है. इन देशों के वरिष्ठ सैन्याधिकारियों का एक सम्मेलन 14-16 अक्टूबर, 2025 को भारत में नई दिल्ली में सम्पन्न हुआ.

नियुक्तियाँ
(Appointments)

लेफ्टि. जन. वीरेन्द्र वत्स एनसीसी के नए महानिदेशक

वेलिंगटन स्थित डिफेंस सर्विसेज स्टाफ कॉलेज के कमांडेंट रहे लेफ्टि. जनरल वीरेन्द्र वत्स ने विश्व के सबसे बड़े वर्दीधारी युवा संगठन (Uniformed Youth Organisation) नेशनल कैडेट कोर (NCC) के महानिदेशक के रूप में कार्यभार 1 अक्टूबर, 2025 से सँभाला है. इस पद पर लेफ्टि. जन. गुरवीर सिंह का स्थान उन्होंने लिया है.

प्रवीर रंजन सीआईएसएफ के नए महादिनेशक

भारतीय पुलिस सेवा के 1993 बैच के प्रवीर रंजन केन्द्रीय औद्योगिक सुरक्षा बल (CISF) के नए महानिदेशक (DG) 30 सितम्बर, 2025 से बनाए गए हैं. दिल्ली पुलिस व सीबीआई में सेवाएँ दे चुके प्रवीर रंजन इस नियुक्ति से पूर्व सीआईएसएफ में ही विशेष महानिदेशक के रूप में कार्यरत थे. महानिदेशक पद पर राजविंदर सिंह भट्टी, जो उसी दिन सेवानिवृत्त हुए हैं, का स्थान प्रवीर रंजन ने लिया है. प्रवीर रंजन की सेवानिवृत्ति जुलाई 2029 में होनी है.

आशीष पाण्डे अब यूनियन बैंक ऑफ इण्डिया के नए प्रबन्ध निदेशक सह मुख्य कार्यकारी अधिकारी

आशीष पाण्डे

बैंक ऑफ महाराष्ट्र में कार्यकारी निदेशक रहे वरिष्ठ बैंकर आशीष पाण्डे को अब सार्वजनिक क्षेत्र के ही यूनियन बैंक ऑफ इण्डिया में प्रबन्ध निदेशक सह मुख्य कार्यकारी अधिकारी (MD & CEO) नियुक्त किया गया है. उन्होंने अपना यह कार्यभार 30 सितम्बर, 2025 से सँभाला है तथा इस पद पर उनकी यह नियुक्ति 3 वर्ष के लिए की गई है.

यूनियन बैंक में एमडी सह सीईओ पद पर ए. मनीमेखलाई, जिनका कार्यकाल 2 जून को पूरा हुआ था, का स्थान आशीष पाण्डे ने लिया है.

कल्याण कुमार सेन्ट्रल बैंक ऑफ इण्डिया के प्रबन्ध निदेशक सह मुख्य कार्यकारी अधिकारी

पंजाब नेशनल बैंक में अक्टूबर 2021 से कार्यकारी निदेशक (ED) रहे वरिष्ठ बैंकर कल्याण कुमार को अब सार्वजनिक क्षेत्र के सेन्ट्रल बैंक ऑफ इण्डिया (CBI) का प्रबन्ध निदेशक सह मुख्य कार्यकारी अधिकारी (MD & CEO) 3 वर्ष के लिए नियुक्त किया गया है. उन्होंने अपना यह कार्यभार 1 अक्टूबर, 2025 से सँभाला है. इस पद पर एम. बी. राव, जो 31 जुलाई को सेवानिवृत्त हुए थे, का स्थान कल्याण कुमार ने लिया है.

कल्याण कुमार

शिरीश चन्द्र मुर्मू भारतीय रिजर्व बैंक के नए डिप्टी गवर्नर

भारतीय रिजर्व बैंक में विगत 6 वर्षों से कार्यकारी निदेशक रहे शिरीश चन्द्र मुर्मू (Shirish Chandra Murmu) अब बैंक के डिप्टी गवर्नर नियुक्त किए गए. **इस पद पर एम. राजेश्वर राव, जिनका बढ़ा हुआ कार्यकाल 8 अक्टूबर, 2025 को समाप्त हुआ है, का स्थान शिरीश मुर्मू ने 9 अक्टूबर से लिया है. इस पद पर उनकी यह नियुक्ति 3 वर्ष के लिए की गई है.**

शिरीश चन्द्र मुर्मू

सेवानिवृत्त हुए डिप्टी गवर्नर एम. राजेश्वर राव की इस पद पर नियुक्ति सितम्बर 2020 में 3 वर्ष के लिए ही की गई थी. उनके कार्यकाल में 1-1 वर्ष की वृद्धि दो बार की गई थी.

रिजर्व बैंक में तीन अन्य डिप्टी गवर्नर टी. रबीशंकर, जे. स्वामीनाथन तथा पूनम गुप्ता हैं.

आरबीआई एक्ट 1934 में बैंक के लिए चार डिप्टी गवर्नर्स का प्रावधान है. इनमें से दो डिप्टी गवर्नर बैंक से ही आंतरिक रूप से नियुक्त किए जाते हैं, जबकि एक किसी वाणिज्यिक बैंक से चयनित होता है तथा एक डिप्टी गवर्नर के पद पर किसी अर्थशास्त्री की नियुक्ति की जाती है, जो मौद्रिक नीति विभाग का प्रमुख रहता है. मौजूदा चार डिप्टी गवर्नर्स में से टी. रबीशंकर व शिरीश मुर्मू आरबीआई से ही सम्बद्ध रहे थे, जबकि जे. स्वामीनाथन इस नियुक्ति से पूर्व भारतीय स्टेट बैंक में प्रबन्ध निदेशक रहे थे. चौथी डिप्टी गवर्नर पूनम गुप्ता अर्थशास्त्री हैं. दिल्ली स्कूल ऑफ इकोनॉमिक्स व मैरीलैण्ड यूनिवर्सिटी में अर्थशास्त्र का अध्यापन उन्होंने किया है.

आर. वेंकटरमणि की एटॉर्नी जनरल पद पर पुनर्नियुक्ति

1 अक्टूबर, 2025 से देश के एटॉर्नी जनरल के रूप में कार्यरत रहे वरिष्ठ अधिवक्ता आर. वेंकटरमणि (R. Venkatramani) को 2 वर्ष के एक और कार्यकाल के लिए नियुक्ति सरकार ने प्रदान की है. उन्हें मूलतः 3 वर्ष के लिए इस पद पर नियुक्ति 1 अक्टूबर, 2022 से प्रदान की गई थी तथा उनका यह कार्यकाल 30 सितम्बर, 2025 तक था. उन्हें इस पद पर बनाए रखते हुए 2 वर्ष के लिए पुनर्नियुक्ति 1 अक्टूबर, 2025 से प्रदान की गई है, इससे वह 30 सितम्बर, 2027 तक इस पद पर बने रहेंगे.

आर. वेंकटरमणि

श्याम मेटेलिक्स के बृज भूषण अग्रवाल इण्डियन चैम्बर ऑफ कॉमर्स के नए अध्यक्ष

श्याम मेटेलिक्स एण्ड एनर्जी लि. के वाइस चेयरमैन सह प्रबन्ध निदेशक बृज भूषण अग्रवाल को उद्योग व्यापार जगत के संगठन इण्डियन चैम्बर ऑफ कॉमर्स (ICC) का अध्यक्ष अक्टूबर 2025 में चुना गया है. जिंदल स्टेनलैस के अभ्युदय जिंदल का स्थान वह इस पद पर लेंगे.

अमेरिका के डान काट्ज अन्तर्राष्ट्रीय मुद्रा कोष के प्रथम डिप्टी प्रबन्ध निदेशक

अमेरिका के ट्रेजरी विभाग में चीफ ऑफ स्टाफ रहे डान काट्ज (Dan Katz) को अन्तर्राष्ट्रीय मुद्रा कोष (IMF) में प्रथम डिप्टी प्रबन्ध निदेशक (First Dy. MD) अक्टूबर 2025 में नियुक्त किया गया है. आईएमएफ में इस दूसरे सर्वोच्च पद हेतु उनके नाम का प्रस्ताव कोष की प्रबन्ध निदेशक क्रिस्टालिना जॉर्गीवा (Kristalina Georgieva) ने सितम्बर 2025 में किया था जिसका अनुमोदन कोष के कार्यकारी बोर्ड ने 3 अक्टूबर को किया. इस पद पर उनकी यह नियुक्ति 6 अक्टूबर, 2025 से प्रभावी हुई है.

डान काट्ज

आईएमएफ में इस दूसरे सर्वोच्च पद पर भारतीय मूल की गीता गोपीनाथ का स्थान काट्ज ने लिया है. गीता गोपीनाथ 21 जनवरी, 2022 से 31 अगस्त, 2025 तक इस पद पर रहीं थीं तथा इससे पूर्व 1 जनवरी, 2019 से 21 जनवरी, 2022 तक वह इसकी प्रधान अर्थशास्त्री रही थीं. आईएमएफ में अपना पद अगस्त 2025 में छोड़ने के पश्चात् गीता गोपीनाथ हार्वर्ड विश्वविद्यालय में अर्थशास्त्र विभाग में ही वापस चली गई थीं.

निर्मल कुमार मिंडा 'एसोचैम' के नए चेयरमैन

ऊनो मिंडा (Uno Minda) ग्रुप के एक्जीक्यूटिव चेयरमैन निर्मल कुमार मिंडा ने सत्र 2025-26 के लिए उद्योग व्यापार जगत के संगठन 'एसोचैम' (ASSOCHAM–Association Chambers of Commerce and Industry) के नए चेयरमैन के रूप में कार्यभार अक्टूबर 2025 में सँभाला है. इस नियुक्ति से पूर्व वह इस संगठन के सीनियर वाइस प्रेसीडेंट थे. चेयरमैन पद पर सोरिन इन्वेस्टमेंट फण्ड के चेयरमैन संजय नायर का स्थान उन्होंने लिया है.

इस नियुक्ति के साथ ही एक्सिस बैंक के एमडी सह सीईओ अमिताभ चौधरी को सत्र 2025-26 के लिए संगठन का सीनियर वाइस प्रेसीडेंट चुना गया है.

आरपीजी समूह के अनंत गोयनका फिक्की के नए अध्यक्ष

आरपीजी ग्रुप के वाइस चेयरमैन अनंत गोयनका उद्योग व्यापार जगत के देश के प्रमुख संगठन फिक्की (FICCI–Federation of Indian Chambers of Commerce and Industry) के नए अध्यक्ष अक्टूबर 2025 में नामित किए गए. इस पद पर इमामी लि. के हर्ष वर्धन अग्रवाल का स्थान नवम्बर 2025 में संगठन की 98वीं वार्षिक आम बैठक में नई दिल्ली में वह लेंगे. इस निर्वाचन से पूर्व वह इस संगठन के वरिष्ठ उपाध्यक्ष थे. 1 वर्ष से फिक्की के उपाध्यक्ष रहे द सनमार ग्रुप के विजय शंकर को अब सत्र 2025-26 के लिए संगठन में वरिष्ठ उपाध्यक्ष के रूप में प्रोन्नत किया गया है.

अनंत गोयनका

नगमा मोहम्मद मलिक जापान में भारत की नई राजदूत

भारतीय विदेश सेवा के 1991 बैच की अधिकारी नगमा मोहम्मद मलिक को अब जापान में भारत की राजदूत अक्टूबर 2025 में नियुक्त किया गया है. इस पद पर विदेश सेवा के ही सिबि जॉर्ज अगस्त 2025 तक कार्यरत थे. इस नियुक्ति से पूर्व नगमा मलिक पोलैण्ड में भारत की राजदूत थीं. अन्य विभिन्न पदों पर रही नगमा मलिक ब्रूनेई में भी भारत की राजदूत रह चुकी है.

सर्जियो गोर भारत में अमेरिका के नए राजदूत नियुक्त

अमेरिकी सीनेट ने 38 वर्षीय सर्जियो गोर (Sergio Gor) की भारत में अमेरिका के राजदूत के रूप में नियुक्ति की पुष्टि 7 अक्टूबर को कर दी है. राष्ट्रपति डोनाल्ड ट्रम्प ने अपने घनिष्ठ सहयोगी रहे गोर का मनोनयन इस पद हेतु अगस्त 2025 में किया था. इस नियुक्ति के लिए सीनेट में हुए मतदान में 51 सीनेटरों ने पक्ष में तथा 47 ने विपक्ष में मतदान किया.

सर्जियो गोर

सीनेट की पुष्टि के पश्चात् सर्जियो गोर ने अपना यह कार्यभार सँभाल लिया है. वह भारत में अमेरिका के सबसे युवा राजदूत हैं.

तरुण गर्ग हुंडई इण्डिया के पहले भारतीय प्रमुख

ऑटोमोबाइल उद्योग से विगत 3 दशकों से सम्बद्ध रहे तरुण गर्ग हुंडई मोटर इण्डिया लि. के मैनेजिंग डायरेक्टर सह सीईओ (MD & CEO) के रूप में कार्यभार 1 जनवरी, 2026 से सँभालेंगे. इस पद पर द. कोरिया के उन्सू किम (Unsoo Kim), जो 31 दिसम्बर, 2025 से यह पद त्यागकर द. कोरिया में इसी कम्पनी में रणनीतिक भूमिका निभाएंगे, का स्थान तरुण गर्ग लेंगे. 1996 से भारत में कार्यरत हुंडई इण्डिया लि. के वह पहले भारतीय प्रबन्ध निदेशक होंगे. इस दायित्व से पूर्व वर्तमान में वह इसी कम्पनी में चीफ ऑपरेटिंग ऑफीसर (COO) के रूप में कार्यरत हैं. 2019 में हुंडई मोटर इण्डिया से जुड़ने से पूर्व वह मारुति उद्योग लि. में विभिन्न पदों पर रहे थे.

शैलेश चन्द्र टाटा मोटर्स के नए प्रबन्ध निदेशक

टाटा मोटर्स ने अपने यात्री एवं व्यावसायिक वाहनों के कारोबार को अलग-अलग दो कम्पनियों में विभाजित करने की प्रक्रिया के तहत् शीर्ष प्रबन्धन में व्यापक फेरबदल किया है. इस प्रक्रिया में टाटा पैसेंजर इलेक्ट्रिक मोबिलिटी के एमडी को इस पद के साथ ही टाटा मोटर्स के नए प्रबन्ध निदेशक सह मुख्य कार्यकारी अधिकारी (MD & CEO) का दायित्व भी 3 वर्ष के लिए 1 अक्टूबर, 2025 से सौंपा गया है.

व्यावसायिक वाहनों के लिए बनाई जा रही नई इकाई टीएमएल कॉमर्शियल व्हीकल्स लि. का (MD & CEO) गिरीश वाघ को बनाया गया है.

पुरस्कार/सम्मान
(Awards/Honours)

फिल्म फेयर पुरस्कार (2025)

वर्ष 2024 में प्रदर्शित हिन्दी फिल्मों के लिए प्रतिष्ठित (70वें) फिल्म फेयर पुरस्कारों का वितरण गुजरात में अहमदाबाद में 11 अक्टूबर, 2025 को हुआ. टाइम्स ग्रुप के यह पुरस्कार केवल हिन्दी भाषा की फिल्मों के लिए ही दिए जाते हैं. इन पुरस्कारों में सर्वाधिक 14 पुरस्कार जीत कर किरण राव द्वारा निर्देशित फिल्म 'लापता लेडीज' ने रिकॉर्ड बनाया है. इसके लिए मिले पुरस्कारों में सर्वश्रेष्ठ निर्देशक, सर्वश्रेष्ठ फिल्म, सर्वश्रेष्ठ सहायक अभिनेता, सहायक अभिनेत्री, सर्वश्रेष्ठ संगीत व सर्वश्रेष्ठ बैकग्राउंड स्कोर आदि के पुरस्कार शामिल हैं. यह फिल्म रिकॉर्ड 24 पुरस्कारों हेतु नामांकित थी. लाइफटाइम एचीवमेंट पुरस्कार जीनत अमान व श्याम बेनेगल (मरणोपरांत) को दिया गया.

प्रमुख पुरस्कारों की सूची निम्नलिखित है—

सर्वश्रेष्ठ फिल्म—लापता लेडीज (निर्देशक—किरण राव)

[क्रिटिक्स चॉयस : सर्वश्रेष्ठ फिल्म—आई वान्ट टु टॉक (निर्देशक—शूजित सरकार)]

सर्वश्रेष्ठ निर्देशक—किरण राव (लापता लेडीज)

सर्वश्रेष्ठ अभिनेता—अभिषेक बच्चन (आई वांट टु टॉक) व कार्तिक आर्यन (चंदू चैम्पियन)

अभिषेक बच्चन (सर्वश्रेष्ठ अभिनेता) कार्तिक आर्यन (सर्वश्रेष्ठ अभिनेता)

[क्रिटिक्स चॉइस : राजकुमार राव (स्त्री 2)]

सर्वश्रेष्ठ अभिनेत्री—आलिया भट्ट (जिगरा)

[क्रिटिक्स चॉइस : प्रतिभा रांटा (लापता लेडीज)]

आलिया भट्ट (सर्वश्रेष्ठ अभिनेत्री)

सर्वश्रेष्ठ डेब्यू अभिनेता— लक्ष्य (किल)

सर्वश्रेष्ठ डेब्यू अभिनेत्री—नितांशी गोयल (लापता लेडीज)

सर्वश्रेष्ठ डेब्यू डायरेक्टर—कुनाल खेमू (मडगांव एक्सप्रेस) व आदित्य सुहास जंभाले (आर्टिकल 370)

सर्वश्रेष्ठ सहायक अभिनेता—रवि किशन (लापता लेडीज)

सर्वश्रेष्ठ सहायक अभिनेत्री—छाया कदम (लापता लेडीज)

सर्वश्रेष्ठ कोरियोग्राफी—बास्को सीजर (तौबा-तौबा)

सर्वश्रेष्ठ स्क्रीनप्ले—स्नेहा देसाई (लापता लेडीज)

सर्वश्रेष्ठ एडेप्टेड स्क्रीनप्ले—रितेश शाह व तुषार शीतल (आई वांट टु टॉक)

सिनेमेटोग्राफी—राफे महमूद (किल)

पार्श्व गायक (पुरुष)—अरिजीत सिंह (लापता लेडीज)

पार्श्व गायिका—मधुबनी बागची (स्त्री 2)

संगीत (Music)—राम सम्पत (लापता लेडीज)

बैकग्राउंड स्कोर—राम सम्पत (लापता लेडीज)

गीत—प्रशांत दुबे (लापता लेडीज)

लाइफटाइम एचीवमेंट पुरस्कार—जीनत अमान व श्याम बेनेगल (मरणोपरांत)

आर. डी. बर्मन पुरस्कार (संगीत के क्षेत्र में अपकमिंग टेलेंट)—अचिंत ठक्कर (जिगरा तथा मिस्टर एण्ड मिसेज माही)

सिनेमा में योगदान हेतु सिने आइकन अवॉर्ड—जया बच्चन व नूतन

विशेष सम्मान—शाहरुख खान

सिएट क्रिकेट रेटिंग्स पुरस्कार (2025)

घरेलू व अन्तर्राष्ट्रीय क्रिकेट में 2024-25 के दौरान उत्कृष्ट प्रदर्शन के लिए सिएट (CEAT) के (27वें) वार्षिक क्रिकेट रेटिंग पुरस्कारों का वितरण 7 अक्टूबर, 2025 को मुम्बई में एक समारोह में किया गया. इनमें लाइफटाइम एचीवमेन्ट पुरस्कार वेस्टइंडीज क्रिकेट टीम के कप्तान रहे ब्रायन लारा व भारत के दिग्गज चन्द्रशेखर को प्रदान किया गया. पुरस्कारों की सूची निम्नलिखित है—

लाइफटाइम अचीवमेंट अवॉर्ड—ब्रायन लारा (वेस्टइंडीज) व चन्द्रशेखर (भारत)

वर्ष का सर्वश्रेष्ठ पुरुष अन्तर्राष्ट्रीय क्रिकेटर—जो रूट (इंग्लैण्ड)

वर्ष का सर्वश्रेष्ठ पुरुष एकदिवसीय बल्लेबाज—केन विलियमसन

वर्ष का सर्वश्रेष्ठ पुरुष एकदिवसीय गेंदबाज—मैट हैनरी

वर्ष का सर्वश्रेष्ठ पुरुष टेस्ट बल्लेबाज—हैरी ब्रुक (इंग्लैण्ड)

वर्ष का सर्वश्रेष्ठ पुरुष टेस्ट गेंदबाज—प्रभात जयसूर्या (श्रीलंका)

पुरुष टी-20 बल्लेबाज ऑफ द ईयर—संजू सैमसन (भारत)

वर्ष का सर्वश्रेष्ठ पुरुष टी-20 गेंदबाज—वरुण चक्रवर्ती (भारत)

वर्ष का सर्वश्रेष्ठ घरेलू क्रिकेटर—हर्ष दुबे

वर्ष की सर्वश्रेष्ठ अन्तर्राष्ट्रीय महिला बल्लेबाज—स्मृति मंधाना (भारत)

वर्ष की सर्वश्रेष्ठ अन्तर्राष्ट्रीय महिला गेंदबाज—दीप्ति शर्मा (भारत)

स्मृति चिह्न चैम्पियंस ट्रॉफी में उत्कृष्ट नेतृत्व—रोहित शर्मा

जागरण साहित्य सृजन सम्मान (2025)

हिन्दी समाचार-पत्र दैनिक जागरण के पूर्व प्रधान सम्पादक नरेन्द्र मोहन की स्मृति में स्थापित साहित्य के क्षेत्र का यह पहला जागरण साहित्य सृजन पुरस्कार 10 अक्टूबर, 2025 को उनकी जयंती के अवसर पर नई दिल्ली में आयोजित समारोह में गृह एवं सहकारिता मंत्री अमित शाह के हाथों बिहार के डॉ. महेन्द्र मधुकर को प्रदान किया गया. ₹ 11 लाख का यह पुरस्कार उन्हें उनकी रचना 'वक्रतुंड' के लिए प्रदान किया गया. जागरण समूह द्वारा स्थापित साहित्य के क्षेत्र के अन्य पुरस्कारों का वितरण भी इस अवसर पर किया गया.

डॉ. महेन्द्र मधुकर को पुरस्कार प्रदान करते हुए केन्द्रीय गृह मंत्री अमित शाह

जागरण साहित्य सृजन सम्मान प्रदान करने के पश्चात् 'घुसपैठ, जनांकिकीय परिवर्तन व लोकतंत्र' विषय पर नरेन्द्र मोहन स्मृति व्याख्यान भी गृह मंत्री अमित शाह ने दिया.

भारतीय स्टेट बैंक को विश्व के सर्वश्रेष्ठ उपभोक्ता बैंक का पुरस्कार (2025)

मुख्यत: बैंकिंग पर केन्द्रित अमेरिकी वित्तीय पत्रिका ग्लोबल फाइनेंस (Global Finance) के बैंकिंग के क्षेत्र के वर्ष 2025 के पुरस्कारों का वितरण अक्टूबर 2025 में किया गया. इनमें विश्व के सर्वश्रेष्ठ उपभोक्ता बैंक (World's Best Consumer Bank) का पुरस्कार भारतीय स्टेट बैंक (SBI) को दिया गया. इसके अतिरिक्त भारत के सर्वश्रेष्ठ बैंक का पुरस्कार भी इसे ही मिला.

इनके अतिरिक्त विश्व के सर्वश्रेष्ठ कॉर्पोरेट बैंक का पुरस्कार स्पेन के बहु-राष्ट्रीय बैंक बीबीवीए (BBVA) को, सर्वश्रेष्ठ एमर्जिंग मार्केट्स बैंक का पुरस्कार जेपी मॉर्गन चेज को तथा सर्वश्रेष्ठ निजी बैंक का पुरस्कार जेपी मॉर्गन बैंक को इन पुरस्कारों के तहत् दिया गया.

भारतीय मूल के इतिहासकार सुनील अमृत की पुस्तक के लिए ब्रिटिश अकादमी बुक प्राइज (2025)

भारतीय मूल के इतिहासकार सुनील अमृत को उनकी पुस्तक **'द बर्निंग अर्थ : एन एनवायर्नमेंटल हिस्ट्री ऑफ द लास्ट 500 इयर्स'** के लिए इस वर्ष का ब्रिटिश अकादमी बुक प्राइज प्रदान किया गया है. अमेरिका के येल विश्वविद्यालय में इतिहास के प्रोफेसर सुनील अमृत केन्या में जन्मे व सिंगापुर में पले-बढ़े हैं. उनके माता-पिता दक्षिण भारत से हैं. 46 वर्षीय अमृत को 22 अक्टूबर, 2025 को लंदन स्थित ब्रिटिश अकादमी में आयोजित एक समारोह में यह प्रतिष्ठित पुरस्कार प्रदान किया गया.

राष्ट्रीय विज्ञान पुरस्कार (2025)

वर्ष 2025 के राष्ट्रीय विज्ञान पुरस्कारों की घोषणा विज्ञान और प्रौद्योगिकी मंत्रालय द्वारा 26 अक्टूबर, 2025 को की गई. यह

पुरस्कार निम्नलिखित चार श्रेणियों में पिछले वर्ष (2024 से) ही स्थापित किए गए हैं—

(i) विज्ञान रत्न पुरस्कार

(ii) विज्ञान श्री पुरस्कार

(iii) विज्ञान युवा—शांति स्वरूप भटनागर पुरस्कार

(iv) विज्ञान टीम पुरस्कार

उपर्युक्त चारों श्रेणियों के पुरस्कार वर्ष 2025 के लिए निम्नलिखित को दिए गए हैं—

विज्ञान रत्न पुरस्कार

देश में विज्ञान के क्षेत्र का यह सर्वोच्च पुरस्कार विज्ञान और प्रौद्योगिकी के किसी भी क्षेत्र में आजीवन योगदान के लिए प्रारम्भ किया गया है. वर्ष 2025 का यह पुरस्कार बिग-बैंग सिद्धान्त को चुनौती देने वाले प्रसिद्ध भौतिक विज्ञानी प्रो. जयन्त विष्णु नार्लीकर (मरणोपरांत) के लिए घोषित किया गया है.

विज्ञान श्री पुरस्कार

विज्ञान और प्रौद्योगिकी के क्षेत्रों में विशिष्ट योगदान व सम्बन्धित क्षेत्रों में पथ-प्रदर्शक अनुसंधान के लिए निम्नलिखित 8 वैज्ञानिकों को यह पुरस्कार दिया गया है—

डॉ. ज्ञानेन्द्र प्रताप सिंह (कृषि विज्ञान); डॉ. यूसुफ मोहम्मद शेख (परमाणु ऊर्जा); डॉ. के. थंगराज (जैविक विज्ञान); प्रो. प्रदीप थलप्पिल (रसायन विज्ञान); प्रो. अनिरुद्ध भालचंद्र पंडित (इंजीनियरिंग विज्ञान); डॉ. एस. वेंकट मोहन (पर्यावरण विज्ञान); प्रो. महान एमजे (गणित और कम्प्यूटर विज्ञान); श्री जयन एन (अंतरिक्ष विज्ञान और प्रौद्योगिकी).

विज्ञान युवा—शांति स्वरूप भटनागर पुरस्कार

विज्ञान के विभिन्न क्षेत्रों में असाधारण योगदान के लिए 45 वर्ष से कम आयु के निम्नलिखित 14 वैज्ञानिकों को यह पुरस्कार दिया गया है—

डॉ. जगदीस गुप्ता कपुगंती (कृषि विज्ञान); डॉ. सतेन्द्र कुमार मंगरौठिया (कृषि विज्ञान); श्री देबार्का सेनगुप्ता (जैविक विज्ञान); डॉ. दीपा अगाशे (जैविक विज्ञान); डॉ. दिब्येंदु दास (रसायन विज्ञान); डॉ. वलीउर रहमान (पृथ्वी विज्ञान); प्रो. अर्कप्रवा बसु (इंजीनियरिंग विज्ञान); प्रो. सब्यसाची मुखर्जी (गणित और कम्प्यूटर विज्ञान); प्रो. श्वेता प्रेम अग्रवाल (गणित और कम्प्यूटर विज्ञान); डॉ. सुरेश कुमार (चिकित्सा); प्रो. अमित कुमार अग्रवाल (भौतिकी); प्रो. सुरहुद श्रीकांत मोरे (भौतिकी); श्री अंकुर गर्ग (अंतरिक्ष विज्ञान और प्रौद्योगिकी); प्रो. मोहनशंकर शिवप्रकाशम (प्रौद्योगिकी एवं नवाचार).

विज्ञान टीम पुरस्कार

विज्ञान और प्रौद्योगिकी के किसी भी क्षेत्र में अभूतपूर्व शोध के लिए 3 या अधिक वैज्ञानिकों की टीम को यह पुरस्कार दिया जाता है. वर्ष 2025 का यह पुरस्कार कृषि विज्ञान क्षेत्र में सीएसआईआर की अरोमा मिशन टीम को दिया गया है.

उपर्युक्त पुरस्कारों के वितरण के लिए राष्ट्रीय विज्ञान पुरस्कार वितरण समारोह बाद में उल्लेखित किया जाएगा.

निधन
(Death)

राइला ओडिंगा

कीनिया के पूर्व प्रधानमंत्री राइला ओडिंगा (Raila Odinga) का 15 अक्टूबर, 2025 को केरल में कुथट्टुलम में हृदयाघात से निधन हो गया. वह 80 वर्ष के थे. 2008-13 के दौरान कीनिया के प्रधानमंत्री रहे ओडिंगा आयुर्वेदिक चिकित्सा पद्धति में बहुत विश्वास करते थे तथा अपनी पुत्री की आयुर्वेदिक चिकित्सा के लिए ही कुछ दिन पूर्व वह भारत आए थे. कीनिया में राष्ट्रपति के चुनाव में वह 5 बार पराजित हुए थे.

विजय कुमार मल्होत्रा

भाजपा के वयोवृद्ध नेता व पार्टी की दिल्ली इकाई के पहले अध्यक्ष रहे विजय कुमार मल्होत्रा का 93 वर्ष की आयु में 30 सितम्बर, 2025 को नई दिल्ली में निधन हो गया. दिल्ली यूनीवर्सिटी से पीएचडी की उपाधि प्राप्त विजय मल्होत्रा अखिल भारतीय विद्यार्थी परिषद् के संस्थापकों में रहे थे. दिल्ली के मुख्य कार्यकारी पार्षद रहने के साथ ही 2 बार विधायक व 5 बार सांसद भी वह रहे थे. 1999 के लोक सभा चुनाव में दक्षिण दिल्ली संसदीय क्षेत्र से कांग्रेस के डॉ. मनमोहन सिंह को उन्होंने पराजित किया था.

विजय कुमार मल्होत्रा

खेल जगत से भी जुड़े रहे श्री मल्होत्रा भारतीय ओलम्पिक संघ के वरिष्ठ उपाध्यक्ष व कार्यकारी अध्यक्ष भी रहे थे तथा भारतीय तीरंदाजी संघ के अध्यक्ष वह रहे थे.

असरानी

बॉलीवुड के प्रसिद्ध अभिनेता असरानी (पूरा नाम गोवर्धन असरानी) का 84 वर्ष की आयु में 20 अक्टूबर, 2025 को दीपावली के दिन मुम्बई के एक अस्पताल में निधन हो गया. अपने 5 दशक के फिल्मी कॅरियर में 350 से अधिक हिन्दी व गुजराती फिल्मों में भूमिकाएँ उन्होंने निभाई थी. सहायक अभिनेता के रूप में फिल्म शोले, ड्रीम गर्ल, बंटी और बबली, खट्टा मीठा, भूल भुलैया, धमाल, हेराफेरी, पति पत्नी और वो व चुपके-चुपके आदि में भूमिकाओं से विशेष ख्याति उन्होंने प्राप्त की थी. हरे काँच की चूड़ियाँ उनकी पहली फिल्म थी. कुछ हिन्दी व एक गुजराती फिल्म का निर्देशन भी उन्होंने किया था.

असरानी

रवि नाइक

2 बार गोवा के मुख्यमंत्री रहे रवि नाइक का 79 वर्ष की आयु में 14 अक्टूबर, 2025 को गोवा में पोंडा (Ponda) में निधन हो गया. 7 बार (2 बार महाराष्ट्रवादी गोमांतक पार्टी के, 4 बार कांग्रेस के तथा 1 बार बीजेपी के उम्मीदवार के रूप में) विधान सभा के सदस्य रहे रवि नाइक एक बार केवल 6 दिन तक मुख्यमंत्री रहे थे. राजनीति में आने से पूर्व वह वॉलीबॉल के राष्ट्रीय स्तर के खिलाड़ी भी रहे थे.

पीयूष पाण्डेय

भारतीय विज्ञापन जगत के विख्यात दिग्गज पीयूष पाण्डेय का 70 वर्ष की आयु में 24 अक्टूबर, 2025 को मुम्बई में निधन हो गया. 'एडमैन ऑफ इण्डिया' के रूप में विख्यात पीयूष पाण्डेय ने कैडबरी, एशियन पेंट्स, वोडाफोन व फेविकोल जैसी कम्पनियों के लिए प्रसिद्ध विज्ञापन बनाए थे. 'अब की बार मोदी सरकार' उनके द्वारा ही दिया गया नारा था. 'पाण्डेमोनियम' (Pandeymoniyam) व 'ऑपेन हाउस विद पीयूष पाण्डेय' नाम की दो पुस्तकों की रचना भी उन्होंने की थी. अनेक अन्तर्राष्ट्रीय पुरस्कारों से सम्मानित पीयूष पाण्डेय को वर्ष 2016 में पद्म श्री से सम्मानित किया गया था.

सतीश शाह

बॉलीवुड की फिल्मों व टीवी धारावाहिकों के प्रसिद्ध अभिनेता सतीश शाह का 74 वर्ष की आयु में 25 अक्टूबर, 2025 को मुम्बई में निधन हो गया. विशेषतः हास्य भूमिकाओं के लिए ख्याति प्राप्त सतीश शाह ने 'ये जो है जिंदगी', 'जाने भी दो यारो' व 'ओम शान्ति ओम' आदि फिल्मों तथा टीवी सीरियल 'साराभाई *Vs* साराभाई' में भूमिकाओं के लिए विशेष ख्याति प्राप्त की थी.

राजमाता सिरिकित

थाइलैण्ड की राजमाता कही जाने वाली पूर्व महारानी सिरिकित (Queen Mother

Sirikit) का 93 वर्ष की आयु में 24 अक्टूबर, 2025 को बैंकॉक के एक अस्पताल में निधन हो गया. थाइलैण्ड में सबसे लम्बे समय तक (1946 से 2016 में अपने निधन तक) सम्राट रहे भूमिबोल अदुल्यादेज (राम IX) की पत्नी तथा वर्तमान राजा वजिरालोंगकोर्न (राम X) की माँ थीं. विभिन्न बीमारियों के चलते 2019 से ही वह अस्पताल में भर्ती थीं. उनके निधन पर थाइलैण्ड के प्रधानमंत्री अनुतिन चार्नवीराकुल ने आसियान शिखर सम्मेलन के लिए मलेशिया का अपना दौरा रद्द कर दिया था.

राजमाता सिरिकित

एकनाथ वसंत चिटनिस

भारतीय अंतरिक्ष कार्यक्रम के प्रमुख वैज्ञानिक डॉ. एकनाथ वसंत चिटनिस का 100 वर्ष की आयु में 22 अक्टूबर, 2025 को पुणे में अपने आवास पर ही निधन हो गया. डॉ. चिटनिस भारत के अंतरिक्ष कार्यक्रम के शुरुआती दिनों के नायक रहे थे. वह इण्डियन नेशनल कमेटी फॉर स्पेस रिसर्च (INCOSPAR) के सदस्य सचिव थे, जो बाद में इसरो (ISRO) के रूप में विकसित हुई. इस प्रकार वह इसरो के संस्थापकों में थे. डॉ. विक्रम साराभाई, जो भारत के अंतरिक्ष कार्यक्रमों के जनक कहे जाते हैं, वे निकट सहयोगियों में से वह एक थे. तत्कालीन युवा वैज्ञानिक डॉ. एपीजे अब्दुल कलाम के मार्गदर्शक भी वह रहे थे. केरल में थुम्बा में भारत के पहले रॉकेट प्रक्षेपण स्थल के चयन में महत्वपूर्ण योगदान उनका रहा था. भारत सरकार ने 2008 में पद्म भूषण से उन्हें सम्मानित किया था. बाद में 2008 में प्रेस ट्रस्ट ऑफ इण्डिया (PTI) के निर्विरोध अध्यक्ष भी वह चुने गए थे.

ई.वी. चिटनिस

वर्ष/दिवस/सप्ताह
(Year/Days/Week)

अक्टूबर 2025

1 अक्टूबर–राष्ट्रीय स्वैच्छिक रक्तदान दिवस

1 अक्टूबर–अन्तर्राष्ट्रीय वृद्धजन दिवस

1 अक्टूबर–चीन का राष्ट्रीय दिवस

2-8 अक्टूबर–वन्य प्राणी सप्ताह (Wildlife Week)

2 अक्टूबर–लाल बहादुर शास्त्री जयंती

(पूर्व प्रधानमंत्री लाल बहादुर शास्त्री की 121वीं जयंती 2 अक्टूबर, 2025 को मनाई गई.)

2 अक्टूबर–गाँधी जयंती (अन्तर्राष्ट्रीय अहिंसा दिवस)

(2 अक्टूबर, 2025 को राष्ट्रपिता महात्मा गाँधी की 156वीं जयंती थी. **संयुक्त राष्ट्र महासभा में 15 जून, 2007 को पारित प्रस्ताव के तहत् महात्मा गाँधी के जन्म दिवस को अन्तर्राष्ट्रीय अहिंसा दिवस के रूप में विश्वभर में मनाया जाता है.**)

4 अक्टूबर–विश्व पशु दिवस (World Animal Day)

5 अक्टूबर–विश्व शिक्षक दिवस

6-7 अक्टूबर (2025)–अन्तर्राष्ट्रीय अभिधम्म दिवस

(अभिधम्म दिवस एक बौद्ध उत्सव दिवस है, जो गौतम बुद्ध के तावंतीसा स्वर्ग से पृथ्वी पर उत्तर प्रदेश के संकासिया नामक स्थान पर उतरने की याद में मनाया जाता है, जब उन्होंने अभिधम्म की शिक्षा दी थी. **यह दिवस सातवें चन्द्र मास की पूर्णिमा के दिन मनाया जाता है.** इस वर्ष 2025 में केन्द्रीय संस्कृति मंत्रालय व गौतम बुद्ध विश्वविद्यालय, ग्रेटर नोएडा के सहयोग से अन्तर्राष्ट्रीय बौद्ध परिसंघ द्वारा यह दिवस 6-7 अक्टूबर को मनाया गया.)

7 अक्टूबर–विश्व पर्यावास दिवस (World Habitat Day)

7 अक्टूबर–विश्व कपास दिवस

[विश्व व्यापार संगठन (WTO) ने 7 अक्टूबर को विश्व कपास दिवस (World Cotton Day) वर्ष 2019 में घोषित किया था. तदनुरूप पहला विश्व कपास दिवस डब्ल्यूटीओ की मेजबानी में 7 अक्टूबर, 2019 को जेनेवा में डब्ल्यूटीओ मुख्यालय में मनाया गया था.]

8 अक्टूबर–वायु सेना का स्थापना दिवस (भारत)

(भारतीय वायु सेना का 93वाँ स्थापना दिवस 8 अक्टूबर, 2025 को मनाया गया.)

9 अक्टूबर–भारतीय विदेश सेवा दिवस

9 अक्टूबर–विश्व डाक दिवस

(विश्व डाक दिवस यूनीवर्सल पोस्टल यूनियन जिसकी स्थापना बर्न में 9 अक्टूबर, 1857 को हुई थी, की स्थापना की वर्षगाँठ के उपलक्ष्य में प्रति वर्ष 9 अक्टूबर को मनाया जाता है.)

9 अक्टूबर–विश्व दृष्टि दिवस

(अक्टूबर का दूसरा बृहस्पतिवार)

10 अक्टूबर–विश्व मानसिक स्वास्थ्य दिवस

11 अक्टूबर–लोकनायक जयप्रकाश नारायण की जयन्ती

11 अक्टूबर–अन्तर्राष्ट्रीय बालिका दिवस

(संयुक्त राष्ट्र के आह्वान पर पहला अन्तर्राष्ट्रीय बालिका दिवस 11 अक्टूबर, 2012 को मनाया गया था.)

14 अक्टूबर–विश्व मानक दिवस (World Standards Day)

(International Organisation for Standardisation–ISO के स्थापना दिवस के उपलक्ष्य में 14 अक्टूबर को विश्वभर में विश्व मानक दिवस के रूप में मनाया जाता है.)

16 अक्टूबर–विश्व खाद्य दिवस

(खाद्य एवं कृषि संगठन का स्थापना दिवस)

17 अक्टूबर–विश्व ट्रॉमा दिवस

17 अक्टूबर–निर्धनता निवारण हेतु अन्तर्राष्ट्रीय दिवस

20 अक्टूबर–विश्व सांख्यिकी दिवस

[पहला विश्व सांख्यिकी दिवस (World Statistics Day) 20 अक्टूबर, 2010 को विश्वभर में मनाया गया था. अंकों की विशिष्टता (20-10-2010) के चलते इस दिन को सांख्यिकी दिवस के रूप में मनाने का फैसला संयुक्त राष्ट्र महासभा द्वारा उसी वर्ष (2010 में) किया गया था.]

[भारत में महान सांख्यिकीवेत्ता पी.सी. महालनोबिस के जन्म दिवस 29 जून को वर्ष 2016 से राष्ट्रीय सांख्यिकी दिवस के रूप में मनाया जाता है.]

21 अक्टूबर–विश्व आयोडीन-अल्पता-विकार निवारण दिवस (Global Iodine Deficiency Disorder Prevention Day)

21 अक्टूबर–पुलिस स्मृति दिवस

24 अक्टूबर–संयुक्त राष्ट्र संघ का स्थापना दिवस

24 अक्टूबर–विश्व विकास सूचना दिवस

30 अक्टूबर–विश्व मितव्ययिता दिवस

31 अक्टूबर–पूर्व प्रधानमंत्री श्रीमती इन्दिरा गाँधी की पुण्यतिथि

31 अक्टूबर–राष्ट्रीय एकता दिवस

(लौह पुरुष सरदार वल्लभभाई पटेल का जन्म दिवस राष्ट्रीय एकता दिवस के रूप में मनाने का फैसला मोदी सरकार ने 2014 में किया था.)

पुस्तकें
(Books)

डेमोक्रेसीज हार्टलैण्ड : इनसाइड द बैटल फॉर पॉवर इन साउथ एशिया (Democracy's Heartland : Inside the Battle for Power in South Asia)

–एस. वाई. कुरैशी

फाइंडिंग माई वे (Finding My Way)

–मलाला युसुफजई

आई एम जॉर्जिया : माई रूट्स, माई प्रिंसिपल्स : (I am Georgia : My Roots, My Principles)

–जॉर्जिया मेलोनी

व्हाई द कॉन्स्टीट्यूशन मैटर्स (Why the Constitution Matters)

–जस्टिस डी. वाई. चन्द्रचूड

हाउ टु बी हैप्पी विद हू यू आर (How to Be Happy with Who You Are)

–सुधा मूर्ति

विविध
(Miscellaneous)

भारतीय वायु सेना से मिग-21 विमानों की विदाई के उपलक्ष्य में स्मारक डाक टिकट

भारतीय वायु सेना से मिग-21 विमानों की सेवाएँ समाप्त होने (Decommissioning) के उपलक्ष्य में एक स्मारक डाक टिकट भारतीय डाक विभाग ने जारी किया है. यह स्मारक टिकट 26 सितम्बर, 2025 को जारी किया

मिग-21 विमानों की विदाई के उपलक्ष्य में स्मारक डाक टिकट का अनावरण करते हुए रक्षा मंत्री राजनाथ सिंह

गया. जिस दिन वायु सेना ने 62 वर्षों से सेवा में रहे मिग-21 विमानों को विदाई दी थी. इस स्मारक टिकट का अनावरण रक्षा मंत्री श्री राजनाथ सिंह ने 26 सितम्बर को चंडीगढ़ में आयोजित विदाई समारोह में ही किया.

राष्ट्रीय स्वयं सेवक संघ के शताब्दी वर्ष के अवसर पर स्मारक सिक्का व डाक टिकट

राष्ट्रीय स्वयं सेवक संघ (RSS) की स्थापना 1925 में विजयादशमी के दिन नागपुर में केशव बलीराम हेडगेवार द्वारा दी गई थी. इस वर्ष 2025 को विजयादशमी के दिन (2 अक्टूबर को) अपनी स्थापना के शताब्दी वर्ष में प्रवेश इसने किया है. शताब्दी वर्ष के उपलक्ष्य में देश भर में कार्यक्रमों का आयोजन

आरएसएस के शताब्दी वर्ष के उपलक्ष्य में स्मारक सिक्का जारी करते प्रधानमंत्री नरेन्द्र मोदी

आरएसएस ने किया, जबकि वृहद् स्तर पर मुख्य कार्यक्रम नागपुर में ही आयोजित किया गया जिसमें मुख्य अतिथि पूर्व राष्ट्रपति रामनाथ कोविंद थे.

शताब्दी वर्ष के उपलक्ष्य में ₹ 100 का स्मारक सिक्का व एक विशेष डाक टिकट प्रधानमंत्री श्री नरेन्द्र मोदी ने नई दिल्ली में डॉ. अम्बेडकर अन्तर्राष्ट्रीय केन्द्र में आयोजित समारोह में 2 अक्टूबर को जारी किए. 26 जनवरी, 1963 को गणतंत्र दिवस की राष्ट्रीय परेड में आरएसएस स्वयं सेवकों की भागीदारी को जहाँ डाक टिकट पर दर्शाया गया है, वहीं स्मारक सिक्के पर एक ओर राष्ट्रीय चिह्न है और दूसरी ओर सिंह के साथ वरद मुद्रा (Blessing posture) में भारत माता की भव्य छवि है, जिनके सामने संघ के स्वयं सेवक समर्पण भाव से नमन करते दिखाई देते हैं. यह पहला अवसर है जब भारतीय मुद्रा पर भारत माता की तस्वीर अंकित की गई है. सिक्के पर संघ का बोध वाक्य भी लिखा है–''राष्ट्राय स्वाहा, इदं राष्ट्राय इदं न मम'' (For the nation I dedicate, this is for the nation, not for myself)

औरंगाबाद रेलवे स्टेशन का नाम परिवर्तन

महाराष्ट्र के औरंगाबाद शहर का नाम 3 वर्ष पूर्व ही एकनाथ शिंदे के नेतृत्व वाली तत्कालीन सरकार ने छत्रपति संभाजी नगर कर दिया था. इसके बावजूद इसके रेलवे स्टेशन का नाम औरंगाबाद ही बना हुआ था. इसके रेलवे स्टेशन का नाम भी अब 'छत्रपति संभाजी नगर रेलवे स्टेशन' कर दिया गया है. महाराष्ट्र की भाजपा के नेतृत्व वाली महायुति सरकार ने इस आशय की गजट अधिसूचना गत अक्टूबर माह में जारी कर दी है.

भारत व इण्डोनेशिया का संयुक्त नौसैनिक अभ्यास समुद्र शक्ति-2025

भारत व इण्डोनेशिया की नौसेनाओं का संयुक्त अभ्यास **समुद्र शक्ति-2025** विशाखापट्टनम के तट पर 14-17 अक्टूबर, 2025 को सम्पन्न हुआ. दोनों देशों की नौसेनाओं के संयुक्त अभ्यास का यह पाँचवाँ संस्करण था जिसका उद्देश्य दोनों नौसेनाओं के बीच अंतर संचालन क्षमता का विस्तार करना तथा आपसी समझ को बढ़ाना था. 4 दिन के इस संयुक्त अभ्यास के बंदरगाह व समुद्री चरण दोनों ही शामिल थे.

वर्ष 2018 में शुरू हुए इस संयुक्त नौसैनिक अभ्यास का पिछला चौथा चरण मई 2023 में दक्षिणी चीन सागर में व उससे पूर्व तीसरा संस्करण इण्डोनेशिया में जकार्ता में सितम्बर 2021 में हुआ था.

भारत-जापान संयुक्त नौसैनिक अभ्यास जैमेक्स-2025

भारतीय नौसेना व जापान मैरिटाइम सेल्फ डिफेंस फोर्स (JMSDF) का संयुक्त नौसैनिक अभ्यास **जैमेक्स 2025** (JAIMEX–Japan India Maritime Exercise–2025) जापान के योकोसुका बंदरगाह के तट के निकट अक्टूबर 2025 में सम्पन्न हुआ. इसका समुद्री चरण 16-18 अक्टूबर को व बंदरगाह चरण 21 अक्टूबर को योकोसुका बंदरगाह पर सम्पन्न हुआ.

दोनों देशों के बीच 2012 में शुरू हुए इस नौसैनिक अभ्यास का यह नौवाँ संस्करण था. ऐसा पिछला 8वाँ संस्करण जून 2024 में जापान में योकोसुका में ही सम्पन्न हुआ था, जबकि 7वाँ संस्करण जुलाई 2023 में भारत में विशाखापट्टनम के तट पर हुआ था.

नोबेल पुरस्कार 2025

स्वीडिश रसायनज्ञ व डायनामाइट के आविष्कारक एल्फ्रेड नोबेल (Alfred Nobel) की 1895 की वसीयत के आधार पर नोबेल पुरस्कारों की शुरुआत 5 क्षेत्रों (शान्ति, साहित्य, चिकित्सा, भौतिकी व रसायन) में योगदान के लिए 1901 से हुई थी. **वर्तमान में यह पुरस्कार—शान्ति, साहित्य, शरीर क्रिया विज्ञान/चिकित्सा, रसायन विज्ञान, भौतिक विज्ञान के अतिरिक्त अर्थशास्त्र के क्षेत्र में विशिष्ट योगदान के लिए प्रति वर्ष दिए जाते हैं, अर्थशास्त्र के क्षेत्र का पुरस्कार मूलतः नोबेल पुरस्कारों में शामिल नहीं था.** इसकी स्थापना स्वीडन के केन्द्रीय बैंक द्वारा बाद में 1968 में की गई थी तथा नोबेल तुल्य इस पुरस्कार को **एल्फ्रेड नोबेल की स्मृति में अर्थशास्त्र के क्षेत्र में स्वेरिग्स रिक्सबैंक पुरस्कार** नाम से जाना जाता है.

नोबेल पुरस्कारों में भौतिक विज्ञान, रसायन विज्ञान व अर्थशास्त्र के क्षेत्र के पुरस्कार हेतु विजेता का चयन जहाँ स्टॉकहोम स्थित द रॉयल स्वीडिश एकेडमी ऑफ साइंसेज द्वारा किया जाता है, वहीं साहित्य के क्षेत्र के पुरस्कार हेतु नोबेल स्वीडिश एकेडमी द्वारा, चिकित्सा विज्ञान के पुरस्कार हेतु कैरोलिंस्का इंस्टीट्यूट की नोबेल असेम्बली द्वारा तथा शान्ति के पुरस्कार हेतु ओस्लो स्थित नॉर्वे की नोबेल कमेटी द्वारा विजेता का चयन किया जाता है. वर्ष 2025 के नोबेल पुरस्कारों की घोषणा 6-13 अक्टूबर, 2025 के दौरान की गई.

इन पुरस्कारों में चिकित्सा विज्ञान, रसायन विज्ञान, भौतिक विज्ञान, साहित्य व अर्थशास्त्र के क्षेत्र के पुरस्कारों का वितरण 10 दिसम्बर को एल्फ्रेड नोबेल की पुण्यतिथि पर स्वीडन में स्टॉकहोम में किया जाएगा, जबकि नोबेल शान्ति पुरस्कार 10 दिसम्बर को ही नॉर्वे की राजधानी ओस्लो में दिया जाएगा.

इन पुरस्कारों के तहत् इस वर्ष देय पुरस्कार राशि 11 मिलियन स्वीडिश क्रोनर (लगभग 11·7 लाख अमेरिकी डॉलर/ ₹ 10·36 करोड़) है. इस वर्ष के इन पुरस्कारों हेतु निम्नलिखित को चुना गया है.

फिजियोलॉजी/चिकित्सा

फिजियोलॉजी या चिकित्सा के क्षेत्र के वर्ष 2025 के नोबेल पुरस्कार की घोषणा स्टॉकहोम स्थित कैरोलिंस्का इंस्टीट्यूट (Karolinska Institutet) की नोबेल असेम्बली ने 6 अक्टूबर, 2025 को की. यह पुरस्कार सिएटल (अमेरिका) के इंस्टीट्यूट फॉर सिस्टम्स बायोलॉजी की मैरी ई. ब्रुंको (Mary E. Brunkow), सैनफ्रांसिस्को (अमेरिका) स्थित सोनोमा बायोथिरैप्यूटिक्स के फ्रेड रामस्डेल (Fred Ramsdell) व ओसाका यूनिवर्सिटी (जापान) के शिमोन साकागुची (Shimon Sakaguchi) को संयुक्त रूप से दिए जाने की घोषणा की गई. इन्हें यह पुरस्कार शरीर की रक्षा प्रणाली (Immune System) को बेहतर समझने की खोज (Peripheral Immune Tolerance) के लिए विशेषतः **रेगुलेटरी टी सैल्स** (Regulatory T cells) व Foxp3 जीन की भूमिकाओं की खोज के लिए दिया जाएगा.

मैरी ई. ब्रुंको

फ्रेड रामस्डेल

शिमोन साकागुची

पुरस्कार की राशि 11 मिलियन स्वीडिश क्रोनर का वितरण तीनों पुरस्कृतों में समान रूप से किया जाएगा.

चिकित्सा के क्षेत्र के नोबेल पुरस्कार के सम्बन्ध में महत्वपूर्ण तथ्य

- 1901 से लेकर अब तक (2025 तक) चिकित्सा के क्षेत्र का नोबेल पुरस्कार 116 बार कुल 232 चिकित्सा वैज्ञानिकों/चिकित्सकों को दिया जा चुका है.
- नौ बार (1915, 1916, 1917, 1918, 1921, 1925, 1940, 1941 व 1942) यह पुरस्कार किसी को भी नहीं दिया गया.
- यह पुरस्कार 40 बार किसी एक-एक वैज्ञानिक/चिकित्सक को एकल रूप से प्रदान किया, जबकि 36 बार यह 2-2 लोगों को संयुक्त रूप से तथा 40 बार यह 3-3 लोगों को संयुक्त रूप से प्रदान किया.
- जर्मनी के एमिल एडोल्फ वॉन बेहरिंग (Emil Adolf Von Behring) को चिकित्सा के क्षेत्र का पहला पुरस्कार 1901 में प्रदान किया गया था.
- **चिकित्सा के क्षेत्र का नोबेल पुरस्कार पाने वाले सबसे कम उम्र के वैज्ञानिक कनाडा के फ्रेड्रिक ग्रांट बैंटिग थे. 1923 में उन्हें जब यह पुरस्कार दिया गया था. तब उस समय उनकी आयु 32 वर्ष थी.** यह पुरस्कार पाने वाले सबसे उम्रदराज वैज्ञानिक अमेरिका के पीटोन राउस (Peyton Rous) थे. 1966 में 87 वर्ष की आयु में दो अन्य वैज्ञानिकों के साथ उन्हें यह पुरस्कार दिया गया था.
- चिकित्सा के क्षेत्र के नोबेल पुरस्कार से अब तक कुल 14 महिलाओं को सम्मानित किया जा चुका है. 1947 में अमेरिका की गेर्टी कोरी (Gerty Cori) यह पुरस्कार पाने वाली पहली महिला थीं. उन्हें यह पुरस्कार उनके पति कार्ल कोरी व एक अन्य के साथ संयुक्त रूप से यह पुरस्कार मिला था. वर्ष 2025 का पुरस्कार पाने वाले तीन वैज्ञानिकों में भी एक महिला शामिल है.
- **अमेरिका के आर्थर कोर्नबर्ग को 1959 में चिकित्सा के क्षेत्र का नोबेल पुरस्कार मिला था, बाद में 2006 में उनके पुत्र रोजर कोर्नबर्ग को रसायन विज्ञान के क्षेत्र का नोबेल प्राप्त हुआ था. इसी प्रकार 1973 में चिकित्सा क्षेत्र का नोबेल पुरस्कार पाने वाले नीदरलैण्ड्स के निकोलस टिंबर जेन के भाई जान टिंबर जेन को 1969 में अर्थशास्त्र के क्षेत्र का पुरस्कार प्राप्त हो चुका था. वर्ष 2022 का यह पुरस्कार पाने वाले स्वैंते पाबो के पिता सुने बर्ग स्ट्राज़्म को भी चिकित्सा के क्षेत्र का नोबेल पुरस्कार 1982 में प्राप्त हो चुका था.**

भौतिक विज्ञान

भौतिक विज्ञान के क्षेत्र में वर्ष 2025 के नोबेल पुरस्कार की घोषणा द रॉयल स्वीडिश एकेडमी ऑफ साइंसेज (स्टॉकहोम) ने 7 अक्टूबर, 2025 को की. यह पुरस्कार अमेरिका के तीन वैज्ञानिकों–कैलिफोर्निया यूनिवर्सिटी, बर्कले के जॉन क्लार्क (John Clarke), येल यूनिवर्सिटी, न्यू हेवेन व कैलिफोर्निया यूनिवर्सिटी सांता बारबारा के मिशेल एच. डेवोरेट (Michel H. Devoret) तथा कैलीफोर्निया यूनिवर्सिटी, सांता बारबारा के जॉन एम. मार्टिनिस (John M. Martinis) को संयुक्त रूप से दिया जाएगा. **पुरस्कार राशि तीनों वैज्ञानिकों में समान रूप से विभाजित की जाएगी.** द रॉयल स्वीडिश एकेडमी ऑफ साइंस द्वारा इन्हें यह पुरस्कार इलेक्ट्रिक सर्किट में मैक्रोस्कोपिक क्वांटम मेकेनिकल टनलिंग व ऊर्जा क्वांटीकरण की खोज, (For the discovery of macroscopic quantum mechanical tunnelling and energy quantisation in an electric circuit) के लिए दिया गया है. उनकी यह खोज क्वांटम क्रिप्टोग्राफी, क्वांटम कम्प्यूटर्स व क्वांटम सेंसर्स सहित अगली पीढ़ी की क्वांटम टेक्नोलॉजी विकसित करने में सहायक होगी.

जॉन क्लार्क

मिशेल एच. डेवोरेट

जॉन एम. मार्टिनिस

इन वैज्ञानिकों ने वर्ष 1984 और 1985 में कैलिफोर्निया यूनिवर्सिटी में एक खास प्रयोग किया. उन्होंने दो सुपरकंडक्टर से एक बिजली का सर्किट बनाया. इन दोनों सुपरकंडक्टरों के बीच में एक पतली परत थी, जो बिजली को रोकती थी. फिर भी, उन्होंने देखा कि सर्किट में मौजूद सभी चार्ज किए हुए कण एक साथ मिलकर ऐसा व्यवहार करते थे, जैसे वे एक ही कण हों. ये कण उस पतली परत को पार कर दूसरी तरफ जा सकते थे, जो क्वांटम टनलिंग का सबूत था.

इस प्रयोग से वैज्ञानिकों ने पाया कि क्वांटम टनलिंग बड़े सिस्टम में कैसे काम करती है. यह खोज क्वांटम कम्प्यूटिंग और नई तकनीकों के लिए बहुत बड़ी बात है.

भौतिक विज्ञान के नोबेल पुरस्कार के सम्बन्ध में महत्वपूर्ण तथ्य

- 1901 से लेकर अब तक (2025 तक) भौतिक विज्ञान के क्षेत्र का नोबेल पुरस्कार 119 बार कुल 230 वैज्ञानिकों को दिया जा चुका है, अमेरिका के जॉन बार्डीन (John Bardeen) को यह पुरस्कार 2 बार (1956 व 1972 में) प्रदान किया गया. **जॉन बार्डीन ऐसे एकमात्र वैज्ञानिक हैं, जिन्हें भौतिक विज्ञान का नोबेल पुरस्कार दो बार प्राप्त हुआ है.**
- 6 बार (1916, 1931, 1934, 1940, 1941 व 1942) यह पुरस्कार किसी को भी नहीं दिया गया.
- यह पुरस्कार 47 बार किसी एक ही वैज्ञानिक को एकल रूप में प्रदान किया गया (एक वैज्ञानिक जॉन बार्डीन को यह पुरस्कार दो बार दिए जाने के कारण ऐसे वैज्ञानिकों की संख्या 46 ही है), जबकि 33 बार यह पुरस्कार 2-2 लोगों को संयुक्त रूप से तथा 39 बार यह 3-3 लोगों को संयुक्त रूप से प्रदान किया गया.
- जर्मनी के विल्हैम रॉन्टजेन (Wilhelm Rontgen) को भौतिक विज्ञान के क्षेत्र का पहला पुरस्कार 1901 में प्रदान किया गया था.
- **भौतिक विज्ञान के क्षेत्र का नोबेल पुरस्कार पाने वाले सबसे कम उम्र के वैज्ञानिक ब्रिटेन के विलियम लॉरेंस ब्रेग थे. वर्ष 1915 में उन्हें जब यह पुरस्कार उनके पिता विलियम हैनरी ब्रेग के साथ संयुक्त रूप से दिया गया था, उस समय उनकी आयु 25 वर्ष थी, यह पुरस्कार पाने वाले सबसे उम्रदराज वैज्ञानिक अमेरिका के आर्थर आश्किन थे. 2018 में 96 वर्ष की आयु में उन्हें यह पुरस्कार दिया गया था.**
- **भौतिक विज्ञान के क्षेत्र के नोबेल पुरस्कार से अब तक कुल 4 महिलाओं को सम्मानित किया गया है. 1903 में फ्रांस की मैरी क्यूरी (Marie Curie) यह पुरस्कार पाने वाली पहली महिला थीं, मैरी क्यूरी को बाद में 1911 में रसायन विज्ञान के क्षेत्र का नोबेल पुरस्कार भी मिला.**
- पिता-पुत्र की चार जोड़ियाँ ऐसी हैं, जिन्हें भौतिक विज्ञान के क्षेत्र के नोबेल पुरस्कार से सम्मानित किया गया है. इनमें विलियम ब्रैग व लॉरेंस ब्रैग की पिता-पुत्र की जोड़ी (1915) में एक साथ दोनों को संयुक्त रूप से यह पुरस्कार दिया गया. इसके अतिरिक्त नील्स बोर (1922 का पुरस्कार) व ए.एन. बोर (1975), मान्ने सीग बैन (1924) व काई एमसीगबैन (1981) तथा जे.जे. थॉमसन (1906) व जॉर्ज थॉमसन (1937) की जोड़ी शामिल हैं.

रसायन विज्ञान

जापान (क्योटो यूनिवर्सिटी) के सुसुमु कितागावा (Susumu Kitagawa), ब्रिटिश मूल के ऑस्ट्रेलिया (मेलबोर्न यूनिवर्सिटी) के रिचर्ड रॉबसन (Richard Robson) और जॉर्डन मूल के अमेरिकी (कैलीफॉर्निया यूनिवर्सिटी बर्कले) ओमर एम. याघी (Omar M. Yaghi) को रसायन विज्ञान का वर्ष 2025 का नोबेल पुरस्कार देने की घोषणा स्टॉकहोम स्थित द रॉयल स्वीडिश एकेडमी ऑफ साइंसेज ने 8 अक्टूबर को की है. 88 वर्षीय रॉबसन ऑस्ट्रेलिया के मेलबर्न विश्वविद्यालय, 74 वर्षीय कितागावा जापान के क्योटो विश्वविद्यालय और 60 वर्षीय याधी कैलिफोर्निया विश्वविद्यालय, बर्कले से सम्बन्ध रखते हैं. पुरस्कार की राशि (11 मिलियन स्वीडिश क्रोनर) तीनों वैज्ञानिकों में समान रूप से विभाजित की जाएगी. **एकेडमी के अनुसार, उन्हें यह पुरस्कार मेटल-ऑर्गनिक फ्रेमवर्क्स (MOF) के विकास के लिए दिया गया है.** एमओएफ ऐसे क्रिस्टलीय पदार्थ हैं, जो धातुओं और ऑर्गनिक अणुओं से मिलकर बनते हैं. यह अपने अन्दर गैसों को एब्जॉर्ब कर सकते हैं. आज के युग में यह तकनीक बेहद जरूरतमंद साबित हो सकती है. ये गैसों, दवाओं और रसायनों के भण्डारण व शुद्धिकरण में अहम भूमिका निभाते हैं.

रिचर्ड रॉबसन

एस. कितागावा

ओमर एम. याघी

रसायन विज्ञान के लिए नोबेल समिति के सदस्य ओलोफ रामस्ट्रोम ने इन तीनों वैज्ञानिकों की खोज को प्रसिद्ध 'हैरी पॉटर' सीरीज में हारमोईन ग्रेंगर के जादुई हैंडबैग के समान बताया है, जो बाहर से दिखने में बहुत छोटा लगता था, लेकिन अन्दर से बहुत बड़ा था. हैरी पॉटर की फिल्मों में यह जादुई बैग आकर्षण का केन्द्र था. जादू की मदद से यह बैग अंदर से असीमित रूप से बड़ा बना देता था, जिसमें अनगिनत चीजों को रखा जा सकता था.

रसायन विज्ञान के नोबेल पुरस्कार के सम्बन्ध में महत्वपूर्ण तथ्य

- 1901 से लेकर अब तक (2025 तक) रसायन विज्ञान के क्षेत्र का नोबेल पुरस्कार 117 बार कुल 200 वैज्ञानिकों को दिया जा चुका है. **इनमें ब्रिटेन के फ्रेडरिक सांनगेर को दो बार (1958 व 1980) व बेरी शार्पलैस को भी दो बार (2001 व 2022 में) यह पुरस्कार मिलने के कारण पुरस्कार पाने वाले वैज्ञानिकों की संख्या 198 ही है.**
- 8 बार (1916, 1917, 1919, 1924, 1933, 1940, 1941 व 1942 में) यह पुरस्कार किसी को भी नहीं दिया गया.
- यह पुरस्कार 63 बार किसी एक ही वैज्ञानिक को अकेले ही प्रदान किया गया, जबकि 25 बार यह 2-2 लोगों को संयुक्त रूप से तथा 29 बार यह 3-3 लोगों को संयुक्त रूप से प्रदान किया गया.
- नीदरलैण्ड्स के जैकोबस एच.वी. हॉफ (Jacobus H.V. Hoff) को रसायन विज्ञान के क्षेत्र का पहला पुरस्कार 1901 में प्रदान किया गया था.
- **रसायन विज्ञान के क्षेत्र का नोबेल पुरस्कार पाने वाले सबसे कम उम्र के वैज्ञानिक फ्रांस के जीन फ्रेड्रिक जूलिएट क्यूरी (Jean Fredric Joliot Curie) थे, 1935 में उनकी पत्नी आयरीन जूलिएट क्यूरी के साथ संयुक्त रूप से उन्हें जब यह पुरस्कार दिया गया था. उस समय उनकी आयु 35 वर्ष थी.** यह पुरस्कार पाने वाले सबसे उम्रदराज वैज्ञानिक अमेरिका के जॉन बी. गुडएनफ (John B. Goodenough) थे. 2019 में 97 वर्ष की आयु में उन्हें यह पुरस्कार दिया गया था. (**वह कोई भी नोबेल पुरस्कार पाने वाले सबसे अधिक उम्र के व्यक्ति हैं.**)
- रसायन विज्ञान के क्षेत्र के नोबेल पुरस्कार से अब तक कुल 8 महिलाओं को सम्मानित किया जा चुका है. **1911 में फ्रांस की मैरी क्यूरी (Marie Curie) यह पुरस्कार पाने वाली पहली महिला थीं. (मैरी क्यूरी को 1903 में भौतिक विज्ञान का नोबेल पुरस्कार भी अपने पति के साथ साझेदारी में मिला था. बाद में 1935 में उनकी पुत्री आयरीन जूलिएट क्यूरी को भी 1935 में अपने पति के साथ साझेदारी में रसायन विज्ञान नोबेल पुरस्कार प्राप्त हुआ था.**
- **मैरी क्यूरी ही ऐसी एकमात्र वैज्ञानिक हैं जिन्हें 1903 में भौतिक विज्ञान के नोबेल पुरस्कार के साथ-साथ 1911 में रसायन विज्ञान के क्षेत्र का भी पुरस्कार प्राप्त हुआ था.**
- **अमेरिका के लिनस पॉलिंग (Linus Pauling) ऐसे एकमात्र वैज्ञानिक हैं, जिन्हें रसायन विज्ञान के नोबेल (1954) के साथ-साथ शान्ति का नोबेल भी 1962 में प्राप्त हुआ है.**
- अमेरिका के के. बैरी शार्पलैस जिन्हें 2022 का रसायनशास्त्र के क्षेत्र का नोबेल पुरस्कार दिया गया था, को 2001 में भी यह पुरस्कार मिला था. ब्रिटेन के फ्रेडरिक सेंगर ही ऐसे अन्य वैज्ञानिक हैं, जिन्हें रसायन विज्ञान का नोबेल पुरस्कार दो बार (1958 व 1980 में) दिया गया था.

साहित्य

2025 का साहित्य का नोबेल पुरस्कार हंगेरियन उपन्यासकार लास्ज़लो क्रास्ज्नाहोरकाई (Laszlo Krasznahorkai) को प्रदान करने की घोषणा स्टॉकहोम स्थित स्वीडिश एकेडमी ने 9 अक्टूबर को की है. एकेडमी के अनुसार, उन्हें यह पुरस्कार उनके सम्मोहक और दूरदर्शी कार्यों के लिए दिया जाएगा, जो सर्वनाशकारी आतंक के बीच भी कला की शक्ति की पुष्टि करते हैं. **66 वर्षीय लास्ज़लो 2002 में इमरे कर्टेज के बाद साहित्य में नोबेल पुरस्कार पाने वाले दूसरे हंगेरियन व्यक्ति हैं.**

लास्ज़लो क्रास्ज्नाहोरकाई

हंगरी के उपन्यासकार और पटकथा लेखक क्रास्ज्नाहोरकाई अपने सघन, दार्शनिक गद्य और आधुनिक जीवन के सर्वनाशकारी दृष्टिकोण के लिए जाने जाते हैं, ने अपने पहले उपन्यास **सैटान्टैंगो** (1985) से अन्तर्राष्ट्रीय ख्याति प्राप्त की, जो एक ढहते हुए गाँव में क्षय और निराशा का एक भयावह चित्रण था, जिसे बाद में बेला टार (Bela Tarr) ने एक फिल्म में रूपांतरित किया. उनका लेखन अवसर अराजकता, अलगाव और अस्थिर दुनिया में अर्थ की खोज की पड़ताल करता है. लास्ज़लो क्रास्ज्नाहोरकाई अन्तर्राष्ट्रीय मैन बुकर पुरस्कार (2015) सहित अनेक पुरस्कारों से सम्मानित हैं. उनकी प्रशंसित कृतियों **'द मेलानचॉली ऑफ रेजिस्टेंस'** (The Melancholy of Resistance) (1989), **'वॉर एण्ड वॉर'** (War and War) (1999) और **'सियोबो देयर बिलो'** (Seiobo There Below) (2008) शामिल हैं. बेला टार के साथ उनके सहयोग, विशेष रूप से 'वर्कमेस्टर हार्मोनीज' ने उनकी गहन, चिंतनशील कहानी कहने की शैली को वैश्विक दर्शकों तक पहुँचाया. क्रास्ज्नाहोरकाई की शैली—लम्बे, घुमावदार वाक्यों और गहन चिंतन से चिह्नित—ने उन्हें यूरोप के सबसे चुनौतीपूर्ण और दूरदर्शी समकालीन लेखकों में से एक के रूप में ख्याति दिलाई है.

साहित्य के नोबेल पुरस्कार के सम्बन्ध में महत्वपूर्ण तथ्य

- 1901 से 2025 तक साहित्य के क्षेत्र में कुल 118 नोबेल पुरस्कार 122 साहित्यकारों को दिए गए.
- चार बार (1904, 1917, 1996, 1974 में) साहित्य का नोबेल दो-दो लोगों को संयुक्त रूप से दिया गया.
- सात बार–1914, 1918, 1935, 1940, 1941, 1942 और 1943 में साहित्य का नोबेल किसी को भी नहीं दिया गया. वर्ष 2018 में भी यह पुरस्कार किसी को नहीं दिया गया था, किन्तु 2018 का यह पुरस्कार 2019 में दिया गया था.
- साहित्य के लिए नोबेल पुरस्कार पाने वाले सबसे युवा साहित्यकार ब्रिटिश पत्रकार रुडयाई किपलिंग थे, जिन्हें 41 वर्ष की आयु में जंगल बुक के लिए यह पुरस्कार वर्ष 1907 में दिया गया, किपलिंग का जन्म 1865 ई. में मुम्बई में हुआ था.
- साहित्य के लिए नोबेल पुरस्कार से सम्मानित सबसे उम्रदराज साहित्यकार ब्रिटेन की डोरिस लेसिंग थीं, जिन्हें 88 वर्ष की आयु में 2007 में यह पुरस्कार दिया गया.
- साहित्य के नोबेल पुरस्कार से अब तक कुल 18 महिलाओं को सम्मानित किया जा चुका है, स्वीडिश लेखिका सेलमा लेगरलोफ पहली महिला थीं, जिन्हें 1909 में यह पुरस्कार प्रदान किया गया. साहित्य के क्षेत्र का वर्ष 2024 का पुरस्कार भी एक महिला को ही दिया गया है.
- नोबेल साहित्य पुरस्कार मरणोपरान्त केवल एक बार (1931 में) एरिक एक्सेल कार्लफेन्ट को प्रदान किया गया था. (1974 से लागू किए गए नियमों के तहत् यह पुरस्कार अब मरणोपरांत नहीं दिया जाता, पुरस्कार की घोषणा के उपरान्त मृत्यु होने की स्थिति में यह घोषित व्यक्ति के लिए ही दिया जाता है.)

शान्ति

वर्ष 2025 के नोबेल शान्ति पुरस्कार के लिए अमेरिकी राष्ट्रपति डोनाल्ड ट्रम्प की प्रबल दावेदारी के बीच यह प्रतिष्ठित पुरस्कार वेनेजुएला की विपक्षी नेता मारिया कोरिना मचाडो (Maria Corina Machado) को देने की घोषणा नॉर्वे की नोबेल समिति ने 10 अक्टूबर, 2025 को ओस्लो (Oslo) में की. **मारिया को अपने देश में लोकतांत्रिक अधिकारों को बढ़ावा देने और 20 वर्षों से लोकतंत्र के लिए जारी संघर्ष के लिए यह पुरस्कार दिया गया है. 58 वर्षीय मारिया को वेनेजुएला में आयरन लेडी कहा जाता है. नोबेल शान्ति पुरस्कार से सम्मानित की जाने वाली वह 20वीं महिला तथा वेनेजुएला की पहली नागरिक हैं.**

मारिया कोरिना मचाडो

वेनेजुएला के राष्ट्रपति रहे निकोलस मादुरो के दमनकारी शासन के विरुद्ध आवाज उठाती रही मारिया मचाडो ने मादुरो प्रशासन को अपराध माफिया करार दिया है. मादुरो के विरुद्ध 2024 में राष्ट्रपति चुनाव लड़ने का प्रयास उन्होंने किया तो अदालत द्वारा उन पर रोक लगा दी गई. वेनेजुएला में लोकतांत्रिक अधिकारों के लिए उनके संघर्ष और तानाशाही से लोकतंत्र में शान्तिपूर्ण परिवर्तन के उनके प्रयासों के लिए उनके लिए पुरस्कार की घोषणा करते हुए नोबेल समिति ने उन्हें लोकतंत्र की लौ जलाने वाली साहसी महिला बताया है.

नोबेल शान्ति पुरस्कार के सम्बन्ध में महत्वपूर्ण तथ्य

- वर्ष 1901 से शुरू हुआ नोबेल शान्ति पुरस्कार अब तक (2025 तक) 106 बार दिया गया है. 112 व्यक्तियों व 31 संस्थाओं को यह पुरस्कार अब तक दिया गया है.
- किसी को भी उपयुक्त न पाए जाने के कारण 19 बार यह पुरस्कार किसी को भी नहीं दिया गया.
- यह पुरस्कार 72 बार किसी व्यक्ति या संस्था को एकल रूप से प्रदान किया गया, जबकि 31 बार यह 2-2 लोगों को संयुक्त रूप से, 2 बार यह 3-3 लोगों को तथा एक बार (2022 में) यह एक व्यक्ति व दो संस्थाओं को संयुक्त रूप से प्रदान किया गया है.
- **पाकिस्तान की मलाला यूसुफजई जिन्हें 2014 में नोबेल शान्ति पुरस्कार संयुक्त रूप से मिला था. यह पुरस्कार पाने वाली सबसे कम उम्र की विजेता हैं. 2014 में उन्हें जब यह पुरस्कार दिया गया था. उस समय उनकी उम्र केवल 17 वर्ष थी.**
- सबसे अधिक 87 वर्ष की उम्र में नोबेल शान्ति पुरस्कार प्राप्त करने वाले पोलैण्ड के जोसेफ रोटब्लैट (Joseph Rotbalt) थे, जिन्हें 1955 में यह पुरस्कार प्राप्त हुआ था.
- शान्ति के क्षेत्र का पहला नोबेल पुरस्कार स्विट्जरलैण्ड के सामाजिक कार्यकर्ता हेनरी दुनांत को 1901 में मिला था.
- **इंटरनेशनल कमेटी ऑफ द रैड क्रॉस ने सर्वाधिक तीन बार यह पुरस्कार प्राप्त किया है.**
- नोबेल शान्ति पुरस्कार से सम्मानित की जाने वाली पहली महिला ऑस्ट्रेलिया की बरथा वान शटनर थीं, उन्हें 1905 में यह पुरस्कार दिया गया था. कुल मिलाकर 20 महिलाओं को नोबेल शान्ति पुरस्कार अब तक दिया जा चुका है.

हाल ही के वर्षों में नोबेल शान्ति पुरस्कार विजेता

वर्ष	विजेता
2025	मारिया कोरिना मचाडो (वेनेजुएला में लोकतंत्र के लिए संघर्षरत् नेत्री)
2024	निहोन हिदान्क्यो/हिबाकुशा (परमाणु हथियारों के विरुद्ध मुहिम चलाने वाला परमाणु हथियार पीड़ितों का संघ)
2023	नरगिस मोहम्मदी (महिला अधिकारों के लिए संघर्षरत् रही ईरान की जेल में निरुद्ध महिला)
2022	एलेस बियालियात्स्की (बेलारूस) तथा रूसी मानवाधिकार संगठन मेमोरियल व सेंटर फॉर सिविल लिबर्टीज (यूक्रेन)
2021	मारिया रेसा (फिलीपींस) व दमित्री मुरातोव (रूस)
2020	विश्व खाद्य कार्यक्रम
2019	अबीय अहमद अली (इथियोपिया के प्रधानमंत्री)
2018	डॉ. डेनिस मुकदेज (कांगो) व नादिया मुराद (इराक)
2017	आईसीएएन-आईकेन (International Campaign to Abolish Nuclear Weapons–ICAN)
2016	जुआन मैनुअल सैंटोस (कोलम्बिया के राष्ट्रपति)
2015	ट्यूनिशियन नेशनल डायलॉग क्वटेंट
2014	कैलाश सत्यार्थी (भारत) व मलाला यूसुफजई (पाकिस्तान)
2013	आर्गेनाइजेशन फॉर द प्रोहेबिशन ऑफ केमिकल वेपंस
2012	यूरोपीय संघ
2011	लाइबेरिया की राष्ट्रपति इलेन ज़ॉनसन सरलीफ, लाइबेरिया की ही लीमाह जीबोई व यमन की क्रान्तिकारी महिला लवक्कुल करमान
2010	चीन के असन्तुष्ट नेता लियु शियाओबो
2009	अमेरिका के तत्कालीन राष्ट्रपति बराक ओबामा
2008	फिनलैण्ड के पूर्व राष्ट्रपति मार्ती अहतिसारी (Marti Ahtissari)
2007	जलवायु परिवर्तन पर अन्तर्सरकारी पैनल (IPCC) व अमेरिका के पूर्व उपराष्ट्रपति अल गोर (Al Gore)
2006	बांग्लादेश के ग्रामीण बैंक व इसके संस्थापक अर्थशास्त्री मोहम्मद युनुस
2005	अन्तर्राष्ट्रीय परमाणु ऊर्जा एजेंसी (IAEA) व इसके तत्कालीन महानिदेशक मोहम्मद अलबरदेई
2004	बंगारी मथाई (कीनिया की पर्यावरणवादी)
2003	ईरान की मानवाधिकारी अधिवक्ता शिरीन अबादी (Shirin Ebadi)
2002	अमेरिका के पूर्व राष्ट्रपति जिमी कार्टर
2001	संयुक्त राष्ट्र संघ व इसके तत्कालीन महासचिव कोफी अन्नान
2000	दक्षिण कोरिया के तत्कालीन राष्ट्रपति किम दाए-जुंग

अर्थशास्त्र के क्षेत्र का नोबेल तुल्य पुरस्कार

अर्थशास्त्र के क्षेत्र के वर्ष 2025 के नोबेल तुल्य पुरस्कार (एल्फ्रेड नोबेल की स्मृति में अर्थशास्त्र के क्षेत्र के स्वेरिग्स रिक्सबैंक पुरस्कार) (The Sveriges Riksbank Prize in Economic Sciences in Memory of Alfred Nobel) की घोषणा द रॉयल स्वीडिश एकेडमी ऑफ साइंसेज द्वारा 13 अक्टूबर, 2025 को की गई. इस वर्ष यह पुरस्कार नॉर्थ वेस्टर्न यूनिवर्सिटी, अमेरिका से सम्बद्ध जोएल मोकिर (Joel Mokyr), लंदन स्कूल ऑफ इकोनॉमिक्स एण्ड पॉलिटिकल साइंस (यूके) के फिलिप अघियन (Philippe Aghion) तथा ब्राउन यूनिवर्सिटी, अमेरिका के पीटर होविट (Peter Howitt) को संयुक्त रूप से दिए जाने की घोषणा की गई है. इन्हें यह पुरस्कार तकनीकी प्रगति के माध्यम से सतत् विकास की आवश्यक शर्तों की पहचान करने तथा निरन्तर विकास के सिद्धान्त तथा विगत 200 वर्षों में हुए आर्थिक विकास को समझने में उनके अभूतपूर्व योगदान के लिए दिया गया है. इनोवेशन व इकोनॉमिक ग्रोथ के बीच सम्बन्ध पर गहराई से काम इन अर्थशास्त्रियों ने किया है तथा यह बताया है कि किस प्रकार नए विचार अर्थव्यवस्था को आगे बढ़ाते हैं.

जोएल मोकिर

फिलिप अघियन

पीटर होविट

वर्ष 2025 का यह पुरस्कार यद्यपि तीन अर्थशास्त्रियों को संयुक्त रूप से दिए जाने की घोषणा की गई है. द रॉयल स्वीडिश एकेडमी ऑफ साइंसेज के अनुसार इस पुरस्कार की 50 प्रतिशत राशि जोएल मोकिर को दी जाएगी, जबकि शेष 50 प्रतिशत में से आधी-आधी राशि फिलिप अघियन व पीटर होविट में विभाजित की जाएगी.

अर्थशास्त्र के क्षेत्र का नोबेल पुरस्कार अन्य पाँचों पुरस्कार से कुछ भिन्न है. इसकी स्थापना एल्फ्रेड नोबेल ने अपनी वसीयत के द्वारा नहीं की थी. एल्फ्रेड नोबेल की स्मृति में यह पुरस्कार बाद में स्वीडन के केन्द्रीय बैंक स्वेरिग्स रिक्सबैंक द्वारा स्थापित किया गया था. अन्य सभी नोबेल पुरस्कारों की शुरुआत 1901 में हुई थी, जबकि अर्थशास्त्र के क्षेत्र के पुरस्कार की शुरुआत 1969 में हुई थी. इसकी पुरस्कार राशि व चयन प्रक्रिया अन्य पाँचों नोबेल पुरस्कार के समान ही हैं. इसका वितरण भी अन्य नोबेल पुरस्कारों की तरह प्रति वर्ष 10 दिसम्बर को (एल्फ्रेड नोबेल की पुण्य तिथि पर) स्वीडन में स्टॉकहोम में किया जाता है. (शान्ति का नोबेल पुरस्कार 10 दिसम्बर को ही नॉर्वे की राजधानी ओस्लो (Oslo) में दिया जाता है.)

अर्थशास्त्र के क्षेत्र के नोबेल तुल्य पुरस्कार के सम्बन्ध में महत्वपूर्ण तथ्य

- यह पुरस्कार सर्वप्रथम 1969 में नीदरलैण्ड्स के जाने टिंबरजेन तथा नॉर्वे के रेगनर फ्रिश्क को संयुक्त रूप से प्रदान किया गया था.
- इस पुरस्कार का औपचारिक नाम 'The Sveriges Riksbank Prize in Economic Sciences in Memory of Alfred Nobel' है. नोबेल मेमोरियल इस पुरस्कार की राशि अन्य नोबेल पुरस्कारों के समान ही रहती है, जो इस वर्ष 2025 में 111 मिलियन स्वीडिश क्रोनर है तथा इसका वितरण भी प्रति वर्ष 10 दिसम्बर एल्फ्रेड नोबेल की पुण्यतिथि पर स्टॉकहोम में किया जाता है. इस पुरस्कार हेतु विजेता का चयन भी रॉयल स्वीडिश एकेडमी ऑफ साइंसेज द्वारा ही किया जाता है.
- अर्थशास्त्र के क्षेत्र में 1969 से शुरू हुआ नोबेल तुल्य यह पुरस्कार अब तक (वर्ष 2025 तक) 57 बार कुल 99 अर्थशास्त्रियों को दिया जा चुका है, 26 बार यह अकेले ही किसी एक अर्थशास्त्री को, 20 बार दो-दो अर्थशास्त्रियों को संयुक्त रूप से तथा 11 बार यह 3-3 अर्थशास्त्रियों को संयुक्त रूप से दिया गया है.
- **सबसे कम उम्र में अर्थशास्त्र के क्षेत्र का नोबेल भारतीय मूल के अमेरिकी अर्थशास्त्री अभिजीत बनर्जी की अमेरिकी पत्नी ईस्थर डुफ्लो (Esther Duflow) को मिला है. 2019 में उन्हें 46 वर्ष की उम्र में अपने पति अभिजीत बनर्जी के साथ संयुक्त रूप से यह पुरस्कार दिया गया था.** वह अर्थशास्त्र के क्षेत्र का नोबेल तुल्य पुरस्कार पाने वाली दूसरी महिला थीं. 2023 में अमेरिका में अर्थशास्त्री क्लाउडिया गोल्डिन यह पुरस्कार पाने वाली तीसरी महिला थीं. 2007 में 90 वर्ष की आयु में यह पुरस्कार पाने वाले लियोनिल हरविज सबसे उम्रदराज विजेता रहे हैं.
- अर्थशास्त्र का नोबेल जीतने वाली पहली महिला अमेरिका की इलिनर ओस्ट्रम (Elinor Ostrom) थीं, उन्हें 2009 में यह सम्मान अमेरिकी अर्थशास्त्री ओलिवर विलियमसन के साथ संयुक्त रूप से दिया गया था.
- **1969 में (नॉर्वे के रैंगनर फ्रिश्क के साथ संयुक्त रूप से) अर्थशास्त्र के क्षेत्र का यह पहला पुरस्कार पाने वाले नीदरलैण्ड्स के जाने टिंबरजेन के भाई निकोलस टिंबरजेन को बाद में 1973 में चिकित्सा के क्षेत्र का नोबेल दिया गया था.**
- **1974 में अर्थशास्त्र का नोबेल तुल्य पुरस्कार पाने वाले गुन्नार मिर्डल (स्वीडन) की पत्नी अल्वा मिर्डल को बाद में 1982 में शान्ति का नोबेल प्राप्त हुआ था.**
- भारतीय मूल के अभिजीत बनर्जी व उनकी पत्नी ईस्टर डुफ्लो अर्थशास्त्र के क्षेत्र का नोबेल तुल्य पुरस्कार पाने वाले पति-पत्नी की एकमात्र जोड़ी है. इन्हें यह पुरस्कार अमेरिका के माइकल क्रेमर के साथ संयुक्त रूप से 2019 में दिया गया था.
- भारत के प्रो. अमर्त्य सेन को अर्थशास्त्र के क्षेत्र का यह पुरस्कार 1998 में दिया गया था. उन्हें बाद में 1999 में देश के सर्वोच्च नागरिक सम्मान 'भारत रत्न' से भी सम्मानित किया गया था.

नोबेल पुरस्कार (2025) : विजेताओं के नाम एक दृष्टि में

क्षेत्र	विजेता
शान्ति	वेनेजुएला की लोकतंत्रवादी विपक्षी नेता मारिया कोरिना मचाडो
साहित्य	लास्जलो क्रास्ज्नाहोरकाई (हंगरी)
भौतिक विज्ञान	जॉन क्लार्क, मिशेल एच. डेवोरेट व जॉन एम. मार्टिनिस (तीनों अमेरिका)
रसायन विज्ञान	सुसुमु कितागावा (जापान), रिचर्ड रॉबसन (ऑस्ट्रेलिया) व ओमर एम. याघी (अमेरिका)
फिजियोलॉजी/चिकित्सा	मैरी ई. ब्रुंको, फ्रेड रामस्डेल (दोनों अमेरिका) व शिमोन साकागुची (जापान)
अर्थशास्त्र (एल्फ्रेड नोबेल की स्मृति में अर्थशास्त्र के क्षेत्र में स्वेरिग्स रिक्सबैंक पुरस्कार)	जोएल मोकिर (अमेरिकन, इजरायल), फिलिप अघियन (फ्रांस) व पीटर होविट (अमेरिका)

नोबेल पुरस्कारों से सम्बन्धित कुछ अन्य सामान्य तथ्य

नोबेल पुरस्कारों की शुरुआत 1901 में हुई थी, (अर्थशास्त्र के क्षेत्र में पुरस्कार की शुरुआत 1969 में हुई थी). 1901 से लेकर अब तक (2025 तक) ऐसे 633 पुरस्कार कुल 1026 व्यक्तियों/संस्थाओं को दिए जा चुके हैं. विभिन्न क्षेत्रों में यह पुरस्कार पाने वालों की संख्या निम्नलिखित हैं–

क्षेत्र	पुरस्कारों की संख्या	पुरस्कार विजेताओं की संख्या	एकल विजेता	2-2 संयुक्त विजेता	3-3 संयुक्त विजेता
भौतिक विज्ञान	119	230	47	33	39
रसायन विज्ञान	117	200 (198)	63	25	29
चिकित्सा	116	232	40	36	40
साहित्य	118	122	114	4	—
शान्ति	106	112 + 31	72	31	3
अर्थशास्त्र	57	99	26	20	11
योग	**633**	**1026**	**362**	**149**	**122**

इन वर्षों में नोबेल पुरस्कार नहीं दिए गए

भौतिक विज्ञान–1916, 1931, 1934, 1940, 1941, 1942

रसायन विज्ञान–1916, 1917, 1919, 1924, 1933, 1940, 1941, 1942

चिकित्सा–1915, 1916, 1917, 1918, 1921, 1925, 1940, 1941, 1942

साहित्य–1914, 1918, 1935, 1940, 1941, 1942, 1943

शान्ति–1914, 1915, 1916, 1918, 1923, 1924, 1928, 1932, 1939, 1940, 1941, 1942, 1943, 1948, 1955, 1956, 1966, 1967, 1972

नोबेल पुरस्कार पाने वाले भारतीय/भारतीय मूल के व्यक्ति

भारत के केवल पाँच नागरिकों को ही नोबेल पुरस्कार से अब तक सम्मानित किया गया है. इनमें बाल अधिकारों के लिए संघर्षरत् रहे कैलाश सत्यार्थी व समाजसेवी मदर टेरेसा को शान्ति के क्षेत्र का नोबेल पुरस्कार मिला था. कैलाश सत्यार्थी को 2014 में तथा मदर टेरेसा को 1979 में यह पुरस्कार मिला था. नोबेल पुरस्कार जीतने वाले अन्य तीन भारतीय रबीन्द्रनाथ टैगोर (1913 में साहित्य के क्षेत्र का नोबेल पुरस्कार), सी.वी. रमन (1930 में भौतिकी के क्षेत्र का पुरस्कार) व प्रो. अमर्त्य सेन (1998 में अर्थशास्त्र के क्षेत्र का पुरस्कार) हैं. इनके अतिरिक्त भारतीय मूल के हरगोविन्द खुराना को 1968 में चिकित्सा के क्षेत्र का, एस. चन्द्रशेखर को 1983 में भौतिकी के क्षेत्र का, वेंकटरमन रामकृष्णन को 2009 में रसायन विज्ञान के क्षेत्र का तथा अभिजीत बनर्जी को 2019 में अर्थशास्त्र के क्षेत्र का नोबेल पुरस्कार मिला था, किन्तु यह चारों पुरस्कार की घोषणा से पूर्व ही अमेरिकी नागरिकता ग्रहण कर चुके थे. भारतीय मूल के ही वी.एस. नायपॉल को 2001 में साहित्य के क्षेत्र का नोबेल पुरस्कार मिला था, किन्तु वह त्रिनिदाद एवं टोबैगो में जन्मे ब्रिटिश नागरिक हैं.

नोबेल पुरस्कार पाने वाले भारतीय/भारतीय मूल के व्यक्ति

रबीन्द्रनाथ टैगोर	1913	साहित्य
सी.वी. रमन	1930	भौतिकी
हरगोविन्द खुराना*	1968	चिकित्सा
मदर टेरेसा	1979	शान्ति
एस. चन्द्रशेखर*	1983	भौतिकी
अमर्त्य सेन	1998	अर्थशास्त्र
वी.एस. नायपॉल*	2001	साहित्य
वेंकटरमन रामकृष्णन*	2009	रसायन विज्ञान
कैलाश सत्यार्थी	2014	शान्ति
अभिजीत बनर्जी*	2019	अर्थशास्त्र

* हरगोविन्द खुराना, एस. चन्द्रशेखर, वेंकटरमन रामकृष्णन व अभिजीत बनर्जी पुरस्कार की घोषणा से पूर्व ही अमेरिकी नागरिकता ग्रहण कर चुके थे, जबकि वी.एस. नायपॉल त्रिनिदाद एवं टोबैगो में जन्मे ब्रिटिश नागरिक थे (उनके पूर्वज भारत से त्रिनिदाद जा बसे थे).

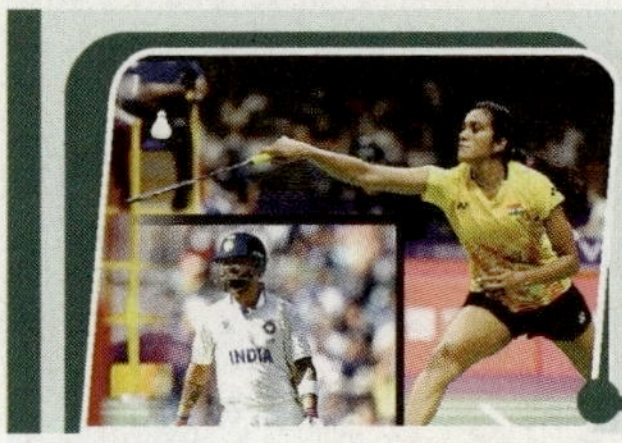

खेलकूद

एथलेटिक्स

नई दिल्ली हाफ मैराथन (2025)

नई दिल्ली में 12 अक्टूबर को सम्पन्न 20वीं वेदांता हाफ मैराथन दौड़ में पुरुष व महिला, दोनों वर्गों में कीनियाई धावकों ने बाजी मारी. पुरुष वर्ग में कीनिया के एलेक्स मटाटा (Alex Matata) व महिला वर्ग में कीनिया की ही लिलियन रेंगेरुक (Lilian Rengeruk) विजेता रहे. मटाटा ने 21·097 किमी की यह दौड़ पूरी करने में 59 मिनट व 50 सेकण्ड लिए जबकि लिलियन रेंगेरुक ने यह दौड़ 1 घण्टा 07 मिनट 20 सेकण्ड में पूरी की. इथियोपिया के बायेलिन तेशागेर (1 : 00 : 22) व कीनिया के जेम्स किपकोगी (1 : 00 : 25) पुरुषों में क्रमशः दूसरे व तीसरे स्थान पर रहे. महिलाओं में दूसरा व तीसरा स्थान क्रमशः मिलाल विराटू (1 : 07 : 21) व मुलात टेक्ले (1 : 07 : 29) (दोनों इथियोपिया) ने प्राप्त किया.

भारतीय धावकों में अभिषेक पाल पुरुषों में पहले स्थान पर रहे उन्होंने 1 घण्टा 04 मिनट 17 सेकण्ड का समय दौड़ पूरी करने में लिया. भारतीय धावकों में पुरुषों में किरन मात्रे (1 : 04 : 57) व कार्तिक करकेरा (1 : 05 : 16) क्रमशः दूसरे व तीसरे स्थान पर रहे. ओवरऑल में इनका क्रमशः 12वाँ, 14वाँ, व 15वाँ स्थान रहा. भारतीय महिलाओं में सीमा सर्वश्रेष्ठ रहीं जिन्होंने 1 घण्टा 11 मिनट 23 सेकण्ड का समय दौड़ पूरी करने में लिया. भारतीय महिला धावकों में उजाला (1 : 15 : 41) व संजीवनी जाधव (1 : 15 : 52) ने क्रमशः दूसरा व तीसरा स्थान प्राप्त किया. ओवरऑल महिला धावकों में इनका क्रमशः 11वाँ, 13वाँ व 14वाँ स्थान रहा.

दिल्ली हाफ मैराथन (2025) : विजेताओं के नाम एक दृष्टि में	
(पुरुष वर्ग)	
प्रथम	एलेक्स मटाटा (कीनिया) (00 : 59 : 50)
द्वितीय	बायेलिन तेशागेर (इथियोपिया) (1 : 00 : 22)
तृतीय	जेम्स किपकोगी (कीनिया) (1 : 00 : 25)
(महिला वर्ग)	
प्रथम	लिलियन रेंगेरुक (कीनिया) (1 : 07 : 20)
द्वितीय	मिलाल विराटू (इथियोपिया) (1 : 07 : 21)
तृतीय	मुलात टेक्ले (इथियोपिया) (1 : 07 : 29)
भारतीय धावक	
(पुरुष वर्ग)	
प्रथम	अभिषेक पाल (1 : 04 : 17)
द्वितीय	किरन मात्रे (1 : 04 : 57)
तृतीय	कार्तिक करकेरा (1 : 05 : 16)
(महिला वर्ग)	
प्रथम	सीमा (1 : 11 : 23)
द्वितीय	उजाला (1 : 15 : 41)
तृतीय	संजीवनी जाधव (1 : 15 : 52)

बैडमिन्टन

डेन्मार्क ओपन (2025)

डेन्मार्क में ओडेंसे (Odence) में 14-19 अक्टूबर, 2025 को सम्पन्न डेन्मार्क ओपन बैडमिन्टन टूर्नामेन्ट में पुरुष व महिला वर्ग के एकल खिताब क्रमशः जोनाटन क्रिस्टी (Jonatan Christie) व आन से यंग (An Se-Young) ने जीते. इण्डोनेशिया के जोनाटन क्रिस्टी ने फाइनल मुकाबले में चीन के शी यूकी को हराकर पुरुषों का एकल खिताब जहाँ जीता वहीं महिलाओं के एकल खिताब के लिए चीन की ही वांग झीयी को फाइनल में द. कोरिया की आन से यंग ने हराया. बीडब्ल्यूएफ के सुपर 750 लेवल के इस टूर्नामेन्ट का पुरुषों का युगल खिताब जापानी खिलाड़ियों की जोड़ी यूगो कोबायाशी व टी. होकी ने तथा महिलाओं का युगल दक्षिण कोरियाई खिलाड़ियों वेक हाना व ली सो-हो तथा मिश्रित युगल चीनी खिलाड़ियों की जोड़ी डी. पी. हूंग व फेंग यान-से ने ज़ीता.

विश्व जूनियर बैडमिंटन चैम्पियनशिप (2025) : भारत को 17 वर्ष पश्चात् बालिका वर्ग में कोई पदक

भारत की मेजबानी में गुवाहाटी में 6-19 अक्टूबर, 2025 को सम्पन्न (24वीं) विश्व जूनियर बैडमिंटन चैम्पियनशिप में भारत की 16 वर्षीय तन्वी शर्मा ने रजत पदक जीतने में सफलता प्राप्त की. 19 अक्टूबर को फाइनल मुकाबले में थाइलैण्ड की अनयापत फिचित-प्रीचासक (Anyapat Phichitpreechasak) से वह पराजित हुई.

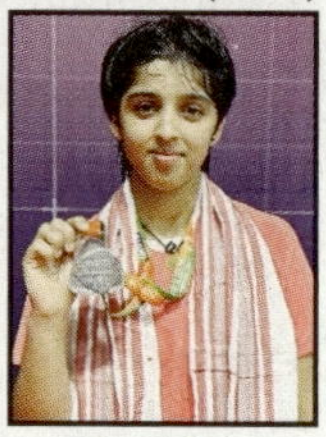

तन्वी शर्मा रजत पदक के साथ

17 वर्ष के अन्तराल के पश्चात् विश्व जूनियर बैडमिंटन चैम्पियनशिप में किसी भारतीय बालिका का यह पदक है तथा तन्वी इस चैम्पियनशिप में कोई पदक जीतने वाली पाँचवीं भारतीय खिलाड़ी (तीसरी महिला खिलाड़ी) हैं. बालिकाओं में उनसे पूर्व साइना नेहवाल ने 2008 में स्वर्ण व 2006 में रजत पदक जीता था, जबकि अपर्णा पोपट ने 1996 में रजत पदक जीता था.

विश्व जूनियर बैडमिंटन चैम्पियनशिप में भारत के लिए दो अन्य पदक सिरिल वर्मा (2015 में रजत) व शंकर मुथुसामी (2022 में रजत) ने जीते थे.

क्रिकेट

ईरानी कप (2025-26) : विदर्भ विजेता

भारतीय क्रिकेट कंट्रोल बोर्ड के ईरानी कप (2025-26) के लिए रणजी ट्रॉफी (2024-25) विजेता व शेष भारत की टीमों के बीच नागपुर में 1-5 अक्टूबर, 2025 को खेला गया मैच 2024-25 की रणजी ट्रॉफी विजेता विदर्भ की टीम ने जीता. इस मैच के लिए अक्षय वडकर विदर्भ की टीम के तथा रजत पाटीदार शेष भारत टीम के कप्तान थे.

वेस्टइण्डीज : भारत टेस्ट शृंखला (2025)

2 टेस्ट मैचों की शृंखला के लिए वेस्ट-इण्डीज टीम ने भारत का दौरा अक्टूबर 2025 में किया. इस शृंखला के अहमदाबाद

व नई दिल्ली में खेले गए दोनों मैच भारत ने जीते जिससे यह शृंखला 2-0 से भारत के नाम रही. इस शृंखला का अहमदाबाद में खेला गया पहला टेस्ट भारत ने तीसरे ही दिन पारी व 140 रनों से जीता था, जबकि दूसरा टेस्ट भारत 7 विकेट से जीतने में सफल रहा है.

इस शृंखला में शुभमन गिल ही भारतीय टीम के कप्तान थे.

आईसीसी के पूर्ण सदस्य के विरुद्ध नेपाल की टी-20 शृंखला विजय

नेपाल व वेस्टइण्डीज के बीच पहली बार टी-20 मैचों की शृंखला सितम्बर 2025 में खेली गई. 3 मैचों की शारजाह (यूएई) में खेली गई इस शृंखला का तीसरा मैच ही वेस्टइण्डीज ने जीता. पहले दोनों मैच जीत कर नेपाल ने यह शृंखला 2-1 से जीती. आईसीसी के किसी पूर्ण सदस्य के विरुद्ध नेपाल की यह पहली ही शृंखला विजय है.

मिथुन मिन्हास भारतीय क्रिकेट कंट्रोल बोर्ड के नए अध्यक्ष

दिल्ली के पूर्व रणजी ट्रॉफी टीम के कप्तान रहे मिथुन मिन्हास भारतीय क्रिकेट कंट्रोल बोर्ड (BCCI) के नए अध्यक्ष 28 सितम्बर, 2025 को निर्वाचित हुए हैं. मुम्बई में 28 सितम्बर, 2025 को बोर्ड की 94वीं आम बैठक में अन्य पदाधिकारियों के साथ उनका यह चुनाव निर्विरोध ही हुआ.

मिथुन मिन्हास

47 वर्षीय मिन्हास ने बीसीसीआई अध्यक्ष पद पर रोजर बिन्नी, जिन्होंने 70 वर्ष की आयु प्राप्त करके एक माह पूर्व ही पद छोड़ा था, का स्थान लिया है.

28 सितम्बर, 2025 को सम्पन्न इस चुनाव में राजीव शुक्ला को बोर्ड का उपाध्यक्ष तथा देवजीत सैकिया को सचिव बरकरार रखा गया है. आईपीएल गवर्निंग काउंसिल के चेयरमैन अरुण धूमल को भी उनके इस पद पर बरकरार रखा गया.

अमिता शर्मा महिला टीम चयन समिति की नई प्रमुख

पूर्व तेज गेंदबाज अमिता शर्मा महिला टीम (सीनियर) की चयन समिति की नई प्रमुख बीसीसीआई द्वारा अगस्त 2025 में नियुक्त की गई हैं.

पुरुषों की सीनियर टीम की चयन समिति के अध्यक्ष अजीत अगरकर हैं. उन्हें इस पद पर बरकरार रखा गया है.

अभिषेक शर्मा व स्मृति मंधाना को सितम्बर 2025 के लिए आईसीसी के सर्वश्रेष्ठ खिलाड़ी का पुरस्कार

सितम्बर 2025 में खेले गए एशिया कप क्रिकेट में शानदार प्रदर्शन कर सर्वाधिक 314 रन बनाकर प्लेयर ऑफ द सीरीज रहने वाले भारतीय क्रिकेट टीम के अभिषेक शर्मा को अन्तर्राष्ट्रीय क्रिकेट परिषद् (ICC) ने अपने मासिक पुरस्कारों के तहत् सितम्बर 2025 का सर्वश्रेष्ठ पुरुष खिलाड़ी घोषित किया है. यह लगातार तीसरा माह है जब भारत के खिलाड़ियों को माह के सर्वश्रेष्ठ पुरुष खिलाड़ी का आईसीसी पुरस्कार दिया गया है. इससे पूर्व जुलाई 2025 के लिए शुभमन गिल को तथा अगस्त 2025 के लिए मोहम्मद सिराज को माह का सर्वश्रेष्ठ पुरुष खिलाड़ी आईसीसी ने घोषित किया था.

अभिषेक शर्मा

महिला क्रिकेटरों में सितम्बर माह की सर्वश्रेष्ठ खिलाड़ी का पुरस्कार भारत की ही स्मृति मंधाना के लिए आईसीसी ने घोषित किया है. यह दूसरा अवसर है जब स्मृति मंधाना को माह की सर्वश्रेष्ठ खिलाड़ी का आईसीसी पुरस्कार दिया गया है. इससे पूर्व जून 2024 के लिए माह की सर्वश्रेष्ठ महिला खिलाड़ी का आईसीसी पुरस्कार उन्हें मिला था. **2 बार यह पुरस्कार पाने वाली वह भारत की पहली महिला क्रिकेटर हैं.**

स्मृति मंधाना

आईसीसी द्वारा जनवरी 2021 में शुरू किया गया यह पुरस्कार भारत के कुल 13 खिलाड़ियों को 19 बार दिया जा चुका है.

आईसीसी प्लेयर ऑफ द मंथ के (महिला एवं पुरुष दोनों) रूप में पुरस्कृत भारतीय क्रिकेटर

पुरुष	महिला
रिषभ पंत (जनवरी 2021)	हरमनप्रीत कौर (सितम्बर 2022)
रविचन्द्रन अश्विन (फरवरी 2021)	दीप्ति शर्मा (दिसम्बर 2023)
भुवनेश्वर कुमार (मार्च 2021)	स्मृति मंधाना (जून 2024)
श्रेयस अय्यर (फरवरी 2022)	स्मृति मंधाना (सितम्बर 2025)
विराट कोहली (अक्टूबर 2022)	
शुभमन गिल (जनवरी 2023)	
शुभमन गिल (सितम्बर 2023)	
यशस्वी जायसवाल (फरवरी 2024)	
जसप्रीत बुमराह (जून 2024)	
जसप्रीत बुमराह (दिसम्बर 2024)	
शुभमन गिल (फरवरी 2025)	
श्रेयस अय्यर (मार्च 2025)	
शुभमन गिल (जुलाई 2025)	
मोहम्मद सिराज (अगस्त 2025)	
अभिषेक शर्मा (सितम्बर 2025)	

भारत के विरुद्ध ओडीआई शृंखला ऑस्ट्रेलिया ने 2-1 से जीती

मेजबान टीम के विरुद्ध 3 एकदिवसीय व 5 टी-20 मैचों की शृंखलाएँ खेलने के लिए भारतीय क्रिकेट टीम ने ऑस्ट्रेलिया का दौरा अक्टूबर-नवम्बर 2025 में किया. इस दौरे में पहले अक्टूबर माह में खेली गई ओडीआई शृंखला ऑस्ट्रेलिया ने 2-1 से जीती. रोहित शर्मा की अविजित शतकीय पारी (121) व विराट कोहली की अविजित 74 रन की पारी के बल पर सिडनी में इस शृंखला का तीसरा मैच ही भारतीय टीम (9 विकेट से) जीत सकी.

रोहित शर्मा को प्लेयर ऑफ द सीरीज घोषित किया गया. **शुभमन गिल के नेतृत्व में यह भारतीय टीम की पहली ही ओडीआई शृंखला थी.**

इस शृंखला के बाद खेली गई टी-20 मैचों की शृंखला में भारतीय टीम के कप्तान सूर्य कुमार यादव थे. (इस टी-20 शृंखला के दो मैच ही अक्टूबर के अन्त तक खेले गए थे जिसका पहला मैच बारिश के चलते रद्द हो गया था.)

टेनिस

वुहान ओपन (2025) : कोको गॉफ विजेता

चीन में वुहान (Wuhan) में 6-12 अक्टूबर, 2025 को सम्पन्न डब्ल्यूटीए 1000 लेवल के वुहान ओपन टेनिस का एकल खिताब अमेरिका की कोको गॉफ ने फाइनल में अपने ही देश की जेसिका पेगुला को हराकर जीता. इस टूर्नामेन्ट के युगल खिताब के लिए स्टॉर्म हण्टर (ऑस्ट्रेलिया) व कैटेरिना सिनियाकोवा (चैक गणराज्य) की जोड़ी ने अन्ना डेनिलिका (कजाखस्तान) व अलेक्सांद्रा क्रूनिक (सर्बिया) की जोड़ी को फाइनल में पराजित किया.

सीनियर राष्ट्रीय टेनिस चैम्पियनशिप (2025) : मनीष सुरेश कुमार व वैष्णवी अदकर के एकल खिताब

नई दिल्ली में 29 सितम्बर-4 अक्टूबर, 2025 को सम्पन्न (30वीं) राष्ट्रीय टेनिस चैम्पियनशिप में पुरुष वर्ग का खिताब तमिलनाडु के मनीष सुरेश कुमार ने अपने ही राज्य के सुरेश कार्तिवासन को फाइनल में 6-4, 6 2 से हराकर अपने नाम किया.

महिलाओं के एकल खिताब के लिए महाराष्ट्र की वैष्णवी अदकर ने फाइनल में अपने ही राज्य की आकांक्षा निट्यूर को 6-1, 6-2 से पराजित किया.

दोनों ही वर्गों में विजेताओं को ₹ 3-3 लाख व उपविजेताओं को ₹ 2-2 लाख पुरस्कार में दिए गए.

इस फेनेस्टा राष्ट्रीय टेनिस चैम्पियनशिप में पुरुषों का युगल खिताब नितिन कुमार सिन्हा व मान केशरवानी की जोड़ी ने मनीश सुरेश कुमार व अभिनव संजीव की जोड़ी को तथा महिला युगल आकांक्षा निट्यूर व सोहा सादिक की जोड़ी ने पूजा इंगाले व युबरानी बनर्जी की जोड़ी को फाइनल में हराकर जीता.

ट्रॉफियों के साथ मनीष सुरेश कुमार व वैष्णवी अदकर

टोरे पैन पैसिफिक ओपन (2025)

टोकियो में 20-26 अक्टूबर, 2025 को सम्पन्न महिलाओं के टोरे पैन पैसिफिक टेनिस टूर्नामेन्ट में एकल खिताब स्विट्ज़रलैण्ड की बेलिंडा बेनसिच (Belinda Bencic) ने फाइनल में चैक गणराज्य की लिंडा नोस्कोवा को हरा कर जीता. डब्ल्यूटीए के लेवल 500 के इस टूर्नामेन्ट के युगल खिताब के लिए टिमिया बाबोस (हंगरी) व लुइसा स्टेफनी (ब्राजील) की जोड़ी ने अन्ना डानिलिना (कजाखस्तान) व अलेक्सांद्रा क्रूनिक (सर्बिया) की जोड़ी को फाइनल में हराया.

भारोत्तोलन

विश्व भारोत्तोलन चैम्पियनशिप (2025) : भारत के लिए एकमात्र रजत पदक मीराबाई चानू ने जीता

नॉर्वे में फोर्डे (Forde) में 2-12 अक्टूबर, 2025 को सम्पन्न आईडब्ल्यूएफ विश्व भारोत्तोलन चैम्पियनशिप में भारत के लिए एकमात्र पदक (रजत पदक) मीराबाई चानू ने महिलाओं के 48 किग्रा वर्ग में जीता. विश्व चैम्पियनशिप में मीराबाई का यह तीसरा पदक है. इससे पूर्व 2017 में स्वर्ण तथा 2022 में रजत पदक वह जीत चुकी थी.

मीराबाई चानू

भारत ने नॉर्वे में फोर्डे में विश्व चैम्पियनशिप में 14 भारोत्तोलकों का दल (7 पुरुष व 7 महिलाएँ) भेजा था, किन्तु भारत के खाते में केवल एक रजत पदक ही आया.

10 दिन तक चले इस आयोजन में 5 स्वर्ण, 3 रजत व 1 कांस्य सहित 9 पदक जीतकर उत्तर कोरिया ने पहला स्थान पदक तालिका में प्राप्त किया, वहीं 1 स्वर्ण, 1 रजत व 3 कांस्य सहित 5 पदकों के साथ कोलम्बिया का दूसरा स्थान रहा.

हॉकी

महिलाओं की सीनियर अन्तर्विभाग राष्ट्रीय हॉकी चैम्पियनशिप

हॉकी इण्डिया के तत्वावधान में महिलाओं की (5वीं) सीनियर राष्ट्रीय अन्तर्विभाग हॉकी चैम्पियनशिप का आयोजन 27 सितम्बर-4 अक्टूबर, 2025 को नई दिल्ली में हुआ. इसका खिताब रेलवे स्पोर्ट्स प्रमोशन बोर्ड ने फाइनल में इण्डियन ऑयल कॉर्पोरेशन की महिला टीम को हराकर जीता. तीसरा स्थान स्पोर्ट्स अथॉरिटी ऑफ इण्डिया का रहा.

पुरुषों की सीनियर अन्तर्विभाग राष्ट्रीय हॉकी चैम्पियनशिप

हॉकी इण्डिया के तत्वावधान में पुरुषों की (5वीं) सीनियर राष्ट्रीय अन्तर्विभाग हॉकी चैम्पियनशिप का आयोजन झारखण्ड में जमशेदपुर में 30 सितम्बर-10 अक्टूबर, 2025 को हुआ. इसका खिताब पेट्रोलियम स्पोर्ट्स प्रमोशन बोर्ड (PSPB) ने फाइनल में कम्प्ट्रोलर एण्ड ऑडिटर जनरल ऑफ इण्डिया की टीम को हराकर जीता. तीसरा स्थान सर्विस स्पोर्ट्स कंट्रोल बोर्ड का रहा.

सुल्तान ऑफ जोहोर कप (2025) : भारत उपविजेता

मलेशिया में जोहोर बाहरू में 11-18 अक्टूबर, 2025 को खेले गए अण्डर-21 खिलाड़ियों के (13वें) सुल्तान ऑफ जोहोर कप हॉकी टूर्नामेन्ट का खिताब भारतीय टीम को फाइनल में 2-1 से हराकर ऑस्ट्रेलिया ने जीता. तीसरा स्थान ब्रिटेन का रहा. पाकिस्तान, न्यूजीलैण्ड व मेजबान मलेशिया सहित कुल 6 टीमें इस टूर्नामेन्ट में शामिल थीं.

ऑस्ट्रेलिया ने तीसरी बार यह टूर्नामेन्ट ज़ीता है, जबकि भारत चौथी बार उपविजेता रहा है. भारत ने इससे पूर्व तीन बार (2013, 2014 व 2022 में) यह टूर्नामेन्ट जीता है.

पदक तालिका : पहले 5 राष्ट्र

रैंक	देश	स्वर्ण	रजत	कांस्य	योग
1	उत्तर कोरिया	5	3	1	9
2	कोलम्बिया	1	1	3	5
3	थाइलैण्ड	1	1	2	4
4	अमेरिका	1	0	2	3
5	चीन	1	0	1	2
	द. कोरिया	1	0	1	2
	उज्बेकिस्तान	1	0	1	2
	......	......	......	......	......
	......	......	......	......	......
	योग	**16**	**16**	**16**	**48**

शेष पृष्ठ 121 पर

विश्व पैरा एथलेटिक्स चैम्पियनशिप (2025) भारत की मेजबानी में नई दिल्ली में सम्पन्न : भारतीय पैरा एथलीट्स का शानदार प्रदर्शन

वर्ल्ड पैरा एथलेटिक्स के तत्वावधान में (12वीं) विश्व पैरा एथलेटिक्स चैम्पियनशिप 27 सितम्बर-5 अक्टूबर, 2025 को भारत की मेजबानी में नई दिल्ली में सम्पन्न हुई. यह पहला अवसर था जब यह चैम्पियनशिप भारत में आयोजित हुई.

VIRAAJ

- एक युवा हाथी जिसके पैर में कृत्रिम अंग है और जो भारत की ताकत (Strength), आशावाद (Optimism) व लचीलेपन (Resilience) का प्रतीक है, इन खेलों का शुभंकर (Mascot) था, जिसे 'विराज' नाम दिया गया था. चैम्पियनशिप का प्रतीक चिह्न (Logo) भारत की समृद्ध सांस्कृतिक विरासत, पैरा एथलेटिक्स की भावना व मेजबान शहर के रूप में दिल्ली की जीवंतता को दर्शाता है.
- 101 देशों के 2200 से अधिक पैरा एथलीट्स ने 9 दिन तक चले इस आयोजन में भाग लिया जिनमें रूस व बेलारूस जो प्रतिबंधित हैं के 77 खिलाड़ी शामिल हैं तथा जिन्होंने न्यूट्रल पैरालम्पिक एथलीट्स के रूप में भाग लिया, शामिल थे. 15 स्वर्ण, 20 रजत व 9 कांस्य पदक सहित कुल 44 पदक जीत कर ब्राजील ने इन खेलों की पदक तालिका में शीर्ष स्थान प्राप्त किया, जबकि 13 स्वर्ण, 22 रजत व 17 कांस्य सहित 52 पदकों के साथ चीनी एथलीट दूसरे तथा 11 स्वर्ण, 16 रजत व 19 कांस्य सहित 46 पदकों के साथ न्यूट्रल पैरालम्पिक एथलीट (रूस व बेलारूस के खिलाड़ी) तीसरे स्थान पर रहे.

पदक तालिका : पहले 10 राष्ट्र

रैंक	देश	स्वर्ण	रजत	कांस्य	योग
1	ब्राजील	15	20	9	44
2	चीन	13	22	17	52
–	तटस्थ पैरालम्पिक एथलीट्स	11	16	19	46
3	ईरान	9	2	4	15
4	नीदरलैण्ड्स	8	3	1	12
5	पोलैण्ड	8	2	6	16
6	कोलम्बिया	7	10	4	21
7	ब्रिटेन व नॉर्थ आयरलैण्ड	7	5	13	25
8	इटली	7	1	3	11
9	अमेरिका	6	9	12	27
10	भारत	6	9	7	22
....	....	....	....	....	....
....	....	....	....	....	....
	योग (65 देश)	**184**	**184**	**179**	**547**

- भारत के 73 पैरा एथलीट इस आयोजन में शामिल रहे जिन्होंने 6 स्वर्ण, 9 रजत व 7 कांस्य सहित कुल 22 पदक जीत कर पदक तालिका में 10वाँ स्थान जहाँ प्राप्त किया, वहीं इन खेलों में भारत का यह अब तक का सर्वश्रेष्ठ प्रदर्शन भी था. इससे पूर्व 2024 में जापान में कोबे में आयोजित (11वीं) विश्व एथलेटिक्स चैम्पियनशिप में 6 स्वर्ण, 5 रजत व 6 कांस्य सहित कुल 17 पदक भारत ने जीते थे. उससे पूर्व 2023 में पेरिस में 10 पदक व 2019 में दुबई में 9 पदक विश्व एथलेटिक्स चैम्पियनशिप में भारत ने जीते थे.

विश्व पैरा एथलेटिक्स चैम्पियनशिप के पिछले पाँच आयोजनों में भारत के पदक

वर्ष	स्थान	स्वर्ण	कुल पदक
2017	लंदन	1	5
2019	दुबई	2	9
2023	पेरिस	3	10
2024	कोबे	6	17
2025	नई दिल्ली	6	22

शेष पृष्ठ 55 पर

रोजगार समाचार

रेलवे में नॉन टेक्निकल पॉपुलर कैटेगरी ग्रेजुएट लेवल रिक्तियाँ

रेलवे में विभिन्न नॉन टेक्निकल पॉपुलर कैटेगरी ग्रेजुएट लेवल के कुल 5810 पदों पर नियुक्ति हेतु पात्र उम्मीदवारों से ऑनलाइन आवेदन रेलवे भर्ती बोर्ड (RRB) द्वारा 20 नवम्बर, 2025 तक आमन्त्रित किए गए हैं. परीक्षा शुल्क जमा करने के लिए अंतिम तिथि 22 नवम्बर, 2025 है. इस भर्ती के तहत् उपलब्ध रिक्त पदों में चीफ कॉमर्शियल कम टिकट सुपरवाइजर के 161, स्टेशन मास्टर के 615, गुड्स ट्रेन मैनेजर के 3416, जूनियर एकाउंट्स असिस्टेंट कम टाइपिस्ट के 921, सीनियर क्लर्क कम टाइपिस्ट के 638 व ट्रैफिक असिस्टेंट के 59 पद शामिल हैं. विभिन्न वर्गों के उम्मीदवारों के लिए नियमानुसार आरक्षण का प्रावधान इस भर्ती के तहत् उपलब्ध है. रिक्तियों की संख्या घट-बढ़ सकती है. इन पदों के लिए आवश्यक शैक्षणिक योग्यता स्नातक है. इस सम्बन्ध में विस्तृत जानकारी के लिए आरआरबी का विस्तृत विज्ञापन देखें.

आयु सीमा—(1 जनवरी, 2026 को) 18-33 वर्ष, विभिन्न मामलों में आयु सीमा में नियमानुसार छूट उपलब्ध है.

इन भर्तियों के लिए सभी उम्मीदवारों को पहले चरण के कम्प्यूटर बेस्ड टेस्ट (CBT) में शामिल किया जाएगा. 90 मिनट की 100 अंकों की इस बहुविकल्पीय परीक्षा में जनरल अवेयरनैस के 40, मैथमैटिक्स के 30 तथा जनरल इंटेलीजेंस व रीजनिंग के 30 प्रश्न होंगे. प्रथम चरण की इस परीक्षा के आधार पर अल्पसूचीबद्ध किए गए अभ्यर्थी दूसरे चरण के कम्प्यूटर बेस्ड टेस्ट (CBT) में शामिल किए जाएंगे जिसमें जनरल अवेयरनैस के 50 तथा मैथमैटिक्स व जनरल इंटेलीजेंस रीजनिंग के 35-35 प्रश्न होंगे. दूसरे चरण की परीक्षा में अर्हता प्राप्त करने वाले अभ्यर्थियों का कम्प्यूटर बेस्ड एप्टीट्यूड टेस्ट (CBAT) (कुछ पदों के लिए) होगा.

इस भर्ती के सम्बन्ध में ऑनलाइन आवेदन व अन्य विस्तृत जानकारी हेतु आरआरबी की वेबसाइट rrbapply.gov.in देखें.

रेलवे में नॉन टेक्निकल पॉपुलर कैटेगरी अंडर ग्रेजुएट लेवल रिक्तियाँ

रेलवे में विभिन्न नॉन टेक्निकल पॉपुलर कैटेगरी अंडर ग्रेजुएट लेवल के कुल 3058 पदों पर नियुक्ति हेतु पात्र उम्मीदवारों से ऑनलाइन आवेदन रेलवे भर्ती बोर्ड (RRB) द्वारा 27 नवम्बर, 2025 तक आमन्त्रित किए गए हैं. परीक्षा शुल्क जमा करने के लिए अंतिम तिथि 29 नवम्बर, 2025 है. इस भर्ती के तहत् उपलब्ध रिक्त पदों में कॉमर्शियल कम टिकट क्लर्क के 2424, एकाउंट्स क्लर्क कम टाइपिस्ट के 394, जूनियर क्लर्क कम टाइपिस्ट के 163 तथा ट्रेन्स क्लर्क के 77 पद शामिल हैं. विभिन्न वर्गों के उम्मीदवारों के लिए नियमानुसार आरक्षण का प्रावधान इस भर्ती के तहत् उपलब्ध है. रिक्तियों की संख्या घट-बढ़ सकती है. इन पदों के लिए आवश्यक शैक्षणिक योग्यता कम-से-कम 50 प्रतिशत अंकों के साथ 12वीं कक्षा उत्तीर्ण (कुछ मामलों में प्राप्तांकों में प्रतिशत की बाध्यता नहीं), साथ ही कुछ पदों के लिए टाइपिंग की योग्यता. इस सम्बन्ध में विस्तृत जानकारी के लिए आरआरबी का विस्तृत विज्ञापन देखें.

आयु सीमा—(1 जनवरी, 2026 को) 18-30 वर्ष, विभिन्न मामलों में आयु सीमा में नियमानुसार छूट उपलब्ध है.

इन भर्तियों के लिए सभी उम्मीदवारों को पहले चरण के कम्प्यूटर बेस्ड टेस्ट (CBT) में शामिल किया जाएगा. 90 मिनट की 100 अंकों की इस बहुविकल्पीय परीक्षा में जनरल अवेयरनैस के 40, मैथमैटिक्स के 30 तथा जनरल इंटेलीजेंस व रीजनिंग के 30 प्रश्न होंगे. प्रथम चरण की इस परीक्षा के आधार पर अल्पसूचीबद्ध किए गए अभ्यर्थी दूसरे चरण के कम्प्यूटर बेस्ड टेस्ट (CBT) में शामिल किए जाएंगे जिसमें जनरल अवेयरनैस के 50 तथा मैथमेटिक्स व जनरल इंटेलीजेंस सह रीजनिंग के 35-35 प्रश्न होंगे. दूसरे चरण की परीक्षा में अर्हता प्राप्त करने वाले अभ्यर्थियों का कम्प्यूटर बेस्ड टाइपिंग टेस्ट (CBAT) होगा.

इस भर्ती के सम्बन्ध में ऑनलाइन आवेदन व अन्य विस्तृत जानकारी हेतु आरआरबी की वेबसाइट rrbapply.gov.in देखें.

झारखण्ड कक्षपाल प्रतियोगिता परीक्षा-2025 JKCE-2025

झारखण्ड के कारागार विभाग के तहत् कक्षपाल (पुरुष) व कक्षपाल (महिला) के पद पर नियुक्ति हेतु झारखण्ड कक्षपाल प्रतियोगिता परीक्षा–2025 का आयोजन झारखण्ड कर्मचारी चयन आयोग द्वारा किया जाएगा. इस भर्ती के इच्छुक पात्र उम्मीदवारों से ऑनलाइन आवेदन आयोग द्वारा 8 दिसम्बर, 2025 तक आमन्त्रित किए गए हैं, इस भर्ती के तहत् उपलब्ध रिक्त पदों की कुल संख्या कक्षपाल (पुरुष) व कक्षपाल (महिला) के मामले में क्रमशः 1634 व 64 है. विभिन्न वर्गों के उम्मीदवारों के लिए नियमानुसार आरक्षण का प्रावधान इस भर्ती के तहत् उपलब्ध है. इनके अतिरिक्त कक्षपाल (पुरुष) की 19 तथा कक्षपाल (महिला) की 16 बैकलॉग रिक्तियाँ भी भरी जानी है. रिक्तियों की संख्या घट-बढ़ सकती है.

शैक्षणिक योग्यता—मैट्रिक/10वीं कक्षा उत्तीर्ण.

आयु सीमा—(1 अगस्त, 2025 को) 25 वर्ष (महिलाओं के लिए 28 वर्ष). विभिन्न मामलों में आयु सीमा में नियमानुसार छूट उपलब्ध है.

शारीरिक दक्षता परीक्षण में सफल पाए गए अभ्यर्थियों के लिए वस्तुनिष्ठ एवं बहुविकल्पीय प्रतियोगिता परीक्षा का आयोजन इस भर्ती के लिए आयोग द्वारा किया जाएगा, जिसमें तीन प्रश्न-पत्र क्रमशः भाषा ज्ञान, क्षेत्रीय/जनजातीय भाषा, ज्ञान व सामान्य ज्ञान, झारखण्ड राज्य से सम्बन्धित ज्ञान, सामान्य विज्ञान व सामान्य गणित के प्रश्न होंगे,

इस भर्ती के सम्बन्ध में ऑनलाइन आवेदन व अन्य विस्तृत जानकारी हेतु आयोग की वेबसाइट www.jssc.jharkhand.gov.in देखें.

विज्ञान एवं प्रौद्योगिकी

चूना पत्थर का प्रमुख खनिज के रूप में वर्गीकरण

- हाल ही में खान मंत्रालय ने एक अधि-सूचना में, खान एवं खनिज (विकास एवं विनियमन) अधिनियम, 1957 (एमएमडीआर अधिनियम) के अन्तर्गत चूना पत्थर को प्रमुख खनिज के रूप में वर्गीकृत कर दिया है, जिससे इसका प्रमुख और गौण खनिज, दोनों का दोहरा दर्जा समाप्त हो गया है.

- इस कदम से चूना का अंतिम उपयोग-आधारित वर्गीकरण समाप्त हो गया है, जहाँ पहले चूने और निर्माण सामग्री में प्रयुक्त चूना पत्थर को गौण खनिज माना जाता था, जबकि सीमेंट या उद्योग के लिए चूना पत्थर को प्रमुख खनिज माना जाता था.
- इस निर्णय का उद्देश्य खनिज विनियमन को सरल बनाना, अस्पष्टता को दूर करना और खनन, पट्टे और व्यापार के लिए एक समान नियमों की अनुमति देकर व्यापार करने में आसानी को बढ़ाना है.
- चूना पत्थर, एक अवसादी चट्टान जो मुख्य रूप से कैल्शियम कार्बोनेट ($CaCO_3$) से बनी होती है, सीमेंट, इस्पात, उर्वरक, रसायन और निर्माण उद्योगों के लिए एक आवश्यक कच्चा माल है.
- इसके सुसंगत वर्गीकरण से विभिन्न क्षेत्रों में निवेश और उत्पादन को सुव्यवस्थित करने तथा देश भर में सतत् खनिज संसाधन विकास को समर्थन मिलने की उम्मीद है.

मालदीव एचआईवी, सिफलिस और हेपेटाइटिस बी के माँ से बच्चे में संचरण का 'त्रि-उन्मूलन' हासिल करने वाला पहला देश

- अक्टूबर 2025 में, विश्व स्वास्थ्य संगठन (WHO) ने मालदीव को विश्व का पहला देश घोषित किया जिसने एचआईवी, सिफलिस और हेपेटाइटिस बी के मातृ-से-शिशु संचरण (MTCT) का 'त्रि-उन्मूलन' (Triple Elimination) हासिल किया. मालदीव ने वर्ष 2019 में एचआईवी और सिफलिस उन्मूलन के लक्ष्य प्राप्त किए थे और अब 2025 में हेपेटाइटिस बी के उन्मूलन लक्ष्य को पूरा कर यह उपलब्धि प्राप्त की है.

प्रमुख उपलब्धियाँ और सार्वजनिक स्वास्थ्य प्रभाव

- मालदीव ने मातृ एवं शिशु स्वास्थ्य के लिए व्यापक प्रणाली विकसित की है, जो 95% से अधिक गर्भवती महिलाओं को प्रसवपूर्व देखभाल और एचआईवी, सिफलिस तथा हेपेटाइटिस बी की सार्वभौमिक जाँच प्रदान करती है. 95% नवजात शिशुओं को जन्म के समय हेपेटाइटिस बी वैक्सीन की खुराक दी जाती है.
- इन प्रयासों से 2022-23 में एचआईवी और सिफलिस संचरण के शून्य मामले सामने आए, जबकि 2023 के एक राष्ट्रीय सर्वेक्षण में स्कूल जाने वाले बच्चों में हेपेटाइटिस बी का कोई मामला दर्ज नहीं हुआ.
- यह देश की सार्वभौमिक स्वास्थ्य कवरेज (UHC) नीति को दर्शाता है, जो सभी नागरिकों और प्रवासियों को नि:शुल्क जाँच, टीकाकरण और मातृ देखभाल प्रदान करती है. मालदीव अपने स्वास्थ्य क्षेत्र में जीडीपी का लगभग 10% से अधिक निवेश करता है.

WHO और राष्ट्रीय सहयोग

- डॉ. कैथरीना बोहेम (ऑफीसर-इन-चार्ज दक्षिण-पूर्व एशिया क्षेत्र) के अनुसार, यह उपलब्धि Healthy Beginnings, Hopeful Futures की दिशा में मालदीव की प्रतिबद्धता को रेखांकित करती है.
- सरकार, निजी स्वास्थ्य सेवा प्रदाताओं, नागरिक समाज और WHO के बीच मजबूत साझेदारी ने दीर्घकालिक स्थिरता, एकीकृत सेवा वितरण और सार्वजनिक भागीदारी सुनिश्चित की है.
- वर्ष 2024 के आँकड़ों के अनुसार, दक्षिण-पूर्व एशिया क्षेत्र में 23,000 से

प्रमुख खनिज और गौण खनिज में प्रमुख अन्तर

मुख्य खनिज (Major Minerals)	गौण खनिज (Minor Minerals)
उच्च आर्थिक, सामरिक और औद्योगिक महत्व वाले खनिज.	कम आर्थिक मूल्य और मुख्यतः स्थानीय उपयोग वाले खनिज.
खनिज एवं खनिज (विकास और विनियमन) अधिनियम, 1957 (MMDR अधिनियम, 1957) के अन्तर्गत शासित.	एमएमडीआर अधिनियम, 1957 के अन्तर्गत आते हैं, लेकिन मुख्य रूप से राज्य सरकारों द्वारा विनियमित.
एमएमडीआर अधिनियम, 1957 की धारा 8A के अनुसार अधिकतम 50 वर्ष तक.	सामान्यतः अल्पकालिक पट्टे, राज्य सरकारों द्वारा निर्धारित.
राजस्व राज्य सरकारों को जाता है, लेकिन केन्द्रीय सरकार द्वारा विनियमित.	राजस्व सीधे राज्य सरकारों को जाता है.
ऊर्जा, रक्षा, एयरोस्पेस, इस्पात और औद्योगिक क्षेत्रों के लिए महत्वपूर्ण.	मुख्य रूप से निर्माण, भवन निर्माण सामग्री और स्थानीय उद्योगों में उपयोग.
भारतीय खान ब्यूरो (IBM), खान मंत्रालय के अन्तर्गत.	राज्य सरकारें और उनके भूविज्ञान एवं खनन विभाग.
लौह अयस्क, कोयला, बॉक्साइट, सोना, बैराइट्स, फेल्डस्पार, अभ्रक, क्वार्ट्ज आदि	रेत, बजरी, संगमरमर, चूना पत्थर (अब मुख्य खनिज), मिट्टी, ग्रेनाइट.

अधिक गर्भवती महिलाएँ सिफलिस से संक्रमित थीं और 25,000 महिलाएँ एचआईवी संक्रमण जोखिम में थीं. मालदीव ने दिखाया कि नीति क्रियान्वयन और इच्छाशक्ति से इनका उन्मूलन भी सम्भव है.

- **एचआईवी (HIV)**—ह्यूमन इम्यूनोडेफिशिएंसी वायरस (एचआईवी) शरीर की प्रतिरक्षा प्रणाली पर हमला करता है. समय पर यदि इसका इलाज नहीं किया जाए, तो यह इम्यूनोडेफिशिएंसी सिंड्रोम यानि 'एड्स' का कारण बनता है. एचआईवी सफेद रक्त कोशिकाओं (WBC) पर हमला करता है, जिन्हें सीडी 4 कोशिकाएं कहा जाता है.
- **सिफलिस**—यह एक यौन संचारित संक्रमण (एसटीआई) है, जो ट्रेपोनेमा पैलिडम नामक जीवाणु के कारण होता है.
- **हेपेटाइटिस बी**—यह एक वायरल संक्रमण है, जो यकृत रोग का करण बनता है. यह प्रसव के दौरान माँ से नवजात बच्चे में, संक्रमित रक्त, यौन सम्पर्क आदि से फैलता है. हेपेटाइटिस B का टीका HDV (हेपेटाइटिस D वायरस) संक्रमण से सुरक्षा प्रदान करता है.

ठोस अपशिष्ट प्रबंधन (एसडब्ल्यूएम) नियम 2024

- ठोस अपशिष्ट प्रबंधन नियम 2024 को भारत के अपशिष्ट प्रसंस्करण और उपयोग ढाँचे को मजबूत करने के लिए अधिसूचित किया गया है, जो भारतीय राष्ट्रीय राजमार्ग प्राधिकरण (एनएचएआई) की पहल के अनुरूप है, जो नगरपालिका के कचरे को सड़क निर्माण सामग्री में परिवर्तित करती है.

अपशिष्ट से सड़क प्रौद्योगिकी में तकनीकी प्रक्रिया

इस मॉडल के तहत्, नगरपालिका अपशिष्ट को पुनर्चक्रण योग्य, कार्बनिक पदार्थ और निष्क्रिय पदार्थों को अलग करने के लिए जैव-खनन से गुजारा जाता है. फिर निष्क्रिय अंश को सड़क की नींव और किनारों के लिए सड़क परिवहन और राजमार्ग मंत्रालय (एमओआरटीएच) के विनिर्देशों के अनुसार उपचारित किया जाता है. यह विधि—

- लैंडफिल की मात्रा और भूजल प्रदूषण को कम करती है.
- अपशिष्ट को निर्माण परिसंपत्तियों में परिवर्तित करती है.
- पर्यावरण के अनुकूल बुनियादी ढाँचे का निर्माण करती है.

आर्थिक और पर्यावरणीय लाभ

- **लागत प्रभावशीलता**—संसाधित नगरपालिका अपशिष्ट का उपयोग प्राकृतिक समुच्चयों और रेत पर निर्भरता को कम करता है, जिससे खनन प्रतिबंधों के बीच निर्माण लागत में कमी आती है.
- **पर्यावरणीय प्रभाव**—भूजल संरक्षण करते हुए लैंडफिल, कार्बन उत्सर्जन और खुले गें जलाने को कम करके एसडीजी 11 (स्थायी शहर) और एसडीजी 12 (जिम्मेदार उपभोग और उत्पादन सुनिश्चित करना) का समर्थन करता है.

कार्यान्वयन में चुनौतियाँ

- भारत को अपशिष्ट पृथक्करण और प्रसंस्करण में बुनियादी ढाँचे, वित्त और प्रौद्योगिकी की कमी का सामना करना पड़ रहा है. पुनर्चक्रण क्षेत्र काफी हद तक अनौपचारिक और अनियमित बना हुआ है, जिससे अक्षमताएँ पैदा होती हैं. नियामक अनुपालन को मजबूत करना और अनौपचारिक प्रणालियों को एकीकृत करना प्रमुख प्राथमिकताएँ बनी हुई हैं.

एसडब्ल्यूएम नियम 2024 के प्रमुख प्रावधान

- **पृथक्करण आवश्यकताएँ**—प्रत्येक अपशिष्ट उत्पादक को निर्माण और विध्वंस अपशिष्ट को अपने परिसर में संग्रहित करना होगा.
- **विस्तारित उत्पादक उत्तरदायित्व (ईपीआर)**—थोक अपशिष्ट उत्पादकों को स्थानीय निकायों से विस्तारित थोक अपशिष्ट उत्पादक उत्तरदायित्व प्रमाण-पत्र प्राप्त करना होगा, जिससे अपशिष्ट प्रबंधन में पता लगाने की क्षमता और जवाबदेही सुनिश्चित हो सके.
- **लैंडफिल प्रतिबंध**—1500 किलो कैलोरी/किग्रा या उससे अधिक कैलोरी मान वाले अपशिष्ट को लैंडफिल में नहीं डाला जा सकता, जिससे ऊर्जा पुनर्पप्ति या सड़क निर्माण में इसके उपयोग को बढ़ावा मिलता है.

भविष्य का रोडमैप और निष्कर्ष

एनएचएआई का लक्ष्य चरणबद्ध विस्तार, प्रौद्योगिकी हस्तांतरण और क्षमता निर्माण के माध्यम से वर्ष 2027 तक देशव्यापी विस्तार करना है. यह पहल अपशिष्ट को राष्ट्रीय परिसंपत्ति में परिवर्तित करती है तथा स्थायित्व को बुनियादी ढाँचे के विकास के साथ एकीकृत करती है—जिससे अपशिष्ट प्रबंधन और पर्यावरण संरक्षण के प्रति भारत के दृष्टिकोण को पुनर्परिभाषित किया जाता है.

राज्य खनन तत्परता सूचकांक (SMRI)

- केन्द्रीय बजट 2025-26 के एक भाग के रूप में खान मंत्रालय द्वारा शुरू किया गया राज्य खनन तत्परता सूचकांक (SMRI), राज्यों के खनन प्रशासन का आकलन करने वाला भारत का पहला मानकीकरण ढाँचा है. यह गैर-कोयला खनिज क्षेत्रों में प्रदर्शन, दक्षता और स्थिरता के आधार पर राज्यों को रैंकिंग प्रदान करता है.
- एसएमआरआई का उद्देश्य प्रतिस्पर्धी संघवाद को बढ़ावा देना, खनिज नीलामी में पारदर्शिता में सुधार करना और स्थायी खनन प्रथाओं को सुदृढ़ करना है.
- यह मूल्यांकन चार प्रमुख संकेतकों पर आधारित है—नीलामी प्रदर्शन, खदान संचालन दक्षता, अन्वेषण पहल, और पर्यावरणीय उत्तरदायित्व.
- राज्यों को तीन श्रेणियों में वर्गीकृत किया गया है—A (खनिज-समृद्ध), B (मध्यम संसाधन), और C (कम बंदोबस्ती), जिससे देश भर में प्रासंगिक और तुलनीय मूल्यांकन सुनिश्चित होता है.

एग्रीइनइक्स : राष्ट्रीय कार्यक्रम

- एग्रीइनइक्स, इलेक्ट्रॉनिक्स और सूचना प्रौद्योगिकी मंत्रालय का एक राष्ट्रीय कार्यक्रम है, जिसमें कृषि और पर्यावरण क्षेत्र में प्रौद्योगिकियों के अनुसंधान, विकास, परिनियोजन, प्रदर्शन और व्यावसायीकरण शामिल है.
- इस कार्यक्रम का क्रियान्वयन, उन्नत संगणन विकास केन्द्र (सी-डैक), कोलकाता द्वारा नोडल एजेंसी के रूप में किया जा रहा है, जिसमें शैक्षणिक संस्थानों, अनुसंधान एवं विकास प्रयोगशालाओं और उद्योगों की एजेंसियाँ भाग ले रही हैं. उपरोक्त सभी पाँच प्रौद्योगिकियों का विकास और परीक्षण इस कार्यक्रम के तहत् किया गया है.

क्रमांक	संस्थान/ सहयोगी संगठन	तकनीकी समाधान/ प्रणाली का नाम	मुख्य विशेषताएँ/ उद्देश्य
1.	सी–डैक (के), आईआईटी खड़गपुर, आईसीएआर-एनडीआरआई, कल्याणी	इलेक्ट्रॉनिक्स आधारित डेयरी समाधान (गो-पी और मास्टिटिस डिटेक्टर)	'गो-पी' एक पहनने योग्य कॉलर डिवाइस है जो मवेशियों के तापमान में बदलाव से प्रजनन स्थिति का पता लगाता है. 'मास्टिटिस डिटेक्टर' दूध में आयन सांद्रता द्वारा संक्रमण की पहचान करता है. कम लागत वाला, तेज और सटीक स्वास्थ्य निगरानी समाधान.
2.	सी-डैक (के), आईसीएआर-आईएआरआई, एफसीआई	बागवानी फसलों की गुणवत्ता विश्लेषण प्रणाली (ग्रेन-एक्स, सीटी-व्यू, रिज-सेंस)	'ग्रेन-एक्स' एआई आधारित दाल गुणवत्ता विश्लेषकय 'सीटी-व्यू' सूखी मिर्च की छवि-आधारित गुणवत्ता जांचय 'रिज-सेंस' कम्प्यूटर विजन तकनीक से चावल की आयु और गुणवत्ता का निर्धारण करने वाली मशीन-विजन प्रणाली.
3.	सी-डैक (कोलकाता)	सेंसर-आधारित गंध निगरानी उपकरण	एमएसडब्ल्यू, लैंडफिल व औद्योगिक स्थलों पर बदबू नियंत्रण हेतु विकसित पोर्टेबल प्रणाली। यह पीआईडी व इलेक्ट्रोकेमिकल गैस सेंसर का प्रयोग कर गंधकारी गैसों की वास्तविक समय निगरानी करती है और पर्यावरण अनुपालन व स्वास्थ्य सुरक्षा सुनिश्चित करती है.

अन्य प्रमुख सुर्खियाँ

यूपीआई लेनदेन तीव्रता में तेलंगाना शीर्ष पर	• आरबीआई बुलेटिन के अनुसार, प्रति व्यक्ति यूपीआई लेनदेन तीव्रता के मामले में तेलंगाना भारत में सबसे आगे है, उसके बाद कर्नाटक, आंध्र प्रदेश, दिल्ली और महाराष्ट्र का स्थान है. • भुगतान प्लेटफार्मों के सन्दर्भ में फोनपे 58% मात्रा और 53% मूल्य के साथ यूपीआई लेनदेन में अग्रणी है.
ब्रिजियोपोरस कनाडीआई : नई कवक प्रजाति	• अरुणाचल प्रदेश के उत्तर-पूर्वी वनों में शोधकर्ताओं ने एक नई कवक प्रजाति की खोज की है, जिसका नाम ब्रिजियोपोरस कनाडीआई (Bridgeoporus kanadii) रखा गया है. यह अपने विशाल फलित पिण्डों के लिए जानी जाती है, जिनका व्यास तीन मीटर तक होता है. • यह प्रजाति भारतीय माइकोलॉजिस्ट कनद दास के सम्मान में नामित की गई है. अब तक ब्रिजियोपोरस वंश की दूसरी ज्ञात प्रजाति B. nobilissimus केवल उत्तरी अमेरिका में पाई जाती थी. यह कवक मृत वृक्षों को विघटित कर वन पुनर्जनन में सहायक होती है, लेकिन खाद्य या आर्थिक रूप से उपयोगी नहीं है.
नेसोलिंक्स बानाबिटाने : नई ततैया प्रजाति	• पश्चिम बंगाल के साल्ट लेक स्थित सेंट्रल पार्क (बानाबिटान) में वैज्ञानिकों ने ततैया की एक नई प्रजाति नेसोलिंक्स बानाबिटाने (Nesolyn banabitane) की खोज की है. इसका नाम उस स्थान 'बानाबिटान' के नाम पर रखा गया है, जहाँ यह पहली बार पाई गई. • यह भारत में खोजी गई सातवीं ततैया प्रजाति है और Eulophidae परिवार से सम्बन्धित है, जो अपने विविध परजीवी व्यवहारों के लिए प्रसिद्ध है. • यह अतिपरजीवी (hyperparasitoid) प्रजाति है, जो अन्य परजीवी ततैयाओं पर निर्भर रहती है. इसे chneumonid Charops aditya का अतिपरजीवी पाया गया है, जो स्वयं पामफ्लाई और कैस्टर तितलियों के कैटरपिलरों पर परजीवी होता है.

आईआईटी धारवाड़ में dhaRti BioNest इनक्यू-बेशन सेंटर का उद्घाटन	• वित्त मंत्री निर्मला सीतारमण ने आईआईटी धारवाड़ में dhaRti BioNest इनक्यूबेशन सेंटर का उद्घाटन किया. यह इनक्यूबेशन सेंटर जैव प्रौद्योगिकी, डीप टेक और स्वास्थ्य सेवा के क्षेत्र में स्टार्ट-अप्स और अन्य उद्यमियों को सहयोग प्रदान करेगा. • इस इनक्यूबेशन सेंटर ने अब तक 15 स्टार्ट-अप्स को ₹ 50 लाख की सीड मनी के साथ एलिवेट कर्नाटक योजना का लाभ दिया है.
एकीकृत चेतावनी प्रणाली (SACHET)	• एसएमएस प्रणाली नागरिकों को उनके स्थान के अनुसार वास्तविक समय में बहुभाषिक अलर्ट प्रदान करती है—जैसे एसएमएस, मोबाइल ऐप, ब्राउजर नोटिफिकेशन, और उपग्रह टर्मिनल (GAGAN व NavIC) के माध्यम से. यह प्राकृतिक आपदाओं (चक्रवात, बाढ़, सुनामी, जंगल की आग) और मानवजनित संकटों (औद्योगिक दुर्घटनाएं, स्वास्थ्य आपातकाल) के लिए चेतावनी जारी करता है.
विश्व का पहला चोरी हुई सांस्कृतिक वस्तुओं का आभासी संग्रहालय शुरू	• यूनेस्को (UNESCO) ने बार्सिलोना, स्पेन में आयोजित MONDIACULT 2025 सम्मेलन में विश्व के पहले चोरी हुए सांस्कृतिक वस्तुओं के वर्चुअल म्यूजियम का शुभारम्भ किया. • यह वैश्विक डिजिटल संग्रहालय चोरी या अवैध रूप से तस्करी की गई सांस्कृतिक वस्तुओं को प्रदर्शित, दस्तावेजित और ट्रैक करने के लिए बनाया गया है. • यह शिक्षा, पुनर्स्थापन और विरासत संरक्षण के लिए एक आभासी मंच के रूप में कार्य करता है, जो राष्ट्रों को उनकी लुप्त सांस्कृतिक धरोहरों से प्रतीकात्मक रूप से पुन: जोड़ता है.
कतर के सुपरमार्केट में भारत का UPI लॉन्च	• भारत के केन्द्रीय वाणिज्य एवं उद्योग मंत्री पीयूष गोयल की उपस्थिति में कतर में लुलु ग्रुप के सुपरमार्केट में UPI (यूनिफाइड पेमेंट्स इण्टरफेस) लॉन्च किया गया है. • यह हमाद अन्तर्राष्ट्रीय हवाई अड्डे के ड्यूटी-फ्री स्टोर्स में UPI की शुरुआत के कुछ ही हफ्ते बाद हुआ है. इसके साथ ही, कतर UPI अपनाने वाला आठवाँ देश बन गया है. • इस पहल का नेतृत्व NPCI इण्टरनेशनल पेमेंट्स लिमिटेड (NIPL) द्वारा कतर नेशनल बैंक (QNB) और जापानी पेमेंट गेटवे NETSTARS के साथ साझेदारी में किया जा रहा है. • उल्लेखनीय है कि नौ वर्ष पहले शुरू किया गया यूपीआई भारत के 85% डिजिटल भुगतानों को संचालित करता है, जो प्रतिदिन 640 मिलियन लेनदेन को सँभालता है, जो वैश्विक लेनदेन का 50% है.
देश के पहले सहकारी मल्टी-फीड कंप्रेस्ड बायोगैस (CBG) प्लांट का उद्घाटन	• केन्द्रीय गृह एवं सहकारिता मंत्री श्री अमित शाह ने महाराष्ट्र के अहिल्यानगर जिले के कोपरगांव में देश के पहले सहकारी मल्टी-फीड कम्प्रेस्ड बायोगैस (CBG) प्लांट का उद्घाटन किया. • इस परियोजना में लगभग ₹ 55 करोड़ का निवेश किया गया है. यह सीबीजी संयंत्र प्रतिदिन 12 टन सीबीजी का उत्पादन करेगा और गुड़ से 75 टन पोटाश का निर्माण करेगा.
ई-वेस्ट रिपोर्ट	• एक अनुमान के अनुसार भारत 2025 में 2.2 मिलियन मीट्रिक टन (एमटी) ई-कचरा उत्पन्न करेगा, जो चीन और अमेरिका के बाद तीसरा सबसे बड़ा वैश्विक उत्पादक होगा. • गौरतलब है कि वर्ष 2017-18 की तुलना में भारत में ई-वेस्ट उत्पादन में 150% की वृद्धि हुई है. वर्तमान में 322 औपचारिक पुनर्चक्रण इकाइयाँ हैं, जिनकी सम्मिलित क्षमता 2·2 मिलियन एमटी है, परन्तु 43% ई-वेस्ट अब भी अनौपचारिक रूप से निपटाया जाता है. सबसे अधिक ई-वेस्ट दिल्ली, मुरादाबाद और भिवंडी जैसे शहरी क्षेत्रों से निकलता है. • ई-वेस्ट (प्रबंधन) नियम 2016, 2022, 2023 और 2024 ने उत्पादक उत्तरदायित्व (EPR) प्रणाली को लागू किया है,

अंटार्कटिका में मैत्री II (Maitri II) स्टेशन

- भारत सरकार (GoI) ने अंटार्कटिका में नया अनुसंधान केन्द्र 'मैत्री II' जनवरी 2029 तक संचालन में लाने की योजना बनाई है. यह केन्द्र ईस्ट अंटार्कटिका में मौजूदा मैत्री स्टेशन के पास स्थापित होगा.

- इसका उद्देश्य ध्रुवीय क्षेत्रों में भारत की दीर्घकालिक उपस्थिति और वैज्ञानिक अनुसंधान क्षमता को सशक्त बनाना है. गोवा स्थित नेशनल सेंटर फॉर पोलर एण्ड ओशन रिसर्च (NCPOR) के तहत् संचालित यह केन्द्र जलवायु परिवर्तन, हिमनद विज्ञान, महासागर विज्ञान और पारिस्थितिकी तंत्र के अध्ययन में सहायक होगा.

भारत का अंटार्कटिक अनुसंधान कार्यक्रम

- भारत का अंटार्कटिक अभियान वर्ष 1981 में शुरू हुआ, जिससे देश के वैज्ञानिक अभियान की नींव पड़ी.
- **दक्षिण गंगोत्री (1983)**—भारत का पहला स्थायी अनुसंधान केन्द्र, जो अब निष्क्रिय है.
- **मैत्री (1988)**—पूर्वी अंटार्कटिका में सक्रिय लेक प्रियदर्शिनी के पास स्थित.
- **भारती (2012)**—मैत्री से 3,000 किमी पूर्व में स्थित भारत की अत्याधुनिक बहुविषयक अनुसंधान सुविधा.

भारत अंटार्कटिका अधिनियम 2022

- अंटार्कटिका संधि प्रणाली के अनुपालन को सुनिश्चित करने हेतु यह अधिनियम भारत की भागीदारी के लिए कानूनी ढाँचा प्रदान करता है.
- यह अंटार्कटिका संधि (1959) मेड्रिड प्रोटोकॉल (1991) और अंटार्कटिका समुद्री जीव सम्पदा संरक्षण पर अभिसमय (1982) को प्रभावी करता है.
- अंटार्कटिका संधि (1959) 60° दक्षिण अक्षांश के दक्षिण में सभी गतिविधियों को नियंत्रित करती है और महाद्वीप को परमाणु-मुक्त वैज्ञानिक क्षेत्र के रूप में संरक्षित रखती है. इसमें भारत सहित 54 सदस्य देश शामिल है. भारत इसका वर्ष 1983 से सदस्य है.

	जिसमें उत्पादकों को वार्षिक पुनर्चक्रण लक्ष्यों को प्राप्त करना होता है. 2025 के संशोधित नियमों ने गैर-लौह धातु स्क्रैप के लिए भी ईपीआर ढाँचा शामिल किया है.
सेल2सेंटेंस-स्केल 27बी (सी2एस-स्केल)	• गूगल डीपमाइंड और येल विश्वविद्यालय द्वारा विकसित एआई मॉडल (C2S-Scale Cell2Sentence-Scale 27B) ने कोशिकाओं के व्यवहार को समझकर सिल्मिटासर्टिब नामक दवा की पहचान की, जो ट्यूमर को लक्षित करती है. • यह एआई कोशिकाओं की 'भाषा' को व्याख्यायित कर दवा खोज की प्रक्रिया को तेज करता है, सटीक चिकित्सा Precision Medicine को सम्भव बनाता है, और एक डिजिटल वैज्ञानिक के रूप में कार्य करता है.
हैदराबाद में पहला सेमीकण्डक्टर इनोवेशन म्यूजियम	• 12 अक्टूबर, 2025 को भारत का पहला सेमीकंडक्टर इनोवेशन म्यूजियम हैदराबाद में टी-चिप (Technology Chip Innovation Program) द्वारा खोला गया है. यह संग्रहालय चिप निर्माण में अत्याधुनिक अनुसंधान और तकनीकी प्रगति को प्रदर्शित करता है.
एआई ने अपना पहला कार्यशील जीनोम तैयार किया	• वैज्ञानिकों ने बैक्टीरिया को मारने में सक्षम विश्व का पहला पूर्णतः कृत्रिम बुद्धिमत्ता (AI) द्वारा निर्मित वायरल जीनोम डिजाइन करने के लिए Evo नामक एक कृत्रिम बुद्धिमत्ता मॉडल का उपयोग किया. • यह पहला उदाहरण है जहाँ कृत्रिम बुद्धिमत्ता ने स्वतंत्र रूप से एक कार्यात्मक आनुवंशिक कोड बनाया, जिसने कम्प्यूटेशनल जीनोमिक अनुसंधान में क्रांति आ सकती है.

- मेड्रिड प्रोटोकॉल (1998) पर्यावरणीय सुरक्षा को मजबूत करता है तथा अंटार्कटिका को खनन-मुक्त प्राकृतिक आरक्षित क्षेत्र के रूप में घोषित करता है.
- अंटार्कटिका समुद्री जीव सम्पदा संरक्षण पर अभिसमय (1982) का उद्देश्य अंटार्कटिका समुद्री पारिस्थितिकी तंत्र के संरक्षण और टिकाऊ प्रबन्धन के लिए एक वैज्ञानिक, पारिस्थितिकी-आधारित दृष्टिकोण अपनाना है.

डीएनए साक्ष्य पर सर्वोच्च न्यायालय के दिशानिर्देश

- देवकर बनाम तमिलनाडु राज्य (2025) मामले में, सर्वोच्च न्यायालय ने पूरे भारत में डीएनए साक्ष्य के संग्रह, संरक्षण और उपयोग पर एक समान दिशानिर्देश स्थापित किए हैं.

मुख्य बिन्दु

- **डीएनए (डीऑक्सीराइबोन्यूक्लिक एसिड)**—यह मनुष्यों में आनुवंशिक पदार्थ है जिसमें लगभग 3 अरब क्षार होते हैं. इनमें से 99% से अधिक सभी व्यक्तियों में समान होते हैं, जबकि शेष भिन्नताएँ डीएनए प्रोफाइलिंग का आधार बनती हैं.

कानूनी ढाँचा

- **बीएनएसएस, 2023 (धारा 53 और 53ए)**—अभियुक्त व्यक्तियों के डीएनए परीक्षण की अनुमति देता है.
- **दण्ड प्रक्रिया (पहचान) अधिनियम, 2022**—गिरफ्तार व्यक्तियों और दोषियों से डीएनए संग्रह को अधिकृत करता है.
- **भारतीय साक्ष्य अधिनियम (बीएसए), 2023 (धारा 39)**—डीएनए परिणामों को न्यायालयों में स्वीकार्य विशेषज्ञ की राय के रूप में मान्यता देता है.
- अनुच्छेद 20(3) व्यक्तियों को आत्म-दोषसिद्धि से बचाता है, जबकि अनुच्छेद 21 साक्ष्य संग्रह के दौरान गोपनीयता और गरिमा सुनिश्चित करता है.

सर्वोच्च न्यायालय के दिशानिर्देश

- **संग्रह प्रोटोकॉल**—नमूनों में प्राथमिकी का विवरण और डॉक्टर, अन्वेषक और गवाह के हस्ताक्षर होने चाहिए.
- **समय पर परिवहन**—डीएनए नमूने 48 घण्टों के भीतर फोरेंसिक विज्ञान प्रयोगशालाओं (एफएसएल) तक पहुँच जाने चाहिए.
- **सुरक्षित भण्डारण**—न्यायालय की अनुमति के बिना नमूनों को दोबारा नहीं खोला जा सकता.
- **हिरासत रजिस्टर**—अनिवार्य हिरासत शृंखला दस्तावेजीकरण छेड़छाड़ को रोकता है और पता लगाने की क्षमता सुनिश्चित करता है.

डीएनए साक्ष्य का महत्व

- डीएनए अत्यधिक सटीक पहचान प्रदान करता है, निर्दोष को दोषमुक्त करने में सहायता करता है, पितृत्व और पीड़ित की पहचान में सहायक होता है, और आपराधिक मामलों में वैज्ञानिक पुष्टि प्रदान करता है.

●●●

शेष पृष्ठ 49 का

विश्व पैरा एथलेटिक्स चैम्पियनशिप 2025 में भारत के लिए पदक विजेता

स्वर्ण पदक

- सिमरन शर्मा—महिला 100 मीटर टी12
- शैलेश कुमार—पुरुष ऊँची कूद टी63
- रिंकू हुड्डा—पुरुष भाला फेंक एफ46
- सुमित अंतिल—पुरुष भाला फेंक एफ़64
- संदीप सर्गर—पुरुष भाला फेंक एफ44
- निषाद कुमार—पुरुष ऊँची कूद टी47

शैलेश कुमार (भारत के लिए पहला स्वर्ण)

रिंकू हुड्डा

सुमित अंतिल

रजत पदक

- सिमरन शर्मा—महिला 200 मीटर टी12
- प्रीति पाल—महिला 100 मीटर टी35
- एकता भयान—महिला क्लब थ्रो एफ51
- दीप्ति जीवनजी—महिला 400 मीटर टी20
- नवदीप सिंह—पुरुष भाला फेंक एफ41
- धर्मबीर नैन—पुरुष क्लब थ्रो एफ51
- संदीप—पुरुष भाला फेंक एफ44
- योगेश कथुनिया—पुरुष डिस्क थ्रो एफ56
- सुंदर सिंह गुर्जर—पुरुष भाला फेंक एफ46

कांस्य पदक

- संदीप—पुरुष 200 मीटर टी44
- सोमन राणा—पुरुष गोला फेंक एफ57
- प्रवीण कुमार—पुरुष ऊँची कूद टी64
- प्रीति पाल—महिला 200 मीटर टी35
- प्रदीप कुमार—पुरुष चक्का फेंक एफ44
- अतुल कौशिक—पुरुष चक्का फेंक एफ57
- वरुण सिंह भाटी—पुरुष ऊँची कूद टी63

आगामी विश्व पैरा एथलेटिक्स

चैम्पियनशिप 23 जुलाई-2 अगस्त, 2026 को स्कॉटलैण्ड में ग्लासगो (Glassgow) में राष्ट्रमण्डल खेलों के साथ ही होगी.

●●●

पर्यावरण एवं पारिस्थितिकी

भारत में हाथियों की स्थिति : नवीनतम रिपोर्ट 2025

- भारतीय वन्यजीव संस्थान (WII) ने अपनी नवीनतम रिपोर्ट 'भारत में हाथियों की स्थिति (Status of Elephants in India)' जारी की है. इस रिपोर्ट के अनुसार, देश के 4 प्रमुख क्षेत्रों—पश्चिमी घाट 11,934 (सर्वाधिक), तत्पश्चात् उत्तर-पूर्वी पहाड़ी और ब्रह्मपुत्र बाढ़ के मैदान 6,559 (दूसरा स्थान), शिवालिक पहाड़ियों और गंगा के मैदानों में 2,062 हाथी है, जबकि मध्य भारत और पूर्वी घाटों में कुल मिलाकर 1,891 हाथी है. कुल 22,446 हाथियों का अनुमान लगाया गया है.

- यह संख्या वर्ष 2017 के अनुमानित 27,312 हाथियों से कम है, लेकिन विशेषज्ञों ने स्पष्ट किया है कि इस बार पहली बार डीएनए-आधारित नई वैज्ञानिक पद्धति का उपयोग किया गया है. यह पुरानी गणनाओं से तुलना करने के बजाए भविष्य में सटीक निगरानी के लिए एक नया वैज्ञानिक मानक स्थापित करता है.

भारत ने डीएनए-आधारित पद्धति क्यों अपनाई ?

- भारत में हाथियों की संख्या की गणना वर्ष 1929 में शुरू हुई थी, इस गणना में प्रत्यक्ष दिखाई देने वाले हाथियों को गिनने की विधि अपनाई गई.
- वर्ष 1992 में प्रोजेक्ट एलीफेंट शुरू होने के बाद, हाथियों की गणना प्रत्येक 5 वर्ष में एक बार की जाने लगी. इसमें कुल गिनती, जलाशय गिनती, गोबर गिनती और ट्रांसेक्ट सैम्पलिंग जैसी पद्धतियाँ अपनाई गईं, लेकिन अलग-अलग राज्यों में अलग पद्धतियाँ अपनाने से आँकड़ों में असंगतता रही.
- इन्हीं असंगतता को दूर करने के लिए वर्ष 2005, 2010 और 2017 में समकालिक हाथी गणना (Synchronised Elephant Census) की गई, जिसमें एकसमान मानक पद्धति अपनाई गई. हालाँकि, अब भी पर्यवेक्षक पक्षपात (Observer bias) और अधिक गिनती (Overcounting) जैसी समस्याएँ बनी रहीं.
- इन चुनौतियों को देखते हुए भारत ने 2021-25 के लिए समकालिक अखिल भारतीय हाथी अनुमान (Synchronous All-India Elephant Estimation–SAIEE) पद्धति शुरू की, जो पहली बार डीएनए-आधारित पहचान का उपयोग करती है. इससे हाथियों की संख्या का वैज्ञानिक, सटीक और तुलनीय राष्ट्रीय मानक निर्धारित किया जा सका.

समकालिक अखिल भारतीय हाथी अनुमान 2021-25

- इस पद्धति के तहत् भारत को 100 वर्ग किमी के ब्लॉकों में बाँटा गया, जिन्हें आगे 4 वर्ग किमी ग्रिड में विभाजित किया गया.
- गिनती करने वालों ने 6,66,977 किमी क्षेत्र में चलते हुए 1,88,030 मार्गों और ट्रांसेक्ट्स का सर्वे किया और 21,056 गोबर नमूने एकत्र किए.

अध्ययन तीन चरणों में हुआ

1. हाथियों के संकेत, गोबर और वनस्पति का क्षेत्रीय डेटा संग्रह.
2. आवास की गुणवत्ता और मानव हस्तक्षेप का आकलन.
3. स्थानिक विश्लेषण के माध्यम से हाथियों की संख्या का वैज्ञानिक अनुमान.

हालाँकि, SAIEE में हाथियों की संख्या (22,446) 2017 की तुलना में कम दिखी, लेकिन यह गिरावट नहीं है, बल्कि एक नया वैज्ञानिक आधार (Scientific baseline) है.

- नए आँकड़ों के अनुसार राज्यवार स्थिति के अनुसार कर्नाटक में हाथियों की संख्या सबसे अधिक 6,013 है, जिसके बाद असम (4,159), तमिलनाडु (3,136), केरल (2,785) और उत्तराखण्ड (1,792) है.

संरक्षण की चुनौतियाँ

- रिपोर्ट में चेतावनी दी गई है कि वाणिज्यिक पौधरोपण, खनन, बाड़बंदी और अतिक्रमण के कारण हाथियों के प्राकृतिक आवास नष्ट हो रहे है.
- इस कारण हाथी कई अपरम्परागत क्षेत्रों की ओर जा रहे हैं, जिससे मानव-हाथी संघर्ष बढ़ रहा है—विशेष रूप से आन्ध्र प्रदेश, कर्नाटक, केरल और तमिलनाडु में.
- कर्नाटक, जहाँ सबसे अधिक हाथी पाए जाते हैं, में नागरहोल, बांदीपुर और बीआरटी हिल्स क्षेत्र में संघर्ष सबसे अधिक है.
- विशेषज्ञों का कहना है कि निरन्तर आवास ह्रास से संघर्ष और बढ़ सकता है. उन्होंने समुदाय की भागीदारी, भूमि उपयोग की बेहतर योजना और सह-अस्तित्व कार्यक्रमों की आवश्यकता पर बल दिया है, ताकि मनुष्य और हाथी दोनों का दीर्घकालिक संरक्षण सुनिश्चित किया जा सके.

वर्ष 2024 में कार्बन डाइऑक्साइड और अन्य ग्लोबल वार्मिंग गैसों में रिकॉर्ड स्तर तक वृद्धि : विश्व मौसम संगठन

- 16 अक्टूबर, 2025 को विश्व मौसम विज्ञान संगठन (WMO) द्वारा जारी आँकड़ों के अनुसार वायुमण्डलीय कार्बन डाइऑक्साइड (CO_2) और अन्य ग्रीनहाउस गैसों में अभूतपूर्व वृद्धि हुई है, जो मानवीय गतिविधियों, व्यापक जंगली आग और जंगलों व महासागरों जैसे कमजोर प्राकृतिक कार्बन सिंक के कारण हुई है.

रिपोर्ट के प्रमुख निष्कर्ष

- विश्व मौसम विज्ञान संगठन के ग्रीनहाउस गैस बुलेटिन ने इस बात पर प्रकाश डाला है कि 1960 के दशक से CO_2 की वृद्धि दर तीन गुना बढ़ गई है, जो 2011 और 2020 के बीच 0·8 भाग प्रति मिलियन (पीपीएम) प्रति वर्ष से बढ़कर 2·4 पीपीएम प्रति वर्ष हो गई है.

पीपीएम से तात्पर्य 'पार्ट्स पर मिलियन' होता है, जो किसी मिश्रण में किसी पदार्थ की बहुत कम सान्द्रता को मापने की एक इकाई है, यह दर्शाता है कि किसी मिश्रण के 10 लाख भागों में से कितने भाग किसी विशेष पदार्थ के हैं.

- सबसे नाटकीय उछाल 2023 से 2024 के बीच आया, जब CO_2 सान्द्रता में 3·5 पीपीएम की वृद्धि हुई जो 1957 में रिकॉर्ड दर्ज होने के बाद से सबसे बड़ी वार्षिक वृद्धि है.
- वर्ष 2024 में वैश्विक CO_2 का औसत 423·9 पीपीएम रहा, जो 2004 में पहले बुलेटिन के प्रकाशन के समय 377·1 पीपीएम था, जो दो दशकों में 12·5% की वृद्धि दर्शाता है.
- वर्ष 2024 के रिकॉर्ड स्तरों में अल नीनो की महत्वपूर्ण भूमिका रही, क्योंकि उच्च तापमान और सूखे ने भूमि कार्बन अवशोषण को कम कर दिया और विशेष रूप से अमेजन और दक्षिणी अफ्रीका में जंगलों की आग को बढ़ावा दिया.
- मीथेन और नाइट्रस ऑक्साइड, जो दूसरी और तीसरी सबसे महत्वपूर्ण दीर्घकालिक ग्रीनहाउस गैसें हैं, भी रिकॉर्ड स्तर पर पहुँच गईं. मीथेन अब वैश्विक तापमान वृद्धि में लगभग 16% योगदान देता है, जिसमें लगभग 60% उत्सर्जन मानवीय गतिविधियों से और 40% प्राकृतिक स्रोतों से होता है.
- वर्ष 2024 में, वैश्विक औसत नाइट्रस ऑक्साइड 338·0 भाग प्रति बिलियन (पीपीबी) तक पहुँच गया, जो पूर्व-औद्योगिक काल की तुलना में 25% की वृद्धि है.
- विश्व मौसम विज्ञान संगठन (WMO) एक संयुक्त राष्ट्र की विशेष एजेंसी है. इसकी स्थापना 23 मार्च, 1950 को हुई थी और इसका मुख्यालय जिनेवा, स्विट्जरलैण्ड में है.

भारत के खुले पारिस्थितिकी तंत्र पर बढ़ता खतरा : IUCN रेड लिस्ट में चार पक्षी प्रजातियाँ 'अपलिस्ट'

- अन्तर्राष्ट्रीय प्रकृति संरक्षण संघ (IUCN) की नवीनतम रेड लिस्ट अपडेट में भारत की चार पक्षी प्रजातियों को उच्च जोखिम श्रेणियों में 'अपलिस्ट' किया गया है. यह भारत के खुले प्राकृतिक पारिस्थितिकी तंत्र जैसे—घास के मैदान, अर्द्ध-शुष्क क्षेत्र और परती भूमि के लिए खतरे की चेतावनी मानी जा रही है.

प्रमुख बिन्दु

- आईयूसीएन ने 2025 में जारी अपनी रेड लिस्ट में कुल 1,360 पक्षी प्रजातियों का मूल्यांकन किया, जिनमें 12 भारतीय प्रजातियाँ भी शामिल थीं.
- इनमें 8 भारतीय प्रजातियों की स्थिति में सुधार दिखा (डाउनलिस्ट), जबकि 4 प्रजातियाँ अधिक जोखिम वाली श्रेणी में रखी गईं (अपलिस्ट).
- 'अपलिस्ट' की गई चार प्रजातियों में भारतीय कूर्सर, भारतीय रोलर, रुफस-टेल्ड लार्क और लॉन्ग-बिल्ड ग्रासहॉपर-वॉर्बलर हैं.
- नई अद्यतन लिस्ट में भारतीय कूर्सर को न्यूनतम चिन्ताजनक से संकटग्रस्त के निकट श्रेणी में रखा गया है. भारतीय रोलर और रुफस-टेल्ड लार्क को संकटग्रस्त के निकट श्रेणी में रखा गया है. वहीं लॉन्ग-बिल्ड ग्रासहॉपर-वॉर्बलर को संकटग्रस्त की श्रेणी में रखा गया है.
- सभी चार प्रजातियाँ खुले प्राकृतिक पारिस्थितिकी तंत्रों पर निर्भर हैं, जो अब कृषि विस्तार, ऊर्जा अवसंरचना, आक्रामक प्रजातियों और सीमित होते वनीकरण के कारण खतरे में हैं.
- विशेषज्ञों ने चेताया है कि भारत के घास के मैदानों का तेजी से गायब होना जैव विविधता के लिए गम्भीर खतरा है.

आईयूसीएन लाल सूची का अद्यतन

- विश्व की आधे से अधिक पक्षी प्रजातियों की संख्या घट रही है. इसका प्रमुख कारण है उनके प्राकृतिक आवास का नष्ट होना या विकृत हो जाना, जो खेती के विस्तार, अधिक उपयोग और जंगलों की कटाई से हो रहा है.
- पक्षी हमारे पर्यावरण के लिए बहुत उपयोगी हैं. वे फूलों का परागण करते हैं, बीज फैलाते हैं, कीड़ों की संख्या नियंत्रित करते हैं, सफाई करते हैं और पर्यावरण के सन्तुलन को बनाए रखते हैं.
- अद्यतन सूची के अनुसार आर्कटिक सील की तीन प्रजातियाँ अब विलुप्ति के कगार पर हैं. इनके लिए सबसे बड़ा खतरा बढ़ता वैश्विक तापमान है, जिससे समुद्री बर्फ पिघल रही है.
- सील समुद्री जीवन के भोजन-शृंखला में बहुत महत्वपूर्ण हैं. वे मछलियाँ और अन्य समुद्री जीव खाकर पोषक तत्वों का पुनः वितरण करती हैं.
- लगातार संरक्षण के प्रयासों के कारण 'ग्रीन सी टर्टल' (समुद्री कछुआ) की स्थिति सुधरी है और अब यह 'अल्प चिंता श्रेणी' में आ गया है.

आईयूसीएन लाल सूची क्या है ?

- संकटग्रस्त प्रजातियों की आईयूसीएन लाल सूची की शुरुआत वर्ष 1964 में हुई थी.
- यह विश्व की सभी पशु, पौधों और फफूँद प्रजातियों की संरक्षण स्थिति की जानकारी देने वाला सबसे बड़ा स्रोत है.
- इस सूची में प्रजातियों को 9 श्रेणियों में बाँटा जाता है—मूल्यांकित नहीं, आँकड़े अनुपलब्ध, कम चिन्ताजनक, निकट संकटग्रस्त, असुरक्षित, संकटग्रस्त, गम्भीर रूप से संकटग्रस्त, जंगल में विलुप्त और पूरी तरह विलुप्त.
- इस सूची को प्रति वर्ष कम-से-कम दो बार अद्यतन किया जाता है.

दुनिया के 391 मिलियन हेक्टेयर उष्णकटिबंधीय वनों पर विनाश का खतरा : संयुक्त राष्ट्र रिपोर्ट

- संयुक्त राष्ट्र पर्यावरण कार्यक्रम (यूएनईपी) की एक रिपोर्ट के अनुसार, विश्व के कुल 1·6 बिलियन हेक्टेयर वनभूमि में से 391 मिलियन हेक्टेयर उष्णकटिबंधीय वन विनाश के उच्च जोखिम में हैं. ये वन 53 मिलियन लोगों का भरण-पोषण करते हैं.

- यूएनईपी रिपोर्ट के अनुसार उष्ण-कटिबंधीय वनों के पास रहने वाले प्रत्येक 4 व्यक्ति में से इन वनों के 5 किमी के दायरे में रहने वाले लगभग 53 मिलियन लोग-विनाश के उच्च जोखिम वाले वनों पर निर्भर हैं.
- उच्च जोखिम वाले वन उच्च कार्बन भण्डार, महत्वपूर्ण अतिरिक्त पारिस्थितिकी तंत्र सेवाओं और वनों की कटाई की उच्च सम्भावना वाले क्षेत्र हैं. कुल मिलाकर ये लगभग 391 मिलियन हेक्टेयर क्षेत्र को कवर करते हैं, जो यूरोपीय संघ के भू-भाग के आकार के बराबर है.
- यूएनईपी ने पाया कि अफ्रीका में वनों के 5 किमी के दायरे में रहने वाले वन-निकटतम लोगों की संख्या सबसे अधिक

है, लेकिन एशिया-प्रशांत क्षेत्र में उच्च जोखिम वाले वनों के 5 किमी के दायरे में रहने वाले वन-निकटतम लोगों की संख्या सबसे अधिक है.

- रिपोर्ट के अनुसार, यह संख्या प्रति वर्ष 1 गीगाटन कार्बन डाइऑक्साइड-समतुल्य ($GtCO_2e$) उत्सर्जन में कमी के लक्ष्य को प्राप्त करने और साथ ही सह-लाभ सुनिश्चित करने के लिए आवश्यक उष्णकटिबंधीय वनों की न्यूनतम सीमा को दर्शाती है.
- संयुक्त राष्ट्र पर्यावरण कार्यक्रम (UNEP) संयुक्त राष्ट्र की पर्यावरण सम्बन्धी गतिविधियों का समन्वय करता है. इसकी स्थापना जून 1972 में स्टॉकहोम में संयुक्त राष्ट्र मानव पर्यावरण सम्मेलन के बाद हुई थी और इसका मुख्यालय नैरोबी, केन्या में है.

1970 के दशक से वैश्विक हरे समुद्री कछुओं की आबादी में 28% की वृद्धि : आईयूसीएन

- अन्तर्राष्ट्रीय प्रकृति संरक्षण संघ (IUCN) ने 1970 के दशक से वैश्विक आबादी में 28% की वृद्धि का हवाला देते हुए हरे समुद्री कछुए (चेलोनिया मायडास) को अपनी लाल सूची में लुप्तप्रायः से कम चिंताजनक श्रेणी में शामिल कर दिया है.

- इस वृद्धि का श्रेय दशकों से किए जा रहे निरन्तर संरक्षण उपायों को दिया जाता है, जैसे कि घोंसले के शिकार तटों की सुरक्षा, अवैध व्यापार में कमी, कछुआ बहिष्करण उपकरणों (TEDs) का उपयोग करके बायकैच को कम करना और हवाई और एसेंशन जैसे द्वीप ब्राजील व मेक्सिको देशों में समुदाय-आधारित संरक्षण को बढ़ावा देना शामिल है.
- इस सकारात्मक स्थिति के बावजूद, इस प्रजाति को अभी भी तटीय विकास, जलवायु परिवर्तन और मत्स्य पालन बायकैच से खतरा है, जिसका असर प्रमुख घोंसले के शिकार स्थलों, विशेष रूप से ऑस्ट्रेलिया के रेन द्वीप पर पड़ रहा है.
- आईयूसीएन ने जोर देकर कहा कि हालाँकि सुधार की प्रगति उल्लेखनीय है, फिर भी हरे कछुओं की आबादी अभी भी उपनिवेश-पूर्व स्तर से नीचे है.

हरा समुद्री कछुआ

- हरा समुद्री कछुआ (Chelonia mydas), जिसे हरा कछुआ, काला समुद्री कछुआ या प्रशांत हरा कछुआ भी कहा जाता है, बड़े समुद्री कछुओं की एक प्रजाति है. यह चेलोनिडे परिवार (Cheloniidae family) का हिस्सा है और चेलोनिया (Chelonia) वंश की एकमात्र प्रजाति है.
- यह कछुआ पूरे विश्व के उष्ण-कटिबंधीय (Tropical) और उपोष्ण-कटिबंधीय (Subtropical) समुद्री क्षेत्रों में पाया जाता है. इसकी दो प्रमुख आबादियाँ हैं—एक अटलांटिक महासागर में और दूसरी प्रशांत महासागर में, जबकि यह हिन्द महासागर में भी पाया जाता है.
- इसके नाम में 'हरा' शब्द इसके कवच (Carapace) के रंग से नहीं, बल्कि इसके शरीर के अन्दर पाए जाने वाले हरे वसा (Green fat) से लिया गया है. यह वसा इसके आहार, यानी समुद्री घास (Seagrass) खाने के कारण हरा होता है. इसके कवच का रंग आमतौर पर जैतूनी से काला होता है.

पहली बार बाघ के लिए 'ग्रीन स्टेटस ऑफ स्पीशीज' रिपोर्ट जारी : अन्तर्राष्ट्रीय प्रकृति संरक्षण संघ

- अन्तर्राष्ट्रीय प्रकृति संरक्षण संघ (IUCN) द्वारा पहली बार बाघ (Panthera tigris) के लिए 'ग्रीन स्टेटस ऑफ स्पीशीज' रिपोर्ट जारी की. इस रिपोर्ट में बाघ को एशिया के अधिकतर क्षेत्र में 'क्रिटिकल्ली डिप्लीटेड' यानी अत्यंत कम होने वाली प्रजाति बताया गया है.
- बाघ के प्राकृतिक आवास में भारी कमी और जनसंख्या के घटने के कारण यह स्थिति उत्पन्न हुई है. कई क्षेत्रों में बाघ लगभग लुप्त हो चुका है या संकटग्रस्त हो गया है.
- रिपोर्ट में यह भी बताया गया है कि संरक्षण प्रयासों ने बाघ को पूरी तरह से विलुप्त होने से रोक दिया है. यदि ये प्रयास न होते, तो बाघ की संख्या बेहद कम रह जाती, जिससे उसकी पूरी प्रजाति के विलुप्त होने का खतरा था. अगले दशक में सही संरक्षण के जरिए बाघ की संख्या में धीरे-धीरे सुधार और क्षेत्रीय विस्तार की उम्मीद है.
- बाघ को कई खतरों का सामना करना पड़ रहा है, जैसे—आवास का छिन्न-भिन्न होना, मनुष्यों के साथ संघर्ष, अवैध शिकार और पर्यावरणीय परिवर्तन, लेकिन यदि संरक्षण को जारी रखा और मजबूत किया गया, तो बाघ की दीर्घकालिक सुरक्षा और पुनरुद्धार सम्भव है, जिससे कई क्षेत्र पूरी तरह से पुनर्जीवित हो सकते हैं.
- यह रिपोर्ट बाघ संरक्षण के लिए आने वाले वर्षों में समन्वित प्रयासों की आवश्यकता पर जोर देती है और आशा दिखाती है कि उपयुक्त कदमों से बाघ अपनी प्राकृतिक आबादी में बढ़ोतरी कर सकता है.
- अन्तर्राष्ट्रीय प्रकृति संरक्षण संघ (IUCN) एक अन्तर्राष्ट्रीय संगठन है, जो प्रकृति और प्राकृतिक संसाधनों के संरक्षण के लिए काम करती है. यह संकटग्रस्त प्रजातियों की 'रेड लिस्ट' जारी करती है. वर्ष 1948 में स्थापित इस संगठन का मुख्यालय स्विट्जरलैण्ड में है.

छोटे द्वीपीय देशों को 2050 तक 476 बिलियन डॉलर के जलवायु जोखिम का खतरा

- 2025 की एक नई रिपोर्ट के अनुसार, छोटे द्वीपीय विकसित देश (Small Island Developing States– SIDS) जिन्हें जलवायु परिवर्तन के लिए कम जिम्मेदार माना जाता है, यदि जलवायु अनुकूलन कार्यों में तेजी नहीं लाई गई तो 2050 तक उन्हें करीब 476 अरब डॉलर का नुकसान हो सकता है.
- ये 39 द्वीप राष्ट्र, जो कैरिबियन, प्रशांत और हिन्द महासागर में फैले हैं, विश्व उत्सर्जन का केवल 1% से भी कम हिस्सा छोड़ते हैं, लेकिन उन्हें समुद्र के बढ़ने, तूफानों की तीव्रता, खारे पानी और मछली पालन में गिरावट जैसे गम्भीर खतरे झेलने पड़ सकते हैं.
- रिपोर्ट के अनुसार, इन देशों को वार्षिक रूप से केवल 2 अरब डॉलर की जलवायु अनुकूलन सहायता मिलती है, जोकि वैश्विक जलवायु वित्त का मात्र 0·2% है.
- इसके बावजूद, कई द्वीपों की कर्ज की स्थिति चिन्ताजनक है, जिससे वे अनुकूलन के आवश्यक कार्यों में निवेश नहीं कर पा रहे. इसलिए, वैश्विक आयोग ने अन्तर्निहित अनुकूलन सहायता को 12 अरब डॉलर प्रति वर्ष तक बढ़ाने की माँग की है.

- रिपोर्ट में जल प्रबंधन, स्वच्छ ऊर्जा, परिवहन और जलवायु-स्मार्ट कृषि के सुधार को लागत प्रभावी उपाय बताया गया है, जो 2050 तक जलवायु जोखिमों को आधा तक कम कर सकते हैं. साथ ही, प्राकृतिक समाधानों जैसे—रीफ और मैंग्रोव संरक्षण को आर्थिक रूप से लाभकारी उपाय माना गया है.
- यह रिपोर्ट छोटे द्वीपीय देशों की बढ़ती जलवायु जोखिमों और अनुकूलन के लिए आवश्यक निवेश की तात्कालिकता पर बल देती है, जो यूएनएफसीसीसी और वैश्विक वित्तीय समर्थन के साथ संयुक्त प्रयासों से ही सम्भव है.

नवीकरणीय ऊर्जा रिपोर्ट, 2025 : आईईए

- अन्तर्राष्ट्रीय ऊर्जा एजेंसी (आईईए) की नवीकरणीय ऊर्जा 2025 रिपोर्ट के अनुसार, भारत 2030 तक दुनिया का दूसरा सबसे बड़ा नवीकरणीय ऊर्जा बाजार बनने के लिए तैयार है.
- रिपोर्ट के अनुसार, वैश्विक नवीकरणीय क्षमता 2030 तक दोगुनी से अधिक होने की उम्मीद है, जिसमें 4,600 गीगावाट स्वच्छ ऊर्जा शामिल होगी, जो चीन, यूरोपीय संघ और जापान की संयुक्त क्षमता के बराबर है.
- सौर फोटोवोल्टिक (पीवी) प्रणालियाँ इस वृद्धि का नेतृत्व करेंगी, जो लगभग 80% नई क्षमता के लिए जिम्मेदार होंगी और सबसे बड़े नवीकरणीय स्रोत के रूप में जलविद्युत् को पीछे छोड़ देंगी.
- भारत की नवीकरणीय ऊर्जा क्षमता 2030 तक 2·5 गुना बढ़ने का अनुमान है. यह वृद्धि रिकॉर्ड नीलामी मात्रा, रूफटॉप सौर विस्तार और तेजी से जलविद्युत् अनुमतियों द्वारा संचालित है. हालाँकि, ग्रिड अवसंरचना और वितरण कम्पनियों की वित्तीय स्थिति गम्भीर चुनौतियाँ बनी हुई हैं. राजस्थान, गुजरात, तमिलनाडु, महाराष्ट्र और कर्नाटक जैसे राज्यों को ग्रिड और लचीलेपन समाधानों में पर्याप्त निवेश की आवश्यकता होगी.
- तेज विकास के बावजूद, नीतिगत क्रियान्वयन और वित्तीय सुधारों में तेजी के बिना, वैश्विक विस्तार 2030 तक नवीकरणीय ऊर्जा को तीन गुना करने के कॉप-28 के लक्ष्य से पीछे रह सकता है.
- अन्तर्राष्ट्रीय ऊर्जा एजेंसी (आईईए) एक स्वायत्त अन्तरसरकारी संगठन है जिसका मुख्यालय पेरिस, फ्रांस में है. इसकी स्थापना 1974 में हुई थी.

अन्य प्रमुख सुर्खियाँ

आईयूसीएन विश्व संरक्षण कांग्रेस 2025	• 9-15 अक्टूबर तक संयुक्त अरब अमीरात के अबू धाबी में आईयूसीएन विश्व संरक्षण कांग्रेस 2025 आयोजित की गई. यह अन्तर्राष्ट्रीय प्रकृति संरक्षण संघ (आईयूसीएन) द्वारा प्रति 4 वर्ष में आयोजित होने वाला सबसे बड़ा वैश्विक संरक्षण कार्यक्रम है. • "परिवर्तनकारी संरक्षण को सशक्त बनाना" विषय पर आधारित 2025 का संस्करण पाँच प्रमुख क्षेत्रों पर केन्द्रित रहा : लचीले संरक्षण का विस्तार, जलवायु जोखिमों को कम करना, समानता को बढ़ावा देना, प्रकृति-सकारात्मक अर्थव्यवस्थाओं में परिवर्तन, और प्रौद्योगिकी एवं युवा सहभागिता के माध्यम से नवाचार और नेतृत्व को बढ़ावा देना.
दक्षिण-पश्चिम मानसून सीजन की आधिकारिक समाप्ति के बाद प्राप्त औसत बारिश के आँकड़े	• 2025 के दक्षिण-पश्चिम मानसून से भारत में मिली कुल औसत बारिश सामान्य से 8 प्रतिशत अधिक रही, जो जून से सितम्बर के बीच 937·2 मिमी दर्ज हुई. यह 2001 के बाद पाँचवीं सबसे अधिक और 1901 के बाद से 38वीं सबसे अधिक वर्षा है. हालाँकि, देश के 727 जिलों में से लगभग 20 प्रतिशत राज्यों में बारिश की कमी देखी गई. • चार राज्यों अरुणाचल प्रदेश, असम, मेघालय और बिहार में औसत वर्षा से कम बारिश हुई है. जिले स्तर पर भी असमान वृद्धि देखी गई, जहाँ कुछ शहरी क्षेत्रों में 20-40 प्रतिशत अधिक बारिश हुई, तो 135 जिले 'कम वर्षा' और 11 जिले 'अत्यधिक कम वर्षा' की श्रेणी में आए. • उत्तर प्रदेश के देवरिया जिले में 87 प्रतिशत औसत वर्षा की कमी.
स्यूडोरहोम्बस बहुडेन्सिस	भारतीय प्राणी सर्वेक्षण के एस्टुरीन बायोलॉजी क्षेत्रीय केन्द्र के वैज्ञानिकों ने ओडिशा के बाहुदा मुहाने में स्यूडोरहोम्बस बाहुडेन्सिस नामक एक नई फ्लाउंडर मछली प्रजाति की खोज की है. फ्लाउंडर कोई विशिष्ट मछली नहीं है, बल्कि मछलियों का एक समूह है, विशेष रूप से फ्लैटफिश, जिसमें विभिन्न प्रजातियाँ और विभिन्न परिवार शामिल हैं, हालाँकि वे सभी प्ल्यूरोनेक्टीफॉर्मेस क्रम से सम्बन्धित हैं.
टेट्राटेनियम मैनिलियानम	शोधकर्ताओं ने केरल के एराविकुलम नेशनल पार्क में गाजर परिवार का एक नया पौधा, टेट्राटेनियम मैनिलियानम खोजा है. बॉटनिस्ट प्रो. के. एस. मणिलाल के नाम पर इसका नामकरण किया गया है. इसमें सफेद फूल और भूमिगत प्रकंद होते हैं और यह मानसून के दौरान खिलता है. यह गाजर परिवार में पहचानी गई 48वीं प्रजाति है, जिसमें गाजर, धनिया, जीरा, सौंफ और अजवाइन जैसे प्रसिद्ध पौधे शामिल हैं.
आईयूसीएन का 90वाँ सदस्य देश	आधिकारिक तौर पर तुवालु, अन्तर्राष्ट्रीय प्रकृति संरक्षण संघ (IUCN) का 90वाँ सदस्य बन गया है. प्रशांत महासागर में स्थित तुवालु में 9 प्रवाल द्वीप और निचले द्वीप हैं जिनका क्षेत्रफल केवल 26 वर्ग किमी है. हालाँकि, इसका लगभग 9,00,000 वर्ग किमी का एक विशिष्ट आर्थिक क्षेत्र (EEZ) है, जो प्रवाल भित्तियों, मत्स्य पालन और प्रवासी समुद्री पक्षियों से समृद्ध है.
'#23फॉर23' पहल	भारत में इंटर-नेशनल स्नो लेपर्ड डे (23 अक्टूबर, 2025) पूरे देश में '#23for23' कैंपेन के साथ मनाया गया. इस दिवस के अवसर पर भारत ने पहली नेशनल स्नो लेपर्ड सेंसस भी शुरू की है. '#23फॉर23' पहल , मिनिस्ट्री ऑफ एनवायरनमेंट, फॉरेस्ट एंड क्लाइमेट चेंज (MoEFCC) द्वारा शुरू देशव्यापी जागरूकता पहल है.
भारत में स्नो लेपर्ड सेंसस (2025)	हिमालयी इलाके में 718 स्नो लेपर्ड रिकॉर्ड किए गए. लद्दाख में 477 (देश में सर्वाधिक), हिमाचल प्रदेश में 51, उत्तराखण्ड में 71 स्नो लेपर्ड है.

●●●

UPSC-CSE 2026 : आज आप कहाँ हैं और आगे की राह

—अतुल कपूर

संघ लोक सेवा आयोग (UPSC) द्वारा आयोजित सिविल सेवा परीक्षा (CSE) सिर्फ एक परीक्षा नहीं है—यह एक परिवर्तनकारी यात्रा है.

भारत भर के लाखों युवाओं के लिए, यह उद्देश्य, सेवा और उत्कृष्टता की खोज का प्रतीक है.

जब हम नवम्बर के महीने में खड़े हैं, तो यह आपकी रणनीतिक जाँच का बिन्दु है—यह है एक बार रुकने, चिन्तन करने, पुनर्संतुलन करने और गति बढ़ाने का क्षण. ध्यान रखें यह थकने या शक्तिहीन महसूस करने का समय नहीं है; यह अपने प्रयासों की बागडोर सँभालने का समय है.

चाहे आप पहला प्रयास कर रहे हों या अगला, लक्ष्य, कार्यक्रम और अपनी वर्तमान तैयारी को समझना अगले चरण को स्पष्टता और आत्मविश्वास के साथ आगे बढ़ाने के लिए महत्वपूर्ण है.

ज्ञान प्रचुर मात्रा में उपलब्ध है; लेकिन अभाव है स्पष्टता का

यह एक बड़ी परीक्षा है जिसके लिए सच्चे प्रयासों की आवश्यकता होती है. आपको अपने लक्ष्य को प्राप्त करने के लिए जुनूनी होना चाहिए. उच्च सफलता, वह भी कम-से-कम समय में लेकिन वास्तविकता बिल्कुल अलग है.

अधिकांश अभ्यर्थी पाठ्यक्रम और ढेर सारी किताबों से अभिभूत महसूस करते हैं. अधिकांश अभ्यर्थी ऐसा लगता है कि शायद वे मजबूरी में किताबें पढ़ते हैं, लेकिन परीक्षा की आवश्यकताओं से जुड़ नहीं पाते.

मार्गदर्शन के लिए कोचिंग संस्थानों में जाने का आकर्षण तो है, लेकिन कितने अभ्यर्थी इसे गम्भीरता से लेते हैं और इसका पूरा लाभ उठा पाते हैं. शिक्षण और समझ के बीच हमेशा एक बड़ा अन्तर होता है.

बहुत से अभ्यर्थी बिना गम्भीर प्रयास किए ही पढ़ाई छोड़ देते हैं, ऐसा प्रयासों की कमी के कारण नहीं, बल्कि केवल धारणाओं और स्थापित विचारों के कारण होता है, जो ध्यान भटकाते हैं और गलत दिशा में ले जाते हैं.

मैं मानता हूँ कि अधिकांश अभ्यर्थी अराजकता, भ्रम और बिखरे संसाधनों के साथ तैयारी शुरू करते हैं, लेकिन जैसे-जैसे वे आगे बढ़ते हैं, स्पष्टता आती है और आप चीजों पर नियन्त्रण कर लेते हैं. इसके साथ ही आत्मविश्वास आता है और आप सही दिशा में कदम बढ़ाते हैं.

लक्ष्य को समझना : आखिर UPSC-CSE क्या माँग करता है ?

UPSC-CSE भारत की सबसे प्रतिष्ठित सेवाओं—आईएएस, आईपीएस, आईएफएस, आईआरएस और कई अन्य पदों और सेवाओं के लिए उम्मीदवारों का चयन करने के लिए डिजाइन किया गया है.

लेकिन पाठ्यक्रम से परे, परीक्षा निम्नलिखित का परीक्षण करती है—

- रटने की बजाए **वैचारिक स्पष्टता**
- सतही समझ की बजाए **विश्लेषणात्मक सोच**
- यांत्रिक उत्तरों की बजाए **नैतिक तर्क**
- थोड़े-थोड़े प्रयासों की बजाए **निरन्तरता और लचीलापन**

लक्ष्य केवल परीक्षा उत्तीर्ण करना नहीं है बल्कि एक सुविज्ञ, सहानुभूतिपूर्ण और सक्षम लोक सेवक बनना है. इसके लिए तैयारी के प्रति एक समग्र दृष्टिकोण की आवश्यकता है, जहाँ ज्ञान का चरित्र से और रणनीति का अनुशासन से मेल हो.

2026 का कार्यक्रम: आपकी रणनीतिक समय-सीमा

UPSC-CSE 2026 की अधिसूचना 14 जनवरी, 2026 को जारी होने और प्रारम्भिक परीक्षा 24 मई, 2026 को निर्धारित होने के साथ, उल्टी गिनती आधिकारिक तौर पर शुरू हो गई है.

मुख्य परीक्षा 21 अगस्त, 2026 से शुरू होगी, जिससे उम्मीदवारों को प्रारम्भिक और मुख्य परीक्षा के बीच एक संकीर्ण अन्तराल मिलेगा जैसा कि वर्ष 2025 परीक्षा में थी देखने में आया था.

प्रमुख तिथियों का विवरण और आपकी तैयारी के लिए उनका क्या अर्थ है, यह आपको अपने लिए निर्धारित लक्ष्य की याद दिलाता है.

आयोजन	तिथि	विवरण
अधिसूचना की तिथि	14 जनवरी, 2026	परीक्षा की पूरी जानकारी व परीक्षा आवेदन के लिए एप्लीकेशन विंडो
आवेदन की अन्तिम तिथि	3 फरवरी, 2026	आवेदन स्वीकार करने की अन्तिम तिथि
प्रारम्भिक परीक्षा	24 मई, 2026	स्क्रीनिंग परीक्षण; सामान्य अध्ययन I और सामान्य अध्ययन II (सी.सैट)
मुख्य परीक्षा की शुरुआत	21 अगस्त, 2026	प्रारम्भिक परीक्षा के बाद 88 दिनों का अंतराल/रिवीजन, उत्तर लेखन और वैकल्पिक विषय की तैयारी

प्रारम्भिक परीक्षा–2026 के बाद मुख्य परीक्षा के लिए 88 दिनों का अन्तराल आपके लिए स्वर्णिम अवसर होगा. यदि आप प्रारम्भिक परीक्षा उत्तीर्ण कर लेते हैं, तो ये 3 महीने आपकी सफलता और यहाँ तक कि रैंक निर्धारित करने में सबसे महत्वपूर्ण साबित होंगे, लेकिन इसका पूरा लाभ उठाने के लिए, आपको प्रारम्भिक परीक्षा से पहले मुख्य परीक्षा के पूरे पाठ्यक्रम की तैयारी शुरू कर देनी चाहिए निबन्ध, नैतिकता और वैकल्पिक विषयों पर विशेष ध्यान देते हुए.

आप कहाँ खड़े हैं : अपनी वर्तमान तैयारी का आकलन

जो लोग परीक्षा-योजना और UPSC के उद्देश्य को समझते हैं, उन्हें सलाह दी जाती है कि वे दूसरों पर बढ़त हासिल करने के लिए जल्दी तैयारी शुरू कर दें.

मुख्य परीक्षोन्मुख तैयारी शुरू करना जरूरी है और प्रारम्भिक और मुख्य परीक्षा के बीच का सीमित समय इस ओर इशारा करता है कि जनवरी 2026 से प्रारम्भिक परीक्षा तक प्रारम्भिक परीक्षा-केन्द्रित तैयारी शुरू करने से पहले आपको मुख्य परीक्षा का पाठ्यक्रम पूरा करना जरूरी है.

यह देखते हुए कि आप एक नए उम्मीदवार हैं, नवम्बर 2025 में इस समय खुद को निम्नलिखित चरणों में से किसी एक से जोड़ कर देखें; आदर्श रूप से आपको अग्रलिखित में से किसी एक क्षेत्र में आप अपने को पाते हैं—

1. आधारभूत चरण पूरा
2. पाठ्यक्रम के मध्य में
3. अभी शुरुआत

तैयारी का सफर आसान नहीं होता और कुछ उतार-चढ़ाव, असफलताओं का सामना करना आम बात है. आपका उद्देश्य ज्ञान प्राप्त करना और कुछ कौशल सीखना है. केवल तथ्यों और आँकड़ों को याद करना पर्याप्त नहीं है; आपकी सफलता ज्ञान के प्रभावी अनुप्रयोग पर निर्भर करती है.

इसके अलावा, बीच सफर में आने वाले चुनौतीपूर्ण समय और संघर्षों से बाहर निकलना आसान नहीं होता. आपको यह तय करना होगा कि गतिविधियों को कैसे बढ़ाया जाए, अपनी योजनाओं पर कैसे टिके रहें ताकि आप विकास की गति प्राप्त कर सकें.

आपको अभी लम्बा रास्ता तय करना है और कई काम करने हैं, जैसे—नोट्स बनाना, उत्तर लिखना, PYQ विश्लेषण, उत्तरों में मूल्यवर्धन के लिए सामग्री जुटाना, CSAT की तैयारी करना वगैरह. बस देखें कि आप कितनी दूर आ गए हैं और तैयारी को आसान बनाए रखने के लिए आपको किन बदलावों की जरूरत है.

अभी, आप किस क्षेत्र में हैं ?

1. आधारभूत चरण पूरा

आपने NCERT, मानक पाठ्यपुस्तकों का अध्ययन कर लिया है और बुनियादी अवधारणाओं से परिचित हो गए हैं. अब, आप रिवीजन, टेस्ट सीरीज और मुख्य परीक्षा की तैयारी में लग गए हैं.

यह तैयारी में गम्भीरता को दर्शाता है और आप अपनी योजनाओं पर अडिग रहते हुए आगे बढ़ रहे हैं. यह सामान्य अध्ययन (अनिवार्य प्रश्न-पत्र) और वैकल्पिक विषय के लिए उत्तर लेखन अभ्यास शुरू करने का समय है.

अब, नैतिकता और निबन्ध की तैयारी को प्राथमिकता दें.

आप दूसरों पर बढ़त बनाए हुए हैं; इसलिए, आप प्रारम्भिक परीक्षा के मॉक-टेस्ट में शामिल हो सकते हैं और उन क्षेत्रों का विश्लेषण कर सकते हैं, जहाँ आप चूक गए या गलतियाँ कीं.

2. पाठ्यक्रम के बीच में

हो सकता है कि आपने थोड़ी देर से शुरुआत की हो या गति बनाए रखने में आपको कुछ चुनौतियों का सामना करना पड़ा हो. हो सकता है कि आपने कुछ विषयों को अच्छी तरह से कवर कर लिया हो, लेकिन कुछ में पिछड़ रहे हों. कुछ लोगों के लिए, करेंट अफेयर्स की तैयारी अधूरी हो सकती है, और कुछ के लिए, वैकल्पिक विषय अभी भी अछूता रह सकता है.

हालाँकि, आपका लक्ष्य स्पष्ट है और आपके पास सीमित समय है.

यह समय दिसम्बर तक सामान्य अध्ययन पाठ्यक्रम को पूरा करने को प्राथमिकता देने का है. नवम्बर 2025 के अंक में अपने पिछले लेख में, मैंने इसके बारे में विस्तार से बात की थी. यह करेंट अफेयर्स को स्थिर विषयों के साथ एकीकृत करने का अवसर है.

और, दिसम्बर 2025 के अन्त तक जितना हो सके उतना पूरा करने के लक्ष्य के साथ वैकल्पिक विषय की तैयारी शुरू करें.

3. अभी शुरुआत

यदि आपने हाल ही में सिविल सेवा परीक्षा 2026 के लिए प्रतिबद्धता जताई है और गति पकड़ रहे हैं, तो यह एक कठिन कार्य होगा. आपको अपने प्रयास के बारे में स्पष्ट होना चाहिए; सही संसाधन चुनें, अध्ययन-शेड्यूल की योजना बनाएँ और निरन्तर बने रहें.

NCERT पुस्तकों को तेजी से पढ़ना और मानक पाठ्यपुस्तकों की ओर बढ़ना सही रणनीति होगी. समाचार-पत्र पढ़ना जरूरी है. द हिन्दू या इण्डियन एक्सप्रेस में से किसी एक को चुनें. इतना समय आप शायद न निकाल पाएं कि दो समाचार पत्र पढ़ सकें.

आपको एक सूक्ष्म योजना की आवश्यकता होगी और उसे लागू करने से ही फर्क पड़ेगा. आपके पास बहुत ज्यादा खोजबीन करने की सुविधा नहीं है. अपने अध्ययन संसाधनों पर ध्यान केन्द्रित करें और जितना हो सके मुख्य परीक्षा के पाठ्यक्रम को पूरा करें.

प्रारम्भिक परीक्षा और मुख्य परीक्षा के बीच जितना ज्यादा पाठ्यक्रम आप छोड़ेंगे, आप पर उतना ही ज्यादा दबाव होगा.

पाठ्यक्रम पूरा करने के लिए आपको प्रतिदिन पढ़ाई के घण्टे बढ़ाने होंगे.

आप चाहे किसी भी स्थिति में हों, जरूरी है कि अभी से अपनी तैयारी की दिशा पर ध्यान दें.

आपको मुख्य परीक्षा से जुड़ी जरूरतों पर ध्यान केन्द्रित करना होगा.

नवम्बर-दिसम्बर 2025 की अवधि उम्मीदवारों के लिए सबसे निर्णायक चरण है. यह वह समय है जब बुनियादी शिक्षा को रणनीतिक तैयारी में बदलना चाहिए.

नवम्बर-दिसम्बर 2025 के बीच क्या करें

हालाँकि यह अवधि नए उम्मीदवारों के लिए एक वास्तविकता की जाँच है, लेकिन लगातार प्रयास करने वालों (अगले प्रयास में शामिल हो रहे रिपीटर्स) के लिए यह अपनी तैयारी की रणनीति को फिर से जाँचने और परिष्कृत करने का अवसर है.

जनवरी में अधिसूचना आने के साथ, अधिक जानने और ज्ञान प्राप्त करने के लिए अपनी अध्ययन योजना को पुनर्गठित करने का समय आ गया है. जैसा कि हमने पिछले महीने चर्चा की थी, प्रगति के साथ आप चीजों को स्पष्ट रूप से समझने लगते हैं और अन्तर्संबन्धों को पहचानने लगते हैं. यह वह चरण है जहाँ आप कवर किए गए विषयों के बारे में अपने ज्ञान का आधार बढ़ाते हैं. यही आपको वास्तविक परीक्षाओं में प्रश्नों को हल करने में मदद करेगा.

यह एक समेकन (Consolidation) चरण है; प्रारम्भिक परीक्षा सामान्य अध्ययन पेपर II (CSAT) की तैयारी के लिए भी प्राथमिकता तय करना आवश्यक है क्योंकि आपको सभी जोखिमों और चुनौतियों को कवर करना होगा. इस पेपर पर उचित ध्यान देने की आवश्यकता है और इसे प्रभावी ढंग से हल करने के लिए आपके पास पर्याप्त जानकारी और ज्ञान होना चाहिए.

आपको प्रश्नों के कठिनाई स्तर को समझना चाहिए और विश्लेषण करना चाहिए कि आप आगे बढ़ने के लिए पर्याप्त अंक कैसे प्राप्त कर सकते हैं.

आवश्यकताओं को समझने और अभ्यास करने के लिए, पिछले वर्षों के प्रश्न सबसे अच्छे संसाधन हैं.

यह त्वरण चरण है, जहाँ आपको गति पकड़नी होगी और समयबद्ध छोटे लक्ष्य हासिल करने होंगे ताकि आप समय पर तैयारी पूरी कर सकें.

लगातार प्रयास करने वालों (अगले प्रयास लेने वाले उम्मीदवारों) के लिए क्या अलग है ?

आत्मनिरीक्षण करने और असफलता के कारणों को देखने का समय आ गया है और यह भी कि क्या आप उन कमियों को दूर कर रहे हैं जो पिछली परीक्षा में उजागर हुई थीं.

अगर आप एक ही रणनीति दोहरा रहे हैं, तो सम्भावना है कि आपको वही परिणाम मिलेंगे. इसलिए, आपको उन क्षेत्रों की पहचान करनी होगी जिन पर ध्यान देने की जरूरत है और जो पिछले प्रयास में काम नहीं आए थे, उन्हें सुधारना होगा.

आपका लक्ष्य कार्यान्वयन पर केन्द्रित होना चाहिए क्योंकि सम्भावना है कि आपको दोबारा नींव बनाने की जरूरत न पड़े. आपको बार-बार दोहराने और पिछली बार की कमियों को पूरा करने पर ध्यान केन्द्रित करना चाहिए.

ज्यादा दोहराना और अभ्यास ही वांछित परिणाम देता है.

UPSC-CSE में, एक बार जब आप परीक्षा के दबाव को सँभाल लेते हैं, तो अगली बार आपको परीक्षा हॉल की स्थिति

का एहसास होगा और मुझे यकीन है कि आप इसका फायदा उठाकर इस बार चीजों को अपने पक्ष में कर लेंगे.

मानसिकता मायने रखती है : प्रेरित और केन्द्रित रहना

UPSC की तैयारी जितनी अकादमिक है, उतनी ही मनोवैज्ञानिक भी. यहाँ कुछ मानसिकता परिवर्तन दिए गए हैं जो मददगार हो सकते हैं—

- **पूर्णता से ज्यादा प्रगति**—उत्तर लिखने या परीक्षा देने से पहले पाठ्यक्रम पूरा करने का इंतजार न करें.
- **तीव्रता से ज्यादा निरन्तरता**—रोजाना प्रयास, छिटपुट प्रयासों से बेहतर है.
- **तुलना से ज्यादा चिंतन**—दूसरों के अंकों पर नहीं, बल्कि अपनी प्रगति पर नजर रखें.
- **दबाव से ज्यादा उद्देश्य**—खुद को याद दिलाएँ कि आपने शुरुआत क्यों की-सेवा, प्रभाव, बदलाव.

एक विजन बोर्ड बनाएँ, समय-समय पर अपनी प्रगति दर्ज करें, या मेंटर्स से बात करें. आपका मानसिक तंत्र किसी भी पुस्तक से कहीं ज्यादा आपकी तैयारी को आकार देगा.

काम करने वाले संसाधन : मात्रा से ज्यादा गुणवत्ता

कुछ महीने एक गम्भीर अध्ययन योजना के साथ पुस्तकें पढ़ने, PYQ का विश्लेषण करने के बाद, आपको समझदारी से काम लेने की जरूरत है. अब तक, आप समझ गए होंगे कि UPSC अंतःविषय सोच की माँग करता है, अब आपको विषयों और सन्दर्भों के बीच बिन्दुओं को जोड़ने की क्षमता विकसित करनी होगी.

आपको अपने नोट्स पर काम करना होगा जो परीक्षा से ठीक पहले रिवीजन और अन्तिम समीक्षा के लिए उपयोगी हों.

आपको प्रारम्भिक या मुख्य परीक्षा के चरणों से सम्बन्धित जानकारी को एकीकृत करना चाहिए और मुख्य परीक्षा को GS 1, GS 2, GS 3 और GS 4 के लिए 4 सेटों में विभाजित करना चाहिए.

प्रारम्भिक और मुख्य परीक्षा के लिए एक विषय के लिए अलग-अलग नोट्स बनाने की आवश्यकता नहीं है. विषय-वार अनुभागों के साथ, आपको स्थिर जानकारी जोड़नी चाहिए और हर बार जब कुछ सम्बन्धित हो, तो बिन्दुवार गतिशील सामग्री जोड़ें.

कुछ रंग संकेतक जोड़ने से जानकारी को समझना और एक नजर में पुनः प्राप्त करना आसान हो जाएगा.

आप बहुआयामी विषयों को दोहराने और याद रखने के लिए माइन्ड मैप, इन्फोग्राफिक्स, चित्र आदि बना सकते हैं.

जब भी आप समाचार पत्र पढ़ते हैं, तो महत्वपूर्ण करंट अफेयर्स, सम्पादकीय आदि को एक स्थान पर नोट करें और समय-समय पर, जैसे कि मासिक आधार पर, आप इन्हें अपने द्वारा बनाए गए मुख्य नोट्स में एकीकृत कर सकते हैं. मैं मान रहा हूँ कि अब तक आपने जानकारी को सम्बन्धित चरण (प्रारम्भिक या मुख्य परीक्षा) और पेपर (GS 1 से 4) से जोड़ने की आदत विकसित कर ली होगी.

इसे एकीकृत करने से न केवल आपके पिछले महीने के करेंट अफेयर्स का रिवीजन होगा, बल्कि आपके नोट्स भी अपडेट होंगे.

आपको यह समझना होगा कि करेंट अफेयर्स कोई अलग विषय नहीं है, आपको बस अपनी समझ विकसित करनी होगी और उसे सम्बन्धित चरण या पेपर से जोड़ना होगा.

आपके स्टैटिक नोट्स स्टैटिक नहीं रहेंगे; ये हर महीने के विकास के साथ अपडेट होते रहेंगे महीने दर महीने.

साथ ही, आपको अपने ज्ञान को मजबूत करने के लिए कुछ प्रारम्भिक परीक्षा के प्रश्न हल करने चाहिए और मुख्य परीक्षा के उत्तर लिखने चाहिए.

इसी तरह, यदि कुछ ओवरलैप हो रहा है, तो अपने वैकल्पिक विषय के ज्ञान को सामान्य अध्ययन की तैयारी से जोड़ने का प्रयास करें.

इससे आपको विभिन्न स्रोतों के बीच भटकने से बचने में मदद मिलेगी. गहराई, चौड़ाई से ज्यादा मायने रखती है.

आपकी यात्रा, आपकी रणनीति

UPSC-CSE 2026 केवल कैलेंडर पर एक तारीख नहीं है यह एक परिवर्तनकारी बनने की आपकी यात्रा में एक मील का पत्थर है. अब जब कार्यक्रम स्पष्ट है और आपकी तैयारी एक महत्वपूर्ण चरण में प्रवेश कर रही है, तो यह समय अपनी रणनीति को फिर से जाँचने, अपनी प्रेरणा को नवीनीकृत करने और अपने लक्ष्य के प्रति फिर से प्रतिबद्ध होने का है.

UPSC आपके ज्ञान और जागरूकता का मूल्यांकन नहीं करता, बल्कि यह जाँचता है कि आप जो जानते हैं उसे कितनी प्रभावी ढंग से जोड़ते हैं.

याद रखें : अब आप जो भी समय तैयारी में लगाते हैं, वह आपके सपनों की मंजिल के एक कदम और करीब है. आपका हर प्रारम्भिक मॉक-टेस्ट, आपका हर मुख्य परीक्षा का उत्तर, आपके हर संदेह का समाधान ये सब जुड़ता है जो आपके अन्तिम परिणाम में स्पष्ट छलकेगा.

तो, गहरी साँस लें, अपनी दक्षताओं और योग्यताओं पर भरोसा करें और तैयारी का गियर बदलें.

कोई अति-आत्मविश्वास नहीं, किसी से कोई तुलना नहीं; आगे का रास्ता चुनौतीपूर्ण है, लेकिन यह बदलाव लाने वाला भी है.

इस परीक्षा में जीवन्त रहना सीखें और अन्त तक बने रहें.

आपको शानदार सफलता की अग्रिम शुभकामनाएँ!

''मेरी सफलता का मूलमंत्र है, मेरे परिवार का समर्थन, आत्मविश्वास और निरन्तर प्रयास.''

—कोमल कुमारी

झारखण्ड सिविल सेवा परीक्षा, 2023 में चयनित (84वाँ स्थान)

झारखण्ड लोक सेवा आयोग (JPSC) द्वारा आयोजित संयुक्त सिविल सेवा परीक्षा, 2023 में चयनित होकर सुश्री कोमल कुमारी ने एक गौरवपूर्ण उपलब्धि अर्जित की है, जिसके लिए वह प्रशंसा एवं हमारी हार्दिक बधाई की पात्र हैं. प्रतियोगिता दर्पण के साथ उनकी महत्वपूर्ण भेंटवार्ता यहाँ मूलरूप में प्रस्तुत है.

प्र. द.—आपकी शानदार सफलता पर प्रतियोगिता दर्पण परिवार की ओर से हार्दिक बधाई.

सुश्री कोमल—बहुत-बहुत धन्यवाद सर!

प्र. द.—क्या आपको इस परीक्षा में अपनी सफलता पर पूरा भरोसा था और इस सफलता पर आपकी क्या प्रतिक्रिया थी ?

सुश्री कोमल—हाँ, मुझे पूरा विश्वास था कि मैं अन्तिम सूची में आऊँगी, क्योंकि मैंने मुख्य परीक्षा में काफी अच्छा प्रदर्शन किया था. जब मुझे और मेरे परिवार को परिणाम के बारे में पता चला, तो यह किसी सपने के सच होने से कम नहीं था. हम सभी की आँखों में खुशी के आँसू थे.

प्र. द.—आपने सेवाओं में से कौनसी प्राथमिकता चुनी है ?

सुश्री कोमल—झारखण्ड राज्य पुलिस सेवा, झारखण्ड प्रशासनिक सेवा और झारखण्ड शिक्षा सेवा मेरी शीर्ष 3 प्राथमिकताएँ है.

प्र. द.—आपने अखबारों/पत्रिकाओं में आईएएस टॉपर्स के साक्षात्कार पढ़े होंगे; आपको सबसे ज्यादा किस बात ने प्रेरित किया ? कोई विशेष सफलता की कहानी जिसने इस परिणाम तक आपकी यात्रा को प्रभावित किया.

सुश्री कोमल—हाँ, बिल्कुल, मैंने आईएएस टॉपर्स के कई साक्षात्कार देखे हैं. 2017 में जब मैंने अनुदीप दुरीशेट्टी सर (रैंक 1, UPSC–CSE 2017) का साक्षात्कार पढ़ा और उनकी अथक मेहनत और धैर्य के बारे में जाना. इससे मुझे स्वयं पर विश्वास करने की प्रेरणा मिली.

प्र. द.—प्रारम्भिक परीक्षा की तैयारी के दौरान पेपर I (सामान्य अध्ययन) और पेपर II (झारखण्ड विशेष) के प्रति आपका दृष्टिकोण क्या था ? आपने प्रत्येक के लिए कितना समय विभाजित किया ?

सुश्री कोमल—जेपीएससी प्रारम्भिक परीक्षा में दो पेपर होते हैं, जिनमें से प्रत्येक में 100 प्रश्न (प्रत्येक 2 अंक) होते हैं. पहला पेपर सामान्य ज्ञान (GS) का होता है, जबकि दूसरा पेपर झारखण्ड विशेष (Jharkhand Special) होता है. सामान्य ज्ञान (GS) के लिए, मैंने प्रत्येक विषय की बुनियादी किताबों का सहारा लिया, करेन्ट अफेयर्स के लिए अखबारों के साथ नियमित रूप से प्रतियोगिता दर्पण मासिक पत्रिका का अध्ययन किया और यूपीएससी, बीपीएससी और जेपीएससी प्रारम्भिक परीक्षा के पीवाईक्यू (PYQ) हल किए. इससे मेरी प्रश्नों को हल करने की शुद्धता में सुधार हुआ. झारखण्ड विशेष परीक्षा के लिए; मैंने एक-दो मानक पुस्तकों का ही अध्ययन किया, जिसमें पूरा पाठ्यक्रम शामिल था और सभी विषयों के संक्षिप्त नोट्स बनाए और इससे सम्बन्धित पीवाईक्यू (PYQ) हल किए.

भाषा माध्यम	:	अंग्रेजी
प्रयासों की संख्या	:	1
क्षेत्रीय भाषा (मुख्य परीक्षा पेपर 2) का चयन	:	अंग्रेजी भाषा और साहित्य

प्र. द.—किसी भी परीक्षा का पहला चरण सबसे कठिन होता है; तैयारी कैसे करें ? कौनसी भाषा का पेपर चुनें ? क्या पढ़ें ? कितना पढ़ें ? ऐसे कई सवाल मन में आते हैं जब कोई उम्मीदवार झारखण्ड संयुक्त सिविल सेवा परीक्षा के बारे में गम्भीरता से सोचता है ? आपको सही सलाह कहाँ से मिली ?

सुश्री कोमल—हाँ, मैं मानती हूँ कि पहला चरण वाकई कठिन होता है. तैयारी की शुरुआत में मैंने प्रारम्भिक और मुख्य परीक्षा में पूछे जाने वाले प्रश्नों की प्रकृति और गहराई को समझने के लिए पाठ्यक्रम का समग्र रूप से अध्ययन किया. प्रारम्भिक परीक्षा मेरे लिए कुछ आसान रही, क्योंकि मैंने लगातार 3 बीपीएससी प्रारम्भिक परीक्षाएँ पास की थी.

मुख्य परीक्षा के लिए मैं सावित्री मैम (जेपीएससी रैंक 1, 2021) के योगदान का उल्लेख करना चाहूँगी, उनके यूट्यूब वीडियो काफी मददगार रहे, जिससे मुख्य परीक्षा के दृष्टिकोण को लेकर मेरी शंकाएँ दूर हुईं. साथ ही, अभिषेक सर (रैंक 134, जेपीएससी 2021) ने भी मुख्य परीक्षा के दौरान मेरा मार्गदर्शन किया.

क्षेत्रीय पेपर के सम्बन्ध में, जब मैंने अंग्रेजी के पाठ्यक्रम की तुलना अन्य विषयों से की, तो मुझे अंग्रेजी साहित्य उपयुक्त लगा, इसलिए मैंने इसे चुना.

प्र. द.—जेपीएससी में भाषा के पेपर के चयन का आधार बताइए.

सुश्री कोमल—उम्मीदवार को पाठ्यक्रम और पीवाईक्यू का गहन विश्लेषण करने के बाद ही जेपीएससी मुख्य परीक्षा में भाषा का पेपर चुनना चाहिए. साथ ही, अध्ययन सामग्री की उपलब्धता और पेपर को सहजता से समझने की योग्यता भी एक महत्वपूर्ण कारक है.

प्र. द.—मुख्य परीक्षा (लिखित) के लिए आपने अपनी रणनीति में क्या बदलाव किया ?

सुश्री कोमल—मुख्य परीक्षा के लिए, मैंने विषयवार विस्तृत पाठ्यक्रम का अध्ययन किया. मैंने प्रत्येक विषय के लिए अपने संक्षिप्त नोट्स तैयार किए और समय-समय पर महत्वपूर्ण तथ्य, आँकड़े और उद्धरण जोड़कर उन्हें समृद्ध बनाती रही.

मेरा विशेष ध्यान अपने उत्तरों को समसामयिक घटनाओं से जोड़ने पर था. उदाहरण के लिए, मैं इतिहास के उत्तरों को उनके वर्तमान महत्व के साथ समाप्त करती थी. मैंने

अपने लगभग सभी उत्तरों में आरेखों और फ्लोचार्ट का व्यापक रूप से उपयोग किया. पर्याप्त आत्मविश्वास हासिल करने के लिए मैंने मॉक टेस्ट दिए और प्रतिदिन उत्तर लेखन का अभ्यास किया.

व्यक्ति परिचय

नाम : कोमल कुमारी

पिता का नाम : श्री उज्ज्वल कुमार सिंह

माता का नाम : श्रीमती सारिका सिंह

जन्मतिथि : 14 फरवरी, 1998

शैक्षिक योग्यता—10वीं—2013, सीबीएसई, रेड रोज स्कूल, देवघर (9·2 सीजीपीए) बी. टेक. (इलेक्ट्रॉनिक्स और संचार इंजीनियरिंग)—2020, हजारीबाग (82·30%) डिप्लोमा, बोकारो (80·13%) ईसीई–2016, जीडब्ल्यूपी, बोकारो (80·13%)

प्र. द.—प्रारम्भिक या मुख्य परीक्षा, चाहे तैयारी करते समय और परीक्षा-पत्र लिखते समय, समय-प्रबन्धन एक महत्वपूर्ण कारक है. आपने इनका प्रबन्धन कैसे किया ?

सुश्री कोमल—समय-प्रबन्धन के लिए जैसा कि विभिन्न टॉपर्स ने सुझाव दिया था, मैं आयोग द्वारा आयोजित वास्तविक परीक्षा के समान पैटर्न पर प्रश्न-पत्र हल करती थी. मैंने प्रारम्भिक और मुख्य दोनों परीक्षाओं के लिए इस दृष्टिकोण का पालन किया.

प्र. द.—आपने साक्षात्कार के लिए खुद को कैसे तैयार किया ? आपको कब और किस बोर्ड का सामना करना पड़ा ? आपका साक्षात्कार कितने समय तक चला और आपसे क्या-क्या प्रश्न पूछे गए ?

सुश्री कोमल—साक्षात्कार की तैयारी के लिए, मैंने अपने डीएएफ से पूछे जा सकने वाले सम्भावित सवालों की पूरी तैयारी की. मैंने मॉक टेस्ट भी दिए. इसके अलावा, मेरे माता-पिता घर पर ही मॉक टेस्ट जैसे माहौल में मुझसे सवाल पूछते थे और इससे मुझे अपने व्यक्तित्व और संवाद करने के तरीके को बेहतर बनाने में बहुत मदद मिली.

मेरा इंटरव्यू पहले ही दिन (10 जून, 2025) था. मैंने डॉ. जमाल अहमद सर के बोर्ड का सामना किया. मेरा इंटरव्यू लगभग 20-25 मिनट तक चला. मुझसे कई पहलुओं से सवाल पूछे गए जैसे—ज्योतिर्लिंग, देवघर में पेड़ों की लोकप्रियता का कारण (क्योंकि मेरा गृहनगर देवघर है), श्लोक जिनमें 12 ज्योतिर्लिंगों का उल्लेख है, इलेक्ट्रिक वाहनों के विस्तार की आवश्यकता, भारत के तकनीकी पिछड़ेपन के कारण, एल्गोरिथम व्यवसाय और अन्य सवाल.

प्र. द.—क्या आप अपने अन्तिम लक्ष्य, यानी सिविल सेवा में कॅरियर की तैयारी करते हुए अन्य कॅरियर अवसरों की भी तैयारी कर रही थी ?

सुश्री कोमल—नहीं, तैयारी के दौरान मेरा पूरा फोकस सिविल सेवा की तैयारी पर ही रहा.

प्र. द.—हालाँकि, बदलते आर्थिक परिवेश में विभिन्न क्षेत्रों में कॅरियर के अपार आकर्षक अवसर उपलब्ध हैं, फिर भी आपको सिविल सेवा की ओर किस बात ने प्रेरित किया ?

सुश्री कोमल—मेरा मानना है कि मेरी लगन, मेरे माता-पिता के मेरी कड़ी मेहनत पर दृढ़ विश्वास ने मुझे सिविल सेवा की ओर प्रेरित किया.

प्र. द.—आपकी राय में, सिविल सेवा की तैयारी किस शैक्षिक स्तर से शुरू करनी चाहिए और सिविल सेवा परीक्षाओं की तैयारी के लिए न्यूनतम कितना समय चाहिए ?

सुश्री कोमल—मेरा मानना है कि छात्रों को अपनी स्कूली और कॉलेज की शिक्षा पर पूरा ध्यान देना चाहिए, क्योंकि यही हमारी शिक्षा का आधार बनती है. सिविल सेवा की तैयारी स्नातक स्तर के बाद शुरू कर देनी चाहिए.

प्र. द.—सिविल सेवा परीक्षाओं में परीक्षा माध्यम का क्या महत्व है ?

सुश्री कोमल—उम्मीदवारों को वह माध्यम चुनना चाहिए जिसमें वे अपनी बात कहने में ज्यादा सहज हों. अंग्रेजी और हिन्दी, दोनों माध्यमों के छात्र सिविल सेवा परीक्षा में अच्छे अंकों से सफलता प्राप्त कर रहे हैं.

प्र. द.—क्या आपको वह क्षण याद है जब आपको सिविल सेवा के महत्व का एहसास हुआ ?

सुश्री कोमल—कॉलेज के दिनों में ही और सामाजिक मुद्दों पर मेरी रूचि बढ़ने लगी थी. यही से मुझे सिविल सेवा के महत्व का एहसास हुआ और मुझे लगा कि एक सिविल सेवक के तौर पर मैं कुछ हद तक ऐसे मुद्दों को सुलझाने में मदद कर सकती हूँ.

प्र. द.—आखिरकार, आपने किस समय 'सिविल सेवा' में कॅरियर बनाने का मन बनाया ?

सुश्री कोमल—मेरे स्नातक (2020) के अन्तिम सेमेस्टर में.

प्र. द.—क्या आपने परीक्षा की तैयारी के लिए समय-सीमा और प्रयासों की संख्या को ध्यान में रखा था ?

सुश्री कोमल—मेरे दिमाग में ऐसी कोई समय-सीमा नहीं थी, मैं बस अपना 100% देना चाहती थी.

व्यक्तिगत विशेषताएँ

पसंदीदा व्यक्तित्व—*माता-पिता और एम. एस. धोनी.*

सबल पक्ष—*मेरी आशावादी मानसिकता.*

दुर्बल पक्ष—*मैं थोड़ी भावुक हूँ.*

रुचियाँ—*कला और शिल्प (क्विलिंग पेपर वर्क), क्रिकेट देखना.*

प्र. द.—क्या किसी उम्मीदवार के परिवार की शैक्षिक, आर्थिक और जनसांख्यिकीय स्थिति का तैयारी पर कोई प्रभाव पड़ता है ?

सुश्री कोमल—मुझे ऐसा नहीं लगता. हालाँकि, ये कारक कभी-कभी थोड़ी बाधाएँ पैदा कर सकते हैं, लेकिन दृढ़ विश्वास और सही मार्गदर्शन से, कोई भी इन बाधाओं को पार कर सकता है.

प्र. द.—आपकी राय में, सिविल सेवा जैसी परीक्षा की तैयारी करते समय प्रतियोगिता दर्पण पत्रिका क्या भूमिका निभाती है ?

सुश्री कोमल—मैं अपने पिताजी की बहुत आभारी हूँ जिन्होंने मुझे प्रतियोगिता दर्पण से परिचित कराया और मुझे कहना होगा कि प्रतियोगिता दर्पण की सामग्री प्रारम्भिक और मुख्य परीक्षा, दोनों की तैयारी के लिए बहुत उपयोगी है. इसने मुझे करेन्ट अफेयर्स की तैयारी और डिवीजन करने और मुख्य परीक्षा के उत्तरों के लिए गुणवत्तापूर्ण अंक निकालने में मदद की.

प्र. द.—आपको प्रतियोगिता दर्पण कैसी लगी ? क्या यह आपकी अपेक्षाओं के अनुरूप है ?

सुश्री कोमल—हाँ, बिल्कुल ! मुझे प्रतियोगिता दर्पण मेरी अपेक्षाओं के अनुरूप लगी. मैं पिछले 2 वर्षों से इस गुणवत्तापूर्ण पत्रिका का अध्ययन कर रही हूँ.

प्र. द.—प्रतियोगिता दर्पण में प्रकाशित लेख सिविल सेवा उम्मीदवारों के लिए किस प्रकार सहायक हैं ? क्या आपको वे रचनात्मक लगे ?

सुश्री कोमल—प्रतियोगिता दर्पण में प्रकाशित लेख उच्च गुणवत्ता के हैं. इसने मुझे अपने उत्तरों की गुणवत्ता को बेहतर बनाने, निबन्धों के साथ-साथ केस स्टडीज के लिए आकर्षक उद्धरण एकत्र करने में मदद की.

प्र. द.—भविष्य के अभ्यर्थियों को आप कोई सुझाव/सलाह देना चाहेंगी.

सुश्री कोमल—प्रिय भावी अभ्यर्थियों, सबसे पहले इस यात्रा को शुरू करने का अपना असली कारण जानने का प्रयास करें. अपने प्रति ईमानदार रहें, खुद को समय दें, अपने प्रति दयालु रहें और खुद पर विश्वास रखें. आपकी मेहनत कभी व्यर्थ नहीं जाएगी.

प्र. द.—आपका बहुत-बहुत धन्यवाद और आपके भविष्य के प्रयासों के लिए शुभकामनाएँ.

दिव्य दर्पण

संघ एवं राज्य सिविल सेवा मुख्य परीक्षा हेतु अत्यन्त महत्वपूर्ण

छात्र जीवन और नदी की निरन्तरता

एक छात्र के जीवन में नदी की तरह निरन्तरता होना अत्यंत आवश्यक है. जैसे नदी अविरल बहती रहती है, वैसे ही छात्र को भी बिना थके सीखते रहना चाहिए. बाधाएँ चाहे कितनी भी हों, उन्हें पार कर आगे बढ़ने की लगन ही सफलता की कुंजी बनती है.

नियमित अध्ययन और अभ्यास ज्ञान के प्रवाह को गहरा करते हैं, जिससे छात्रों का कौशल और आत्मविश्वास दोनों बढ़ते हैं. यह निरन्तरता केवल शिक्षा तक सीमित नहीं रहती, बल्कि चरित्र निर्माण में भी अहम भूमिका निभाती है. जैसे नदी अपने मार्ग में नई भूमि को उपजाऊ बनाती है, वैसे ही छात्र का ज्ञान और कौशल समाज और राष्ट्र के विकास के लिए नई सम्भावनाएँ पैदा करती है.

सारांशतः छात्र को चाहिए कि वह प्रति दिन कुछ नया सीखे, अपना दृष्टिकोण विस्तृत करे और अपने भीतर शक्ति व धैर्य का प्रवाह बनाए रखे, ताकि उसका जीवन एक निर्मल, उद्देश्यपूर्ण और प्रेरणादायक नदी की तरह बन सके.

भारतीय इतिहास एवं संस्कृति

सि. से. मु. परीक्षा

प्रश्न–सांस्कृतिक विरासत संरक्षण और कूटनीति की दिशा में महरौली में बुद्ध के पिपरहवा अवशेषों की प्रदर्शनी के महत्व पर चर्चा कीजिए.

चर्चा में क्यों ?

संस्कृति मंत्रालय ने महरौली के किला राय पिथौरा में एक प्रदर्शनी का आयोजन कर रहा है, जिसमें लगभग 130 वर्ष पूर्व खोजे जाने के बाद पहली बार भगवान बुद्ध के पवित्र पिपरहवा अवशेषों को प्रदर्शित किया जाएगा.

उत्तर–उत्तर प्रदेश के पिपरहवा गाँव (वर्तमान सिद्धार्थ नगर जिला) में 1898 ई. में ब्रिटिश पुरातत्वविद् विलियम क्लैक्सटन पेप्पे द्वारा खोजे गए पिपरहवा अवशेषों में भगवान बुद्ध से सम्बन्धित अस्थि-खण्ड और रत्न होने का अनुमान है. हांगकांग में नीलामी के प्रयास के बाद, कूटनीतिक और परोपकारी पहलों के माध्यम से इन्हें सफलतापूर्वक भारत वापस लाया गया. उनकी सार्वजनिक प्रदर्शनी न केवल देश की गहन आध्यात्मिक विरासत का प्रतिनिधित्व करती है, बल्कि विरासत संरक्षण में भारत के उभरते वैश्विक नेतृत्व का भी प्रतिनिधित्व करती है.

ऐतिहासिक और सांस्कृतिक महत्व

- पिपरहवा अवशेष, भगवान बुद्ध के परिजनों–शाक्यों-से जुड़े भारत के बौद्ध अतीत के ठोस प्रमाण प्रदान करते हैं. क्रिस्टल के ताबूत, सोने के आभूषण और रत्नों सहित ये अवशेष प्रारम्भिक बौद्ध कला और शिल्प कौशल पर प्रकाश डालते हैं.

क्या आप जानते हैं ?

- *भारत में बौद्ध धर्म का उदय लगभग पाँचवीं-छठी शताब्दी ईसा पूर्व हुआ, उस काल में जिसे इतिहासकार 'भारत का दूसरा शहरीकरण' कहते हैं, जो गंगा के मैदानों में बड़े सामाजिक-सांस्कृतिक परिवर्तन का समय था. बौद्ध धर्म मुक्ति के साधन के रूप में त्रिरत्न का वर्णन करता है. ये हैं–*
- *1. ज्ञान (प्रज्ञा), 2. आचरण (शील), और 3. ध्यान (समाधि)*

पिपरहवा अवशेष

- *पिपरहवा अवशेषों में "हड्डी के टुकड़े, सोपस्टोन और क्रिस्टल के ताबूत, एक बलुआ पत्थर का संदूक और सोने के आभूषण और रत्न जैसे चढ़ावे" शामिल हैं, जिन्हें "पिपरहवा स्तूप (कपिलवस्तु)" से खुदाई करके निकाला गया था.*
- *कपिलवस्तु 5वीं-6वीं शताब्दी ईसा पूर्व के शाक्य 'गणराज्य' की राजधानी थी, जहाँ राजकुमार सिद्धार्थ सत्य की खोज में घर छोड़ने से पहले रहते थे.*

- स्तूप के परिवेश को पुनः निर्मित करके, यह प्रदर्शनी श्रद्धा और प्राचीन परम्पराओं का अनुभव करने का अवसर प्रदान करती है, ये भारत में बौद्ध विरासत की आध्यात्मिक और पुरातात्विक समृद्धि को बढ़ावा देता है.

सांस्कृतिक कूटनीति

- अवशेषों की वापसी सांस्कृतिक कूटनीति पर भारत के सक्रिय रुख का प्रतीक है. जैसा कि 'एए' ने प्राचीन वस्तुओं को वर्गीकृत किया है, उनकी स्वदेश वापसी सरकार और निजी क्षेत्र, विशेषकर परोपकारी पिरोजशा गोदरेज के बीच सफल सहयोग का उदाहरण है.
- यह विदेशों में ले जाई गई सांस्कृतिक धरोहरों की वापसी की भारत की नैतिक विश्वसनीयता को पुष्ट करता है और इसके सांस्कृतिक दावों की वैश्विक मान्यता को प्रदर्शित करता है.
- यह प्रदर्शनी भारत की व्यापक विरासत कूटनीति के अनुरूप भी है, जो चोल कांस्य और गांधार मूर्तियों की पिछली बरामदगी के समान है.

कला और प्रौद्योगिकी के संगम के रूप में प्रदर्शनी

- इस प्रदर्शनी में पुरातत्व, दर्शन और आधुनिक प्रौद्योगिकी का समावेश है, जिसमें कड़े क्यूरेटोरियल और सुरक्षा उपायों के तहत् 100 से अधिक कलाकृतियाँ और डिजिटल प्रतिकृतियाँ प्रदर्शित की जाएगी.
- राष्ट्रीय संग्रहालय और भारतीय पुरातत्व सर्वेक्षण के विशेषज्ञों ने तापमान-नियंत्रित वातावरण के माध्यम से संरक्षण सुनिश्चित किया है, प्राचीन विरासत को समकालीन संग्रहालय प्रथाओं के साथ मिश्रित किया है.

सारतत्व–पिपरहवा ' अवशेषों की महरौली प्रदर्शनी एक मात्र सांस्कृतिक आयोजन से कहीं आगे बढ़कर है. यह भारत की अपनी आध्यात्मिक वंशावली के प्रति श्रद्धा और साझा विरासत की रक्षा के लिए वैश्विक प्रतिबद्धता का प्रतीक है. यह बुद्ध की शिक्षाओं में निहित शांति, सजगता और सांस्कृतिक गौरव के चिरस्थायी संदेश का भी प्रमाण है.

सि. से. प्रा. परीक्षा

प्रश्न–बौद्ध धर्म मुक्ति के साधन के रूप में जिन त्रिरत्न का वर्णन करता है, उसमें सम्मिलित हैं–

1. प्रज्ञा 2. आचरण

3. ध्यान

कूट :

(A) केवल 1

(B) केवल 2 और 3

(C) केवल 3

(D) 1 , 2 और 3

उत्तर–(D)

सि. से. मु. परीक्षा

प्रश्न–चर्चा कीजिए कि एम. विश्वेश्वरैया, मुथुलक्ष्मी रेड्डी और पी.सी. महालनोबिस के योगदान ने इंजीनियरिंग, सामाजिक सुधार और आर्थिक नियोजन में अपने कार्यों के माध्यम से सामूहिक रूप से आधुनिक भारत को कैसे आकार दिया ?

चर्चा में क्यों ?

भारत के प्रारम्भिक सुधारकों पर हाल ही में प्रकाशित जीवनियों, जैसे–इंजीनियरिंग ए नेशन, (एम. विश्वेश्वरैया) : अ ट्रेलब्लेजर इन सर्जरी एण्ड विमेन्स राइट्स (मुथुलक्ष्मी रेड्डी) और प्लानिंग डेमोक्रेसी (पी.सी. महालनोबिस) में आधुनिक भारत के स्वरूप में उनके योगदानों का उल्लेख किया गया है.

उत्तर–19वीं सदी के उत्तरार्द्ध और 20वीं सदी के प्रारम्भ में भारत के इतिहास में एक परिवर्तनकारी काल था. औपनिवेशिक शासन के दौरान विश्वेश्वरैया, मुथुलक्ष्मी रेड्डी और महालनोबिस जैसी विभूतियों ने यह दर्शाया कि कैसे ज्ञान, सत्यनिष्ठा और संस्थागत नवाचार आत्मनिर्भरता और आधुनिकता को आगे बढ़ा सकते हैं. हालाँकि, उनके कार्य क्षेत्र भिन्न थे जैसे–इंजीनियरिंग, (एम. विश्वेश्वरैया) चिकित्सा (मुथुलक्ष्मी रेड्डी) और सांख्यिकी. (पी.सी. महालनोबिस) फिर भी उनका साझा सूत्र भारत की स्वतंत्रता की यात्रा और उसके बाद राष्ट्र और जनता की सेवा था.

एम. विश्वेश्वरैया : औद्योगिक भारत के निर्माता

- 1861 ई. में जन्मे, विश्वेश्वरैया इंजीनियरिंग उत्कृष्टता और नैतिक जनसेवा के प्रतीक थे. मैसूर के दीवान (1912-18) के रूप में, उन्होंने सिंचाई परियोजनाओं, बाढ़ नियंत्रण प्रणालियों को लागू किया और औद्योगीकरण एवं तकनीकी शिक्षा को बढ़ावा दिया.
- उनका लक्ष्य विज्ञान और बुनियादी ढाँचे के माध्यम से भारतीयों को आर्थिक स्वतंत्रता के लिए तैयार करना था. उन्होंने अनुशासित नियोजन और आत्मनिर्भरता पर राष्ट्रीय नीति आदर्श बनने से बहुत पहले ही जोर दिया था.

मुथुलक्ष्मी रेड्डी : सामाजिक सुधार की अग्रदूत

- डॉ. मुथुलक्ष्मी रेड्डी ने औपनिवेशिक भारत में लैंगिक और जातिगत बाधाओं को तोड़ा. वह पहली भारतीय महिला शल्य-चिकित्सक थी. उन्होंने महिला शिक्षा का समर्थन किया, देवदासी प्रथा के विरुद्ध संघर्ष किया और अड्यार कैंसर अस्पताल तथा अव्वाई होम की स्थापना की.
- उनके कार्यों में स्वास्थ्य सेवा, सामाजिक सुधार और लैंगिक न्याय का समन्वय समाहित था, जिसने समावेशी और मानवीय शासन के बीज बोए.

पी.सी. महालनोबिस : भारतीय सांख्यिकी के जनक

- प्रशांत चंद्र महालनोबिस ने भारतीय सांख्यिकी संस्थान (1932) और राष्ट्रीय नमूना सर्वेक्षण (1950) के माध्यम से आँकड़ा-आधारित नीति को संस्थागत रूप दिया.
- द्वितीय पंचवर्षीय योजना में उनकी भूमिका ने सांख्यिकीय विज्ञान को राष्ट्रीय आर्थिक विकास में एकीकृत किया.
- गरीबी, उपभोग और उत्पादकता पर गहन आँकड़ा विश्लेषण लागू करके, उन्होंने साक्ष्य-आधारित शासन और नियोजित विकास की नींव रखी.

सारतत्व–विश्वेश्वरैया, मुथुलक्ष्मी और महालनोबिस ने वैज्ञानिक दृष्टिकोण सामाजिक न्याय और संस्थागत अखण्डता की भावना को मूर्त रूप दिया, जो आधुनिक भारत के विकास के स्तम्भ हैं. उनके दूरदर्शी योगदान ने एक प्रगतिशील, आत्मनिर्भर राष्ट्र के निर्माण की दिशा में प्रौद्योगिकी, सामाजिक कल्याण और विश्लेषण को एकीकृत किया. उनकी विरासतें भारत के समतामूलक और सतत आधुनिकीकरण के प्रयास की आधारशिला बनी हुई हैं.

सि. से. प्रा. परीक्षा

प्रश्न–हाल ही में प्रकाशित जीवनियों के सम्बन्ध में सही सुमेलन है –

1. इंजीनियरिंग ए नेशन–एम. विश्वेश्वरैया
2. अ ट्रेलब्लेजर इन सर्जरी एण्ड विमेन्स राइट्स ? –मुथुलक्ष्मी रेड्डी
3. प्लानिंग डेमोक्रेसी –पी.सी. महालनोबिस

कूट :

(A) केवल 1
(B) केवल 2 और 3
(C) केवल 3
(D) 1 , 2 और 3

उत्तर–(D)

पर्यावरण एवं प्रदूषण

सि. से. मु. परीक्षा

प्रश्न–भारत में शहरी ध्वनि प्रदूषण से निपटने में शासन और संस्थागत समन्वय से जुड़ी चुनौतियाँ क्या हैं ?

चर्चा में क्यों ?

शहरी ध्वनि प्रदूषण भारत के महानगरीय क्षेत्रों में एक प्रमुख जन-स्वास्थ्य समस्या है, जहाँ अत्यधिक यातायात सघनता के कारण अक्सर 70 dB(A) से अधिक ध्वनि स्तर दर्ज किया जाता है. यही कारण है कि तेजी से बढ़ते शहरीकरण और बुनियादी ढाँचे के विस्तार के पर्यावरणीय प्रभाव पर सरकार और पर्यावरण एजेंसियों को शहरी ध्वनि प्रदूषण से निपटने और मौजूदा नीतियों और संस्थागत व्यवस्थाओं की प्रभावशीलता को बढ़ाने की आवश्यकता है.

उत्तर–ध्वनि प्रदूषण भारत के सबसे व्यापक शहरी स्वास्थ्य खतरों में से एक है. वायु (प्रदूषण निवारण एवं नियंत्रण) अधिनियम, 1981 के तहत् कानूनी रूप से वायु प्रदूषक के रूप में परिभाषित, सुरक्षित सीमा से अधिक ध्वनि के सम्पर्क में रहने से उच्च रक्तचाप, हृदय सम्बन्धी विकार, नींद में खलल और संज्ञानात्मक गिरावट होती है. विश्व स्वास्थ्य संगठन द्वारा अनुशंसित आवासीय दिन के समय की जोखिम सीमा 55 dB(A) है; हालाँकि, भारत के शहर अक्सर इस सीमा को पार कर जाते हैं, जो नीतिगत विफलता और जमीनी स्तर पर क्रियान्वयन के बीच अन्तर को दर्शाता है.

क्रियान्वयन और संस्थागत समन्वय में कमी

- भारत के ध्वनि प्रदूषण (विनियमन और नियंत्रण) नियम, 2000 दिन में 55 डेसीबल और रात में 45 डेसीबल की सीमा निर्धारित करते हैं. हालाँकि, शासन की जिम्मेदारी प्रदूषण नियंत्रण बोर्डों, नगर निकायों और स्थानीय पुलिस के बीच बँटी हुई है.
- प्रत्येक सीमित क्षमता, अस्पष्ट अधिकार क्षेत्र और नगण्य अन्तर-एजेंसी समन्वय के साथ काम करता है. प्रवर्तन प्रयास अक्सर प्रतीकात्मक होते हैं–जैसे हॉर्न बजाने पर अस्थायी प्रतिबंध या त्योहारों पर लाउडस्पीकर लगाने पर प्रतिबंध और यातायात और निर्माण गतिविधियों जैसे दीर्घकालिक संरचनात्मक कारणों पर अधिक ध्यान नहीं दिया जाता.

अपर्याप्त निगरानी और आँकड़ों की कमी

- वायु प्रदूषण के विपरीत, जहाँ सेंसर नेटवर्क और उपग्रह आँकड़ों से निरन्तर आकलन सम्भव होता है,

भारत में ध्वनि निगरानी विरल और प्रतिक्रियात्मक बनी हुई है.

- अधिकांश शहरों में वास्तविक समय निगरानी प्रणालियों का अभाव है, जिससे नीति निर्माण और सुधार अप्रभावी हो जाते हैं.
- विश्वसनीय ध्वनि मानचित्रों के अभाव का अर्थ है कि शहरी योजनाकार और स्वास्थ्य अधिकारी स्कूलों, अस्पतालों या आवासीय क्षेत्रों के निकट उच्च-जोखिम वाले क्षेत्रों की पहचान या उन्हें कम करने में विफल रहते हैं.

जन-जागरूकता में कमी और सांस्कृतिक बाधाएँ

- सामाजिक दृष्टिकोण अक्सर उच्च-ध्वनि स्तर को एक अपरिहार्य शहरी स्थिति मानकर सामान्य बना देते हैं. जो जन-जागरूकता अभियान में कमी और व्यावहारिक प्रतिरोध अनुपालन को कमजोर करता है.
- नागरिक अक्सर शोर उत्पन्न करने वाली गतिविधियों में उनके दीर्घकालिक स्वास्थ्य परिणामों को समझे बिना भाग लेते हैं. इससे उदासीनता और कमजोर प्रवर्तन का एक प्रतिक्रिया चक्र बनता है.

सारतत्व—शहरी ध्वनि प्रदूषण से निपटने के लिए समग्र संस्थागत सुधार और नवाचार की आवश्यकता है. सेंसर नेटवर्क और डेटा एकीकरण के माध्यम से वास्तविक समय में ध्वनि निगरानी को सख्त प्रवर्तन और अंतर-एजेंसी सहयोग का पूरक होना चाहिए. शहरी नियोजन में जोखिम को कम करने के लिए हरित अवरोधों और ध्वनि-क्षेत्रीकरण तंत्रों को शामिल किया जाना चाहिए. सबसे बढ़कर, ध्वनि प्रदूषण को एक गम्भीर जन-स्वास्थ्य समस्या के रूप में देखा जाना चाहिए.

सि. से. प्रा. परीक्षा

प्रश्न—भारत में ध्वनि प्रदूषण (विनियमन और नियंत्रण) नियम, 2000 के अनुसार क्रमशः दिन और रात के लिए कितने डेसीबल की सीमा निर्धारित की गई है ?

(A) 55–45 (B) 45–55
(C) 55–60 (D) 60–55

उत्तर—(A)

विज्ञान एवं प्रौद्योगिकी

सि. से. मु. परीक्षा

प्रश्न—गगनयान मिशन के सन्दर्भ में क्रू एस्केप सिस्टम (CES) की कार्यप्रणाली और महत्व की व्याख्या कीजिए. यह उड़ान के विभिन्न चरणों के दौरान चालक दल की सुरक्षा को कैसे बढ़ाता है ?

चर्चा में क्यों ?

भारतीय अन्तरिक्ष अनुसंधान संगठन (ISRO) क्रू एस्केप सिस्टम (CES) का सक्रिय रूप से परीक्षण कर रहा है—जो भारत के पहले मानव अन्तरिक्ष उड़ान कार्यक्रम, गगनयान मिशन का एक महत्वपूर्ण घटक है. इस प्रणाली का 2023 में एक परीक्षण उड़ान के दौरान सफलतापूर्वक प्रदर्शन किया गया था, जो उड़ान के वायुमण्डलीय चरण के दौरान रॉकेट में खराबी की स्थिति में अन्तरिक्ष यात्रियों की सुरक्षा सुनिश्चित करने की दिशा में महत्वपूर्ण भूमिका निभाता है.

उत्तर—गगनयान मिशन का उद्देश्य मानव-रेटेड एलवीएम-3 (HLVM-3) रॉकेट का उपयोग करके भारतीय अन्तरिक्ष यात्रियों को लगभग 400 किमी की निम्न-पृथ्वी कक्षा में भेजना और उन्हें सुरक्षित वापस लाना है. मानव अन्तरिक्ष उड़ान में, चालक दल की सुरक्षा मिशन की सफलता से अधिक महत्वपूर्ण होती है. सीईएस, विशेष रूप से उच्च-तनाव वाले वायुमण्डलीय आरोहण चरण के दौरान, विफल प्रक्षेपण यान से अन्तरिक्ष यात्रियों को शीघ्रता और सुरक्षित रूप से निकालने के लिए प्राथमिक सुरक्षा तंत्र का निर्माण करता है.

क्रू एस्केप सिस्टम का कार्य

- रॉकेट के आगे के सिरे पर स्थापित सीईएस, गम्भीर विफलता की स्थिति में क्रू मॉड्यूल को प्रक्षेपण यान से तेजी से दूर खींचने के लिए डिजाइन किया गया है. इसमें कई उच्च-दहन दर वाली ठोस मोटरें लगी होती है, जो गुरुत्वाकर्षण के 10 गुना तक त्वरण उत्पन्न करने में सक्षम हैं.
- एक बार अलग होने के बाद, क्रू मॉड्यूल एक बहु-चरणीय पैराशूट रिकवरी सिस्टम के माध्यम से गति कम करता है, जिससे समुद्र में सुरक्षित स्प्लैशडाउन सुनिश्चित होता है.
- एकीकृत वाहन स्वास्थ्य प्रबंधन (आईवीएचएम) प्रणाली निरन्तर उड़ान मापदण्डों की निगरानी करती है और केवल आवश्यक होने पर ही सीईएस को सक्रिय करती है, जिससे प्रतिक्रिया में देरी कम होती है.

प्रकार और डिजाइन

- इसरो के गगनयान में एक पुलर-प्रकार सीईएस का उपयोग किया गया है जो अमेरिका के सैटर्न V, रूस के सोयुज और चीन के लॉन्ग मार्च प्रक्षेपण यानों में प्रयुक्त प्रणालियों के समान है.
- पुलर विन्यास क्रू मॉड्यूल को खतरे वाले क्षेत्र से दूर खींचकर उसे भौतिक रूप से अलग करता है. इसके विपरीत, स्पेसएक्स के फाल्कन-9 जैसे आधुनिक सिस्टम तरल-ईंधन इंजनों का उपयोग करते हुए पुशर-प्रकार विन्यास का उपयोग करते हैं.
- पुलर सीईएस डिजाइन एचएलवीएम-3 के ठोस बूस्टर प्रणोदन के अनुकूल है, जिसे प्रज्वलन के बाद बन्द नहीं किया जा सकता.

परीक्षण और सत्यापन

- इसरो ने क्रू एस्केप सिस्टम (CES) की जाँच के लिए कई परीक्षण उड़ानें की हैं. अक्टूबर 2023 में पहली सफल टेस्ट फ्लाइट में यह देखा गया कि सिस्टम ट्रांसोनिक (धीमी से तेज रफ्तार) उड़ान के दौरान ठीक से काम करता है. इससे यह साबित हुआ कि सीईएस मुश्किल परिस्थितियों में भी सुरक्षित तरीके से क्रू मॉड्यूल को अलग कर सकता है.
- आगे आने वाले और भी परीक्षणों में अलग-अलग उड़ान स्थितियों को दोहराया जाएगा, ताकि यह तय हो सके कि गगनयान मिशन में भी सिस्टम पूरी तरह से सुरक्षित और भरोसेमंद रहे.

सारतत्व—क्रू एस्केप सिस्टम अन्तरिक्ष यात्री सुरक्षा और मिशन विश्वसनीयता के प्रति इसरो की प्रतिबद्धता का प्रतीक है. इसकी मजबूत इंजीनियरिंग, अतिरिक्त प्रणालियाँ और आर्टिफिशियल निर्णय संरचना इसे गगनयान की सफलता की आधारशिला बनाती हैं. तत्काल सुरक्षा के अलावा, सीईएस भारत के भविष्य के मानव अन्तरिक्ष अन्वेषण की नींव भी रखता है, जिससे प्रमुख अन्तरिक्ष यात्री देशों के बीच इसकी स्थिति मजबूत होती है.

सि. से. प्रा. परीक्षा

प्रश्न—क्रू एस्केप सिस्टम (CES) के सन्दर्भ में विचार कीजिए—

1. इसे नासा द्वारा डिजाइन किया गया है.
2. इसका प्रयोग गगनयान मिशन में किया जाएगा.
3. इसरो द्वारा वर्ष 2023 में इसका एक सफल परीक्षण किया जा चुका है.

उपर्युक्त में से कौनसा/से सही नहीं है/हैं ?

(A) केवल 1
(B) केवल 2 और 3
(C) केवल 3
(D) 1, 2 और 3
उत्तर–(A)

आर्थिकी एवं विकास

सि. से. मु. परीक्षा

प्रश्न–हाल ही में सीएजी के दशकीय विश्लेषण के आलोक में भारतीय राज्यों के वृहद्-राजकोषीय स्वास्थ्य पर चर्चा कीजिए. राज्य राजकोषीय स्थिरता, कल्याणकारी व्यय और आर्थिक विकास में कैसे सन्तुलन बना रहे हैं ?

चर्चा में क्यों ?

नियंत्रक एवं महालेखा परीक्षक (सीएजी) के हालिया दशकीय विश्लेषण ने भारतीय राज्यों के राजकोषीय स्वास्थ्य पर नए सिरे से ध्यान आकर्षित किया है, जिसमें राजस्व जुटाने, ऋण प्रबंधन और व्यय गुणवत्ता में उभरती चुनौतियों पर प्रकाश डाला गया है. नीति आयोग के राजकोषीय स्वास्थ्य सूचकांक (एफएचआई) 2025 के साथ, यह ओडिशा जैसे राजकोषीय रूप से मजबूत राज्यों और पंजाब व केरल जैसे उच्च ऋण जोखिम का सामना कर रहे राज्यों के बीच स्पष्ट अन्तर को दर्शाता है.

उत्तर–वृहद्-राजकोषीय स्वास्थ्य से तात्पर्य राज्य-स्तरीय सार्वजनिक वित्त की वित्तीय स्थिरता, दक्षता और स्थिरता से है. यह संसाधन सृजन, व्यय प्राथमिकता और ऋण स्थिरता के बीच सन्तुलन का प्रतिनिधित्व करता है. सुदृढ़ राजकोषीय स्थिति राज्यों को स्वास्थ्य, शिक्षा और बुनियादी ढाँचे जैसे विकास क्षेत्रों में पर्याप्त निवेश सुनिश्चित करते हुए व्यापक आर्थिक स्थिरता बनाए रखने में सक्षम बनाती है. यह देखते हुए कि राज्य सामूहिक रूप से भारत के कुल सार्वजनिक व्यय का लगभग 60% हिस्सा वहन करते हैं, उनकी राजकोषीय सुदृढ़ता राष्ट्रीय विकास और कल्याणकारी परिणामों के लिए महत्वपूर्ण है.

राजस्व संग्रहण और राजकोषीय स्वायत्तता

- कैग के विश्लेषण से पता चलता है कि राजस्व अधिशेष तो मौजूद है, लेकिन अक्सर अन्तर्निहित निर्भरताओं को छिपा लेता है. उदाहरण के लिए, उत्तर प्रदेश ने ₹ 37,000 करोड़ का अधिशेष दर्ज किया, फिर भी उसका आधे से अधिक राजस्व केन्द्रीय हस्तान्तरणों से प्राप्त हुआ.
- इसके विपरीत, महाराष्ट्र ने अपने राजस्व का लगभग 70% आन्तरिक रूप से उत्पन्न किया, जो मजबूत राजकोषीय स्वायत्तता को दर्शाता है.
- यह बढ़ता हुआ ऊर्ध्वाधर राजकोषीय असन्तुलन विकास योजनाओं की योजना बनाने और उन्हें क्रियान्वित करने में गरीब राज्यों की स्वतंत्रता को कम करता है.

उधार और ऋण स्थिरता

- पिछले एक दशक में, राज्य संस्थागत उधारी से बाजार ऋण और बॉण्ड की ओर बढ़ गए हैं. यह वित्तीय परिपक्वता का संकेत तो देता है, लेकिन साथ ही बाजार जोखिमों और ब्याज देनदारियों के प्रति जोखिम को भी बढ़ाता है.
- पंजाब, केरल और आन्ध्र प्रदेश सहित कई राज्य अब अनुशंसित ऋण-से-जीएसडीपी अनुपात को पार कर गए हैं, जिससे उनकी राजकोषीय स्थिरता पर दबाव पड़ रहा है.
- लगातार राजस्व घाटा उत्पादक पूँजीगत व्यय को और बाधित करता है, जिससे राज्यों को दीर्घकालिक निवेशों की तुलना में अल्पकालिक सब्सिडी और वेतन को प्राथमिकता देने के लिए मजबूर होना पड़ता है.

व्यय गुणवत्ता और विकासात्मक प्राथमिकताएँ

- प्रभावी राजकोषीय प्रबंधन के लिए राजस्व व्यय और पूँजीगत व्यय में सन्तुलन स्थापित करना आवश्यक है. कई राज्यों में नियमित व्यय अनुपातहीन रूप से अधिक है, जिससे सड़कों, अस्पतालों और स्कूलों जैसे आवश्यक बुनियादी ढाँचे के लिए कम संसाधन बचते हैं.
- सीएजी इस बात पर जोर देता है कि व्यय की गुणवत्ता में सुधार से मानव विकास और सार्वजनिक सेवा वितरण में प्रत्यक्ष रूप से वृद्धि होती है.
- सुदृढ़ राजकोषीय प्रथाओं वाले राज्यों–ओडिशा, छत्तीसगढ़ और गोवा ने स्वास्थ्य और शिक्षा के लिए कुशल पुनःआवंटन का प्रदर्शन किया है, जिससे राजकोषीय दबाव में भी विकासात्मक व्यय को बनाए रखा गया है.

सारतत्व–कैग के दशकीय निष्कर्ष इस बात पर प्रकाश डालते हैं कि सतत् विकास केवल राजकोषीय अनुशासन पर ही नहीं, बल्कि व्यय की गुणवत्ता और राजस्व के स्रोतों पर भी निर्भर करता है. कल्याण और विकास की अनिवार्यताओं को संरेखित करने के लिए राज्य-स्तरीय राजकोषीय क्षमता को मजबूत करना, कर आधार को व्यापक बनाना और सब्सिडी को युक्तिसंगत बनाना आवश्यक है. एक पारदर्शी उधार ढाँचा, बेहतर राजकोषीय डेटा प्रणालियाँ और गहन केन्द्र-राज्य समन्वय यह सुनिश्चित कर सकते हैं कि भारत की उप-राष्ट्रीय वित्त व्यवस्था लचीली, समतापूर्ण और विकासोन्मुख बनी रहे.

सि. से. प्रा. परीक्षा

प्रश्न–निम्नलिखित कथनों पर विचार कीजिए–

1. भारत में राजकोषीय स्वास्थ्य सूचकांक (एफएचआई) नियंत्रक एवं महालेखा परीक्षक (सीएजी) द्वारा जारी किया जाता है.
2. राज्य सामूहिक रूप से भारत के कुल सार्वजनिक व्यय का आधे से भी कम हिस्सा का वहन करते हैं.

उपर्युक्त में से कौनसा/से सही नहीं है/हैं ?

(A) केवल 1 (B) केवल 2
(C) 1 और 2 (D) न तो 1 न ही 2
उत्तर–(C)

समसामयिक मुद्दा

सि. से. मु. परीक्षा

प्रश्न–लद्दाख की जनजातीय आबादी में व्याप्त आशंकाओं के कारणों का परीक्षण करते हुए सामाजिक-आर्थिक सुरक्षा उपायों को सुनिश्चित करने में क्षेत्र के सामने आने वाली संवैधानिक, जनसांख्यिकीय और नीतिगत चुनौतियों का मूल्यांकन कीजिए.

चर्चा में क्यों ?

लद्दाख में पिछले दिनों हुई अशांति, जिसमें शिक्षाविद् और जलवायु कार्यकर्ता सोनम वांगचुक को राष्ट्रीय सुरक्षा कानून के तहत् हिरासत में लिया गया और हिंसक विरोध प्रदर्शनों में लोगों की मौत हुई, ने लद्दाख के जनजातीय समुदायों के भीतर लगातार व्याप्त आशंकाओं को उजागर किया है. छठी अनुसूची का दर्जा, राज्य का दर्जा और सुनिश्चित प्रतिनिधित्व की माँगों ने केन्द्रीय गृह मंत्रालय (एमएचए) और लद्दाखी नागरिक समाज के बीच नए सिरे से बातचीत को प्रेरित किया है.

उत्तर—लद्दाख की विशेष भौगोलिक अवस्थिति, बड़ी जनजातीय आबादी और सामरिक महत्व इसके शासन को विशेष रूप से जटिल बनाते हैं. अगस्त 2019 में जम्मू-कश्मीर से अलग होने और बिना विधान सभा के केन्द्र शासित प्रदेश (यूटी) के रूप में पुनर्गठन के बाद से,लद्दाख में स्थानीय भूमि, संस्कृति और रोजगार की रक्षा की माँगों में तेजी देखी गई है. नागरिक समाज समूहों का कहना है कि बाहरी निवेश में तेजी और कमजोर राजनीतिक संस्थाएँ पारम्परिक आजीविका और स्वदेशी पहचान के लिए खतरा के रूप में देखी जा रही है.

मुख्य माँगें और आकांक्षाएँ

- इस अशांति के केन्द्र में चार माँगें हैं—छठी अनुसूची का दर्जा (आदिवासी संवैधानिक सुरक्षा उपाय), पूर्ण राज्य का दर्जा, लेह और कारगिल के लिए अलग लोक सभा सीटें और सरकारी रिक्तियों को स्थानीय लोगों को प्राथमिकता देते हुए भरना.
- छठी अनुसूची स्वायत्त, स्वशासन और सांस्कृतिक संरक्षण के लिए माँगी जा रही है, जबकि राज्य का दर्जा लोकतांत्रिक प्रतिनिधित्व और स्थानीय जवाबदेही सुनिश्चित करेगा.
- सरकारी नौकरियों में आरक्षण में वृद्धि और स्थानीय भाषाओं को मान्यता जैसी प्रगति के बावजूद, प्रमुख आकांक्षाएँ अभी भी अनसुलझी हैं, जिससे केन्द्रीय अधिकारियों के प्रति अविश्वास बढ़ रहा है.

संवाद ढाँचा और नीतिगत कमियाँ

- बातचीत के जरिए समाधान के प्रयासों के परिणामस्वरूप सरकार और नागरिक समाज की भागीदारी वाली एक उच्चाधिकार प्राप्त समिति (एचपीसी) का गठन हुआ. हालाँकि, विरोध अभियानों और भूख हड़तालों के बाद बातचीत फिर से शुरू हो गई, लेकिन लद्दाखी नेता समिति की संरचना और धीमी प्रगति की आलोचना करते हैं.
- जून 2024 में नए नियमों ने लद्दाखियों के लिए 85% नौकरियों में आरक्षण और भोटी व पुर्गी भाषाओं को आधिकारिक दर्जा दिलाया, लेकिन व्यापक संवैधानिक दर्जे और मजबूत स्थानीय संस्थाओं की माँगें अभी भी जारी हैं.

सरकारी प्रतिक्रिया और जनजातीय चिन्ताएँ

- सरकार आरक्षण बढ़ाने, महिलाओं का प्रतिनिधित्व बढ़ाने, भाषा संरक्षण और जिला परिषदों के माध्यम से सशक्तिकरण पर जोर देती है. हालाँकि, समूहों का आरोप है कि केन्द्रीय नीतियों ने स्वायत्तता या संवैधानिक गारंटी को सार्थक रूप से सम्बोधित नहीं किया है.
- इस क्षेत्र की केन्द्रीय निधि पर निर्भरता और निर्वाचित विधायिका का अभाव जनजातीय समुदायों में मताधिकार से वंचित होने की भावना को बढ़ाता है.

सि. से. प्रा. परीक्षा

प्रश्न—जून 2024 में जारी नए नियमों ने लद्दाख में किन भाषाओं को आधिकारिक दर्जा दिया है ?

(A) भोटी

(B) पुर्गी

(C) A और B दोनों

(D) इनमें से कोई नहीं

उत्तर—(C)

स्मरणीय तथ्य

राष्ट्रीय

1. केन्द्र सरकार द्वारा किन उद्योगों के लिए पहली बार कानूनी रूप से बाध्यकारी ग्रीनहाउस गैस उत्सर्जन तीव्रता (जीईआई) लक्ष्य नियम, 2025 अधिसूचित किए गए हैं ? *– एल्युमीनियम, सीमेंट, क्लोर-क्षार तथा लुगदी और कागज*

☞ केन्द्र ने चार मुख्य उद्योगों-एल्युमीनियम, सीमेंट, क्लोर-क्षार, लुगदी और कागज के लिए पहली बार कानूनी रूप से बाध्यकारी ग्रीनहाउस गैस उत्सर्जन तीव्रता (जीईआई) लक्ष्य नियम, 2025 अधिसूचित किए हैं. इन उद्योगों को उत्सर्जन लक्ष्य पूरा करने पर कार्बन क्रेडिट मिलेगा, जबकि असफल रहने पर क्रेडिट खरीदना होगा या पर्यावरणीय मुआवजा देना होगा. यह नियम कार्बन क्रेडिट ट्रेडिंग स्कीम (सीसीटीएस), 2023 के तहत् घरेलू कार्बन बाजार को प्रोत्साहित करेगा. भारत ने 2030 तक 2005 के स्तर से जीडीपी की प्रति इकाई उत्सर्जन तीव्रता 45% कम करने का लक्ष्य रखा है. ये नियम पर्यावरण, वन और जलवायु परिवर्तन मंत्रालय द्वारा जारी किए गए हैं.

2. राष्ट्रीय अपराध रिकॉर्ड ब्यूरो (एनसीआरबी) द्वारा जारी आँकड़ों के अनुसार भारत का सबसे सुरक्षित शहर कौनसा है ? *– कोलकाता*

☞ एनसीआरबी के अनुसार, कोलकाता लगातार चौथे वर्ष भारत का सबसे सुरक्षित शहर बनकर उभरा है. 2023 में प्रति लाख जनसंख्या पर 83·9 संज्ञेय अपराध दर्ज किए गए हैं, जो 20 लाख से अधिक आबादी वाले 19 भारतीय शहरों में सबसे कम है. सर्वेक्षण किए गए शहरों में कोच्चि (केरल) सबसे असुरक्षित शहरों में शीर्ष पर है, उसके बाद दिल्ली है.

3. देश में भुगतान प्रणालियों के कामकाज की देख-रेख के लिए गठित भुगतान नियामक बोर्ड (पीआरबी) का अध्यक्ष किसे बनाया गया है ? *– संजय मल्होत्रा (आरबीआई गवर्नर)*

☞ भारतीय रिजर्व बैंक (आरबीआई) ने देश में भुगतान प्रणालियों के कामकाज की देख-रेख के लिए केन्द्र सरकार के तीन नामित सदस्यों वाला छह सदस्यीय भुगतान नियामक बोर्ड (पीआरबी) गठित किया है. बोर्ड के अध्यक्ष आरबीआई गवर्नर संजय मल्होत्रा हैं. गवर्नर के अलावा, आरबीआई के दो अन्य प्रतिनिधि डिप्टी गवर्नर और भुगतान एवं निपटान प्रणाली के प्रभारी कार्यकारी निदेशक हैं. भुगतान एवं निपटान प्रणाली विनियमन एवं पर्यवेक्षण बोर्ड (BPSS), जो पहले आरबीआई के केन्द्रीय बोर्ड की एक समिति थी, को अब भुगतान नियामक बोर्ड (PRB) क रूप में स्थान दिया है. इस बोर्ड के अधिकार भुगतान एवं निपटान प्रणाली अधिनियम, 2007 से अधिगृहीत हैं.

4. प्रधानमंत्री धन-धान्य कृषि योजना (पीएमडीडीकेवाई) के अनुसार 29 राज्यों और केन्द्र शासित प्रदेशों में से चयनित 100 आकांक्षी कृषि जिलों को किन प्रमुख कारकों पर चुना गया है ? *– (i) कम उत्पादकता, (ii) मध्यम फसल सघनता तथा (iii) ऋण तक औसत से कम पहुँच*

☞ केन्द्र सरकार ने प्रधानमंत्री धन-धान्य कृषि योजना (पीएमडीडीकेवाई) के तहत् 29 राज्यों और केन्द्रशासित प्रदेशों में 100 आकांक्षी कृषि जिलों को विकसित करने की घोषणा की है, जिसमें उत्तर प्रदेश के सबसे अधिक 12 जिले शामिल हैं.

5. हिमाचल प्रदेश में शीत मरुस्थल जैवमण्डल रिजर्वों (सीडीबीआर) को यूनेस्को द्वारा विश्व जैवमण्डल रिजर्व नेटवर्क (डब्ल्यूएनबीआर) में शामिल करने के बाद भारत में अब ऐसे सूचीबद्ध बायोस्फीयर रिजर्व की संख्या कितनी हो गई है ? *– 13*

☞ हिमाचल प्रदेश में शीत मरुस्थल जैवमण्डल रिजर्व (सीडीबीआर) को कई देशों के 25 अन्य जैवमण्डल रिजर्वों के साथ यूनेस्को द्वारा विश्व जैवमण्डल रिजर्व नेटवर्क (डब्ल्यूएनबीआर) में शामिल किया गया है. इसके साथ ही, भारत में अब WNBR में 13 बायोस्फीयर सूचीबद्ध हो गए हैं.

6. राष्ट्रीय अपराध रिकॉर्ड ब्यूरो (एनसीआरबी) द्वारा वर्ष 2023 के लिए भारत में अपराध रिपोर्ट के अनुसार साइबर अपराधों में वर्ष 2022 की अपेक्षा कितने प्रतिशत की वृद्धि देखी गई है ? *– 31·2% की*

☞ भारत में 2023 में साइबर अपराधों में 86,420 मामले दर्ज किए गए जो 2022 से 31·2% अधिक है. हत्या के 27,721 मामले दर्ज किए गए, जो 2022 से 2·8% कम है. बच्चों के खिलाफ अपराध : 2023 में देश भर में बच्चों के खिलाफ अपराध के कुल 1,77,335 मामले दर्ज किए गए, जो पिछले वर्ष की तुलना में 9·2% की वृद्धि दर्शाता है. महिलाओं के विरुद्ध अपराध के कुल 4,48,211 मामले दर्ज किए गए, जो 0·7% की वृद्धि दर्शाता है. गौरतलब है कि एनसीआरबी की स्थापना वर्ष 1986 में अपराध सम्बन्धी आँकड़े संकलित करने के लिए की गई थी और यह केन्द्रीय गृह मंत्रालय के अधीन कार्य करता है.

7. राष्ट्रीय अपराध रिकॉर्ड ब्यूरो (एनसीआरबी) के आँकड़ों के अनुसार 2019 की तुलना में 2023 में देश में छात्रों की आत्महत्या की संख्या में कितने प्रतिशत की वृद्धि देखी गई है ? *– 34%*

☞ एनसीआरबी रिपोर्ट के अनुसार पिछले दशक में, छात्र आत्महत्याओं की संख्या में लगभग 65% की वृद्धि हुई है. 2013 में 8,423 से बढ़कर यह 2023 में 13,892 हो गई. 2023 में आत्महत्या से होने वाली कुल मौतों की संख्या 1·71 लाख है, जो 2019 (1·39 लाख मौतें) से 23 प्रतिशत अधिक है. 2023 में देश में आत्महत्या से होने वाली कुल मौतों में छात्रों की आत्महत्या लगभग 8·1% रही. जो 2019 की तुलना में 34% की वृद्धि है.

8. भारत सरकार ने पहली बार सीमा पार रेलवे परियोजनाओं की घोषणा की है, जो भारत को किस पड़ोसी देश के साथ जोड़ेगी ? *– भूटान*

☞ भारत सरकार ने 69 किमी और 20 किमी लम्बाई की दो सीमा पार रेलवे परियोजनाओं की घोषणा की है जो भूटान को असम और पश्चिम बंगाल के सीमावर्ती क्षेत्रों से जोड़ेगी. 69 किमी लम्बी कोकराझार (असम)-गेलेफू (भूटान) और 20 किमी लम्बी बनारहाट (पश्चिम बंगाल)-सामत्से (भूटान) पर क्रमशः ₹ 3,456 करोड़ और ₹ 577 करोड़ खर्च होंगे. कोकराझार-गेलेफू नई लाइन सीधे भूटान के सर्पग जिले और भारत के असम के कोकराझार और चिरांग जिलों को जोड़ेगी. बनारहाट-सामत्से लाइन भूटान के सामत्से जिले को भारत के पश्चिम बंगाल के जलपाईगुड़ी जिले से जोड़ेगी. इसमें दो स्टेशन अंबारी और सामत्से होंगे.

9. 27 सितम्बर-5 अक्टूबर, 2025 के बीच विश्व पैरा एथलेटिक्स चैम्पियनशिप का 12वाँ संस्करण कहाँ आयोजित किया गया है ? *– नई दिल्ली*

☞ विश्व पैरा एथलेटिक्स चैम्पियनशिप में भारत ने पदक तालिका में दसवाँ स्थान प्राप्त किया. भारत ने 6 स्वर्ण, 9 रजत और 7 कांस्य पदकों सहित कुल 22 पदक जीते. विश्व पैरा एथलेटिक्स चैम्पियनशिप के किसी एक संस्करण में भारत का यह अब तक का सर्वश्रेष्ठ पदक प्रदर्शन है. विश्व पैरा एथलेटिक्स चैम्पियनशिप 2025 में ब्राजील, 44 पदकों के साथ पदक तालिका में शीर्ष पर रहा, जिसमें 15 स्वर्ण, 20 रजत और 9 कांस्य पदक शामिल हैं. ब्राजील के बाद दूसरे व तीसरे रैंक पर क्रमशः चीन और ईरान का स्थान रहा.

10. खान मंत्रालय ने एक अधिसूचना जारी कर चूना पत्थर को किस रूप में वर्गीकृत करने का निर्णय लिया है ? *– प्रमुख खनिज के रूप में*

☞ खान मंत्रालय ने चूना पत्थर को प्रमुख खनिज के रूप में वर्गीकृत करते हुए इसके प्रमुख और गौण खनिज, दोनों के दोहरे वर्गीकरण को हटा दिया है. चूना पत्थर एक अवसादी चट्टान है जो मुख्य रूप से कैल्शियम कार्बोनेट ($CaCO_3$) से बनी होती है और इसका व्यापक रूप से सीमेंट, इस्पात, उर्वरक, चीनी और रासायनिक उद्योगों में उपयोग किया जाता है.

अन्तर्राष्ट्रीय

1. भारत ने हिन्द महासागर में कार्ल्सबर्ग रिज में पॉलीमेटेलिक सल्फाइड (पीएमएस) के अन्वेषण के विशेष अधिकारों के लिए किसके साथ एक अनुबंध पर हस्ताक्षर किए हैं ? *– अन्तर्राष्ट्रीय समुद्र तल प्राधिकरण (आईएसए)*

☞ भारत विश्व का पहला ऐसा देश बन गया है जिसने पीएमएस अन्वेषण के लिए आईएसए के साथ दो अनुबंध किए हैं. इससे पहले वाला अनुबंध सेंट्रल इंडियन रिज और साउथवेस्ट इंडियन रिज में था, जिस पर 2016 में हस्ताक्षर किए गए थे. गौरतलब है कि गोवा स्थित राष्ट्रीय ध्रुवीय एवं महासागर अनुसंधान केन्द्र (एनसीपीओआर) 2026 से पीएमएस अन्वेषण करेगा. पीएमएस यानि पॉलीमेटेलिक सल्फाइड समुद्र तल पर जमा होते हैं, जो सामरिक और महत्वपूर्ण धातुओं जैसे ताँबा, जस्ता, सीसा, सोना और चाँदी के साथ-साथ दुर्लभ और कीमती तत्वों की मात्रा से समृद्ध होते हैं. ये सामान्यतः हाइड्रोथर्मल वेंट के पास पाए जाते हैं, जो समुद्र तल पर गर्म झरनों की तरह होते हैं.

2. अमेरिका में दीपावली की छुट्टी को आधिकारिक राजकीय अवकाश घोषित करने वाला कैलिफोर्निया कौनसा राज्य बन गया है. *– तीसरा*

☞ 2024 में दीपावली को राजकीय अवकाश घोषित करने वाला पहला अमेरिकी राज्य पेंसिल्वेनिया था और इसके बाद इस वर्ष की शुरुआत में कनेक्टिकट ने भी ऐसा किया. कैलिफोर्निया अब दीपावली को राजकीय अवकाश घोषित करने वाले राज्यों की सूची में शामिल हो गया है.

3. 9-15 अक्टूबर, 2025 के बीच कहाँ आईयूसीएन विश्व संरक्षण कांग्रेस आयोजित की गई है ? *– आबू धाबी (संयुक्त अरब अमीरात)*

☞ आईयूसीएन विश्व संरक्षण कांग्रेस प्रत्येक 4 वर्ष में आयोजित की जाती है, जिसमें आईयूसीएन के 1,400 से अधिक सदस्य संगठन भाग लेते हैं. आईयूसीएन एक वैश्विक संगठन है, जिसमें 160 सदस्य देश एवं सैकड़ों नागरिक समाज समूह पर्यावरण और जैव विविधता संरक्षण के लिए मिलकर काम करते हैं.

4. साहित्य में 2025 का नोबेल पुरस्कार 71 वर्षीय हंगरी के लेखक लास्जलो क्रास्ज्नाहोरकाई को दिए जाने की घोषणा की गई है, इससे पूर्व साहित्य में नोबेल पुरस्कार किस हंगेरियन लेखक को दिया जा चुका है ? *– इमरे कर्टेज*

☞ साहित्य में 2025 का नोबेल पुरस्कार 71 वर्षीय हंगरी के लेखक लास्जलो क्रास्ज्नाहोरकाई को उनके "अद्वितीय गद्य के लिए, जो सर्वनाशकारी आतंक के बीच कला की शक्ति की पुष्टि करता है," प्रदान किया गया है. वे इस सम्मान को पाने वाले दूसरे हंगेरियन हैं. इनसे पहले 2002 में इमरे कर्टेज को यह पुरस्कार दिया जा चुका है.

5. 4 अक्टूबर, 2025 को किसे जापान की सत्तारूढ़ लिबरल डेमोक्रेटिक पार्टी (एलडीपी) ने अपना नया नेता चुना है ? *– साने ताकाइची*

☞ जापान की सत्तारूढ़ लिबरल डेमोक्रेटिक पार्टी (एलडीपी) ने साने ताकाइची को अपना नया नेता चुना है. ताकाइची वर्तमान शिगेरु इशिबा का स्थान लेंगी.

6. हुआजियांग ग्रांड कैन्यन ब्रिज जो विश्व का सबसे ऊँचा पुल है, किस देश द्वारा इसका उद्घाटन किया गया है ? *– चीन*

☞ चीन ने गुइझोउ में हुआजियांग ग्रांड कैन्यन ब्रिज का उद्घाटन किया है, जो विश्व का सबसे ऊँचा पुल है. बेइपन नदी पर 2,050 फीट ऊपर बना यह पुल, कोलोराडो के रॉयल गॉर्ज ब्रिज (अर्कांसस नदी से 956 फीट ऊँचा) से भी ऊँचा है.

7. ब्रिटेन स्थित ऊर्जा थिंक टैंक एम्बर रिपोर्ट के अनुसार चीन और भारत में कोयले के प्रयोग से ऊर्जा उत्पादन में आई गिरावट को किस रूप में दर्शाया गया है ? *– क्रमशः अधिक संरचनात्मक व 'अस्थायी'*

☞ ब्रिटेन स्थित ऊर्जा थिंक टैंक एम्बर के नए आँकड़ों के अनुसार, पहली बार नवीकरणीय ऊर्जा ने विश्व में बिजली के प्रमुख स्रोत के रूप में कोयले को पीछे छोड़ दिया है. एम्बर रिपोर्ट, जिसमें जनवरी से जून 2025 तक वैश्विक बिजली उत्पादन में पिछले वर्ष की इसी अवधि की तुलना में हुए परिवर्तनों का विश्लेषण किया गया है, में कहा गया है कि चीन और भारत दोनों में कोयले के उत्पादन में गिरावट आई है, भारत में गिरावट को 'अस्थायी' माना गया है, जबकि चीन में इसे 'अधिक संरचनात्मक' बताया गया है.

8. प्रकृति संरक्षण के लिए अन्तर्राष्ट्रीय संघ का नया सदस्य कौनसा देश बना है ? *– अर्मेनिया*

☞ अर्मेनिया प्रकृति संरक्षण के लिए अन्तर्राष्ट्रीय संघ (IUCN) का नया सदस्य देश बना है. यह घोषणा आबू धाबी में आईयूसीएन विश्व संरक्षण कांग्रेस के दौरान की गई थी. अर्मेनिया एक स्थलरुद्ध देश है, जो काकेशस पर्वत श्रृंखला के दक्षिण में स्थित है. यह उत्तर में जॉर्जिया, पूर्व में अजरबैजान, दक्षिण-पूर्व में ईरान और पश्चिम में तुर्किए से घिरा है.

9. विश्व का पहला लाइव अंडरवाटर इंटरव्यू किस देश में आयोजित किया गया है ? *– पलाऊ*

☞ पलाऊ के राष्ट्रपति, सुरंगेल व्हिप्स जूनियर ने प्रशांत महासागर के नीचे एक लाइव अंडरवाटर इंटरव्यू दिया. इस प्रसारण में लाई-फाई तकनीक का इस्तेमाल किया गया, जो पारम्परिक रेडियो तरंगों के बजाए प्रकाश के माध्यम से डेटा प्रसारित करती है. इसका उद्देश्य महासागर संरक्षण, जलवायु सम्बन्धी खतरों और पलाऊ जैसे छोटे द्वीपीय देशों के सामने मौजूद अस्तित्व सम्बन्धी खतरों पर ध्यान आकर्षित करना है.

10. रूस ने किस देश के साथ हुए प्लूटोनियम समझौते से हटने का फैसला किया है ? *– अमेरिका*

☞ रूस ने अमेरिका के साथ हुए प्लूटोनियम प्रबंधन और निपटान समझौते (PMDA) से आधिकारिक रूप से हटने का फैसला किया है. यह समझौता दोनों देशों के बीच वर्ष 2000 में हस्ताक्षरित हुआ था और 2011 में लागू हुआ था. इसका उद्देश्य शीत युद्ध के समय के बचे हुए हथियार-योग्य प्लूटोनियम के विशाल भण्डार को कम करना था, जिसके तहत् दोनों देशों को 34-34 मीट्रिक टन प्लूटोनियम को सुरक्षित रूप में नष्ट करना या बदलना था. गौरतलब है कि 2016 में रूस ने इसे निलम्बित कर दिया था, पर अब अक्टूबर 2025 में रूसी संसद (स्टेट ड्यूमा) ने इसका औपचारिक रूप से अन्त कर दिया.

विश्व परिदृश्य

✍ डॉ. अरुणोदय बाजपेयी

भारत और ब्रिटेन—नई साझीदारी की ओर

भारत व ब्रिटेन के बीच वैसे तो ऐतिहासिक सम्बन्ध रहे है, लेकिन वर्तमान में कतिपय अनुकूल परिस्थितियों के कारण दोनों देशों के बीच बहुआयामी सम्बन्धों का तेजी से विकास हो रहा है. 8-9 अक्टूबर, 2025 को ब्रिटेन प्रधानमंत्री कीर स्टार्मर ने लगभग 125 प्रतिनिधिमण्डल के साथ भारत की यात्रा की. इससे पूर्व भारत के प्रधानमंत्री नरेन्द्र मोदी ने 23-24 जुलाई 2025 को ब्रिटेन की सरकारी यात्रा की थी. इस यात्रा के दौरान भारत व ब्रिटेन ने ऐतिहासिक मुक्त व्यापार समझौते पर हस्ताक्षर किए, जिसे आधिकारिक तौर पर व्यापक आर्थिक और व्यापार समझौता (Comprehensive Economic and Trade Agreement–CETA) कहा जाता है. इससे साथ ही ब्रिटेन, भारत के साथ मुक्त व्यापार समझौता करने वाला यूरोप का पहला देश बन गया है. यह तथ्य महत्वपूर्ण है, क्योंकि भारत व यूरोपीय यूनियन के बीच 2008 से मुक्त व्यापार समझौते की वार्ताएँ चल रही हैं, लेकिन अभी तक यह समझौता सम्पन्न नहीं हो पाया था. यद्यपि मार्च 2024 में भारत व चार देशों के समूह यूरोपीय मुक्त व्यापार संघ के बीच मुक्त व्यापार समझौता सम्पन्न हुआ था, लेकिन इस संघ में यूरोप के चार छोटे देश (स्विट्जरलैण्ड, लिकटेंस्टीन, नॉर्वे तथा आइसलैण्ड) ही शामिल है तथा यह संघ है, एक देश नहीं है. इस प्रकार भारत के साथ मुक्त व्यापार समझौता करने वाला पहला देश ब्रिटेन ही है. श्री मोदी की इसी ब्रिटिश यात्रा के दौरान दोनों देशों ने विजन 2035 नामक दस्तावेज को अन्तिम रूप दिया जो अगले एक दशक के लिए दोनों देशों के बीच सामरिक साझेदारी को मजबूत करने का रोडमैप प्रस्तुत करता है.

दोनों के सम्बन्धों में उक्त गतिशीलता वर्तमान में विद्यमान कतिपय अनुकूल परिस्थितियों का परिणाम है. ब्रिटेन 1973 से ही यूरोपीय संघ का सदस्य रहा है तथा यूरोप की सबसे बड़ी अर्थव्यवस्था भी रहा है, लेकिन 1990 में जर्मनी, के एकीकरण के बाद धीरे-धीरे जर्मनी यूरोप की सबसे बड़ी अर्थव्यवस्था बन गया है. इस पृष्ठभूमि में अपनी अलग राह खोजने के लिए ब्रिटेन 2016 में यूरोपीय संघ से अलग हो गया. इसके बाद से ही ब्रिटेन नए बड़े निवेश व व्यापार साझीदारों की तलाश कर रहा है. अमेरिका के साथ ब्रिटेन के घनिष्ठ व्यापारिक व सामरिक सम्बन्ध है, लेकिन ट्रम्प की अनिश्चितताभरी नीतियाँ ब्रिटेन में भी चिन्ता उत्पन्न कर रही है. उधर भारत भी अमेरिका की मनमानी टैरिफ नीतियों से परेशान है. अमेरिका ने भारत से अमेरिका में आयात होने वाली वस्तुओं पर 50 प्रतिशत टैक्स लगा दिया है, जबकि भारत व अमेरिका के बीच गत तीन दशकों से घनिष्ठ सम्बन्ध रहे हैं. अमेरिका द्वारा भारत के विरुद्ध लगाया गया 50 प्रतिशत शुल्क उसके द्वारा लगायी गई टैरिफ दरों में सबसे अधिक है. इसमें से 25 प्रतिशत टैरिफ तो केवल इसलिए लगाया गया है कि भारत रूस से तेल का आयात कर रहा है, जबकि अमेरिका व यूरोप के कई देश भी रूस से तेल सहित कई वस्तुओं का आयात कर रहे है. भारत रूस से तेल न खरीदने की अमेरिका की शर्त को मानने के लिए तैयार नही है. इसीलिए भारत व अमेरिका के बीच गत 6 महीनों से लम्बित व्यापार समझौता सम्पन्न नहीं हो सका है. कुल मिलाकर ऐसी स्थिति में भारत भी अपने निर्यात व उच्च तकनीकी सहयोग के लिए नए साझीदारों की तलाश कर रहा है. इस प्रकार दोनों ओर से अनुकूल परिस्थितियों के कारण ही भारत व ब्रिटेन के बीच आसानी से मुक्त व्यापार समझौता सम्पन्न हो सका है.

प्रधानमंत्री मोदी की ब्रिटेन यात्रा

ब्रिटिश प्रधानमंत्री के आमंत्रण पर भारत के प्रधानमंत्री मोदी ने 23-24 जुलाई 2025 को 2 दिन की ब्रिटिश यात्रा सम्पन्न की. यह प्रधानमंत्री मोदी की चौथी ब्रिटेन यात्रा थी. यात्रा के दौरान मोदी व ब्रिटिश प्रधानमंत्री कीर स्टार्मर के बीच आपसी लाभ के महत्वपूर्ण द्विपक्षीय, क्षेत्रीय तथा वैश्विक विषयों पर विचारों का आदान-प्रदान हुआ. दोनों नेताओं ने इस अवसर व्यापक सामरिक साझेदारी (Comprehensive Strategic Partnership) की प्रगति का भी मूल्यांकन किया. इस साझेदारी में व्यापार तथा निवेश, तकनीकी तथा नवोन्मेष, सुरक्षा तथा प्रतिरक्षा, स्वास्थ्य, शिक्षा, जलवायु परिवर्तन तथा जनता के बीच सम्पर्क आदि पर विशेष फोकस किया गया है. प्रधानमंत्री मोदी की इस ब्रिटेन यात्रा की महत्वपूर्ण उपलब्धियाँ निम्नलिखित हैं–

व्यापक आर्थिक और व्यापार समझौता (Comprehensive Economic and Trade Agreement–CETA)

मोदी की इस यात्रा की सबसे बड़ी उपलब्धि भारत तथा ब्रिटेन के बीच सम्पन्न ऐतिहासिक मुक्त व्यापार समझौता है. 3 वर्ष की गहन बातचीत के बाद 6 मई, 2025 को इस समझौते को अन्तिम रूप दिया गया था. मोदी की यात्रा के दौरान इस समझौते पर हस्ताक्षर किए गए थे. इस समझौते के महत्वपूर्ण बिन्दु निम्नलिखित हैं–

1. इस समझौते में कुल 26 अध्याय है, जिनमें समझौते में शामिल सभी प्रमुख प्रावधानों जैसे—वस्तुओं व सेवाओं का व्यापार, रूल्स ऑफ ओरिजन, बौद्धिक सम्पदा, डिजिटल तथा वित्तीय सेवाएँ, कार्मिकों का आदान-प्रदान, पर्यावरण, श्रम नियम आदि के विषय में स्पष्ट रूप से उल्लेख किया गया है.
2. इस समझौते के अन्तर्गत भारत से ब्रिटेन को होने वाला 99 प्रतिशत निर्यात जीरो शुल्क वाला अर्थात् शुल्क मुक्त होगा. इससे भारत की कई वस्तुओं जैसे—टेक्सटाइल, समुद्री उत्पाद, लेदर वस्तुएँ, खेलकूद का सामान, खिलौने, रत्न तथा गहने, इंजीनियरिंग उत्पाद, आटो पार्टस आदि के निर्यात में वृद्धि होगी. इससे अमेरिका में भारतीय निर्यात पर लगे प्रतिबन्धों से होने वाले नुकसान की कुछ हद तक भरपाई हो सकेगी. दूसरी तरफ ब्रिटेन से भारत आने वाली 90 प्रतिशत वस्तुओं पर कोई शुल्क नहीं लगेगा. ब्रिटेन की महँगी वस्तुओं जैसे—स्काच व्हिस्की पर वर्तमान में लगने वाला 150 प्रतिशत टैक्स अगले 10 वर्षों में घटा. कर 40 प्रतिशत कर दिया जाएगा. इसी प्रकार ब्रिटेन की कारों में वर्तमान में भारत में लगने वाला 100 प्रतिशत टैक्स घटकर 10 प्रतिशत रह जाएगा. अतः ये वस्तुयें भारतीय बाजार में सस्ती हो जाएगी. ब्रिटेन से भारत आने वाली अन्य वस्तुएँ जैसे मेडिकल उपकरण, दवाएँ, हवाई जहाज के पार्टस तथा इलेक्ट्रॉनिक वस्तुयें

पूरी तरह से शुल्क मुक्त होंगी. इससे ब्रिटेन को अपनी वस्तुओं के लिए भारत का एक बड़ा बाजार मिल जाएगा. इस प्रकार से यह मुक्त व्यापार समझौता दोनों देशों के लिए लाभकारी है.

3. इस समझौते में भारत से ब्रिटेन जाने वाले व्यवसायिक कार्मिकों को भी सुविधाजनक बनाया गया है. यह भारत की एक प्रमुख माँग थी. इन व्यवसायिक कार्मिकों में कई तरह के कार्मिक शामिल हैं, जैसे–संविदा आधार पर सेवा प्रदाता, कम्पनियों के कर्मचारी, योग शिक्षक, संगीतकार तथा अन्य सेवा प्रदाता.

4. **दोहरा योगदान अभिसमय The Double Contributions Convention (DCC)**–मुक्त व्यापार समझौते की एक पूरक सन्धि की रूप में भारत व ब्रिटेन द्वारा दोहरे योगदान अभिसंयम पर भी हस्ताक्षर किए गए हैं. इसका सम्बन्ध एक देश से दूसरे के देश में काम करने वाले कार्मिकों द्वारा सामाजिक सुरक्षा हेतु कार्मिकों द्वारा जमा की जाने वाली धनराशि से है. उदाहरण के लिए, यदि कोई भारतीय कार्मिक अस्थायी रूप से ही ब्रिटेन में कार्यरत है, तो उसे सामाजिक सुरक्षा के लिए प्रतिमाह एक निश्चित धनराशि जमा करना अनिवार्य है. काम समाप्त होने के बाद कार्मिक के वापस आने पर भी उक्त धनराशि कार्मिक को नहीं प्राप्त होती है. इस समस्या का समाधान करने के लिए ही इस सन्धि पर हस्ताक्षर किए गए हैं. नई सन्धि के अन्तर्गत अब ब्रिटेन में काम पर जाने वाले 3 वर्ष से कम अवधि वाले अस्थायी कामगारों को सामाजिक सुरक्षा के रूप में ब्रिटेन में कोई धनराशि नहीं जमा करनी होगी. यही शर्त ब्रिटेन से भारत में काम करने वाले कार्मिकों पर भी लागू होगी. इस सन्धि से भारतीय कार्मिकों को बड़ी राहत मिलेगी, क्योंकि उन्हें सामाजिक सुरक्षा के नाम पर ब्रिटेन में एक बड़ी धनराशि देनी होती थी.

5. यह भी उल्लेखनीय है कि इस मुक्त व्यापार समझौते के अन्तर्गत भारत से ब्रिटेन जाने वाले कार्मिकों के लिए ब्रिटेन द्वारा वीजा नियमों में शिथिलता प्रदान की गई है तथा भारत की शैक्षणिक व अन्य व्यवसायिक योग्यताओं को मान्यता प्रदान की गई है. इससे भारत के कुशल कार्मिकों को ब्रिटेन में काम करने में सुविधा होगी.

6. एक महत्वपूर्ण बात यह है कि ब्रिटेन ने भारत की शर्त को मानते हुए कृषि क्षेत्र को इस मुक्त व्यापार समझौते से अलग रखा है. इसका तात्पर्य यह है कि कृषि उत्पादों के आयात-निर्यात पर लगने वाले शुल्क पर इस समझौते को कोई प्रभाव नहीं होगा. यह भारत के लिए महत्वपूर्ण है, क्योंकि भारत की 40 प्रतिशत आबादी अब भी अपनी जीविका के लिए कृषि पर निर्भर है.

7. मुक्त व्यापार समझौते से दोनों देशों के बीच व्यापार व निवेश में इजाफा होगा. वर्तमान में अर्थात् 2024 में भारत व ब्रिटेन के बीच 43 बिलियन पाउण्ड का द्विपक्षीय व्यापार होता था, जिसमें भारत का निर्यात 25 बिलियन तथा आयात 17 बिलियन पाउण्ड है. अनुमान है कि इस मुक्त व्यापार समझौते के बाद 2030 तक दोनों देशों के बीच व्यापार 75 बिलियन तक पहुँच जाएगा. ब्रिटेन ने 2024 तक भारत में 19 बिलियन पाउण्ड का निवेश किया है. दूसरी तरफ भारत की 971 कम्पनियाँ ब्रिटेन में कार्यरत है, जिनमें लगभग 1 लाख कार्मिक कार्यरत हैं. इसी तरह ब्रिटेन की 667 कम्पनियाँ भारत में कार्यरत है, जिनमें लगभग 5 लाख लोगों को रोजगार प्राप्त है. मुक्त व्यापार समझौते के बाद दोनों देशों के बीच निवेश व रोजगार में भी बढ़ोतरी होगी.

भारत-ब्रिटेन विजन 2035

मोदी की ब्रिटेन यात्रा की दूसरी महत्वपूर्ण उपलब्धि दोनों देशों द्वारा अगले एक दशक में सामरिक सम्बन्धों के विकास के लिए रोडमैप तैयार किया जाना है, जिसे भारत-ब्रिटेन विजन 2035 के नाम से जाना जाता है. इस विजन के द्वारा दोनों देशों के सम्बन्धों में निहित पूरी क्षमताओं के विकास का प्रयास किया गया है. इसके अन्तर्गत दोनों देशों ने आपसी विकास, सम्पन्नता, तथा वैश्विक विकास के लिए अपनी प्रतिबद्धता व्यक्त की है. इस विजन में पाँच स्तम्भ है, जिनका संक्षिप्त विवरण नीचे दिया जा रहा है–

(अ) **आर्थिक विकास**–इसमें दोनों देशों में आर्थिक विकास तथा रोजगार सृजन पर जोर दिया गया है. हाल में किए गए मुक्त व्यापार समझौते से इस लक्ष्य को प्राप्त करने में मदद मिलेगी. इसके साथ ही दोनों देशों ने अलग से द्विपक्षीय निवेश समझौते पर हस्ताक्षर करने की प्रतिबद्धता व्यक्त की है. निवेश समझौते से निवेश बढ़ाने तथा रोजगार सृजन को गति प्राप्त होगी. विजन 2035 के आर्थिक लक्ष्यों को प्राप्त करने के लिए दोनों देशों ने शोध व नवोन्मेष को बढ़ावा देने तथा नए क्षेत्रों जैसे–क्लीन इनर्जी, क्रिएटिव सेवाएँ, वित्तीय सेवाएँ आदि में सहयोग का विस्तार करने पर बल दिया है.

(ब) **तकनीकी तथा नवोन्मे**–दोनों देशों ने नई व विकासशील तकनीकों के विकास तथा उसमें सहयोग पर बल दिया. इसमें ए. आई., भविष्य की संचार तकनीकें, सेमीकण्डक्टर, क्रिटिकल मिनरल्स का विकास, क्वांटम तकनीकी तथा जैव-तकनीकी आदि शामिल है. नई तकनीकी के विकास तथा उनमें आपसी सहयोग व प्रयोग से विजन 2025 के लक्ष्यों को प्राप्त करने में मदद मिलेगी.

(स) **प्रतिरक्षा व सुरक्षा**–प्रतिरक्षा तथा सुरक्षा दोनों अलग-अलग विचार है. प्रतिरक्षा का सम्बन्ध सैनिक साधनों के प्रयोग की योजना व तैयारी से देश की भौतिक रक्षा करना है. इसके विपरीत सुरक्षा एक व्यापक धारणा है जिसमें सैनिक सुरक्षा के साथ-साथ मानवीय सुरक्षा, आर्थिक सुरक्षा, साइबर सुरक्षा आदि अनेक पहलू शामिल हैं. भारत व ब्रिटेन ने विजन 2035 में इस बात पर जोर दिया गया है कि दोनों देशों के बीच प्रतिरक्षा सहयोग बढ़ने से अन्तर्राष्ट्रीय सुरक्षा माहौल में सकारात्मक बदलाव आएगा. इस सम्बन्ध में दोनों देशों ने सेनाओं के बीच सहयोग बढ़ाने तथा प्रतिरक्षा क्षमताओं की बढ़ोतरी में सहयोग करने पर बल दिया.

(द) **जलवायु पविर्तन तथा क्लीन इनर्जी**–जलवायु परिवर्तन की चुनौती तथा उससे निपटने के लिए क्लीन इनर्जी का विकास आज सम्पूर्ण विश्व के लिए सबसे बड़ी प्राथमिकता है. दोनों देशों ने विजन 2035 दस्तावेज के अन्तर्गत क्लीन इनर्जी के विकास के क्षेत्र में सहयोग बढ़ाने पर बल दिया. इससे दोनों देशों को अपने जलवायु परिवर्तन लक्ष्यों को प्राप्त करने में मदद मिलेगी. इसके साथ ही इससे दोनों देशों में क्लीन इनर्जी के क्षेत्र में निवेश बढ़ाने तथा रोजगार सृजन के नए अवसर प्राप्त होंगे. इससे दोनों देशों के बीच नई जलवायु साझेदारी का विकास होगा.

(य) **शिक्षा तथा कौशल**–शिक्षा तथा कौशल भारत व ब्रिटेन के साझा विजन 2025 का पाँचवाँ स्तम्भ है. दोनों देशों ने इस बात पर सहमति व्यक्त की कि दोनों के बीच शिक्षा व संस्कृति का दीर्घकालीन आदान-प्रदान उनकी समृद्ध साझेदारी का महत्वपूर्ण आधार है. दोनों देश इस क्षेत्र में सहयोग को

बढ़ाने के साथ सहयोग के नए अवसरों की तलाश करने तथा नई तकनीकों में शोध व कौशल विकास को बढ़ावा देने में सहयेाग करेंगे. इससे दोनों देशों में कुशल तथा अग्रिम सोच से युक्त मानव संसाधनों का विकास होगा, जो जीवंत विकास में अपना योगदान देगा. इसके अन्तर्गत दोनों देश एक-दूसरे के यहाँ विश्वविद्यालयों के कैम्पसों की स्थापना को बढ़ावा देंगे.

ब्रिटिश प्रधानमंत्री की भारत यात्रा, अक्टूबर 2025

भारत व ब्रिटेन के बीच हस्ताक्षरित मुक्त व्यापार समझौते को यथाशीघ्र लागू करने तथा उसके लिए उचित वातावरण तैयार करने के लिए ब्रिटिश प्रधानमंत्री कीर स्टार्मर ने 8-9 अक्टूबर, 2025 को 2 दिन की भारत की यात्रा की. उनके साथ लगभग 125 लोगों का प्रतिनिधिमण्डल भी साथ आया, जिसमें उद्योगपति तथा संस्कृति व शिक्षा से जुड़े व्यवसायी व अधिकारी शामिल थे. उन्होंने भारत की आर्थिक राजधानी मुम्बई में विभिन्न भारतीय समूहों से विचार-विमर्श किया. बाद में मुम्बई में ही भारतीय प्रधानमंत्री मोदी के साथ उनकी द्विपक्षीय वार्ताएँ भी सम्पन्न हुई. इस अवसर पर दोनों देशों के बीच 12 सहमति-पत्रों व समझौतों तथा एक संयुक्त वक्तव्य पर हस्ताक्षर भी किए गए. कीर स्टार्मर ने पहलगाम आतंकवादी हमले की कड़ी निन्दा की तथा मोदी ने ब्रिटेन में खालिस्तानी उग्रवाद की रोकथाम का मुद्दा भी उठाया. इस अवसर पर दोनों देशों ने सहमति व्यक्त की कि वे शीघ्र ही मुक्त व्यापार समझौते की पुष्टि की प्रक्रिया को पूरा कर 2026 में इसे क्रियान्वित कर देंगे. स्टार्मर ने कहा कि ब्रिटेन के 9 विश्वविद्यालय भारत में अपने कैम्पस स्थापित करेंगे. दोनों देशों ने माना कि उनकी साझीदारी विश्व की वर्तमान अस्थिरता में विकास का नया मार्ग खोलेगी.

निष्कर्ष

भारत व ब्रिटेन के बीच ऐतिहासिक सम्बन्ध रहे हैं. भारत में ब्रिटिश उपनिवेशवाद के बावजूद भी दोनों देशों ने 1947 के बाद भी अपने सम्बन्धों को नई दिशा देने का प्रयास किया है. इसी का परिणाम था कि 1949 में ब्रिटेन ब्रिटिश कॉमनवेल्थ नामक संगठन का नाम बदलने के लिए तैयार हो गया तथा कॉमनवेल्थ में भारत ने अपनी सदस्यता बनाए रखी. शीत युद्ध काल में ब्रिटेन पश्चिमी गुट का महत्वपूर्ण सदस्य था तथा भारत गुटनिरपेक्षता की नीति पर चल रहा था अतः दोनों देशों के बीच सामरिक सम्बन्धों का विकास नहीं हो पाया. शीत युद्ध की समाप्ति के बाद दोनों देशों के बहुआयामी सम्बन्धों को नई दिशा प्राप्त हुई है. वर्ष 2021 में दोनों देशों ने अपने सम्बन्धों को व्यापक सामरिक साझेदारी के स्तर तक उठाने का निर्णय लिया तथा उसे नई दिशा देने के लिए भारत-ब्रिटेन 2030 रोडमैप भी तैयार किया. जुलाई 2024 में दोनों देशों ने उभरती तकनीकी के क्षेत्र में सहयोग बढ़ाने के लिए एक महत्वपूर्ण योजना लागू की जिसे भारत-ब्रिटेन टेक्नोलॉजी सिक्योरिटी इनिशिएटिव (India-UK Technology Security Initiative-TSI) के नाम से जाना जाता है. इसके अन्तर्गत दोनों देश उभरती हुई तथा क्रिटिकल तकनीकी के क्षेत्र में शोध तथा सहयोग को बढ़ावा देंगे. इसमें दोनों देशों ने फ्यूचर टेलिकॉम के नाम से संचार में शोध की एक महत्वाकांक्षी साझा स्कीम भी आरम्भ की है.

वर्ष 2025 में नए मुक्त व्यापार समझौते के बाद दोनों देशों के बीच व्यापार व निवेश में बढ़ोतरी होगी तथा विजन 2025 के लक्ष्यों को प्राप्त किया जा सकेगा. भारत व ब्रिटेन की साझेदारी का भविष्य उज्ज्वल है, क्योंकि आर्थिक व तकनीकी दृष्टि से दोनों की अर्थव्यस्थाएँ एक-दूसरे की पूरक हैं तथा दोनों देशों के बीच विवाद का कोई बिन्दु नहीं है.

शंघाई सहयोग संगठन शिखर सम्मेलन

शंघाई सहयोग संगठन (Shanghai Cooperation Organization–SCO) का 25वाँ शिखर सम्मेलन 31 अगस्त–1 सितम्बर, 2025 को चीन के शहर तियानजिन में सम्पन्न हुआ. इस सम्मेलन में अन्य सदस्य देशों के शासनाध्यक्षों विशेषकर रूस के राष्ट्रपति पुतिन व चीन के राष्ट्रपति शी जिनपिंग के साथ भारतीय प्रधानमंत्री नरेन्द्र मोदी ने भी भाग लिया. शंघाई सहयोग संगठन सेण्ट्रल एशिया का एक क्षेत्रीय संगठन है, जो इस क्षेत्र में सुरक्षा, आर्थिक विकास तथा सदस्य देशों के मध्य पारस्परिक सहयोग बढ़ाने के लिए कार्यरत है. कतिपय विद्वान शंघाई सहयोग संगठन को यूरेशिया का भी क्षेत्रीय संगठन मानते हैं, क्योंकि सेण्ट्रल एशिया का उत्तरी भाग यूरेशिया में भी शामिल है. शंघाई सहयोग संगठन के शिखर सम्मेलन प्रति वर्ष होते हैं. वैसे तो कई बार ये सम्मेलन सदस्य देशों के लिए आम बात है, लेकिन 2025 का सम्मेलन वर्तमान वैश्विक सामरिक परिस्थितियों के कारण खास हो गया है. इन सामरिक परिस्थितियों को समझना आवश्यक है. सम्मेलन से पूर्व अमेरिका के राष्ट्रपति ट्रम्प ने अमेरिका में भारत से आयात होने वाली वस्तुओं पर 50 प्रतिशत आयात शुल्क लगाने की घोषणा की थी. इसमें से 25 प्रतिशत विशेष शुल्क यह आरोप लगाते हुए लगाया गया है कि भारत रूस से बड़ी मात्रा में तेल खरीद रहा है. इस तेल के बेचने से रूस को आय होती है तथा वह इस आय से यूक्रेन में युद्ध लड़ रहा है, जोकि अमेरिका की नजर में गलत है. अमेरिका तथा यूरोप के देशों ने रूस के विरुद्ध आर्थिक तथा सैनिक प्रतिबन्ध लगा रखे हैं. इस प्रकार अमेरिका ने, जोकि भारत का सामरिक सहयोगी भी है, भारत को आर्थिक रूप से दण्डित करने का प्रयास किया है. उक्त पृष्ठभूमि में भारत पर दबाव यह था कि वह रूस के साथ अपना आर्थिक लेद-देन बन्द करे. इन विपरीत स्थितियों के बीच भारतीय प्रधानमंत्री ने शंघाई सहयोग संगठन में भाग लेकर तथा सम्मेलन के दौरान पुतिन की उपस्थिति में रूस से अपने घनिष्ठ सम्बन्धों का सन्देश दिया तथा यह बताने का प्रयास किया कि भारत किसी बाहरी देश के दबाव में आकर रूस से अपने सम्बन्ध खराब नहीं करेगा. इसी के साथ भारत ने चीन के साथ अपने सम्बन्धों को तेजी से सुधारने का प्रयास करके यह संकेत दिया कि भारत के पास अमेरिका के अलावा निवेश तथा व्यापार के अन्य विकल्प भी है. इस पूरे सम्मेलन में मोदी, पुतिन तथा शी जिनपिंग की नई आपसी समझ की झलक लगातार दिखाई देती रही. इस सामरिक सन्देश के कारण 2025 का शंघाई सहयोग संगठन का तियानजिन शिखर सम्मेलन अत्यधिक सफल माना जा रहा है.

शंघाई सहयोग संगठन शिखर सम्मेलन, 2025

शंघाई सहयोग संगठन का 25वाँ शिखर सम्मेलन 31 अगस्त-1 सितम्बर, 2025 को चीन के शहर तियानजिन में सम्पन्न हुआ. इस सम्मेलन में सदस्य देशों के नेताओं ने आपसी हित के क्षेत्रीय व वैश्विक मुद्दों पर व्यापक विचार-विमर्श किया. सम्मेलन में कुल 24 दस्तावेजों को आम सहमति से स्वीकार किया गया, जिनमें सबसे प्रमुख है–तियानजिन घोषणापत्र. अन्य महत्वपूर्ण दस्तावेज हैं–अगले दशक के लिए शंघाई सहयोग संगठन विकास रणनीति : 2026-2035, द्वितीय विश्व युद्ध की समाप्ति तथा यू. एन. की

स्थापना की 80वीं वर्षगाँठ पर वक्तव्य, एण्टी-ड्रग केन्द्र की स्थापना पर शंघाई सहयोग संगठन का समझौता तथा शंघाई सहयोग संगठन के सदस्य देशों की सुरक्षा चुनौतियों हेतु केन्द्र की स्थापना का समझौता आदि.

तियानजिन घोषणा-पत्र

उक्त सभी दस्तावेजों में सबसे महत्वपूर्ण दस्तावेज तियानजिन घोषणापत्र है, जिससे शंघाई सहयोग संगठन के वर्तमान कार्यक्रमों तथा भविष्य की योजनाओं का पता चलता है. इस दस्तावेज में विषयों के आधार पर पाँच भाग शामिल है–

भाग एक–वैश्विक मामले

वैश्विक मामलों में इस सम्मेलन की निम्नलिखित बातें महत्वपूर्ण हैं–

1. शंघाई सहयोग संगठन के नेताओं ने माना कि विश्व की राजनीतिक व आर्थिक व्यवस्था में ऐतिहासिक संक्रमण दिखाई दे रहा है तथा यह व्यवस्था अधिक समावेशी, बहुपक्षीय तथा समतापूर्ण होने की ओर अग्रसर है. इस संक्रमण में देशों के बीच आपसी लाभकारी सहयोग के नए द्वार खुल रहे हैं.
2. इन नई बहुपक्षीय व्यवस्था की स्थापना में यू. एन. की केन्द्रीय भूमिका होगी. अतः नेताओं ने यू. एन. के चार्टर में निहित उद्देश्यों व सिद्धान्तों जैसे अन्तर्राष्ट्रीय कानून तथा देशों की सांस्कृतिक विविधता का सम्मान व समानता तथा आपसी लाभकारी सहयोग आदि के प्रति अपनी प्रतिबद्धता को दोहराया. यू. एन. 2025 में अपनी 80वीं वर्षगाँठ मना रहा है. उल्लेखनीय है कि अमेरिका तथा पश्चिम के देश वर्तमान में विश्व व्यवस्था पर प्रभावी है तथा वे इस प्रकार के किसी बदलाव के प्रति सहमत नहीं होंगे.
3. इस सम्बन्ध में सदस्य देशों के नेताओं ने यू. एन. में आवश्यक सुधारों पर सहमति व्यक्त की, जिससे इसे अधिक प्रतिनिधित्वपूर्ण तथा वर्तमान चुनौतियों का सामना करने में अधिक प्रभावी बनाया जा सके.
4. सदस्य देशों ने इस बात को विशेषतौर पर रेखांकित किया कि प्रत्येक देश को अपने हिसाब से अपने राजनीतिक व आर्थिक विकास का मार्ग खोजने का अधिकार होना चाहिए. उल्लेखनीय है कि चीन व रूस लोकतंत्र व मानवाधिकारों के पश्चिमी मापदण्डों को दूसरों पर थोपे जाने के विरुद्ध है. इस सम्बन्ध में अमेरिका की ओर इशारा करते हुए यह भी कहा गया कि गुटबन्दी पर आधारित विरोधात्मक दृष्टिकोण उचित नहीं है.
5. शंघाई सहयोग संगठन के नेताओं ने यह विश्वास व्यक्त किया कि सदस्य देशों के बीच सहयोग से यूरेशिया में एक नए सुरक्षा ढाँचे की स्थापना हो सकेगी. अतः इस क्षेत्र में शान्ति, स्थिरता व विकास को प्रोत्साहित करने के लिए अगले दशक के लिए शंघाई सहयोग संगठन विकास रणनीति : 2026-35 को स्वीकार किया गया. इस रणनीति में अगले एक दशक में सदस्य देशों के बीच सहयोग के प्रमुख क्षेत्रों तथा इनमें सहयोग की प्रक्रिया का उल्लेख किया गया है.

भाग दो–क्षेत्रीय सुरक्षा मामले

उल्लेखनीय है कि क्षेत्रीय सुरक्षा आरम्भ से ही शघाई सहयोग संगठन का एक प्रमुख विषय रहा है. इस सम्मेलन में इस विषय पर निम्नलिखित फैसले किए गए–

1. सेण्ट्रल एशिया की विशेष सुरक्षा चुनौतियों के आलोक में नेताओं ने आतंकवाद, अलगाववाद, नशीली दवाओं तथा हथियारों के अवैध व्यापार तथा अन्य संगठित अपराधों के मामलों में आपसी सहयोग बढ़ाने पर सहमति व्यक्त की. इस सम्बन्ध में सम्मेलन में दो विशिष्ट दस्तावेजों को स्वीकार किया गया–सुरक्षा चुनौतियों का विश्लेषण करने हेतु नए केन्द्र की स्थापना का दस्तावेज तथा नशीली दवा-रोधी केन्द्र की स्थापना का समझौता. सदस्यों ने इस क्षेत्र में नशीली दवाओं के उपयोग व व्यापार पर गम्भीर चिन्ता व्यक्त की तथा इसे रोकने के लिए 'स्पाइडर वेब' नेटवर्क की स्थापना पर जोर दिया.
2. नेताओं ने आतंकवाद के प्रत्येक स्वरूप को पूरी तरह अस्वीकार्य बताया तथा भारत के पहलगाम तथा पाकिस्तान के जफर एक्सप्रेस आतंकवादी हमले की निन्दा की. इस सम्बन्ध में उज्बेकिस्तान में स्थित शघाई सहयोग संगठन के आतंकवादी रोधी ढाँचे (Regional Anti-Terrorist Structure–RATS) की गतिविधियों की सराहना की गई.
3. गाजा संघर्ष के सम्बन्ध में नागरिकों की बड़ी संख्या में मृत्यु तथा मानवीय संकट पर गहरी चिन्ता व्यक्त की गई. इस सम्बन्ध में सभी नेताओं ने माना कि इजरायल के साथ फिलिस्तीनी राज्य की स्थापना ही इस समस्या का स्थायी समाधान है.
4. सदस्यों ने जून 2025 में इजरायल तथा अमेरिका द्वारा ईरान के विरुद्ध की गई सैनिक कार्यवाही की आलोचना की. सदस्यों ने कहा कि परमाणु सुविधाओं की सुरक्षा अत्यधिक महत्वपूर्ण है. उल्लेखनीय है कि इजरायल व अमेरिका ने ईरान की परमाणु सुविधाओं पर सैनिक कार्यवाही की थी.
5. सदस्यों ने अफगानिस्तान में एक ऐसी व्यवस्था की स्थापना की वकालत की जो आतंकवाद से मुक्त हो तथा जिसमें वहाँ के समाज के सभी वर्गों की भागीदारी हो.

शंघाई सहयोग संगठन–एक संक्षिप्त परिचय

शंघाई सहयोग संगठन की स्थापना सबसे पहले 1996 में 'शंघाई फाइव' के नाम से हुई थी, जिसमें 5 देश–चीन, रूस, कजाखस्तान, किरगिस्तान, तथा उज्बेकिस्तान शामिल थे. 2001 में ताजिकिस्तान ने इसकी सदस्यता ग्रहण की. तत्पश्चात 2001 में ही इसका नाम बदलकर 'शंघाई सहयोग संगठन' कर दिया गया तथा उसी वर्ष इसके चार्टर को भी स्वीकार किया गया.

2017 में भारत तथा पाकिस्तान इसके सदस्य बने. 2023 में भारत में सम्पन्न हुए शंघाई सहयोग संगठन के शिखर सम्मेलन के दौरान ईरान को सदस्यता प्रदान की गई. भारत ने केवल एक बार ही शंघाई सहयोग संगठन का सम्मेलन आयोजित किया है. इसके बाद 2024 में बेलारूस शंघाई सहयोग संगठन का दसवाँ सदस्य बना. इस प्रकार वर्तमान में इसके 10 पूर्णकालिक सदस्य देश है.

आरम्भ में शंघाई सहयोग संगठन में केवल क्षेत्रीय सुरक्षा के विषयों पर विचार-विमर्श किया जाता था. 2001 के बाद इसके उद्देश्यों का विस्तार हुआ तथा इसमें आर्थिक तथा अन्य मामलों में भी सहयेाग को भी शामिल किया गया. वर्तमान में शंघाई सहयोग संगठन वास्तव में सेण्ट्रल एशिया का सबसे प्रमुख तथा एकमात्र प्रभावी संगठन है. इसके द्वारा क्षेत्रीय विकास, शान्ति तथा स्थिरता के साथ-साथ सदस्यों के बीच सहयोग को भी बढ़ावा दिया जा रहा है. शंघाई सहयोग संगठन तथा ब्रिक्स दोनो ही पश्चिमी देशों के प्रभुत्व वाली विश्व व्यवस्था के स्थान पर एक बहुपक्षीय तथा नियम आधारित समावेशी व्यवस्था की स्थापना के लिए प्रयासरत है.

6. नेताओं ने साइबर सुरक्षा के बढ़ते खतरे पर चिन्ता व्यक्त की तथा कहा कि इस चुनौती का समाधान करने में यू. एन. की केन्द्रीय भूमिका होनी चाहिए तथा सदस्यों में आपसी सहयोग को बढ़ाया जाना चाहिए.

भाग तीन–आर्थिक साझेदारी तथा सम्पर्कता

इस सम्बन्ध में तियाजिन घोषणापत्र के महत्वपूर्ण बिन्दु निम्नलिखित हैं–

1. भारत को छोड़कर सभी सदस्य देशों ने चीन की महत्वाकांक्षी सम्पर्कता परियोजना बी. आर. आई. का समर्थन किया. भारत ने बी. आर. आई. का समर्थन इसलिए नहीं किया कि इसकी एक परियोजना, चीन-पाकिस्तान आर्थिक गलियारा (China-Pakistan Economic Corridor–CPEC) भारत के क्षेत्र से गुजरता है जिसे भारत में पाक अधिकृत जम्मू-कश्मीर के नाम से जाना जाता है. इस सम्बन्ध में भारत का दृष्टिकोण यह है कि सम्पर्कता परियोजनाओं के क्रियान्वयन में दूसरे देशों की क्षेत्रीय अखण्डता व सम्प्रभुता का सम्मान किया जाना आवश्यक है.
2. इस सम्मेलन में सदस्य देशों के बीच आर्थिक सहयोग को नई दिशा देने के लिए एक 'वृहत्तर यूरेशियन साझेदारी' फ्रेमवर्क पर चर्चा की गई. इस फ्रेमवर्क के अन्तर्गत शंघाई सहयोग संगठन व अन्य क्षेत्रीय संगठनों जैसे–आसियान, यूरेशियन इकोनॉमिक यूनियन आदि के बीच संवाद तथा सहयोग को बढ़ावा मिलेगा.
3. नेताओं ने वैश्विक आर्थिक रिकवरी, वैश्विक आपूर्ति शृंखला तथा जीवंत आर्थिक विकास में शंघाई सहयोग संगठन क्षेत्र की सकारात्मक भूमिका पर प्रकाश डाला.
4. सभी सदस्यों ने वैश्विक अर्थव्यवस्था के शासन में सुधार की वकालत की, ताकि इसे अधिक खुला, न्यायपूर्ण, समावेशी तथा नियम आधारित बनाया जा सके. सभी ने माना कि अमेरिका द्वारा कई देशों के विरुद्ध एकतरफा टैरिफ लगाने की घोषणा विश्व व्यापार संगठन के नियमों का खुला उल्लंघन है. इस सम्बन्ध में सदस्य देशों ने आपस में नियम आधारित बहुपक्षीय व्यापार की एक पृथक् प्रणाली अपनाने का समर्थन किया.
5. शंघाई सहयोग संगठन के नेताओं ने ई-कॉमर्स, डिजिटल व्यापार ढाँचे के विकास तथा विकसित व विकासशील देशों के बीच डिजिटल असमानता को कम करने में सहयोग बढ़ाने पर सहमति व्यक्त की.
6. सदस्यों ने शंघाई सहयेाग संगठन के विज्ञान व तकनीकी तथा इनोवेशन क्लस्टर कार्यक्रम को मजबूत करने पर बल दिया तथा भविष्य में तकनीकी क्षेत्र में सहयोग बढ़ाने का समर्थन किया.
7. नेताओं ने इस क्षेत्र में विकास को गति प्रदान करने के लिए शंघाई सहयोग संगठन विकास बैंक की स्थापना पर सहमति व्यक्त की.
8. इनर्जी क्षेत्र में उन्होंने बढ़ाने पर भी सहमति व्यक्त की गई. उन्होंने वैश्विक इनर्जी मार्केट को भेदभाव रहित बनाने तथा इनर्जी आपूर्ति शृंखला को मजबूत बनाने की माँग की. इस सम्बन्ध में सभी सदस्यों ने इनर्जी के क्षेत्र में 2030 तक आपसी सहयोग बढ़ाने के लिए एक अलग वक्तव्य को भी स्वीकृति प्रदान की.

भाग चार–विज्ञान व तकनीकी तथा शिक्षा

इस भाग में निम्नलिखित बिन्दुओं को शामिल किया गया–

1. सदस्यों ने शिक्षा, विशेषकर डिजिटल कौशल के प्रशिक्षण व व्यवसायिक शिक्षा के क्षेत्र में सहयोग का विस्तार करने पर सहमति व्यक्त की. यह भी तय हुआ कि शिक्षा के इन क्षेत्रों में सदस्य देश निवेश को बढ़ावा देंगे.
2. इसी तरह सदस्यों ने विज्ञान, तकनीकी व नवोन्मेष के क्षेत्र में सहयोग बढ़ाने पर बल दिया तथा इस सम्बन्ध में उन्होंने अलग से एक वक्तव्य भी जारी किया. ए. आई. तकनीकी के सम्बन्ध में सदस्यों ने इसके सुरक्षित उपयोग तथा समावेशी विकास पर बल दिया. ए. आई के क्षेत्र में सहयोग व विकास के लिए सदस्यों ने एक रोडमैप भी स्वीकृत किया तथा ताजिकिस्तान की राजधानी दुशान्बे में सेण्ट्रल एशियन ए. आई. केन्द्र की स्थापना का निर्णय लिया.
3. इसके साथ ही सदस्यों ने आपस में पर्यटन को बढ़ावा देने तथा सांस्कृतिक आदान-प्रदान में सहयोग को गति प्रदान करने पर सहमति व्यक्त की.
4. नेताओं ने पर्यावरण संरक्षण, जैव विविधता के संरक्षण, मरुस्थलीकरण को रोकने तथा पर्वतीय इकोसिस्टम के संरक्षण के क्षेत्र में सहयोग बढ़ाने पर भी सहमति व्यक्त की.

भाग पाँच–अन्तर्राष्ट्रीय क्षेत्र में सहयोग

इस भाग के महत्वपूर्ण बिन्दु निम्नलिखित हैं–

1. नेताओं ने यू. एन. सहित विभिन्न वैश्विक मंचों पर आपसी सहयोग व समन्वय को मजबूत करने पर सहमति व्यक्त की.
2. सम्मेलन में 'पर्यवेक्षक राज्य' तथा 'वार्ताकार साझीदार' देशों की पृथक् श्रेणियों को मिलाकर 'एस. सी. ओ. पार्टनर' नामक एक ही श्रेणी बनाने का निर्णय लिया गया.
3. शंघाई सहयोग संगठन का 26वाँ शिखर सम्मेलन किरगिस्तान में आयोजित करने का निर्णय लिया गया. इस सम्मेलन की थीम होगी–'शंघाई सहयोग संगठन के 25 वर्ष विश्व स्थायित्व, विकास तथा सम्पन्नता के लिये एकजुट'.

निष्कर्ष

शंघाई सहयोग संगठन सेण्ट्रल एशिया का महत्वपूर्ण संगठन है. इस क्षेत्र में भारत के महत्वपूर्ण हित जैसे–आर्थिक हित, सुरक्षा तथा सम्पर्कता के हित निहित हैं. भारत ने पाकिस्तान के साथ 2017 में इस संगठन की सदस्यता ग्रहण की थी, तब से लेकर भारत शंघाई सहयोग संगठन की गतिविधियों में सक्रिय साझेदारी निभा रहा है. 2018 के शिखर सम्मेलन में भारतीय प्रधानमंत्री मोदी ने SECURE रणनीति का विचार प्रस्तुत किया था, जिसमें प्रत्येक अक्षर के नाम से 6 तत्व शामिल हैं–सिक्योरिटी, इकोनॉमी तथा ट्रेड, कनेक्टिविटी, यूनिटी, रेस्पेक्ट फॉर इन्टीग्रिटी एण्ड सावरेन्टी तथा एनवायरनमेण्ट शामिल हैं.

तियानजिन में हुए 25वें शिखर सम्मेलन में भारतीय प्रधानमंत्री मोदी ने अपने वक्तव्य में आतंकवाद का समाधान करने, सम्पर्कता सुविधाओं का विस्तार करने तथा नए क्षेत्रों जैसे–स्टार्ट अप, नई तकनीकी आदि में आए नए अवसरों में सहयोग बढ़ाने पर बल दिया. उनके वक्तव्य की तीन थीम थी–सुरक्षा, सम्पर्कता तथा अवसर. इसके साथ ही इस सम्मेलन के द्वारा विश्व के तीन प्रमुख नेताओं पुतिन, मोदी तथा शी जिनपिंग ने मिलकर अमेरिका को यह सन्देश देने का प्रयास किया कि विश्व में बदलाव हो रहा है तथा पश्चिमी देशों की प्रभुत्व वाली एकपक्षीय विश्व व्यवस्था के स्थान पर बहुपक्षीय विश्व व्यवस्था का उदय हो रहा है. इसके अलावा इस सम्मेलन में सदस्य देशों में आपसी सहयोग को गति प्रदान करने पर बल दिया. सहयोग के इन विषयों में आर्थिक विकास, सुरक्षा, सम्पर्कता, डिजिटल ढाँचे का विकास तथा ए. आई. आदि प्रमुख हैं. अमेरिका द्वारा एकपक्षीय टैरिफ की घोषणा के कारण प्रतिक्रिया स्वरूप शंघाई सहयोग संगठन के शीर्ष देशों में एक नई एकता व स्फूर्ति का संचार हुआ है.

विभिन्न परीक्षोपयोगी पत्रिकाओं के जिस्ट को प्राप्त करने के लिए स्कैन करें

परीक्षोपयोगी पत्रिकाओं के सार पर आधारित प्रश्नोत्तर

सं.लो.से.आ. और रा.लो.से.आ. की मुख्य परीक्षाओं हेतु

योजना पर आधारित प्रश्नोत्तर

प्रश्न 1. राष्ट्रीय शिक्षा नीति 2020 के अन्तर्गत 'बहु-विषयक शिक्षा' विद्यार्थियों के कॅरियर निर्माण और रोजगार सृजन में किस प्रकार सहायक है ? स्पष्ट कीजिए. (150 शब्द)

उत्तर—राष्ट्रीय शिक्षा नीति 2020 भारत की शिक्षा प्रणाली में एक ऐतिहासिक परिवर्तनकारी पहल है. यह नीति 'बहु-विषयक शिक्षा' की अवधारणा पर आधारित है. इससे शिक्षा का उद्देश्य केवल 'नौकरी खोजने' तक सीमित न रहकर 'रोजगार सृजन' की दिशा में आगे बढ़ना है.

राष्ट्रीय शिक्षा नीति 2020 का योगदान

1. शिक्षा में लचीलापन—राष्ट्रीय शिक्षा नीति 2020 विद्यार्थियों को विभिन्न विषयों का चयन करने की स्वतंत्रता देती है. वे विज्ञान के साथ कला या वाणिज्य के विषय भी पढ़ सकते हैं.

2. बहुआयामी कौशल विकास—यह नीति विद्यार्थियों में केवल अकादमिक ज्ञान ही नहीं बल्कि रचनात्मक सोच, विश्लेषण क्षमता, नेतृत्व, संवाद और नवाचार के गुणों का विकास करती है.

3. रोजगार सृजन की दिशा में कदम—नीति का उद्देश्य केवल 'नौकरी खोजने वाले' नहीं बल्कि 'रोजगार सृजन करने वाले' युवाओं को तैयार करना है.

4. डिजिटल और व्यावहारिक प्रशिक्षण—डिजिटल साक्षरता, कम्प्यूटर कौशल, इंटर्नशिप और प्रोजेक्ट आधारित अध्ययन को शिक्षा का अभिन्न भाग बनाया गया है.

इस प्रकार, राष्ट्रीय शिक्षा नीति 2020 की बहु-विषयक पहल विद्यार्थियों को समग्र शिक्षा, व्यावहारिक कौशल और आत्मनिर्भरता प्रदान कर उन्हें 21वीं सदी के अनुरूप सक्षम नागरिक और सफल कॅरियर निर्माता बनाती है.

प्रश्न 2. "राष्ट्रीय शिक्षा नीति 2020 के आलोक में भारतीय शिक्षा प्रणाली में नवाचार, डिजाइन थिंकिंग और उद्यमिता की भूमिका पर चर्चा कीजिए. यह पहल भारत को ज्ञान-आधारित अर्थव्यवस्था बनने की दिशा में कैसे अग्रसर कर रही है ?" (250 शब्द)

उत्तर—राष्ट्रीय शिक्षा नीति (NEP) 2020 ने भारतीय शिक्षा प्रणाली में एक परिवर्तनकारी दृष्टिकोण प्रस्तुत किया है, जिसका उद्देश्य विद्यार्थियों में आलोचनात्मक सोच, सृजनशीलता, समस्या-समाधान क्षमता और नवाचार भावना का विकास करना है. इसका मुख्य लक्ष्य भारत को नवाचार-आधारित ज्ञान अर्थव्यवस्था में परिवर्तित करना है.

1. नवाचार, डिजाइन थिंकिंग और उद्यमिता के मुख्य तत्व—शिक्षा मंत्रालय द्वारा 'नवाचार, डिजाइन थिंकिंग और उद्यमिता (IDE)' को शिक्षा का अभिन्न अंग बनाया गया है.

- देशभर के विद्यालयों में स्कूल इनोवेशन काउंसिल की स्थापना की गई है.
- 'टीचिंग एण्ड डिजाइन थिंकिंग मॉड्यूल' के माध्यम से शिक्षकों को 21वीं सदी के कौशलों से लैस किया जा रहा है.

2. उच्च शिक्षा में पहलें—30,000 से अधिक उच्च शिक्षण संस्थानों में नवाचार एवं उद्यमिता पारिस्थितिकी तंत्र को सुदृढ़ किया है.

- राष्ट्रीय नवाचार एवं स्टार्टअप नीति (2020) के अन्तर्गत विश्वविद्यालयों में स्टार्टअप संस्कृति को बढ़ावा दिया जा रहा है.

3. पेटेंट फाइलिंग में वृद्धि—पेटेंट फाइलिंग और अनुसंधान-आधारित परियोजनाओं में 247% वृद्धि दर्ज की गई है.

4. विद्यालय स्तर पर प्रभाव—विद्यार्थियों को वास्तविक जीवन की समस्याओं का समाधान खोजने, नए विचार उत्पन्न करने और रचनात्मक सोच विकसित करने के लिए प्रोत्साहित किया जा रहा है.

- स्कूल स्तर पर 20,000 से अधिक 'स्कूल नवाचार परिषदें' गठित की गई हैं.
- ऑनलाइन मॉड्यूल्स के माध्यम से अब 1,30,000 से अधिक विद्यार्थी नवाचार आधारित शिक्षा से जुड़े हैं.

अतः यह पहल पारम्परिक रटंत प्रणाली से हटकर विद्यार्थियों को आत्मनिर्भर, नवाचारी और उद्यमी नागरिक बनाने की दिशा में अग्रसर कर रही है. NEP-2020 के माध्यम से भारत न केवल 'ज्ञान का उपभोक्ता', बल्कि 'ज्ञान का सृजक' बनने की दिशा में आगे बढ़ रहा है, जो 'विकसित भारत 2047' के विजन की मूल आत्मा है.

कुरुक्षेत्र पर आधारित प्रश्नोत्तर

प्रश्न 3. 'मिशन सक्षम आँगनवाड़ी और पोषण 2·0' पहल के मुख्य उद्देश्य क्या हैं ? यह भारत में प्रारम्भिक बाल्यावस्था देखभाल एवं शिक्षा (ECCE) को सशक्त बनाने में किस प्रकार सहायक सिद्ध हो रही है ? (150 शब्द में)

उत्तर—भारत सरकार ने वर्ष 2021 में 'मिशन सक्षम आंगनवाड़ी और पोषण 2·0' की शुरुआत की, जिसका उद्देश्य बच्चों के समग्र विकास हेतु पोषण, स्वास्थ्य, शिक्षा और देखभाल को एकीकृत रूप में प्रदान करना है. यह पहल आँगनवाड़ी केन्द्रों को आधुनिक, सशक्त और तकनीकी रूप से सक्षम बनाने की दिशा में एक महत्वपूर्ण कदम है.

इस मिशन का प्रमुख लक्ष्य जन्म से 6 वर्ष तक के बच्चों के शारीरिक, मानसिक, सामाजिक और भावनात्मक विकास को सुनिश्चित करना है. इसके अन्तर्गत आँगनवाड़ी कार्यकर्ताओं को डिजिटल प्रशिक्षण, खेल-आधारित शिक्षण पद्धति (ECCE) और स्मार्ट मॉनिटरिंग सिस्टम की सुविधा दी जा रही है.

'सक्षम आँगनवाड़ी' मॉडल के तहत् केन्द्रों में बेहतर बुनियादी ढाँचा, स्वच्छ वातावरण, पौष्टिक आहार वितरण, आयुष पद्धतियों का उपयोग और मातृ-शिशु स्वास्थ्य पर विशेष ध्यान दिया जा रहा है.

यह पहल न केवल बच्चों के पोषण और स्वास्थ्य को सुधरती है, बल्कि उन्हें जीवन कौशल, सीखने की क्षमता और आत्मविश्वास प्रदान करती है. इस प्रकार, मिशन सक्षम आँगनवाड़ी और पोषण 2·0 भारत को सशक्त, स्वस्थ और शिक्षित भविष्य की नींव प्रदान करने में महत्वपूर्ण भूमिका निभा रहा है.

प्रश्न 4. "राष्ट्रीय पोषण अभियान के उद्देश्यों, प्रमुख पहलों और भारत में कुपोषण उन्मूलन में इसकी भूमिका पर चर्चा कीजिए." (250 शब्द)

उत्तर—भारत में कुपोषण लम्बे समय से एक गम्भीर चुनौती रही है, जो बच्चों, किशोरियों, गर्भवती और स्तनपान कराने वाली महिलाओं के स्वास्थ्य एवं विकास को प्रभावित करती है. इसी समस्या से निपटने के लिए वर्ष 2018 में राष्ट्रीय पोषण अभियान की शुरुआत की गई. इसका उद्देश्य देश में पोषण स्तर में सुधार करना और कुपोषण, एनीमिया तथा कम जन्म वजन जैसी समस्याओं को कम करना है.

इस अभियान के प्रमुख लक्ष्य हैं—

- बच्चों में बौनेपन की दर को 2% प्रति वर्ष घटाना,
- कम वजन वाले बच्चों की संख्या में 2% की कमी लाना,
- एनीमिया की दर को 3% प्रति वर्ष घटाना और
- कम जन्म वजन वाले शिशुओं की संख्या में कमी करना.

अभियान के अन्तर्गत आँगनवाड़ी सेवाओं का सशक्तिकरण, आईसीडीएस (ICDS) का डिजिटलीकरण, तथा 'पोषण ट्रैकर' एप के माध्यम से लाभार्थियों की निगरानी की व्यवस्था की गई है. इसके अलावा, 'जन आन्दोलन' के माध्यम से समाज के सभी वर्गों पंचायतों, स्कूलों, स्वास्थ्यकर्मियों, स्वयंसेवी संस्थाओं को पोषण जागरूकता से जोड़ा गया है.

प्रति वर्ष सितम्बर माह को 'पोषण माह' के रूप में मनाया जाता है, जिसके दौरान सामुदायिक कार्यक्रमों, स्वस्थ रेसिपी प्रदर्शन, एनीमिया जाँच शिविरों और स्थानीय खाद्य पदार्थों के प्रचार के माध्यम से जागरूकता फैलाई जाती है.

अत: स्पष्ट है कि इस अभियान ने 'सुपोषित भारत, स्वस्थ भारत' की दिशा में एक सशक्त जन-आन्दोलन का रूप लिया है. यह केवल स्वास्थ्य सुधार का कार्यक्रम नहीं, बल्कि सामाजिक व्यवहार परिवर्तन का आन्दोलन है, जो महिलाओं की भागीदारी, सामुदायिक सहयोग और तकनीकी नवाचारों के माध्यम से भारत को कुपोषण-मुक्त और स्वस्थ राष्ट्र बनाने की दिशा में अग्रसर कर रहा है.

डाउन टू अर्थ पर आधारित प्रश्नोत्तर

प्रश्न 5. भारत में सूचना का अधिकार (RTI) कानून को लोकतंत्र की रीढ़ माना जाता है. इस कानून के 20 वर्ष पूरे होने के बाद भी इसके क्रियान्वयन में आई चुनौतियों का विश्लेषण कीजिए. (150 शब्द)

उत्तर—सूचना का अधिकार अधिनियम (RTI) वर्ष 2005 में लागू हुआ था, जिसने नागरिकों को शासन की पारदर्शिता और जवाबदेही से जोड़ने का सशक्त माध्यम प्रदान किया. इसने आम जनता को सरकारी कार्यों पर

निगरानी रखने का अधिकार दिया, परन्तु 20 वर्ष बाद भी इसकी प्रभावशीलता घटती दिख रही है.

मुख्य चुनौतियाँ

1. सूचना आयोगों की कमजोरी—रिपोर्टों के अनुसार सूचना आयोगों में प्रमुख पद खाली हैं, जिससे लाखों आवेदन लम्बित हैं.

2. राजनीतिक इच्छाशक्ति की कमी—सरकारें पारदर्शिता से बचने के लिए आयोगों को कमजोर रखती हैं.

3. डिजिटल डेटा कानून का दुरुपयोग—2023 में पारित डिजिटल पर्सनल डेटा प्रोटेक्शन एक्ट की आड़ में सूचना रोकने की प्रवृत्ति बढ़ी है.

4. RTI कार्यकर्ताओं पर हमले—अब तक लगभग 100 व्हिसलब्लोअर्स की हत्या हो चुकी है.

5. प्रशासनिक उदासीनता—कई विभाग समय पर सूचना नहीं देते या गलत जानकारी भेजते हैं.

निष्कर्षतः रूप में RTI ने लोकतंत्र को सशक्त किया, परन्तु हालिया नीतिगत बदलावों और संस्थागत ढिलाई से इसकी आत्मा कमजोर हो रही है. सरकार को इसे बचाने के लिए पारदर्शिता और जवाबदेही की भावना को पुनः सशक्त करना होगा.

प्रश्न 6. हाल के वर्षों में उत्तर भारत, विशेषकर पंजाब में बाढ़ की घटनाएँ बढ़ी हैं. इसके प्रमुख कारणों का विश्लेषण कीजिए तथा प्रभावी प्रबंधन हेतु उपाय सुझाइए. (250 शब्द)

उत्तर—पंजाब सहित उत्तर भारत में वर्ष 2025 की बाढ़ ने यह स्पष्ट कर दिया कि प्राकृतिक आपदाएँ अब जलवायु परिवर्तन और मानवीय लापरवाही दोनों का परिणाम हैं. पंजाब को जल देने वाली नदियाँ सतलुज, ब्यास, रावी आदि ऊपरी राज्यों में हुई भारी वर्षा से पहले ही अपनी पूर्ण क्षमता पर बह रही थीं. जब अगस्त में रिकॉर्ड-तोड़ मानसून आया, तो बाँधों और नदियों का जलस्तर नियंत्रण से बाहर हो गया.

मुख्य कारण

- **अत्यधिक वर्षा**—अगस्त 2025 में सामान्य से 75 मिमी अधिक वर्षा दर्ज की गई.
- **बाँध प्रबंधन में कमी**—ऊपरी राज्यों ने समय रहते पानी छोड़ने का समन्वय नहीं किया.
- **अवैज्ञानिक भूमि उपयोग**—नदियों के तटों पर निर्माण और खेती ने जल निकासी बाधित की.
- **जलवायु परिवर्तन**—मानसून की अस्थिरता और चरम मौसम घटनाएँ बढ़ रही हैं.

सरकार के प्रयास

- वर्ष 2005 में आपदा प्रबंधन अधिनियम के तहत् एनडीएमए की स्थापना की गई.
- सरकार ने सीडब्ल्यूसी के माध्यम से नदियों के जलस्तर की निगरानी के लिए फ्लड फोरकास्टिंग सिस्टम विकसित किया है.
- बाढ़ से प्रभावित लोगों के लिए राष्ट्रीय आपदा प्रतिक्रिया बल (NDRF) को तैनात किया जाता है.
- कृषि हानि से प्रभावित किसानों को आर्थिक सहायता प्रदान करने हेतु यह योजना लागू की गई है.

अन्य उपाय

- अन्तर-राज्यीय नदी प्रबंधन तंत्र को सशक्त बनाना.
- बाँधों का डिजिटल मॉनिटरिंग और रियल-टाइम चेतावनी प्रणाली विकसित करना.
- नदी क्षेत्र में अवैध अतिक्रमण पर सख्ती.
- सामुदायिक आपदा प्रबंधन और पुनर्वास योजनाओं को स्थानीय स्तर पर लागू करना.

निष्कर्षतः पंजाब की बाढ़ केवल प्राकृतिक नहीं, बल्कि नीतिगत विफलता का द्योतक है. समन्वित जल नीति, वैज्ञानिक योजना और समय पर चेतावनी ही भविष्य की जलप्रलयों से रक्षा कर सकती है.

विज्ञान प्रगति पर आधारित प्रश्नोत्तर

प्रश्न 7. भारत ने हाल ही में सेमीकंडक्टर निर्माण के क्षेत्र में कौनसी महत्वपूर्ण उपलब्धि हासिल की है और यह उपलब्धि भारत के तकनीकी आत्मनिर्भरता अभियान को कैसे आगे बढ़ाएगी ? (150 शब्द)

उत्तर—भारत ने अपना पहला स्वदेशी सेमीकंडक्टर 'विक्रम 32 बिट प्रोसेसर' तैयार कर इतिहास रच दिया. यह उपलब्धि भारत के लिए एक महत्वपूर्ण तकनीकी मील का पत्थर है.

इस चिप को 'सेमीकंडक्टर इंडिया 2025' विजन के तहत् विकसित किया गया है. इसका उद्देश्य भारत को वैश्विक सेमीकंडक्टर विनिर्माण का केन्द्र बनाना और विदेशी निर्भरता को कम करना है.

इस क्षेत्र में भारत ने 10 सेमीकंडक्टर प्लेटफॉर्म शुरू करने की योजना बनाई है. 'विक्रम-3201' चिप भारतीय अन्तरिक्ष अनुसंधान संगठन (ISRO) के रॉकेट और रक्षा तकनीक में उपयोग के लिए बनाई गई है. यह उच्च तापमान, दबाव और कम्पन जैसी परिस्थितियों में भी उत्कृष्ट प्रदर्शन करती है.

सेमीकंडक्टर तकनीक स्मार्टफोन, कम्प्यूटर, उपग्रह, मिसाइल और आर्टिफिशियल इंटेलिजेंस जैसे आधुनिक उपकरणों की रीढ़ है. भारत की यह उपलब्धि न केवल 'मेक इन इंडिया' और 'डिजिटल इंडिया' अभियानों को सशक्त करेगी, बल्कि देश को तकनीकी आत्मनिर्भरता की दिशा

में तेजी से आगे ले जाएगी. यह कदम भारत को वैश्विक इलेक्ट्रॉनिक्स विनिर्माण का प्रमुख केन्द्र बनाने की दिशा में एक बड़ी उपलब्धि है.

प्रश्न 8. भारत में फलों की खेती का आर्थिक संवृद्धि में क्या योगदान है ? इसके महत्व, वर्तमान स्थिति, चुनौतियों और समाधान पर चर्चा कीजिए. (250 शब्द)

उत्तर—भारत जैसे कृषि प्रधान देश में फलों की खेती आर्थिक संवृद्धि का एक महत्वपूर्ण आधार बन चुकी है. यह न केवल किसानों की आय बढ़ाने का माध्यम है, बल्कि ग्रामीण विकास, रोजगार सृजन और निर्यात में भी उल्लेखनीय योगदान देती है.

भारत विश्व का दूसरा सबसे बड़ा फल उत्पादक देश है. आम, केला, अंगूर, सन्तरा और अमरूद जैसे फलों की खेती से कृषि जीडीपी में लगभग 25-30% योगदान मिलता है. फल उत्पादन पारम्परिक फसलों की तुलना में अधिक लाभदायक होने के कारण यह किसानों के लिए आय का स्थायी स्रोत बन गया है. फल प्रसंस्करण उद्योग जैसे—जैम, जेली, जूस और ड्राई फ्रूट ग्रामीण क्षेत्रों में छोटे पैमाने पर उद्योगों को बढ़ावा देते हैं, जिससे रोजगार और उद्यमिता के अवसर बढ़ते हैं.

सरकार ने फलों की खेती को प्रोत्साहन देने के लिए राष्ट्रीय बागवानी मिशन (NHM), प्रधानमंत्री किसान सम्पदा योजना और ई-नाम पोर्टल जैसी योजनाएँ प्रारम्भ की हैं. इन पहलों से आधुनिक तकनीक, विपणन और कोल्ड स्टोरेज की सुविधा किसानों तक पहुँच रही है.

हालाँकि, इस क्षेत्र में कुछ प्रमुख चुनौतियाँ हैं, जैसे—भण्डारण की कमी, विपणन व्यवस्था की कमजोरी, जलवायु परिवर्तन और मूल्य अस्थिरता आदि. इन समस्याओं के समाधान हेतु वैज्ञानिक तकनीकों, ड्रिप सिंचाई, प्रसंस्करण उद्योगों के विस्तार और किसानों के प्रशिक्षण की आवश्यकता है.

अतः स्पष्ट है कि फलों की खेती न केवल पोषण सुरक्षा, बल्कि आर्थिक आत्मनिर्भरता की दिशा में भारत को अग्रसर कर रही है. यदि इसे वैज्ञानिक और नीति आधारित ढंग से आगे बढ़ाया जाए, तो यह भारत की ग्रामीण अर्थव्यवस्था को नई ऊँचाइयों तक पहुँचा सकती है.

सुप्रीम कोर्ट के महत्वपूर्ण निर्णय-सितम्बर 2025

पुलिस स्टेशन में पुलिस अधिकारियों या अन्य व्यक्तियों के समक्ष की गई अतिरिक्त-न्यायिक स्वीकारोक्तियों (Extrajudicial Confessions) पर कोई भरोसा नहीं किया जा सकता

मामले का नाम व सन्दर्भ—नागम्मा @ नागरत्ना एवं अन्य *बनाम* कर्नाटक राज्य (2025 आईएनएससी 1135)

संक्षिप्त तथ्य

- मृतक (जो स्वयं भी पुलिस अधिकारी था) ने कथित रूप से आरोपी संख्या 1 (A1, जो पुलिसकर्मी था) को ₹ 1 लाख का ऋण दिया था. मृतक बार-बार रुपए वापस माँग रहा था.
- 10 मार्च, 2006 को, आरोपी संख्या 2 (A1 की पत्नी) ने मृतक को अपने घर बुलाया, यह कहकर कि वह रुपए वापस करेगी.
- आरोप है कि 11 मार्च, 2006 को मृतक की चॉपर (कुल्हाड़ी जैसे हथियार) से हत्या कर दी गई.
- दूसरी आरोपी (A2) ने पुलिस स्टेशन में एसएचओ तथा अन्य लोगों के सामने यह स्वीकार किया कि उसने हत्या की है और मृत शरीर कहाँ है, यह बताया.
- ट्रायल कोर्ट और हाईकोर्ट ने इन स्वीकारोक्तियों पर भरोसा करते हुए, आरोपियों को धारा 302, भारतीय दण्ड संहिता (हत्या) के अन्तर्गत दोषी ठहराया, जबकि यह मुकदमा अधिकांशतः परिस्थितिजन्य साक्ष्यों पर आधारित था.

मुख्य प्रश्न

- क्या पुलिस स्टेशन में पुलिस अधिकारियों के समक्ष की गई अतिरिक्त-न्यायिक स्वीकारोक्ति साक्ष्य के रूप में ग्राह्य या विश्वसनीय है ?
- परिस्थितिजन्य साक्ष्य (Circumstantial evidence) वाले मामलों में ऐसी स्वीकारोक्ति को कितना महत्व दिया जा सकता है ?
- क्या परिस्थितियों की शृंखला (Chain of circumstances) पूर्ण और अबाध (Unbroken) है ?

सम्बन्धित कानूनी प्रावधान

- **धारा 25, भारतीय साक्ष्य अधिनियम, 1872**—(अब भारतीय साक्ष्य अधिनियम, 2023 की धारा 24) "किसी पुलिस अधिकारी के समक्ष किया गया कोई भी स्वीकारोक्ति (Confession) किसी अपराधी व्यक्ति के विरुद्ध साक्ष्य के रूप में प्रयुक्त नहीं किया जा सकता."
- **धारा 26, भारतीय साक्ष्य अधिनियम**—(अब भारतीय साक्ष्य अधिनियम, 2023 की धारा 32) "यदि कोई स्वीकारोक्ति पुलिस की हिरासत में की गई हो, तो उसे केवल तभी साक्ष्य के रूप में स्वीकार किया जा सकता है जब वह मजिस्ट्रेट की उपस्थिति में की गई हो."
- **परिस्थितिजन्य साक्ष्य के सिद्धान्त**—अपराधशास्त्र और न्यायिक दृष्टिकोण से स्थापित सिद्धान्त.

अंतिम निर्णय

सर्वोच्च न्यायालय ने अभियुक्तों को बरी (acquit) कर दिया और कहा कि पुलिस स्टेशन में की गई अतिरिक्त-न्यायिक स्वीकारोक्ति पर भरोसा नहीं किया जा सकता, विशेषकर तब जब मामला परिस्थितिजन्य साक्ष्य पर आधारित हो.

निर्णय के पीछे न्यायालय के तर्क

- न्यायालय ने दोहराया कि धारा 25 पुलिस अधिकारी को दी गई स्वीकारोक्ति के उपयोग पर पूर्ण प्रतिबंध लगाती है.
- यदि स्वीकारोक्ति किसी गैर-पुलिस व्यक्ति को दी गई हो, परन्तु पुलिस स्टेशन में या पुलिस हिरासत में की गई हो, तो धारा 26 लागू होती है और मजिस्ट्रेट की उपस्थिति के बिना ऐसी स्वीकारोक्ति अमान्य (Inadmissible) मानी जाएगी.
- पुलिस स्टेशन का वातावरण, पुलिस अधिकारियों की उपस्थिति आदि, दबाव, प्रलोभन या झूठे बयान की सँभावना को बढ़ाते हैं, जिससे ऐसी स्वीकारोक्ति की विश्वसनीयता संदिग्ध हो जाती है.
- न्यायालय ने कहा कि स्वीकारोक्ति स्वयं में कमजोर साक्ष्य होती है; उसे स्वतंत्र साक्ष्यों द्वारा पुष्ट किया जाना आवश्यक है. इस मामले में अन्य साक्ष्य भी अपर्याप्त और कमजोर थे.
- हत्या का उद्देश्य स्पष्ट नहीं था, गवाहों के बयान असंगत थे और बरामदगी भी संदिग्ध थी, जिससे अभियोजन का सम्पूर्ण मामला अविश्वसनीय हो गया.

प्रशिक्षण में दो बार असफल रहने पर कर्मचारी की सेवा समाप्ति अवैध (विधि-विरुद्ध) नहीं

मामले का नाम व सन्दर्भ—भारत संघ एवं अन्य *बनाम* आलोक कुमार (2025 आईएनएससी 1091)

संक्षिप्त तथ्य

- रेलवे भर्ती बोर्ड (RRB) ने सीनियर सेक्शन इंजीनियर (SSE) के पदों के लिए विज्ञापन जारी किया. चयनित अभ्यर्थियों को प्रशिक्षु/अप्रेंटिस के रूप में अस्थायी नियुक्ति दी गई, इस शर्त पर कि उन्हें निर्धारित G&SR प्रशिक्षण सफलतापूर्वक पूरा करना होगा, ताकि वे स्थायी नियुक्ति प्राप्त कर सकें.
- प्रतिवादी (आलोक कुमार) ने प्रशिक्षण प्रारम्भ किया, परन्तु वह दो बार परीक्षा में असफल रहा.
- उसने बिना वजीफे (Stipend) के दूसरा प्रयास करने की अनुमति माँगी, जो दी गई, परन्तु वह फिर असफल रहा.
- परिणामस्वरूप, उसकी सेवाएँ समाप्त कर दी गईं.
- उसने सेवा समाप्ति को उच्च न्यायालय में चुनौती दी, जहाँ से उसे राहत दी गई.
- इसके विरुद्ध केन्द्र सरकार ने सर्वोच्च न्यायालय में अपील दायर की.

मुख्य प्रश्न

- क्या विभागीय प्रशिक्षण/परीक्षा को स्थायी नियुक्ति के लिए अनिवार्य शर्त (Condition precedent) बनाया जा सकता है ?
- क्या प्रशिक्षण में असफल रहने पर सेवा समाप्ति अवैध या मनमानी है ?
- क्या वजीफे (Stipend) के भुगतान में हुई प्रशासनिक त्रुटि के कारण कर्मचारी को कोई क्षतिपूर्ति या राहत मिलनी चाहिए ?

सम्बन्धित कानूनी प्रावधान

- भर्ती नियम (Recruitment Rules), मास्टर सर्कुलर एवं G&SR (General & Subsidiary Rules) रेलवे सेवाओं के आंतरिक नियम.
- प्रशासनिक विधि (Administrative Law) के सिद्धान्त, वैध अपेक्षा (Legitimate Expectation), न्याय-संगत व्यवहार (Fairness), समानता (Equal Treatment).

अंतिम निर्णय

सर्वोच्च न्यायालय ने यह निर्णय दिया कि प्रतिवादी की सेवाएँ समाप्त करना पूर्णतः वैध था, क्योंकि वह निर्धारित प्रशिक्षण में दो बार असफल रहा.

उच्च न्यायालय का आदेश निरस्त (Set aside) कर दिया गया.

न्यायालय निर्णय के पीछे तर्क

- सर्वोच्च न्यायालय ने माना कि प्रशिक्षण की आवश्यकता स्पष्ट रूप से नियुक्ति की शर्त में उल्लिखित थी. अतः प्रशिक्षण पास करना स्थायी नियुक्ति की पूर्व शर्त (Condition precedent) थी.
- प्रशिक्षण परीक्षा को पदोन्नति परीक्षा (Promotional exam) नहीं माना जा सकता; यह केवल यह सुनिश्चित करने के लिए होती है कि उम्मीदवार उस पद के लिए योग्य है.
- दूसरे प्रयास में वजीफे (Stipend) के भुगतान में हुई प्रशासनिक भूल अनजाने में (Inadvertent) हुई थी; इसमें कोई छल (Fraud) या मिथ्या प्रस्तुति (Misrepresentation) नहीं थी. अतः सरकार द्वारा वजीफे की वसूली का कोई प्रश्न नहीं उठता.
- प्रशिक्षण में दो बार असफल रहने के कारण सेवा समाप्ति नियमों के अनुसार की गई थी; अतः यह न तो अवैध थी और न ही मनमानी.

पुनर्विचार (Review) अधिकार-क्षेत्र को सख्ती से सीमित रखा जाना चाहिए

मामले का नाम व सन्दर्भ—मल्लेश्वरी *बनाम* के. सुगुना एवं अन्य (2025 आईएनएससी 1080)

संक्षिप्त तथ्य

- वर्ष 2003 में पारिवारिक सम्पत्ति के विभाजन (Partition) हेतु प्रारम्भिक आदेश पारित किया गया था.
- हिन्दू उत्तराधिकार (संशोधन) अधिनियम, 2005 के अनुसार, पुत्रियों को भी पैतृक सम्पत्ति में समान अधिकार प्राप्त हुए.
- मल्लेश्वरी (पुत्री) ने इस आधार पर अपनी हिस्सेदारी को एक-तिहाई करने की माँग की.
- ट्रायल कोर्ट ने उसकी माँग यह कहते हुए अस्वीकार कर दी कि 2005 का अधिनियम पूर्वव्यापी (Retrospective) रूप से लागू नहीं होगा.
- मद्रास उच्च न्यायालय ने मल्लेश्वरी के पक्ष में निर्णय दिया.
- परन्तु, एक सम्पत्ति खरीदार द्वारा दायर समीक्षा याचिका (Review Petition) में, उच्च न्यायालय ने अपना पूर्व आदेश पलट दिया.
- पुनर्विचार के दौरान, उच्च न्यायालय ने साक्ष्यों का पुनर्मूल्यांकन (Re-appreciation of evidence) कर, अपने पूर्व निष्कर्ष को बदल दिया.
- इस आदेश को चुनौती देते हुए मामला सर्वोच्च न्यायालय पहुँचा.

मुख्य प्रश्न

- आदेश 47 नियम 1 सीपीसी और धारा 114 सीपीएस के अन्तर्गत समीक्षा क्षेत्राधिकार की सीमा क्या है ?
- क्या पुनर्विचार (Review) में न्यायालय साक्ष्यों का पुनर्मूल्यांकन कर सकता है या अपने पूर्व निष्कर्ष को बदल सकता है ?
- क्या उच्च न्यायालय ने अपने अधिकार-क्षेत्र का अतिक्रमण करते हुए पुनः सुनवाई (Re-adjudication) की ?

सम्बन्धित कानूनी प्रावधान

- **भारतीय दीवानी प्रक्रिया संहिता, 1908 (Code of Civil Procedure, 1908)**—
  - **धारा 114**—न्यायालय को पुनर्विचार का अधिकार.
  - **आदेश 47 नियम 1**—पुनर्विचार आवेदन के आधार (Grounds for review).
- न्यायिक निर्णयों की अंतिमता (Finality of Judicial Decisions) का सिद्धान्त.
- अपील (Appeal) और पुनर्विचार (Review) के बीच अन्तर.

अंतिम निर्णय

सर्वोच्च न्यायालय ने यह निर्णय दिया कि उच्च न्यायालय ने अपने पुनर्विचार अधिकार-क्षेत्र से परे जाकर कार्य किया.

रीव्यू आदेश को निरस्त (Set aside) कर दिया गया और ट्रायल कोर्ट की कार्यवाही को बहाल कर दिया गया.

न्यायालय निर्णय के पीछे तर्क

- न्यायालय ने दोहराया कि पुनर्विचार (Review) और अपील (Appeal) दो भिन्न अवधारणाएँ हैं. पुनर्विचार का उद्देश्य केवल स्पष्ट या प्रत्यक्ष त्रुटि (Error apparent on the face of record) को सुधारना होता है, न कि पूरे मामले की पुनः सुनवाई या साक्ष्यों के पुनर्मूल्यांकन के लिए.
- पुनर्विचार तभी सम्भव है जब—
  - कोई नया व महत्वपूर्ण साक्ष्य (New and important evidence) सामने आए,
  - रिकॉर्ड पर स्पष्ट त्रुटि (Error apparent on record) हो, या कोई पर्याप्त समान कारण (Sufficient reason) उपस्थित हो.
- इस मामले में उच्च न्यायालय ने किसी 'त्रुटि' को नहीं दर्शाया, बल्कि तथ्यों और साक्ष्यों का पुनर्मूल्यांकन किया, जो कि अपील अधिकार-क्षेत्र (Appellate jurisdiction) का प्रयोग है, न कि समीक्षा क्षेत्राधिकार का.
- अतः यह कार्यवाही अधिकार-क्षेत्र का अतिक्रमण (Excess of jurisdiction) थी.
- सर्वोच्च न्यायालय ने साथ ही निर्देश दिया कि लम्बित वादों का शीघ्र निपटारा किया जाए.

भेदभावपूर्ण कर छूट (Discriminatory Tax Exemption) स्वतंत्र व्यापार/अनुच्छेद 301-304 उल्लंघन करती है

मामले का नाम व सन्दर्भ—मेसर्स यूपी एस्बेस्टस लि. *बनाम* राजस्थान राज्य और अन्य (2025 आईएनएससी 1154)

संक्षिप्त तथ्य

- राजस्थान सरकार ने दिनांक 9 मार्च, 2007 को राजस्थान मूल्य संवर्धित कर अधिनियम, 2003 (Rajasthan VAT Act) की धारा 8(3) के अन्तर्गत एक अधिसूचना जारी की.
- इस अधिसूचना के अनुसार, यदि एस्बेस्टस सीमेंट शीट्स और ईंटें (जिनमें $\geq 25\%$ फ्लाई ऐश शामिल है) राजस्थान के भीतर निर्मित हों, तो उन पर वैट से छूट दी जाएगी.
- परन्तु, राज्य के बाहर से आयातित समान उत्पादों (जो फ्लाई ऐश की वही शर्त पूरी करते थे) को यह छूट नहीं दी गई.

- मेसर्स यूपी एस्बेस्टस लि. (उत्तर प्रदेश स्थित इकाई) ने तर्क दिया कि यह अधिसूचना अनुच्छेद 301 और 304(a) के अन्तर्गत गारंटीकृत मुक्त व्यापार (Free Trade) के अधिकार का उल्लंघन करती है.
- राजस्थान उच्च न्यायालय ने इस अधिसूचना को वैध ठहराया, जिसके विरुद्ध अपील सर्वोच्च न्यायालय में दायर की गई.

मुख्य प्रश्न

- क्या यह कर छूट योजना राज्य के भीतर निर्मित और अन्य राज्यों से आयातित वस्तुओं के बीच भेदभाव (Discrimination) करती है, जो अनुच्छेद 304(a) का उल्लंघन है ?
- क्या ऐसी नीति को "भेदभाव नहीं, बल्कि वैध भिन्नता (Differentiation)" के रूप में सही ठहराया जा सकता है ?
- क्या राज्य को स्थानीय एवं बाहरी वस्तुओं के साथ कराधान में समान व्यवहार (Equal Tax Treatment) करना आवश्यक है, जब तक कोई वस्तुनिष्ठ औचित्य (Objective Justification) न हो ?

सम्बन्धित कानूनी प्रावधान

- **अनुच्छेद 301**—भारत में व्यापार, वाणिज्य और आवागमन की स्वतंत्रता.
- **अनुच्छेद 304(a)**—राज्य अन्य राज्यों से आयातित वस्तुओं पर ऐसा कर नहीं लगा सकता जो राज्य के भीतर निर्मित वस्तुओं की तुलना में भेदभावपूर्ण हो.
- **राजस्थान वैट अधिनियम, 2003 की धारा 8(3)**—राज्य सरकार को कर छूट या रियायत देने का अधिकार.

अंतिम निर्णय

सर्वोच्च न्यायालय ने विवादित अधिसूचना को अवैध घोषित करते हुए निरस्त (Struck Down) कर दिया.

अदालत ने माना कि यह अधिसूचना अनुच्छेद 304(a) का उल्लंघन करती है, क्योंकि यह बाहरी राज्यों से आयातित वस्तुओं के साथ भेदभाव करती है.

न्यायालय निर्णय के पीछे तर्क

- अनुच्छेद 304(a) के अन्तर्गत राज्य को यह सुनिश्चित करना होता है कि आयातित और स्थानीय वस्तुओं पर समान कर भार (Equal Tax Incidence) रहे.
- स्थानीय निर्माताओं को दी गई छूट, जो बाहरी निर्माताओं को नहीं दी गई, स्वभावतः भेदभावपूर्ण (Inherently Discriminatory) है.
- राज्य कर नीति के माध्यम से प्रोत्साहन दे सकता है, परन्तु वह प्रोत्साहन टैरिफ वॉल (Tariff Wall) या आंतरिक व्यापार अवरोध (Internal Trade Barrier) का रूप नहीं ले सकता.
- अंतर केवल तभी स्वीकार्य है जब वह तार्किक वर्गीकरण (Intelligible Differentia) पर आधारित हो और उसका वास्तविक औचित्यपूर्ण सम्बन्ध (Rational Nexus) नीति के उद्देश्य से हो.
- यहाँ राज्य का उद्देश्य (फ्लाई ऐश उपयोग, पर्यावरणीय लाभ, स्थानीय उद्योग संवर्धन) सराहनीय था, परन्तु 'स्थान' (Locality) के आधार पर छूट देना, संविधानिक समानता के सिद्धान्त के विपरीत था.
- न्यायालय ने विडियो इलेक्ट्रॉनिक्स प्रा. लि. और जिंदल स्टेनलेस लि. (9-सदस्यीय पीठ) जैसे पूर्वनिर्णयों का हवाला देते हुए कहा कि कर छूट योजनाएँ तभी वैध हैं जब वे भेदभाव उत्पन्न न करें.

केवल सह-प्रतिवादी (Co-defendant) के विरुद्ध प्रतिदावा (Counter-claim) प्रस्तुत नहीं किया जा सकता

मामले का नाम व सन्दर्भ—राजुल मनोज शाह @ राजेश्वरी रसिकलाल सेठ *बनाम* किरणभाई शकुरभाई पटेल एवं अन्य (2025 आईएनएससी 1109)

संक्षिप्त तथ्य

- अपीलकर्ता राजुल मनोज शाह ने वर्ष 2012 में अपनी भाभी (प्रतिवादी संख्या 1) और किरणभाई शकुरभाई पटेल (प्रतिवादी संख्या 2) के विरुद्ध एक दीवानी वाद दायर किया. उसने 21 अक्टूबर, 2011 के बिक्री समझौते (Agreement to Sell) को चुनौती दी, जो प्रतिवादी 1 ने प्रतिवादी 2 के पक्ष में किया था, यह कहते हुए कि वह समझौता अमान्य है.
- वाद की लम्बित अवस्था में, प्रतिवादी 1 का निधन (2013) हो गया और उसकी जगह अदालत के नाजिर (Nazir) को प्रतिनिधि के रूप में प्रतिस्थापित किया गया.
- प्रतिवादी 2 ने वर्ष 2021 में अपने लिखित बयान (Written Statement) में संशोधन कर एक प्रतिदावा (Counter claim) जोड़ने का आवेदन किया, जिसमें वह माँग कर रहा था—
  - उक्त 2011 के समझौते का विशिष्ट निष्पादन (Specific Performance); तथा
  - सम्पत्ति का विभाजन (Partition).
- ट्रायल कोर्ट ने यह आवेदन यह कहते हुए अस्वीकार कर दिया कि—

  (i) प्रतिदावा अत्यधिक विलम्ब से दायर हुआ, और

  (ii) इसे केवल सह-प्रतिवादी के विरुद्ध नहीं लाया जा सकता.
- गुजरात उच्च न्यायालय ने ट्रायल कोर्ट का आदेश पलटते हुए प्रतिदावा की अनुमति दी.
- अपीलकर्ता ने सर्वोच्च न्यायालय में अपील दायर की.

सम्बन्धित विधिक प्रावधान

- **निर्णय VIII नियम 6A, सीपीसी**—प्रतिवादी द्वारा प्रतिदावा (Counter-claim) केवल वादी के विरुद्ध लाया जा सकता है.
- **निर्णय VI नियम 17, सीपीसी**— वादपत्र (Pleadings) में संशोधन का अधिकार.
- **निर्णय XXII नियम 4A, सीपीसी**—पक्षकार की मृत्यु पर प्रतिस्थापन की प्रक्रिया.
- **परिसीमा अधिनियम, 1963, अनुच्छेद 54**—विशिष्ट निष्पादन के लिए वाद की सीमा (3 वर्ष).
- **विशिष्ट राहत अधिनियम, 1963, धारा 16(c)**—विशिष्ट निष्पादन हेतु 'तत्परता एवं इच्छा' का प्रदर्शन आवश्यक.
- **विभाजन अधिनियम, 1893**—विभाजन से सम्बन्धित राहत.

पूर्व निर्णय

- **रोहित सिंह *बनाम* बिहार राज्य (2006)**—सह-प्रतिवादी के विरुद्ध प्रतिदावा अस्वीकार्य.
- **अशोक कुमार कालरा *बनाम* विंग कमाण्डर सुरेन्द्र अग्निहोत्री (2020)**—प्रतिदावा के समय-सीमा सम्बन्धी सिद्धान्त.

मुख्य प्रश्न

- क्या आदेश VIII नियम 6A सीपीसी के अन्तर्गत प्रतिदावा सह-प्रतिवादी के विरुद्ध किया जा सकता है ?
- क्या इतनी देरी से (वाद के मुद्दे तय हो जाने के बाद) प्रतिदावा स्वीकार्य है ?

शेष पृष्ठ 87 पर

फोकस 1

सुधारों की ओर अग्रसर भारतीय चुनाव प्रणाली

✍ डॉ. श्याम सुन्दर सिंह चौहान

निष्पक्ष और शान्तिपूर्ण तरीके से मतदान कराना तथा इसके माध्यम से बिना किसी रक्तपात के शान्तिपूर्ण ढंग से सत्ता परिवर्तन कराना, भारत निर्वाचन आयोग, केन्द्र सरकार तथा कानून एवं व्यवस्था के संरक्षक राज्यों के लिए एक गम्भीर चुनौती है. चुनाव किसी भी लोकतंत्र के लिए एक सर्वाधिक सशक्त तत्व है तथा जब तक चुनाव स्वतंत्र और निष्पक्ष तरीके से होते रहते हैं, तब तक राष्ट्र में ईमानदार जनप्रतिनिधित्व कायम रहता है. विश्व के सबसे बड़ी एवं सर्वाधिक लोकप्रिय लोकतान्त्रिक शासन प्रणाली वाला देश भारत इस बात पर गर्व कर सकता है कि केन्द्र एवं राज्यों में यदि विगत 75 वर्षों में शान्तिपूर्ण तरीके से सत्ता का हस्तान्तरण हुआ है, तो इसका श्रेय मुख्य रूप से भारत की निष्पक्ष निर्वाचन प्रणाली को जाना चाहिए.

भारतीय चुनाव प्रणाली की कतिपय कमजोरियाँ

भारत के विशाल भौगोलिक आकार तथा भारत की सामाजिक-आर्थिक-राजनीतिक-धार्मिक-सांस्कृतिक विविधताओं के सन्दर्भ में चुनाव प्रणाली में समय-समय पर किए गए सुधारों से यह उत्तरोत्तर सुदृढ़ हुई है, लेकिन इसमें आज भी अनेक कमजोरियाँ दृष्टिगोचर होती हैं. सामान्यतया भारत की निर्वाचन प्रणाली निम्नलिखित कमजोरियों से ग्रसित है—

कम मतदान प्रतिशत के साथ विधायिका में ईमानदार और वास्तविक प्रतिनिधित्व का अभाव—मतदान का औसत 55-65 प्रतिशत के बीच रहता है. इसका अर्थ है कि 45-35 प्रतिशत जनता की राष्ट्रीय राजनीति और नीतियों के निर्धारण में कोई भूमिका ही नहीं है.

राजनीतिक दलों एवं राजनीतिज्ञों पर से उठता विश्वास—भारत के राजनीतिज्ञों पर से आम आदमी का विश्वास उठ-सा गया है. 31% सांसदों तथा 29% विधायकों के चुनाव से पहले दिए गए शपथ-पत्रों में कहा कि उनके विरुद्ध न्यायालयों में गम्भीर आपराधिक मामले दर्ज हैं. लोक सभा में गम्भीर आपराधिक मामले वाले सदस्यों का अनुपात 2009 में 14% से बढ़कर 2024 में 31% हो गया है. आपराधिक पृष्ठभूमि के सांसदों की संख्या 2024 में 170 थी. तेलंगाना से चुनकर आए सांसदों में से 71% के विरुद्ध आपराधिक मामले दर्ज थे, जबकि बिहार के 48% सांसदों के विरुद्ध आपराधिक वाद न्यायालयों में लम्बित हैं. आपराधिक पृष्ठभूमि के सांसद/विधायक लगभग सभी राजनीतिक दलों में हैं.

राजनीति का अपराधीकरण तथा अपराधियों का राजनीतिकरण—भारतीय राजनीति का विद्रूपयुक्त चेहरा यह बताता है कि अपराधियों के चुनाव न लड़ने पर कोई रोक न होने के कारण हत्या, अपहरण, आगजनी, सार्वजनिक धन के दुरुपयोग, बलात्कार जैसे जघन्य अपराधों में संलिप्त लोग भी केवल इस आधार पर चुनाव लड़ने और जीतने में सफल हो जाते हैं कि मामला न्यायालय में लम्बित है. न्यायप्रणाली की विडम्बना यह है कि निचली अदालत से लेकर सर्वोच्च न्यायालय तक की न्यायिक प्रक्रिया में 20 से 30 वर्ष तक का समय लग जाता है. इसका परिणाम राजनीति के अपराधीकरण (आपराधिक पृष्ठभूमि के लोगों को राजनीतिक दलों का संरक्षण) अथवा अपराधियों का राजनीतिकरण (आपराधिक पृष्ठभूमि के लोगों का सांसद/विधायक/ जनप्रतिनिधि बन जाना) के रूप में परिलक्षित हुआ है.

सर्वाधिक खर्चीली चुनाव प्रणाली—भारत की निर्वाचन प्रणाली को सर्वाधिक खर्चीला माना जाता है. लोक सभा का चुनाव लड़ रहे उम्मीदवारों को ₹ 2 करोड़ से ₹ 10 करोड़ तक का खर्चा उठाना पड़ता है.

भारत में चुनाव सुधारों से जुड़े कतिपय प्रमुख मुद्दे

- *निर्वाचन आयोग की निष्पक्षता, स्वायत्तता तथा स्वतंत्रता*
- *राजनीतिक अपराधीकरण*
- *अपराधियों का राजनीतिकरण*
- *राजनीतिक दलों में परिवारवाद के प्रभुत्व से लोकतांत्रिक मूल्यों का ह्रास*
- *सरकारी खर्चे पर लोक सभा एवं राज्य विधान सभाओं के चुनाव*
- *भुगतान-आधारित समाचारों की बढ़ती अधिकता*
- *निर्वाचित प्रतिनिधियों को वापस बुलाने का अधिकार न होना*
- *अनिवार्य मतदान की व्यवस्था न होना*
- *राजनीतिक दलों को 'सूचना का अधिकार अधिनियम' के अन्तर्गत न लाया जाना*
- *लोक सभा एवं राज्य विधान सभाओं के चुनाव एक साथ न कराया जाना*
- *चुनावों में काले धन का प्रयोग*
- *चुनावों के दौरान हिंसा एवं मतदान केन्द्रों पर कब्जा*
- *चुनावों के दौरान सत्ताधारी दल द्वारा सरकारी मशीनरी का दुरुपयोग*
- *मूक उम्मीदवारों (Dummy Candidate) एवं गैर-गम्भीर उम्मीदवारों (Non-serious Candidate) की बढ़ती संख्या*
- *बढ़ता जातिवाद*
- *धर्म, जाति, क्षेत्र के आधार पर मतों का ध्रुवीकरण*

जमानत राशि (Security Deposit)

लोक सभा निर्वाचन – सामान्य वर्ग हेतु	*₹ 25,000·00*
लोक सभा निर्वाचन – अनुसूचित जाति/अनुसूचित जनजाति के उम्मीदवार हेतु	*₹ 12,500·00*
राज्य सभा, विधान सभा, विधान परिषद् निर्वाचन – सामान्य वर्ग हेतु	*₹ 10,000·00*
राज्य सभा, विधान सभा, विधान परिषद् निर्वाचन – अनुसूचित जाति/ अनुसूचित जनजाति	*₹ 5,000·00*
भारत के राष्ट्रपति और उपराष्ट्रपति	*₹ 15,000·00*

यदि कोई उम्मीदवार कुल वैध मतों का 1/6 से कम मत प्राप्त कर पाता है, तो उसकी जमानत राशि जब्त कर ली जाती है.

चुनाव खर्च की सीमा (2025 में लागू)
[कण्डक्ट ऑफ इलेक्शन्स (संशोधन) रूल्स 2014 के नियम 90 के तहत्]

क्र.	प्रदेश	लोक सभा निर्वाचन क्षेत्र	विधान सभा निर्वाचन क्षेत्र
1.	आन्ध्र प्रदेश, असम, बिहार, गुजरात, हरियाणा, पंजाब, मध्य प्रदेश, महाराष्ट्र, प. बंगाल, ओडिशा, कर्नाटक, केरल, तमिलनाडु, उत्तराखण्ड, हिमाचल प्रदेश, तेलंगाना, उत्तर प्रदेश	₹ 95 लाख	₹ 40 लाख
2.	नगालैण्ड, त्रिपुरा, छत्तीसगढ़, झारखण्ड, केरल, राजस्थान	₹ 95 लाख	₹ 28 लाख
3.	जम्मू-कश्मीर	₹ 95 लाख	₹ 40 लाख
4.	गोवा	₹ 75 लाख	₹ 28 लाख
5.	अरुणाचल प्रदेश	₹ 75 लाख	₹ 28 लाख
6.	मणिपुर एवं मेघालय	₹ 95 लाख	₹ 28 लाख
7.	मिजोरम	₹ 95 लाख	₹ 28 लाख
8.	सिक्किम	₹ 75 लाख	₹ 28 लाख
9.	दिल्ली	₹ 95 लाख	₹ 40 लाख
10.	पुदुचेरी	₹ 75 लाख	₹ 28 लाख
11.	दादरा एवं नागर हवेली, दमन एवं दीव, लक्षद्वीप	₹ 75 लाख	—
12.	अण्डमान निकोबार द्वीप समूह	₹ 75 लाख	—
13.	चण्डीगढ़	₹ 75 लाख	—

स्पष्ट है कि उम्मीदवारों द्वारा चुनाव लड़ने पर बहुत बड़ी धनराशि खर्च की जाती है और इसमें से अधिकांश धन काला धन होता है.

राजनीतिक दलों को दिए जाने वाले चन्दे में अपारदर्शिता—यह तथ्य किसी से छुपा नहीं है कि भारत के औद्योगिक घराने सभी बड़े राजनीतिक दलों को प्रति वर्ष करोड़ों रुपए का चन्दा देते हैं. एसोसिएशन ऑफ डेमोक्रेटिक रिफॉर्म्स (ADR) के एक विश्लेषण के अनुसार—राजनीतिक दलों को ज्ञात स्रोतों से प्राप्त होने वाले चन्दे का 87 प्रतिशत उद्योगपतियों एवं व्यवसायियों से आता है. इसका सीधा-सा निष्कर्ष है कि राजनीतिज्ञों एवं व्यावसायिक जगत के कर्ताधर्ताओं के बीच गहरी साँठगाँठ है. कानूनन भारत के राजनीतिक दल विदेशी कम्पनियों से चन्दा नहीं ले सकते. अब एनडीए सरकार ने विदेशी अंशदान (विनियमन) अधिनियम, 2010 को संशोधित करके राजनीतिक दलों द्वारा विदेशी कम्पनियों से चन्दा लेने को वैधता प्रदान कर दी है. इतना ही नहीं अब राजनीतिक दलों द्वारा 5 अगस्त, 1976 के बाद विदेशी कम्पनियों से लिए गए चन्दों की जाँच भी नहीं की जा सकेगी. 2014 में दिल्ली उच्च न्यायालय द्वारा पारित एक फैसले से राजनीतिक दल विदेशी कम्पनियों से लिए गए चन्दे के मामलों में जाँच के घेरे में थे.

काले धन के रूप में लिए गए चन्दे का तो कोई भी राजनीतिक दल लेखा-जोखा ही नहीं रखता. यही कारण है कि लगभग सभी राजनीतिक दल स्वयं को 'सूचना पाने का अधिकार अधिनियम, 2005' के दायरे में आने का विरोध कर रहे थे. केन्द्रीय सूचना आयोग ने अपने एक निर्णय में तत्कालीन सभी 6 राष्ट्रीय राजनीतिक दलों—कांग्रेस, भारतीय जनता पार्टी, राष्ट्रवादी कांग्रेस पार्टी, सीपीआई-एम, सीपीआई तथा बहुजन समाज पार्टी को सूचना पाने का अधिकार अधिनियम, 2005 के अन्तर्गत आच्छादित होने का निर्णय 3 जून, 2013 को सुनाया था. इस निर्णय के विरुद्ध सभी राजनीतिक दल एक मंच पर आ गए और केन्द्रीय मंत्रिमण्डल ने सूचना पाने का अधिकार अधिनियम, 2005 में संशोधन लाने सम्बन्धी विधेयक का अनुमोदन कर दिया.

चुनावी चन्दे में पारदर्शिता के नाम पर केन्द्र सरकार द्वारा प्रारम्भ की गई 'चुनावी बॉण्ड' योजना को सर्वोच्च न्यायालय के तत्कालीन मुख्य न्यायाधीश डी. वाई. चन्द्रचूड़ की अध्यक्षता वाली पाँच सदस्यीय संविधान पीठ ने 'असंवैधानिक और स्पष्ट रूप से मनमाना' मानते हुए खारिज कर दिया. इसी के साथ इस योजना को लागू करने के लिए जनप्रतिनिधित्व अधिनियम, कम्पनी अधिनियम, आयकर अधिनियम में किए गए संशोधनों को इस आधार पर असंवैधानिक करार दिया कि वे संविधान के अनुच्छेद 19(1)(4) में प्रदत्त मौलिक अधिकार के तहत् राजनीतिक चन्दे के बारे में सूचना के अधिकार से सम्बन्धित 'मतदाता के अधिकार' का उल्लंघन करते हैं.

विडम्बना यह है कि चुनाव अब भी हो रहे हैं. राजनीतिक दल चन्दा भी ले रहे हैं, लेकिन चन्दा लेने में न तो कोई पारदर्शिता है और न जवाबदेही.

मतदाता सूचियों में बड़े पैमाने की हेराफेरी—राज्यों में सत्तारूढ़ राजनीतिक दल की शह पर जिला निर्वाचन अधिकारी के स्तर पर मतदाता सूचियों में बड़े पैमाने पर हेराफेरी की जाती है. विरोधी राजनीतिज्ञों

बिहार विधान सभा सामान्य निर्वाचन में प्रारम्भ की गई 17 नई पहलें

1. प्रति मतदान केन्द्र अधिकतम 1200 मतदाता.
2. सभी पोलिंग बूथों पर 100% वेबकास्टिंग.
3. मतदान केन्द्रों पर मतदाताओं के मोबाइल जमा कराने की सुविधा.
4. इलेक्ट्रॉनिक वोटिंग मशीन बैलेट पेपर पर उम्मीदवारों की रंगीन फोटो तथा बड़े सीरियल नम्बर फोंट का उपयोग.
5. बूथ स्तरीय अधिकारियों (BLOs) और पर्यवेक्षकों का प्रशिक्षण.
6. मतदाता सूचियों का विशेष गहन परीक्षण का सफल समापन.
7. डिजिटल इण्डेक्सकार्ड का शीघ्र वितरण.
8. चुनाव सेवाओं के लिए वन स्टॉप डिजिटल प्लेटफॉर्म.
9. मतदाता पहचान-पत्रों का 15 दिनों में वितरण; मतदाता पंजीकरण के 15 दिनों के भीतर EPIC वितरित.
10. बूथ लेवल अधिकारियों के लिए पहचान-पत्र.
11. फार्म 17C और ईवीएम में विसंगति पर VVPAT काउंटिंग; असंगतियों पर प्रभावित VVPATS की पूर्ण गणना.
12. अन्तिम दो राउण्ड ईवीएम गणना से पहले डाकमत-पत्रों की गणना.
13. हाई राइज़ सोसाइटियों में अतिरिक्त बूथ.
14. मतदान केन्द्रों से 100 मीटर से बाहर उम्मीदवारों द्वारा स्लिप वितरण बूथ.
15. राजनीतिक दलों के बूथ लेवल एजेण्टों का उपयोग.
16. पुलिस अधिकारियों का विशेष प्रशिक्षण.
17. बीएलओ, मतदानकर्मियों, गणनाकर्मियों का मानदेय दोगुना.

विशेष सघन पुनरीक्षण (एसआईआर)

मतदाता सूचियों का विशेष संघन पुनरीक्षण भारत में एक अनूठी मतदाता सूची सत्यापन प्रक्रिया है, जो "कोई भी पात्र नागरिक मतदान करने से वंचित न रहे और कोई अपात्र मतदान प्रक्रिया में शामिल होकर निर्वाचन की शुचिता को प्रभावित न कर सके", के सिद्धान्त पर आधारित है. इसके अन्तर्गत व्यापक पुनरीक्षण के तहत् मौजूदा मतदाता सूचियों से परामर्श किए बिना, गणनाकर्ता प्रत्येक घर जाकर पात्र मतदाताओं की सूची एक निहित तिथि के अनुसार बनाते हैं. विशेष सघन पुनरीक्षण तब किया जाता है जब भारत निर्वाचन आयोग इस निष्कर्ष पर पहुँचता है कि मौजूदा मतदाता सूचियों को पूरी तरह से संशोधित किए जाने की जरूरत है या वे त्रुटिपूर्ण है. ऐसा निम्नलिखित परिस्थितियों में हो सकता है—

- ऐसे अनेक वैध नागरिक हो सकते हैं, जिनकी आयु 18 वर्ष हो और उनके नाम मतदाता सूची में न हों.
- ऐसे अनेक नाम मतदाता सूची में हो सकते हैं, जो भारत के वैध नागरिक नहीं हैं, लेकिन उन्होंने फर्जी दस्तावेजों के आधार पर अपने नाम मतदाता सूची में जुड़वा लिए हैं.
- अनेक मतदाताओं के नाम एक से अधिक मतदान केन्द्रों की मतदाता सूचियों में हो सकते हैं.
- अनेक मृत व्यक्तियों, अपना निवास छोड़कर चले गए व्यक्तियों के नाम भी मतदाता सूचियों में हो सकते हैं.

विशेष सघन पुनरीक्षण में आवेदक द्वारा स्वयं, पिता और माता के लिए अलग-अलग स्व-सत्यापित दस्तावेज प्रस्तुत किए जाते हैं. इनमें शामिल हैं—1. केन्द्रीय/राज्य/पीएसयू के नियमित कर्मचारियों/पेंशनभोगियों के पहचान-पत्र/पेंशन पे ऑर्डर; 2. 1.7.1987 से पहले भारत में सरकार/स्थानीय प्राधिकरण/डाकघर/बैंक/एलआईसी/पीएसयू द्वारा जारी कोई भी पहचान-पत्र/प्रमाण-पत्र; 3. सक्षम प्राधिकारी द्वारा जारी जन्म प्रमाण-पत्र; 4. पासपोर्ट; 5. बोर्ड/विश्वविद्यालयों द्वारा जारी मैट्रिक परीक्षा/शैक्षणिक प्रमाण-पत्र; 6. सक्षम राज्य प्राधिकारी द्वारा जारी स्थायी निवास प्रमाण-पत्र; 7. वन अधिकार प्रमाण-पत्र; 8. सक्षम प्राधिकारी द्वारा जारी एससी/एसटी/ओबीसी जाति प्रमाण-पत्र; 9. राष्ट्रीय नागरिक रजिस्टर; 10. राज्य/स्थानीय प्राधिकारियों द्वारा तैयार किया गया परिवार रजिस्टर; 11. सरकार द्वारा कोई भी भूमि/मकान आवंटन प्रमाण-पत्र; 12. आधार (सर्वोच्च न्यायालय के निर्देश से).

भारत निर्वाचन आयोग द्वारा 1952-56, 1957, 1961, 1965, 1966, 1983-84, 1987-88, 1992-1993, 1998, 2002, 2003 तथा 2004 में मतदाता सूचियों में विशेष गहन पुनरीक्षण किया गया. बिहार विधान सभा के सामान्य निर्वाचन 2025 से पूर्व भी मतदाता सूचियों का विशेष गहन पुनरीक्षण किया गया. अब भारत निर्वाचन आयोग ने देश के अन्य समस्त राज्यों/संघशासित क्षेत्रों में मतदाता सूचियों के विशेष गहन पुनरीक्षण का निर्णय लिया है.

के समर्थक मतदाताओं के नाम सूची से काट दिए जाते हैं, जबकि सत्तादल के समर्थकों के नाम एक से अधिक मतदाता सूचियों में जोड़ दिए जाते हैं.

बिहार विधान सभा सामान्य निर्वाचन 2025 से पहले भारत निर्वाचन आयोग द्वारा मतदाता सूचियों का विशेष गहन पुनरीक्षण (SIR) किया गया जिसे गैर-सरकारी संगठनों तथा राजनीतिक दलों द्वारा सर्वोच्च न्यायालय में चुनौती दी गई, हालाँकि विशेष गहन पुनरीक्षण पूरा हुआ है और उसी से संशोधित मतदाता सूचियों से ही चुनाव कराए जाने का फैसला किया गया है.

सभी उम्मीदवारों को नकारने का मुद्दा–प्यूपिल्स यूनियन फॉर सिविल लिबर्टीज (PUCL) द्वारा सर्वोच्च न्यायालय में दायर पीयूसीएल *बनाम* भारत संघ वाद में सर्वोच्च न्यायालय ने भारत निर्वाचन आयोग को निर्देश दिए कि मतपत्र और ईवीएम में नोटा (इनमें से कोई नहीं) का प्रावधान करे. सर्वोच्च न्यायालय के दिशा-निर्देशानुसार भारत निर्वाचन आयोग ने अक्टूबर-दिसम्बर 2013 में सम्पन्न मध्य प्रदेश, राजस्थान, छत्तीसगढ़, दिल्ली तथा मिजोरम के चुनाव में 'उपर्युक्त में से कोई नहीं' (None Of The Above–NOTA) का विकल्प इलेक्ट्रॉनिक वोटिंग मशीन में नोटा बटन के रूप में रखा.

भारत निर्वाचन आयोग अब प्रत्येक निर्वाचन में नोटा का विकल्प रखता है. एसोसिएशन फॉर डेमोक्रेटिक रिफॉर्म्स (ADR) द्वारा किए गए एक विश्लेषण के अनुसार 2019 एवं 2024 के बीच लोक सभा एवं विधान सभाओं के निर्वाचनों में 1·29 करोड़ से अधिक लोगों ने 'नोटा' का विकल्प चुना जो कुल डाले गए मतों का 0·5% से लेकर 1·5% के बीच था.

निर्वाचित प्रतिनिधियों को वापस बुलाने का अधिकार (Right to Recall)– समाज-सेवी अन्ना हजारे और उनके समर्थकों की यह भी माँग रही है कि मतदाताओं को यह भी अधिकार होना चाहिए कि वे यदि अपने निर्वाचन क्षेत्र के निर्वाचित प्रतिनिधि की गतिविधियों से सन्तुष्ट न हों, तो उसकी सदस्यता समाप्त कराने अर्थात् उसे वापस बुला सकें. प्रतिनिधियों को वापस बुलाने के सिद्धान्त का प्रतिपादन लोकनायक जयप्रकाश नारायण ने किया था.

गैर-गम्भीर सांसदों/विधायकों की बढ़ती संख्या–'जिसकी जितनी संख्या भारी-उतनी उसकी भागीदारी' के सिद्धान्त पर लोक सभा और विधान सभा में ऐसे सदस्यों की संख्या लगातार बढ़ती जा रही है, जो विधायी कार्यों, आर्थिक-सामाजिक नीतियों और कार्यक्रमों के प्रति गम्भीर नहीं हैं. इस कटु वास्तविकता का अनुमान सदनों की कार्यवाहियों के दौरान सदस्यों की लगातार घटती संख्या से लगाया जा सकता है. सरकार बचाने या गिराने जैसे मुद्दों पर सदन में मतदान होने के समय उपस्थित रहने के लिए मुख्य सचेतक द्वारा लिखित आदेश (Whip) की बाध्यता से ही सदस्य सदन में उपस्थित रहते हैं. वह भी केवल हाँ या न का बटन दबाने के लिए या सदन में हल्ला-गुल्ला करने के लिए.

इलेक्ट्रॉनिक वोटिंग मशीन के प्रति अविश्वास–2014, 2019 एवं 2024 में लोक सभा के निर्वाचन तथा इसी के बीच राज्य विधान सभाओं में मिली पराजय से हताश राजनीतिक दल पराजय का ठीकरा इलेक्ट्रॉनिक वोटिंग मशीन पर फोड़ते रहे हैं. इसके स्थान पर मतपत्रों के द्वारा मतदान कराए जाने की माँग करते रहे हैं. इनका आरोप है कि इन मशीनों को 'हैक' किया जा सकता है. कोई भी मतदाता किसी प्रत्याशी के पक्ष में बटन क्यों न दबाए, मत भारतीय जनता पार्टी के पक्ष में ही जाता है. पंजाब में आम आदमी पार्टी, तेलंगाना और कर्नाटक में कांग्रेस पश्चिमी बंगाल में टीएमसी, तमिलनाडु में डीएमके को इन्हीं मशीनों से कराए गए मतदान से विजयश्री हासिल हुई. इससे ईवीएम को हैक करने का आरोप निराधार सिद्ध हुआ. मतपत्रों के द्वारा मतदान में बूथों पर होने वाले कब्जों, फर्जी मतदान करने की घटनाओं पर तो विराम लगा ही है.

भारत में चुनाव सुधारों की पहल

भारत में लोकतांत्रिक प्रणाली के स्वरूप में स्वतन्त्रता प्राप्ति के बाद से आज तक व्यापक बदलाव आया है. विशेष रूप से 1967 के आम चुनावों के बाद से क्षेत्रीयता, जाति एवं वर्ग व्यवस्था के आधार पर कांग्रेस विरोधी राजनीतिक दलों के उभार के बाद से लोक सभा एवं विधान सभा ही नहीं वरन् पंचायती राज संस्थाओं तथा स्थानीय नगर निकायों के चुनाव भी 'किसी भी कीमत' पर जीत लेना ही व्यक्तिगत स्तर पर प्रत्येक उम्मीदवार का तथा सामूहिक स्तर पर राजनीतिक दलों का एकमात्र लक्ष्य रहा है. इसी से भारतीय चुनाव प्रणाली में अनेक विसंगतियाँ उत्पन्न हुई हैं और लोकतांत्रिक मूल्यों का ह्रास हुआ है. चुनाव प्रणाली को निष्पक्ष एवं साफ-सुथरी तथा गुणात्मक दृष्टि से श्रेष्ठतर बनाने के लिए समय-समय पर प्रयास किए जाते रहे हैं. विभिन्न समितियों/निकायों ने चुनाव सुधारों को आगे बढ़ाने के लिए अनेक सुझाव दिए हैं.

- निर्वाचन कानूनों में संशोधन हेतु संयुक्त संसदीय समिति (1971-72)
- वी. एम. तारकुण्डे समिति (1975)
- दिनेश गोस्वामी समिति (1990)
- बोहरा समिति (1998)
- इंद्रजीत गुप्ता समिति (1998)
- द्वितीय प्रशासनिक सुधार आयोग (अध्यक्ष–वीरप्पा मोइली) (2007)
- विवेक तनखा कोर कमेटी (2010)

भारत में चुनाव सुधारों की वास्तविक एवं सर्वाधिक सार्थक पहल तत्कालीन मुख्य निर्वाचन आयुक्त टी. एन. शेषन द्वारा की गई. उनके कार्यकाल में भारतीय निर्वाचन प्रणाली में ऐसे आमूल-चूल परिवर्तन किए, जिन्हें उनके उत्तराधिकारियों द्वारा उत्तरोत्तर और

भारत में चुनाव सुधारों की सतत् प्रक्रिया

- आदर्श आचार संहिता (1969)
- मताधिकार की आयु 21 वर्ष से घटाकर 18 वर्ष करने के लिए संविधान (61वाँ संशोधन) अधिनियम (1988)
- इलेक्ट्रॉनिक वोटिंग मशीन से मतदान (1989)
- फोटोयुक्त मतदाता पहचान-पत्र (EPIC) (1993)
- बहुसदस्यीय भारत निर्वाचन आयोग (1993)
- लोक सभा/विधान सभा की रिक्त सीट पर 6 माह के भीतर उपचुनाव कराने की बाध्यता (1996)
- राष्ट्रीय ध्वज, भारतीय संविधान का अपमान करने या राष्ट्रगान को गाने से रोकने पर 6 वर्ष तक चुनाव लड़ने पर पाबन्दी (1996)
- चुनाव लड़ने वाले उम्मीदवारों का तीन संवर्गों–मान्यता प्राप्त राजनीतिक दल, गैर-मान्यता प्राप्त राजनीतिक दल तथा निर्दलीय में वर्गीकरण (1996)
- प्रोक्सी के माध्यम से मतदान (सैन्य बलों के लिए) (2003)
- इलेक्ट्रॉनिक मीडिया साधनों पर समयावंटन (2003)
- ईवीएम पर ब्रेल लिपि में संकेत (2004)
- विदेशों में रह रहे भारतीय नागरिकों को मताधिकार (2010)
- निर्वाचक नामावलियों में ऑनलाइन नामांकन (2013)
- ईवीएम एवं बैलेट पेपर उम्मीदवारों का फोटो (2015) और बिहार विधान सभा निर्वाचन में रंगीन फोटो (2025)
- इलेक्ट्रॉनिक ईपीआईसी की शुरुआत (2021)
- दिव्यांगजनों एवं 85 वर्ष से अधिक आयु वाले मतदाताओं के लिए घर से ही मतदान की व्यवस्था (2024)

अधिक सशक्त बनाया गया. चुनाव सुधारों में टी. एन. शेषन की पहल निम्नलिखित बिन्दुओं पर केन्द्रित रही–

- भारत निर्वाचन आयोग की स्वायत्तता एवं विश्वसनीयता सुनिश्चित करना.
- चुनावों के दौरान चुनाव ड्यूटी में लगे अधिकारियों एवं कर्मचारियों पर भारत निर्वाचन आयोग का पूर्ण नियंत्रण.
- राज्यों में केन्द्र के अर्द्धसैन्य बलों की तैनाती एवं देखरेख में चुनाव.
- मतदान केन्द्रों पर बलात् कब्जा करके फर्जी मतदान को रोकना.
- सभी मतदाताओं को फोटोयुक्त मतदाता पहचान-पत्र.
- सभी उम्मीदवारों द्वारा चुनावों में खर्च की सीमा के भीतर ही व्यय करना तथा व्यय का ब्यौरा चुनाव आयोग को उपलब्ध कराना.
- चुनावों के दौरान निजी एवं सार्वजनिक सम्पत्तियों पर लिखे विज्ञापनों को उम्मीदवारों द्वारा अपने खर्चे से साफ कराना.
- चुनावों के दौरान आदर्श आचार संहिता को सख्ती से लागू करना.

मुख्य निर्वाचन आयुक्त टी. एन. शेषन एवं उनके उत्तरवर्ती मुख्य निर्वाचन आयुक्तों के प्रयासों से चुनाव जीतने के लिए–

- मतदाताओं को खरीदने एवं धमकाने, डराने की प्रवृत्तियों पर रोक लगी.
- मतदान वाले दिन शराब की बिक्री एवं वितरण पर प्रतिबन्ध लगा.
- प्रचार के दौरान सत्ताधारी दल के नेताओं द्वारा सरकारी मशीनरी के दुरुपयोग पर रोक लगी.
- धर्म, जाति, सम्प्रदाय के आधारों पर मतदाताओं से अपील नहीं की जा सकती.
- चुनाव-प्रचार के लिए पूजास्थलों का प्रयोग नहीं किया जा सकता.
- चुनाव-प्रचार के लिए बिना पूर्वानुमति के लाउडस्पीकर का प्रयोग नहीं किया जा सकता.

टी. एन. शेषन ने भारत निर्वाचन आयोग की श्रेष्ठता की जो मिसाल कायम की उसे उनके उत्तरवर्ती मुख्य निर्वाचन आयुक्तों–एम. एस. गिल, जे. एम. लिंगदोह, टी. एस. कृष्णामूर्ति, बी. बी. टंडन, एन. गोपालस्वामी, नवीन चावला, एस. वाई. कुरैशी, बी. एस. सम्पत्त, एच. एस. ब्रह्मा, नसीम जैदी, अचल कुमार ज्योति तथा ओम प्रकाश रावत, सुनील अरोरा, सुशील चन्द्रा, राजीव कुमार तथा सम्प्रति ज्ञानेश कुमार ने न केवल बनाए रखा वरन् उत्तरोत्तर और प्रभावशाली बनाया. विभिन्न वर्षों में अपनाए गए चुनाव सुधारों का संक्षिप्त विवरण निम्नलिखित प्रकार है–.

- 1971 में पहली बार जारी तथा बाद में अनेक बार संशोधित आदर्श आचार संहिता चुनाव से जुड़े प्रत्येक व्यक्ति, संस्था, अधिकारी, कर्मचारी, उम्मीदवार, राजनीतिक दल के लिए बाध्यकारी है. भले ही इसे विधिक मान्यता प्राप्त नहीं है.
- मतदाताओं की अर्ह आयु सीमा को 21 वर्ष से घटाकर 18 वर्ष कर दिया गया.
- इलेक्ट्रॉनिक मीडिया–रेडियो एवं दूरदर्शन पर मान्यता प्राप्त सभी राजनीतिक दलों की समान पहुँच सुनिश्चित कराई गई.
- न्यायालय से 2 वर्ष या इससे अधिक अवधि की सजा प्राप्त कोई भी व्यक्ति 6 वर्ष तक चुनाव नहीं लड़ सकता.
- कोई भी सांसद/विधायक लाभ के पद पर कार्य कर नहीं कर सकता. यदि ऐसा करने का दोषी पाया जाता है, तो उसकी सदस्यता समाप्त हो जाएगी.
- सारे देश में सभी चुनाव इलेक्ट्रॉनिक वोटिंग मशीन से करवाए जाने की व्यवस्था. अब प्रत्येक निर्वाचन में वोटर वेरीफाइबिल पेपर ऑडिट ट्रेल (VVPAT) की भी अनिवार्य व्यवस्था.
- प्रत्येक उम्मीदवार को नामांकन करते समय एक शपथ-पत्र में अपनी शैक्षणिक योग्यता, अपने ऊपर न्यायालय में लम्बित वादों का विवरण, अपनी तथा अपने निकट सम्बन्धियों की चल-अचल सम्पत्तियों तथा देनदारियों का विवरण देने की अनिवार्यता.
- शपथ-पत्र में झूठी जानकारी देने का दोषी पाए जाने पर सदस्यता समाप्त हो सकती है.
- ईवीएम में नोटा (None of the Above) बटन का प्रावधान.
- उच्च न्यायालय में दायर निर्वाचन सम्बन्धी याचिकाओं की सुनवाई 6 माह के भीतर पूरी कर लेना.
- सांसदों/विधायकों के विरुद्ध न्यायालयों में लम्बित आपराधिक वादों की त्वरित सुनवाई हेतु प्रावधान.
- मतदानकर्मियों के लिए मतदान केन्द्रों का निर्धारण कम्प्यूटर-आधारित रैण्डम विधि द्वारा.
- भारत निर्वाचन आयोग के पर्यवेक्षकों की देखरेख में चुनाव.
- मतदाताओं में जागरूकता लाने के लिए विशेष अभियान.

●●●

शेष पृष्ठ 83 का

- क्या प्रतिदावा समय-सीमा (Limitation) के भीतर था और वैधानिक रूप से ग्राह्य था ?

अंतिम निर्णय

सर्वोच्च न्यायालय ने अपील स्वीकार करते हुए गुजरात उच्च न्यायालय का आदेश रद्द किया और ट्रायल कोर्ट का आदेश पुनर्स्थापित (Restored) किया.

प्रतिदावा को अस्वीकार्य, समय-सीमा से बाहर और प्रक्रियागत रूप से दोषपूर्ण (Procedurally defective) ठहराया गया.

न्यायालय निर्णय के पीछे तक

- आदेश VIII नियम 6A सीपीसी के अनुसार प्रतिदावा केवल वादी (Plaintiff) के विरुद्ध ही किया जा सकता है, सह-प्रतिवादी (Co-defendant) के विरुद्ध नहीं.
- इस मामले में, प्रतिवादी 2 का प्रतिदावा मूलतः मृत प्रतिवादी 1 (जिसका स्थान नाजिर ने लिया) के विरुद्ध था–अतः यह अवैध था.
- वाद में मुद्दे 12 फरवरी, 2019 को तय हो चुके थे, जबकि प्रतिदावा जुलाई 2021 में दायर हुआ–अर्थात् लगभग 2 वर्ष बाद.

न्यायालय ने अशोक कुमार कालरा के सिद्धान्त का पालन करते हुए कहा कि मुद्दे तय होने के बाद प्रतिदावा स्वीकार नहीं किया जाना चाहिए, क्योंकि यह न्यायिक दक्षता (Judicial efficiency) और शीघ्र निपटारे (Speedy disposal) के विरुद्ध है.

- **परिसीमा (Limitation)**– विशिष्ट निष्पादन हेतु वाद की सीमा 3 वर्ष है (अनुच्छेद 54, परिसीमा अधिनियम).

2011 के समझौते के आधार पर 2021 में प्रतिदावा किया जाना स्पष्ट रूप से समयबाह्य (Time-barred) था.

- विभाजन (Partition) की माँग भी स्वतंत्र रूप से नहीं टिक सकती थी, क्योंकि प्रतिवादी 2 की सम्पत्ति में हिस्सेदारी उसी विशिष्ट निष्पादन पर निर्भर थी, जो स्वयं अमान्य था.
- उच्च न्यायालय ने अनुच्छेद 227 के अन्तर्गत पर्यवेक्षणीय अधिकार (Supervisory jurisdiction) का प्रयोग करते हुए प्रक्रियात्मक कानून और पूर्व निर्णयों की अनदेखी की, जो न्यायिक अनुशासन के विपरीत था.

●●●

फोकस 2

भारत का विदेश व्यापार (अप्रैल–सितम्बर 2025)

✍ डॉ. बी. के. अग्रवाल

संयुक्त राज्य अमेरिका के राष्ट्रपति डोनाल्ड ट्रम्प द्वारा शुरू किए गए व्यापार युद्ध और तद्जनित नव-संरक्षणवाद की बढ़ती काली छाया के बीच वित्त वर्ष 2025-26 के पहले 6 महीनों में भारत के संचयी निर्यात (वस्तुएँ और सेवाएँ) ने 4·45 प्रतिशत की वृद्धि दर्ज करते हुए 413·30 बिलियन अमेरिकी डॉलर का स्तर प्राप्त कर लिया है. इसमें 220·12 बिलियन अमेरिकी डॉलर के वस्तु निर्यात तथा 193·18 बिलियन अमेरिकी डॉलर (अनुमानित) के सेवा निर्यात हैं. अमेरिकी राष्ट्रपति द्वारा भारत से आयातित वस्तुओं पर भले ही 50 प्रतिशत का दण्डात्मक प्रशुल्क लगा दिया हो, संयुक्त राज्य अमेरिका अभी भी भारत का सबसे बड़ा साझीदार देश बना हुआ है.

- अप्रैल-सितम्बर 2025* के दौरान भारत का कुल निर्यात 413·30 बिलियन अमेरिकी डॉलर होने का अनुमान है, जो 4·45 प्रतिशत की सकारात्मक वृद्धि दर्शाता है.
- अप्रैल-सितम्बर 2025* के दौरान कुल आयात 472·79 बिलियन अमेरिकी डॉलर रहने का अनुमान है, जो 3·55 प्रतिशत की वृद्धि दर्शाता है.

व्यापारिक वस्तुएँ

- अप्रैल-सितम्बर 2025 के दौरान व्यापारिक निर्यात 220·12 बिलियन अमेरिकी डॉलर रहा, जबकि अप्रैल-सितम्बर 2024 के दौरान यह 213·68 बिलियन अमेरिकी डॉलर था. (3·014% की वृद्धि) था.
- मूल्य में परिवर्तन के सन्दर्भ में अप्रैल-सितम्बर 2025 की तुलना में अप्रैल-सितम्बर 2024 में सकारात्मक वृद्धि प्रदर्शित करने वाले शीर्ष 5 निर्यात गंतव्य अमेरिका (13·37 प्रतिशत), यूएई (9·39 प्रतिशत), चीन (21·96 प्रतिशत), स्पेन (40·33 प्रतिशत) और हांगकांग (23·53 प्रतिशत) हैं.
- अप्रैल-सितम्बर 2025 के दौरान व्यापारिक आयात 375·11 बिलियन अमेरिकी डॉलर रहा, जबकि अप्रैल-सितम्बर 2024 के दौरान यह 358·85 बिलियन अमेरिकी डॉलर था. (4·53% की वृद्धि)
- मूल्य में परिवर्तन के सन्दर्भ में अप्रैल-सितम्बर 2025 की तुलना में अप्रैल-सितम्बर 2024 में वृद्धि प्रदर्शित करने वाले शीर्ष 5 आयात स्रोत देशों में हैं—चीन (11·25 प्रतिशत), यूएई (13·22 प्रतिशत), आयरलैण्ड (200·09 प्रतिशत), यूएसए (9·03 प्रतिशत) और हांगकांग (19·99 प्रतिशत) हैं.
- अप्रैल-सितम्बर 2025 के दौरान वस्तुगत व्यापार घाटा 154·98 बिलियन अमेरिकी डॉलर रहा, जबकि अप्रैल-सितम्बर 2024 के दौरान यह 145·18 बिलियन अमेरिकी डॉलर था. (2·28% की वृद्धि)
- अप्रैल-सितम्बर 2025 में गैर-पेट्रोलियम और गैर-रत्न एवं आभूषण निर्यात 175·9 बिलियन अमेरिकी डॉलर रहा, जबकि अप्रैल-सितम्बर 2024 में यह 163·09 बिलियन अमेरिकी डॉलर था. (7·48% की वृद्धि)
- अप्रैल-सितम्बर 2025 में गैर-पेट्रोलियम, गैर-रत्न और आभूषण (सोना, चाँदी और कीमती धातु) आयात 243·58 बिलियन अमेरिकी डॉलर रहा, जबकि अप्रैल-सितम्बर 2024 में यह 224·97 बिलियन अमेरिकी डॉलर था. (8·27% की वृद्धि)
- गैर-पेट्रोलियम और गैर-रत्न एवं आभूषण निर्यात में सकारात्मक वृद्धि को निर्यात क्षेत्र की बेहतर उपलब्धि का संकेत माना जाता है.

सेवा व्यापार

- अप्रैल-सितम्बर 2025* के दौरान सेवा निर्यात का अनुमानित मूल्य 193·18 बिलियन अमेरिकी डॉलर रहा, जबकि अप्रैल-सितम्बर 2024 में यह 182·03 बिलियन अमेरिकी डॉलर था. (6·12 प्रतिशत की वृद्धि)

तालिका 2 : अप्रैल-सितम्बर 2025 के दौरान पेट्रोलियम और रत्न एवं आभूषण को छोड़कर व्यापार*

	अप्रैल-सितम्बर 2025 (बिलियन अमेरिकी डॉलर)	अप्रैल-सितम्बर 2024 (बिलियन अमेरिकी डॉलर)	% परिवर्तन
गैर-पेट्रोलियम निर्यात	189·49	177·03	7·04
गैर-पेट्रोलियम आयात	282·98	265·8	6·46
गैर-पेट्रोलियम और गैर-रत्न एवं आभूषण निर्यात	175·29	163·09	7·48
गैर-पेट्रोलियम और गैर-रत्न एवं आभूषण आयात	243·58	224·97	8·27

नोट—रत्न और आभूषण आयात में सोना, चाँदी और मोती, बहुमूल्य और कम मूल्य वाले पत्थर शामिल हैं

तालिका 1 : अप्रैल-सितम्बर 2025 के दौरान व्यापार*

		अप्रैल-सितम्बर 2025 (बिलियन अमेरिकी डॉलर)	अप्रैल-सितम्बर 2024 (बिलियन अमेरिकी डॉलर)	% परिवर्तित
वस्तुएँ	निर्यात	220·12	213·68	3·014
	आयात	375·11	358·85	4·531
सेवाएँ	निर्यात	193·18	182·03	6·125
	आयात	97·68	97·73	–0·051
कुल व्यापार (वस्तुएँ+सेवाएँ)*	निर्यात	413·3	395·71	4·445
	आयात	472·79	456·58	3·550
	व्यापार संतुलन	–59·48	–60·87	–2·284

- अप्रैल-सितम्बर 2025* के दौरान सेवा आयात का अनुमानित मूल्य 97·68 बिलियन अमेरिकी डॉलर रहा, जबकि अप्रैल-सितम्बर 2024 में यह 97·73 बिलियन अमेरिकी डॉलर था.
- अप्रैल-सितम्बर 2025* के लिए सेवा व्यापार अधिशेष 95·50 बिलियन अमेरिकी डॉलर रहा, जबकि अप्रैल-सितम्बर 2024 में यह 84·31 बिलियन अमेरिकी डॉलर था.

[* सेवाओं के निर्यात और आयातों की प्राप्तियों के आँकड़े भारतीय रिजर्व बैंक द्वारा जारी किए जाते हैं. सितम्बर 2025 में प्राप्तियों/भुगतानों के आँकड़े अनुमानों पर आधारित हैं.]

तालिका 3 : अप्रैल-सितम्बर 2025-26 में भारत के 30 शीर्ष पण्य निर्यात

(अमेरिकी मिलियन डॉलर)

रैंक	वस्तुएँ	अप्रैल-सितम्बर 2024-25	अप्रैल-सितम्बर 2025-26	% परिवर्तन अप्रैल-सितम्बर 2025
1	इंजीनियरिंग वस्तुएँ	56343·01	59356·51	5·35
2	पेट्रोलियम उत्पाद	36648·10	30634·36	–16·41
3	इलेक्ट्रॉनिक वस्तुएँ	15640·22	22200·42	41·94
4	औषधियाँ एवं फार्मा उत्पाद	14448·81	15382·25	6·46
5	कार्बनिक एवं अकार्बनिक रसायन	14126·14	14244·33	0·84
6	रत्न एवं आभूषण	13944·12	14201·23	1·84
7	आर.एम.जी. ऑफ टेक्सटाइल्स	7506·14	7763·19	3·42
8	सूती धागा/फैब्स/निर्मित उत्पाद, हथकरघा उत्पाद	5949·52	5796·39	–2·57
9	चावल	5121·19	5634·67	10·03
10	प्लास्टिक एवं लिनॉलियम	4422·60	4368·07	–1·23
11	समुद्री उत्पाद	3385·82	3974·95	17·40
12	माँस, डेयरी एवं कुक्कुट उत्पाद	2239·29	2745·16	22·59
13	माइका, कोयला एवं अन्य अयस्क, प्रसंस्कृत खनिजों सहित अन्य खनिज	2324·92	2685·80	15·52
14	मानव निर्मित धागा आदि	2405·64	2400·85	–0·20
15	चमड़ा एवं चमड़े के उत्पाद आदि	2237·20	2282·32	2·02
16	मसाले	2091·02	2148·70	2·76
17	चीनी मिट्टी एवं काँच के उत्पाद	1981·49	2065·64	4·25
18	फल एवं सब्जियाँ	1701·61	1865·33	9·62
19	अनाज से बने उत्पाद एवं विविध प्रसंस्कृत वस्तुएँ	1544·82	1646·39	6·57
20	कॉफी	932·47	1048·73	12·47
21	तम्बाकू	986·12	993·95	0·79
22	हाथ से बुने कालीनों को छोड़कर अन्य हस्तकला उत्पाद	879·63	851·47	–3·20
23	कालीन	745·75	733·83	–1·60
24	लौह अयस्क	1089·28	714·23	–34·43
25	तिलहन	628·00	632·29	0·68
26	तेल खली	698·66	585·44	–16·21
27	चाय	443·24	527·29	18·96
28	फर्श सहित जूट के विनिर्मित उत्पाद	179·83	189·83	5·56
29	काजू	138·44	151·87	9·70
30	अन्य अनाज	101·48	129·68	27·78
	उप-योग	**200884·58**	**207955·16**	**3·52**
	कुल योग	**213677·90**	**220123·87**	**3·02**

नोट—1. निर्यातों में पुनर्निर्यात भी शामिल हैं.

2. कुल योग में अन्य मदों के निर्यातों के मूल्य भी शामिल हैं.

तालिका 4 : अप्रैल-सितम्बर 2025-26 में भारत के आयातों की शीर्ष 30 मदें

(अमेरिकी मिलियन डॉलर)

रैंक	वस्तुएँ	अप्रैल-सितम्बर 2024-25	अप्रैल-सितम्बर 2025-26	% परिवर्तन अप्रैल-सितम्बर 2025
1	पेट्रोलियम, कच्चा तेल उत्पाद	93050·80	92124·05	–1·00
2	इलेक्ट्रॉनिक वस्तुएँ	48084·39	56151·39	16·78
3	मशीनरी, विद्युत्/गैर-विद्युत्	26053·40	29614·61	13·67

4	स्वर्ण	29038·46	26514·50	–8·69
5	परिवहन उपकरण	16907·81	15577·57	–7·87
6	कार्बनिक एवं अकार्बनिक रसायन	14801·30	14583·14	–1·47
7	अलौह धातुएँ	12855·70	14193·93	10·41
8	कोयला, कोक एवं ब्रिकिटस	17408·92	14092·01	–19·05
9	कृत्रिम गोंद, प्लास्टिक पदार्थ आदि	11682·44	11799·64	1·00
10	लौह एवं इस्पात	11293·70	11138·75	–1·37
11	वनस्पति तेल	8806·46	9991·77	13·46
12	रासायनिक सामान एवं उत्पाद	5793·47	9868·50	70·34
13	मोती, कीमती एवं अर्द्ध-कीमती पत्थर	9725·65	9667·61	–0·60
14	रासायनिक उर्वरक, कच्चा माल/विनिर्मित	4279·77	7715·72	80·28
15	लौह धातुयी अयस्क/अन्य खनिज	5180·33	6502·22	25·52
16	चिकित्सकीय एवं फार्मा उत्पाद	4336·16	4648·79	7·21
17	पेशेवर उपकरण तथा आप्टीकल वस्तुएँ	4068·26	4598·01	13·02
18	मशीन औजार	2734·38	3285·85	20·17
19	लकड़ी एवं लकड़ी के उत्पाद	3383·47	3348·76	–1·03
20	चाँदी	2063·07	3219·17	56·04
21	रंगने के उत्पाद	2215·55	2043·89	–7·75
22	फल एवं सब्जियाँ	1404·69	1681·62	19·71
23	टेक्सटाइल धागा, फैब्रिक एवं उससे बने उत्पाद	1197·13	1317·11	10·02
24	दालें	2187·21	1031·90	–52·82
25	कागज की लुगदी एवं रद्दी	1006·89	1023·15	1·61
26	कच्चा कपास एवं कचरा	477·38	676·71	41·75
27	परियोजना मदें	594·45	656·56	10·45
28	चमड़ा एवं चमड़े के उत्पाद	563·62	475·87	–15·57
29	गंधक एवं बिना भुना लौह पायराइट्स	105·01	306·62	191·99
30	अखबारी कागज	242·88	165·21	–31·98
	उप-योग	**341542·78**	**358014·61**	**4·82**
	कुल योग	**358852·94**	**375107·12**	**4·53**

नोट–कुल योग में अन्य मदों के आयात भी शामिल हैं.

तालिका 5 : भारत के पण्य निर्यातों के शीर्ष 20 गन्तव्य स्थल (देश) : अप्रैल-सितम्बर 2025-26

(मिलियन अमेरिकी डॉलर)

रैंक	देश	अप्रैल-सितम्बर 2024	अप्रैल-सितम्बर 2025	% परिवर्तन सितम्बर 2025
1	सं. रा. अमेरिका	40416·86	45819·92	13·37
2	सं. अ. अमीरात	17200·41	18815·33	9·39
3	नीदरलैण्ड्स	13166·69	10567·91	–19·74
4	चीन	6899·09	8414·02	21·96
5	यू.के.	7270·29	6829·49	–6·06
6	जर्मनी	5077·53	5667·11	11·61
7	बांग्लादेश	5211·35	5547·47	6·45
8	सिंगापुर	6469·93	5508·92	–14·85
9	सऊदी अरब	5463·64	4992·79	–8·62
10	ब्राजील	3591·98	3821·24	6·38
11	द. अफ्रीका	4107·52	3770·90	–8·20
12	हांगकांग	3026·91	3739·15	23·53
13	ऑस्ट्रेलिया	4063·32	3710·55	–8·68

14	नेपाल	3593·49	3662·01	1·91
15	इटली	3704·20	3633·10	–1·92
16	फ्रांस	4191·80	3429·80	–18·18
17	बेल्जियम	3242·38	3333·43	2·81
18	स्पेन	2330·04	3269·73	40·33
19	द. कोरिया	2872·93	3147·38	9·55
20	मलेशिया	4061·27	3053·79	–24·81
	उप-योग	**145961·63**	**150734·04**	**3·27**
	कुल योग	**213677·90**	**220123·87**	**3·02**

नोट—कुल योग में सभी मदों के निर्यातों के मूल्य शामिल हैं.

तालिका 6 : अप्रैल-सितम्बर 2025-26 में भारत के आयातों के 20 शीर्ष स्रोत (देश)

(मिलियन अमेरिकी डॉलर)

रैंक	देश	अप्रैल-सितम्बर 2024	अप्रैल-सितम्बर 2025	% परिवर्तन अप्रैल-सितम्बर 2025
1	चीन	56529·33	62886·32	11·25
2	सं. अ. अमीरात	29173·24	33030·77	13·22
3	रूस	33609·96	31124·94	–7·39
4	सं. रा. अमेरिका	23474·70	25594·65	9·03
5	सऊदी अरब	13874·06	15203·40	9·58
6	इराक	14358·23	13060·10	–9·04
7	हांगकांग	9772·93	11726·23	19·99
8	सिंगापुर	10649·72	11717·42	10·03
9	जापान	9360·88	10914·97	16·60
10	द. कोरिया	10698·89	10904·73	1·92
11	इण्डोनेशिया	12230·50	10633·52	–13·06
12	स्विट्जरलैण्ड	12912·77	10301·08	–20·23
13	जर्मनी	9178·84	9191·35	0·14
14	थाइलैण्ड	5970·84	6894·56	15·47
15	मलेशिया	6088·23	6621·19	8·75
16	कतर	6190·12	6121·99	–1·10
17	ऑस्ट्रेलिया	7595·62	6023·82	–20·69
18	वियतनाम	5527·30	5747·08	3·98
19	ताइवान	5372·24	4327·09	–19·45
20	यू.के.	4153·47	4137·29	–0·39
	उप-योग	**286721·89**	**296162·49**	**3·29**
	कुल योग	**358852·94**	**375107·12**	**4·53**

नोट—कुल योग में अन्य मदों के आयात के मूल्य भी शामिल हैं.

तालिका 7 : अप्रैल-सितम्बर 2025-26 में भारत के शीर्ष तीन व्यापार साझीदार

(मिलियन अमेरिकी डॉलर)

देश	आयात		निर्यात		कुल व्यापार	
	मूल्य	% हिस्सा	मूल्य	% हिस्सा	मूल्य	% हिस्सा
सं. रा. अमेरिका	25594·65	11·63	45819·92	12·22	71414·57	12·00
चीन	62886·32	28·57	8414·02	2·24	71300·03	11·98
सं. अरब अमीरात	33030·77	15·00	18815·33	5·00	51846·10	8·71
कुल वस्तु व्यापार	**220123·87**	**100·00**	**375107·12**	**100·00**	**595230·99**	**100·00**

●●●

फोकस 3

सहकारिता क्षेत्र में विकास के नए सोपान : राष्ट्रीय सहकारी नीति 2025

✍ डॉ. राधा परमार

भारत में सहकारिता की शुरुआत 19वीं सदी के अंतिम चतुर्थांश में हुई थी, जिसका उद्देश्य किसानों को साहूकारों के चंगुल से मुक्ति दिलाना था. भारत में सहकारी आन्दोलन एक राज्य नीति के रूप में शुरू किया गया था और इसका प्रारम्भ सहकारी समिति अधिनियम, 1904 के अधिनियमन से हुआ. स्वतंत्रता-पूर्व काल में यह आन्दोलन विकास के विभिन्न चरणों से गुजरा और उतार-चढ़ाव देखें. 1947 में स्वतंत्रता प्राप्ति के बाद नियोजित आर्थिक विकास के आगमन ने सहकारी समितियों के लिए एक नए युग का सूत्रपात किया. सहकारिता को नियोजित आर्थिक विकास का एक साधन माना जाने लगा.

भारतीय अर्थव्यवस्था में सहकारिता की महत्वपूर्ण भूमिका है. वर्तमान में भारतीय सहकारिता व्यवस्था विश्व की सबसे बड़ी प्रणालियों में से एक है. यह कृषि और सम्बद्ध क्षेत्र के सबसे मजबूत स्तम्भों में से एक है. राष्ट्रीय सहकारी डेटाबेस (एनसीडी) के अनुसार, देश भर में कुल 8·37 लाख सहकारी समितियाँ हैं. कुल 8·37 लाख सहकारी समितियों में से, देश भर में 6·45 लाख कार्यशील सहकारी समितियाँ हैं, जिनके 31 करोड़ से अधिक सदस्य हैं. लगभग 17 राष्ट्रीय सहकारी समितियाँ, 390 राज्य स्तरीय महासंघ, 2705 जिला महासंघ और 97961 प्राथमिक कृषि समितियाँ (PACS) देश के सहकारी आन्दोलन का नेतृत्व और मार्गदर्शन कर रही हैं.

भारत में सक्रिय सहकारी समितियाँ (31 मार्च, 2025)

क्र.	क्षेत्र	सहकारी समितियों की संख्या	कुल सदस्य	सहकारी समितियों की संख्या (शहरी)	सदस्यता (शहरी)	सहकारी समितियों की संख्या (ग्रामीण)	सदस्यता (ग्रामीण)
1.	कृषि एवं सम्बद्ध सहकारिताएँ	27852	8231906	3229	3983249	24623	4248657
2.	कृषि प्रसंस्करण और औद्योगिक सहकारिताएँ	22848	2184954	11326	1182945	11522	1002009
3.	मधुमक्खी पालन सहकारिताएँ	349	47136	50	8629	299	38507
4.	उपभोक्ता सहकारिताएँ	22729	10133761	14814	5789892	7915	4343869
5.	साख एवं बचत सहकारिताएँ	83611	53191208	46150	36913476	37461	16277732
6.	दुग्ध सहकारिताएँ	151386	13113172	3879	789426	147507	12323746
7.	शैक्षणिक एवं प्रशिक्षण सहकारिताएँ	1581	4567161	467	1249922	1114	3317239
8.	कृषक सेवा सहकारिताएँ	568	1890468	95	325672	473	1564796
9.	मत्स्य सहकारिताएँ	27018	3748507	3641	869854	23377	2878653
10.	दस्तकारी सहकारिताएँ	5178	90832	2062	38007	3116	52825
11.	हथकरघा और बुनकर सहकारिताएँ	19533	1654422	8701	722873	10832	931549
12.	आवासीय सहकारी समितियाँ	194037	26505363	177625	24962942	16412	1542421
13.	जूट और जटा सहकारिताएँ	71	4746	38	3376	33	1370
14.	कुटीर एवं ग्रामोद्योग सहकारिताएँ	98	6513	20	4508	78	2005
15.	श्रम सहकारिताएँ	46633	9104821	16338	3127108	30295	5977713
16.	बृहत् क्षेत्र बहुउद्देशीय सहकारिताएँ	5836	7745593	203	418562	5633	7327031
17.	पशुपालन और कुक्कुट पालन सहकारिताएँ	16931	1135462	1788	143875	15143	991587
18.	विपणन सहकारी समितियाँ	10064	3742806	3085	2248937	6979	1493869
19.	विविध सहकारी समितियाँ	7573	5984246	2050	2526222	5523	3458024
20.	विविध गैर-साख समितियाँ	34973	11475416	11380	4266140	23593	7209276
21.	बहुउद्देशीय सहकारी समितियाँ	21517	3079096	8172	1865633	13345	1213463
22.	प्राथमिक कृषि साख सहकारी समितियाँ	103006	130357446	4672	16770808	98334	113586638
23.	रेशम कीट पालन सहकारिताएँ	578	78882	98	8914	480	69968
24.	सामाजिक कल्याण और सांस्कृतिक सहकारिताएँ	2516	685658	1245	382309	1271	303349
25.	चीनी मिल सहकारिताएँ	289	3850943	64	733987	225	3116956
26.	पर्यटन सहकारिताएँ	610	40145	172	17348	438	22797
27.	परिवहन सहकारिताएँ	4211	136276	1933	83582	2278	52694
28.	जनजाति–एससी/एसटी सहकारिताएँ	2064	1385600	274	546987	1790	838613
29.	शहरी सहकारी बैंक	1465	15270321	1358	14452320	107	818001
30.	महिला कल्याण सहकारी समितियाँ	26338	6099990	4079	719296	22259	5380694

भारत में सहकारिता आन्दोलन का एक समृद्ध इतिहास रहा है. पहली राष्ट्रीय सहकारिता नीति 2002 में शुरू की गई थी. इस नीति ने आर्थिक और सामाजिक विकास को गति देने में सहकारिता की क्षमता को पहचानने की नींव रखी. हालाँकि, सहकारी क्षेत्र को पुराने बुनियादी ढाँचे, पूँजी तक सीमित पहुँच और तकनीकी एकीकरण की कमी जैसी चुनौतियों का सामना करना पड़ा.

सहकारी क्षेत्र की उपलब्धियाँ

पिछले 4 वर्षों में (सहकारिता मंत्रालय के सृजन के बाद) सहकारिता मंत्रालय के सक्रिय प्रयासों से सहकारी क्षेत्र में उल्लेखनीय उपलब्धियाँ प्राप्त हुई हैं. इन उपलब्धियों ने राष्ट्रीय सहकारी नीति 2025 में उल्लिखित महत्वाकांक्षी लक्ष्यों की नींव रखी है. ये उपलब्धियाँ निम्नलिखित प्रकार हैं—

गौरव और विश्वास की बहाली—सहकारी क्षेत्र की सबसे महत्वपूर्ण उपलब्धियों में से एक इसके सदस्यों के बीच गौरव और विश्वास की बहाली है. आज, सबसे छोटी सहकारी इकाई भी उद्देश्य और आत्मविश्वास की भावना के साथ खड़ी है और कॉर्पोरेट संस्थाओं के साथ समान स्तर पर प्रतिस्पर्धा करने के लिए तैयार है.

डिजिटल रूपान्तरण—प्राथमिक कृषि साख समितियों (PACS) के कम्प्यूटरीकरण ने उनके संचालन में क्रांति ला दी है, जिससे पारदर्शिता और दक्षता में वृद्धि हुई है. भू-मानचित्रण सहित एक राष्ट्रीय सहकारी डेटाबेस के निर्माण से बेहतर निगरानी और संसाधन आवंटन सम्भव हुआ है.

आदर्श सहकारी गाँव—राष्ट्रीय कृषि और ग्रामीण विकास बैंक (NABARD) द्वारा शुरू किए गए आदर्श सहकारी गाँवों की शुरुआत ने ग्रामीण विकास के लिए एक नया मानदण्ड स्थापित किया है. ये गाँव ग्रामीण अर्थव्यवस्था में सहकारी समितियों को एकीकृत करने के लिए आदर्श के रूप में कार्य करते हैं और प्रत्येक तहसील में 5 आदर्श सहकारी गाँव स्थापित करने की योजना है.

सहकारी उद्यमों का विस्तार—सहकारी समितियों ने स्वास्थ्य सेवा, खुदरा और नवीकरणीय ऊर्जा सहित विविध क्षेत्रों में उल्लेखनीय प्रगति की है. उदाहरण के लिए, ग्रामीण समुदायों को सस्ती दवाइयाँ उपलब्ध कराने के लिए 4,108 से अधिक प्राथमिक कृषि सहकारी साख समितियों (PACS) को प्रधानमंत्री जन औषधि केन्द्र संचालित करने की स्वीकृति दी गई है. इसी प्रकार, 393 प्राथमिक कृषि साख समितियों ने खुदरा ईंधन वितरण में कदम रखा है और 100 से अधिक ने एलपीजी वितरकों की नियुक्ति हासिल की है.

श्वेत क्रांति 2·0 के माध्यम से महिलाओं का सशक्तिकरण—राष्ट्रीय सहकारिता नीति 2025 श्वेत क्रांति की सफलता पर आधारित है, जिसने अमूल जैसी सहकारी समितियों के माध्यम से भारत के डेयरी क्षेत्र को बदल दिया. श्वेत क्रांति 2·0 का उद्देश्य डेयरी सहकारी समितियों में महिलाओं की भागीदारी बढ़ाकर उन्हें और सशक्त बनाना है, जिससे आर्थिक स्वतंत्रता के नए अवसर पैदा होंगे.

राष्ट्रीय सहकारिता नीति 2025

24 जुलाई, 2025 को, केन्द्रीय गृहमंत्री और सहकारिता मंत्री अमित शाह ने राष्ट्रीय सहकारिता नीति 2025 का अनावरण किया, जो समावेशी और सतत आर्थिक विकास की दिशा में भारत की यात्रा में एक महत्वपूर्ण मील का पत्थर साबित होगी. इस दूरदर्शी नीति का उद्देश्य सहकारी क्षेत्र को पुनर्जीवित करना और इसे भारत के विकास मॉडल की आधारशिला के रूप में स्थापित करना है. सहयोग, पारदर्शिता और तकनीकी एकीकरण को बढ़ावा देकर, यह नीति लाखों नागरिकों, विशेष रूप से ग्रामीण क्षेत्रों में, को भारत की आर्थिक प्रगति में योगदान देने और उससे लाभान्वित होने के लिए सशक्त बनाने का प्रयास करती है.

प्रायः कॉर्पोरेट मॉडल के पक्ष में उपेक्षित रहने वाले सहकारी क्षेत्र को इस नीति द्वारा पुनर्जीवित किया गया है, जो अटल बिहारी वाजपेयी सरकार के तहत् 2002 में शुरू की गई पहली सहकारी नीति की नींव पर आधारित है. राष्ट्रीय सहकारी नीति 2025 भारत की विविध जनसंख्या की विशिष्ट आवश्यकताओं को पूरा करने के लिए डिजाइन की गई है, यह सुनिश्चित करते हुए कि आर्थिक विकास समावेशी, न्यायसंगत और सतत् हो. व्यक्तियों को सशक्त बनाने, उद्यमशीलता को बढ़ावा देने और आधुनिक प्रौद्योगिकी को एकीकृत करने पर ध्यान केन्द्रित करते हुए, इस नीति का उद्देश्य 2027 तक दुनिया की तीसरी सबसे बड़ी अर्थव्यवस्था बनने के भारत के लक्ष्य को प्राप्त करने में सहकारी समितियों को एक प्रेरक शक्ति बनाना है.

सहकारी समृद्धि का विजन

राष्ट्रीय सहकारी नीति 2025 का मूल विजन सहयोग के माध्यम से समृद्धि प्राप्त करना है, जो 'सहकार से समृद्धि' के आदर्श वाक्य में निहित है. यह विजन भारत की स्वतंत्रता की शताब्दी, 2047 तक एक विकसित राष्ट्र (विकसित भारत) बनने के भारत के व्यापक लक्ष्य के अनुरूप है. यह नीति एक जन-केन्द्रित आर्थिक मॉडल पर जोर देती है, जो केवल सकल घरेलू उत्पाद (जीडीपी) सम्वृद्धि से अधिक प्रत्येक नागरिक के कल्याण, रोजगार और सन्तुष्टि को प्राथमिकता देती है.

एक जन-केन्द्रित आर्थिक मॉडल—वैश्विक आर्थिक मॉडलों के विपरीत, जो प्रायः जीडीपी और जीडीएसपी जैसे व्यापक आर्थिक संकेतकों को प्राथमिकता देते हैं, राष्ट्रीय सहकारी नीति 2025 व्यक्ति को आर्थिक विकास के केन्द्र में रखती है. यह मानती है कि सच्ची आर्थिक प्रगति तब प्राप्त होती है जब प्रत्येक नागरिक, चाहे उसकी सामाजिक-आर्थिक पृष्ठभूमि कुछ भी हो, राष्ट्र के विकास में योगदान देने और उससे लाभान्वित होने के लिए सशक्त हो.

हाशिए पर पड़े लोगों का सशक्तिकरण—गाँवों में सहकारी उद्यमों को बढ़ावा देकर, यह नीति ग्रामीण महिलाओं, दलितों और आदिवासी जनसंख्या सहित हाशिए पर पड़े समुदायों के उत्थान पर जोर देती है. इस नीति का उद्देश्य इन समुदायों को संसाधनों, पूँजी और आर्थिक भागीदारी के अवसर प्रदान करना है. यह समावेशी दृष्टिकोण यह सुनिश्चित करता है कि आर्थिक विकास का लाभ उन 80 करोड़ नागरिकों तक पहुँचे जो ऐतिहासिक रूप से विकास की दौड़ में पीछे छूट गए हैं.

राष्ट्रीय सहकारी नीति 2025 के प्रमुख स्तम्भ

राष्ट्रीय सहकारी नीति 2025, सहकारी पारिस्थितिकी तंत्र को सुदृढ़ बनाने और इसकी दीर्घकालिक स्थिरता सुनिश्चित करने के लिए डिजाइन किए गए छह प्रमुख स्तम्भों पर आधारित है. ये स्तम्भ सहकारी समितियों के संरचनात्मक, परिचालनात्मक और सामाजिक पहलुओं को सम्बोधित करते हैं, यह सुनिश्चित करते हुए कि वे पेशेवर, पारदर्शी और तकनीकी रूप से उन्नत हों.

(1) सहकारी समितियों की नींव को मजबूत करना—यह नीति विशेष रूप से ग्रामीण क्षेत्रों में, जमीनी स्तर की सहकारी इकाइयों को सशक्त बनाने पर केन्द्रित है. संसाधनों, प्रशिक्षण और पूँजी तक पहुँच प्रदान करके, नीति का उद्देश्य प्राथमिक सहकारी समितियों को मजबूत बनाना है, यह सुनिश्चित करते हुए कि वे मजबूत हों और स्थानीय आर्थिक विकास को गति देने में सक्षम हों.

(2) कानूनी लचीलापन—सहकारी समितियों की स्थिरता सुनिश्चित करने के लिए, नीति कानूनी सुधारों को प्रस्तुत करती है, जो संचालन में लचीलापन प्रदान करते हैं. यदि कोई सहकारी इकाई विफल हो जाती है, तो नीति उसके परिसमापन और नई इकाइयों के पंजीकरण की सुविधा प्रदान करती है, यह सुनिश्चित करते हुए कि कोई भी गाँव या पंचायत सहकारी उपस्थिति के बिना न रहे.

(3) जीवंतता और आत्मनिर्भरता को बढ़ावा देना—नवाचार और उद्यमिता को बढ़ावा देकर, यह नीति गतिशील और आत्मनिर्भर सहकारी पारिस्थितिकी तंत्र के निर्माण को प्रोत्साहित करती है. इसका उद्देश्य प्रत्येक सहकारी इकाई को भविष्य की चुनौतियों का सामना करने में सक्षम एक समृद्ध इकाई बनाना है.

(4) समावेशिता को प्रोत्साहित करना—समावेशीपन इस नीति का आधार है, जिसका उद्देश्य सहकारी उद्यमों में महिलाओं, युवाओं, दलितों और आदिवासी समुदायों की भागीदारी बढ़ाना है. सदस्यता का विस्तार और विविध प्रतिनिधित्व को प्रोत्साहित करके, नीति यह सुनिश्चित करती है कि सहकारी समितियाँ समाज के सभी वर्गों की आवश्यकताओं और आकांक्षाओं को प्रतिबिम्बित करें.

(5) उभरते क्षेत्रों में विस्तार—अपने कार्यों में विविधता लाकर, यह नीति स्वास्थ्य सेवा, पर्यटन, टैक्सी, बीमा और हरित ऊर्जा जैसे उभरते क्षेत्रों में सहकारी समितियों के प्रवेश को बढ़ावा देती है. सहकारी समितियाँ नए बाजारों तक पहुँच सकती हैं, रोजगार सृजित कर सकती हैं और सतत विकास में योगदान दे सकती हैं.

(6) भविष्य के लिए तैयार सहकारी पारिस्थितिकी तंत्र का निर्माण—सहकारी समितियों को 21वीं सदी की चुनौतियों के लिए तैयार करने हेतु, नीति प्रौद्योगिकी, पारदर्शिता और पेशेवर प्रबंधन के एकीकरण पर जोर देती है. डिजिटल प्लेटफॉर्म और डेटा-आधारित निर्णय लेने की प्रक्रिया का लाभ उठाकर, सहकारी समितियाँ अपनी दक्षता और प्रतिस्पर्धात्मकता बढ़ा सकती हैं.

सहकारिता में प्रौद्योगिकी की भूमिका

राष्ट्रीय सहकारिता नीति 2025 में प्रौद्योगिकी को प्रमुखता प्रदान की गई है, क्योंकि प्रौद्योगिकीय उन्नयन सहरिता क्षेत्र के विकास में महत्वपूर्ण भूमिका निभा सकते है, प्रौद्योगिकीय उन्नयन सहकारी समितियों को तेजी से बदलती दुनिया में कुशलतापूर्वक और पारदर्शी रूप से संचालित करने में सक्षम बनाती है. नीति निम्नलिखित तकनीकी हस्तक्षेपों पर जोर देती है—

दृश्यता के लिए डिजिटल प्लेटफॉर्म—सहकारी समितियों के लिए डिजिटल प्लेटफॉर्म के निर्माण से उनकी दृश्यता और पहुँच बढ़ेगी. ये प्लेटफॉर्म सहकारी समितियों को अपने उत्पादों और सेवाओं का प्रदर्शन करने, उपभोक्ताओं से जुड़ने और अपनी बाजार पहुँच का विस्तार करने में सक्षम बनाएंगे.

पारदर्शी प्रबंधन प्रणालियाँ—प्रौद्योगिकी का लाभ उठाकर, सहकारी समितियाँ पारदर्शी प्रबंधन प्रणालियाँ लागू कर सकती हैं जो जवाबदेही और विश्वास सुनिश्चित करती हैं. इसमें संचालन को सुव्यवस्थित करने और अक्षमताओं को कम करने के लिए डेटा एनालिटिक्स, ब्लॉकचेन और अन्य उभरती प्रौद्योगिकियों का उपयोग शामिल है.

प्रशिक्षण के माध्यम से क्षमता निर्माण—नीति सहकारी सदस्यों के लिए डिजिटल प्रशिक्षण कार्यक्रमों के माध्यम से क्षमता निर्माण पर जोर देती है. उन्हें डिजिटल अर्थव्यवस्था में आगे बढ़ने के लिए आवश्यक कौशल से लैस करके, नीति यह सुनिश्चित करती है कि सहकारी समितियाँ प्रतिस्पर्धी और भविष्य के लिए तैयार रहें.

सामाजिक-आर्थिक चुनौतियों का समाधान

राष्ट्रीय सहकारी नीति 2025 केवल एक आर्थिक रणनीति नहीं है; यह एक सामाजिक आन्दोलन है जिसका उद्देश्य भारत के सबसे कमजोर वर्गों के सामने आने वाली चुनौतियों का समाधान करना है. व्यक्तियों और समुदायों को सशक्त बनाकर, यह नीति शहरी और ग्रामीण भारत के बीच की खाई को पाटने और एक अधिक समतामूलक समाज को बढ़ावा देने का प्रयास करती है.

आर्थिक अवसरों का सृजन—मुफ्त आवास, बिजली, गैस सिलेंडरों का निःशुल्क वितरण और स्वास्थ्य सेवा (आयुष्मान भारत-प्रधानमंत्री जन आरोग्य योजना), खाद्यान्न का निःशुल्क वितरण जैसी सरकारी योजनाओं से लाभान्वित हुए 80 करोड़ नागरिकों के लिए, यह नीति आगे के आर्थिक सशक्तिकरण का मार्ग प्रशस्त करती है. पूँजी तक पहुँच प्रदान करके और उद्यमशीलता को बढ़ावा देकर, सहकारी समितियाँ इन व्यक्तियों को अपनी आकांक्षाओं को पूरा करने में सक्षम बनाती हैं, चाहे वह अपनी बेटी के लिए स्कूटर खरीदना हो या घर में एयर कूलर लगाना हो.

आर्थिक असमानताओं को कम करना—यह नीति राज्यों के लिए उनके सहकारी पारिस्थितिकी तंत्र के आधार पर एक ग्रेडिंग प्रणाली (ए, बी, सी) शुरू करके सहकारी विकास में क्षेत्रीय असमानताओं का समाधान करती है. कम प्रदर्शन करने वाले राज्यों में सहकारी समितियों को मजबूत करने के लिए अनुकूलित कार्य योजनाएँ विकसित की जाएंगी, जिससे पूरे देश में सन्तुलित विकास सुनिश्चित होगा.

वैश्विक विस्तार और प्रतिस्पर्धा

राष्ट्रीय सहकारी नीति 2025 का उद्देश्य भारतीय सहकारी समितियों को वैश्विक मंच पर स्थापित करना भी है. अन्तर्राष्ट्रीय साझेदारियों को बढ़ावा देकर और निर्यात को बढ़ावा देकर, यह नीति सहकारी समितियों को वैश्विक अर्थव्यवस्था में एक प्रमुख खिलाड़ी बनाने का प्रयास करती है.

निर्यात के लिए राष्ट्रीय सहकारी समिति—निर्यात के लिए एक राष्ट्रीय सहकारी समिति की स्थापना भारतीय सहकारी समितियों की वैश्विक पहुँच का विस्तार करने की दिशा में एक महत्वपूर्ण कदम है. यह पहल सहकारी समितियों को अन्तर्राष्ट्रीय बाजारों तक पहुँच बनाने और जैविक उत्पादों और हस्तशिल्प जैसे उत्पादों को बढ़ावा देने में सक्षम बनाएगी.

वाणिज्यिक बैंकों के साथ प्रतिस्पर्धा—शहरी सहकारी बैंकों को एक व्यापक संगठन के निर्माण के माध्यम से मजबूत किया जा रहा है, ताकि यह सुनिश्चित किया जा सके कि वे वाणिज्यिक बैंकों के साथ प्रतिस्पर्धा कर सकें. आधुनिक तकनीक और पारदर्शी प्रथाओं को अपनाकर, ये बैंक अपने सदस्यों को विश्वसनीय वित्तीय सेवाएँ प्रदान करेंगे.

कार्यान्वयन और अनुश्रवण

राष्ट्रीय सहकारी नीति 2025 का सफल कार्यान्वयन मजबूत अनुश्रवण और मूल्यांकन तंत्र पर निर्भर करता है. नीति में 83 हस्तक्षेप बिन्दुओं की रूपरेखा दी गई है, जिनमें से 58 पर पहले ही प्रगति हो चुकी है, तीन पूरी तरह से पूरे हो चुके हैं और दो पर काम जारी है. शेष 22 बिन्दुओं पर आने वाले वर्षों में ध्यान दिया जाएगा, ताकि यह सुनिश्चित किया जा सके कि नीति के लक्ष्य पूरे हों.

राज्य-स्तरीय सहयोग—यह नीति राज्यों को राष्ट्रीय ढाँचे के अनुरूप अपनी सहकारी नीतियाँ विकसित करने के लिए प्रोत्साहित करती है. अपनी विशिष्ट आवश्यकताओं के अनुरूप रणनीतियाँ बनाकर, राज्य अपनी स्थानीय अर्थव्यवस्थाओं पर सहकारी समितियों के प्रभाव को अधिकतम कर सकते हैं.

अनुश्रवण और मूल्यांकन—सहकारी इकाइयों के प्रदर्शन पर नजर रखने के लिए एक क्लस्टर-आधारित निगरानी प्रणाली

शेष पृष्ठ 110 पर

ऐतिहासिक व्यक्तित्व एवं ऐतिहासिक स्थल

ऐतिहासिक व्यक्तित्व

स्वामी विवेकानन्द (1863-1902 ई.)

चर्चा में क्यों ?

11 सितम्बर, 1893 को शिकागो में विश्व धर्म संसद में स्वामी विवेकानन्द द्वारा ऐतिहासिक भाषण दिया गया था. इस ऐतिहासिक भाषण ने पश्चिम को हिन्दू धर्म से परिचित कराया और धार्मिक सहिष्णुता और समन्वयवाद की ऐसी अपील की जो आज भी उतनी ही प्रासंगिक है जितनी 132 वर्ष पहले थी.

जीवन परिचय

- स्वामी विवेकानन्द (बचपन का नाम—नरेन्द्रनाथ दत्त) एक भारतीय हिन्दू भिक्षु, दार्शनिक और आध्यात्मिक नेता थे जिन्होंने पश्चिमी दुनिया को वेदान्त और योग से परिचित कराया. रहस्यवादी रामकृष्ण के प्रमुख शिष्य, विवेकानन्द ने भारत में हिन्दू धर्म के पुनरुत्थान में एक प्रमुख भूमिका निभाई और भारतीय राष्ट्रवाद के उदय में योगदान दिया. उन्हें 1893 ई. में शिकागो में विश्व धर्म संसद में दिए गए अपने ऐतिहासिक भाषण के लिए जाना जाता है, जहाँ उन्होंने धार्मिक सहिष्णुता और सार्वभौमिक स्वीकृति की वकालत की थी.
- **प्रारम्भिक जीवन**—12 जनवरी, 1863 को कलकत्ता (कोलकाता) में जन्मे विवेकानन्द के पिता एक वकील और माता धर्मपरायण स्वभाव की थी. अपने पिता की तर्कसंगत, उदार सोच और अपनी माँ के धार्मिक स्वभाव के प्रारम्भिक सम्पर्क ने उनके बौद्धिक और आध्यात्मिक विकास को आकार दिया.
- एक अत्यन्त प्रतिभाशाली छात्र, नरेन्द्रनाथ एक अच्छे पाठक भी थे, जिन्होंने अपने प्रारम्भिक जीवन में ही वेदों, उपनिषदों और भगवद् गीता जैसे भारतीय ग्रंथों के साथ-साथ पश्चिमी दर्शन, साहित्य और इतिहास का भी अध्ययन कर लिया था.
- 18 वर्ष की आयु में, उनकी मुलाकात रहस्यवादी रामकृष्ण परमहंस से हुई. तत्पश्चात् वे उनके प्रमुख शिष्य बन गई.
- 1886 ई. में रामकृष्ण जी की मृत्यु के बाद, नरेन्द्रनाथ ने औपचारिक संन्यासी व्रत लिया और विवेकानन्द नाम अपनाया. अगले 5 वर्षों तक, उन्होंने एक भटकते भिक्षु के रूप में पूरे भारत की यात्रा की, जहाँ उन्होंने जनता की अपार गरीबी और पीड़ा देखी. इस अनुभव ने गरीबों और शोषितों के उत्थान के लिए काम करने के उनके संकल्प को और मजबूत किया.

प्रमुख योगदान और दर्शन

- **धर्म संसद (1893 ई.)**—शिकागो (अमेरिका) में विश्व धर्म संसद में विवेकानन्द को अन्तर्राष्ट्रीय ख्याति प्राप्त हुई. उनके उद्घाटन भाषण, "अमेरिका के बहनों और भाइयों," ने श्रोताओं को इतना प्रभावित किया कि भाषण प्रारम्भ होने के साथ ही लगभग 2 मिनट तक सभी श्रोता खड़े होकर तालियाँ बजाते रहे.
- **स्थापित संस्थाएँ**—उन्होंने रामकृष्ण मठ (एक मठवासी सम्प्रदाय) और रामकृष्ण मिशन (एक संस्था) की स्थापना की जो समाज सेवा, मानवीय कार्य और कर्म योग (निःस्वार्थ कर्म) के सिद्धान्त पर आधारित शिक्षा के लिए समर्पित थी.

रामकृष्ण मिशन

रामकृष्ण मिशन की स्थापना स्वामी विवेकानन्द ने 1897 ई. में की थी (1909 ई. में सोसाइटी पंजीकरण अधिनियम के अन्तर्गत इसे विधिवत औपचारिक रूप से पंजीकृत कराया गया). रामकृष्ण मिशन का कलकत्ता के बेलूर में मुख्यालय खोला गया. मिशन का नामकरण रामकृष्ण परमहंस के नाम पर हुआ था. यह 19वीं सदी का अन्तिम महान धार्मिक एवं सामाजिक आन्दोलन था.

- **सार्वभौमिक धर्म**—स्वामी विवेकानन्द ने एक ऐसे सार्वभौमिक धर्म का प्रचार किया जो सभी धर्मों को एक ही परम सत्य के विभिन्न मार्गों के रूप में स्वीकार और सम्मान करता है. विवेकानन्द के लिए, धार्मिक स्वीकृति केवल सहिष्णुता से कहीं अधिक महत्वपूर्ण थी.
- **नव-वेदान्त**—उन्होंने प्राचीन भारतीय दर्शन वेदान्त का आधुनिकीकरण किया और इसे आधुनिक जीवन के लिए व्यावहारिक बनाया. उनका दर्शन इस विश्वास पर केन्द्रित था कि "प्रत्येक आत्मा सम्भावित रूप से दिव्य है" और जीवन का लक्ष्य कर्म, उपासना, मानसिक अनुशासन या दर्शन के माध्यम से इस दिव्यता को प्राप्त करना है.
- **युवा सशक्तिकरण**—विवेकानन्द सामाजिक परिवर्तन के उत्प्रेरक के रूप में युवाओं की क्षमता में दृढ़ विश्वास रखते थे. उन्होंने आत्मविश्वास, चरित्र निर्माण शिक्षा और शारीरिक शक्ति पर जोर दिया. उनका प्रसिद्ध आह्वान, "उठो, जागो और तब तक मत रुको जब तक

ऐतिहासिक भाषण

- विवेकानन्द के पत्रों से पता चलता है कि संसद जाने से पहले वे काफी घबराए हुए थे. 4 अक्टूबर, 1893 को विवेकानन्द ने हार्वर्ड के प्रोफेसर जॉन हेनरी राइट को लिखा, "...मैं आखिरी समय में कांग्रेस में पहुँचा और बिल्कुल बिना तैयारी के."
- उल्लेखनीय है कि अन्य प्रतिभागियों के विपरीत, विवेकानन्द के पास किसी धार्मिक संस्थान से प्राप्त प्रमाण-पत्र नहीं थे. राइट, जो बोस्टन में विवेकानन्द से मिले थे, ने आयोजकों को लिखा था—"यहाँ एक ऐसा व्यक्ति है, जो हमारे सभी विद्वान प्रोफेसरों से भी अधिक विद्वान है."
- विवेकानन्द ने संसद को कुल छह बार सम्बोधित किया, हालाँकि 11 सितम्बर का उनका पहला भाषण सबसे प्रसिद्ध है. उनका संदेश क्रांतिकारी होने के साथ-साथ प्रभावशाली भी था. उन्होंने कहा, "हम न केवल सार्वभौमिक सहिष्णुता में विश्वास करते हैं, बल्कि सभी धर्मों को सत्य मानते हैं."

लक्ष्य प्राप्त न हो जाए," आत्मनिर्भरता का आह्वान है.

- **सामाजिक सुधार**—वे जाति व्यवस्था, अन्धविश्वासों और सामाजिक रूढ़ियों के मुखर आलोचक थे. उन्होंने महिला शिक्षा और सशक्तिकरण की वकालत की, उनका मानना था कि किसी राष्ट्र की महानता उसकी महिलाओं की स्थिति से निर्धारित होती है.

प्रभाव

- सुभाष चन्द्र बोस ने उनके बारे में कहा था कि "जहाँ तक बंगाल का सम्बन्ध है, हम विवेकानन्द को आधुनिक राष्ट्रीय आन्दोलन का 'आध्यात्मिक पिता' कह सकते हैं."
- **वैश्विक प्रभाव**—उन्होंने योग और ध्यान की अवधारणा को पश्चिम से परिचित कराया, जिसके कारण बाद में उन्हें व्यापक वैश्विक स्वीकृति मिली.
- **राष्ट्रीय युवा दिवस**—भारत में, उनके आदर्शों और योगदानों के सम्मान में, 12 जनवरी को उनके जन्मदिन को 'राष्ट्रीय युवा दिवस' के रूप में मनाया जाता है.
- **प्रमुख साहित्यक कार्य**—राज योग (1896); कर्म योग (1896); कोलम्बो से अल्मोड़ा तक व्याख्यान (1897); ज्ञान योग (1899).
- स्वामी विवेकानन्द का देहान्त 4 जुलाई, 1902 को 39 वर्ष की आयु में बेलूर मठ में हुआ था. विश्व बंधुत्व, आत्म-साक्षात्कार और निस्वार्थ सेवा का उनका संदेश आज भी दुनिया भर के लोगों को प्रेरित करता है.

नव-वेदान्त

- नव-वेदान्त स्वामी विवेकानन्द द्वारा प्रस्तुत वेदान्त का आधुनिक रूप है, जिसमें पारम्परिक अद्वैत वेदान्त को व्यावहारिक, वैज्ञानिक, सामाजिक और वैश्विक दृष्टिकोण से पुनः परिभाषित किया गया. यह दर्शन केवल आत्मा और ब्रह्म की एकता पर ही नहीं, बल्कि सेवा, कर्म और मानवता के कार्यान्वयन पर भी जोर देता है.

नव-वेदान्त दर्शन के मुख्य तत्व (सिद्धान्त)

- **ईश्वर सर्वव्यापक है और प्रत्येक व्यक्ति में स्थित है**—"हर आत्मा सम्भावित ब्रह्म है"—इस वाक्य से विवेकानन्द का नव-वेदान्त ब्रह्म और जीव में अन्तर को समाप्त कर देता है.
- **मानव सेवा ही सर्वोच्च पूजा है**—विवेकानन्द का मानना था कि मानव में ईश्वर का वास है, इसलिए सेवा ही सबसे बड़ा धर्म है.
- **सर्व धर्म समभाव और धार्मिक सहिष्णुता**—वे कहते हैं कि सत्य एक है, लेकिन उस तक पहुँचने के मार्ग अनेक हो सकते हैं. यही कारण है कि उन्होंने सभी धर्मों का सम्मान किया.
- **कर्मयोग और समाज सेवा**—नव-वेदान्त केवल ज्ञान और साधना तक सीमित नहीं बल्कि समाज सेवा और कर्म में भी निहित है.
- **वैज्ञानिक और तार्किक दृष्टिकोण**—विवेकानन्द ने धार्मिक विचारों को आधुनिक विज्ञान और तर्क के आलोक में प्रस्तुत किया, जिससे वह पाश्चात्य दुनिया को भी आकर्षित कर सके.
- **व्यक्तित्व निर्माण और राष्ट्रीय पुनर्जागरण**—नव-वेदान्त दर्शन का उद्देश्य था कि भारत में आत्म-गौरव और आत्म-विश्वास को जाग्रत किया जाए.

नव-वेदान्त का सामाजिक प्रभाव

- **राष्ट्र निर्माण और युवा चेतना**—विवेकानन्द ने युवाओं को राष्ट्र की आत्मा बताया और उन्हें जागरूक किया.
- **धार्मिक पुनर्जागरण**—सनातन धर्म की गहराई को आधुनिक भाषा में समझाकर धार्मिक पुनर्जागरण की नींव रखी.
- **अन्तर्राष्ट्रीय संवाद**—1893 के शिकागो धर्म संसद में अपने भाषण के माध्यम से भारत के आध्यात्मिक दर्शन को विश्व के समक्ष प्रस्तुत किया.

जड़ एवं चेतन की एकता

- स्वामी विवेकानन्द का यह विचार कि "जड़ और चेतन एक ही ब्रह्म की दो अवस्थाएँ हैं" केवल दार्शनिक दृष्टिकोण नहीं, बल्कि एक आध्यात्मिक, सामाजिक और वैज्ञानिक दृष्टिकोण है. यह मनुष्य को आत्मा और पदार्थ के द्वैत से ऊपर उठाकर एकता के दर्शन में ले जाता है, जोकि नव-वेदान्त की आत्मा है.

आचार्य विनोबा भावे (1895-1982 ई.)

चर्चा में क्यों ?

प्रति वर्ष 11 सितम्बर को भारतीय स्वतंत्रता सेनानी, समाज सुधारक और महात्मा गाँधी के प्रिय शिष्य आचार्य विनोबा भावे की जयंती मनाई जाती है. प्रधानमंत्री श्री नरेन्द्र मोदी ने आचार्य विनोबा भावे की जयंती के अवसर पर उन्हें श्रद्धांजलि अर्पित करते हुए भारत के आध्यात्मिक, सामाजिक और राजनीतिक परिदृश्य में उनके महान योगदान का स्मरण किया.

जीवन परिचय

- विनोबा भावे का जन्म 11 सितम्बर, 1895 को गाहोदे, गुजरात में हुआ था. विनोबा भावे का मूल नाम विनायक नरहरि भावे था. एक कुलीन ब्राह्मण परिवार में जन्मे विनोबा भावे ने गाँधी आश्रम में शामिल होने के लिए 1916 ई. में हाईस्कूल की पढ़ाई बीच में ही छोड़ दी थी.
- गाँधीजी के उपदेशों ने भावे को भारतीय ग्रामीण जीवन के सुधार के लिए अत्यधिक प्रभावित किया. 1916 ई. में मात्र 21 वर्ष की आयु में गृह त्यागकर वह काशी नगरी में वैदिक पंडितों के सानिध्य में शास्त्रों के अध्ययन में जुट गए.
- दक्षिणी अफ्रीका से गाँधीजी के भारत वापस आने पर भावे गाँधीजी के साथ आन्दोलनों में सक्रिय रूप से भाग लेने लगे. सन् 1921 से लेकर 1942 तक अनेक बार उन्हें जेल भेजा गया.
- सन् 1922 में नागपुर झण्डा सत्याग्रह किया. 1925 में हरिजन सत्याग्रह के दौरान इन्हें जेल भी भेजा गया. 1930 में गाँधीजी के नेतृत्व में राष्ट्रीय कांग्रेस ने नमक सत्याग्रह को अंजाम दिया. 12 मार्च, 1930 को गाँधीजी के दाण्डी

मार्च के दौरान भी विनोबा भावे जेल भेजे गए.

- 11 अक्टूबर, 1940 को गाँधीजी द्वारा व्यक्तिगत सत्याग्रह के प्रथम सत्याग्रही के तौर पर विनोवा भावे को चुना गया. सन् 1942 में 9 अगस्त को वह गाँधीजी और कांग्रेस के अन्य बड़े नेताओं के साथ गिरफ्तार किए गए. इस बार उनको पहले नागपुर जेल में फिर वेलूर जेल में रखा गया.

विनोबा भावे का भूदान आन्दोलन

- विनोबा भावे को भूदान आन्दोलन का विचार 1951 में आया, जब वह आन्ध्र प्रदेश के गाँवों में भ्रमण कर रहे थे, भूमिहीन अस्पृश्य लोगों या हरिजनों के एक समूह के लिए जमीन मुहैया कराने की अपील के जवाब में एक जमींदार ने उन्हें 1 एकड़ जमीन देने का प्रस्ताव किया. इसके बाद वह गाँव-गाँव घूमकर भूमिहीन लोगों के लिए भूमि का दान करने की अपील करने लगें और इस दान को गाँधीजी के अहिंसा के सिद्धान्त से सम्बन्धित कार्य बताया. विनोबा भावे ने वर्ष 1955 में भूदान आन्दोलन की विधिवत शुरुआत की.
- भावे के अनुसार, यह भूमि सुधार कार्यक्रम हृदय परिवर्तन के तहत् होना चाहिए न कि इस जमीन के बँटवारे से. भूदान के साथ ही उन्होंने लोगों को ग्रामदान के लिए भी प्रोत्साहित किया, जिसमें ग्रामीण लोग अपनी भूमि को एक साथ मिलाने के बाद उसे सह. कारी प्रणाली के अन्तर्गत पुनर्गठित करते.
- विनोबा भावे के इस मौलिक कार्यक्रम और जीवन के उनके दर्शन को एक लेखों की श्रृंखला में समझाया गया है, जिन्हें भूदान यज्ञ (1953) नामक एक पुस्तक में संगृहीत एवं प्रकाशित किया गया है.
- सन् 1958 में आचार्य विनोबा भावे सामुदायिक नेतृत्व के लिए अन्त-र्राष्ट्रीय रेमन मैग्सेसे पुरस्कार प्राप्त करने वाले पहले प्राप्तकर्ता थे. इसके अतिरिक्त सन् 1983 में देश के सर्वोच्च पुरस्कार भारत रत्न से भी उन्हें सम्मानित (मरणोपरान्त) किया गया था.

साहित्यक कार्य

- 1923 में उन्होने 'महाराष्ट्र धर्म' नामक एक मासिक पत्रिका निकालनी शुरू की. इस पत्रिका में वे वेदान्त के महत्व और उपयोगिता के ऊपर निबंध लिखते रहे.
- जेल में रहते हुए उन्होंने 'ईशावास्यवृत्ति' और 'स्थित प्रज्ञ दर्शन' नामक दो पुस्तकों की रचना वेलूर जेल में रहते हुए उन्होंने दक्षिण भारत की चार भाषाएँ सीखी और 'लोक नागरी' नामक एक लिपि की रचना की. जेल के दौरान ही उन्होने जेल में रहते हुए भगवद्गीता का मराठी भाषा में रूपान्तरण किया यह रूपान्तरण बाद में 'टॉक्स ऑन गीता' के नाम से प्रकाशित हुआ, जिसका अनुवाद अन्य कई भाषाओं में होता रहा.
- **ब्रह्मा विद्या मन्दिर**–यह आश्रम स्त्रियों के लिए था, जहाँ वे स्वयं अपना जीवन चलाती थी. इस आश्रम के लोग एक साथ मिलकर अपने खाने की व्यवस्था के लिए खेती करते थे.

विनोबा भावे का निधन

- आचार्य विनोबा भावे ने अपने जीवन के आखिरी दिन ब्रह्मा विद्या मन्दिर में गुजारे. अन्तिम समय में उन्होंने जैन धर्म की मान्यता के अनुसार समाधि मरण-संथारा का रास्ता अपनाया. आचार्य बिनोवा भावे ने कहा कि मृत्यु का दिवस विषाद का दिवस नहीं अपितु उत्सव का दिवस है. इसलिए उन्होंने अपनी मृत्यु के लिए 15 नवम्बर (दीपावली पर्व) को निर्वाण दिवस के रूप में चुना. इस प्रकार अन्न-जल त्यागने के कारण एक सप्ताह के अन्दर 15 नवम्बर, 1982 वर्धा, महाराष्ट्र में उन्होंने अपने प्राण त्याग दिए. इस प्रकार मृत्यु की क्रिया को प्रायोपवेश कहते है.

श्री नारायण गुरु (1856-1928 ई.)

चर्चा में क्यों ?

20 सितम्बर, 2025 को श्री नारायण गुरु की पुण्यतिथि मनाई गई. श्री नारायण गुरु के दर्शन आज भी हमारे सामाजिक तथा आध्यात्मिक परिदृश्य पर प्रासंगिक है. समानता, करुणा और और सार्वभौमिक भाई. चारे की उनकी शिक्षाएँ आज भी प्रेरित करती है .

जीवन परिचय

- श्री नारायण गुरु एक दार्शनिक, आध्यात्मिक और समाज सुधारक थे जिन्होंने केरल के जाति-ग्रस्त समाज को मौलिक रूप से नया रूप दिया. युवावस्था से ही एक आध्यात्मिक साधक के रूप में, उन्होंने वैदिक ज्ञान और अद्वैत वेदान्त की अपनी गहरी समझ का उपयोग जाति-आधारित भेदभाव के विरुद्ध लड़ने और सभी के लिए सामाजिक समानता और आध्यात्मिक स्वतंत्रता को बढ़ावा देने के लिए किया. उनका प्रसिद्ध कथन, "सभी मनुष्यों के लिए एक जाति, एक धर्म, एक ईश्वर," उनके सुधार आन्दोलन का आदर्श वाक्य बन गया.
- इनका जन्म केरल के तिरुवनंतपुरम के पास चेंबझंती गाँव में 20 अगस्त, 1856 हुआ था. उनकी प्रारम्भिक शिक्षा चेम्पाझंथी मूथा पिल्लई के अधीन गुरुकुल तरीके से हुई, जिस दौरान उनकी माँ का निधन हो गया जब वे 15 वर्ष के थे. 21 वर्ष की आयु में, वे संस्कृत के विद्वान रमन पिल्लई आसन से सीखने के लिए केन्द्रीय त्रावणकोर गए, जिन्होंने उन्हें वेद, उपनिषद् और संस्कृत का साहित्य और तार्किक बयानबाजी सिखाई.
- ब्राह्मणवादी प्रभुत्व के विरुद्ध प्रतिरोध के एक प्रतीकात्मक कार्य में, गुरु ने 1888 में, अरुविप्पुरम में एक शिव मूर्ति की प्राण-प्रतिष्ठा की. जब ब्राह्मणों ने निचली जाति के व्यक्ति के रूप में अभिषेक करने के उनके अधिकार पर सवाल उठाया, तो उन्होंने प्रसिद्ध उत्तर दिया, "यह ब्राह्मण शिव नहीं, बल्कि एझावा शिव हैं". इस आन्दोलन ने सामाजिक परिवर्तन की आध्यात्मिक नींव रखी.

अद्वैत आश्रम और सर्वधर्म सम्मेलन

- 1913 में, गुरु ने 'सहोदर्यं सर्वत्र' (सभी का सार्वभौमिक भाईचारा) के सिद्धान्त को बढ़ावा देने के लिए अलुवा में अद्वैत आश्रम की स्थापना की.
- 1924 में, उन्होंने आश्रम में भारत में अपनी तरह के पहले सर्वधर्म सम्मेलन का आयोजन किया, जिसमें साम्प्रदायिक तनावों के बीच शान्ति और सद्भाव को बढ़ावा देने के लिए विभिन्न धर्मों के नेता एकत्रित हुए. सम्मेलन का आदर्श वाक्य था–"हम यहाँ बहस करने और जीतने के लिए नहीं, बल्कि जानने और पहचानने के लिए एकत्रित हुए हैं."

श्री नारायण धर्म परिपालन (एसएनडीपी) योगम्

- एसएनडीपी योगम् की स्थापना 1903 में डॉ. पद्मनाभन पलपु ने की थी और गुरु इसके स्थायी अध्यक्ष थे. इस संगठन ने उत्पीड़ित एझावा समुदाय को एकजुट करने और उनके सामाजिक, आर्थिक और शैक्षिक उत्थान के लिए काम करने में महत्वपूर्ण भूमिका निभाई. इसने मन्दिर प्रवेश, सरकारी सेवाओं तक पहुँच और राजनीतिक प्रतिनिधित्व जैसे अधिकारों की वकालत की.

वायकोम सत्याग्रह (1924-25 ई.)

- श्री नारायण गुरु ने इस जन आन्दोलन को गति प्रदान की, जो वैकोम मन्दिर के आस-पास की सड़कों का उपयोग करने के लिए निचली जाति के लोगों के अधिकार के लिए लड़ा गया था. उनके प्रयास और बाद में महात्मा गाँधी की भागीदारी अंततः सभी जातियों के लिए मन्दिर प्रवेश अधिकार सुनिश्चित करने में महत्वपूर्ण रही.

श्री नारायण गुरु और महात्मा गाँधी के बीच यह ऐतिहासिक बातचीत 12 मार्च, 1925 को शिवगरी मठ में महात्मा गाँधी की यात्रा के दौरान हुई थी. यह वार्ता वायकोम सत्याग्रह, धार्मिक रूपान्तरण, अहिंसा, अस्पृश्यता उन्मूलन, मोक्ष प्राप्ति व दलितों के उत्थान पर केन्द्रित थी.

शिक्षा और सशक्तिकरण की शिक्षा

- गुरु का मानना था कि आत्मज्ञान केवल शिक्षा और संगठन के माध्यम से ही सम्भव है. उन्होंने कई स्कूल और शैक्षणिक संस्थान स्थापित किए, जहाँ सभी सामाजिक स्तरों के बच्चों को मुफ्त शिक्षा प्रदान की गई.उनका नारा, "शिक्षा से ज्ञानवान बनो, संगठन से मजबूत बनो और उद्योग से समृद्धि प्राप्त करो, "अन्धविश्वास पर सशक्तिकरण के महत्व पर जोर देता था.

आध्यात्मिक और साहित्यिक रचनाएँ

- अद्वैत वेदान्त के समर्थक, गुरु ने मलयालम, संस्कृत और तमिल में 60 से अधिक रचनाएँ लिखीं, जिनमें दर्शन, भजन और नैतिक मूल्यों पर प्रकाश डाला गया.
- **आत्मोपदेश शतकम् ("आत्म-निर्देश के एक सौ श्लोक")**—यह रचना समतावाद और समस्त मानवता की एकता के उनके दर्शन का विवरण देती है.
- **दैव दशकम् ("ईश्वर के लिए दस श्लोक")**—एक सार्वभौमिक प्रार्थना जो आज भी केरल में व्यापक रूप से प्रचलित है.
- **प्रतीकात्मक मन्दिर स्थापनाएँ**—पारम्परिक मूर्तियों की प्राण-प्रतिष्ठा के अलावा, गुरु ने कुछ मन्दिरों में दर्पणों की भी प्राण-प्रतिष्ठा की. दर्पण उनकी इस शिक्षा का प्रतीक था कि ईश्वर प्रत्येक व्यक्ति के भीतर निवास करता है, न कि केवल बाहरी छवियों में.

विरासत और सम्मान

- श्री नारायण गुरु की शिक्षाओं ने रबीन्द्रनाथ टैगोर और महात्मा गाँधी जैसी प्रतिष्ठित हस्तियों को आकर्षित किया, जिन्होंने उनसे मुलाकात की और उनके प्रति अपार सम्मान व्यक्त किया. उनके कार्यों ने केरल को जातिवाद के 'पागलखाने' से, जैसा कि स्वामी विवेकानन्द ने वर्णित किया था, एक अधिक स्वाभिमानी और सहिष्णु समाज में बदल दिया. केरल में उनकी पुण्य-तिथि (20 सितम्बर, 1928) को सार्वजनिक अवकाश के रूप में मनाई जाती है.

डॉ. सर्वपल्ली राधाकृष्णन (1888-1975 ई.)

चर्चा में क्यों ?

5 सितम्बर, 2025 को राष्ट्रपति द्रौपदी मुर्मू ने राष्ट्रपति भवन में डॉ. सर्वपल्ली राधाकृष्णन की जयंती पर उन्हें पुष्पांजलि अर्पित की. उनकी जयंती को भारत में 'राष्ट्रीय शिक्षक दिवस' के रूप में भी मनाया जाता है.

जीवन परिचय

- डॉ. सर्वपल्ली राधाकृष्णन का जन्म 5 सितम्बर, 1888 को आन्ध्र प्रदेश के तिरुतनी में हुआ था. वे एक प्रसिद्ध दार्शनिक, विद्वान, शिक्षक और राजनेता थे. उन्होंने भारत के दूसरे राष्ट्रपति (लगातार दो कार्यकाल-1962-67 ई.) और पहले उपराष्ट्रपति (1952-62 ई.) के रूप में कार्य किया.
- उन्होंने मद्रास क्रिश्चियन कॉलेज में अध्ययन किया. उन्होंने मैसूर और कलकत्ता विश्वविद्यालयों में अध्यापन किया; बाद में वे ऑक्सफोर्ड विश्वविद्यालय में पूर्वी धर्म और नैतिकता के स्पैलिंग प्रोफेसर बने.
- भारतीय और पश्चिमी दर्शन के बीच सेतु बनाने और भारतीय विचारों को वैश्विक मंच पर प्रस्तुत करने के लिए वह जाने जाते हैं.
- उच्च राजनीतिक पद ग्रहण करने से पहले सोवियत संघ में राजदूत (1949-52) के रूप में उन्होंने कार्य किया. वे परिवर्तन के एक साधन के रूप में शिक्षा के प्रबल समर्थक थे.
- उन्होंने स्वतंत्र भारत में उच्च शिक्षा में सुधार के लिए विश्वविद्यालय शिक्षा आयोग (1949 ई.) की अध्यक्षता की. उन्होंने धार्मिक बहुलवाद और तुलनात्मक दर्शन को बढ़ावा दिया, जिससे विदेशों में भारत की बौद्धिक छवि में वृद्धि हुई.
- उपराष्ट्रपति और राष्ट्रपति के रूप में उन्होंने शीत युद्ध की कूटनीति के कठिन वर्षों में भारत का मार्गदर्शन किया.
- उनकी जयंती को 'राष्ट्रीय शिक्षक दिवस' के रूप में मनाया जाता है, जो शिक्षा के प्रति उनके आजीवन समर्पण को दर्शाता है.
- **भारत रत्न**—स्वतंत्र भारत के प्रथम राष्ट्रपति डॉ. राजेन्द्र प्रसाद जी ने 1954 में उनकी महान दार्शनिक व शैक्षिक उपलब्धियों के लिए देश का सर्वोच्च अलंकरण भारत रत्न प्रदान किया.
- 1961 में इन्हें जर्मनी के पुस्तक प्रकाशन द्वारा दिया जाने वाला 'विश्व शान्ति पुरस्कार' भी प्राप्त हुआ.

- **विदेश में महत्वपूर्ण पद**—डॉ. राधाकृष्णन ने विदेश में भी अनेक महत्वपूर्ण पदों पर कार्य किया. वे पेरिस में यूनेस्को नामक संस्था की कार्यसमिति के अध्यक्ष भी रहे. यह संस्था 'संयुक्त राष्ट्र संघ' का एक अंग है. डॉ. राधाकृष्णन 1949 से 1952 तक रूस की राजधानी मास्को में भारत के राजदूत पद पर रहे. भारत रूस की मित्रता बढ़ाने में उनका महत्वपूर्ण योगदान रहा था.
- **निधन**—डॉ. राधाकृष्णन का निधन 17 अप्रैल, 1975 को 86 वर्ष की आयु में हुआ.

लाल बहादुर शास्त्री (1904-66 ई.)

चर्चा में क्यों ?

2 अक्टूबर, 2025 को लाल बहादुर शास्त्री की 121वीं जयंती मनाई गई लाल बहादुर शास्त्री स्वतंत्र भारत के दूसरे प्रधानमंत्री (गुलजारी लाल नंदा के अंतरिम कार्यकाल के बाद) रहे थे.

जीवन परिचय

- 2 अक्टूबर, 1904 को उत्तर प्रदेश के मुगलसराय (वर्तमान–पंडित दीन दयाल उपाध्याय नगर) में जन्मे लाल बहादुर शास्त्री एक साधारण पृष्ठभूमि से थे और महात्मा गाँधी से अत्यधिक प्रभावित एक समर्पित स्वतंत्रता सेनानी थे. उन्होंने जाति व्यवस्था के विरोध में अपना जाति-आधारित उपनाम 'श्रीवास्तव' त्याग दिया और 1925 में काशी विद्यापीठ से अपनी शिक्षा पूरी करने के बाद 'शास्त्री' की उपाधि प्राप्त की.
- अपार निष्ठा और क्षमता के धनी, शास्त्री जी ने असहयोग और भारत छोड़ो आन्दोलनों सहित स्वतंत्रता आन्दोलन में सक्रिय रूप से भाग लिया और इस दौरान कई बार जेल भी गए.
- भारत को स्वतंत्रता मिलने के बाद, शास्त्रीजी ने केन्द्रीय मंत्रिमण्डल में रेल, वाणिज्य एवं उद्योग मंत्री जैसे कई महत्वपूर्ण विभागों का कार्यभार सँभाला.
- प्रधानमंत्री के रूप में अपने संक्षिप्त लेकिन प्रभावशाली कार्यकाल के दौरान, उन्होंने 1965 के भारत-पाकिस्तान युद्ध के दौरान सशक्त नेतृत्व प्रदान किया. इसी युद्ध के दौरान उन्होंने 'जय जवान, जय किसान' का प्रतिष्ठित नारा गढ़ा, जिसने सैनिकों और किसानों दोनों के महत्व पर बल देकर पूरे देश को एकजुट किया.

प्रमुख कार्य

- वर्ष 1961 में गृह मंत्री रहते हुए भ्रष्टाचार पर संथानम समिति की शुरुआत की.
- वर्ष 1964 में श्रीमावो-शास्त्री समझौता सम्पन्न हुआ जिसके तहत् श्रीलंका में भारतीय तमिलों की स्थिति पर समझौता किया गया था.
- वर्ष 1965 में मद्रास विरोधी-हिन्दी आन्दोलन के दौरान सूझ-बुझ का परिचय देते हुए अंग्रेजी को आधिकारिक भाषा बनाए रखने का आश्वासन दिया.
- वर्ष 1965 में बर्मा की यात्रा की और बर्मा सरकार से मित्रतापूर्ण सम्बन्ध पुनः स्थापित किए.
- 10 जनवरी, 1966 को भारत-पाक युद्ध के बाद अयूब खान के साथ ताशकंद शांति समझौते पर हस्ताक्षर किए.

- देश में मौजूदा खाद्यान्न की कमी को दूर करने के लिए हरित क्रांति और दूध उत्पादन को बढ़ावा देने के लिए श्वेत क्रांति को भी बढ़ावा दिया.
- 1965 के युद्ध को समाप्त करने के लिए एक शांति संधि पर हस्ताक्षर करने के अगले दिन, 11 जनवरी, 1966 को उज्बेकिस्तान के ताशकंद में उनकी मृत्यु हो गई.
- उनकी मृत्यु की परिस्थितियाँ लगातार षड्यन्त्र के सिद्धान्तों का विषय रही हैं, हालाँकि आधिकारिक कारण दिल का दौरा बताया गया था.
- अपनी सादगी, ईमानदारी और शांतिपूर्ण व्यवहार के लिए प्रसिद्ध शास्त्रीजी को वर्ष 1966 में मरणोपरांत भारत के सर्वोच्च नागरिक सम्मान, भारत रत्न से सम्मानित किया गया. उनका स्मारक, विजय घाट, दिल्ली में स्थित है.

ऐतिहासिक स्थल

मेघालय युग की गुफाएँ (मेघालय)

चर्चा में क्यों ?

भारत के 7 प्राकृतिक विरासत स्थल यूनेस्को की विश्व विरासत स्थलों की सम्भावित सूची में शामिल किए गए है. ये 7 प्राकृतिक विरासत स्थलों को यूनेस्को की विश्व विरासत स्थलों की सम्भावित सूची में शामिल करने के साथ ही इस सम्भावित सूची में भारत के विरासत स्थलों की संख्या 62 से बढ़कर 69 हो (49 सांस्कृतिक, 17 प्राकृतिक और 3 मिश्रित विरासत स्थल) गई है. इन 7 नए सम्भावित सूची स्थलों में कुछ का वर्णन निम्न प्रकार है.

- मेघालय भारतीय उपमहाद्वीप की कुछ सबसे लम्बी और जटिल गुफा प्रणालियों का स्थल है, जहाँ 1700 से ज्यादा पंजीकृत गुफाएँ हैं.
- **मेघालय की प्रसिद्ध गुफाएँ**—मावम्लुह गुफा (पूर्वी खासी हिल्स) भारत की सबसे लम्बी गुफाओं में से एक और अन्तर्राष्ट्रीय भूवैज्ञानिक विज्ञान संघ (IUGS) द्वारा मान्यता प्राप्त पहला भारतीय भू-विरासत स्थल. मावम्लुह एक स्टैलेग्माइट के लिए प्रसिद्ध है जिसने लगभग 4,200 वर्ष पहले पड़े भीषण वैश्विक सूखे के भूवैज्ञानिक प्रमाण प्रदान किए थे, जो 'मेघालय युग' की शुरुआत का प्रतीक है.
- **मावस्माई गुफा (पूर्वी खासी हिल्स)**—सोहरा (चेरापूंजी) के पास पर्यटकों के लिए एक प्रसिद्ध गुफा. यह गुफा चूना पत्थर संरचनाओं और जीवाश्मों के लिए प्रसिद्ध है.

- **अरवाह गुफा (पूर्वी खासी हिल्स)**—चेरापूंजी के पास गुफा, जो लाखों वर्ष पुराने प्राचीन मोलस्क के खोल और मछली की हड्डियों के जीवाश्मों से भरी अपनी दीवारों के लिए प्रसिद्ध है.
- **क्रेम लियात प्राह (जयंतिया हिल्स)**—लगभग 30 किमी लम्बी, इसे भारत की सबसे लम्बी प्राकृतिक गुफा और दक्षिण पूर्व एशिया की सबसे लम्बी गुफाओं में से एक माना जाता है.
- **क्रेम चिम्पे (जयंतिया हिल्स)**—भारत की पाँचवीं सबसे लम्बी गुफा, जिसके बीच से एक प्राचीन नदी बहती है.
- **सिजू गुफा (गारो हिल्स)**—इसे 'चमगादड़ गुफा' के नाम से भी जाना जाता है, यह गुफा प्रणाली दुनिया की सबसे लम्बी गुफाओं में से एक है और पश्चिमी गारो हिल्स में स्थित है.

आंध्र प्रदेश में तिरुमाला पहाड़ियों की प्राकृतिक विरासत

- आंध्र प्रदेश के शेषाचलम पर्वतमाला में स्थित तिरुमाला पहाड़ियों की प्राकृतिक विरासत अपने उल्लेखनीय भूविज्ञान, विविध जैव विविधता और महत्वपूर्ण सांस्कृतिक परिदृश्य के लिए जानी जाती है.

- **भूवैज्ञानिक विशेषताएँ**—ये पहाड़ियाँ कई दुर्लभ भूवैज्ञानिक संरचनाओं को प्रदर्शित करती हैं, जिनमें सबसे उल्लेखनीय हैं एपरचियन अनकन्फॉर्मिटी और सिलाथोरनम प्राकृतिक आर्क.
- **एपरचियन अनकन्फॉर्मिटी**—राष्ट्रीय भू-विरासत स्मारक के रूप में नामित, यह भूवैज्ञानिक सीमा पृथ्वी के इतिहास में 1 अरब वर्षों से भी अधिक के विशाल समय अन्तराल को दर्शाती है. यह 2·5 अरब वर्ष से भी अधिक पुराने प्राचीन आर्कियन ग्रेनाइट और गनीस चट्टानों और कुडप्पा सुपरग्रुप की युवा, अवसादी प्रोटेरोजोइक संरचनाओं के बीच सम्पर्क को स्पष्ट रूप से दर्शाती है.
- **सिलाथोरनम (प्राकृतिक मेहराब)**—यह भी एक राष्ट्रीय भू-विरासत स्मारक है. ऐसा माना जाता है कि यह प्राकृतिक चट्टानी मेहराब 1·5 अरब वर्ष से भी अधिक पुराना है. क्वार्टजाइट चट्टान के तीव्र अपक्षय और अपरदन से निर्मित, इसे एशिया में अपनी तरह के कुछ प्राकृतिक मेहराबों में से एक माना जाता है.
- **जैव विविधता और पारिस्थितिकी तंत्र**—तिरुमाला पहाड़ियाँ विशाल शेषचलम जैवमण्डल आरक्षित क्षेत्र और श्री वेंकटेश्वर राष्ट्रीय उद्यान का हिस्सा हैं, जो वनस्पतियों और जीवों की समृद्ध विविधता का संरक्षण करते हैं.
- **सांस्कृतिक महत्व**—सात पवित्र चोटियाँ : ये पहाड़ियाँ सात चोटियों से बनी हैं, जिनके बारे में माना जाता है कि वे भगवान विष्णु के दिव्य सर्प आदिशेष के सात फनों का प्रतिनिधित्व करती हैं. आकाशगंगा और पापविनासनम जैसे कई झरने पवित्र तीर्थ स्थल माने जाते हैं.

सोमनाथ मंदिर

चर्चा में क्यों ?

10 अक्टूबर, 2025 को राष्ट्रपति द्रौपदी मुर्मू द्वारा गुजरात के गिर सोमनाथ स्थित सोमनाथ महादेव मंदिर में दर्शन और पूजा-अर्चना के कारण यह ऐतिहासिक मंदिर चर्चा में रहा.

- गुजरात का सोमनाथ मंदिर सबसे प्राचीन और प्रसिद्ध हिन्दू मंदिरों में से एक है. यह भगवान शिव के बारह पवित्र ज्योतिर्लिंगों में पहला माना जाता है.
- **स्थान**—यह मंदिर गुजरात के सौराष्ट्र क्षेत्र में वेरावल के पास प्रभास पाटन में स्थित है. यह अरब सागर के किनारे हिरण, कपिला और सरस्वती नदियों के संगम (त्रिवेणी संगम) पर बना है.
- **वास्तुकला शैली**—वर्तमान मंदिर मारु-गुर्जर (या चालुक्य) शैली में निर्मित है, जो प्रसिद्ध एक हिन्दू स्थापत्य शैली है.
- **बाण स्तम्भ (तीर स्तम्भ)**—यहाँ अवस्थित एक प्राचीन पत्थर स्तम्भ अभिलेख में लिखा हुआ है कि इस बिन्दु और दक्षिण ध्रुव (अंटार्कटिका) के बीच सीधी रेखा में कोई भूमि नहीं है.

पौराणिक उत्पत्ति

- **चंद्रदेव की कथा**—हिन्दू पुराणों के अनुसार, चंद्रदेव (सोम) को उनके ससुर दक्ष ने श्राप दिया था कि वे अपनी तेजस्विता खो देंगे. चन्द्रमा ने इस स्थान पर भगवान शिव की आराधना की और श्राप से मुक्ति पाई. कृतज्ञता स्वरूप उन्होंने यहाँ पहला मंदिर बनवाया और इस स्थान का नाम 'सोमनाथ' (अर्थात् 'चंद्रमा के स्वामी') पड़ा.
- **दैवी सम्बन्ध**—अन्य कथाओं में कहा गया है कि मंदिर का निर्माण सबसे पहले सोने में सोम द्वारा, फिर चाँदी में रावण द्वारा और लकड़ी में भगवान कृष्ण द्वारा किया गया. ऐसा भी माना जाता है कि समीप ही स्थित भालका तीर्थ पर भगवान कृष्ण ने पृथ्वी लीला का समापन किया.
- **ज्योतिर्लिंग**—सोमनाथ बारह ज्योतिर्लिंगों में पहला है, जहाँ भगवान शिव अनंत प्रकाश स्तम्भ के रूप में प्रकट हुए माने जाते हैं.

विनाश और पुनर्निर्माण का इतिहास

- यह मंदिर कई आक्रमणों का लक्ष्य रहा और अनेक बार नष्ट होकर पुनर्निर्मित किया गया, इसी से इसे 'शाश्वत मंदिर' या 'द श्राइन इटरनल' कहा जाता है.
- **पहला मंदिर (649 ई.)**—वल्लभी के यादव राजाओं ने पत्थर से इसका निर्माण किया, जो एक प्राचीन संरचना के स्थान पर था.
- **पहला हमला (725 ई.)**—सिंध के अरब गवर्नर अल-जुनैद ने इसे नष्ट कर दिया.
- **महमूद गजनी (1026 ई.)**—राजा भीमदेव प्रथम के शासन काल में महमूद गजनी ने मंदिर पर आक्रमण कर धन-सम्पदा लूटी और मूर्ति को बुरी तरह नष्ट कर दिया.
- **हिन्दू राजाओं द्वारा पुनर्निर्माण**—इसके बाद दिल्ली सल्तनत और अन्य हमलावरों द्वारा बार-बार विध्वंस के बावजूद हिन्दू शासकों ने 13वीं से 15वीं शताब्दी तक इसे कई बार पुनर्निर्मित किया.
- **औरंगजेब का आदेश (1706 ई.)**—मुगल सम्राट औरंगजेब ने भी मंदिर को नष्ट करने का आदेश दिया था.
- **महारानी अहिल्याबाई का मंदिर (1782 ई.)**—मराठा रानी अहिल्याबाई होल्कर ने खण्डहर के पास एक नया मंदिर बनवाया, जिसे आज भी 'पुराना सोमनाथ मंदिर' कहा जाता है.

स्वतंत्रता के बाद का पुनर्निर्माण

- **सरदार पटेल का संकल्प (1947)**—जूनागढ़ के भारत में विलय के बाद उप-प्रधानमंत्री सरदार वल्लभभाई पटेल ने मंदिर को पुनः भव्य बनाने का संकल्प लिया.
- **उद्घाटन (1951)**—नया मंदिर 11 मई, 1951 को भारत के प्रथम राष्ट्रपति डॉ. राजेन्द्र प्रसाद द्वारा उद्घाटित किया गया. इस परियोजना की देखरेख के. एम. मुंशी ने की.

●●●

वर्तमान में चर्चित विभिन्न अवधारणाएं

कृषि एवं जैव प्रौद्योगिकी

जैव उत्तेजक (Biostimulants)

सुर्खियों में क्यों ?

केन्द्रीय कृषि मंत्रालय ने 30 सितम्बर, 2025 को जारी एक अधिसूचना में "धार्मिक और आहार सम्बन्धी प्रतिबन्धों" का हवाला देते हुए, धान, टमाटर, आलू, खीरा और मिर्च जैसी फसलों के लिए पहले स्वीकृत किए गए 11 पशु-आधारित जैव-उत्तेजकों की बिक्री की मंजूरी वापस ले ली है. इन जैव-उत्तेजकों में मुर्गी के पंख, सूअर के ऊतक और गोजातीय त्वचा जैसे उत्पाद शामिल हैं.

- जैव-उत्तेजक बायोस्टिमुलेंट वह पदार्थ या सूक्ष्मजीव या दोनों का मिश्रण होता है जो पौधों की आन्तरिक प्रक्रियाओं को सक्रिय करके उनकी वृद्धि, पोषक तत्वों के अवशोषण, उपज, गुणवत्ता और तनाव सहन की क्षमता को बढ़ाता है. यह उर्वरकों की तरह सीधे पोषक तत्व नहीं देता और न ही कीटनाशकों की तरह कीटों को नष्ट करता है.

बायोस्टिमुलेंट्स का वर्गीकरण

जैव उत्तेजक	उदाहरण
तरल खाद कम्पोस्ट	कम्पोस्ट खाद से तरल जैवउर्वरक
लाभकारी बैक्टीरिया और कवक	बैसिलस, राइजोबियम कवक
समुद्री शैवाल के अर्क	घुलनशील पाउडर या तरल अर्क
ह्यूमिक और फुल्विक एसिड	पीट, लियोनार्डाइट, नरम कोयला

- उर्वरकों से भिन्न होते हैं और इन्हें मुख्य रूप से तरल रूप में बेचा जाता हैं जो फसलों पर सीधे छिड़के जाते हैं. फसलों की उपज, गुणवत्ता और वृद्धि बढ़ाने के लिए इनका उपयोग किया जाता है.

निर्णय का प्रभाव

- फॉर्च्यून बिजनेस इनसाइट्स के अनुसार, भारतीय जैव-उत्तेजक का बाजार मूल्य 2024 में 355·53 मिलियन अमेरिकी डॉलर था और 2032 तक इसके 1,135·96 मिलियन अमेरिकी डॉलर तक बढ़ने का अनुमान है.

पृष्ठभूमि

- वर्ष 2017 में, सरकार के प्रमुख थिंक टैंक, नीति आयोग और कृषि मंत्रालय ने बायोस्टिमुलेंट्स के लिए एक रूपरेखा पर काम करना शुरू किया. अंततः, फरवरी 2021 में, मंत्रालय ने 1985 के एफसीओ में संशोधन किया और बायोस्टिमुलेंट्स को इसमें शामिल किया, जिससे उनके विनियमित निर्माण, बिक्री और आयात का मार्ग प्रशस्त हुआ.
- 9 अप्रैल, 2021 को कृषि मंत्रालय ने 5 वर्ष के लिए केन्द्रीय बायोस्टिमुलेंट समिति का गठन किया.
- एफसीओ के तहत्, यह केन्द्र को निम्नलिखित पर सलाह देगा—
- (i) एक नए जैव उत्तेजक को शामिल करना; (ii) विभिन्न जैव उत्तेजकों के विनिर्देश; (iii) नमूने लेने और उसके विश्लेषण के तरीके; (iv) प्रयोगशाला की न्यूनतम आवश्यकताएं; (v) जैव उत्तेजकों के परीक्षण की विधि; (vi) केन्द्र सरकार द्वारा इसे सन्दर्भित कोई अन्य मामला.

- केन्द्र सरकार का हालिया निर्णय सबसे आम प्रकार के जैव-उत्तेजकों में से एक पर केन्द्रित है : प्रोटीन हाइड्रोलाइजेट, जो प्रोटीन के विघटन से बनने वाले अमीनो एसिड और पेप्टाइड्स का मिश्रण है. ये सोया या मक्का जैसे पौधों से या पंख, खाल या ऊतक जैसे पशु स्रोतों से प्राप्त किए जा सकते हैं.
- गौरतलब है कि इन जैव उत्तेजकों को भारतीय कृषि अनुसन्धान परिषद् (आईसीएआर) द्वारा मंजूरी दिए जाने के बाद इस वर्ष के प्रारम्भ में अलग-अलग अधिसूचनाओं के माध्यम से उर्वरक (अकार्बनिक, कार्बनिक या मिश्रित) (नियंत्रण) आदेश (एफसीओ), 1985 की अनुसूची VI में जोड़ा गया था.
- वर्ष 2021 से पहले, भारत में एक दशक से भी अधिक समय तक बायोस्टिमुलेंट्स बेचे जाते रहे हैं और उनकी बिक्री, सुरक्षा और प्रभावकारिता को लेकर कोई खास नियम नहीं थे.
- 2021 में, सरकार ने उन्हें एफसीओ, (Fertiliser Control Order) के दायरे में ला दिया, जिसका तात्पर्य था कि कम्पनियों को उत्पादों को पंजीकृत कराना होगा और सुरक्षा व प्रभावकारिता साबित करनी होगी. लेकिन उन्हें 16 जून, 2025 तक बिक्री जारी रखने की अनुमति थी, बशर्ते वे अनुमोदन के लिए आवेदन जमा करें.

बायोस्टिमुलेंट्स के फायदे और नुकसान

फायदे	नुकसान
● बायोस्टिमुलेंट्स पौधों की पोषक क्षमता बढ़ाते हैं, जिससे पौधों की वृद्धि और फसलों की उत्पादकता में सुधार होता है. ये तापमान, पानी की कमी या अधिकता, उच्च लवणता और पराबैंगनी विकिरण जैसे पर्यावरणीय तनावों से पौधों को बेहतर ढंग से लड़ने में मदद करते हैं. ● इनका उपयोग पौधों की जड़ों के विकास को बढ़ावा देने, रोग-प्रतिरोधक क्षमता बढ़ाने और पौधों को स्वस्थ रखने में सहायक होता है. इससे फसल की गुणवत्ता और उत्पादन में 5-10% तक की बढ़ोतरी हो सकती है. ● बायोस्टिमुलेंट्स उर्वरकों और कीटनाशकों की जरूरत को कम कर सकते हैं, जिससे पर्यावरण पर नकारात्मक प्रभाव भी कम होता है.	● बायोस्टिमुलेंट्स महँगे होते हैं, जिनकी कीमत छोटे और गरीब किसानों के लिए वहन करना मुश्किल होता है. उदाहरण के लिए, यूरिया की तुलना में बायोस्टिमुलेंट्स की कीमत बहुत अधिक होती है. ● बाजार में बिना वैज्ञानिक प्रमाण, परीक्षण और नियमन के कई अनियमित बायोस्टिमुलेंट्स बिक रहे हैं, जिनसे किसानों को वास्तविक लाभ नहीं मिलता दूसरा इनका फसलों पर भी हानिकारक प्रभाव हो सकता है. ● कुछ उत्पादों की उपयोगिता संदिग्ध होती है और इसके चलते केन्द्रीय कृषि मंत्री द्वारा कई ऐसे उत्पादों की बिक्री पर रोक लगाई गई है ताकि किसानों को नुकसान न पहुँचे.

वैश्विक नियामक ढाँचा

- यूरोपीय संघ के नियम (EU 2019/1009) के अनुसार, बायोस्टिमुलेंट्स वे पदार्थ होते हैं जिनमें पोषक तत्व नहीं होते, लेकिन वे पौधों के प्राकृतिक कार्यों को बढ़ावा देने की क्षमता रखते हैं. यह नियम यह तय करता है कि सुरक्षा और प्रभावकारिता (कितना असरदार है) की जानकारी दी जाए; सही लेबलिंग हो; व एक समान तरीके से परीक्षण हो. इससे किसानों को उत्पाद की पहचान और उसकी सुरक्षा के बारे में भरोसा मिलता है.
- संयुक्त राज्य अमेरिका में, पर्यावरण संरक्षण एजेंसी (EPA) बायोस्टिमुलेंट्स को अलग से वर्गीकृत नहीं करती. हालाँकि, पौधों की वृद्धि नियंत्रित करने वाले कुछ पदार्थ EPA के अधिकार में आते हैं.
- कुछ राज्यों जैसे कैलिफोर्निया ने अपनी स्वीकृति प्रक्रिया बना ली है. यहाँ आमतौर पर इन्हें बाजार में लाने से पहले वैज्ञानिक प्रमाण देना जरूरी होता है.

अन्तर्राष्ट्रीय

ड्रोन दीवार (Drone Wall)

सुर्खियों में क्यों ?

यूरोपीय संघ अपने पूर्वी क्षेत्रों में बेहतर सुरक्षा व्यवस्था के लिए इस योजना के कियान्वयन पर विचार कर रहा है. 'ड्रोन दीवार' का उद्देश्य रूस से आने वाले मानव रहित विमानों से रक्षा और कार्रवाई करना है. इस सुरक्षा पहल पर चर्चा 1 अक्टूबर , 2025 को कोपेनहेगन में सभी 27 यूरोपीय संघ के देशों के नेताओं के बीच हुई. इससे पूर्व वर्ष 2024 में छह नाटो देशों (लिथुआनिया, लातविया, एस्टोनिया, पोलैण्ड , फिनलैंड और नॉर्वे) ने भी रूस के साथ अपनी सीमाओं पर एक ड्रोन दीवार बनाने की घोषणा की थी.

- यूरोपीय संघ की कार्यकारी शाखा की अध्यक्ष उर्सुला वॉन डेर लेयेन ने सितम्बर 2025 में अपने वार्षिक स्टेट ऑफ द यूनियन भाषण में ड्रोन दीवार सहित 'पूर्वी तट पर निगरानी' का विचार प्रस्तुत किया.
- गौरतलब है कि यूरोपीय संघ के देश जैसे पोलैण्ड, रोमानिया और एस्टोनिया ने अपनी हवाई सीमा में रूसी ड्रोन के घुसपैठ की सुचना दी है. अतः सुरक्षा सम्बन्धी आवश्यकताओं को देखते हुए उर्सुला वॉन डेर लेयेन ने अपने भाषण में कहा था कि "हमें अभी कार्रवाई करनी होगी, यूरोप को हमारी सीमाओं पर रूस के ड्रोन हमलों का कड़ा और एकजुट जवाब देना होगा." "इसलिए हम ड्रोन दीवार बनाने के लिए तत्काल कार्रवाई का प्रस्ताव रखते है."

ड्रोन दीवार क्या है ?

- यूरोपीय संघ के देशों की हवाई सुरक्षा के एक संयुक्त सुरक्षा कवच विकसित करना जो इन देशों के हवाई क्षेत्र में प्रवेश करने वाले ड्रोनों का बेहतर पता लगा सके, उन पर नजर रख सके और किसी हवाई हमले की स्थिति में उन्हें रोक भी सके.
- ड्रोन दीवार कोई कोई भौतिक अवरोध नहीं होगी, बल्कि ड्रोन ट्रैकर्स का एक समन्वित नेटवर्क होगी, जिसमें संभवतः रडार, जैमर और ध्वनिक सेंसर जैसे उपकरणों का उपयोग किया जाएगा, साथ ही बेहतर सूचना और डेटा साझाकरण भी होगा. ड्रोन दीवार वित्तीय रूप से भी व्यवहारिक कदम है.
- नाटो के महासचिव मार्क रूटे, जो इस परियोजना पर यूरोपीय संघ और उसके सदस्य देशों के साथ काम कर रहे हैं, ने कहा कि "हम ड्रोनों को नष्ट करने के लिए मिसाइलों पर लाखों यूरो या डॉलर खर्च नहीं कर सकते."
- ड्रोन दीवार पहल में बेहतर समुद्री सुरक्षा और वास्तविक समय अन्तरिक्ष निगरानी भी शामिल हो सकती है, जिससे यूरोपीय संघ की सैन्य गतिविधियों पर नजर रखने की क्षमता में सुधार होगा.

यूरोपीय संघ द्वारा इस पहल के पीछे निहितार्थ कारण

- हाल ही में हुए ड्रोन हमलों, रूस द्वारा अपनी सेना पर भारी खर्च, यूक्रेन में लम्बे समय से युद्ध की स्थिति व अमेरिका राष्ट्रपति डोनाल्ड ट्रम्प की यूक्रेन, नाटो और यूरोपीय सुरक्षा के प्रति प्रतिबद्धता को लेकर अनिश्चितता आदि इस संयुक्त सुरक्षा पहल के पीछे निहित प्रमुख कारण है.
- नाटो के पूर्व महासचिव एन्डेर्स फोग रासमुसेन के अनुसार "हम इसके क्रियान्वयन के लिए एक वर्ष तक इंतजार नहीं कर सकते."
- जर्मनी के रक्षा मंत्री बोरिस पिस्टोरियस के अनुसार "हमें तत्काल सुरक्षा समाधानों पर ध्यान देना चाहिए. हम किसी ऐसी योजना पर इंतजार नहीं कर सकते हैं जो अगले 3 या 4 वर्षों में साकार हो सकेगी."

परियोजना लागत का भुगतान

- सम्भवता यूरोपीय संघ इस परियोजना के वित्तपोषण में मदद करेगा, हालाँकि, यह कैसे किर्यान्वित होगा अभी यह स्पष्ट नहीं है.
- यूरोपीय संघ के रक्षा और अन्तरिक्ष मामलों के आयुक्त एंड्रियस कुबिलियस के अनुसार "हम इस सुरक्षा कवच को वास्तविकता बनाने के लिए एक व्यापक यूरोपीय संघ वित्तीय टूलबॉक्स का निर्माण करेंगे."
- कुछ सदस्य देशों का भी मानना है कि यूरोपीय संघ केवल ऋण तक सीमित न रहकर अनुदान और सब्सिडी के तहत् नए कार्यक्रम भी शुरू करना चाहिए.

सम्बन्धित आशंकाए

- कुछ सदस्य देशों का मानना है कि ड्रोन दीवार का विचार नवीन एवं तार्किक है, लेकिन तकनीक इतनी तेजी से बदल रही है कि एक ही विचार पर भरोसा नहीं किया जा सकता. ऐसा इसलिए, क्योंकि यह हमारी सभी समस्याओं का समाधान नहीं कर सकता.
- अतः हमें ड्रोन दीवार के साथ ही अन्य रक्षा टूल खरीद, नवाचार और निर्माण आदि पर भी ध्यान देना होगा.

ड्रोन दीवार के निर्माण में चुनौतियाँ

- **तकनीकी एकीकरण**—विभिन्न राष्ट्रीय प्रणालियों व प्रौद्योगिकियों का निर्बाध एकीकरण प्राप्त करने में समन्वय की कमी हो सकती है.
- **वित्तीय बाधाएँ**—ड्रोन और एंटी-ड्रोन सिस्टम प्राप्त करने, तैनात करने और उसके रखरखाव की लागत अधिक हो सकती है.
- **भौगोलिक और पर्यावरणीय कारक**—व्यापक सीमाओं के साथ विविध भू-भाग और मौसम की स्थिति ड्रोन निगरानी के लिए परिचालन सम्बन्धी चुनौतियाँ उत्पन्न कर सकती हैं.
- **राजनीतिक और कूटनीतिक बाधाएँ**—विभिन्न राजनीतिक परिदृश्यों और प्राथमिकताओं वाले कई देशों के बीच

इतने बड़े पैमाने पर परियोजना का समन्वय करना चुनौतीपूर्ण हो सकता है.

ड्रोन दीवार स्थापना के पूर्व प्रयास

- संयुक्त राज्य अमेरिका ने अवैध आव्रजन और तस्करी से निपटने के लिए अपनी दक्षिणी सीमा पर निगरानी के लिए ड्रोनों का उपयोग किया है.
- इजरायल ने भी घुसपैठ की निगरानी एवं रोकथाम के लिए अपनी सीमाओं पर ड्रोन सहित उन्नत निगरानी प्रणाली तैनात की है.

समाज एवं स्वास्थ्य

मानसिक स्वास्थ्य (Mental Health)

सुर्खियों में क्यों ?

प्रति वर्ष 10 अक्टूबर को, विश्व भर में विश्व मानसिक स्वास्थ्य दिवस मनाया जाता है, जिसका उद्देश्य वैश्विक स्तर पर बढ़ती मानसिक स्वास्थ्य चुनौतियों में सुधार और मानसिक स्वास्थ्य के प्रति जागरूकता फैलाना है. भारत जैसे देश के लिए ऐसे विषयों पर चर्चा और सुधार की आवश्यकता इसलिए भी अधिक बढ़ जाती है, क्योंकि हमारे देश में लगभग 14% आबादी किसी-न-किसी प्रकार के मानसिक विकार से ग्रस्त है. जो सामाजिक कलंक के साथ आर्थिक रूप में भी बोझ डालती है.

मानसिक स्वास्थ्य विकार 21वीं सदी की सबसे बड़ी सार्वजनिक स्वास्थ्य चुनौतियों में से एक है. विश्व भर में एक अरब से अधिक लोग मानसिक विकारों से पीड़ित हैं, और भारत में भी इसका एक बड़ा हिस्सा है. मानसिक स्वास्थ्य विकार के कारण बढ़ती स्वास्थ्य उपचार लागत और आत्महत्या दर वर्तमान में स्वास्थ्य, शिक्षा, श्रम और कल्याण क्षेत्रों को शामिल करते हुए एक एकीकृत, बहु-क्षेत्रीय सुधार प्रतिक्रिया की माँग करता है.

मानसिक स्वास्थ्य

- विश्व स्वास्थ्य संगठन (WHO) मानसिक स्वास्थ्य को कल्याण की एक ऐसी स्थिति के रूप में परिभाषित करता है जहाँ व्यक्ति सामान्य जीवन के तनावों का सामना कर सकते हैं, उत्पादक रूप से काम कर सकते हैं और समाज में सार्थक योगदान दे सकते हैं. यह केवल बीमारी का न होना ही नहीं, बल्कि लचीलेपन और सन्तुलन की उपस्थिति भी है.

मानसिक स्वास्थ्य से सम्बन्धित प्रमुख परिभाषाएँ

- कार्ल मेनिंगर ने मानसिक स्वास्थ्य को परिभाषित करते हुए लिखा है कि "मानव का विश्व और एक-दूसरे के साथ अधिकतम प्रभावशीलता और खुशी के साथ समायोजन" ही मानसिक स्वास्थ्य है.
- मनोवैज्ञानिक मैरी जाहोडा के 1958 के कार्य ने सकारात्मक मानसिक स्वास्थ्य को छह मानदण्डों के आधार पर परिभाषित किया, जिनमें आत्म-स्वीकृति, विकास, स्वायत्तता और पर्यावरणीय प्रभुत्व शामिल हैं.
- सिगमंड फ्रायड ने मानसिक स्वास्थ्य को सद्भाव और कार्य करने की क्षमता के रूप में परिभाषित किया.
- वर्ष 2015 में, मनोवैज्ञानिकों ने आन्तरिक सन्तुलन, सार्वभौमिक मूल्यों के अनुरूप क्षमताओं के उपयोग, भावनात्मक विनियमन और लचीले ढंग से सामना करने पर जोर देने वाली एक परिभाषा प्रस्तावित की.
- अमेरिकन साइकियाट्रिक एसोसिएशन की 1980 की परिभाषा ने कार्य, प्रेम और रचनात्मकता में सफलता के साथ-साथ संघर्षों को परिपक्वता से सुलझाने की क्षमता को मानसिक स्वास्थ्य माना है.

हालाँकि, भारत में, मानसिक स्वास्थ्य के परिणाम गरीबी, असमानता, आघात, बेरोजगारी और सामाजिक-सांस्कृतिक वर्जनाओं के संयोजन से प्रभावित होते हैं. ये कारक एक-दूसरे से जुड़कर पहुँच, निदान और उपचार में गहरी असमानताएँ पैदा करते हैं.

वैश्विक परिप्रेक्ष्य

- विश्व स्वास्थ्य संगठन द्वारा जारी मानसिक स्वास्थ्य एटलस 2024 के अनुसार, विश्व भर में प्रत्येक 8 में से एक व्यक्ति मानसिक विकार से पीड़ित है. अवसाद और चिंता से लगभग 30 करोड़ व्यक्ति प्रभावित है.
- 15-29 वर्ष की आयु के युवाओं में आत्महत्या के लिए मानसिक विकार एक प्रमुख कारण है.
- उल्लेखनीय रूप से विश्व के 40% से अधिक देशों में प्रति 1,00,000 लोगों पर एक से भी कम मनोचिकित्सक हैं, जो उपचार क्षमता के एक सार्वभौमिक संकट को भी दर्शाता है.

भारत में मानसिक स्वास्थ्य की स्थिति

- राष्ट्रीय अपराध रिकॉर्ड ब्यूरो (NCRB) की भारत में आकस्मिक मृत्यु और आत्महत्या 2023 रिपोर्ट के आँकड़ों में 1,71,418 आत्महत्याएँ दर्ज की गईं, जो ऐतिहासिक रूप से सबसे अधिक हैं. रिपोर्ट के अनुसार अण्डमान और निकोबार द्वीप समूह, सिक्किम और केरल देश में आत्महत्या दर के मामले में अव्वल राज्य है. वही महाराष्ट्र, तमिलनाडु, मध्य प्रदेश, कर्नाटक और पश्चिम बंगाल सर्वाधिक मृत्यु दर के मामले में सबसे आगे है.
- जनसांख्यिकी रूप से, आत्महत्या करने वालों में पुरुषों की संख्या 72·8% थी, जो आर्थिक और सामाजिक संकट के बोझ को दर्शाता है. इसके प्रमुख कारणों में पारिवारिक समस्याएँ (31·9%), बीमारी (19%), और मादक द्रव्यों का सेवन (7%) आदि शामिल हैं.
- किसान सबसे कमजोर तबके में से हैं. 2023 में 10,786 से अधिक किसान आत्महत्या कर चुके हैं, जिनमें से ज्यादातर कर्ज, फसल की बर्बादी और जलवायु परिवर्तन के कारण हैं. 2014 से अब तक, 1,00,000 से अधिक भारतीय किसान आत्महत्या कर चुके हैं–जो मानसिक स्वास्थ्य सम्बन्धी कमियों से जुड़े ग्रामीण संकट का एक क्रूर प्रतिबिम्ब है.
- राष्ट्रीय मानसिक स्वास्थ्य सर्वेक्षण (निमहंस, 2015-16) में पाया गया कि 10·6% वयस्क निदान योग्य मानसिक विकार (तम्बाकू से सम्बन्धित स्थितियों को छोड़कर) से पीड़ित हैं. उपचार में अन्तराल 70% से 92% के बीच है, जो दुनिया में सबसे अधिक है.

संकट के पीछे संरचनात्मक कारण

- **उपचार अन्तराल और कार्यबल की कमी**–भारत में प्रति 100,000 जनसंख्या पर 0·75 मनोचिकित्सक और 0·12 मनोवैज्ञानिक हैं, जो विश्व स्वास्थ्य संगठन की प्रति 100,000 जनसंख्या पर 3 की सिफारिश से काफी कम है. यह कमी लगभग 23 करोड़ भारतीयों को पेशेवर देखभाल से वंचित करती है.
- **संचालन सम्बन्धी अक्षमताएँ**–जिला मानसिक स्वास्थ्य कार्यक्रम (डीएमएचपी) का प्रदर्शन असमान है. कई प्राथमिक स्वास्थ्य केन्द्रों (पीएचसी) में मनोविकृति दवाओं का अभाव है, जबकि पुनर्वास सेवाएँ केवल 15% जरूरतमंद लोगों तक ही पहुँच पाती हैं.

- **सामाजिक कलंक का दंश**—सांस्कृतिक भ्रांतियाँ मानसिक बीमारी को सामाजिक कलंक से जोड़ती हैं. 50% से अधिक भारतीय, सामाजिक कलंक के कारण मदद लेने से बचते हैं, जिसके परिणामस्वरूप देखभाल से वंचित रह जाते हैं और 2030 तक 1 ट्रिलियन डॉलर की उत्पादकता का नुकसान होता है.
- **नीतिगत कमियाँ और खराब क्रियान्वयन**—मानसिक स्वास्थ्य देखभाल अधिनियम (2017) और राष्ट्रीय आत्महत्या रोकथाम रणनीति (2022) के बावजूद, आत्महत्या की दर में वृद्धि जारी है. छात्रों की सहायता के उद्देश्य से मनोदर्पण जैसी पहल अभी भी अपर्याप्त रूप से क्रियान्वित की जा रही हैं.
- **डिजिटल विकल्प और जोखिम**—भावनात्मक समर्थन प्रदान करने वाले एआई उपकरणों का उदय जिसे ओपनएआई के सीईओ ने भी स्वीकार किया है . मानव–आधारित मानसिक स्वास्थ्य बुनियादी ढाँचे में व्यवस्थागत कमियों को दर्शाता है. यह निर्भरता गोपनीयता के जोखिमों और नैतिक चिंताओं को उजागर करती है.

विश्व स्वास्थ्य संगठन (WHO) ने रोगों के अन्तर्राष्ट्रीय वर्गीकरण का 11वाँ संशोधन यानी ICD-11 का 2025 संस्करण जारी किया है. यह एक ऐसा मानक उपकरण है जो दुनिया भर के डॉक्टरों और स्वास्थ्य पेशेवरों को रोग, चोट और मृत्यु के कारणों की पहचान, रिपोर्टिंग और निगरानी करने में मदद करता है. इसकी मदद से स्वास्थ्य सेवाओं में एक समान भाषा का प्रयोग होता है, जिससे वैश्विक स्तर पर स्वास्थ्य आँकड़ों की तुलना और नीति निर्माण आसान हो जाता है.

भारत में विधायी और नीतिगत ढाँचा

- **मानसिक स्वास्थ्य सेवा अधिनियम, 2017**—इस अधिनियम के माध्यम से आत्महत्या को अपराधमुक्त कर मानसिक स्वास्थ्य सेवा के अधिकार की गारंटी दी गई बीमा कवरेज अनिवार्य कर रोगी की गरिमा और स्वायत्तता की सुरक्षा को बढ़ाया गया है.
- अनुच्छेद 21 के तहत् मानसिक स्वास्थ्य को एक संवैधानिक अधिकार के रूप में मान्यता दी गई है.
- **जिला मानसिक स्वास्थ्य कार्यक्रम (DMHP)**—यह देश भर के 767 जिलों में कार्यरत्, परामर्श और आत्महत्या-रोकथाम सेवाएँ प्रदान करता है.
- **टेली-मानस हेल्पलाइन**—20 लाख से अधिक परामर्श सत्र आयोजित किए गए, जिससे दूरस्थ क्षेत्रों तक पहुँच बढ़ी.
- **मनोदर्पण**—11 करोड़ छात्रों को मनो-सामाजिक सहायता प्रदान की गईं.

भारत और वैश्विक सुविधाओं में अन्तर

	भारत	ऑस्ट्रेलिया/कनाडा/यूके
उपचार अन्तराल	70–92%	40–55%
मानसिक स्वास्थ्य के लिए स्वास्थ्य बजट	1-2% (कुल स्वास्थ्य व्यय का)	8–10% (कुल स्वास्थ्य व्यय का)
मानसिक स्वास्थ्य कार्यबल	0·75 प्रति 100 हजार	3–5 प्रति 100 हजार
सार्वभौमिक बीमा कवरेज	सीमित	80%+
निगरानी प्रणालियाँ	सीमित	वास्तविक समय और एकीकरण उच्च

आर्थिक परिणाम

- अनुपचारित मानसिक बीमारी की मानवीय लागत सीधे आर्थिक बोझ को बढ़ाती है. भारत को प्रतिवर्ष लगभग ₹ 1·1 लाख करोड़ का नुकसान होता है. विश्व बैंक ने चेतावनी दी है कि यदि हस्तक्षेप अपर्याप्त रहे तो संचयी नुकसान 2030 तक 1 ट्रिलियन डॉलर तक पहुँच सकता है.
- भारत नए विकारों जैसे जटिल पीटीएसडी, दीर्घकालिक शोक विकार, और गेमिंग विकार के लिए डब्ल्यूएचओ के ICD-11 वर्गीकरण को अपनाने में भी पिछड़ रहा है.

सुझाव

- एक अन्तर-मंत्रालयी कार्यबल को स्वास्थ्य, शिक्षा, कृषि और सामाजिक न्याय मंत्रालयों के प्रयासों का समन्वय करना चाहिए.
- मनोरोग विशेषज्ञों को प्रशिक्षित करके और ग्रामीण क्षेत्रों में नियुक्तियों को प्रोत्साहित करके 5 वर्षों के भीतर प्रति 100,000 लोगों पर 3–5 विशेषज्ञों के अन्तर को कम किया जा सकता है.
- स्कूलों, कॉलेजों और अस्पतालों में परामर्शदाताओं की नियुक्ति अनिवार्य करना, राज्य और केन्द्रीय बजट के माध्यम से निरन्तर वित्त पोषण प्रदान करना.
- कुल स्वास्थ्य व्यय का कम-से-कम 5% तक बढ़ाएँ.
- सार्वजनिक स्वास्थ्य और बीमा प्रणालियों के माध्यम से सार्वभौमिक पहुँच सुनिश्चित कीजिए.

सारतत्व भारत में मानसिक स्वास्थ्य का परिदृश्य अब एक अहम दौर में है. सरकार ने मानसिक स्वास्थ्य को अधिकार के रूप में मान्यता दी है और इसके लिए कई बड़े कार्यक्रम शुरू किए हैं. यह एक बड़ी प्रगति है, लेकिन अभी भी बजट की कमी, समाज में फैला डर और विशेषज्ञों की कमी जैसी दिक्कतें बदलाव में रुकावट बन रही हैं. विश्व मानसिक स्वास्थ्य दिवस 2025 हमें यह याद दिलाता है कि मानसिक स्वास्थ्य सभी के लिए जरूरी है. इसे हर नागरिक के हक की तरह अपनाना ही एक मजबूत, स्वस्थ और सबको साथ लेकर चलने वाले भारत की नींव बनेगा.

अर्थव्यवस्था

औद्योगिक उत्पादन सूचकांक (Index of Industrial Production–IIP)

सुर्खियों में क्यों ?

सांख्यिकी एवं कार्यक्रम कार्यान्वयन मंत्रालय (MoSPI), औद्योगिक उत्पादन सूचकांक (IIP) के आधार वर्ष को 2011-2012 से संशोधित कर 2022-23 कर रहा है, जो (GDP) की नई शृंखला के अनुरूप होगा. इस परिवर्तन का उद्देश्य भारत के विकसित होते औद्योगिक ढाँचे और हाल के आर्थिक विकास को बेहतर ढंग से प्रतिबिंबित करना है—जैसे-जैसे अर्थव्यवस्था तकनीकी प्रगति से लेकर नए उद्योगों तक, बड़े बदलावों से गुजर रही है, आईआईपी आधार वर्ष को अद्यतन करने से यह सुनिश्चित होता है कि औद्योगिक विकास को अधिक सटीक रूप से मापा जा सके.

- औद्योगिक उत्पादन सूचकांक (IIP) समय के साथ भारत के प्रमुख उद्योगों में उत्पादन की मात्रा में परिवर्तन को मापता है. यह तीन क्षेत्रों—खनन,

विनिर्माण और बिजली में उत्पादन को ट्रैक करता है और औद्योगिक गतिविधि की गति को दर्शाता है.केन्द्रीय सांख्यिकी संगठन (सांख्यिकी और कार्यक्रम कार्यान्वयन मंत्रालय के अन्तर्गत) द्वारा ये आँकड़े मासिक रूप से जारी किए जाते हैं. आईआईपी को लासपेयर सूत्र का उपयोग करके उत्पादन सापेक्षों के सरल भारित अंकगणितीय माध्य के रूप में संकलित किया जाता है.

- प्रारम्भ में वर्ष 1937 को आधार वर्ष मानकर, आईआईपी में संरचनात्मक बदलावों को दर्शाने के लिए कई संशोधन किए गए हैं. आधार वर्ष यह तय करता है कि किस अवधि की औद्योगिक संरचना को मानक माना जाए. प्रत्येक संशोधन वर्तमान वास्तविकताओं को प्रतिबिम्बित करने के लिए उत्पाद समूह, भार और आँकड़ों के स्रोतों को अद्यतन करता है.

आईआईपी आँकड़ों का महत्व

- आईआईपी तिमाही सकल मूल्य वर्धित (GVA) और समग्र जीडीपी का अनुमान लगाने के लिए एक महत्वपूर्ण इनपुट है. यह नीति निर्माताओं, भारतीय रिजर्व बैंक (RBI), निवेशकों और विश्लेषकों को औद्योगिक रुझानों की जानकारी प्रदान करता है, जिससे मौद्रिक नीति, निवेश और उत्पादन से सम्बन्धित निर्णय लेने में मदद मिलती है. यह प्रति माह जारी किया जाता है, जो भारत के विनिर्माण क्षेत्र की गति, ऊर्जा उत्पादन और खनन प्रदर्शन की नवीनतम जानकारी प्रदान करता है, ये ऐसे क्षेत्र हैं जो आर्थिक विकास के प्रमुख आधार हैं.

आधार वर्ष में संशोधन का कारण

- आर्थिक संरचनाएँ समय के साथ नई तकनीकों, औद्योगिक प्रक्रियाओं और उपभोग पैटर्न के साथ विकसित होती हैं. आधार वर्ष संशोधन यह सुनिश्चित करता है कि आईआईपी इन परिवर्तनों को सटीक रूप से प्रतिबिम्बित करे. जैसे-जैसे भारत एक अधिक बाजार-उन्मुख और डेटा-संचालित अर्थव्यवस्था बनता जा रहा है, समय पर, प्रतिनिधि और सुसंगत औद्योगिक आँकड़ों की आवश्यकता बढ़ गई है.
- उदाहरण के लिए स्वतंत्रता के बाद से भारत की आर्थिक संरचना में उल्लेखनीय विकास हुआ है. सेवा क्षेत्र अब जीवीए में लगभग 55% का योगदान देता है, जबकि कृषि का हिस्सा घटकर लगभग 18% रह गया है. उद्योग का जीवीए में लगभग 27% योगदान है, जो प्रगति और तेज विकास की संभावना दोनों को दर्शाता है.
- यही कारण है कि सांख्यिकी एवं कार्यक्रम कार्यान्वयन मंत्रालय ने डेटा स्रोतों, उत्पाद प्रासंगिकता और रिपोर्टिंग तंत्र की जाँच के लिए आईआईपी के आधार वर्ष संशोधन पर तकनीकी सलाहकार समिति (टीएसी-आईआईपी) का गठन किया.
- इस संशोधन का उद्देश्य अन्तर्राष्ट्रीय सर्वोत्तम प्रथाओं के अनुरूप डेटा की गुणवत्ता, कवरेज और आवृत्ति में सुधार करना और उभरते उद्योगों, नवीकरणीय ऊर्जा और आज के बाजारों पर प्राथमिकता वाले नए उत्पादों को शामिल करना है.

प्रस्तावित नया आधार वर्ष

- आईआईपी के लिए प्रस्तावित नया आधार वर्ष 2022-23 है, जो वर्तमान 2011-12 शृंखला का स्थान लेगा. यह औद्योगिक सूचकांक को नवीनतम जीडीपी शृंखला के साथ संरेखित करता है, जिससे राष्ट्रीय सांख्यिकीय प्रणालियों में सुसंगतता सुनिश्चित होती है.
- अद्यतन शृंखला में एक आधुनिक उत्पाद समूह, रीयल-टाइम रिपोर्टिंग स्रोत और परिष्कृत क्षेत्रीय भार शामिल होंगे जो वर्तमान उत्पादन मूल्यों को दर्शाएँगे.

नई शृंखला के अन्तर्गत प्रमुख सुधारों में शामिल हैं

- **विस्तारित दायरा**—लघु खनिज, गैस आपूर्ति और नवीकरणीय ऊर्जा क्षेत्रों का समावेश.
- **परिष्कृत उत्पाद वर्गीकरण**— "अन्यत्र वर्गीकृत नहीं" श्रेणियों में कमी-अब 95% भार विशिष्ट वस्तुओं को दिए जाएँगे.
- **फैक्ट्री प्रतिस्थापन प्रणाली**— बन्द पड़े या उत्पादन लाइनें बदलने वाले कारखानों को बदलने के लिए एक संरचित दृष्टिकोण.
- **मौसमी रूप से समायोजित आई-आईपी**—अन्तर्राष्ट्रीय मानदण्डों के अनुरूप, बेहतर मासिक तुलना के लिए गैर-मौसमी डेटा प्रकाशित करने की योजना.

औद्योगिक विकास को बढ़ावा देने वाली सरकारी योजनाएँ

- भारत के औद्योगिक आधार को मजबूत करने के लिए, सरकार ने कई प्रमुख पहल शुरू की हैं जो औद्योगिक उत्पादन सूचकांक (आईआईपी) के उद्देश्यों को पूरा करती हैं. इनमें शामिल हैं.
- **मेक इन इण्डिया**—घरेलू विनिर्माण को बढ़ावा देने, विदेशी निवेश आकर्षित करने और भारत को एक वैश्विक उत्पादन केन्द्र के रूप में बढ़ावा देने के लिए एक राष्ट्रीय कार्यक्रम.
- **उत्पादन से जुड़ी प्रोत्साहन (पीएलआई) योजनाएँ**—ये योजनाएँ निर्माताओं को उत्पादन–आधारित प्रोत्साहन प्रदान करके इलेक्ट्रॉनिक्स, फार्मास्यूटिकल्स और ऑटोमोबाइल जैसे, क्षेत्रों में उत्पादन बढ़ाने के लिए प्रोत्साहित करती हैं.
- **व्यापार करने में आसानी के सुधार**—नियामक प्रक्रियाओं को सरल बनाना और तेज मंजूरियों को बढ़ावा देने और अनुपालन लागत को कम करने के लिए कारोबारी माहौल में सुधार करना.

जीएसटी दरों में कटौती की भूमिका

- आवश्यक और मध्यवर्ती वस्तुओं पर हाल ही में वस्तु एवं सेवा कर (जीएसटी) दरों में की गई कटौती से उपभोक्ता माँग बढ़ने और उत्पादन लागत कम होने की सँभावना है. उपभोग और मूल्य प्रतिस्पर्धात्मकता को यह बढ़ावा औद्योगिक सुधार को मजबूत करता है, विशेष रूप से विनिर्माण और लघु उद्यमों में. जब माँग बढ़ती है, तो औद्योगिक उत्पादन और इस प्रकार आईआईपी-स्वाभाविक रूप से ऊपर की ओर बढ़ता है, जिससे गुणक प्रभाव के माध्यम से आर्थिक सुधार को बल मिलता है.

सारांशतः वर्तमान परिवर्तन उपायों से औद्योगिक आँकड़ा प्रणाली अधिक सुदृढ़ और विश्वसनीय बन सकेगी. वार्षिक उद्योग सर्वेक्षण (एएसआई) के दायरे का विस्तार और प्रौद्योगिकी-आधारित रिपोर्टिंग से आँकड़ों की सटीकता बढ़ेगी. ई-वे बिल, जीएसटीएन और एमसीए 21 आँकड़ों के समेकन से डिजिटल पारिस्थितिकी तंत्र के साथ बेहतर एकीकरण होगा.

मैक्रोस्कोपिक क्वांटम टनलिंग (Macroscopic quantum tunnelling)

सुर्खियों में क्यों ?

रॉयल स्वीडिश एकेडमी ऑफ साइंसेज ने वर्ष 2025 का भौतिकी का नोबेल पुरस्कार जॉन क्लार्क, मिशेल एच. डेवोरेट और जॉन एम. मार्टिनिस को उनके विद्युत् परिपथों में मैक्रोस्कोपिक क्वांटम मैकेनिकल टनलिंग और ऊर्जा क्वांटाइजेशन की खोज के लिए प्रदान करने की घोषणा की है. 1980 के दशक के मध्य में किए गए उनके कार्य ने क्वांटम कम्प्यूटर के विकास का मार्ग प्रशस्त किया, जो वर्तमान में वैज्ञानिक अनुसन्धान के सबसे सक्रिय क्षेत्रों में से एक है.

- जॉन क्लार्क, मिशेल एच. डेवोरेट और जॉन एम. मार्टिनिस कैलिफोर्निया विश्वविद्यालय, बर्कले में एक साथ काम कर रहे थे, जब उन्होंने 1984 और 1985 में विशेष विद्युत् परिपथों पर अनेक प्रयोग किए.

- क्वांटम यांत्रिकी भौतिकी की वह शाखा है जो परमाणु और उप-परमाणु पैमाने पर कणों के व्यवहार का वर्णन करती है. शास्त्रीय भौतिकी, जो पूर्वानुमेय गति और बलों से सम्बन्धित है, के विपरीत, क्वांटम यांत्रिकी सँभावनाओं और अनिश्चितताओं के क्षेत्र में कार्य करती है. इलेक्ट्रॉन और फोटॉन जैसे कण तरंगों और कणों दोनों के रूप में व्यवहार कर सकते हैं, एक साथ कई स्थानों पर मौजूद हो सकते हैं, और ऐसे तरीकों से परस्पर क्रिया कर सकते हैं जो रोजमर्रा के अनुभव में असंभव लगते हैं. ये अजीब नियम पदार्थ और ऊर्जा की मूल संरचना को नियंत्रित करते हैं.

- कैलिफोर्निया विश्वविद्यालय, बर्कले के एक प्रोफेसर क्लार्क 1980 के दशक में जोसेफसन जंक्शन के साथ इनमें से कुछ परिघटनाओं का अन्वेषण कर रहे थे, जब डेवोरेट और मार्टिनिस उनके साथ शामिल हुए. उन्होंने जोसेफसन के समान ही एक सेटअप का उपयोग किया, लेकिन हस्तक्षेप से बचने के लिए पूरे सेटअप को उसके वातावरण से अलग करने के लिए सावधानीपूर्वक सावधानी बरतनी पड़ी. ऐसा इसलिए, क्योंकि थोड़ा-सा भी हस्तक्षेप क्वांटम प्रभावों को नष्ट कर सकता था.
- अंततः वे यह प्रदर्शित करने में सक्षम हुए कि जोसेफसन सेटअप में केवल प्रवाहित इलेक्ट्रॉन ही नहीं, बल्कि पूरा सर्किट क्वांटम व्यवहार प्रदर्शित करता है.
- यह सर्किट केवल कुछ असतत ऊर्जा अवस्थाओं में ही मौजूद हो सकता है, जिनमें से प्रत्येक धारा के एक विशेष मान के अनुरूप होती है, किसी भी बीच की ऊर्जा अवस्थाओं में नहीं, जो कि एक विशिष्ट क्वांटम व्यवहार है. इसके अलावा, परिपथ इन पृथक् ऊर्जा अवस्थाओं के बीच इंसुलेटिंग बैरियर के पार छलांग लगा सकता है, जिससे मैक्रोस्कोपिक क्वांटम टनलिंग का प्रदर्शन होता है.

खोज का महत्व

- जब हम क्वांटम कम्प्यूटिंग के प्रक्षेप पथ पर विचार करते हैं, तो उनके कार्य का महत्व और भी स्पष्ट हो जाता है. आज के क्वांटम कम्प्यूटर जो अभी भी प्रायोगिक हैं, लेकिन अधिक सक्षम होते जा रहे हैं, मूलतः उन सिद्धान्तों पर निर्भर हैं जिन्हें स्थापित करने में क्लार्क, डेवोरेट और मार्टिनिस ने मदद की थी.
- क्वांटम कम्प्यूटिंग के प्रमुख प्लेटफार्मों में से एक, सुपरकंडक्टिंग क्वाबिट, इन शोधकर्ताओं द्वारा अग्रणी परिपथों के प्रत्यक्ष उदाहरण हैं.
- यह दर्शाकर कि मैक्रोस्कोपिक क्वांटम प्रणालियों को नियंत्रित और संचालित किया जा सकता है, उन्होंने एक सम्पूर्ण तकनीकी क्रान्ति के लिए वैचारिक और व्यावहारिक आधार प्रदान किया.
- मैक्रोस्कोपिक क्वांटम टनलिंग की अवधारणा इस विचार को और आगे बढ़ाती है. यह सुझाव देती है कि न केवल एकल कण, बल्कि अरबों कणों से बने विशाल तंत्र नियंत्रित परिस्थितियों में क्वांटम व्यवहार प्रदर्शित कर सकते हैं.
- इन खोजों का क्वांटम कम्प्यूटिंग के विकास पर एक परिवर्तनकारी प्रभाव पड़ा. आज के क्वांटम कम्प्यूटर क्वाबिट या क्वांटम बिट्स पर निर्भर करते हैं, जो सुपरपोजिशन (एक साथ कई अवस्थाओं में मौजूद रहने की क्षमता) और एंटैंगलमेंट (कणों के बीच एक गहरा सम्बन्ध जो दूरियों के पार तुरन्त सूचना साझा करते हैं) का उपयोग करते हैं.
- सुपरकंडक्टिंग क्वाबिट, जो सबसे व्यापक रूप से उपयोग किए जाने वाले क्वांटम कम्प्यूटिंग प्लेटफॉर्म में से एक है, क्लार्क और उनके सहयोगियों द्वारा बनाए गए परिपथों से सीधे विकसित हुआ. यह साबित करके कि क्वांटम प्रणालियों को मैक्रोस्कोपिक पैमानों पर विश्वसनीय रूप से नियंत्रित और संचालित किया जा सकता है, उन्होंने व्यावहारिक क्वांटम तकनीक की नींव रखी.
- इस क्रान्ति में सुपरकंडक्टर एक महत्वपूर्ण भूमिका निभाते हैं. ये ऐसे पदार्थ हैं जो कम तापमान पर बिना किसी प्रतिरोध के विद्युत् धारा ले जाने में सक्षम हैं. इनके अनुप्रयोग चिकित्सा इमेजिंग और कण त्वरक में शक्तिशाली चुम्बकों से लेकर क्वाबिट डिजाइन में प्रयुक्त क्वांटम सर्किट तक विस्तृत हैं. समान सिद्धान्तों पर आधारित अतिचालक क्वांटम हस्तक्षेप उपकरण (SQUIDs) का उपयोग संवेदनशील चुम्बकीय क्षेत्र का पता लगाने में किया जाता है.
- इन खोजों का महत्व प्रयोगशाला भौतिकी से कहीं आगे तक जाता है. क्वांटम कम्प्यूटिंग उन जटिल समस्याओं को हल करने का वादा करती है जिन्हें पारम्परिक कम्प्यूटर नहीं कर सकते जैसे आणविक मॉडलिंग, अनुकूलन, क्रिप्टोग्राफी और जलवायु पूर्वानुमान. 2025, जिसे क्वांटम विज्ञान और प्रौद्योगिकी का अन्तर्राष्ट्रीय वर्ष घोषित किया गया है, आधुनिक क्वांटम यांत्रिकी के जन्म की एक शताब्दी का जश्न मनाता है और मानवता के क्वांटम युग में प्रवेश का प्रतीक है.
- भारत का राष्ट्रीय क्वांटम मिशन इस दिशा में एक बड़ा कदम है. क्वांटम प्रौद्योगिकियों में अनुसन्धान और नवाचार को बढ़ावा देने के लिए शुरू किया गया.

इस प्रकार, मैक्रोस्कोपिक क्वांटम टनलिंग एक वैज्ञानिक जिज्ञासा से कहीं अधिक है; यह परमाणु कणों की दुनिया और व्यावहारिक तकनीक के बीच एक सेतु है जो कम्प्यूटिंग, सुरक्षा और संचार को पुनर्परिभाषित कर सकती है. ●●●

अन्तर्राष्ट्रीय वाणिज्य एवं व्यापार लेख

वैश्विक आर्थिक परिदृश्य को नया आकार देते नए निवेश पैटर्न

—गुलशन कुमार झा

अंकटाड (United Nations Conference on Trade and Development–UNCTAD) वैश्विक निवेश प्रवृत्ति रिपोर्ट 2024 में वैश्विक प्रत्यक्ष विदेशी निवेश (FDI) में हुए 10 महत्वपूर्ण बदलावों को उजागर किया गया है. यह दर्शाता है कि वैश्विक मूल्य शृंखलाओं (Global Value Chains–GVC) में संरचनात्मक बदलाव, कोविड-19 महामारी जैसे बाहरी प्रभाव और बढ़ते भू-राजनीतिक तनाव मिलकर निवेश के निर्णयों को तेजी से प्रभावित कर रहे हैं और आर्थिक विकास में बाधाएँ उत्पन्न कर रहे हैं.

वैश्विक निवेश प्रवृत्ति रिपोर्ट 2024 की मुख्य विशेषताएँ

वैश्विक निवेश प्रवृत्ति निगरानी रिपोर्ट 2024 के अनुसार, वर्ष 2024 में वैश्विक प्रत्यक्ष विदेशी निवेश (FDI) में 11% की वृद्धि हुई, जिससे इसका कुल आकार लगभग 1·4 ट्रिलियन यूएस डॉलर तक पहुँच गया. हालाँकि, यूरोपीय 'कंडुइट इकोनॉमीज' (जैसे—आयरलैण्ड, लक्जमबर्ग, नीदरलैण्ड, स्विट्ज़रलैण्ड और यूनाइटेड किंगडम) को शामिल न किया जाए, तो वैश्विक एफडीआई में लगभग 8% की गिरावट देखी गई. ये कंडुइट इकोनॉमीज वे देश हैं जिनका उपयोग कम्पनियाँ कर बचाव के लिए निवेश को एक देश से दूसरे देश में घुमा-फिराकर करती हैं. विकसित देशों में एफडीआई में 43% की तेज वृद्धि दर्ज की गई, लेकिन यह मुख्यतः इन्हीं कंडुइट देशों के माध्यम से हुए बहुराष्ट्रीय लेन-देन के कारण थी. यदि इन लेन-देन को हटा दिया जाए, तो विकसित देशों में एफडीआई में 15% की गिरावट देखी गई. दूसरी ओर, विकासशील देशों में एफडीआई में लगातार दूसरे वर्ष गिरावट दर्ज की गई. यह कमी 2023 में 6% और 2024 में 2% देखी गई है. ग्रीनफील्ड निवेश परियोजनाओं की संख्या में भी 6% की गिरावट आई, जिसमें अफ्रीका, एशिया तथा लैटिन अमेरिका और कैरिबियन क्षेत्र में महत्वपूर्ण कमी देखी गई. हालाँकि, अफ्रीका में कुल एफडीआई में 84% की वृद्धि हुई, जो मुख्य रूप से मिस्र में एक बड़े प्रोजेक्ट की वजह से सम्भव हुआ. एशिया की बात करें तो विकासशील एशिया में एफडीआई में कुल 7% की गिरावट हुई, जिसमें चीन में 29% की गिरावट दर्ज की गई, जबकि आसियान (ASEAN) देशों में 2% और भारत में 13% की वृद्धि हुई. भारत में ग्रीनफील्ड प्रोजेक्ट्स की संख्या में इजाफा हुआ, लेकिन अन्तर्राष्ट्रीय प्रोजेक्ट फाइनेंस में संख्या के लिहाज से 23% और मूल्य के लिहाज से 33% की गिरावट देखी गई. इसके विपरीत, मध्य अमेरिका में एफडीआई में सकारात्मक वृद्धि दर्ज की गई.

रिपोर्ट के प्रमुख निष्कर्ष

एफडीआई, व्यापार और जीडीपी के बीच असंतुलन

वर्ष 2010 से अब तक, वैश्विक व्यापारिक तनावों के बावजूद, विश्व का सकल घरेलू उत्पाद (GDP) औसतन 4% प्रति वर्ष और वैश्विक व्यापार 4·2% की दर से बढ़ा है. इसके विपरीत, प्रत्यक्ष विदेशी निवेश (FDI) की वृद्धि दर लगभग शून्य रही है, जोकि चिंताजनक है. यह असमानता इस बात की ओर इशारा करती है कि वैश्विक निवेश का पारम्परिक मॉडल अब बदल रहा है. अन्तर्राष्ट्रीय उत्पादन और वैश्विक मूल्य शृंखला (Global Value Chains–GVCs) में हो रहे बदलाव, संरक्षणवाद की बढ़ती प्रवृत्ति तथा भू-राजनीतिक तनावों ने निवेशकों को अधिक सतर्क और जोखिम से बचने वाला बना दिया है. परिणाम-स्वरूप, विशेष रूप से विकासशील देशों की अर्थव्यवस्थाएँ प्रभावित हो रही हैं, जो अपनी आर्थिक प्रगति के लिए एफडीआई पर काफी हद तक निर्भर रहती हैं. इस स्थिति ने यह स्पष्ट कर दिया है कि एफडीआई को व्यापार और उत्पादन के साथ तालमेल बिठाने में गम्भीर चुनौतियों का सामना करना पड़ रहा है.

विनिर्माण से सेवाओं की ओर होता झुकाव

विनिर्माण से सेवाओं की ओर होता झुकाव वैश्विक निवेश का एक महत्वपूर्ण रुझान बन गया है. पिछले दो दशकों में सीमा पार ग्रीनफील्ड परियोजनाओं में सेवा क्षेत्र की हिस्सेदारी 65% से बढ़कर 80% से अधिक हो गई है. तकनीकी प्रगति के कारण विनिर्माण उद्योगों में भी सेवा-सम्बन्धी निवेश बढ़कर 70% तक पहुँच गया है. इसके विपरीत, महामारी के बाद पारम्परिक विनिर्माण क्षेत्र में एफडीआई की वृद्धि दर घटकर मात्र 12% रह गई है. यह गिरावट उन विकासशील देशों के लिए चुनौती है, जो जीवीसी के जरिए औद्योगिक विकास करना चाहते हैं. यह प्रवृत्ति दर्शाती है कि सेवा क्षेत्र अब वैश्विक निवेश का प्रमुख केन्द्र बनता जा रहा है.

चीन में एफडीआई की घटती भूमिका

पिछले दो दशकों में प्रत्यक्ष विदेशी निवेश (FDI) के प्रमुख प्राप्तकर्ता देश के रूप में चीन की भूमिका में लगातार कमी आई है और यह प्रक्रिया कोविड-19 महामारी के बाद और तेज हो गई है. पिछले 3 वर्षों में चीन में ग्रीनफील्ड परियोजनाओं की संख्या घटकर एक दशक पहले की तुलना में लगभग एक-तिहाई रह गई है. हालाँकि, इसके बावजूद चीन अब भी वैश्विक विनिर्माण और व्यापार में एक अहम भूमिका निभा रहा है. यह संकेत करता है कि चीन के 'वैश्विक कारखाने' (Global Factory) मॉडल का आकार भले ही पहले जैसा है, लेकिन इसका झुकाव अब वैश्विक उत्पादन नेटवर्क से हटकर अधिक घरेलू रूप से केन्द्रित नेटवर्क की ओर हो गया है. यह बदलाव न केवल चीन की निवेश रणनीति को दर्शाता है, बल्कि वैश्विक निवेश के क्षेत्रीय पुनर्संयोजन को भी उजागर करता है.

भू-राजनीतिक तनावों का एफडीआई पर प्रभाव

भू-राजनीतिक तनावों का एफडीआई पर प्रभाव तेजी से बढ़ रहा है. जिन देशों के राजनीतिक हित या विदेश नीतियाँ अलग हैं, उनके बीच एफडीआई का हिस्सा 2013 में 23% से घटकर 2022 में सिर्फ 13% रह गया. इस गिरावट का सबसे अधिक असर विनिर्माण क्षेत्र पर पड़ा है, खासकर 2019 से जब वैश्विक व्यापार तनाव बढ़ने लगे. यह दिखाता है कि भू-राजनीतिक अस्थिरता अन्तर्राष्ट्रीय निवेश फैसलों को गम्भीर रूप से प्रभावित कर रही है.

पर्यावरण प्रौद्योगिकियों में बढ़ता निवेश

पवन और सौर ऊर्जा जैसी पर्यावरणीय तकनीकों में निवेश तेजी से बढ़ा है. गैर-सेवा क्षेत्रों में ग्रीनफील्ड परियोजनाओं में इनकी हिस्सेदारी 2000 के दशक की शुरुआत में 1% से बढ़कर 2023 तक 20% हो गई. इलेक्ट्रिक वाहनों और बैटरियों के निर्माण में भी पिछले एक दशक में 27% की वार्षिक वृद्धि दर्ज की गई है. हालाँकि, यह वृद्धि अन्य विनिर्माण क्षेत्रों में आई गिरावट की केवल आंशिक भरपाई करती है. इसका मुख्य लाभ विकसित देशों को मिल रहा है, जबकि अल्पविकसित देश पारम्परिक क्षेत्रों में घटते एफडीआई से संघर्ष कर रहे हैं.

विकासशील देशों का हाशिए पर जाना

वैश्विक एफडीआई प्रवाह तेजी से विकसित देशों और बड़े उभरते बाजारों तक सिमटता जा रहा है, जिससे छोटे और कम विकसित देशों की आर्थिक स्थिति और कमजोर होती जा रही है. अल्पविकसित देशों (LDCs) में कुल ग्रीनफील्ड एफडीआई परियोजनाओं की हिस्सेदारी 2010 के दशक के मध्य में 3% से घटकर 2023 तक केवल 1% रह गई है. इसी तरह, निम्न और निम्न-मध्यम आय वाले देशों को प्राप्त एफडीआई का हिस्सा पिछले एक दशक में एक-तिहाई घट गया है. यह रुझान वैश्विक निवेश वितरण में बढ़ती असमानता को दर्शाता है.

रिपोर्ट की प्रमुख सिफारिशें

विकासशील देशों, विशेषकर अल्प-विकसित देशों (LDCs) को विदेशी निवेश आकर्षित करने के लिए वित्तीय और रणनीतिक सहायता की जरूरत है, ताकि वे अपनी एफडीआई और जीवीसी आधारित विकास रणनीतियों की समीक्षा कर सकें. साथ ही, भू-राजनीतिक जोखिमों का प्रबन्धन करने, तनाव कम करने और स्थिर व खुले निवेश माहौल को सुनिश्चित करने के लिए अन्तर्राष्ट्रीय सहयोग को मजबूत करना आवश्यक है. विकासशील देशों की सरकारों को अपनी आर्थिक विकास रणनीतियों को पुनः परिभाषित करना अनिवार्य है, क्योंकि विनिर्माण निवेश पर पारम्परिक निर्भरता अब सतत् विकास और आर्थिक समृद्धि की विश्वसनीय गारण्टी नहीं रही. इन्हें अपने पड़ोसी देशों के साथ मजबूत सहयोग स्थापित कर क्षेत्रीय मूल्य श्रृंखलाओं को सशक्त बनाना चाहिए, जिससे सामूहिक विकास को बढ़ावा मिले. साथ ही, टिकाऊ और हरित प्रौद्योगिकियों के साथ-साथ स्थिरता और पर्यावरण संरक्षण को प्राथमिकता देने वाली नीतियों के तहत् निवेश को बढ़ावा देना अत्यंत आवश्यक है, ताकि दीर्घकालिक और समता-मूलक विकास सुनिश्चित किया जा सके.

भारत में एफडीआई की वर्तमान स्थिति

वर्ष 2024-25 में भारत में सकल प्रत्यक्ष विदेशी निवेश (FDI) बढ़कर 81 बिलियन यूएस डॉलर तक पहुँच गया, जो वर्ष 2023-24 में 71·3 बिलियन यूएस डॉलर और 2022-23 में 71·4 यूएस बिलियन डॉलर था. इस वृद्धि में विनिर्माण, वित्तीय सेवाएँ, ऊर्जा और संचार सेवाओं जैसे क्षेत्रों की प्रमुख भूमिका रही, जिन्होंने कुल प्रवाह में 60% से अधिक योगदान दिया. सिंगापुर, मॉरिशस, संयुक्त अरब अमीरात, अमेरिका और नीदरलैण्ड जैसे देशों से सबसे अधिक निवेश आया, जिन्होंने कुल एफडीआई में 75% से अधिक हिस्सा दिया. वहीं, भारतीय कम्पनियों द्वारा किया गया बाह्य प्रत्यक्ष विदेशी निवेश (OFDI) भी 2024-25 में 29·2 बिलियन यूएस डॉलर तक पहुँच गया, जो पिछले वर्ष की तुलना में 75% की वृद्धि दर्शाता है. ओएफडीआई के प्रमुख गंतव्य देशों में सिंगापुर, अमेरिका, मॉरिशस, यूएई और नीदरलैण्ड शामिल रहे. इस निवेश में सबसे अधिक योगदान वित्तीय, बैंकिंग और बीमा सेवाएँ, विनिर्माण, थोक एवं खुदरा व्यापार, होटल और रेस्तराँ जैसे क्षेत्रों से आया, जिनका योगदान 90% से अधिक रहा.

> **प्रत्यक्ष विदेशी निवेश (FDI)**
>
> FDI का तात्पर्य है जब भारत के बाहर स्थित कोई व्यक्ति या संस्था भारत की किसी असूचीबद्ध कम्पनी में या किसी सूचीबद्ध कम्पनी की चुकता इक्विटी पूँजी (पोस्ट–इश्यू बेसिस पर) में कम-से-कम 10% हिस्सेदारी निवेश के रूप में करता है. यह निवेश सामान्यतः दीर्घकालिक होता है और इसे गैर-ऋणात्मक पूँजी प्रवाह (Non-debt capital flow) की श्रेणी में रखा जाता है, क्योंकि इससे निवेशक कम्पनी में मालिकाना हक प्राप्त करता है.

भारत के सतत् आर्थिक परिवर्तन में एफडीआई की भूमिका

भारत के सतत् आर्थिक परिवर्तन में प्रत्यक्ष विदेशी निवेश (FDI) एक महत्वपूर्ण भूमिका निभाता है, क्योंकि यह पूँजी निर्माण, आधारभूत संरचना और औद्योगिक विकास को बढ़ावा देता है. 2020 में फेसबुक का जियो प्लेटफॉर्म्स में 5·7 बिलियन डॉलर का निवेश भारत के डिजिटल क्षेत्र के लिए सबसे बड़ा सौदा था. एफडीआई से विभिन्न उद्योगों में रोजगार सृजन हुआ है; स्टार्टअप्स, उत्पादन इकाइयों और अनुसंधान केन्द्रों के विकास से लाखों लोगों को रोजगार मिला है—स्टार्टअप इकोसिस्टम ने अब तक 1·6 मिलियन से अधिक नौकरियाँ दी हैं. यह निवेश नई तकनीकों, स्वचालन और वैश्विक नवाचारों के आगमन का माध्यम भी बना है, जिससे प्रतिस्पर्धात्मक क्षमता बेहतर हुई है. उदाहरण के लिए, टेस्ला की इलेक्ट्रिक वाहन और बैटरी निर्माण इकाई भारत में पावरवॉल जैसी तकनीक ला सकती है, जो हरित ऊर्जा के लिए लाभकारी होगी. बुनियादी ढाँचे में भी एफडीआई ने सड़क, बंदरगाह, हवाई अड्डे और स्मार्ट शहर परियोजनाओं को वित्तीय सहायता दी है. इसके अलावा, एफडीआई भारत को वैश्विक निर्यात केन्द्र के रूप में उभार रहा है, जहाँ विदेशी कम्पनियाँ उत्पादन इकाइयाँ स्थापित कर देश और विदेश के बाजारों को सेवा दे रही है, जैसे—2023-24 में आई फोन का निर्यात 12·1 बिलियन डॉलर तक पहुँचा और टोयोटा–हुंडई यूरोप व अफ्रीका को वाहन निर्यात कर रही हैं. अततः, विदेशी निवेश ने घरेलू कम्पनियों में गुणवत्ता, सेवा और दक्षता को बढ़ाया है, जैसे—अमेजन और फ्लिपकार्ट ने खुदरा क्षेत्र को डिजिटल बनाया, जबकि स्टारबक्स और मैकडॉनल्ड्स ने खाद्य सेवा मानकों को ऊँचा किया.

भारत में एफडीआई आकर्षित करने के लिए उपाय

- सरल और पारदर्शी विनियामक ढाँचा,
- बाजार प्रतिस्पर्धा को प्रोत्साहित करना,
- एफडीआई को क्षेत्रीय और क्षेत्रीय रूप से फैलाना,
- पर्यावरणीय नियमों का प्रभावी कार्यान्वयन,
- तकनीकी और नवाचार को बढ़ावा,
- वित्तीय प्रोत्साहन और कर नीति में सुधार,
- विशेष आर्थिक क्षेत्र (SEZ) और निवेश जोन का विकास,
- अवसंरचना का विकास.

सारतत्व

वैश्विक एफडीआई में विकासशील देशों की हिस्सेदारी घट रही है, जबकि विकसित और प्रमुख उभरते बाजारों में निवेश केन्द्रित हो रहा है. इसके साथ ही, विनिर्माण से सेवा क्षेत्र की ओर निवेश का झुकाव और पर्यावरणीय तकनीकों में तेजी से निवेश की वृद्धि यह दर्शाती है कि सतत् और तकनीकी नवाचार अब निवेश का मुख्य केन्द्र हैं. भारत जैसे विकासशील देशों के लिए यह आवश्यक है कि वे अपनी आर्थिक नीतियों को संशोधित कर, क्षेत्रीय सहयोग बढ़ाएँ और हरित तथा टिकाऊ प्रौद्योगिकियों में निवेश को प्रोत्साहित करें. साथ ही, विदेशी पोर्टफोलियो निवेश की अस्थिरता को देखते हुए एफडीआई को स्थिर और दीर्घकालिक विकास का प्रमुख आधार बनाया जाना चाहिए. अंततः, वैश्विक निवेश के इन बदलते स्वरूपों को समझकर रणनीतियाँ बनाना और अन्तर्राष्ट्रीय सहयोग को मजबूत करना विकास और स्थिरता के लिए अनिवार्य होगा.

प्रारम्भिक परीक्षा के लिए अभ्यास प्रश्न

1. निम्नलिखित में से कौनसे देश 'कंडुइट इकोनॉमी' (Conduit Economies) के रूप में जाने जाते हैं ?
   1. आयरलैण्ड 2. लक्जमबर्ग
   3. नीदरलैण्ड 4. भारत
   5. स्विट्जरलैण्ड

   कूट :
   (A) केवल 1, 2 और 3
   (B) केवल 2, 3 और 4
   (C) केवल 1, 2, 3 और 5
   (D) ये सभी

   उत्तर–(C)

मुख्य परीक्षा के लिए अभ्यास प्रश्न

1. ''वर्तमान वैश्विक और भारत में प्रत्यक्ष विदेशी निवेश (FDI) के रुझानों को ध्यान में रखते हुए, विकासशील देशों के लिए एफडीआई के महत्व, चुनौतियाँ और सम्भावनाओं पर चर्चा करें. साथ ही, भारत के आर्थिक विकास में एफडीआई की भूमिका और इसके प्रभावों का मूल्यांकन करें.''

●●●

ब्रेटन वुड्स से टर्नबेरी तक : विश्व अर्थव्यवस्था की बदलती संरचना

—मनीष प्रियदर्शी

वैश्विक अर्थव्यवस्था के परिवर्तन का सफर मानव सभ्यता के विकास के समानांतर चलता रहा है. सदियों की इस विकास यात्रा में विश्व ने कृषि क्रांति, औद्योगिक क्रांति और अब डिजिटल क्रांति के महत्वपूर्ण मोड़ देखे हैं. वर्ष 1944 का ब्रेटन वुड्स समझौता युद्धोत्तर विश्व में आर्थिक स्थिरता का प्रतीक बना, तो 2018 का टर्नबेरी सम्मेलन आधुनिक वैश्विक चुनौतियों के समाधान का मार्गप्रदर्शक सिद्ध हुआ. यह संक्रमण केवल ऐतिहासिक परिवर्तन नहीं, बल्कि वैश्विक आर्थिक प्राथमिकताओं के मौलिक परिवर्तन की गाथा है.

वर्तमान समय में, जब भारत डिजिटल रुपया जैसी क्रांतिकारी पहलों को बढ़ावा दे रहा है और जलवायु परिवर्तन के आर्थिक प्रभावों ने वैश्विक आर्थिक ढाँचे में मौलिक सुधार की माँग तेज कर दी है, यह विषय अत्यधिक प्रासंगिक हो गया है. ब्रेटन वुड्स व्यवस्था से लेकर टर्नबेरी सम्मेलन तक का सफर न केवल आर्थिक नीतियों के विकास को दर्शाता है, बल्कि वैश्विक शक्ति संतुलन, तकनीकी नवाचार और पर्यावरणीय चिंताओं के बदलते समीकरणों को भी रेखांकित करता है.

ऐतिहासिक परिप्रेक्ष्य : ब्रेटन वुड्स युग की नींव

ब्रेटन वुड्स सम्मेलन (जुलाई 1944 में आयोजित) ने अन्तर्राष्ट्रीय आर्थिक सहयोग की नई नींव रखी. द्वितीय विश्व युद्ध की विभीषिका के बाद विश्व को आर्थिक स्थिरता की आवश्यकता थी और इसी आवश्यकता ने ब्रेटन वुड्स व्यवस्था को जन्म दिया. इस ऐतिहासिक समझौते के तहत् तीन मुख्य स्तम्भ स्थापित किए गए—पहला, अमेरिकी डॉलर को सोने से जोड़ा गया (35 डॉलर प्रति औंस सोना); दूसरा, अन्तर्राष्ट्रीय मुद्रा कोष (IMF) की स्थापना और तीसरा, अन्तर्राष्ट्रीय पुनर्निर्माण और विकास बैंक (विश्व बैंक) का गठन.

इस व्यवस्था ने 1950-70 के दशक में वैश्विक व्यापार में 50% वृद्धि की, यूरोप के पुनर्निर्माण में मदद की और वैश्विक आर्थिक स्थिरता सुनिश्चित की, परन्तु 1971 में अमेरिकी राष्ट्रपति रिचर्ड निक्सन द्वारा स्वर्ण मानक त्यागने के साथ ही यह प्रणाली समाप्त हो गई. इस निर्णय ने अन्तर्राष्ट्रीय मुद्रा व्यवस्था में एक नए युग की शुरुआत की, जिसमें अस्थायी विनिमय दर प्रणाली ने स्थायी विनिमय दर प्रणाली का स्थान ले लिया.

वैश्वीकरण का युग : परिवर्तन और चुनौतियाँ

1990 के दशक में वैश्वीकरण ने तीव्र गति पकड़ी. शीत युद्ध की समाप्ति, तकनीकी प्रगति और परिवहन के क्षेत्र में हुई क्रांति ने वैश्विक अर्थव्यवस्था को एक नया आयाम दिया. बहुराष्ट्रीय कम्पनियाँ वैश्विक उत्पादन और निवेश की धुरी बनीं और अन्तर्राष्ट्रीय आपूर्ति श्रृंखला ने दुनिया को एक 'वैश्विक ग्राम' में बदलना शुरू कर दिया.

भारत ने 1991 के आर्थिक सुधारों के माध्यम से वैश्विक अर्थव्यवस्था से अपने को जोड़ा. विदेशी निवेश, निजीकरण और उदारीकरण ने भारतीय अर्थव्यवस्था को नई गति प्रदान की, किन्तु 2008 के वैश्विक वित्तीय संकट और 2020 की कोविड-19 महामारी ने इस व्यवस्था की कमजोरियों को उजागर किया इन संकटों ने स्थानीयकरण और डिजिटल अर्थव्यवस्था के महत्व को रेखांकित किया और वैश्विक आर्थिक व्यवस्था में मौलिक परिवर्तन की आवश्यकता को जन्म दिया.

टर्नबेरी सम्मेलन : एक नए युग की शुरुआत

2018 में यूनाइटेड किंगडम के टर्नबेरी में आयोजित G-7 शिखर सम्मेलन ने वैश्विक अर्थव्यवस्था के लिए नई दिशा निर्धारित की. यह सम्मेलन व्यापार असंतुलन, जलवायु परिवर्तन, डिजिटल अर्थव्यवस्था और भू-राजनीतिक चुनौतियों जैसे मुद्दों पर केन्द्रित रहा. ब्रेक्जिट और अमेरिका की 'अमेरिका फर्स्ट' नीति के सन्दर्भ में आयोजित यह सम्मेलन वैश्विक सहयोग की नई परिभाषा गढ़ने का प्रयास था.

टर्नबेरी सम्मेलन ने स्पष्ट कर दिया कि 21वीं सदी की वैश्विक अर्थव्यवस्था को न केवल आर्थिक विकास बल्कि स्थिरता, समावेशिता और लचीलेपन की भी आवश्यकता है. डिजिटल परिवर्तन, जलवायु परिवर्तन, और भू-राजनीतिक उथल-पुथल ने वैश्विक आर्थिक नीतियों को पुनर्परिभाषित करने की आवश्यकता उत्पन्न कर दी.

समकालीन परिदृश्य : वर्तमान चुनौतियाँ और अवसर

वर्तमान वैश्विक अर्थव्यवस्था कई महत्वपूर्ण परिवर्तनों से गुजर रही है. डिजिटल मुद्रा क्रांति ने वैश्विक वित्तीय प्रणाली की मूलभूत परिभाषा ही बदल दी है. भारत, चीन, यूरोपीय संघ और अन्य प्रमुख अर्थव्यवस्थाओं ने अपनी-अपनी सेंट्रल बैंक डिजिटल करेंसी (CBDC) विकसित की है. भारत का डिजिटल रुपया पायलट प्रोजेक्ट दुनिया के सबसे बड़े डिजिटल मुद्रा प्रयोगों में से एक बन गया है.

जलवायु परिवर्तन अब वैश्विक आर्थिक स्थिरता का मुख्य निर्धारक बन गया है. भारत ने 100 गीगावाट सौर ऊर्जा क्षमता प्राप्त करके एक महत्वपूर्ण उपलब्धि हासिल की है. यूरोपीय संघ का ग्रीन डील और अमेरिका की मुद्रास्फीति न्यूनीकरण अधिनियम जैसी पहलें हरित अर्थव्यवस्था की ओर वैश्विक बदलाव को दर्शाती हैं.

कोविड-19 महामारी के बाद वैश्विक आपूर्ति श्रृंखला के पुनर्गठन ने 'चाइना प्लस वन' रणनीति को जन्म दिया है. भारत, वियतनाम और मैक्सिको जैसे देश इस रणनीति के तहत् विनिर्माण के नए केन्द्र के रूप में उभरे हैं.

अवसरों का विस्तार : नई सम्भावनाएँ

इस संक्रमण काल में अनेक अवसर सामने आए हैं. डिजिटल मुद्रा और यूपीआई जैसी प्रणालियों ने आर्थिक समावेशन को अभूतपूर्व गति प्रदान की है. भारत में डिजिटल भुगतान प्रणालियों ने 80% वयस्क आबादी को औपचारिक वित्तीय प्रणाली से जोड़ा है.

हरित विकास के क्षेत्र में स्वच्छ ऊर्जा और हरित प्रौद्योगिकियों में रोजगार के नए अवसर सृजित हुए हैं. अन्तर्राष्ट्रीय ऊर्जा

एजेंसी के अनुसार, नवीकरणीय ऊर्जा क्षेत्र में 2023 में दुनिया भर में 13 मिलियन नए रोजगार सृजित हुए.

प्रौद्योगिकी नवाचार ने आपूर्ति शृंखलाओं की दक्षता में उल्लेखनीय सुधार किया है. कृत्रिम बुद्धिमत्ता, ब्लॉकचेन और इंटरनेट ऑफ थिंग्स जैसी प्रौद्योगिकियों ने वैश्विक व्यापार और विनिर्माण प्रक्रियाओं में क्रांति ला दी है.

चुनौतियों का सामना : जटिल समस्याएँ

इन अवसरों के साथ-साथ कई गम्भीर चुनौतियाँ भी सामने आई हैं. वित्तीय अस्थिरता एक प्रमुख समस्या बनी हुई है. 2022-23 में क्रिप्टोकरेंसी बाजार में 2 ट्रिलियन डॉलर की गिरावट ने डिजिटल सम्पत्तियों की अस्थिरता को उजागर किया.

वैश्विक असमानता और ऊर्जा असुरक्षा ने विकासशील देशों के लिए गम्भीर समस्याएँ उत्पन्न की हैं. विश्व बैंक के अनुसार, कोविड-19 महामारी के बाद वैश्विक निर्धनता में दो दशकों में पहली बार वृद्धि हुई है.

भू-राजनीतिक अस्थिरता ने अन्तर्राष्ट्रीय आर्थिक सहयोग को गम्भीर रूप से प्रभावित किया है. रूस-यूक्रेन युद्ध, मध्य-पूर्व में तनाव, और दक्षिण चीन सागर विवाद ने वैश्विक आपूर्ति शृखलाओं को बाधित किया है.

भविष्य की राह : सुझाव और समाधान

भविष्य की विश्व अर्थव्यवस्था के लिए संतुलित और व्यापक दृष्टिकोण आवश्यक है. सबसे पहले, वैश्विक डिजिटल नियमन के लिए मजबूत ढाँचे की आवश्यकता है. अन्तर्राष्ट्रीय मुद्रा कोष और बैंक फॉर इंटरनेशनल सेटलमेंट्स को मिलकर साझा सेन्ट्रल बैंक डिजिटल करेंसी के मानक विकसित करने चाहिए.

दूसरे, हरित वित्त पोषण को बढ़ावा देने के लिए हरित बॉण्ड, कार्बन टैक्स और स्वच्छ ऊर्जा सब्सिडी जैसे उपायों का विस्तार करना होगा. विकसित देशों को विकासशील देशों को हरित प्रौद्योगिकी हस्तांतरण में सहायता प्रदान करनी चाहिए.

तीसरे, समावेशी सहयोग को बढ़ावा देने के लिए G-20 और विश्व व्यापार संगठन जैसे बहुपक्षीय संगठनों में सुधार की आवश्यकता है. विकासशील देशों को इन संगठनों में उचित प्रतिनिधित्व मिलना चाहिए.

चौथे, आर्थिक लचीलापन बढ़ाने के लिए आपूर्ति शृखलाओं का क्षेत्रीयकरण और विविधीकरण करना होगा.

भारत की भूमिका : वैश्विक नेता के रूप में उभार

भारत इस बदलती वैश्विक आर्थिक संरचना में महत्वपूर्ण भूमिका निभा रहा है. डिजिटल सार्वजनिक ढाँचे के क्षेत्र में भारत की उपलब्धियाँ वैश्विक मानक बन गई हैं. यूनिफाइड पेमेंट्स इंटरफेस और डिजिटल रुपया जैसी पहलों ने भारत को डिजिटल अर्थव्यवस्था के क्षेत्र में विश्व नेता के रूप में स्थापित किया है.

अन्तर्राष्ट्रीय सौर गठबंधन की पहल ने भारत को हरित ऊर्जा क्रांति में अग्रणी भूमिका प्रदान की है. G-20 की अध्यक्षता के दौरान भारत ने वैश्विक दक्षिण की आवाज को मजबूती से उठाया और समावेशी विकास को प्राथमिकता दी.

सारांशतः ब्रेटन वुड्स से टर्नबेरी तक की यात्रा विश्व अर्थव्यवस्था के निरन्तर विकास और अनुकूलन की गाथा है. यह संक्रमण न केवल आर्थिक बल्कि सामाजिक, तकनीकी और पर्यावरणीय स्थिरता का समन्वय स्थापित करेगा. भविष्य की आर्थिक नीतियों को मानव कल्याण, पर्यावरणीय संतुलन और वैश्विक सहयोग पर आधारित होना चाहिए.

वैश्विक अर्थव्यवस्था के समक्ष वर्तमान चुनौतियों के समाधान के लिए अभिनव समाधान की आवश्यकता है. डिजिटल परिवर्तन, हरित संक्रमण और समावेशी विकास को एक साथ लेकर चलना 21वीं सदी की सबसे बड़ी आर्थिक चुनौती है. एक समावेशी, टिकाऊ और न्यायसंगत वैश्विक अर्थव्यवस्था का निर्माण ही हमारे समय की सबसे बड़ी आर्थिक आवश्यकता है, जिसमें भारत एक महत्वपूर्ण भूमिका निभा सकता है.

●●●

शेष पृष्ठ 94 का

स्थापित की जाएगी. यह प्रणाली जवाबदेही, पारदर्शिता और निरन्तर सुधार सुनिश्चित करेगी, जिससे सहकारी समितियाँ बदलती आर्थिक परिस्थितियों के अनुकूल ढल सकेंगी.

आगे की राह—2047 के लिए एक दृष्टिकोण3

राष्ट्रीय सहकारी नीति 2025 एक दूरदर्शी रणनीति है जिसका उद्देश्य सहकारी क्षेत्र को भारत की अर्थव्यवस्था का एक गतिशील और अभिन्न अंग बनाना है. 2034 तक, इस नीति का लक्ष्य भारत के सकल घरेलू उत्पाद में सहकारी क्षेत्र के योगदान को तीन गुना करना, सहकारी समितियों की संख्या में 30% की वृद्धि करना और 50 करोड़ नागरिकों को सहकारी समितियों का सक्रिय सदस्य बनाना है.

सदस्य-केन्द्रित मॉडल—मूलतः यह नीति सहकारी सदस्यों के कल्याण को प्राथमिकता देने के लिए बनाई गई है. उनके आर्थिक और सामाजिक कल्याण पर ध्यान केन्द्रित करके, यह नीति यह सुनिश्चित करती है कि सहकारी समितियाँ सहयोग और पारस्परिक लाभ के अपने मूल सिद्धान्तों के प्रति सच्ची रहें.

भावी पीढ़ियों के लिए विरासत का निर्माण—यह नीति केवल तात्कालिक लाभ के बारे में नहीं है; यह भावी पीढ़ियों के लिए एक स्थायी विरासत बनाने के बारे में है. सहयोग, नवाचार और समावेशिता की संस्कृति को बढ़ावा देकर, इस नीति का उद्देश्य सहकारी समितियों को भारत के आर्थिक और सामाजिक ताने-बाने की आधारशिला बनाना है.

निष्कर्ष

राष्ट्रीय सहकारिता नीति 2025 एक परिवर्तनकारी पहल है, जो भारत की विकास यात्रा में सहकारिता की भूमिका को नए सिरे से परिभाषित करती है. व्यक्तियों को सशक्त बनाकर, समावेशिता को बढ़ावा देकर और प्रौद्योगिकी को अपनाकर, यह नीति एक अधिक समतापूर्ण और समृद्ध भारत का मार्ग प्रशस्त करती है. जैसे-जैसे देश 2047 तक एक विकसित राष्ट्र बनने के अपने लक्ष्य की ओर अग्रसर होगा, सहकारी क्षेत्र यह सुनिश्चित करने में महत्वपूर्ण भूमिका निभाएगा कि कोई भी नागरिक पीछे न छूटे. सहयोग, नवाचार और समृद्धि के साझा दृष्टिकोण के माध्यम से, राष्ट्रीय सहकारिता नीति 2025 भारत के उज्ज्वल भविष्य को आकार देने के लिए तैयार है.

●●●

मंदिर, ग्रन्थ और ऐतिहासिक संधियाँ : भारतीय कूटनीति की सांस्कृतिक शक्ति

—रितु चतुर्वेदी

भारत, प्राचीन काल से ही ज्ञान, आस्था और आध्यात्मिकता का केन्द्र रहा है. यहाँ के मंदिर, शास्त्र और सांस्कृतिक संधियाँ धार्मिक प्रतीक होने के साथ-साथ भारत की सांस्कृतिक चेतना और कूटनीतिक संवेदनशीलता के जीवंत प्रतीक भी हैं. आधुनिक वैश्विक परिदृश्य में जब 'सॉफ्ट पावर' राष्ट्रों की पहचान को आकार दे रही है, भारत भी अपनी सांस्कृतिक सम्पदा को वैश्विक संवाद और विदेश नीति में प्रभावी रूप से पिरो रहा है.

अमेरिकी विचारक जोसेफ नाए ने 'सॉफ्ट पावर' की अवधारणा प्रस्तुत करते हुए कहा था कि यह वह क्षमता है जिसके माध्यम से कोई राष्ट्र दूसरों को बलपूर्वक नहीं, बल्कि आकर्षण और प्रेरणा द्वारा प्रभावित करता है. भारत ने इस सिद्धांत को अपने सांस्कृतिक ताने-बाने में सहज रूप से आत्मसात किया है. वास्तव में, सांस्कृतिक कूटनीति किसी राष्ट्र की विशिष्ट पहचान, उसकी भाषा, कला, विरासत, शिक्षा, खेल और पाक-संस्कृति को माध्यम बनाकर पारस्परिक समझ और सौहार्द को प्रोत्साहित करने की कला है. यह 'सॉफ्ट पावर' का सर्वाधिक परिष्कृत रूप है, यह वह साझा भूमि है, जिस पर स्थायी और सार्थक अन्तर्राष्ट्रीय सम्बन्धों की नींव रखी जा सकती है.

खबरों में क्यों ?

हाल में (सितम्बर 2025) भारत सरकार ने बौद्ध धर्म के पवित्र अवशेषों को काल्मिकिया (रूस) में प्रदर्शित किया. इससे पूर्व पिपरहवा के बौद्ध रत्नों की विदेश में नीलामी रोकने हेतु भारत ने सक्रिय कूटनीतिक पहल की. ब्रिक्स संस्कृति मंत्रियों की बैठक में भारत ने साझा सांस्कृतिक विरासत के संरक्षण एवं आदान-प्रदान पर बल देते हुए, एक 'वैश्विक सांस्कृतिक जिम्मेदारी' की भावना प्रस्तुत की. साथ ही, विदेशों में संरक्षित प्राचीन भारतीय पांडुलिपियों और अवशेषों की वापसी के लिए विशेषज्ञ समितियों ने 'पांडुलिपि प्रत्यावर्तन कूटनीति' के रूप में एक नई कूटनीति का सुझाव दिया है.

इन घटनाओं के मध्य, बौद्ध अवशेषों का मंगोलिया, थाइलैण्ड, वियतनाम तथा रूस के काल्मिकिया गणराज्य जैसे देशों में प्रदर्शित किया जाना, भारत की सांस्कृतिक कूटनीति और अन्तर-धार्मिक संवाद के प्रति उसकी गहन निष्ठा का प्रतीक है. ये अवशेष शांति, अहिंसा और साझा मूल की स्मृति के प्रतीक के रूप में कार्य करते हैं. विशेष रूप से, काल्मिकिया में आयोजित तृतीय अन्तर्राष्ट्रीय बौद्ध सम्मेलन में इन पवित्र अवशेषों की उपस्थिति ने भारत की उस भूमिका की पुनः पुष्टि है, जिसमें वह बौद्ध धर्म की आध्यात्मिक जननी और अन्तर्राष्ट्रीय एकता के सांस्कृतिक सेतु के रूप में पुनः प्रतिष्ठित हो रहा है.

यह सम्पूर्ण घटनाक्रम यह संकेत देता है कि भारत अब अपने मंदिरों, ग्रन्थों और सांस्कृतिक संधियों को केवल ऐतिहासिक गौरव के प्रतीक के रूप में नहीं, बल्कि आधुनिक कूटनीति के अहम साधन के रूप में रूपांतरित कर रहा है.

बौद्ध अवशेषों की ऐतिहासिक विरासत

उत्तर प्रदेश स्थित पिपरहवा स्थल, जिसे प्राचीन कपिलवस्तु माना जाता है, भगवान बुद्ध के बाल्यकाल से जुड़ा है. यह स्थल आज भी विविध बौद्ध परम्पराओं के साधना और तीर्थ का प्रतीक है. सन् 1898 में ब्रिटिश पुरातत्वविद् विलियम पेप्पे द्वारा पिपरहवा में उत्खनन के दौरान एक अभिलेखित अस्थि-पात्र प्राप्त हुआ, जिसमें शाक्य कुल और भगवान बुद्ध का उल्लेख प्राकृत भाषा में अंकित था. यह खोज बौद्ध ग्रन्थों की ऐतिहासिक प्रामाणिकता की पुष्टि कर एक ठोस आधार प्रदान करती है. वर्तमान में ये अवशेष राष्ट्रीय संग्रहालय, नई दिल्ली में सुरक्षित हैं. भगवान बुद्ध के कुशीनगर में महापरिनिर्वाण के उपरांत उनके शरीर के अवशेषों को आठ राज्यों में विभाजित कर स्तूपों में स्थापित किया गया. बाद में सम्राट अशोक ने इन पवित्र अवशेषों को पुनः अपने विशाल साम्राज्य में वितरित कर हजारों स्तूपों में प्रतिष्ठित किया. इन अवशेषों ने केवल धार्मिक आस्था का नहीं, बल्कि शासन और आध्यात्मिकता के बीच सेतु निर्माण का भी कार्य किया.

21वीं सदी की सांस्कृतिक विदेश नीति

- 21वीं सदी में भारत की विदेश नीति का सांस्कृतिक आयाम उसकी कूटनीतिक पहचान का सबसे रचनात्मक और प्रभावशाली पक्ष बन चुका है. भारत की सांस्कृतिक शक्ति उसकी गहराई और विविधता में निहित है. हिन्दू, बौद्ध, जैन और सिख जैसे विभिन्न धर्मों की जन्मभूमि होने के कारण भारत केवल एक राष्ट्र नहीं, बल्कि एक जीवंत सभ्यता है. इसकी असंख्य भाषाएँ, त्योहार, संगीत, नृत्य और व्यंजन मिलकर एक ऐसी सांस्कृतिक पहचान निर्मित करते हैं, जो हर देश और समुदाय को अपनेपन का अनुभव कराती है. यही विविधता भारत की वास्तविक 'सॉफ्ट पावर' है.
- भारत ने अपनी इस सांस्कृतिक सामर्थ्य को नीतिगत रूप से भी सशक्त बनाया है. भारतीय सांस्कृतिक सम्बन्ध परिषद् (ICCR) के माध्यम से भारत ने अनेक देशों में सांस्कृतिक केन्द्र स्थापित किए हैं, जो योग, आयुर्वेद, संगीत, कला और शिक्षा के माध्यम से भारत की छवि को जीवंत बनाए हुए हैं. संयुक्त राष्ट्र द्वारा घोषित अन्तर्राष्ट्रीय योग दिवस (21 जून), जिसे आज लगभग 200 देशों में मनाया जाता है, भारत की 'सांस्कृतिक कूटनीति' की अभूतपूर्व उपलब्धि है.
- भारत की बौद्ध धार्मिक पर्यटन नीति एशिया के देशों के साथ साझा विरासत को पुनर्जीवित कर रही है. 'रामायण सर्किट' और 'बुद्ध सर्किट' जैसी पहलें तीर्थ-पर्यटन से आगे बढ़कर संस्कृति को संवाद का माध्यम बना रही हैं. इसी क्रम में प्रवासी भारतीय दिवस भी भारत और विश्वभर में बसे भारतीय समुदाय के बीच भावनात्मक और सांस्कृतिक सेतु का कार्य करता है.
- G-20 शिखर सम्मेलन (2023) के दौरान भारत ने अपने सांस्कृतिक दर्शन-वाक्य 'वसुधैव कुटुम्बकम्' को केन्द्रीय थीम बनाकर यह संदेश दिया कि संस्कृति और कूटनीति परस्पर विरोधी नहीं, बल्कि पूरक शक्तियाँ हैं. भारत ने अपने संगीत, हस्तशिल्प, व्यंजन, कला

और लोकपरम्पराओं को इस प्रकार प्रदर्शित किया कि पूरी दुनिया ने इससे सांस्कृतिक जुड़ाव अनुभव किया.

- भारतीय फिल्मों की लोकप्रियता, भारतीय व्यंजनों का वैश्विक आकर्षण, और योग-आयुर्वेद की बढ़ती स्वीकृति यह दर्शाती है कि भारत की सांस्कृतिक विदेश नीति आज न केवल राजनीतिक सम्बन्धों को सुदृढ़ कर रही है, बल्कि वैश्विक समुदाय में भारतीयता को एक नैतिक और मानवीय दृष्टिकोण के रूप में प्रतिष्ठित कर रही है.

सांस्कृतिक कूटनीति की दिशा और द्वंद्व

संस्कृति के माध्यम से अन्तर्राष्ट्रीय सम्बन्धों का पुनर्निर्माण सरल नहीं है; यह अवसरों के साथ अनेक चुनौतियाँ भी लेकर आता है. जहाँ यह नीति व्यापक सम्भावनाएँ प्रस्तुत करती है, वहीं इसके समक्ष कई नैतिक, रणनीतिक और व्यावहारिक चुनौतियाँ भी विद्यमान हैं.

अवसर : संस्कृति से सम्बन्धों का पुनर्निर्माण

- **विश्व-मैत्री और विश्वास का सेतु**—संस्कृति वहाँ पहुँचती है, जहाँ राजनीति की सीमाएँ समाप्त हो जाती हैं. भारतीय योग, संगीत, दर्शन और कला ने वैश्विक समाज में भारत के प्रति सहज आदर और आत्मीयता की भावना विकसित की है.
- **आर्थिक और शैक्षिक सहयोग**—सांस्कृतिक आकर्षण के कारण पर्यटन, शैक्षणिक आदान-प्रदान और सृजनात्मक उद्योगों में उल्लेखनीय वृद्धि हुई है. भारत अब 'संस्कृति-आधारित अर्थव्यवस्था' के रूप में भी अपनी भूमिका सुदृढ़ कर रहा है.
- **प्रवासी भारतीयों की भूमिका**—विश्वभर में फैला लगभग 3·5 करोड़ लोगों का प्रवासी भारतीय समुदाय भारत की 'सांस्कृतिक-कूटनीति' का जीवंत उदाहरण है. ये प्रवासी न केवल भारतीय मूल्यों का प्रतिनिधित्व करते हैं, बल्कि दो संस्कृतियों के बीच पुल का कार्य भी करते हैं.
- **नैतिक नेतृत्व की स्थापना**—योग, आयुर्वेद, अहिंसा और बौद्ध दर्शन जैसे तत्व भारत को नैतिक और सांस्कृतिक नेतृत्व प्रदान करते हैं. यह नेतृत्व सैन्य या आर्थिक शक्ति से नहीं, बल्कि विचारों और मूल्यों से संचालित है.

चुनौतियाँ

- **राजनीतिक उपयोग का खतरा**—जब संस्कृति को नीति का साधन बनाया जाता है, तो उसके राजनीतिक इस्तेमाल की आशंका बढ़ जाती है. सांस्कृतिक प्रतीकों को दलगत या वैचारिक रंग देना उसकी सार्वभौमिकता को कमजोर कर सकता है.
- **वैश्विक भ्रांतियाँ और छवि का संकट**—पश्चिमी विमर्श में कभी-कभी भारत की सांस्कृतिक पहल को 'धार्मिक राष्ट्रवाद' के रूप में देखा जाता है. यह गलत धारणा भारत की कूटनीतिक कोशिशों को सीमित कर सकती है.
- **नैतिक द्वंद्व और चयन का प्रश्न**—जिन देशों से भारत के राजनीतिक सम्बन्ध जटिल हैं, उनके साथ सांस्कृतिक संवाद जारी रखना या रोकना, यह एक नैतिक चुनौती है. क्या संस्कृति संवाद का सेतु बनी रहे या विरोध का प्रतीक? यह प्रश्न हर समय प्रासंगिक रहता है.
- **संस्कृति *बनाम* प्रचार**—कुछ राष्ट्र संस्कृति को 'सांस्कृतिक कूटनीति' नहीं, बल्कि 'छवि सुधार अभियान' के रूप में उपयोग करते हैं. अतः भारत के लिए यह अत्यन्त आवश्यक है कि उसकी पहलें केवल प्रतीकात्मक न हों, बल्कि सार्थक संवाद पर आधारित रहें.

आगे की राह

- भारत की सांस्कृतिक कूटनीति का भविष्य इस बात पर निर्भर करेगा कि वह परम्परा और आधुनिकता, आदर्श और व्यावहारिकता, राष्ट्रहित और वैश्विक उत्तरदायित्व के बीच किस प्रकार संतुलन स्थापित कर पाती है. इसके साथ ही, भारत को अपने 'सांस्कृतिक निर्यात' के साथ-साथ 'ज्ञान-निर्यात' को भी सशक्त बनाना होगा, ताकि संस्कृति केवल कला या पर्यटन का विषय न रहकर वैश्विक नीति-संवाद का बौद्धिक आधार बन सके.
- 21वीं सदी की वैश्विक राजनीति में 'हार्ड पावर' की तुलना में 'सॉफ्ट पावर' अधिक निर्णायक सिद्ध हो रही है. ऐसे समय में भारत के पास यह विशिष्ट अवसर है कि वह अपनी सभ्यतागत आत्मा और आध्यात्मिक मूल्यों को आधुनिक कूटनीति की भाषा में रूपांतरित करे.
- अंततः, मंदिर, ग्रन्थ और ऐतिहासिक संधियाँ, भारत की सांस्कृतिक कूटनीति के वे तीन सशक्त स्तम्भ हैं, जो अतीत की स्मृतियों को वर्तमान की आवश्यकताओं से जोड़ते हैं. यदि भारत इन स्तम्भों को संवाद, सह-अस्तित्व और मानवता के सार्वभौमिक मूल्यों से संतुलित रखे, तो उसकी सांस्कृतिक कूटनीति केवल विदेश नीति का साधन नहीं, बल्कि वैश्विक शांति, सहिष्णुता और एकात्मता की दिशा में प्रेरक शक्ति बन सकती है.

प्रारम्भिक परीक्षा के लिए अभ्यास प्रश्न

1. भारत की 'सांस्कृतिक कूटनीति' के सन्दर्भ में निम्नलिखित कथनों पर विचार कीजिए—
   1. यह भारत की विदेश नीति का वह आयाम है, जो योग, आयुर्वेद, संगीत, कला और आध्यात्मिकता जैसे सांस्कृतिक तत्वों के माध्यम से अन्तर्राष्ट्रीय सहयोग को प्रोत्साहित करता है.
   2. भारतीय सांस्कृतिक सम्बन्ध परिषद् (ICCR) इस नीति के क्रियान्वयन में प्रमुख भूमिका निभाती है.
   3. 'अन्तर्राष्ट्रीय योग दिवस' (21 जून) को संयुक्त राष्ट्र द्वारा भारत के प्रस्ताव पर घोषित किया गया था.
   4. सांस्कृतिक कूटनीति केवल धार्मिक प्रतीकों के माध्यम से संचालित होती है.

   नीचे दिए गए कूट का प्रयोग कर सही उत्तर चुनिए—

   (A) केवल 1 और 2 (B) केवल 1, 2 और 3
   (C) केवल 2 और 4 (D) 1, 2, 3 और 4

   उत्तर—(B)

मुख्य परीक्षा के लिए अभ्यास प्रश्न

1. ''भारत की सांस्कृतिक कूटनीति केवल 'सॉफ्ट पावर' का साधन नहीं, बल्कि एक नैतिक दायित्व और वैश्विक उत्तरदायित्व का रूप ले रही है.'' इस कथन के सन्दर्भ में विश्लेषण कीजिए कि भारत किस प्रकार अपनी सांस्कृतिक विरासत को 21वीं सदी की भू-राजनीति और वैश्विक शासन के विमर्शों से जोड़ रहा है ?

●●●

उपचार से रोकथाम तक : भारत की कैंसर नीति पर पुनर्विचार

—शिवाजी त्रिपाठी

भारत में कैंसर एक जटिल सार्वजनिक स्वास्थ्य संकट बन चुका है, जिसका दबाव नीति-निर्माताओं, चिकित्सकों और समाज तीनों पर समान रूप से महसूस किया जा सकता है. वर्ष 2025 के हालिया आँकड़ों के अनुसार भारत में कैंसर की घटनाएँ लगातार बढ़ रही हैं, साथ ही मृत्यु दर भी चिंताजनक रही है. शहरी केन्द्रों में आधुनिक उपचार सुविधाएँ जरूर उपलब्ध हैं, लेकिन देश का बड़ा हिस्सा, विशेषकर ग्रामीण भारत, बुनियादी जाँच और इलाज के संसाधनों से वंचित है. इस असंतुलन के बीच, भारत में कैंसर नीति परिवर्तन की आवश्यकता पहले से अधिक प्रासंगिक हो गई है.

भारत में कैंसर उपचार : मौजूदा रणनीति और संरचना

- भारतीय कैंसर नीति की धुरी अब भी इलाज केन्द्रित दृष्टिकोण पर टिकी हुई है. सरकारी स्तर पर आयुष्मान भारत, कैंसर, मधुमेह, हृदय रोग और स्ट्रोक के लिए राष्ट्रीय कार्यक्रम (NPCDCS) टाटा मेमोरियल सेंटर जैसी संस्थाओं की सहायता से कैंसर रोगियों तक राहत पहुँचाने की कोशिशें दिखाई देती हैं. आधुनिक चिकित्सा जैसे—सीएआर-टी सेल थेरेपी, रेडिएशन, सर्जरी और कीमोथेरेपी बड़ी संख्या में उपलब्ध हैं, किन्तु इनका वितरण असमान है. शहरी-ग्रामीण अन्तर, विशेषज्ञ डॉक्टरों और प्रशिक्षित पैरा-मेडिकल स्टाफ की भारी कमी और इलाज की उच्च लागत प्रमुख चुनौतियाँ बनी हुई हैं.
- वर्ष 2025 के बजट में 200 से अधिक डे-केयर कैंसर सेंटर जिला अस्पतालों में खोलने और जीवन रक्षक दवाओं पर कस्टम शुल्क छूट का प्रस्ताव पास हुआ है, लेकिन सरकार का यह कदम भी रोकथाम पर आधारित न होकर उपचार और देखभाल केन्द्रित ही है. अभी तक मौजूद सीमित आधारभूत संरचना के कारण ही अधिकतर मरीजों को जल्द निदान और समय पर इलाज नहीं मिल पाता. समीक्षा दर्शाती है कि ग्रामीण क्षेत्रों में कैंसर के मामलों की रिपोर्टिंग कम होती है, जिससे अंततः निदान देर से होता है और उपचार जटिल हो जाता है.

मौजूदा रणनीति की कमियाँ और इलाज विश्लेषण

- सरकारी योजनाएँ, बजट बढ़ोतरी और नए उपचार केन्द्र जिस तरह स्थापित हो रहे हैं, उससे स्पष्ट है कि नीति-निर्माता इस चुनौती को पहचानते हैं, लेकिन इन योजनाओं के क्रियान्वयन में कई खामियाँ उभरकर आई हैं. सबसे बड़ी समस्या देर से कैंसर के मामलों का पकड़ में आना तथा देर से उपचार शुरू होना है.
- एक और गम्भीर कमी है सशक्त स्वास्थ्य तंत्र और समन्वित नीतिगत दृष्टिकोण का अभाव. मेडिकल इंफ्रास्ट्रक्चर में असमानता, ट्यूमर बोर्ड्स व मल्टी-डिसिप्लिनरी काउंसलिंग का अभाव, और मरीज-उन्मुख सेवाओं की कमी भी उपचार को सीमित करती है. स्वास्थ्य बजट में कैंसर के लिए द्वितीयक प्राथमिकता रखना और जनता के बीच पुरानी सामाजिक भ्रांतियाँ भी बीमारी के जल्द निदान में बाधक हैं. इलाज की ऊँची लागत भी मरीजों को गरीबी के गर्त में धकेल देती है.
- शहरी/ग्रामीण विभाजन में अस्पतालों, डॉक्टरों व आधुनिक निदान उपकरणों तक पहुँच स्पष्टतः असमान है. उपचार के अधूरे/असंगत प्रोटोकॉल के कारण मरीजों को गुणात्मक देखभाल नहीं मिल पाती. मानसिक स्वास्थ्य और सामाजिक सहयोग का अभाव भी कैंसर रोगियों के जीवन की गुणवत्ता को प्रभावित करता है.

रोकथाम रणनीति की आवश्यकता : क्यों और कैसे ?

- वर्तमान नीति की समीक्षा से स्पष्ट है कि भारत के लिए अब केवल उपचार आधारित नहीं, बल्कि रोकथाम-आधारित बहुआयामी कैंसर रणनीति जरूरी है. रोकथाम का अर्थ है—जीवन-शैली में सुधार, जन-जागरूकता, त्वरित स्क्रीनिंग और टीकाकरण. आँकड़े बताते हैं कि करीब 25-30% कैंसर के मामले ऐसे हैं, जिनकी रोकथाम की जा सकती थी, यदि समय पर जीवनशैली, आहार, धूम्रपान, शराब सेवन पर नियंत्रण लगाया गया होता. सामाजिक जागरूकता का अभाव, स्वास्थ्य शिक्षा में कमी और आयु वर्ग विशेष में टीकाकरण अवरोधिता कैंसर की रोकथाम की राह में बाधा उत्पन्न करते हैं.
- रोकथाम केन्द्रित दृष्टिकोण में सामुदायिक स्वास्थ्य कार्यकर्ताओं, मोबाइल स्क्रीनिंग वैन, टेलीमेडिसिन प्लेटफॉर्म और स्कूल-कॉलेज स्तर पर जागरूकता अभियान की विशेष भूमिका उभरती है. महिलाओं व किशोरियों में एचपीवी टीकाकरण, लिवर कैंसर के लिए हेपेटाइटिस बी टीका और धूम्रपान/तम्बाकू नियंत्रण कार्यक्रम जैसे उपाय महत्वपूर्ण हैं.

भारत में कैंसर की स्थिति

- 23 राज्यों और केन्द्रशासित प्रदेशों की 10-18% आबादी का विश्लेषण करने पर पता चला है कि भारत में कैंसर होने का आजीवन जोखिम 11% है , जिसमें 2024 में 15·6 लाख मामले और 8·74 लाख मौतें दर्ज की गई हैं.
- महिलाओं में कैंसर के 51·1% मामले पाए गए, लेकिन केवल 45% मौतें हुईं, जिसका मुख्य कारण स्तन और गर्भाशय-ग्रीवा कैंसर है, जो महिलाओं में सबसे आम है जिसका पता लगाना और उपचार करना अधिक आसान है.
- इसके विपरीत, पुरुषों में होने वाले कैंसर, जैसे—फेफड़े और गैस्ट्रिक कैंसर का जल्दी पता लगाना कठिन होता है और उनके परिणाम भी खराब होते हैं.
- सबसे अधिक घटना दर पूर्वोत्तर में दर्ज की गई, विशेष रूप से मिजोरम में (पुरुषों के लिए 21·1% आजीवन जोखिम, महिलाओं के लिए 18·9%).
- स्तन कैंसर हैदराबाद में सबसे अधिक (प्रति 1 लाख में 54) है, जबकि गर्भाशय ग्रीवा कैंसर आइजोल (प्रति 1 लाख में 27·1) में सबसे अधिक है.
- फेफड़ों का कैंसर श्रीनगर (प्रति 1 लाख में 39·5) में पुरुषों में और आइजोल (प्रति 1 लाख में 33·7) में महिलाओं में सबसे आम है तथा चेन्नई, दिल्ली, बेंगलुरु और विशाखापत्तनम जैसे महानगरों में भी इसकी दर अधिक है.
- अहमदाबाद में पुरुषों में मौखिक कैंसर सबसे अधिक (33·6) और पूर्वी खासी पहाड़ियों में महिलाओं में (13·6) पाया जाता है तथा पश्चिमी, मध्य और उत्तरी भारत में इसके मामले अधिक हैं.
- प्रोस्टेट कैंसर श्रीनगर में सबसे अधिक (12·7) है.

अन्तर्राष्ट्रीय अनुभव : वैश्विक उदाहरणों से सीख

- दक्षिण कोरिया, इजरायल, तुर्किए, ऑस्ट्रेलिया जैसे देशों ने कैंसर रोकथाम और देखभाल में सफल उदाहरण पेश किए हैं. इन देशों ने स्क्रीनिंग प्रोग्राम को राष्ट्रीय स्वास्थ्य नीति का हिस्सा बनाया, मुफ्त या कम लागत वाली जाँच सुविधाएँ सार्वजनिक स्थलों पर उपलब्ध कराई और जीवनशैली सुधार को प्राथमिकता दी.
- दक्षिण कोरिया में 'पॉपुलेशन बेस्ड स्क्रीनिंग', इजरायल में 'डिजिटल रजिस्ट्री एण्ड ट्रैकिंग सिस्टम' और ऑस्ट्रेलिया में 'ब्रॉड बेस्ड वैक्सीनेशन' जैसे मॉडल कैंसर की घटनाओं में गिरावट का कारण बने हैं.
- तुर्किए ने तेजी से विकसित थर्मल एब्लेशन तकनीक और टेलीमेडिसिन को ग्रामीण इलाकों तक पहुँचाया, जिससे वहाँ कैंसर के मामलों में जल्दी निदान और बेहतर इलाज सम्भव हुआ. इन देशों के अनुभव दिखाते हैं कि सरकारी निवेश, मजबूत सार्वजनिक-निजी भागीदारी, और तकनीक-आधारित नीति कैंसर के रोकथाम हेतु सफल हो सकती है.

सम्पूर्ण नीति-सुधार : भारत की आगे की राह

- भारत को अपने कैंसर नीति मॉडल में इलाज के साथ-साथ रोकथाम को गहराई से शामिल करना होगा. इसके लिए सबसे पहले प्रारम्भिक जाँच को सुलभ बनाना होगा, खासकर महिलाओं और कमजोर समुदायों हेतु.
- सामुदायिक जागरूकता अभियान, स्कूलों व कॉलेजों में कैंसर शिक्षा, तथा स्वास्थ्य कार्यकर्ताओं की क्षमता निर्माण ये सभी रोकथाम की नींव हैं. साथ ही, टेलीमेडिसिन, डिजिटल रजिस्ट्रेशन और मोबाइल स्क्रीनिंग वैन जैसी तकनीक के प्रयोग से ग्रामीण भारत को भी इस पहल से जोड़ना होगा.
- सरकारी बजट में कैंसर रोकथाम को प्राथमिकता देना, अन्तर्राष्ट्रीय सहयोग (जैसे—क्वॉड कैंसर मूनशॉट) तथा निजी क्षेत्र के इनोवेटिव स्टार्टअप्स की भागीदारी बढ़ाना, इस नीति का अगला आयाम होना चाहिए.
- मेडिकल स्टाफ, नर्सिंग और पैरा-मेडिकल ट्रेनिंग को बढ़ाकर आधुनिक स्क्रीनिंग और इलाज को गाँव स्तर तक पहुँचाना आवश्यक है.
- इस रोकथाम नीति में बहु-विकल्पीय हेल्थ इंश्योरेंस व सब्सिडी, कैंसर सर्वाइवर सपोर्ट ग्रुप्स और मानसिक स्वास्थ्य सेवाएँ भी लगातार जोड़नी होंगी.

सामान्य कैंसर स्थल

प्रति 1 लाख जनसंख्या पर घटना दर

स्तन कैंसर

हैदराबाद	54·0
बेंगलुरु	46·7
चेन्नई	45·4
जीबीएन*	44·1
अलपुझा	42·2

ग्रीवा कैंसर

आइजोल	27·1
मिजोरम	22·6
पंपोर	21·3
पासीघाट	18·1
तमिलनाडु	16·6

फेफड़ों का कैंसर (महिला)

आइजोल	33·7
मिजोरम	24·8
इम्फाल पश्चिम	17·0
मणिपुर	11·8
पासीघाट	9·6

फेफड़ों का कैंसर (पुरुष)

श्रीनगर	39·5
आइजोल	35·9
कन्नूर	35·4
मालाबार	32·5
मिजोरम	27·8

मौखिक कैंसर (महिला)

पूर्वी खासी पहाड़िया	13·6
कछार	13·0
मेघालय	12·7
कामरूप शहरी	10·5
भोपाल	10·3

मौखिक कैंसर (पुरुष)

अहमदाबाद शहरी	33·6
भोपाल	30·4
पूर्वी खासी पहाड़िया	27·0
कछार	25·9
कामरूप शहरी	24·9

प्रोस्टेट कैंसर

श्रीनगर	12·7
दिल्ली	12·7
जीबीएन*	11·7
तिरुवनंतपुरम	11·1
अलप्पुझा	10·8

स्रोत – राष्ट्रीय कैंसर रजिस्ट्री कार्यक्रम (NCRP) अन्वेषक समूह (2015-19)

*** गोतम बुद्ध नगर**

त्वरित डायग्नोसिस व ट्रीटमेंट, मरीज-केन्द्रित सेवा व्यवस्था और सामुदायिक स्तर पर सहयोग से ही देश कैंसर के खिलाफ मजबूती से खड़ा हो सकता है.

सारांशतः भारत को कैंसर चुनौती से निपटने के लिए उपचार से रोकथाम की ओर रणनीतिक बदलाव की आवश्यकता है. इलाज-संचालित मॉडल के बजाए, कैंसर रोकथाम, त्वरित जाँच और व्यापक कैंसर जागरूकता शिक्षा नीति को केन्द्र में रखना होगा. सरकार, डॉक्टर, शोधकर्ता और नागरिक समाज सभी को बहुस्तरीय नीति-निर्माण, नियमित निगरानी व समीक्षा और नवाचार को बढ़ावा देना चाहिए, तब ही देश इस गम्भीर चुनौती पर सफलतापूर्वक नियंत्रण पा सकेगा.

प्रारम्भिक परीक्षा हेतु अभ्यास प्रश्न

1. निम्नलिखित कथनों पर विचार करें—
   कथन (A) : भारत में पुरुषों में कैंसर का एक बड़ा कारण तम्बाकू का उपयोग है.
   कारण (R) : भारत में तम्बाकू का उपयोग पिछले डेढ़ दशक में बढ़ता गया है.
   नीचे दिए गए कूट की सहायता से सही उत्तर चुनें—
   (A) (A) एवं (R) दोनों सही है तथा (R), (A) का सही स्पष्टीकरण है
   (B) (A) एवं (R) दोनों सही है, किन्तु (R), (A) का सही स्पष्टीकरण है
   (C) (A) सही है, (R) गलत है
   (D) (A) गलत है, (R) सही है
   उत्तर–(C)

मुख्य परीक्षा हेतु अभ्यास प्रश्न

1. ''भारत को अपनी कैंसर नीति को उपचार केन्द्रित से रोकथाम केन्द्रित बनाना चाहिए.'' इस कथन के सन्दर्भ में भारत की मौजूदा कैंसर नीति का आलोचनात्मक मूल्यांकन कीजिए.

●●●

ज्ञान आधारित कूटनीति : भारत की उपलब्धियाँ एवं चुनौतियाँ

— मनीष प्रियदर्शी

वैश्वीकरण के दौर में कूटनीति सिर्फ राजनीति, सैन्यशक्ति और आर्थिक संसाधनों तक सीमित नहीं है. यह ज्ञान, तकनीकी एवं कौशल पर आधारित भी है. वर्तमान समय में जो देश ज्ञान, विज्ञान एवं तकनीकी रूप से सक्षम होगा वही वैश्विक मंचों का नेतृत्व करेगा. भारत प्राचीन काल से ज्ञान की परम्पराओं में अग्रणी रहा है और अपने ज्ञान की इसी परम्पराओं को आगे बढ़ाने के लिए दुनिया की पहली पारम्परिक ज्ञान डिजिटल लाइब्रेरी की स्थापना की है. इस डिजिटल लाइब्रेरी का उद्देश्य आर्टिफिशियल इंटेलिजेंस जैसे डिजिटल उपकरणों का उपयोग करके भारत की समृद्ध पारम्परिक चिकित्सा प्रणालियों का संरक्षण और संवर्धन करना है. विश्व स्वास्थ्य संगठन ने इस पहल की सराहना करते हुए इसे वैश्विक स्वास्थ्य सेवा और नवाचार के लिए महत्वपूर्ण कदम बताया है. भारत ने पिछले कुछ वर्षों में ज्ञान आधारित कूटनीति के माध्यम से देश की अर्थव्यवस्था को बढ़ावा देने के साथ ही वैश्विक पहुँच को भी सुनिश्चित किया है. वैश्वीकरण और उदारीकरण के दौर में देश को ऊँचाइयों पर ले जाने के लिए साथ ही देश के लोगों की आकांक्षाओं को पूरा करने के लिए ज्ञान आधारित कूटनीति एवं ज्ञान आधारित अर्थव्यवस्था को बढ़ावा देने की आवश्यकता है.

क्या है ज्ञान आधारित कूटनीति ?

ज्ञान आधारित कूटनीति का तात्पर्य है अपने राष्ट्रीय हितों को आगे बढ़ाने और अन्तर्राष्ट्रीय सम्बन्धों को मजबूत करने के लिए किसी राष्ट्र की ज्ञान, शिक्षा, विज्ञान प्रौद्योगिकी और अनुसंधान क्षमताओं का उपयोग करना. इसे अक्सर शिक्षा कूटनीति, विज्ञान कूटनीति या तकनीक-संचालित कूटनीति के एक व्यापक रूप में समझा जाता है. यह पारम्परिक कूटनीति (राजनीति, सेवा और व्यापार) में आगे बढ़कर ज्ञान और विशेषज्ञता सॉफ्ट पावर के उपकरण के रूप में उपयोग करती है. वैश्वीकरण के दौर में विभिन्न देशों के मध्य आपसी सम्बन्धों को बढ़ावा देने के लिए यह कूटनीति एक नया दृष्टिकोण प्रस्तुत करता है. यह एक ऐसी पहल जिसके माध्यम से विश्व में तनावपूर्ण स्थितियों को नकारते हुए सभी के लिए कल्याणकारी कार्यों को सम्पन्न करना है. इस दिशा में शोध नवाचार, शिक्षा, प्रौद्योगिकी और तकनीकी विकास महत्वपूर्ण भूमिका निर्वाहन करती है. इस कूटनीति से विश्व के लिए एक नवीन संरचना का उदय होता है जिसमें विभिन्न प्रकार के उत्पन्न खतरों को सामूहिक रूप से दूर करने का प्रयास किया जाता है.

ज्ञान-कूटनीति में भारत की उपलब्धियाँ

भारतीय अर्थव्यवस्था की विकास दर तेजी से बढ़ रही है. इस आर्थिक विकास में विनिर्माण क्षेत्र की अपेक्षा सेवा क्षेत्र का विस्तार अधिक हुआ है. वर्तमान समय में भारत विश्व के सभी देशों के प्रति सकारात्मक दृष्टिकोण रखता है. ज्ञान की उपलब्धियों से कई विकासशील देश भारतीय ज्ञान-विज्ञान सुविधाओं से लाभान्वित हो रहे हैं. इस तरह भारत ज्ञान के क्षेत्र में नए कीर्तिमान स्थापित कर रहा है.

- **ऊर्जा**—देश अपने आरम्भिक प्रयासों के तहत् ऊर्जा क्षेत्र में आत्मनिर्भरता की ओर बढ़ रहा है. ऊर्जा सांख्यिकी रिपोर्ट-2025 के अनुसार भारत ऊर्जा के क्षेत्र में वैश्विक अनिश्चितताओं के बावजूद कुल प्राथमिक ऊर्जा आपूर्ति वर्ष 2023-24 में 7·8 प्रतिशत की वृद्धि हुई. फलतः देश में ऊर्जा स्रोतों के विभिन्न क्षेत्रों में वृद्धि देखने को मिलती है. इसके अलावा सौर ऊर्जा उत्पादक देशों में विश्व में तीसरे स्थान पर, जबकि पवन ऊर्जा के उत्पादक देशों में चौथा स्थान है. वहीं जैव-ईंधन उत्पादक एवं उपभोग में विश्व में भारत का तीसरा स्थान है.
- **आर्थिक विकास**—भारत स्वतंत्रता के बाद से ही आर्थिक विकास की दिशा में तेजी से कार्य कर रहा है. पंचवर्षीय योजनाओं के माध्यम से विभिन्न लक्ष्यों को प्राप्त करने के लिए सन्तुलित मार्ग को अपना रहा है. वैश्विक स्तर पर आर्थिक अस्थिरताओं के बाद भी भारतीय अर्थव्यवस्था की विकास दर अन्य देशों की अपेक्षा बेहतर है. वर्तमान में भारत दुनिया की चौथी सबसे बड़ी अर्थव्यवस्था वाला देश है तथा वर्ष 2030 तक 7·3 ट्रिलियन डॉलर के सकल घरेलू उत्पाद के साथ विश्व की तीसरी सबसे बड़ी अर्थव्यवस्था बनने की राह पर है.
- **शिक्षा**—भारतीय शिक्षा प्रणाली में विभिन्न प्रकार के सुधारों, शिक्षा के क्षेत्र में सार्थक प्रयासों के तहत् देश-दुनिया के छात्र भारतीय विश्वविद्यालयों में अध्ययन हेतु प्रवेश लेते हैं. वैश्विक स्तर पर अनुसंधान सम्बन्धी प्रकाशनों में भारत की स्थिति अन्य विकासशील देशों की अपेक्षा बेहतर है. वैश्विक अनुसंधान सम्बन्धी प्रकाशनों में भारत की वैश्विक स्तर पर 5·2 प्रतिशत भागीदारी है. टाइम्स हायर एजुकेशन एशिया यूनिवर्सिटी रैंकिंग रिपोर्ट-2025 में 35 देशों के 853 विश्वविद्यालयों के मूल्यांकन में 107 भारतीय विश्वविद्यालय शामिल हैं, जो संख्या के हिसाब से एशिया में दूसरे स्थान पर है.
- **अंतरिक्ष**—अंतरिक्ष एवं उपग्रह के क्षेत्र में देश ने अभूतपूर्व बढ़त हासिल की है. भारतीय अंतरिक्ष अनुसंधान संगठन (इसरो) ने हालिया वर्षों में विभिन्न देशों के उपग्रहों को प्रक्षेपित किया. इसरो की वर्ष 2027 तक चन्द्रयान-4 मिशन लॉन्च करने की योजना है एवं वर्ष 2035 तक भारतीय अंतरिक्ष स्टेशन का पूर्ण निर्माण करने की दिशा में तेजी से कार्य कर रहा है. साथ ही वर्ष 2040 तक चन्द्रमा पर मानव को भेजने की भी योजना है. गौरतलब है कि भारत की अंतरिक्ष अनुसंधान ने अन्य देशों की उपग्रहों को प्रक्षेपित करके न केवल आर्थिक मजबूती को दर्शाया है, बल्कि यह राजनीतिक-कूटनीतिक स्तर पर महत्वपूर्ण भूमिका निभाई है.
- **डिजिटल**—भारत में डिजिटल तकनीक उपकरणों का तेजी से विस्तार हुआ है. आज डिजिटल तकनीक की पहुँच ने सभी के लिए एक नया अवसर उपलब्ध कराया है. देश में अब 22,000 से ज्यादा ई-सेवाएँ उपलब्ध हैं. भारत में डिजिटल के माध्यम से ई-गवर्नेंस की सेवाएँ मजबूत हुई है. आज भूमि, श्रम, वित्त और पर्यावरण जैसे अहम क्षेत्रों में ई-सेवाएँ और तेजी से बढ़ी है, इससे लोगों के जीवन में सुगमता और कारोबार में सहूलियत आई है. भारत डिजिटल के क्षेत्र में एक नया आयाम स्थापित कर रहा है. संयुक्त राष्ट्र की आर्थिक और सामाजिक आयोग के हालिया एक अध्ययन से ज्ञात हुआ है कि व्यापार सुविधा उपलब्ध कराने के मामले में 140 देशों में कनाडा, फ्रांस, ब्रिटेन, जर्मनी को पीछे छोड़ते हुए भारत सबसे आगे है. भारत की अर्थव्यवस्था सबसे तेज विकास दर हासिल करने के साथ ही

डिजिटल और टिकाऊ विकास व्यापार सुविधा प्रदान करने के मामले में सबसे आगे है.

- **परिवहन क्षेत्र**—देश का परिवहन क्षेत्र वैश्विक परिदृश्य की ओर बढ़ रहा है. इंटरनेशनल नॉर्थ-साउथ ट्रांसपोर्ट कॉरिडोर सेंट्रल एशिया और भारत को जोड़ता है. सीमा सुरक्षा विकास संगठन ने भारत के पड़ोसी देशों, सार्क देशों के सड़क अवसंरचना को मजबूती प्रदान करने में मदद की है. भारत के सड़क तंत्र का मात्रात्मक घनत्व संयुक्त राज्य अमेरिका के समान है तथा चीन और ब्राजील की तुलना में कहीं अधिक है. विश्व में सड़क नेटवर्क में भारत दूसरा सबसे बड़ा देश है. वहीं निर्माण उपकरण उद्योग में जापान को पीछे छोड़ते हुए विश्व में तीसरे स्थान पर है.
- **फार्मा क्षेत्र**—भारत को दुनिया की फार्मेसी भी कहा जाता है. यह विश्व के सबसे बड़े दवा निर्यातक देशों में से एक है. कुल वैश्विक दवा बाजार में हिस्सेदारी लगभग 5·71 प्रतिशत है. वित्त वर्ष 2025 में लगभग 10 बिलियन डॉलर मूल्य का निर्यात किया गया था, जो दवाओं के कुल निर्यात का लगभग 35 प्रतिशत हिस्सा है. भारत विश्व स्तर पर औषधि उत्पादन में मात्रा के आधार पर तीसरे स्थान पर, जबकि मूल्य के आधार पर 14वें स्थान पर है. भारत वैश्विक स्तर पर कुल वैक्सीन की माँग का 50 प्रतिशत आपूर्ति करता है. फार्मा क्षेत्र का सकल घरेलू उत्पाद में 1·72 प्रतिशत की भागीदारी है.

भारत के समक्ष प्रमुख चुनौतियाँ

भारत के ज्ञान आधारित कूटनीति की पहुँच वैश्विक स्तर पर बढ़ी है, लेकिन अभी भी चुनौतियाँ कम नहीं है. भारत में ज्ञान की उत्पादकता उपभोग की अपेक्षा कम है. उत्पादकता बढ़ाने से शोध, नवाचार की प्रवृत्तियाँ बढ़ेगी.

- **वैश्विक प्रतिस्पर्धा**—विगत कुछ वर्षों में वैश्विक स्तर पर प्रतिस्पर्धाएँ बढ़ी हैं. भू-राजनीतिक तनाव और वित्तीय अस्थिरता के कारण बदलाव आ रहे हैं. विनिर्माण, ज्ञान आधारित अर्थव्यवस्था एवं उत्पाद के क्षेत्र में भारत का प्रतिद्वंद्वी चीन उभरकर सामने आया है. भारत की अपेक्षा चीन उन्नत तकनीक के आधार पर विज्ञान एवं प्रौद्योगिकी से जुड़े उत्पाद को सस्ते कीमतों पर उपलब्ध करा रहा है. हालाँकि, भारत आईटी सॉफ्टवेयर के क्षेत्र में अग्रणी है, किन्तु इलेक्ट्रॉनिक उपकरण, फार्मा, रेलवे, कार्बनिक रसायन क्षेत्र में अभी भी सुधार करने की आवश्यकता है. भारत विश्व प्रतिस्पर्धात्मकता रैंकिंग-2025 में 41वें स्थान पर आ गया है, जबकि 2024 में यह 39 वे स्थान पर था.
- **भाषायी चुनौतियाँ**—वैश्विक स्तर पर अंग्रेजी भाषा की स्वीकार्यता के कारण भरतीय युवाओं के समक्ष एक बड़ी चुनौती है. भारत में विभिन्न भाषाओं के कारण ज्ञान का समान प्रसार कठिन हो जाता है. आईटी, अंतरिक्ष अनुसंधान, डिजिटल नवाचार जैसे क्षेत्र में वैश्विक स्तर पर अपनी पहचान बनाने में भाषा एक बाधक के रूप में है. वैश्विक मंच पर अंग्रेजी भाषा की स्वीकार्यता से भारतीय भाषाएँ हाशिए पर हैं. ग्लोबल इनोवेशन इंडेक्स-2025 में भारत 38वें स्थान पर है. वर्तमान समय में दक्षिण-पूर्व एशियाई देश अपने शैक्षणिक मानकों में सुधार करके भारत को प्रतिस्पर्धात्मक चुनौती दे रहे हैं.
- **शैक्षणिक गुणवत्ता**—उच्च शिक्षा के क्षेत्र में भारत में गुणवत्तापूर्ण शैक्षिक मानकों की कमी देखने को मिलती है. ग्लोबल एजुकेशन मॉनिटरिंग रिपोर्ट-2024/2025 में शैक्षणिक आधारभूत संरचना में भारत की स्थिति अच्छी नहीं है. इस रिपोर्ट में स्कूल प्राचार्यों और विद्यालय नेतृत्वों के लिए नियमित प्रशिक्षण, नेतृत्व कौशल विकास, प्रबन्धन क्षमताएँ, पाठ्य-निर्देशन आदि विषयों में सुधार किए जाने का सुझाव दिया गया है. विश्व-विद्यालयों की वैश्विक रैंकिंग में भारतीय विश्वविद्यालय अत्यन्त ही खराब स्थान प्राप्त करते हैं. यही वजह है कि भारत वैश्विक स्तर पर बौद्धिक क्षमता में काफी पीछे हैं. अन्तर्राष्ट्रीय बौद्धिक सम्पदा सूचकांक-2025 में भारत 43वें स्थान पर है.
- **वित्तीय चुनौतियाँ**—शैक्षिक संस्थानों को पर्याप्त वित्तीय स्वायत्तता हासिल न होने से शोध, नवाचार और उच्च शिक्षा प्रभावित होती है. ऐसे में बदलती वैश्विक चुनौतियों के अनुरूप शैक्षिक मानकों में सुधार नहीं हो पाता है. निजी शैक्षिक संस्थानों में पाठ्यक्रम और कार्य-प्रणाली में काफी अन्तर दिखाई देता है. शोध और शिक्षा के लिए भी भारत में अमेरिका, चीन और जापान जैसे अग्रणी देशों की तुलना में बहुत कम बजट आवंटित किया जाता है.
- **प्रतिभा पलायन**—अपेक्षाकृत कम आय प्राप्त होने के कारण स्वतंत्रता के बाद से ही भारतीय युवाओं के एक बड़े भाग का आय के बेहतर साधनों की तलाश में पश्चिमी देशों में पलायन हो रहा है. उदारीकरण की प्रक्रिया को अपनाए जाने के बाद इस प्रवृत्ति में बढ़ोतरी हुई है. शिक्षा मंत्रालय के अनुसार, वर्ष 2023 में लगभग 13 लाख भारतीय छात्रों ने विदेशों में अध्ययन के लिए प्रस्थान किया, जिसमें से अधिकांश वहीं पर विभिन्न पेशों से जुड़ गए. आईटी, चिकित्सा और अनुसंधान क्षेत्र में कुशल पेशेवरों का पलायन देश की मानव पूँजी को कमजोर करता है.

भावी सुझाव

- **सार्वजनिक एवं निजी सहभागिता बढ़ाना होगा**—सार्वजनिक एवं निजी क्षेत्रों की भागीदारी अन्य देशों की अपेक्षा भारत में कम है. यदि तकनीकी, अंतरिक्ष, शोध और नवाचार में निजी क्षेत्रों को बढ़ावा दिया जाए तो ज्ञान आधारित उत्पाद बढेगा साथ ही रोजगार सृजन में वृद्धि होगी. वैश्विक स्तर पर ज्ञान आधारित उत्पाद को बढ़ाने के लिए सार्वजनिक एवं निजी क्षेत्र की सहभागिता में वृद्धि करना आवश्यक है.
- **प्रतिभा पालयन को रोकना आवश्यक**—देश की आर्थिक, सामाजिक, राजनीतिक, सांस्कृतिक एवं पर्यावरणीय विकास बौद्धिक पूँजी से सम्भव है. भारत में बेहतर रोजगार की सम्भावनाओं को विकसित करने की आवश्यकता है जिससे उच्च शिक्षित युवाओं को देश में रोजगार मिल सके. आवश्यकता है ब्रेन बैंक विकसित करके युवाओं के साथ कार्य करने की तभी विकसित भारत की संकल्पना पूर्ण होगी.
- **शिक्षा में सुधार**—विश्वविद्यालय एवं स्कूल शिक्षा पद्धति से सम्बन्धित वैश्विक स्तर के मानकों को अपनाना कर, भारत मानव पूँजी को वैश्विक स्तर के प्रतिस्पर्धा के लिए तैयार कर सकता है.
- **वित्तीय सहायता में वृद्धि**—शोध, नवाचार की दिशा में कार्य करने वाले शैक्षिक संस्थानों को प्रोत्साहित करने के लिए सरकार को वित्तीय सहायता में वृद्धि करना चाहिए, साथ ही निजी एवं सार्वजनिक संस्थाओं को मिलकर कार्य करना चाहिए तथा शैक्षिक संस्थानों को वित्तीय साधनों की सृजित करने की छूट प्रदान करना चहिए.

सारांशतः जिस प्रकार 20वीं सदी को उत्पादन एवं पूँजी की संज्ञा दी जाती है उसी प्रकार से 21वीं सदी को ज्ञान का युग कह सकते हैं. आने वाले समय में वैश्विक स्तर पर वही राष्ट्र निर्णायक की भूमिका में होंगे जिसके पास ज्ञान आधारित संसाधनों का भण्डार होगा. भारत ने अपने संसाधनों और बौद्धिक क्षमताओं पर ज्ञान आधारित कूटनीति के क्षेत्र में वैश्विक स्तर पर अपनी पहचान बनाई है. यद्यपि भारत को और बेहतर परिणामों के लिए चुनौतियों के समाधान के साथ-साथ देश में ज्ञान आधारित क्षेत्रों से जुड़े नियमों और नीतियों को और अधिक सरल और प्रगतिशील बनाने की जरूरत है.

मुख्य परीक्षा के लिए अभ्यास

1. ज्ञान आधारित कूटनीति के माध्यम से भारत ने अपनी वैश्विक स्थिति को सशक्त करने के लिए कौन-कौन कदम उठाए हैं ? इसके समक्ष प्रमुख चुनौतियों पर चर्चा कीजिए.

●●●

सामाजिक समानता लेख

समावेशन के लिए नवाचार : समान प्रगति के लिए भारत की खोज

— मनीष कुशवाहा

नीति आयोग द्वारा अक्टूबर 2025 में जारी "समावेशी सामाजिक विकास के लिए कृत्रिम बुद्धिमत्ता" नामक रिपोर्ट में इस बात पर प्रकाश डाला गया है कि कैसे नवाचारी तकनीक कृत्रिम बुद्धिमत्ता, स्वास्थ्य सेवा, शिक्षा, कौशल विकास और वित्तीय समावेशन तक पहुँच बढ़ाकर भारत के 49 करोड़ अनौपचारिक कामगारों को सशक्त बना सकती है. नवाचारी तकनीक से संचालित उपकरण भारतीय अर्थव्यवस्था की रीढ़ बनने वाले लाखों लोगों की उत्पादकता और जीवनशैली बेहतर बना सकते हैं. रिपोर्ट इस बात पर भी जोर देती है कि प्रौद्योगिकी गहरी सामाजिक और आर्थिक खाई को पाट सकती है और यह सुनिश्चित कर सकती है कि प्रौद्योगिकीय नवाचारों का लाभ प्रत्येक नागरिक तक पहुँचे.

यद्यपि भारत, 21वीं सदी में तेजी से प्रगति कर रहा है, परन्तु इस प्रगति का वास्तविक अर्थ तभी है जब समाज के प्रत्येक वर्ग को इसका समान लाभ मिले. 'विकास' और 'प्रगति' तभी सार्थक हैं जब वे समावेशी हों. नवाचार केवल नई तकनीक तक सीमित नहीं है. यह एक नई सोच, नए दृष्टिकोण और नए समाधान का प्रतीक है, जो समाज की पुरानी असमानताओं को मिटाकर समान अवसरों की दिशा में मार्ग प्रशस्त करता है. भारत की प्रगति की खोज केवल आर्थिक नहीं, बल्कि सामाजिक न्याय, समान अवसर और मानव गरिमा पर आधारित है. इसलिए 'समावेशन के लिए नवाचार' ही वह माध्यम है, जिसके द्वारा भारत समान प्रगति की अपनी खोज को साकार कर सकता है.

समावेशन का अर्थ और महत्व : 'समावेशन' शब्द का अर्थ है—किसी भी समाज, नीति या व्यवस्था में सभी व्यक्तियों, समुदायों और वर्गों को बराबर का स्थान और अवसर प्रदान करना. यह केवल आर्थिक समावेशन तक सीमित नहीं, बल्कि सामाजिक, शैक्षिक, राजनीतिक और डिजिटल समावेशन को भी समाहित करता है. भारत जैसे बहु-स्तरीय समाज में समावेशन का महत्व और बढ़ जाता है, क्योंकि यहाँ जाति, वर्ग, लिंग, क्षेत्र और धर्म के आधार पर असमानताएँ ऐतिहासिक रूप से मौजूद रही हैं. समावेशन का उद्देश्य यह सुनिश्चित करना है कि विकास के लाभ केवल कुछ हाथों तक सीमित न रहें, बल्कि कि समाज का हर व्यक्ति चाहे वह गरीब हो, महिला हो, दिव्यांग हो या ग्रामीण क्षेत्र का निवासी विकास की प्रक्रिया का सक्रिय भागीदार बने, अर्थात् समावेशन वह प्रक्रिया है, जो समाज को केवल 'विकसित' नहीं बल्कि 'समान रूप से प्रगतिशील' बनाती है.

समावेशन के लिए नवाचार की अवधारणा—'समावेशन के लिए नवाचार' का अर्थ है—ऐसे समाधान विकसित करना जो कम लागत, उच्च प्रभाव और व्यापक पहुँच वाले हों, ताकि समाज के प्रत्येक व्यक्ति तक उनका लाभ पहुँचे. यह अवधारणा पारम्परिक नवाचार से भिन्न है. पारम्परिक नवाचार का लक्ष्य अधिकतर मुनाफे या दक्षता पर होता है, जबकि समावेशी नवाचार का उद्देश्य समाज के कमजोर वर्गों के जीवन में परिवर्तन लाना है. उदाहरणस्वरूप—सस्ती दवाइयों के उत्पादन में फार्मास्यूटिकल नवाचार, डिजिटल भुगतान की सुविधा से छोटे व्यापारियों को सशक्त करना, सौर ऊर्जा आधारित समाधानों से ग्रामीण आत्मनिर्भरता बढ़ाना आदि समावेशी नवाचार के उदाहरण हैं.

भारत में समावेशन की आवश्यकता क्यों है ?

- **ग्रामीण-शहरी अन्तर**—शहरी क्षेत्रों में रोजगार, शिक्षा, स्वास्थ्य और तकनीकी सुविधाएँ उपलब्ध हैं, जबकि ग्रामीण इलाकों में इनकी कमी है.
- **लैंगिक असमानता**—महिलाओं की कार्यबल में भागीदारी मात्र 25% के आस-पास है.
- **सामाजिक विषमता**—अनुसूचित जाति, जनजाति और अन्य पिछड़े वर्गों की शिक्षा व रोजगार में हिस्सेदारी अभी भी सीमित है.
- **डिजिटल डिवाइड**—इंटरनेट व स्मार्टफोन की पहुँच अब भी ग्रामीण भारत में लगभग 40% तक ही सीमित है.
- **दिव्यांगजन और वरिष्ठ नागरिकों की उपेक्षा**—नीति निर्माण और सेवा वितरण में इनकी जरूरतें प्रायः नजरअंदाज हो जाती हैं.

भारत में समावेशी नवाचार के प्रमुख क्षेत्र

- **शिक्षा में नवाचार**—शिक्षा किसी भी देश की प्रगति का आधार होती है. भारत में डिजिटल नवाचारों ने शिक्षा को अधिक समावेशी बनाया है. इन नवाचारों को कम करने के लिए आवश्यक है कि नवाचारों को समावेशन के उद्देश्य से जोड़ा जाए. दीक्षा पोर्टल, स्वयं और ई-पाठशाला जैसी पहलों ने गुणवत्तापूर्ण शिक्षा को हर वर्ग तक पहुँचाया. कोविड-19 काल में विभिन्न संस्थानों ने दूरस्थ क्षेत्रों के छात्रों को ऑनलाइन शिक्षा प्रदान की. राष्ट्रीय शिक्षा नीति 2020 ने शिक्षा को लोचपूण, कौशल-आधारित और बहुभाषिक बनाकर समावेशी नवाचार का मार्ग खोला है.
- **स्वास्थ्य क्षेत्र में नवाचार**—आयुष्मान भारत योजना ने करोड़ों गरीब परिवारों को निःशुल्क स्वास्थ्य बीमा की सुविधा प्रदान की है. ई-संजीवनी ने डिजिटल माध्यम से डॉक्टरों तक पहुँच आसान बनाई है. कोविड-19 महामारी के दौरान कोविन पोर्टल ने विश्व में पारदर्शी टीकाकरण प्रबन्धन का उदाहरण प्रस्तुत किया है. जनऔषधि केन्द्रों के माध्यम से सस्ती दवाइयाँ उपलब्ध कराई गईं है. ये सभी प्रयास स्वास्थ्य सेवाओं को सुलभ, किफायती और समावेशी बनाने के नवाचारी उपाय हैं.
- **वित्तीय समावेशन में नवाचार**—भारत में जैम (जनधन, आधार और मोबाइल) ने वित्तीय समावेशन की क्रान्ति ला दी है. प्रधानमंत्री जनधन योजना के तहत् करोड़ों लोगों के बैंक खाते खोले गए. आधार ने पहचान की समस्या को दूर करने के साथ साथ डीबीटी पहलों को सार्थक किया है. यूपीआई, भीम एप और पेटीएम जैसे प्लेटफॉर्म ने डिजिटल भुगतान को जनमानस के बीच लोकप्रिय बना दिया. अब ग्रामीण महिला से लेकर शहरी मजदूर तक, हर कोई डिजिटल अर्थव्यवस्था का हिस्सा बन चुका है. यह दुनिया का सबसे बड़ा वित्तीय समावेशन कार्यक्रम है.
- **कृषि और ग्रामीण नवाचार**—भारत की लगभग 60% आबादी आज भी कृषि पर निर्भर है. समावेशी प्रगति के लिए कृषि में नवाचार अनिवार्य है. ई-नाम पोर्टल ने किसानों को राष्ट्रीय स्तर पर बाजार से जोड़ दिया है. कृषि ड्रोन, मिट्टी

परीक्षण एप और पीएम किसान सम्मान निधि ने किसानों की उत्पादकता और आय बढ़ाई है. स्वयं सहायता समूह और राष्ट्रीय ग्रामीण आजीविका मिशन ने ग्रामीण महिलाओं को उद्यमी बनाया है. अमूल, अरकू कॉफी और लिज्जत पापड़ जैसे मॉडलों ने सामुदायिक नवाचार के उदाहरण पेश किए.

- **प्रौद्योगिकी और डिजिटल नवाचार**—डिजिटल इण्डिया ने शासन को नागरिकों की पहुँच में लाया है. माई जीओवी उमंग एप और डिजीलॉकर ने नागरिक सेवाओं को ऑनलाइन किया है. आधार-सक्षम प्रत्यक्ष लाभ अन्तरण (डीबीटी) ने पारदर्शिता और भ्रष्टाचार-मुक्त वितरण को सुनिश्चित किया है. वहीं अटल नवाचार मिशन और स्टार्टअप इण्डिया ने युवाओं को नवाचार और उद्यमिता की दिशा में प्रेरित किया है.
- **सामाजिक क्षेत्र में नवाचार**—बेयरफुट कॉलेज (राजस्थान) ने ग्रामीण महिलाओं को सोलर इंजीनियर बनाकर आत्मनिर्भर बनाने में महत्वपूर्ण भूमिका अदा की है इसी तरह सेल्को फाउंडेशन ने सौर ऊर्जा के माध्यम से गरीब परिवारों को बिजली उपलब्ध कराई. अक्षय पात्रा फाउंडेशन ने मध्याह्न भोजन के क्षेत्र में तकनीकी और प्रबंधन नवाचार कर करोड़ों बच्चों के पोषण में सुधार किया है.

समावेशन के मार्ग में चुनौतियाँ

- **डिजिटल साक्षरता की कमी**—ग्रामीण भारत की बड़ी आबादी के पास इंटरनेट कनेक्शन और स्मार्टफोन तक पर्याप्त पहुँच नहीं है. राष्ट्रीय सांख्यिकी कार्यालय (NSO) की रिपोर्ट के अनुसार, ग्रामीण घरों में मात्र 25-30% लोगों के पास इंटरनेट उपलब्ध है. बहुत से नागरिक डिजिटल माध्यमों (जैसे—ऑनलाइन बैंकिंग, ई-गवर्नेंस, यूपीआई आदि) का उपयोग करने में आत्मविश्वास या प्रशिक्षण की कमी महसूस करते हैं.
- **संसाधन असमानता**—भारत में अनुसंधान एवं विकास पर कुल जीडीपी का लगभग 0·7% ही खर्च किया जाता है, जबकि विकसित देशों में यह अनुपात 2·3% तक है. संसाधनों का बड़ा हिस्सा शहरी क्षेत्रों और उच्च शिक्षा संस्थानों में केन्द्रित है. ग्रामीण नवाचार, सामाजिक उद्यमिता और स्थानीय समाधान के लिए वित्तीय सहायता सीमित है. निजी क्षेत्र का रिसर्च एण्ड डेवलपमेंट निवेश भी केवल कुछ प्रमुख उद्योगों (आईटी, फार्मा आदि) तक सीमित है.
- **नीतिगत असन्तुलन**—भारत की नवाचार नीतियाँ अक्सर शहरी-केन्द्रित होती हैं, जिनका लाभ ग्रामीण और पिछड़े इलाकों तक नहीं पहुँच पाता है. अधिकांश इनोवेशन हब महानगरों (जैसे—बेंगलुरु, हैदराबाद, पुणे) में स्थापित हैं. ग्रामीण नवाचारों को प्रोत्साहित करने वाली नीतियाँ जैसे—'रूरल इनोवेशन नेटवर्क' अब भी सीमित पैमाने पर लागू हैं. सरकारी योजनाओं में केन्द्र और राज्यों के बीच समन्वय की कमी भी बाधा उत्पन्न करती है.
- **सामाजिक रूढ़िवादिता**—भारत में नवाचार की पहुँच सामाजिक संरचनाओं से भी प्रभावित होती है. लिंग, जाति, वर्ग और क्षेत्रीय असमानताएँ नवाचारों के लाभ को सीमित कर देती हैं. ग्रामीण क्षेत्रों में महिलाओं को शिक्षा और तकनीकी प्रशिक्षण के समान अवसर नहीं मिल पाते है. समाज में अब भी वैज्ञानिक सोच और प्रयोगशीलता के प्रति रूढ़िवादी दृष्टिकोण मौजूद है. अनुसंधान संस्थानों और उद्यमों में महिलाओं की भागीदारी लगभग 20-25% तक सीमित है.
- **नवाचार पारिस्थितिकी की कमी**—भारत में छोटे और मध्यम उद्यमों, स्टार्टअप्स तथा ग्रामीण इनोवेटर्स के लिए सुव्यवस्थित नवाचार पारिस्थितिकी का अभाव है. उद्यमिता के लिए आवश्यक मार्गदर्शन, नेटवर्किंग और बाजार तक पहुँच का अभाव है. साथ ही सरकारी अनुदान योजनाएँ होते हुए भी जमीनी स्तर पर उनकी पहुँच सीमित है. इसके अलावा बौद्धिक सम्पदा प्राप्त करने की प्रक्रिया भी काफी जटिल और महँगी है.

समाधान और आगे की राह

- **स्थानीय नवाचार को प्रोत्साहन**—ग्रामीण क्षेत्रों में नवाचार केन्द्र स्थापित करना होगा तथा प्रत्येक ज़िले में 'रूरल इनोवेशन हब' और 'इन्क्यूबेशन सेंटर' स्थापित किए जाएँ, जहाँ स्थानीय समस्याओं का स्थानीय समाधान विकसित किया जा सके. पारम्परिक ज्ञान और तकनीक को आधुनिक विज्ञान से जोड़ने की दिशा में प्रयास किए जाएँ. उदाहरण के लिए—कृषि उपकरण, जल संरक्षण, ग्रामीण स्वास्थ्य और हस्तशिल्प जैसे क्षेत्रों में स्थानीय नवाचार को बढ़ावा देना.
- **शिक्षा और कौशल विकास**—स्थानीय भाषाओं में डिजिटल शिक्षा सामग्री तैयार करना होगी इसके अलावा विद्यालय और कॉलेज स्तर पर अटल टिकरिंग जैसी पहलें ग्रामीण विद्यालयों तक विस्तारित की जाएँ. स्थानीय भाषाओं में डिजिटल शिक्षा सामग्री, वीडियो ट्यूटोरियल और ओपन लर्निंग प्लेटफॉर्म तैयार किए जाएँ, ताकि भाषायी बाधा दूर हो सके.
- **महिलाओं और युवाओं को नवाचार में भागीदारी**—स्टार्टअप और उद्यमिता को लिंग-संतुलित बनाना होगा. सरकार और निजी संस्थानों द्वारा महिला उद्यमियों के लिए विमेन स्टार्टअप फंड की शुरुआत की जा सकती है. विज्ञान एवं प्रौद्योगिकी मंत्रालय द्वारा चलाई जा रही योजनाएँ जैसे—स्टेम (STEM) योजनाओं को व्यापक स्तर पर लागू किया जाए.
- **सार्वजनिक-निजी साझेदारी (PPP)**—सरकारी योजनाओं के साथ निजी क्षेत्र का सहयोग बढ़ाना होगा. पीपीपी मॉडल के तहत् निजी कम्पनियाँ, स्टार्टअप्स और अनुसंधान संस्थान मिलकर नवाचार परियोजनाओं में निवेश कर सकते हैं.

सारांशतः—भारत की प्रगति की खोज केवल जीडीपी वृद्धि तक सीमित नहीं है, बल्कि इसका लक्ष्य एकसमान, न्यायपूर्ण और समावेशी समाज का निर्माण है. नवाचार इस यात्रा का इंजन है, जबकि समावेशन इसका उद्देश्य. गौरतलब है कि नवाचार तब तक अधूरा है जब तक उसका लाभ समाज के अन्तिम व्यक्ति तक नहीं पहुँचता. जैसा कि महात्मा गाँधी ने कहा था "भारत का विकास तभी सार्थक होगा जब उसके अन्तिम व्यक्ति का कल्याण सुनिश्चित हो." इसलिए, 'समावेशन के लिए नवाचार' भारत के लिए केवल एक नीति नहीं, बल्कि 21वीं सदी की राष्ट्रीय सोच बननी चाहिए—जहाँ प्रत्येक नागरिक, गाँव, वर्ग और व्यक्ति विकास का समान भागीदार बने.

प्रारम्भिक परीक्षा के लिए अभ्यास प्रश्न

1. निम्नलिखित कथनों को ध्यानपूर्वक पढ़ें और सही उत्तर चुने—
   1. कोविन पोर्टल पारदर्शी टीकाकरण प्रबंधन से सम्बन्धित है.
   2. ई-नाम पोर्टल किसानों को राष्ट्रीय स्तर पर बाजार से जोड़ता है.
   3. यूपीआई, भीम एप और पेटीएम जैसे प्लेटफॉर्म डिजिटल भुगतान से सम्बन्धित हैं.
   4. अटल नवाचार मिशन और स्टार्ट-अप इण्डिया प्रोग्राम नवाचार और उद्यमिता से सम्बन्धित है.

   कूट :
   (A) केवल 1 3
   (B) केवल 1, 2 और 3
   (C) केवल 1 और 3
   (D) सभी कथन सही है
   उत्तर—(D)

मुख्य परीक्षा के लिए अभ्यास प्रश्न

1. प्रौद्योगिकीय नवाचारों में भारत नित्य नई ऊँचाइयों को प्राप्त कर रहा है किन्तु नवाचारों में समावेशिता अभी भी एक अप्राप्य लक्ष्य रहा है. आलोचनात्मक विश्लेषण कीजिए.

●●●

सतत् खाद्य प्रणाली के लिए कृषि पारिस्थितिकी

आज कृषि संकट की चेतावनियाँ पहले से कहीं अधिक गम्भीर हो गई हैं. तेजी से बंजर होते खेतों से लेकर असमयिक वर्षा, गिरते भूजल स्तर और दक्षिण भारत में अस्थिर मानसून के कारण जूझते किसान, सभी भारत के पारम्परिक कृषि मॉडल की कमजोरी उजागर करते हैं. दशकों से उत्पादन और खाद्यान्न आत्मनिर्भरता पर एकतरफा ध्यान ने पारिस्थितिक असन्तुलन और सामाजिक-आर्थिक विषमताओं को जन्म दिया है. अब समय आ गया है कि हम खाद्य उत्पादन के प्रति अपनी सोच में बुनियादी बदलाव करें, ताकि एक टिकाऊ और न्यायसंगत भविष्य सुनिश्चित किया जा सके.

कृषि-पारिस्थितिकी एक समग्र और बहुआयामी दृष्टिकोण के रूप में सामने आ रही है, जो न केवल सतत खाद्य उत्पादन की दिशा में एक व्यवहारिक विकल्प प्रदान करती है, बल्कि पारिस्थितिकीय सन्तुलन, सामाजिक समता और सांस्कृतिक परम्पराओं के संरक्षण को भी महत्व देती है. यह कृषि प्रणालियों को इस प्रकार डिजाइन और प्रबन्धित करने पर बल देती है, जिससे दीर्घकालिक स्थिरता, जलवायु लचीलापन और स्थानीय समुदायों की भलाई सुनिश्चित की जा सके. यह दृष्टिकोण पारम्परिक जैविक खेती से कहीं आगे जाकर वैज्ञानिक अनुसंधान, देसी ज्ञान और सामाजिक न्याय को एकीकृत करता है, जिससे भारतीय कृषि को पुनर्जीवित करने की सम्भावना बनती है.

कृषि पारिस्थितिकी की समझ : जैविक खेती से कहीं आगे

अक्सर कृषि-पारिस्थितिकी को केवल जैविक खेती के समान समझ लिया जाता है, जबकि वास्तव में यह उससे कहीं अधिक व्यापक और बहुआयामी अवधारणा है. जैविक खेती, जिसमें कृत्रिम रसायनों से बचा जाता है, कृषि-पारिस्थितिकी का केवल एक हिस्सा है. कृषि-पारिस्थितिकी एक वैज्ञानिक अनुशासन है, जो कृषि प्रणालियों में पौधों, पशुओं, मनुष्यों और पर्यावरण के बीच सम्बन्धों का अध्ययन करता है. साथ ही, यह एक सामाजिक आन्दोलन भी है, जो खाद्य प्रणालियों में पारिस्थितिक सन्तुलन, आर्थिक टिकाऊपन और सामाजिक न्याय को बढ़ावा देता है तथा विविध कृषि पद्धतियों को अपनाने की वकालत करता है.

खाद्य एवं कृषि संगठन (एफएओ) ने कृषि पारिस्थितिकी के 10 तत्वों की रूपरेखा तैयार की है, जो एक मजबूत ढाँचा प्रदान करते हैं—

- **विविधता**—जोखिम को घटाने और कृषि प्रणाली की लचीलापन क्षमता को बढ़ाने के लिए फसलों, पशुधन और भूदृश्य विविधता को प्रोत्साहित किया जाना आवश्यक है. यह रणनीति मुख्य रूप से फसल नियोजन में फसल चक्र और विविधीकरण जैसी बुनियादी अवधारणाओं से जुड़ी हुई है.
- **ज्ञान का सह-सृजन और साझाकरण**—स्थानीय, पारम्परिक और वैज्ञानिक ज्ञान के संयोजन के साथ-साथ किसान स्तर पर प्रशिक्षण और अनुसंधान को बढ़ावा देना, ग्रामीण क्षेत्रों में सूचना के प्रसार और कृषि विस्तार सेवाओं की दक्षता से जुड़ा हुआ है.
- **सहक्रियाएँ**—कृषि पारिस्थितिकी तंत्र के घटकों के बीच सकारात्मक अंतःक्रियाओं को बढ़ाना (जैसे—फलियों द्वारा नाइट्रोजन स्थिरीकरण, लाभकारी कीटों द्वारा कीट नियंत्रण).
- **दक्षता**—प्राकृतिक संसाधनों तथा बाह्य आदानों के सन्तुलित और कुशल उपयोग के साथ-साथ पोषक तत्वों के पुनर्चक्रण और जल प्रबंधन पर ध्यान केन्द्रित करना आवश्यक है. यह दृष्टिकोण संसाधन उपयोग की दक्षता और एकीकृत पोषक प्रबंधन (INM) से जुड़ी प्रमुख चुनौतियों का सीध समाधान प्रस्तुत करता है.
- **लचीलापन**—जलवायु-जनित संकटों के प्रति कृषि प्रणाली की सहनशीलता और अनुकूलन क्षमता को बढ़ाना, दीर्घकालिक टिकाऊ कृषि और प्रभावी आपदा प्रबंधन के लिए अत्यंत महत्वपूर्ण है.
- **पुनर्चक्रण**—कृषि और स्थानीय खाद्य प्रणालियों में अपशिष्ट को न्यूनतम करने हेतु बायोमास, जल और पोषक तत्वों का पुनर्चक्रण एक आवश्यक रणनीति है, जो चक्रीय अर्थव्यवस्था के दृष्टिकोण का मूल आधार है.
- **मानवीय और सामाजिक मूल्य**—खाद्य प्रणाली से जुड़े सभी हितधारकों के प्रति सम्मान, समान अवसरों की उपलब्धता और समग्र कल्याण को प्राथमिकता देना जरूरी है. यह दृष्टिकोण कृषि क्षेत्र में सामाजिक न्याय और समावेशिता को बढ़ावा देने वाली व्यापक नीतिगत सोच से गहराई से जुड़ा है.
- **संस्कृति और खाद्य परम्पराएँ**—स्थानीय खाद्य संस्कृति और पारम्परिक पोषण प्रणाली को महत्व देना, समग्र खाद्य सुरक्षा और पोषण सन्तुलन सुनिश्चित करने की दिशा में एक महत्वपूर्ण कदम है.
- **उत्तरदायी शासन**—खाद्य प्रणालियों में सभी स्तरों पर पारदर्शिता और उत्तरदायित्व से युक्त शासन व्यवस्था को प्रोत्साहित करना आवश्यक है, जो प्रभावी कृषि नीति-निर्माण और संस्थागत सुधारों की दिशा में एक अहम पहलू है.
- **चक्रीय और एकजुट अर्थव्यवस्था**—स्थानीय बाजारों, न्यायसंगत व्यापार और संक्षिप्त आपूर्ति शृंखलाओं को सशक्त बनाना आवश्यक है, क्योंकि यह किसान उत्पादक संगठनों (एफपीओ) को मजबूत करने और कृषि क्षेत्र में मूल्य संवर्धन को प्रोत्साहित करने की दिशा में एक महत्वपूर्ण कदम है.

कृषि-पारिस्थितिकी ही आगे का रास्ता क्यों है ?

कृषि पारिस्थितिकी, पारम्परिक कृषि को प्रभावित करने वाली जटिल समस्याओं का बहुआयामी समाधान प्रस्तुत करती है.

पर्यावरणीय स्थिरता

- **मृदा स्वास्थ्य और जैव विविधता**—कृषि-पारिस्थितिकी पद्धतियाँ जैसे—आवरण फसलें, फसल चक्र, अंतर-फसल और कृषि वानिकी मृदा की गुणवत्ता को बेहतर बनाती हैं ये जैविक कार्बन को समृद्ध करती हैं, सूक्ष्मजीवों की सक्रियता को प्रोत्साहित करती हैं

और मृदा क्षरण को रोकती हैं. ये उपाय भारत में फैलती मृदा निम्नीकरण और पोषक तत्वों की कमी (जैसे—कार्बनिक कार्बन व नाइट्रोजन) की चुनौती का प्रभावी समाधान प्रस्तुत करते हैं, जिसे कई कृषि अनुसंधान संस्थानों ने गम्भीर समस्या के रूप में रेखांकित किया है. साथ ही, ये पद्धतियाँ भूमि के ऊपर और नीचे दोनों में जैव विविधता को बढ़ावा देती हैं, जिससे कीट और रोग का जोखिम घटता है और रासायनिक कीटनाशकों पर निर्भरता कम होती है.

- **जल संरक्षण**—वर्षा जल संचयन, मल्चिंग और ड्रिप व स्प्रिंकलर जैसी दक्ष सिंचाई तकनीकें कृषि-पारिस्थितिकी की मूलभूत विशेषताएँ हैं. ये उपाय भारत जैसे जल-संकटग्रस्त देश के लिए विशेष रूप से प्रासंगिक हैं, जहाँ कई प्रमुख कृषि क्षेत्रों में भूजल स्तर तेजी से घट रहा है. साथ ही, कृषि-पारिस्थितिकी रसायनों के अत्यधिक उपयोग से उत्पन्न जल प्रदूषण को भी कम करने में सहायक सिद्ध होती है.
- **जलवायु परिवर्तन शमन और अनुकूलन**— कृषि वानिकी और संरक्षण जुताई जैसी प्रथाओं के माध्यम से मिट्टी और वनस्पति में कार्बन संचयन करके, कृषि-पारिस्थितिकी ग्रीनहाउस गैसों के उत्सर्जन को कम करने में महत्वपूर्ण भूमिका निभाती है. इसके साथ ही, विविध और लचीले कृषि-पारिस्थितिकी तंत्र अनियमित मौसम और जलवायु प्रभावों का सामना करने में अधिक सक्षम होते हैं, जो भारत में सूखे और बेमौसम बारिश जैसी चुनौतियों का व्यावहारिक समाधान प्रदान करते हैं.

आर्थिक व्यवहार्यता और किसान आजीविका

- **कम लागत**—महँगे सिंथेटिक उर्वरकों और कीटनाशकों की जरूरत को कम करके, कृषि-पारिस्थितिकी किसानों, खासकर छोटे और सीमांत भूमिधारकों, की खेती की लागत को काफी कम कर देती है. यह सीधे तौर पर ऋणग्रस्तता और किसानों की कम आय की समस्या का समाधान करता है.
- **विविध आय स्रोत**—विभिन्न फसलों, पशुधन और पेड़ों (जैसे—एकीकृत कृषि प्रणाली-आईएफएस) को एकीकृत करने से आय के कई स्रोत मिलते हैं, आर्थिक स्थिरता बढ़ती है और किसी एक वस्तु पर निर्भरता कम होती है. यह फसल विविधीकरण और मूल्य संवर्धन के लिए सरकार और विशेषज्ञों की सिफारिशों के अनुरूप है.
- **स्थानीय बाजार और मूल्य शृंखलाएँ**—कृषि-पारिस्थितिकी अक्सर छोटी, अधिक प्रत्यक्ष आपूर्ति शृंखलाओं को बढ़ावा देती है, जो उत्पादकों और उपभोक्ताओं को जोड़ती हैं, जिससे किसानों के लिए उचित मूल्य और उपभोक्ताओं के लिए ताजा उपज सुनिश्चित होती है. इससे कृषि विपणन की चुनौतियों का समाधान होता है और बिचौलियों का शोषण कम होता है.
- **बाजार में उतार-चढ़ाव के प्रति लचीलापन बढ़ता है**—विविधतापूर्ण कृषि, एक ही फसल की कीमत में गिरावट के प्रति कम संवेदनशील होती है, जिससे कृषक परिवारों का आर्थिक लचीलापन बढ़ता है.

सामाजिक समानता और खाद्य सुरक्षा

- **किसानों का सशक्तिकरण**—कृषि पारिस्थितिकी, किसानों के ज्ञान और भागीदारी पर जोर देती है, स्वामित्व और एजेंसी की भावना को बढ़ावा देती है. यह किसानों के नेतृत्व वाले नवाचार को बढ़ावा देती है और ग्रामीण समुदायों को मजबूत बनाती है. यह किसानों की सामाजिक-आर्थिक स्थिति को बेहतर बनाने और पारम्परिक ज्ञान का लाभ उठाने के लिए अत्यंत महत्वपूर्ण है.
- **पौष्टिक भोजन तक पहुँच**—विविध और स्थानीय रूप से अनुकूलित खाद्य प्रणालियों को बढ़ावा देकर, कृषि-पारिस्थितिकी पोषण सुरक्षा में योगदान देती है और स्वस्थ एवं सांस्कृतिक रूप से उपयुक्त खाद्य पदार्थों की एक विस्तृत शृंखला उपलब्ध कराती है. यह केवल कैलोरी की उपलब्धता से आगे बढ़कर, छिपी हुई भूख और कुपोषण की समस्या का समाधान करता है.
- **लैंगिक समानता**—कृषि-पारिस्थितिकी अक्सर महिला किसानों को, जो कृषि उत्पादन में महत्वपूर्ण भूमिका निभाती हैं, प्रशिक्षण, संसाधन और निर्णय लेने की शक्ति प्रदान करके उन्हें मान्यता प्रदान करती है और उन्हें सशक्त बनाती है. यह समावेशी ग्रामीण विकास का एक महत्वपूर्ण पहलू है.
- **खाद्य सम्प्रभुता**—कृषि-पारिस्थितिकी, पारिस्थितिक रूप से स्वस्थ और टिकाऊ तरीकों से उत्पादित स्वस्थ और सांस्कृतिक रूप से उपयुक्त भोजन के लिए लोगों के अधिकार का समर्थन करती है तथा उन्हें अपने स्वयं के खाद्य और कृषि प्रणालियों को परिभाषित करने का अधिकार भी प्रदान करती है.

भारतीय सन्दर्भ

भारत का कृषि परिदृश्य पारम्परिक प्रथाओं और आधुनिक हस्तक्षेपों का मिश्रण है. हरित क्रांति ने खाद्य आत्मनिर्भरता सुनिश्चित करते हुए, कुछ कमजोरियाँ भी पैदा की हैं. कृषि-पारिस्थितिकी, पारम्परिक ज्ञान के सर्वोत्तम पहलुओं को वैज्ञानिक प्रगति के साथ एकीकृत करके एक सुधारात्मक मार्ग प्रस्तुत करती है.

- **मृदा स्वास्थ्य कार्ड पहल**—यद्यपि यह एक सरकारी कार्यक्रम है, लेकिन इसे मृदा कार्बनिक पदार्थ संवर्धन और जैव विविधता के कृषि-पारिस्थितिकी सिद्धान्तों के साथ जोड़कर इसके वास्तविक प्रभाव को अधिकतम किया जा सकता है.
- **जैविक और प्राकृतिक खेती को बढ़ावा**— परम्परागत कृषि विकास योजना (पीकेवीवाई) और राष्ट्रीय प्राकृतिक खेती मिशन (एनएमएनएफ) जैसी योजनाएँ जैविक और प्राकृतिक खेती को बढ़ावा देती हैं, जो कृषि-पारिस्थितिकी के उपसमूह हैं. हालाँकि, एक व्यापक कृषि-पारिस्थितिकी ढाँचा अधिक समग्र और टिकाऊ बदलाव सुनिश्चित कर सकता है.
- **कुशल जल प्रबंधन कार्यक्रम**—सूक्ष्म सिंचाई प्रणालियों के माध्यम से कुशल जल उपयोग पर ध्यान केन्द्रित करना सीधे तौर पर जल संरक्षण के कृषि-पारिस्थितिकी सिद्धान्तों के साथ संरेखित होता है.

- **एकीकृत कीट प्रबंधन (आईपीएम) और एकीकृत पोषक तत्व प्रबंधन (आईएनएम)**—ये मौजूदा प्रथाएँ कृषि पारिस्थितिकी के लिए आधारभूत हैं, जो उनके सहक्रियात्मक अनुप्रयोग के लिए एक व्यापक ढाँचा प्रदान करती हैं.
- **कृषि अनुसंधान एवं विस्तार केन्द्रों की भूमिका**—ये केन्द्र कृषि-पारिस्थितिकी ज्ञान का प्रसार करने तथा किसानों को इसके लाभों से अवगत कराने में महत्वपूर्ण भूमिका निभा सकते हैं तथा अनुसंधान और व्यवहार के बीच की खाई को पाट सकते हैं.
- **खण्डित भूमि जोतों का समाधान**—यद्यपि यह एक चुनौती है, लेकिन स्थानीय अनुकूलन और समुदाय-आधारित दृष्टिकोणों पर कृषि-पारिस्थितिकी का जोर छोटी जोतों के अनुरूप बनाया जा सकता है, जिससे सामूहिक कार्रवाई और संसाधन साझाकरण को बढ़ावा मिलेगा.

चुनौतियाँ और आगे का रास्ता

अपनी अपार सम्भावनाओं के बावजूद, भारत में कृषि-पारिस्थितिकी में परिवर्तन के समक्ष चुनौतियाँ हैं—

- **नीतिगत समर्थन और प्रोत्साहन**—हालाँकि, कुछ मौजूदा योजनाएँ संरेखित हैं, फिर भी एक व्यापक और सुसंगत राष्ट्रीय कृषि-पारिस्थितिकी नीति अभी भी उभर रही है. वर्तमान सब्सिडी व्यवस्था अक्सर रासायनिक आदानों को तरजीह देती है, जिससे कृषि-पारिस्थितिकी परिवर्तनों के प्रति हतोत्साहन पैदा होता है.
- **जागरूकता और प्रशिक्षण**—कई किसानों में कृषि-पारिस्थितिकी सिद्धान्तों और प्रथाओं के बारे में जागरूकता का अभाव है. व्यापक रूप से अपनाने के लिए मजबूत विस्तार सेवाएँ और किसान-से-किसान शिक्षण मंच महत्वपूर्ण हैं.
- **बाजार पहुँच और मूल्य श्रृंखलाएँ**—उचित मूल्य निर्धारण तंत्र सहित कृषि-पारिस्थितिक उत्पादों के लिए समर्पित बाजार और मूल्य श्रृंखलाएँ विकसित करना किसानों के लिए आर्थिक व्यवहार्यता सुनिश्चित करने के लिए आवश्यक है.
- **अनुसंधान एवं विकास**—भारत में विविध कृषि-जलवायु क्षेत्रों और विशिष्ट फसल प्रणालियों के लिए कृषि-पारिस्थितिकी पद्धतियों को अनुकूलित करने के लिए अधिक स्थानीयकृत अनुसंधान की आवश्यकता है.
- **निहित स्वार्थों से प्रतिरोध**—शक्तिशाली कृषि व्यवसाय लॉबी (उर्वरक, बीज और कीटनाशक कम्पनियाँ) कृषि पारिस्थितिकी को व्यापक रूप से अपनाने का विरोध कर सकती हैं, क्योंकि यह उनकी प्रमुख बाजार स्थिति को चुनौती देता है.

भारत में सतत् खाद्य उत्पादन का भविष्य उस सन्तुलित दृष्टिकोण पर निर्भर करता है, जो आधुनिक वैज्ञानिक नवाचारों को कृषि-पारिस्थितिकी की पारम्परिक और पर्यावरणीय समझ के साथ समाहित करता है. इसके लिए केवल उत्पादन बढ़ाने पर केन्द्रित सोच से हटकर ऐसे दृष्टिकोण की आवश्यकता है, जो पर्यावरणीय स्थिरता, किसानों की आजीविका और उपभोक्ताओं के स्वास्थ्य को समान रूप से महत्व दे. कृषि-पारिस्थितिकी को अपनाना केवल पर्यावरण की दृष्टि से जरूरी नहीं, बल्कि यह एक लचीले, न्यायसंगत और खाद्य-सुरक्षित भारत की दिशा में सामाजिक और आर्थिक रूप से भी अत्यावश्यक कदम है.

"मनुष्य के विवेक की अन्तिम परीक्षा शायद यह हो सकती है कि वह आज भविष्य की उन पीढ़ियों के लिए कुछ त्याग करने को तैयार हो, जिनके धन्यवाद के शब्द कभी सुने नहीं जाएंगे."

— गेलॉर्ड नेल्सन

●●●

प्रारम्भिक परीक्षा के लिए अभ्यास प्रश्न

1. एफएओ द्वारा परिभाषित निम्नलिखित में से किसे कृषि-पारिस्थितिकी का मुख्य तत्व नहीं माना जाता है ?
   (A) विविधता
   (B) सह-सृजन और ज्ञान का आदान-प्रदान
   (C) उच्च-इनपुट औद्योगिक मोनोकल्चर
   (D) लचीलापन
   उत्तर—(C)
2. कृषि-पारिस्थितिकी पद्धतियों का मुख्य उद्देश्य निम्नलिखित में से किस तंत्र के माध्यम से जलवायु परिवर्तन को कम करना है ?
   (A) सिंथेटिक नाइट्रोजन उर्वरकों का बढ़ता उपयोग
   (B) मिट्टी और वनस्पति में कार्बन का पृथक्करण
   (C) बड़े पैमाने पर सिंचाई परियोजनाओं को बढ़ावा देना
   (D) जीवाश्म ईंधन आधारित कृषि मशीनरी पर निर्भरता बढ़ाना
   उत्तर—(B)

शेष पृष्ठ 48 का

फुटबॉल

भारतीय फुटबॉल टीम की फीफा रैंकिंग 9 वर्ष के सबसे निचले स्तर पर

अन्तर्राष्ट्रीय मैचों में खराब प्रदर्शन के चलते भारत की पुरुषों की फुटबॉल टीम की 'फीफा' (FIFA) रैंकिंग गिरती जा रही है. फीफा द्वारा अक्टूबर 2025 में जारी वैश्विक रैंकिंग में भारतीय टीम का 136वाँ स्थान था, जो पिछले 9 वर्षों में टीम की सबसे नीची रैंकिंग है. टीम की इससे खराब रैंकिंग (137) नवम्बर 2016 में थी. भारतीय टीम की अब तक की सर्वोच्च फीफा रैंक (94) फरवरी 1996 में रही है.

फीफा रैंकिंग में पुरुषों की फुटबॉल टीम की पहली 10 टीमें (अक्टूबर 2025 की स्थिति)

रैंक	देश
1	स्पेन
2	अर्जेन्टीना
3	फ्रांस
4	इंग्लैण्ड
5	पुर्तगाल
6	नीदरलैण्ड्स
7	ब्राजील
8	बेल्जियम
9	इटली
10	जर्मनी

अक्टूबर 2025 की फीफा रैंकिंग में विश्व के कुल 210 देशों/क्षेत्रों की टीमों की रैंक आकलित है. रैंकिंग में सैन मैरिनो सबसे निचली 210वीं रैंक पर है.

●●●

महासागरों का गहरा होता रंग : मानवता के लिए एक चेतावनी

महासागर, जो पृथ्वी की सतह का 70% से अधिक भाग घेरे हुए हैं, न केवल वैश्विक जलवायु नियंत्रण, समुद्री जैव विविधता और आजीविका के लिए महत्वपूर्ण हैं, बल्कि मानव सभ्यता के अस्तित्व के लिए भी आवश्यक हैं.

हाल ही में एक वैज्ञानिक अध्ययन में एक चिंताजनक प्रवृत्ति सामने आई है दुनिया के महासागर, विशेष रूप से उष्णकटिबंधीय क्षेत्रों में, रंग गहरा होता जा रहा हैं, जिसका प्रमुख कारण जलवायु परिवर्तन, फाइटोप्लांकटन की कमी और हिमनदों (ग्लेशियरों) का पिघलना है.

यह घटना, जो अब तक काफी हद तक नजरअंदाज की गई है, पारिस्थितिक असन्तुलन का एक स्पष्ट संकेत है और तत्काल वैश्विक कार्रवाई की माँग करती है.

'अंधकारमय होते महासागर' न केवल रूपक रूप में, बल्कि वास्तविकता में भी, मानवता के लिए एक चेतावनी हैं, जो जलवायु संकट, खाद्य असुरक्षा और जैव-रासायनिक चक्रों के व्यवधान जैसी समस्याओं पर चिन्ता का सूचक है.

महासागरों का रंग गहरा क्यों होता जा रहा है ?

1. **फाइटोप्लांकटन आबादी में गिरावट**—फाइटोप्लांकटन छोटे जीव होते हैं, जो प्रकाश-संश्लेषण द्वारा अपना भोजन बनाने के लिए सूर्य के प्रकाश को अवशोषित करते हैं. ये समुद्र की सतह के पास रहते हैं और कुछ हरे प्रकाश को परावर्तित करते हैं, जिससे पानी का रंग नीला-हरा हो जाता है. इनकी जनसंख्या में गिरावट-महासागरीय परावर्तनशीलता (अल्बेडो) को कम करता है. इससे जल स्तम्भ अधिक गहरा हो जाता है, क्योंकि गहरी परतें अधिक सूर्य का प्रकाश अवशोषित कर लेती हैं. समुद्री खाद्य शृंखला पर प्रभाव पड़ता है, क्योंकि फाइटोप्लांकटन इसका आधार है.

   इस गिरावट के मुख्य कारण हैं—

   - **गर्म होते महासागर**—फाइटो-प्लांकटन को गहरे पानी से पोषक तत्वों की आवश्यकता होती है, लेकिन तापीय स्तरीकरण पोषक तत्वों के मिश्रण को सीमित कर देता है.
   - **महासागरीय अम्लीकरण**—पीएच (pH) सन्तुलन को बदल देता है, जिससे कुछ फाइटोप्लांकटन प्रजातियों के कैल्शिफिकेशन और प्रजनन पर प्रभाव पड़ता है.

2. **पिघलते ग्लेशियर और अपवाह**—पिघलते ग्लेशियरों और बर्फ की चादरों से मीठे पानी के बहाव में वृद्धि, विशेष रूप से ध्रुवीय और उपध्रुवीय क्षेत्रों में, लाती है—तलछट और घुले हुए कार्बनिक कार्बन (डीओसी) जो पानी की स्पष्टता को कम करते हैं. लवणता और घनत्व में परिवर्तन से महासागर परिसंचरण पैटर्न में परिवर्तन करते हैं. प्रकाश प्रवेश में व्यवधान, प्रकाश-संश्लेषक जीवन और दृश्यता को प्रभावित करना.

3. **कार्बनिक पदार्थ और प्रदूषण में वृद्धि—मानव-प्रेरित प्रदूषण**-कृषि अपवाह, औद्योगिक निर्वहन, अतिरिक्त पोषक तत्वों (विशेष रूप से नाइट्रोजन और फास्फोरस) से यूट्रोफिकेशन होता है. ये शैवाल प्रस्फुटन, जिनमें से कुछ विषैले होते हैं, समुद्री पारिस्थितिकी तंत्र को और अधिक अंधकारमय तथा अस्थिर बना देते हैं.

महासागरों के रंग गहरे होने के परिणाम

- **भूमण्डलीय तापन**—सूर्य के प्रकाश का कम परावर्तन महासागरों के गर्म होने में योगदान देता है. गर्म महासागरों के कारण स्तरीकरण बढ़ता है, जिससे फाइटोप्लांकटन कम होता है. जिससे एक दुष्चक्र बनता है. गहरे रंग के महासागर अधिक गर्मी अवशोषित करते हैं, जिससे ग्लोबल वार्मिंग बढ़ती है.
- **समुद्री पारिस्थितिक तंत्र का विघटन**—प्रवाल भित्तियों को प्रभावित करता है, जो सहजीवी शैवाल (जूक्सैन्थेला) और सूर्य के प्रकाश पर निर्भर करती हैं. खाद्य शृंखलाओं और प्रजनन चक्रों में गड़बड़ी के कारण मत्स्य भण्डारण में गिरावट आती है, साथ ही तापमान और प्रकाश में परिवर्तन के कारण समुद्री प्रजातियों के प्रवास पैटर्न में बदलाव होता है.
- **महासागरीय कार्बन सिंक फंक्शन के लिए खतरा**—महासागर मानव-निर्मित CO_2 उत्सर्जन का लगभग 25-30% अवशोषित करते हैं, मुख्यत: फाइटोप्लांकटन युक्त जैविक पम्प के माध्यम से. उनकी कमी इस कार्य को कमजोर करती है, जिसके परिणामस्वरूप—कार्बन पृथक्करण में कमी, वायुमण्डल में CO_2 का स्तर ऊँचा होना तथा जलवायु परिवर्तन के प्रभाव में वृद्धि आदि दुष्प्रभाव देखने को मिलते हैं.
- **मानव आजीविका पर प्रभाव**—तटीय और द्वीपीय समुदायों को मछली पकड़ने में कमी और जैव विविधता की हानि का सामना करना पड़ रहा है, जिससे समग्र रूप में नीली अर्थव्यवस्था (मत्स्य पालन, पर्यटन, समुद्री जैव प्रौद्योगिकी) अनिश्चितता का सामना कर रही है. इसके अतिरिक्त समुद्री प्रोटीन पर निर्भर विकासशील देशों में पोषण सुरक्षा खतरे में है.

अंत:विषयक दृष्टिकोण

1. **भूगोल और समुद्र विज्ञान—**
   महासागर परिसंचरण (थर्मोहेलिन परिसंचरण) तापमान और लवणता पर निर्भर करता है, जबकि समुद्री जल के प्रकाशिक गुण प्रकाश-संश्लेषण और समुद्री जीवन क्षेत्रीकरण को प्रभावित करते हैं. वहीं सुदूर संवेदन अब समुद्र के रंग और गन्दगी में होने वाले परिवर्तनों पर नजर रखने में मदद करता है.

2. **पर्यावरण विज्ञान और जैव विविधता**—समुद्री ट्रॉफिक स्तर और जैव विविधता पर प्रभाव पड़ता है, साथ ही आवास की क्षति और तापमान में परिवर्तन के कारण स्थानिक और प्रमुख प्रजातियों के लिए खतरा उत्पन्न करता है.

3. **जलवायु परिवर्तन और अन्तर्राष्ट्रीय समझौते**—पेरिस समझौता (2015) वैश्विक तापमान वृद्धि पर अंकुश लगाने का आह्वान करता है; महासागरीय तापमान में वृद्धि एक प्रमुख संकेतक है. वहीं एसडीजी-14 (पानी के नीचे जीवन) को सीधा खतरा है, जबकि जलवायु परिवर्तन पर अन्तर-सरकारी पैनल (आईपीसीसी) की रिपोर्ट में ब्लू कार्बन पारिस्थितिकी तंत्र के क्षरण की चेतावनी दी गई है.

4. **आपदा प्रबंधन**—गर्म होते महासागर चक्रवातों, तूफानों और एल-नीनो जैसी घटनाओं की तीव्रता बढ़ा देते हैं, जिससे समुद्र स्तर में वृद्धि और पारिस्थितिकी तंत्र के क्षरण के कारण तटीय क्षेत्रों की संवेदनशीलता भी बढ़ जाती है.

भारत-विशेष चिन्ताएँ और कदम

- **भारत की संवेदनशीलता**—भारत की समुद्री तटरेखा लगभग 7500 किमी लम्बी है और देश की आर्थिक निर्भरता तटीय पारिस्थितिकी तंत्र पर काफी अधिक है तथा केरल, ओडिशा और पश्चिम बंगाल जैसे राज्य समुद्री तापमान वृद्धि और समुद्र स्तर में बढ़ोतरी के प्रति अत्यधिक संवेदनशील हैं जिससे मैंग्रोव और कोरल रीफ सिस्टम (जैसे—सुंदरबन, मन्नार की खाड़ी) जोखिम में हैं.
- **ब्लू इकोनॉमी पर प्रभाव**—भारत में मत्स्य पालन क्षेत्र में लगभग 1·4 करोड़ लोग रोजगार प्राप्त करते हैं. महासागरों के अंधेरे होते जल और जलवायु परिवर्तन के कारण मछलियों के प्रवास से आर्थिक-क्षेत्रीय दबाव और सम्बन्धित समुदायों में बेरोजगारी उत्पन्न हो सकती है.
- **अनुसंधान और नीतिगत पहल**—नेशनल सेंटर फॉर कोस्टल रिसर्च (NCCR) और इंडियन नेशनल सेंटर फॉर ओशन इन्फॉर्मेशन सर्विसेज (INCOIS) उपग्रहों की मदद से महासागर के रंग में बदलाव की निगरानी करते हैं.

प्रमुख कार्यक्रम—जैसे—डीप ओशन मिशन (2021)—महासागर की मैपिंग, जैव विविधता और सतत् खनन पर केन्द्रित है, जबकि कोस्टल रेगुलेशन जोन (CRZ) मानदण्ड—नाजुक तटीय पारिस्थितिक तंत्रों के संरक्षण के लिए बनाए गए हैं.

ब्लू इकोनॉमी नीति ढाँचा नीति आयोग द्वारा प्रारूपित—स्थिरता और आजीविका को एकीकृत करने की पहल.

वैश्विक और तकनीकी समाधान

1. **उन्नत उपग्रह निगरानी**—नासा के (MODIS और SeaWiFS) सेंसर महासागर के रंग में होने वाले परिवर्तनों की पहचान करते हैं. महासागर के स्वास्थ्य की मॉडलिंग और अर्ली वॉर्निंग सिस्टम के लिए एआई और बिग डेटा का उपयोग किया जा रहा है.
2. **समुद्री संरक्षित क्षेत्रों को सशक्त बनाना**—संयुक्त राष्ट्र समुद्री कानून अभिसमय (UNCLOS) के तहत् संरक्षित क्षेत्रों का विस्तार किया जाना चाहिए. समुद्री जैव विविधता कॉरिडोर को सुरक्षित करना और कोरल रीफ तथा मैंग्रोव जैसे पारिस्थितिक तंत्रों का पुनर्स्थापन आवश्यक है.
3. **वैश्विक समझौते और जन-जागरूकता**—हाई सीज संधि 2023 के कार्यान्वयन को बढ़ावा देना जरूरी है साथ ही मार्पोल कन्वेंशन (समुद्री प्रदूषण पर) के तहत् कड़े प्रवर्तन उपायों को लागू करना आवश्यक है.
4. **शमन और अनुकूलन रणनीतियाँ**—कार्बन उत्सर्जन में कमी और नवीकरणीय ऊर्जा की ओर संक्रमण भी जरूरी है साथ ही महासागरीय पुनर्वनिकीकरण और कार्बन खेती, जैसे—सीग्रास और केल्प जंगलों को बढ़ावा देकर समुदाय-आधारित संरक्षण और मत्स्य सह-प्रबंधन मॉडल को अपनाना.

आगे की राह

- **महासागरों को जलवायु सहयोगी के रूप में मान्यता देना**—महासागर केवल विपत्तिग्रस्त नहीं, बल्कि जलवायु को स्थिर करने वाले प्रभावशाली कारक भी हो सकते हैं जिसके लिए महासागर-आधारित समाधानों को राष्ट्रीय रूप से निर्धारित योगदानों (NDCs) में शामिल करने की आवश्यकता है.
- **अन्तर्राष्ट्रीय वित्तीय सहायता और सहयोग**—छोटे द्वीपीय विकासशील देशों (SIDS) और कम विकसित तटीय देशों के लिए विशेष वित्तीय सहायता की आवश्यकता है जिससे महासागर प्रशासन में प्रौद्योगिकी हस्तान्तरण और क्षमता निर्माण को बढ़ावा दिया जाए.
- **जन-जागरूकता बढ़ाना**—'महासागर साक्षरता अभियान' और 'ओशन वाच' जैसी पहलों से नागरिक भागीदारी को प्रोत्साहित किया जाए. महासागर स्वास्थ्य को स्कूली पाठ्यक्रमों और शासन की प्राथमिकताओं में शामिल करना जरूरी है.

निष्कर्ष

महासागरों की गहरे रंग होने की भावी प्रवृत्ति हमारे संकटग्रस्त ग्रह का एक अशुभ संकेत है. यह अब समुद्री जीवविज्ञानियों की कोई दूर की चिंता नहीं रह गया है, बल्कि जलवायु स्थिरता, जैव विविधता, मानव स्वास्थ्य और आर्थिक लोचता पर प्रभाव डालने वाला एक बहुक्षेत्रीय आपातकाल है. पृथ्वी के एकमात्र रहने योग्य जीवमण्डल के संरक्षक होने के कारण, हमें तत्काल और सहयोगात्मक रूप से कार्य करना होगा. अपितु महासागर (जीवन का उद्गम स्थल) अंधकारमय होते जा रहे हैं और उनके साथ ही हमारा भविष्य भी अंधकारमय होता जा रहा है. इसलिए यह केवल एक वैज्ञानिक विसंगति नहीं है, बल्कि प्रकृति के सन्तुलन के साथ मानवता के मार्ग को पुनः संरेखित करने की एक नैतिक अनिवार्यता भी है.

प्रारम्भिक परीक्षा के लिए अभ्यास प्रश्न

1. महासागरों के गहरे रंग होने की प्रवृत्ति के सन्दर्भ में, निम्नलिखित कथनों पर विचार कीजिए—
   1. महासागरों का काला पड़ना मुख्यतः हिमनदों के पिघलने के कारण लवणता में वृद्धि के कारण है.
   2. फाइटोप्लांकटन की कमी से महासागरीय परावर्तकता में कमी आती है.
   3. गहरे रंग के महासागर अधिक सौर विकिरण अवशोषित करते हैं, जिससे महासागरों का तापमान बढ़ता है.

   उपर्युक्त कथनों में से कौनसा/से सही है/हैं ?
   (A) केवल 1
   (B) केवल 2 और 3
   (C) केवल 1 और 3
   (D) 1, 2 और 3
   उत्तर—(B)
   (**स्पष्टीकरण** : कथन 1 गलत है. हिमनद पिघलने से लवणता कम होती है, बढ़ती नहीं है.)
2. महासागरों का काला पड़ना निम्नलिखित में से किस पर प्रतिकूल प्रभाव डाल सकता है ?
   1. समुद्री खाद्य श्रृंखलाएँ
   2. महासागरीय कार्बन पृथक्करण
   3. प्रवाल भित्तियों का अस्तित्व
   4. थर्मोहेलिन परिसंचरण

   नीचे दिए गए कूट का उपयोग करके सही उत्तर चुनिए—
   (A) केवल 1, 2 और 3
   (B) केवल 1 और 4
   (C) केवल 2 और 4
   (D) 1, 2, 3 और 4
   उत्तर—(D)

मुख्य परीक्षा के लिए अभ्यास प्रश्न

1. मानवजनित गतिविधियों के कारण महासागरों का रंग गहरा होता जा रहा है. इस परिघटना के पर्यावरणीय, आर्थिक और भू-राजनीतिक प्रभावों की चर्चा कीजिए. सतत् महासागर शासन (Ocean Governance) के लिए एक रोडमैप सुझाइए.

●●●

सार संग्रह

भारतीय इतिहास एवं संस्कृति

1. लोथल, धौलावीरा, सुरकोटदा और दैमाबाद में से कौनसा हड़प्पाकालीन स्थल गुजरात में नहीं है ? *—दैमाबाद*
2. जिस काल का कोई लिखित साक्ष्य नहीं मिलता है, उसे कहा जाता है *—प्रागैतिहासिक काल*
3. शोर्तुगुई एवं मुंडीगाक किस प्राचीन सभ्यता से सम्बन्धित पुरास्थल हैं, जो वर्तमान में अफगानिस्तान में स्थित हैं ? *—सिंधु घाटी सभ्यता*
4. जौ, गेहूँ, चावल तथा तम्बाकू में से किस फसल का ज्ञान वैदिक काल के लोगों को नहीं था ? *—तम्बाकू*
5. नचिकेता और यम के बीच सुप्रसिद्ध संवाद किस उपनिषद् में उल्लिखित है ? *—कठोपनिषद्*
6. 'स्यादवाद' किस धर्म का मूल आधार था ? *—जैन धर्म*
7. जैनियों द्वारा अपने पवित्र ग्रंथों के लिए सामूहिक रूप से किस शब्द का प्रयोग किया जाता है ? *—अंग*
8. यूनानी भाषा में 'हाइडेस्पीज' किस नदी को कहा जाता था, जहाँ सिकन्दर और पोरस के बीच युद्ध हुआ था ? *—झेलम नदी*
9. कलिंग, धौली, भाब्रू और जौगड़ में से अशोक के किस अभिलेख में बौद्ध ग्रंथों का उल्लेख किया गया है ? *—भाब्रू में*
10. जूनागढ़ शिलालेख किस भाषा का पहला शिलालेख माना जाता है ? *—संस्कृत का*

राष्ट्रीय स्वतन्त्रता आन्दोलन

11. कौनसे पुर्तगाली गवर्नर ने 'ब्लू वाटर पॉलिसी' शुरू की थी ? *—फ्रांसिस्को-डी-अल्मीडा*
12. सिखों के दसवें और अन्तिम गुरु गुरुगोविन्द सिंह की समाधि कहाँ स्थित है ? *—नादेड़*
13. ई.पी. रामास्वामी नायकर का सम्बन्ध किस आन्दोलन से था ? *—आत्मसम्मान आन्दोलन*
14. 1870 ई. में 'भारतीय सुधार संघ' की स्थापना किसके द्वारा की गई थी ? *—केशव चन्द्र सेन*
15. अलीगढ़ में स्थित जामिया मिलिया इस्लामिया विश्वविद्यालय के प्रथम कुलपति कौन थे ? *—हकीम अजमल खान*
16. वन्दे मातरम्, न्यू इण्डिया, युगान्तर और संध्या पत्रिका के सम्पादक थे *—क्रमशः अरविंद घोष, बिपिनचन्द्र पाल, भूपेन्द्र नाथ दत्त और ब्रह्म बांधव उपाध्याय*
17. स्वदेशी आन्दोलन को आन्ध्र के डेल्टा इलाकों में किस नाम से जाना जाता था ? *—वंदे मातरम् आन्दोलन से*
18. मुण्डा विद्रोह, वेल्लोर विद्रोह और संथाल विद्रोह किस वर्ष हुए थे ? *—क्रमशः 1899, 1806 और 1855 ई.*
19. वर्ष 1904 में क्रांतिकारियों की गुप्त संस्था के रूप में 'अभिनव भारत' की स्थापना किसने की थी ? *—बी.डी. सावरकर*
20. भारत का कौन गवर्नर जनरल 'ओवन मेरेडिथ' के नाम से कविताएँ लिखता था ? *—लॉर्ड लिटन*

भारतीय राजव्यवस्था एवं संविधान

21. भारत का मूल संविधान कहाँ प्रकाशित किया गया था ? *—देहरादून में*
22. मौलिक अधिकारों के निलम्बन का सिद्धान्त भारतीय संविधान में किस देश के संविधान से लिया गया है ? *—जर्मनी*
23. भारत के नियंत्रक एवं महालेखा परीक्षक अपनी ऑडिट का विवरण किसे प्रस्तुत करता है ? *—राष्ट्रपति को*
24. भारतीय संविधान का कौनसा भाग 'आपात उपबन्ध' के बारे में बताता है ? *—भाग XVIII*
25. अखिल भारतीय सेवाओं के लिए नियुक्तियाँ कौन करता है ? *—राष्ट्रपति*
26. प्राक्कलन समिति में कुल कितने सदस्य होते हैं ? *—30*
27. लोक सभा की बहस किस भाषा में मुद्रित होती है ? *—अंग्रेजी व हिन्दी*
28. कौनसी समिति को प्राक्कलन समिति की 'जुड़वाँ बहन' कहा जाता है ? *लोक लेखा समिति*
29. यदि संसद किसी विशिष्ट उद्देश्य के लिए कोई समिति नियुक्त करे तो उसे कहते हैं ? *—तदर्थ समिति*
30. 'हाउस ऑफ द पीपुल 'को' लोक सभा' का नाम किस वर्ष दिया गया था ? *—1954 ई.*

पर्यावरण एवं जैव विविधता

31. धारणीय विकास किसके उपयोग के सन्दर्भ में अन्तर पीढ़ीगत संवेदनशीलता का विषय है ? *—प्राकृतिक संसाधन*
32. 'द लिमिट टु ग्रोथ' रिपोर्ट का प्रकाशन किस वर्ष हुआ था ? *—1972 ई.*
33. कार्बन चक्र, हाइड्रोजन चक्र, जल चक्र और नाइट्रोजन चक्र में से सौर विकिरण की सबसे महत्वपूर्ण भूमिका है *—जल चक्र*
34. ऑर्गन, जिनॉन, निऑन और क्रिप्टॉन गैसों का वायुमण्डल में अनुपात की दृष्टि से अवरोही क्रम है *—क्रमशः ऑर्गन, निऑन, क्रिप्टॉन और जिनॉन*
35. हीलियम, ऑर्गन, रेडॉन और निऑन में से कौनसी नोबल गैस वायुमण्डल में नहीं पाई जाती है ? *—रेडॉन*
36. प्राकृतिक आवास का विनाश, जैव विविधता की हानि या प्राकृतिक संसाधनों के क्षरण होने से पर्यावरण को होने वाले नुकसान को कहा जाता है *—पर्यावरण अपकर्ष*
37. धारणीय विकास लक्ष्य को सर्वप्रथम वर्ष 2012 में किस सम्मेलन में प्रस्तावित किया गया था ? *—रियो + 20*
38. पृथ्वी सम्मेलन + 5 आयोजित हुआ था *—वर्ष 1997 (न्यूयॉर्क)*
39. रियो-20 (वर्ष 2012-रियो-डे-जेनेरो) घोषणा-पत्र का शीर्षक क्या था ? *—द फ्यूचर वी वांट*

40. राष्ट्रीय पर्यावरण अभियांत्रिकी शोध संस्थान (नीरी) कब और कहाँ स्थापित किया गया ? *—1958, नागपुर*

भारत एवं विश्व का भूगोल

41. नेपाल, भूटान, बांग्लादेश और श्रीलंका में से किस देश का मानक समय वही है, जो भारत का है ? *—श्रीलंका*
42. भारत की मुख्य भूमि को रामेश्वरम् द्वीप से कौन अलग करता है ? *—पम्बन द्वीप*
43. भारत में सबसे छोटा दिन कब होता है ? *—22 दिसम्बर*
44. भारत में पश्चिमी तट के उत्तरी भाग को क्या कहते हैं ? *—कोंकण तट*
45. किसे कोच्चि का जुड़वां शहर कहाँ जाता है ? *—एर्नाकुलम को*
46. भारत के असम, त्रिपुरा, मिजोरम मेघालय और प. बंगाल राज्य किस देश की अन्तर्राष्ट्रीय सीमा से जुड़े हुए हैं ? *—बांग्लादेश*
47. लघु हिमालय श्रेणी के ढालों पर मिलने वाले छोटे-छोटे घास के मैदान को जम्मू और कश्मीर में क्या कहा जाता है ? *—मर्ग*
48. शिवसमुद्रम, धुआँधार, सहस्त्र धारा और गरसोप्पा प्रपात किन नदियों पर अवस्थित हैं ? *—क्रमशः कावेरी, नर्मदा, बल्दी और शरावती*
49. चट्टानों की उत्पत्ति, संघटन, वितरण एवं संरचना का अध्ययन किया जाता है *—पेट्रोलॉजी (शैलिकी)*
50. तिब्बत में 'ब्रह्मपुत्र' नदी को किस नाम से जाना जाता है ? *—सांगपो*

भारतीय अर्थव्यवस्था

51. भारत में सकल घरेलू उत्पाद गणना करने के लिए किन विधियों को अपनाया जाता है ? *—उत्पादन विधि, आय विधि और व्यय विधि*
52. प्रतिभूतियों एवं बंध-पत्रों की गिरावट, व्यावसायिक एवं औद्योगिक चक्रों के संकुचन की स्थिति और आर्थिक क्रियाओं की ह्रासमान स्थिति कहलाती है *—क्रमशः मेल्ट डाउन, मंदी और स्लो डाउन*
53. किसी देश की आर्थिक वृद्धि की सर्वाधिक उपयुक्त माप है *—प्रति व्यक्ति उत्पाद*
54. किस अर्थशास्त्री ने भारत में सबसे पहले वैज्ञानिक दृष्टि से राष्ट्रीय आय की गणना की थी ? *—वी.के.आर.वी. राव*
55. राष्ट्रीय आय लेखांकन में जिस वर्ष की कीमतों का उपयोग वास्तविक जी.डी.पी. की गणना के लिए किया जाता है, कहलाता है *—आधार वर्ष*
56. हैरोड-डोमर मॉडल, महालनोबिस मॉडल, एस. चक्रवर्ती मॉडल और अशोक रुद्र मॉडल किन पंचवर्षीय योजनाओं से सम्बन्धित विकास मॉडल हैं ? *—क्रमशः प्रथम, द्वितीय, तृतीय और चतुर्थ*
57. भारत में 'अनवरत योजना' किस वर्ष में कार्यशील थी ? *—1978-79*
58. 'प्लांड इकोनॉमी फॉर इण्डिया' पुस्तक के लेखक कौन हैं ? *—एम. विश्वेश्वरैया*
59. 'प्लानिंग एण्ड द पुअर' पुस्तक के लेखक हैं *—बी.एस. मिनहास*
60. भारत में सिक्के जारी करने के लिए कौन अधिकृत है ? *—वित्त मंत्रालय*

सामान्य विज्ञान एवं तकनीकी

61. जब गर्म वायु ऊपर की ओर उठती है, तो वायु का उस स्थान पर दाब हो जाता है *—कम*
62. जब पानी को 0° सेल्सियस से गरम किया जाता है, तो इसके आयतन में परिवर्तन होता है *—4°सेल्सियस तक कम होता है, फिर बढ़ जाता है*
63. ग्रीष्म ऋतु में मिट्टी के घड़े में रखा पानी किस प्रक्रिया के कारण ठण्डा हो जाता है ? *—वाष्पन*
64. सूर्य की फोटोग्राफी के लिए किस उपकरण का प्रयोग किया जाता है ? *—स्पेक्ट्रोहीलियोग्राफ*
65. एक समतल दर्पण की फोकस दूरी होती है *—असीमित*
66. ध्वनि स्वरमान (पिच) को कौन निर्धारित करता है ? *—आवृत्ति*
67. एनीमोमीटर से क्या मापा जाता है ? *—हवा की गति*
68. यदि एक गेंद ऊपर फेंकी जाती है, तो उसमें क्या परिवर्तित नहीं होता है ? *—त्वरण*
69. फोटो इलेक्ट्रिक प्रभाव की घटना की खोज किसने की ? *—हेनरिक हट्र्ज ने*
70. फ्लेमिंग का 'वाम हस्त नियम' किससे सम्बन्धित है ? *—धारा पर चुम्बकीय क्षेत्र*

बाल विकास एवं शिक्षाशास्त्र

71. कोहलर किस सिद्धान्त से सम्बन्धित है ? *—अधिगम के सिद्धान्त*
72. मैकडूगल के अनुसार मूल प्रवृत्तियों की संख्या होती है *—14*
73. मानसिक उद्वेलन प्रतिमान का प्रयोग किसके शिक्षण हेतु किया जाता है ? *—सृजनात्मकता और समस्या समाधान कौशल के शिक्षण हेतु*
74. स्किनर , कोहलर , थॉर्नडाइक और पावलाव में से किसके प्रयोग में 'कुत्ता' एक विषयी था ? *—पावलाव*
75. बुद्धि, अभिप्रेरणा , व्यक्तित्व और सृजनात्मकता में से मौलिकता, नमनीयता तथा प्रवाह किसके घटक हैं ? *—सृजनात्मकता*
76. मनोविज्ञान के अनुसार युयुत्सा है *—संवेग*
77. बालकों के सामाजिक विकास को प्रभावित करने वाले तत्व हैं *—सामाजिक परिवेशजन्य तत्व*
78. शारीरिक विकास का एक प्रमुख नियम कौनसा है ? *—द्रुतगामी विकास का नियम*
79. अनुकूलित प्रत्यावर्तन सिद्धान्त और समान प्रतिमान का सिद्धान्त में से कौनसा विकास का सिद्धान्त नहीं है ? *—अनुकूलित प्रत्यावर्तन सिद्धान्त*
80. पूर्व अनुभव के आधार पर संवेदना को अर्थ प्रदान करना कहलाता है *—प्रत्यक्षीकरण*

सम्प्रेषण/संचार

81. निर्णयन शैली में से किसमें अस्पष्टता के लिए निम्नतर सहनशीलता पायी जाती है ? *—निर्देशात्मक शैली*
82. 'सम्प्रेषण अन्तःक्रिया के रूप में' परिप्रेक्ष्य के अनुसार प्रतिपुष्टि *—कभी-कभी गैर-इरादतन होती है*

83. जटिल समस्याओं की स्थिति में समूह निष्पादन उच्चतर होता है —*विकेन्द्रीकृत नेटवर्क में*

84. प्रभावी सम्प्रेषण में अवरोधक क्या है —*नीतिप्रवचन, निर्णयपरक होना और सांत्वना प्रदायी टिप्पणियाँ*

85. एक ऐसा सामूहिक प्रयास जो वैकल्पिक विचार उत्पन्न कर एक प्रबंधक को समस्या का समाधान करने में सहायता है. कहलाता है —*विचार-मंथन (Brainstorming)*

86. आमने-सामने के सम्प्रेषण का सन्दर्भ होता है —*समकालिक*

87. अन्तर्वैयक्तिक सम्प्रेषण का एक अन्य नाम है —*द्विक सम्प्रेषण*

88. अन्तर्वैयक्तिक सम्प्रेषण में स्रोत प्रामक के प्रकार्य निभाए जाते हैं —*प्रत्येक व्यक्ति के द्वारा*

89. रंगों से सम्प्रेषण के लिए किस शब्द का प्रयोग किया जाता है —*'क्रोमेटिक' या 'रंग-बिरंग'*

90. दूसरों के साथ प्रभावी सम्प्रेषण करने की किसी व्यक्ति की क्षमता कहलाती है —*अन्तर्वैयक्तिक दक्षता*

कम्प्यूटर ज्ञान

91. एक स्प्रेडशीट में एक बॉक्स को क्या कहते हैं ? —*सेल*

92. कम्प्यूटर में एन.आई.सी. का पूरा नाम है —*नेटवर्क इंटरफेस कॉर्ड*

93. विश्व के प्रथम सुपर कम्प्यूटर का नाम क्या है ? —*सी.डी.सी. 6600*

94. कम्प्यूटर प्रोग्रामों में त्रुटियों को खोजने तथा हटाने की प्रक्रिया क्या कहलाती है ? —*डीबगिंग*

95. डॉटनेट, जावा, माया तथा यूनिक्स में से कौनसा एक ऑपरेटिंग सिस्टम है ? —*यूनिक्स*

96. पहली पीढ़ी के कम्प्यूटर का प्रमुख घटक था —*वैक्यूम ट्यूब*

97. एक किलोबिट कितने बिट के बराबर होता है ? —*1024*

98. प्रिंटर, हेडफोन, मॉनीटर और स्कैनर में कौन इनपुट डिवाइस है ? —*स्कैनर*

99. इलेक्ट्रॉनिक प्रिंटर में जिस प्रौद्योगिकी का प्रयोग किया जाता है, वह क्या कहलाती है ? —*माइक्रो एनकैप्सूलेशन*

100. संगणक या कम्प्यूटर शब्दावली में 'एफटीपी' का असंक्षिप्त रूप क्या है ? —*फाइल ट्रांसफर प्रोटोकॉल*

कृषि

101. भारत में हरित क्रांति, श्वेत क्रांति और गुलाबी क्रांति से सम्बन्धित प्रमुख योगदानकर्ता है —*क्रमशः एम.एस. स्वामीनाथन, वर्गीज कुरीयन और दुर्गेश पटेल*

102. भारत में खरीफ की फसल की कटाई वर्ष के किन महीनों में की की जाती है ? —*सितम्बर-अक्टूबर*

103. आईआर 20 और रत्ना किस फसल की दो प्रमुख किस्में है ? —*धान की*

104. सोपान कृषि कहाँ की जाती है ? —*पहाड़ों के ढलान पर*

105. इम्मेर, ब्रेड, क्लब और डुरूम किस फसल की प्रमुख किस्में हैं ? —*गेहूँ*

106. जौ, गेहूँ, मूँगफली और सरसों में से कौनसी रबी फसल नहीं है ? —*मूँगफली*

107. भारत के किस राज्य को 'चीनी का कटोरा' कहा जाता है ? —*उत्तर प्रदेश*

108. कृषि मंत्रालय के सरकारी वर्गीकरण के आधार पर भारत में कितने कृषि-जलवायुवीय क्षेत्र हैं ? —*127*

109. वनारोपण को प्रोत्साहन करने वाला कार्यक्रम सामाजिक वानिकी किस वर्ष प्रारम्भ किया गया था ? —*1976 ई.*

110. किस राज्य को टैंक सिंचाई का परम्परागत क्षेत्र माना जाता है ? —*तमिलनाडु*

खेलकूद

111. नेताजी सुभाष राष्ट्रीय खेल संस्थान कहाँ है ? —*पटियाला (पंजाब)*

112. सचिन तेन्दुलकर ने अपना अन्तिम टेस्ट मैच किस स्टेडियम में खेला था ? —*वानखेड़े स्टेडियम*

113. अन्तर्राष्ट्रीय क्रिकेट परिषद् (आईसीसी) का मुख्यालय कहाँ है ? —*दुबई (यूएई) में*

114. मीराबाई चानू किस खेल से सम्बन्धित है ? —*वेट लिफ्टिंग*

115. सन्तोष ट्रॉफी किस खेल से सम्बन्धित है ? —*फुटबॉल*

116. टेनिस के प्रसिद्ध खिलाड़ी कार्लोस अल्काराज का सम्बन्ध किस देश से है ? —*स्पेन*

117. 'बीमर' शब्द का उल्लेख किस खेल से सम्बन्धित है ? —*क्रिकेट*

118. एशिया कप, 2025 का फाइनल किन दो टीमों के बीच खेला गया था ? —*भारत और पाकिस्तान*

119. भारतीय क्रिकेट के इतिहास में प्रथम अन्तर्राष्ट्रीय टेस्ट शतक बनाने का रिकॉर्ड किसके नाम है ? —*लाला अमरनाथ (वर्ष 1933-इंग्लैण्ड के विरुद्ध)*

120. किस स्थान को 'इण्डियन फुटबॉल का मक्का' नाम से भी जाना जाता है ? —*कोलकाता को*

विविध

121. 'एन ए फ्री स्टेट' नामक पुस्तक के लेखक हैं —*वी.एस. नायपॉल*

122. भारत सरकार द्वारा 9 जनवरी प्रत्येक वर्ष किस रूप में मनाया जाता है ? —*प्रवासी भारतीय दिवस*

123. भारत द्वारा अंटार्कटिक में स्थापित प्रथम अनुसंधान स्टेशन का नाम क्या था ? —*दक्षिण गंगोत्री*

124. जर्मनी निवासी डॉ. क्रिश्चियन फ्राइडरिक सैम्यूल हानेमैन किस चिकित्सा के जन्मदाता हैं ? —*होम्योपैथी चिकित्सा*

125. भारत के प्रथम उपग्रह 'आर्यभट्ट' को कहाँ से प्रक्षेपित किया गया था ? —*वोल्गोग्राद प्रक्षेपण केन्द्र (सोवियन संघ)*

126. चेर्नोबिल में न्यूक्लियर संयन्त्र आपदा हुई थी —*वर्ष 1986*

127. तंजानिया की राजधानी है —*डोडोमा*

128. 'कंगारू' किस देश का प्रतीक है ? —*ऑस्ट्रेलिया*

129. भारतीय वन सेवा की स्थापना कब की गई थी ? —*1 जुलाई, 1966*

130. बहुमूल्य रत्नों में और रत्न काटने की कला में निपुण व्यक्ति को कहते हैं —*लैपिडरी*

●●●

प्रारम्भिकी 2026 | भौगोलिक और भू-भौतिकीय घटनाएँ

महाराष्ट्र के 5 समुद्री तटों को अंतर्राष्ट्रीय ब्लू फ्लैग

- **चर्चा में क्यों ?**–12 अक्टूबर, 2025 को महाराष्ट्र की महिला एवं बाल विकास मंत्री अदिति तटकरे द्वारा की गई घोषणा के अनुसार, महाराष्ट्र के पाँच समुद्री तटों–रायगढ़ जिले के श्रीवर्धन और नागांव, पालघर जिले के परनाका, और रत्नागिरी जिले के गुहागर और लाडघर को प्रतिष्ठित अन्तर्राष्ट्रीय ब्लू फ्लैग प्रमाणन मिला है.

ब्लू फ्लैग प्रमाणन के बारे में

- यह प्रमाणन विश्व के सबसे मान्यता प्राप्त गैर-लाभकारी, स्वैच्छिक इको-लेबल में से एक है, जो समुद्र तटों और स्थायी नौका विहार पर्यटन संचालकों को प्रदान किया जाता है.
- यह प्रमाणन डेनमार्क के फाउण्डेशन फॉर एनवायरनमेंटल एजुकेशन द्वारा दिया जाता है.
- यह उन समुद्र तटों को दिया जाता है जो स्वच्छता, सौंदर्य और पर्यावरणीय स्थिरता से सम्बन्धित 33 कड़े मानदण्डों को पूरा करते हैं.
- मूल्यांकन में मुख्य रूप से निम्नलिखित पहलुओं को शामिल किया जाता है–पर्यावरण शिक्षा, पानी की गुणवत्ता, सुरक्षा, पर्यावरण प्रबंधन, सार्वजनिक सुविधाएँ.
- गौरतलब है कि ब्लू फ्लैग एक मौसमी पुरस्कार है जिसे प्रतिवर्ष नवीनीकृत किया जाना आवश्यक होता है, यह सुनिश्चित करता है कि समुद्र तट उच्च पर्यावरणीय और गुणवत्ता मानकों को लगातार बनाए रखें.

सुपरमून

- **चर्चा में क्यों ?**–भारत में 7 अक्टूबर, 2025 को एक अद्भुत सुपरमून दिखाई दिया, जो नवम्बर और दिसम्बर में फिर से दो बार दिखाई देगा.

सुपरमून क्या है ?

- एक 'सुपरमून' तब होता है जब पूर्णिमा चन्द्रमा की अपनी दीर्घवृत्ताकार कक्षा में पृथ्वी के सबसे नजदीक की स्थिति (जिसे पेरिजी/उपभू कहते हैं) के साथ मेल खाती है.
- इस शब्द को ज्योतिषी रिचर्ड नोल ने 1970 के दशक में लोकप्रिय बनाया था. यह शब्द आमतौर पर उस पूर्णिमा के लिए उपयोग किया जाता है जो पेरिगी के कम-से-कम 90% के भीतर होती है.
- सुपरमून साल में तीन से चार बार होता है और अक्सर लगातार दिखाई देता है.
- **विशेषता**–जब चन्द्रमा अपने पेरिगी पर होता है और सीधे सूर्य के विपरीत भी होता है, तो पूर्णिमा अपने सबसे दूर बिन्दु (अपोजी/अपभू) पर स्थित पूर्णिमा की तुलना में लगभग 14% बड़ा और 30% अधिक चमकीला दिखाई देता है.

ग्रेट ग्रीन वॉल पहल

- **चर्चा में क्यों ?** फण्ड की कमी के चलते रुके हुए ग्रेट ग्रीन वॉल पहल के निर्माण कार्य को आगे बढ़ाने के लिए फ्रांस, अफ्रीकी विकास बैंक तथा विश्व बैंक द्वारा क्रमश: $14 बिलियन, $6·5 बिलियन और $5 बिलियन की अनुदान राशि की घोषणा की गई है.

ग्रेट ग्रीन वॉल पहल के बारे में

- अफ्रीकी संघ द्वारा, 2007 में शुरू.
- **लक्ष्य**–अफ्रीका के साहेल और सहारा क्षेत्रों में मरुस्थलीकरण का मुकाबला करना, क्षतिग्रस्त भूमि को बहाल करना और आजीविका में सुधार करना.
- **शामिल देश**–इसकी शुरुआत 11 देशों (बुर्किना फासो, चाड, जिबूती, इरिट्रिया, इथियोपिया, माली, मॉरिटानिया, नाइजर, नाइजीरिया, सेनेगल और सूडान) के साथ हुई थी, और अब 22 साहेल देश इससे जुडें हैं.
- **लक्ष्य (2030 तक)**–100 मिलियन हेक्टेयर भूमि को बहाल करना. पर्यावरण सम्बन्धी नौकरियों में 10 मिलियन लोगों को रोजगार देना. सेनेगल (पश्चिम) से जिबूती (पूर्व) तक अफ्रीका में फैली 8,000 किमी लम्बी और 8 किमी चौड़ी पारिस्थितिक दीवार बनाना.
- **वित्तपोषण**–इस पहल के लिए $20 बिलियन अमेरिकी डॉलर से अधिक की प्रतिज्ञा की गई है.
- **दृष्टिकोण**–यह एक एकीकृत लैण्ड स्केप दृष्टिकोण का उपयोग करता है, जिससे प्रत्येक देश भूमि क्षरण, जलवायु अनुकूलन और शमन, जैव विविधता, वानिकी और स्थानीय आजीविका जैसे मुद्दों का समाधान करता है.
- **ग्रेट ग्रीन वॉल एक्सीलरेटर (2021)**–यह निगरानी को मजबूत करता है, हितधारकों के बीच सहयोग बढ़ाता है, और 2030 के लक्ष्यों की ओर पहल को बढ़ाने के लिए धन पर नजर रखता है.

भारत की अरावली ग्रीन वॉल परियोजना

- यह अफ्रीका की ग्रेट ग्रीन वॉल पहल से प्रेरित है.
- **लक्ष्य**–थार रेगिस्तान से फैल रहे मरुस्थलीकरण का मुकाबला करने के लिए 1,400 किमी लम्बी ग्रीन बेल्ट बनाकर अरावली पर्वत शृंखला को बहाल करना.
- **कार्यक्षेत्र**–यह परियोजना हरियाणा, राजस्थान, गुजरात और दिल्ली में अरावली लैण्डस्केप के आसपास 5 किमी चौड़े हरित बफर को शामिल करती है.
- **मुख्य गतिविधियाँ**–वनीकरण, क्षतिग्रस्त भूमि की बहाली, जल संसाधन प्रबंधन, और जैव विविधता संरक्षण पर ध्यान केन्द्रित करना, जिसमें सामुदायिक जुड़ाव और कृषि-वानिकी पर विशेष जोर दिया गया है.

भारत के दो नए रामसर स्थल

- **चर्चा में क्यों ?–बिहार की दो आर्द्र भूमियों–गोकुल जलाशय और उदयपुर झील को सितम्बर, 2025 में रामसर स्थल घोषित किया गया है.**
- इस घोषणा के बाद, बिहार में कुल रामसर स्थलों की संख्या 5 हो गई है, और भारत में यह संख्या बढ़कर 93 हो गई है.

1. गोकुल जलाशय रामसर स्थल (बक्सर)

- यह गंगा नदी के दक्षिणी किनारे पर स्थित एक गोखुर झील है, जिसका क्षेत्रफल 448 हेक्टेयर है.
- यह 50 से अधिक पक्षी प्रजातियों को आश्रय देती है. यह मानसून-पूर्व के मौसम में, जब दलदली भूमि उजागर होती है, पक्षियों के लिए भोजन और प्रजनन आवास प्रदान करती है.

2. उदयपुर झील रामसर स्थल (पश्चिम चम्पारण)

- यह उत्तर और पश्चिम में उदयपुर वन्यजीव अभयारण्य से घिरा हुआ है.
- यह गण्डक नदी द्वारा निर्मित एक प्राकृतिक गोखुर झील है, जो 319 हेक्टेयर क्षेत्र में फैली है.

- यह लगभग 35 प्रवासी पक्षी प्रजातियों के लिए एक महत्वपूर्ण शीतकालीन प्रवास स्थल है. यहाँ 280 से अधिक पौधों की प्रजातियाँ पाई जाती हैं. यह सुभेद्य कॉमन पोचार्ड, बार-हेडेड गीज, रूडी शेल्डक और यूरेशियन विजन जैसे महत्वपूर्ण पक्षियों को भी आश्रय देती है.

रामसर कन्वेंशन

- इसका उद्देश्य अन्तर्राष्ट्रीय महत्व की आर्द्रभूमियों के संरक्षण और उनके सतत् उपयोग को सुनिश्चित करना है.
- 2 फरवरी, 1971 को ईरान के रामसर शहर में इसकी शुरुआत की गई.
- भारत 1982 में इसका एक पक्षकार बना.

उष्णकटिबंधीय चक्रवात 'रगासा'

- **चर्चा में क्यों ?—सितम्बर 2025 में, सुपर टाइफून रगासा, जो स्थानीय रूप से 'नैंडो' के नाम से जाना जाता है, पूर्वोत्तर वियतनाम के ऊपर एक उष्णकटिबंधीय अवदाब में कमजोर हो गया. फिर भी, इसके कारण उत्तरी वियतनाम के प्रांतों में भारी वर्षा होने की आशंका है.**

सुपर टाइफून रगासा के मुख्य बिन्दु

- **प्रभावित क्षेत्र**—इसने फिलीपींस के लुजोन द्वीप के उत्तरी हिस्सों और ताइवान के हुलिएन काउण्टी को प्रभावित किया. इसका प्रभाव दक्षिण चीन, हांगकांग, मकाऊ और वियतनाम पर भी पड़ा.
- **उत्पत्ति और मार्ग**—
  - इसका निर्माण पश्चिमी प्रशांत महासागर के गर्म जल में हुआ.
  - यह लुजोन जलडमरूमध्य से होकर बाबुयान द्वीप समूह और दक्षिणी चीन की ओर बढ़ रहा था.
- **तीव्रता**—
  - इसे एक श्रेणी 5 के उष्णकटिबंधीय चक्रवात के रूप में वर्गीकृत किया गया था, जिसकी निरंतर पवन गति 280 किमी प्रति घण्टा थी.
  - इसकी तीव्रता के कारण इसे सुपर टाइफून कहा गया. इसे वर्ष का सबसे शक्तिशाली तूफान माना गया.

यूनेस्को की सम्भावित सूची में सात नए भारतीय प्राकृतिक विरासत स्थल

- **चर्चा में क्यों ?**—सितम्बर 2025 में भारत के सात प्राकृतिक विरासत स्थलों को यूनेस्को की सम्भावित सूची में जोड़ा गया.
- इसके साथ ही, इस सूची में भारत के कुल स्थलों की संख्या 62 से बढ़कर 69 हो गई है, जिनमें 49 सांस्कृतिक, 17 प्राकृतिक और 3 मिश्रित स्थल शामिल हैं.
- किसी भी स्थल को विश्व विरासत सूची में नामांकन के लिए सम्भावित सूची में शामिल होना एक पूर्व-आवश्यकता है.

यूनेस्को की सम्भावित सूची में शामिल सात नए स्थल

स्थल का नाम	स्थान	मुख्य विशेषताएँ
1. दक्कन ट्रैप्स (पंचगनी और महाबलेश्वर)	महाराष्ट्र (पश्चिमी घाट, कोयना वन्य-जीव अभयारण्य)	यह दुनिया के कुछ सर्वोत्तम संरक्षित लावा प्रवाहों का स्थल है, जो विशाल दक्कन ट्रैप्स का हिस्सा हैं. इसे भारतीय भू-वैज्ञानिक सर्वेक्षण (GSI) द्वारा भू-विरासत स्थल के रूप में चिह्नित किया गया है.
2. सेंट मैरी द्वीप समूह की भू-वैज्ञानिक विरासत	कर्नाटक	यह दुर्लभ स्तंभकार बेसाल्टिक चट्टान संरचनाओं के लिए प्रसिद्ध है. यह समूह लगभग 85 मिलियन वर्ष पहले के भू-वैज्ञानिक इतिहास को दर्शाता है. इसे 1978 से GSI द्वारा राष्ट्रीय भू-वैज्ञानिक स्मारक घोषित किया गया है.
3. मेघालयियन युग की गुफाएँ	मेघालय	यह गुफा प्रणालियाँ होलोसीन युग के मेघालयियन काल के लिए वैश्विक सन्दर्भ बिन्दु का कार्य करती हैं. मावमलुह गुफा पहले से ही दुनिया के पहले 100 भू-वैज्ञानिक रूप से महत्वपूर्ण स्थलों में सूचीबद्ध है.
4. नागा पहाड़ी ओफियोलाइट	नगालैण्ड	यह ओफियोलाइट चट्टानों का एक दुर्लभ प्रदर्शन है, जो समुद्री क्रस्ट के महाद्वीपीय प्लेटों पर ऊपर उठने को दर्शाता है. यह स्थल फाकिम वन्य जीव अभयारण्य के साथ अति व्यापन करता है.
5. एर्रा मट्टी डिब्बालु (लाल रेत के टीले)	आंध्र प्रदेश (विशाखापट्टनम का तटीय क्षेत्र)	ये लाल रेत संरचनाएँ अद्वितीय पुरा-जलवायु और तटीय भू-आकृति विज्ञान की विशेषताओं को प्रदर्शित करती हैं. इसका दस्तावेजीकरण GSI द्वारा 1886 में किया गया था.
6. तिरुमाला पहाड़ियों की प्राकृतिक विरासत	आंध्र प्रदेश (शेषाचलम बायो-स्फीयर रिजर्व, वेंकटेश्वर राष्ट्रीय उद्यान के भीतर)	इसमें एपार्चियन अनकन्फॉर्मिटी शामिल है, जो प्राचीन प्रीकैम्ब्रियन चट्टानों और युवा भू-वैज्ञानिक संरचनाओं के बीच एक दुर्लभ भू-वैज्ञानिक सीमा को दर्शाती है. इसमें प्रतिष्ठित सिलाथोरनम (प्राकृतिक मेहराब) भी शामिल है.
7. वर्कला चट्टानें	केरल (अरब सागर के सम्मुख)	केरल के इस तटीय क्षेत्र में मियो–प्लीओसीन युग केवरकल्ली निर्माण की चट्टानें उजागर होती हैं. इनमें प्राकृतिक झरने और आकर्षक अपरदन भू-आकृतियाँ मौजूद हैं.

पंजाब में आई भीषण बाढ़

- **चर्चा में क्यों ?—दक्षिण-पश्चिम मानसून 2025 के दौरान में पंजाब ने इतिहास की सबसे भीषण बाढ़ों में से एक का सामना किया है. अत्यधिक बाढ़ के कारण पंजाब राज्य सरकार द्वारा सभी 23 जिलों को बाढ़ प्रभावित घोषित करना पड़ा.**

पंजाब में बार-बार आने वाली बाढ़ के प्रमुख कारण

- **पंजाब का भूगोल और नदियाँ**—पंजाब तीन बड़ी नदियों (रावी, ब्यास, सतलुज) और कुछ छोटी नदियों (घग्गर, चोए) का प्रवाह क्षेत्र है. मानसून के दौरान, भारी वर्षा से ये नदियाँ उफान पर आ जाती हैं. बाढ़ को रोकने के लिए राज्य में मिट्टी के तटबंध (बंध/धुस्सी बंध) बनाए गए हैं, लेकिन भारी बारिश के दौरान ये अक्सर टूट जाते हैं.
- **अत्यधिक वर्षा**—हिमाचल प्रदेश में अत्यधिक भारी वर्षा के कारण ब्यास नदी में 50,000 से 55,000 क्यूसेक का प्रवाह हुआ, जिससे कपूरथला, तरनतारन, फिरोजपुर, फाजिल्का और होशियारपुर में बाढ़ आ गई. इसी समय, दक्षिणी पंजाब क्षेत्र में भारी वर्षा हुई, जिससे लुधियाना, जालंधर, रोपड़, नवांशहर और मोगा में जल-जमाव हो गया. मौसम विज्ञान विभाग (IMD) के अनुसार, पंजाब, हिमाचल प्रदेश और जम्मू-कश्मीर में इस वर्ष

सामान्य से 45% से अधिक वर्षा दर्ज की गई, जो मौसमी औसत से काफी अधिक है.

- **बड़े बाँधों की भूमिका**—पंजाब की नदियाँ तीन प्रमुख बाँधों द्वारा नियंत्रित हैं—भाखड़ा (सतलुज), पोंग (ब्यास) और रणजीत सागर (रावी). इन बाँधों में सिंचाई और बिजली के लिए पानी जमा किया जाता है. अत्यधिक बारिश से जलाशयों के सुरक्षित सीमा से अधिक भर जाने पर, बाँध अधिकारियों को पानी छोड़ना पड़ता है ताकि बाँध टूटने की भयावह स्थिति से बचा जा सके. भाखड़ा ब्यास प्रबंधन बोर्ड (BBMB) भण्डारण और जल निकासी को 'नियम वक्र' के माध्यम से नियंत्रित करता है, लेकिन अत्यधिक वर्षा के दौरान अचानक पानी छोड़ना अपरिहार्य हो जाता है. इस वर्ष, पोंग बाँध में जल प्रवाह 2023 की तुलना में लगभग 20% अधिक था, और भाखड़ा बाँध में भी बहुत अधिक जल प्रवाह देखा गया.
- **कमजोर तटबंध और अवैध खनन**—पंजाब के मिट्टी के तटबंध (धुस्सी बंध) अक्सर खराब स्थिति में होते हैं और भारी बाढ़ के दौरान टूट जाते हैं. अवैध रेत खनन ने इन तटबंधों को और भी कमजोर कर दिया है.

दुर्लभ 'ब्लड मून' घटना

- **चर्चा में क्यों ?**—7 सितम्बर, 2025 को एक दुर्लभ 'ब्लड मून' दिखाई दिया, जो वर्ष 2022 के बाद सबसे लम्बी घटना थी. यह खगोलीय घटना एशिया और यूरोप में व्यापक रूप से दृश्यमान थी.

ब्लड मून की अवधारणा

- ब्लड मून पूर्ण चन्द्र ग्रहण के दौरान चन्द्रमा की लाल या नारंगी-लाल चमक को दिया गया नाम है.
- यह तब होता है जब सूर्य, पृथ्वी और चन्द्रमा एक सीधी रेखा में आते हैं और पृथ्वी सूर्य के प्रकाश को चन्द्रमा तक पहुँचने से रोकती है.

घटना का वैज्ञानिक कारण

1. **प्रकाश का निस्पंदन**—चन्द्रमा पृथ्वी की पूर्ण छाया में होता है, जिससे सूर्य का सीधा प्रकाश उस तक नहीं पहुँच पाता.
2. **रेले प्रकीर्णन**—
   - सूर्य का प्रकाश पृथ्वी के वायुमण्डल से होकर गुजरता है. नीली (छोटी) तरंगदैर्घ्य वाली किरणें वायुमण्डल के कणों द्वारा प्रकीर्णित हो जाती है. (इसीलिए आकाश नीला दिखता है).
   - लाल (लम्बी) तरंगदैर्घ्य वाली किरणें प्रकीर्णित होने के बजाए अपवर्तित होकर मुड़ जाती हैं और पृथ्वी की छाया के किनारों से होकर चन्द्रमा तक पहुँचती हैं.
3. **लालिमा**—यही अपवर्तित लाल प्रकाश चन्द्रमा को प्रकाशित करता है, जिससे वह लाल रंग का दिखाई देता है.
   यह घटना वायुमण्डल की एक परत के माध्यम से दूरस्थ खगोलीय पिंड को रंगने वाले एक प्राकृतिक फिल्टर के रूप में कार्य करने का एक उत्कृष्ट उदाहरण है.

उत्तराखण्ड के उत्तरकाशी में मेघ प्रस्फोट और आकस्मिक बाढ़

- **चर्चा में क्यों ?**—अगस्त 2025 में उत्तराखण्ड के उत्तरकाशी के ऊँचाई वाले गाँवों में मेघ प्रस्फोट (बादल फटने) की घटना हुई, जिसके कारण आकस्मिक बाढ़ आ गई.

मेघ प्रस्फोट की घटना

- **परिभाषा**—मेघ प्रस्फोट एक अत्यधिक वर्षा की घटना है, जिसमें एक सीमित भौगोलिक क्षेत्र (आमतौर पर 20-25 वर्ग किमी से कम) में बहुत कम समय के भीतर भारी मात्रा में वर्षा होती है.
- **मानदण्ड**—भारतीय मौसम विज्ञान विभाग (IMD) के अनुसार, किसी छोटे क्षेत्र में 100 मिमी प्रति घण्टा से अधिक की वर्षा को मेघ प्रस्फोट माना जाता है.
- **कारण**—यह मुख्य रूप से पर्वतीय क्षेत्रों (जैसे—उत्तराखण्ड, हिमाचल प्रदेश में ओरोग्राफिक लिफ्ट के कारण होता है. इस प्रक्रिया में, नमी से भरी हवा भू-भाग (पहाड़ों) के कारण तेजी से ऊपर उठती है और अचानक ठण्डी होकर भारी वर्षा करती है.

आकस्मिक बाढ़ के बारे में

- **परिभाषा**—आकस्मिक बाढ़ तब आती है जब थोड़े समय में, अक्सर तेज वर्षा के कुछ मिनटों या घण्टों के भीतर, एक क्षेत्र में भारी मात्रा में पानी भर जाता है.
- **विशेषताएँ**—
  - यह सामान्य बाढ़ के विपरीत अत्यंत तेजी और बल के साथ आती है.
  - जल स्तर 30 मिनट से भी कम समय में बढ़ सकता है, जिससे लोगों को सुरक्षित स्थान पर जाने का बहुत कम समय मिलता है.
- **मुख्य कारण**—
  - थोड़े समय में अत्यधिक वर्षा.
  - तीव्र ढलान जो पानी को तेजी से नीचे की ओर प्रवाहित करते हैं.
  - नदियों में अवरोध या बाँधों के टूटने से पानी का अचानक छोड़ा जाना.

नेपाल में हिमनदी झील विस्फोट बाढ़

- **चर्चा में क्यों ?**—8 जुलाई, 2025 को नेपाल में एक हिमनद झील विस्फोट बाढ़ (GLOF) की घटना हुई, जिसके कारण आकस्मिक बाढ़ (Flash Flood) आ गई और चीन द्वारा निर्मित मैत्री पुल बह गया.

हिमनदी झील विस्फोट बाढ़ के बारे में

- **परिभाषा**—यह अत्यधिक परिमाण की आकस्मिक बाढ़ है जो तब आती है जब प्राकृतिक बाँध जो बर्फ, चट्टान या हिमनद अंतिम शैलभित्ति से बने होते हैं और हिमनदी झीलों के पानी को रोके रखते हैं और टूट जाते हैं.
- ये हिमनदी झीलें आमतौर पर अधिक ऊँचाई वाले क्षेत्रों में ग्लेशियरों के पिघलने के परिणाम स्वरूप बनती हैं.
- **प्रमुख कारण**—
  - भूमण्डलीय तापन और हिमनद का पिघलना.
  - बर्फ या हिमस्खलन.
  - भूकम्प, भूस्खलन, और आंतरिक जल गतिकी.

GLOFs के प्रति भारत की सुभेद्यता

- **ग्लेशियरों का पिघलना**—हिन्दूकुश-हिमालय शृंखला में 54,000 से अधिक ग्लेशियर जलवायु परिवर्तन के कारण खतरनाक दर से पीछे हट रहे हैं.
- **तापमान वृद्धि**—1951 और 2020 के बीच इस क्षेत्र में औसत तापमान 0·28°C प्रति दशक बढ़ा है, जिसने हिमनद झीलों के निर्माण और ग्लेशियरों के पीछे हटने की प्रक्रिया को तेज किया है.
- **जोखिम**—वैज्ञानिक आकलन बताते है. कि पूर्वी हिमालय पश्चिमी हिमालय की तुलना में GLOFs के प्रति दोगुनी अधिक संवेदनशील हैं आशंका है कि यह खतरा 2050 तक तिगुना हो जाएगा.

विंटर फॉग एक्सपेरिमेंट (WiFEX) के 10 सफल वर्ष

- **चर्चा में क्यों ?**—विंटर फॉग एक्सपेरिमेंट (WiFEX) ने उत्तर भारत के घने शीतकालीन कोहरे और दैनिक जीवन तथा विमानन सुरक्षा पर इसके प्रभाव के समर्पित अनुसंधान के 10 सफल वर्ष पूरे कर लिए हैं.

WiFEX के मुख्य बिन्दु

- **परिचय**—WiFEX दुनिया के उन कुछ दीर्घकालिक खुले मैदान प्रयोगों में से एक है जो विशेष रूप से कोहरे पर केन्द्रित है.
- **उद्देश्य**—कोहरे की विशेषताओं, गतिशीलता, ऊष्मागतिकी, और कोहरे की सूक्ष्मभौतिकी का अध्ययन करना. कोहरे

के जीवनचक्र की बेहतर समझ प्राप्त करना और अंततः कोहरे के पूर्वानुमान की क्षमता में सुधार करना.

- **शुभारम्भ**—इसे 2015 की सर्दियों में नई दिल्ली के इंदिरा गाँधी अन्तर्राष्ट्रीय हवाई अड्डे (IGIA) पर लॉन्च किया गया था.
- **निष्पादक संस्थाएँ**—इसका नेतृत्व भारतीय उष्णकटिबंधीय मौसम विज्ञान संस्थान (पृथ्वी विज्ञान मंत्रालय के तहत्) द्वारा किया जाता है.
- **कवरेज क्षेत्र**—IGIA के साथ-साथ जेवर हवाई अड्डा (नोएडा) और हिसार (हरियाणा) के डेटा को कवर किया जाता है.
- **तकनीक**—वैज्ञानिकों ने तापमान की परतों, आर्द्रता, हवा, अशांति, मिट्टी की ऊष्मा और एरोसोल पर विस्तृत डेटा एकत्र करने के लिए उन्नत उपकरण, माइक्रो-मेटियोरोलॉजी टॉवर और सीलोमीटर तैनात किए हैं.
- **परिणाम**—
  - इस प्रयोग से परिचालन पूर्वानुमान के लिए एक उच्च-रिजॉल्यूशन (3 किमी) संभाव्य कोहरा पूर्वानुमान मॉडल का विकास हुआ है.
  - यह मॉडल कोहरे के शुरुआत, घनत्व, अवधि और छंटने का मजबूती से पूर्वानुमान कर सकता है, जिसने बहुत घने कोहरे (200 मीटर से कम दृश्यता) के लिए 85% से अधिक सटीकता हासिल की है.
- **महत्व**—विमानन क्षेत्र के लिए कम खर्चीले डायवर्जन, कम देरी, सुरक्षित रनवे, और चुनौतीपूर्ण शीतकालीन कोहरे के मौसम के दौरान अधिक सूचित यात्रा को सुनिश्चित करना.
- **अगला चरण (WiFEX-II)**—इसे उत्तर भारत के अधिक हवाई अड्डों तक स्थानीयकृत, रनवे-विशिष्ट कोहरा भविष्यवाणियों का विस्तार करने के लिए तैयार किया जा रहा है.

संवर्धित शैल अपक्षय

- **चर्चा में क्यों ?**—हाल ही में, बड़ी कम्पनियाँ (जैसे—टेक और एयरलाइन फर्म) अपने उत्सर्जन की भरपाई के लिए संवर्धित शैल अपक्षय (Enhanced Rock Weathering–ERW) परियोजनाओं से कार्बन क्रेडिट खरीद रही हैं.

संवर्धित शैल अपक्षय क्या है ?

- यह एक अभिनव, प्रकृति-आधारित तकनीक है जो पृथ्वी की प्राकृतिक शैल अपक्षय प्रक्रिया को तेज करके जलवायु परिवर्तन से लड़ती है.
- **मूल प्रक्रिया**—अपक्षय तब होता है जब हवा या मिट्टी में CO_2 पानी में घुलकर कार्बनिक एसिड बनाती है, जो चट्टानों को तोड़ता है. यह प्रक्रिया वायुमण्डल से CO_2 को खींचकर बाइकार्बोनेट (और अंततः चूना पत्थर) के रूप में स्थायी रूप से बंद कर देती है.
- यह इस प्राकृतिक प्रक्रिया को तेज करता है. इसके लिए, बेसाल्ट जैसी तेजी से अपक्षय होने वाली चट्टानों को बारीक पीसा जाता है ताकि उनका सतह क्षेत्र बढ़ जाए, जिससे CO_2 को सोखने की दर बढ़ जाती है.

प्रभावशीलता और लाभ

- **मापन की चुनौती**—चूँकि यह एक नई तकनीक है, इसलिए यह कितना कार्बन हटा सकती है, इस पर सवाल हैं. इसकी दर चट्टान के प्रकार, जलवायु (नमी/ताप), और मिट्टी प्रबंधन जैसे कई चरों पर निर्भर करती है, जिससे कार्बन निष्कासन को मापना कठिन हो जाता है.
- **अतिरिक्त लाभ**—पिसी हुई चट्टान मिट्टी की क्षारीयता बढ़ाती है, जिससे फसल की वृद्धि और मिट्टी के पोषक तत्वों में सुधार हो सकता है.

थर्स्टवेव्स

- **चर्चा में क्यों ?**—एक हालिया शोध के अनुसार, थर्स्टवेव्स (Thirstwaves) की गम्भीरता और आवृत्ति में वृद्धि हुई है, विशेष रूप से फसल उगाने के मौसम में, जो कृषि और जल प्रबंधन के लिए एक गम्भीर खतरा है.

थर्स्टवेव्स के बारे में—

- यह एक नवगठित शब्द है जिसे शोधकर्ताओं मीटपाल कुकल और माइक हॉबिन्स ने पेश किया है.
- **परिभाषा**—इसे कम-से-कम तीन लगातार दिनों की अवधि के रूप में परिभाषित किया गया है जब वायुमण्डल की वाष्पीकरण की दर अत्यधिक हो जाती है.
- **वाष्पीकरण माँग**—यह वायुमण्डल की वह 'प्यास' है जो यह निर्धारित करती है कि यदि पर्याप्त जल उपलब्ध हो तो वह भूमि और पौधों से कितनी नमी सोख सकता है.
- **बढ़ता चलन**—पिछले चार दशकों में थर्स्टवेव्स अधिक तीव्र, अधिक बारंबार और अधिक लम्बे समय तक हो गए हैं, जिससे फसलें अधिक प्रभावित हो रही हैं.

भारत की समुद्री तटरेखा में हुई वृद्धि

- **चर्चा में क्यों ?**—मई 2025 में भारत की आधिकारिक तटरेखा की लम्बाई 7,516 किमी से बढ़कर 11,098 किमी (सर्वे ऑफ इण्डिया डिपार्टमेंट ऑफ साइंस एण्ड टेक्नोलॉजी की रिपोर्ट के आधार पर) हो गई है, जो लगभग 48% की वृद्धि दर्शाती है.

वृद्धि के मुख्य कारण

- **नए मापन तकनीकें**—पहले का मापन $1:4,500,000$ के स्केल पर आधारित था, जबकि वर्तमान आकलन $1:250,000$ के उच्च रिजॉल्यूशन डेटा का उपयोग करता है. उच्च रिजॉल्यूशन डेटा तट रेखा के मोड़ों और वक्रों को अधिक सटीकता से मापता है. निम्न-रिजॉल्यूशन डेटा में ये विवरण छूट जाते थे और तटरेखा सीधी दिखाई देती थी, जिससे लम्बाई कम आती थी.
- **ऑफ-शोर द्वीपों का समावेशन**—पिछली गणनाओं में कई ऑफ-शोर द्वीपों की तट रेखाओं को छोड़ दिया गया था, जिन्हें अब कुल लम्बाई में जोड़ा गया है.

राज्यों के साथ भारत की तटरेखा की लम्बाई

राज्य/केन्द्र शासित प्रदेश	तटरेखा की लम्बाई (किमी में)
गुजरात	2,340·62
महाराष्ट्र	877·97
गोवा	193·95
कर्नाटक	343·3
केरल	600·15
तमिलनाडु	1,068·69
आंध्र प्रदेश	1,053·07
ओडिशा	574·71
पश्चिम बंगाल	721·02
दमन और दीव	54·38
पांडिचेरी	42·65
लक्षद्वीप	144·8
अण्डमान और निकोबार	3,083·50

स्रोत—पत्तन, पोत परिवहन एवं जलमार्ग मंत्रालय

हीट वेव से भिन्नता

आधार	थर्स्टवेव	हीट वेव
कारक	बहु-कारकीय—तापमान, आर्द्रता, सौर विकिरण और हवा की गति का संयोजन.	मुख्य रूप से—उच्च तापमान और हवा के पैटर्न.
प्रकृति	वायुमण्डल की नमी-अवशोषित करने की क्षमता को दर्शाता है.	वायुमण्डल के गर्म होने को दर्शाता है.

तटरेखा विरोधाभास

- तटरेखा की लम्बाई में वृद्धि, एक गणितीय परिघटना जिसे 'तटरेखा विरोधाभास' कहते हैं, के सिद्धांत को दर्शाती है जिसका तात्पर्य है कि मापन का स्केल जितना बारीक होता जाता है, तटरेखा की मापी गई लम्बाई अनिश्चित काल तक बढ़ती जाती है, क्योंकि छोटे-छोटे मोड़, खाड़ियाँ और चट्टानें (जो तटरेखा की फ्रैक्टल प्रकृति के कारण होते हैं) सामने आने लगते हैं.
- यह विरोधाभास नदी बेसिन और पर्वत शृंखलाओं जैसी अन्य प्राकृतिक विशेषताओं पर भी लागू होता है.

द्वीपों की संख्या का पुनर्मूल्यांकन

- **पुनर्मूल्यांकन के बाद की संख्या**—विभिन्न सरकारी एजेंसियों से डेटा सामंजस्य स्थापित करने के बाद, देश में कुल द्वीपों (ऑफ-शोर और इन-शोर) की संख्या अब 1,389 है.
  - ऑफ-शोर द्वीप—1,298
  - इन-शोर द्वीप—91

  गौरतलब है कि इस गणना में असम और पश्चिम बंगाल जैसे राज्यों के बड़ी संख्या में नदी द्वीप शामिल नहीं हैं.

भारत में हींग की खेती

- **चर्चा में क्यों ?**—वैज्ञानिक और औद्योगिक अनुसंधान परिषद् (CSIR) ने 28 मई, 2025 को हिमाचल प्रदेश के पालमपुर में हींग में पहली बार फूल आने और बीज बनने की सूचना दी, जो भारत में इसकी सफल खेती की सम्भावना को दर्शाता है.
- यह भारत के लिए एक बड़ी उपलब्धि है क्योंकि भारत हींग का दुनिया का सबसे बड़ा उपभोक्ता है, लेकिन घरेलू उत्पादन शून्य है. वर्तमान में इसे अफगानिस्तान, ईरान और उज्बेकिस्तान से आयात किया जाता है.

हींग के बारे में

- यह अम्बेलिफेरा परिवार का एक शाकीय पौधा है.
- यह एक बारहमासी पौधा है, जिससे रोपण के पाँच वर्ष बाद जड़ों से ओलियो-गम रेजिन प्राप्त होता है.
- **उपयुक्त जलवायु और मिट्टी**—
  - यह ठण्डे, शुष्क वातावरण में पनपता है.
  - इसके लिए रेतीली, अच्छी जल निकासी वाली और कम नमी वाली मिट्टी की आवश्यकता होती है.
  - 200 मिमी या उससे कम वार्षिक वर्षा आदर्श है; 300 मिमी तक सहन कर सकता है अत्यधिक वर्षा या उच्च मिट्टी की नमी विकास को बाधित करती है.
  - यह 10-20°C में फलता-फूलता है और –4°C तक की ठण्ड भी सह सकता है.
- **भारत में उपयुक्तता**—इसकी आवश्यकताओं के कारण लाहौल-स्पीति और उत्तरकाशी जैसे उच्च ऊँचाई वाले, अर्ध-शुष्क क्षेत्र इसकी खेती के लिए उपयुक्त हैं.

पश्चिमी विक्षोभ से प्रभावित हुआ उत्तर भारत का मौसम

- **चर्चा में क्यों ?** उत्तर भारत में पश्चिमी विक्षोभ (Western Disturbance) सक्रिय होने के कारण दिल्ली और आसपास के क्षेत्रों में भारी बारिश और तेज हवाएँ चलीं, जिससे जलभराव हुआ और हवाई अड्डों पर उड़ानों में देरी हुई.

पश्चिमी विक्षोभ के बारे में

- पश्चिमी विक्षोभ पूर्व की ओर बढ़ने वाली, अतिरिक्त-उष्णकटिबंधीय मौसम प्रणालियाँ हैं, जो भारतीय उपमहाद्वीप के उत्तर-पश्चिमी हिस्सों में अचानक सर्दियों में वर्षा लाती हैं.
- **उत्पत्ति और मार्ग**—
  - ये विक्षोभ ईरान और अफगानिस्तान से परे उत्पन्न होते हैं, और पाकिस्तान से होते हुए भारत पहुँचते हैं.
  - ये ध्रुवीय और उष्णकटिबंधीय वायु राशियों की परस्पर क्रिया के कारण बनने वाले निम्न दबाव प्रणालियों द्वारा संचालित होते हैं.
- ये प्रणालियाँ भूमध्य सागर, काला सागर, कैस्पियन सागर और कभी-कभी अरब सागर से नमी उठाती हैं.
- ये उप-उष्णकटिबंधीय पश्चिमी जेट स्ट्रीम में अंतःस्थापित होते हैं, जो हिमालय और तिब्बती पठार के ऊपर उच्च ऊँचाई पर पश्चिम से पूर्व की ओर बहती है.
- **समय**—ये आमतौर पर बोरियल शीतकालीन महीनों (दिसम्बर से मार्च) के दौरान सबसे अधिक सक्रिय होते हैं, लेकिन मानसून-पूर्व और मानसून-पश्चात् की अवधियों में भी मौसम को प्रभावित कर सकते हैं.
- **भौगोलिक प्रभाव**—भारत में, ये पंजाब, हरियाणा, राजस्थान, हिमाचल प्रदेश, उत्तराखण्ड और उत्तर प्रदेश के कुछ हिस्सों जैसे राज्यों में शीतकालीन वर्षा लाते हैं. साथ ही हिमालय में बर्फबारी और मैदानी इलाकों में शीतलहर की स्थिति के लिए जिम्मेदार होते हैं.
- **कृषि के लिए महत्व**—ये विक्षोभ रबी फसलों, विशेष रूप से गेहूँ, के लिए आवश्यक शीतकालीन वर्षा प्रदान करके बहुत लाभकारी होते हैं. हालाँकि, अत्यधिक वर्षा या बेमौसम तूफान खड़ी फसलों को नुकसान पहुँचा सकते हैं.

चर्चित स्थल

बाराटांग द्वीप

- 2 अक्टूबर, 2025 को अण्डमान और निकोबार द्वीप समूह के बाराटांग द्वीप पर स्थित भारत का एकमात्र मिट्टी का ज्वालामुखी दो दशकों से अधिक की निष्क्रियता के बाद फिर से फट गया.

बाराटांग द्वीप के बारे में

- यह उत्तरी और मध्य अण्डमान जिले में स्थित है, जो पोर्ट ब्लेयर से लगभग 150 किमी दूर है.
- बाराटांग द्वीप को रांचीवालास द्वीप के नाम से भी जाना जाता है.
- **जनजातीय निवास**—यह द्वीप मुख्य रूप से छोटा नागपुरी प्रवासी जनजातियों द्वारा बसा हुआ है. यह द्वीप जारवा जनजाति का भी घर है, जो अण्डमान और निकोबार द्वीप समूह की स्वदेशी जनजातियों में से एक है.
- **विशिष्ट विशेषताएँ**—बाराटांग द्वीप की प्रमुख विशेषताओं में चूना पत्थर

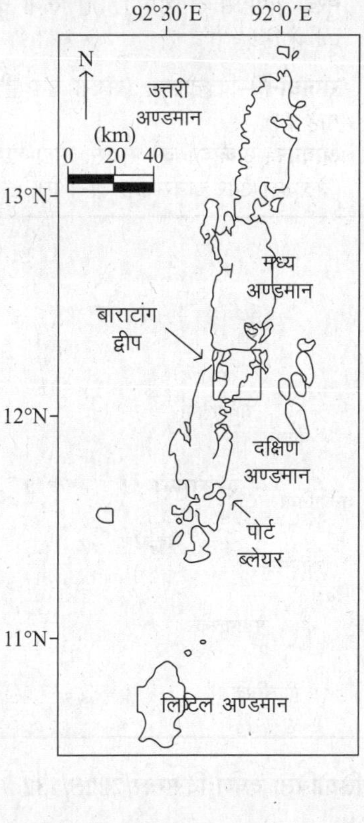

की गुफाएँ, मिट्टी का ज्वालामुखी, पैरेट द्वीप और बलुडेरा समुद्र तट शामिल हैं.

बारातांग मिट्टी का ज्वालामुखी

- इसे स्थानीय रूप से 'जालकी' कहा जाता है.
- यह भारत का एकमात्र मिट्टी का ज्वालामुखी है.
- **विस्फोट की प्रक्रिया**—पृथ्वी के अंदर सड़ते हुए जैविक पदार्थ से गैसें उत्पन्न होती हैं. ये गैसें सतह के नीचे दबाव बनाती हैं. यह दबाव मिट्टी और गैस को ऊपर की ओर धकेलता है. जब ये मिट्टी और गैस बाहर निकलती हैं, तो वे बुलबुले और क्रेटर बनाती हैं जो मिट्टी के ज्वालामुखी को आकार देते हैं.
- **उत्सर्जन**—इससे मिट्टी, विघटित जैविक पदार्थ और गैसों के मिश्रण को बाहर निकलते हैं, जिससे छोटे क्रेटरों और विशिष्ट सतह विशेषताओं वाला एक बुदबुदाता कुण्ड बन जाता है.
- अंतिम हिंसक विस्फोट 2005 में दर्ज किया गया था.

सेशेल्स

- 1 सितम्बर, 2025 को भारतीय नौसेना का पहला प्रशिक्षण स्क्वाड्रन (आईएनएस तीर, आईएनएस शार्दुल और आईसीजीएस सारथ) दक्षिण पश्चिम हिन्द महासागर क्षेत्र में एक लम्बी दूरी के प्रशिक्षण मिशन के दौरान पोर्ट विक्टोरिया, सेशेल्स पहुँचा.
- **भौगोलिक स्थिति**—हिंद महासागर में स्थित 115 द्वीपों का एक समूह. अफ्रीकी मुख्य भूमि से लगभग 1500 किमी दूर पूर्व में स्थित है.
- **राजधानी**—विक्टोरिया (सबसे बड़े द्वीप माहे पर).
- **आकार**—अफ्रीका का सबसे छोटा राष्ट्र (क्षेत्रफल और जनसंख्या दोनों में).

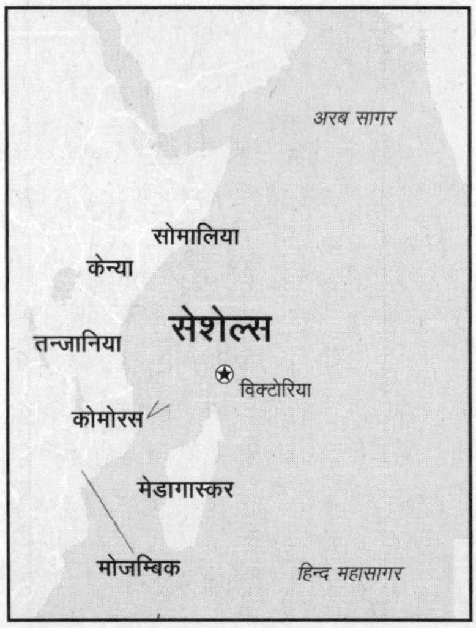

- **सामरिक महत्व**—
  - यह प्रमुख समुद्री व्यापार मार्गों पर स्थित है.
  - भारत के लिए हिन्द महासागर में चीन के बढ़ते प्रभाव का मुकाबला करने के लिए एक महत्वपूर्ण भागीदार है.

चोलपोन-अता (किर्गिजस्तान)

- 31 अगस्त से 1 सितम्बर, 2025 तक चीन के तियानजिन में आयोजित 25वें शंघाई सहयोग संगठन (SCO) शिखर सम्मेलन में किर्गिजस्तान के चोलपोन-अता शहर को 2025-2026 के लिए 'SCO की पर्यटन और सांस्कृतिक राजधानी/घोषित किया गया.
- यह निर्णय संगठन के सदस्य देशों के बीच सांस्कृतिक सहयोग को बढ़ावा देने की दिशा में एक महत्वपूर्ण कदम है.
- चोलपोन-अता, किर्गिजस्तान के इस्सिक-कुल प्रांत में स्थित एक प्रमुख पर्यटन स्थल है.
- यह शहर इस्सिक-कुल झील के उत्तरी तट पर बसा है, जो दुनिया की सबसे बड़ी और गहरी अल्पाइन झीलों में से एक है.
- यह झील सर्दियों में भी नहीं जमती, जिससे यह पूरे वर्ष पर्यटकों के लिए आकर्षण का केन्द्र बनी रहती है.

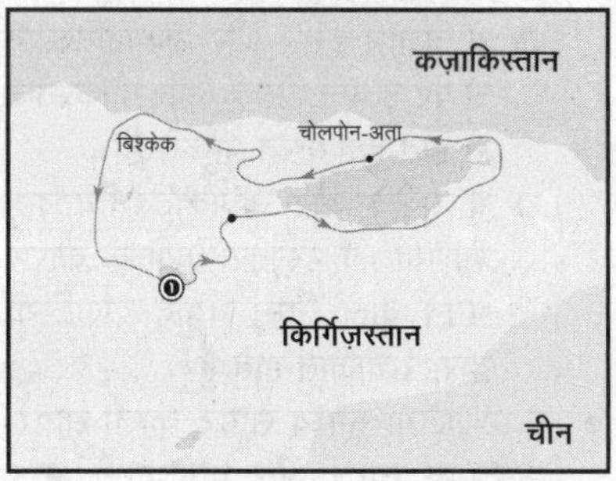

किर्गिजस्तान : भौगोलिक परिचय

- **राजधानी**—बिश्केक
- **स्थान**—मध्य एशिया में स्थित एक स्थलरुद्ध देश
- **सीमाएँ**—उत्तर में कजाकिस्तान, पश्चिम में उज्बेकिस्तान, दक्षिण में ताजिकिस्तान और पूर्व में चीन
- **भू-आकृति**—देश का लगभग 90% भाग पर्वतीय है और यह तियान शान पर्वतमाला का हिस्सा है.

सर बानी यस द्वीप

- 20 अगस्त, 2025 को अबू धाबी के सर बानी यस द्वीप पर स्थित प्राचीन स्थल से 1,400 वर्ष पुराना एक ईसाई क्रॉस (सलीब) प्राप्त हुआ है.
- **अवस्थिति**—यह अबू धाबी से लगभग 170 किमी दक्षिण-पश्चिम में स्थित है और यह संयुक्त अरब अमीरात का सबसे बड़ा प्राकृतिक द्वीप है.

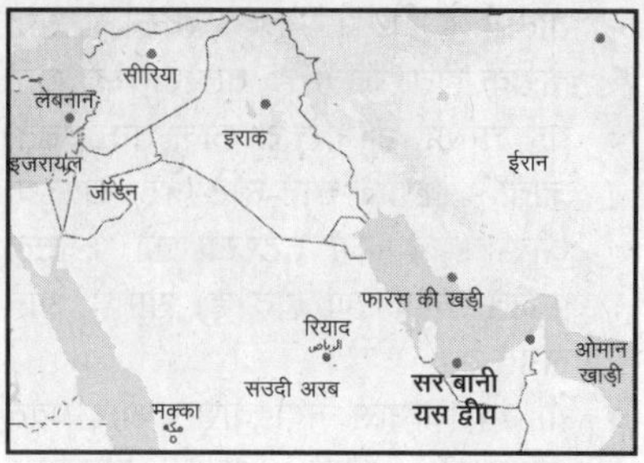

- इस द्वीप को 1971 में एक प्राकृतिक अभयारण्य घोषित किया गया था.
- यह अब अरेबियन वाइल्ड लाइफ पार्क का हिस्सा है और यहाँ 17,000 से अधिक जानवर रहते हैं.
- यहाँ पर अरेबियन ओरिक्स, जिराफ और गजेल जैसे कई लुप्तप्राय और दुर्लभ जानवर स्वतंत्र रूप से घूमते हैं.
- इस द्वीप पर 7वीं शताब्दी का एक ईसाई मठ भी है, जिसे 1992 में फिर से खोजा गया था. यह यूएई में खोजा गया पहला और एकमात्र ज्ञात ईसाई स्थल है.

डार्डानेल्स जलडमरूमध्य

- 8 अगस्त, 2025 को उत्तर-पश्चिमी तुर्किए में जंगल की आग के कारण डार्डानेल्स जलडमरूमध्य को समुद्री यातायात के लिए अस्थायी रूप से बंद कर दिया गया.
- **भौगोलिक स्थिति**—यह तुर्किए में एक सँकरा जलमार्ग है जो यूरोप के गैलीपोली प्रायद्वीप को एशिया माइनर से अलग करता है.
- **जलमार्ग का महत्व**—यह एजियन सागर को मर्मारा सागर से जोड़ता है. यह बोस्पोरस जलडमरूमध्य के साथ मिलकर, काला सागर तक पहुँचने का एकमात्र समुद्री मार्ग बनाता है.
- **प्रमुख बंदरगाह**—इस जलडमरूमध्य पर स्थित मुख्य बंदरगाह गैलीपोली, एसेबाट और चानक्काले हैं, यह सभी तुर्किए में ही स्थित हैं.

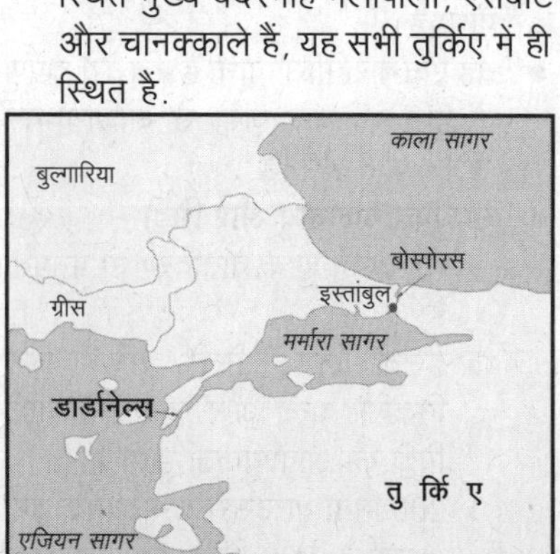

कामचटका प्रायद्वीप

- 30 जुलाई को कामचटका प्रायद्वीप में 8·8 तीव्रता का एक शक्तिशाली भूकंप आया, जिसके बाद सुनामी की चेतावनी जारी की गई. भूकंप के बाद, क्ल्युचेव्स्कॉय और क्रशेनिनिकोव जैसे कई ज्वालामुखियों में विस्फोट हुआ.
- **अवस्थिति**—रूस के सुदूर पूर्व में स्थित पश्चिम में ओखोटस्क सागर और पूर्व में प्रशांत महासागर से घिरा हुआ है. यह 'पैसिफिक रिंग ऑफ फायर' का हिस्सा है.
- यहाँ 150 से अधिक ज्वालामुखी हैं, जिनमें से 29 सक्रिय हैं. क्ल्युचेव्स्कॉय सोप्का, यूरेशिया का सबसे ऊँचा सक्रिय ज्वालामुखी है.

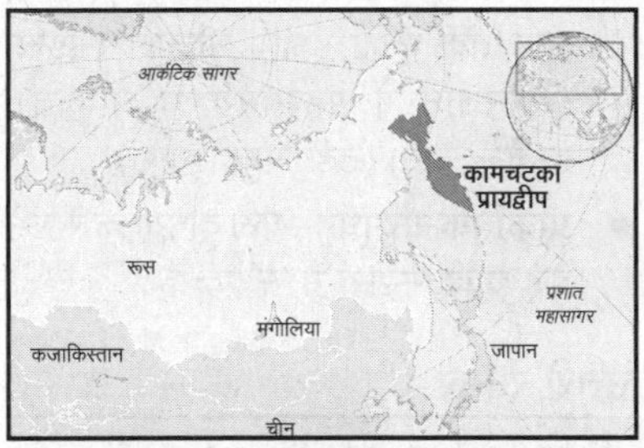

- यहाँ की जलवायु टुण्ड्रा प्रकार की है, जिसके कारण कठोर और बर्फीली सर्दियाँ होती हैं.
- मुख्य रूप से मछली पकड़ना (विशेषकर केकड़ा) और प्राकृतिक संसाधनों (लकड़ी, कोयला, सोना) पर आधारित है.

सेनेगल

- जुलाई 2025 में विश्व स्वास्थ्य संगठन द्वारा सेनेगल को आधिकारिक तौर पर ट्रेकोमा मुक्त घोषित किया गया.
- सेनेगल पश्चिमी अफ्रीका में अटलांटिक महासागर के तट पर स्थित एक देश है.
- यह उत्तर में मॉरिटानिया, पूर्व में माली, दक्षिण में गिनी और गिनी-बिसाऊ से घिरा है, जबकि गांबिया नामक देश इसके भीतर लगभग पूरी तरह से समाया हुआ है.
- **राजधानी**—डकार सेनेगल की राजधानी और सबसे बड़ा शहर है.

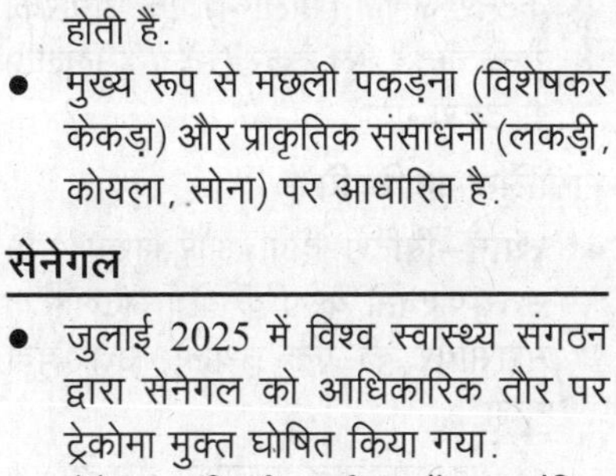

- **नदियाँ**—देश की सबसे महत्वपूर्ण नदियों में सेनेगल नदी (उत्तर में), गांबिया नदी (दक्षिण में) और सालम नदी शामिल हैं.
- फ्रांसीसी यहाँ की आधिकारिक भाषा है, लेकिन वोलोफ सबसे व्यापक रूप से बोली जाने वाली स्थानीय भाषा है.
- यह एक अर्ध-राष्ट्रपति गणतंत्र है और इसे अफ्रीका के सबसे स्थिर लोकतंत्रों में से एक माना जाता है.

कंचनजंगा पर्वत

- मई 2025, में सिक्किम राज्य सरकार ने केन्द्र सरकार से माउंट कंचनजंगा पर पर्वतारोहण गतिविधियों को प्रतिबंधित करने पर विचार करने का आग्रह किया है, क्योंकि सिक्किम के स्थानीय लोगों के लिए गहरा सांस्कृतिक और धार्मिक महत्व है.
- इसे स्वदेशी लेपचा और बौद्ध समुदायों द्वारा एक पवित्र पर्वत माना जाता है, जो इसे संरक्षक देवताओं का निवास मानते हैं.

- माउण्ट कंचनजंगा, जिसे खांगचेंदजंगा भी कहते हैं, दुनिया की तीसरी सबसे ऊँची चोटी है, जिसकी ऊँचाई 8,586 मीटर है.
- पहाड़ का नाम 'महान बर्फ के पाँच खजाने' को दर्शाता है, जो इसकी पाँच प्रमुख चोटियों का प्रतीक है.
- यह पूर्वी हिमालय में स्थित है और भारत के सिक्किम राज्य तथा नेपाल के ताप्लेजुंग जिले की सीमा पर है.
- यह पहाड़ कई ग्लेशियरों का घर है, जिनमें जेमू ग्लेशियर शामिल है, जो एशिया के सबसे बड़े ग्लेशियरों में से एक है.
- यह पर्वत शृंखला प्रमुख नदी प्रणालियों का उद्‌गम स्थल है, जिनमें तीस्ता और तमूर नदियाँ शामिल हैं.

अल्जीरिया

- मई 2025 में अफ्रीकी देश अल्जीरिया न्यू डेवलपमेंट बैंक (एनडीबी) का 9वाँ सदस्य बन गया.
- अल्जीरिया उत्तरी अफ्रीका के मगरेब क्षेत्र में स्थित एक देश है, जो भूमध्य सागर पर स्थित है.
- यह अफ्रीका का सबसे बड़ा देश है. इसका अधिकांश हिस्सा सहारा रेगिस्तान से ढका हुआ है.

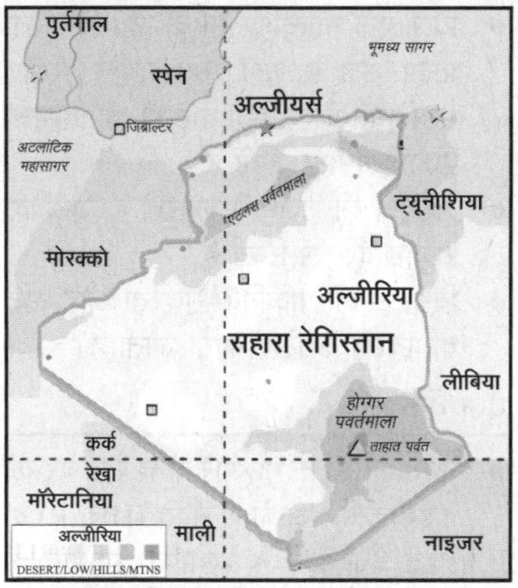

- यह देश उत्तर-पूर्व में ट्यूनीशिया, पूर्व में लीबिया, दक्षिण-पूर्व में नाइजर, दक्षिण-पश्चिम में माली और मॉरिटानिया, और पश्चिम में मोरक्को और पश्चिमी सहारा से घिरा हुआ है.
- इसकी राजधानी अल्जीयर्स है, जो भूमध्य सागर के तट पर स्थित है. अरबी और तमाजाइट (बर्बर) यहाँ की आधिकारिक भाषाएँ हैं. फ्रेंच का भी व्यापक रूप से उपयोग होता है.
- इसकी अर्थव्यवस्था मुख्य रूप से पेट्रोलियम और प्राकृतिक गैस के निर्यात पर निर्भर करती है.
- अल्जीरिया 1962 में फ्रांस से आजादी हासिल करने से पहले फ्रांसीसी उपनिवेश था.
- अल्जीरिया में सहारा रेगिस्तान के भीतर रॉक आर्ट (शिला कला) के प्राचीन स्थल हैं, जिनमें से कुछ यूनेस्को विश्व धरोहर स्थल हैं.

बित्रा द्वीप

- हाल ही में भारत सरकार ने रक्षा उद्देश्यों के लिए लक्षद्वीप में बित्रा द्वीप का अधिग्रहण शुरू कर दिया.
- बित्रा द्वीप अरब सागर में स्थित है और यह लक्षद्वीप द्वीपसमूह का हिस्सा है. यह एक एटोल (एटॉल) का हिस्सा है, जो एक विशिष्ट प्रकार का मूंगा द्वीप है.
- यह लक्षद्वीप का सबसे छोटा बसा हुआ द्वीप है, जिसका कुल क्षेत्रफल केवल 0·105 वर्ग किमी है.
- यहाँ की जनसंख्या बहुत कम है, जो इसे लक्षद्वीप का सबसे कम आबादी वाला द्वीप बनाती है.

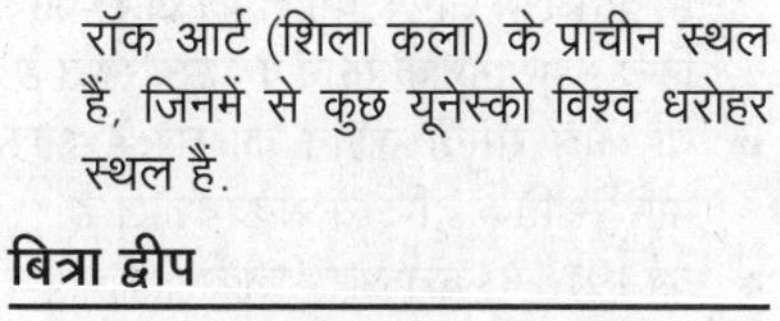

- बित्रा एक महत्वपूर्ण समुद्री जैव विविधता वाला क्षेत्र है. यहाँ मूंगा चट्टानें, रंगीन मछलियाँ और समुद्री कछुओं की विभिन्न प्रजातियाँ पाई जाती हैं.
- लक्षद्वीप की राजधानी कवरत्ती है, जो बित्रा से कुछ दूरी पर स्थित है.
- बित्रा अपनी प्राकृतिक सुंदरता और शांत वातावरण के लिए जाना जाता है.

वेज बैंक

- कन्याकुमारी के मछुआरे केन्द्र सरकार की हाइड्रोकार्बन अन्वेषण नीति (HELP) के तहत् वेज बैंक में प्रस्तावित परियोजना का विरोध कर रहे हैं. उन्हें डर है कि इससे उनकी आजीविका और संवेदनशील समुद्री क्षेत्र को नुकसान होगा.

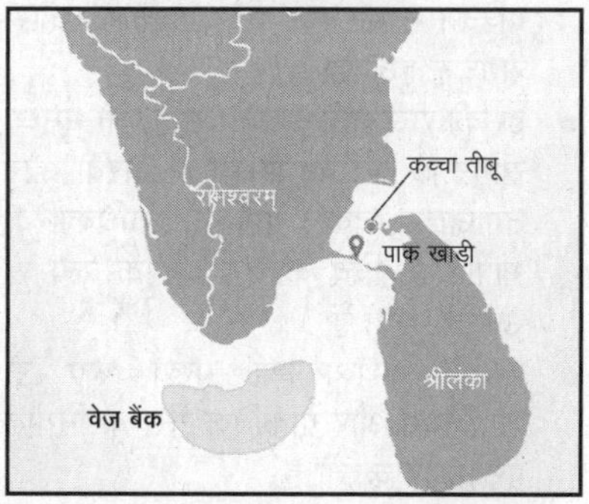

- वेज बैंक कन्याकुमारी के तट पर एक बड़ा, उथला समुद्री क्षेत्र है. यह जैव विविधता और मछली पकड़ने के लिए बहुत महत्वपूर्ण है. यह अरब सागर, बंगाल की खाड़ी और हिन्द महासागर के संगम के पास स्थित है.
- यह क्षेत्र समुद्री जीवन का घर है और पारिस्थितिक दृष्टि से संवेदनशील है.
- वर्ष 1976 में भारत और श्रीलंका के बीच एक समुद्री सीमा समझौता हुआ. इसमें वेज बैंक पर भारत के अधिकार तय हुए. श्रीलंकाई मछुआरों को इस क्षेत्र में मछली पकड़ने से रोका गया. यह समझौता कच्चातिवु द्वीप को श्रीलंका देने के साथ जुड़ा था.

वेटिकन सिटी

- इतिहास के पहले लैटिन अमेरिकी धर्मगुरु पोप फ्रांसिस का 21 अप्रैल, 2025 को वेटिकन सिटी में लम्बी बीमारी के बाद निधन हो गया.

भौगोलिक अवस्थिति

- **अवस्थिति**—यह दक्षिण-मध्य यूरोप का देश है.
- **सीमावर्ती राष्ट्र**—फ्रांस, स्विट्जरलैण्ड, ऑस्ट्रिया और स्लोवेनिया.
- **सीमावर्ती जल निकाय**—यह मुख्य रूप से भूमध्य सागर तथा उत्तर-पूर्व में एड्रियाटिक सागर, दक्षिण-पूर्व में आयोनियन सागर, दक्षिण-पश्चिम में टायर्रियन सागर तथा उत्तर-पश्चिम में लिगुरियन सागर से घिरा हुआ है.
- रोम शहर के भीतर एक छोटा स्वतंत्र देश-वेटिकन सिटी है, जो ईसाई धर्म के रोमन कैथोलिक सम्प्रदाय का मुख्य केन्द्र है.
- विश्व का सबसे छोटा सम्प्रभु राष्ट्र है. इसका क्षेत्रफल मात्र 44 हेक्टेयर (110 एकड़) है, और यह कैथोलिक चर्च का आध्यात्मिक और प्रशासनिक मुख्यालय है.

भौगोलिक विशेषताएँ

- **प्रमुख पर्वत श्रृंखलाएं**—आल्प्स और एपेनिनेस.
- **उच्चतम बिन्दु**—मोंट ब्लांक (मोंटे बियान्को).
- **प्रमुख नदियाँ**—पो, एडीज, टाइबर, आर्नो आदि.
- **जलवायु**—भूमध्यसागरीय प्रकार.

पेरू

- हिंसा में वृद्धि के बाद पेरू ने 17 मार्च, 2025 को आपातकाल की घोषणा कर दी है तथा राजधानी लीमा में सेना तैनात कर दी गयी.

भौगोलिक विशेषताएँ

- **जल निकासी**—अमेजन नदी, टिटिकाका झील (विश्व की सबसे ऊँची नौगम्य झील, जो बोलीविया के साथ साझा है).
- **वन**—पेरू का लगभग 60% भाग अमेजन वन से ढका हुआ है.
- दक्षिण अमेरिका के पश्चिमी तट पर स्थित, यह द्वीप प्रशांत महासागर को एंडीज और अमेजन बेसिन से जोड़ता है.
- **भूमि सीमाएँ**—इक्वाडोर और कोलंबिया (उत्तर), ब्राजील (पूर्व), बोलीविया और चिली (दक्षिण).

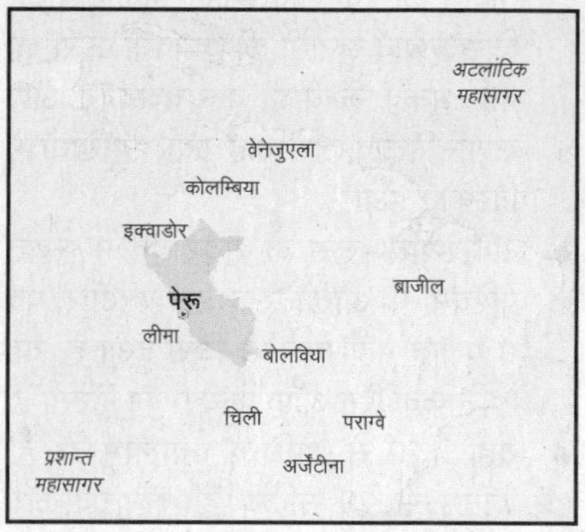

- **अन्य महत्वपूर्ण विशेषताएँ**—अटाकामा रेगिस्तान (चिली से पेरू के दक्षिणी भाग तक फैला हुआ), नाजका लाइन्स (रेगिस्तान में रहस्यमय भू-आकृति), हम्बोल्ट धारा (ठंडी समुद्री धारा).
- **प्राकृतिक संसाधन**—पेरू दुनिया के सबसे बड़े चाँदी भंडारों में से एक है.

उत्तरी सागर

- 10 मार्च, 2025 को इंग्लैण्ड के उत्तर-पूर्वी तट (उत्तरी सागर) पर एक पुर्तगाली कंटेनर जहाज (सोलॉन्ग) एक अमेरिकी सैन्य-चार्टर्ड तेल टैंकर (स्टेना इमैकुलेट) से टकरा गया.

भौगोलिक अवस्थिति

- **स्थान**—ब्रिटिश द्वीपों और मुख्य भूमि उत्तर-पश्चिमी यूरोप के बीच अटलांटिक महासागर की एक उथली, उत्तर-पूर्वी भुजा.
  - यह डोवर जलडमरूमध्य और इंग्लिश चैनल द्वारा अटलांटिक महासागर से तथा स्केगराक और कैटेगाट द्वारा बाल्टिक सागर से जुड़ा हुआ है.
  - उत्तरी सागर का सबसे गहरा बिंदु नॉर्वेजियन ट्रेंच (725 मीटर) है.
- **सीमाएँ**—यूनाइटेड किंगडम, नॉर्वे, डेनमार्क, जर्मनी, नीदरलैण्ड, बेल्जियम और फ्रांस से घिरा हुआ.

आर्थिक महत्व

- यूरोप के लिए प्रमुख व्यापार मार्ग, जो यूके, स्कैंडिनेविया और मुख्य भूमि यूरोप के प्रमुख बंदरगाहों को जोड़ता है.
- 1958 के जिनेवा कन्वेंशन ने महाद्वीपीय शेल्फ पर देशों के अधिकारों को स्थापित किया, जिससे उत्तरी सागर में अन्वेषण सम्भव हो सका, जो व्यापक अपतटीय

ड्रिलिंग के साथ तेल और गैस से समृद्ध है.

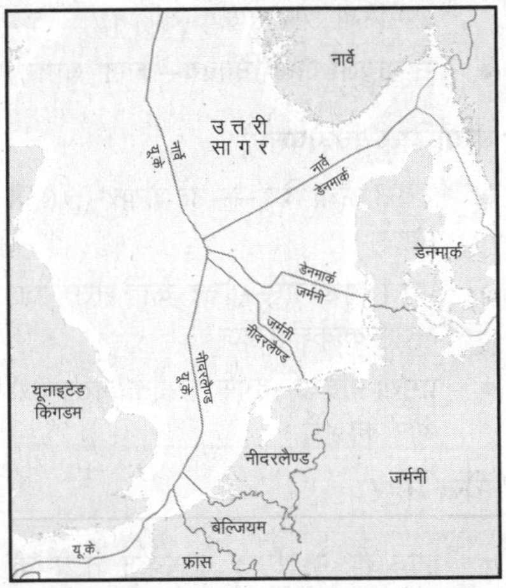

ग्रीनलैंड

- 25 दिसम्बर, 2024 को अमेरिकी राष्ट्रपति डोनाल्ड ट्रंप ने डेनमार्क से ग्रीनलैंड खरीदने की इच्छा व्यक्त की.

भौगोलिक अवस्थिति

- ग्रीनलैंड, उत्तरी अटलांटिक महासागर में अवस्थित विश्व का सबसे बड़ा द्वीप है तथा डेनमार्क का हिस्सा है.

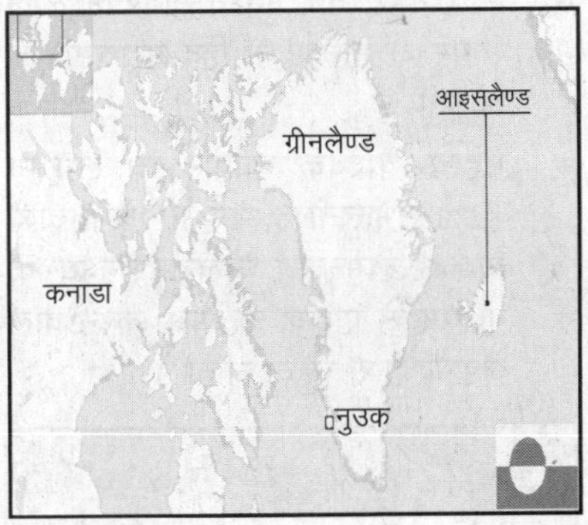

- नुउक डेनमार्क के राज्य में एक स्वायत्त क्षेत्र ग्रीनलैंड की राजधानी और इस द्वीप का सर्वाधिक आबादी वाला शहर है तथा यह दुनिया की सबसे उत्तरी राजधानी भी है.
- ग्रीनलैंड का दो-तिहाई हिस्सा उत्तरी अटलांटिक महासागर में आर्कटिक वृत्त के भीतर स्थित है. यह कनाडा के एलेस्मेरे द्वीप के उत्तर में केवल 16 मील की दूरी पर एक पृथक द्वीप है. इसका निकटतम यूरोपीय देश आइसलैंड है.
- ग्रीनलैंड की प्रमुख भौतिक विशेषता इसकी विशाल हिम चादर है, यहाँ अंटार्कटिका के बाद विश्व में सर्वाधिक विशाल हिम चादर है.
- **सबसे ऊँचा पर्वत**—माउंट गन्नयोर्न फिएल्ड (3700 मीटर).

सीरिया

- 2 दिसम्बर, 2024 को उग्रवादी विद्रोही संगठन ह्यात तहरीर अल-शाम (HTS) ने सीरिया के दूसरे सबसे बड़े शहर अलेप्पो पर कब्जा कर लिया है.

भौगोलिक अवस्थिति

- सीरिया दक्षिण-पश्चिम एशिया में भूमध्य सागर के पूर्वी तट पर अवस्थित है.
- **सीमाएँ**—इसके उत्तर में तुर्किए; पूर्व एवं दक्षिण-पूर्व में इराक; दक्षिण में जॉर्डन; तथा दक्षिण-पश्चिम में इजरायल एवं लेबनान स्थित हैं.
- इजरायल ने 1967 में हुए छह दिवसीय युद्ध में सीरिया से गोलान हाइट्स को छीन लिया था.

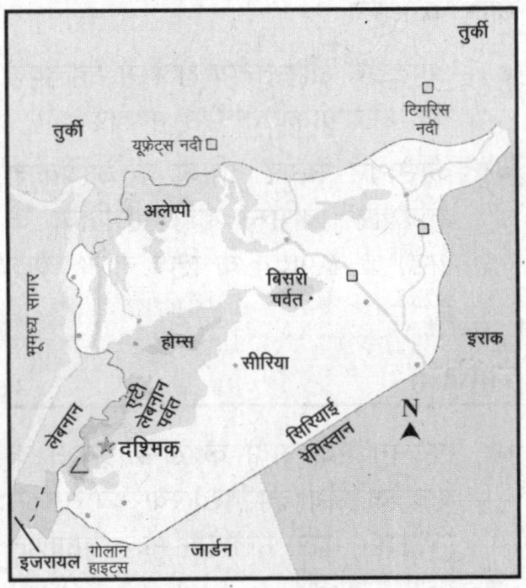

भौगोलिक विशेषताएँ

- **जलवायु**—सीरिया के अधिकतर भागों में भूमध्यसागरीय जलवायु पाई जाती है.
- **पर्वत श्रृंखलाएँ**—एंटी-लेबनान (सीरिया और लेबनान को अलग करती है) अल-अंसारिवाह आदि.
- **उच्चतम बिंदु**—माउंट हर्मन.
- **प्रमुख नदियाँ**—यूफ्रेट्स, टिग्रिस, ओरोटेस आदि.

कैनेरी द्वीप समूह

- स्पेन के एक प्रवास अधिकार समूह द्वारा जारी रिपोर्ट में खुलासा किया गया है कि इस वर्ष समुद्र के रास्ते अफ्रीका से स्पेन के कैनरी द्वीप तक,पहुँचने की कोशिश में 10,000 से अधिक प्रवासियों की मौत हो गई, जो 2007 में इस समूह द्वारा गणना शुरू किए जाने के बाद से अब तक की सबसे अधिक संख्या है.
- यह मार्ग खतरों से भरा हुआ है, जिसमें तेज समुद्री धाराएँ, भीड़भाड़ वाली और खराब ढंग से सुसज्जित नावें और प्रतिकूल मौसम की स्थिति शामिल हैं. ये कारक उच्च मृत्यु दर में योगदान करते हैं.

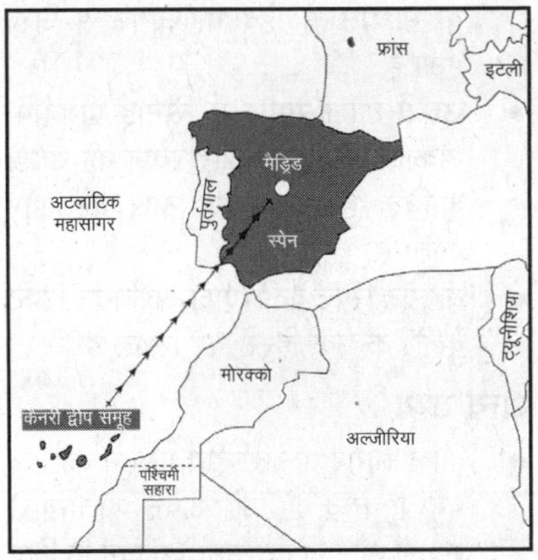

भौगोलिक अवस्थिति

- कैनरी द्वीप, अटलांटिक महासागर में एक स्वायत्त स्पेनिश द्वीपसमूह है, जो मोरक्को (अफ्रीका) से लगभग 62 मील पश्चिम में स्थित है, और यूरोपीय संघ के सबसे बाहरी क्षेत्रों में से एक है.
- द्वीपसमूह में उपोष्णकटिबंधीय जलवायु है, जिसमें गर्म तापमान और हल्के मौसमी बदलाव होते हैं.
- कैनरी धारा अफ्रीका के उत्तर-पश्चिमी तट के साथ दक्षिण-पश्चिम दिशा में बहने वाली एक ठण्डी समुद्री धारा है , जिसका नाम कैनरी द्वीप के नाम पर रखा गया है.
- इसकी उपस्थिति सहारा रेगिस्तान के तटीय क्षेत्र में वर्षा रहित परिस्थितियों में योगदान करती है.

लाल सागर

- मिस्र के तट के निंकट, लाल सागर में पर्यटकों की एक नौका के डूबने से कम-से-कम 16 लोग लापता हो गए.

भौगोलिक अवस्थिति

- यह अफ्रीका और एशिया के बीच हिंद महासागर का एक प्रवेश द्वार है.

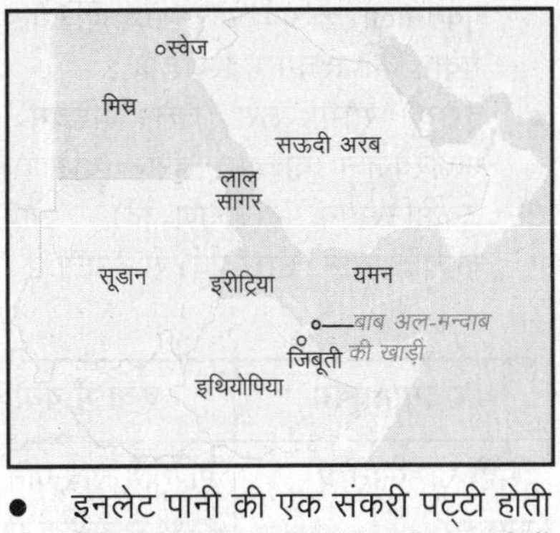

- इनलेट पानी की एक संकरी पट्टी होती है जो समुद्र या झील से भूमि या द्वीपों के बीच जाती है.
- **सीमावर्ती देश**—मिस्र, सऊदी अरब, यमन, सूडान, इरिट्रिया और जिबूती.

- लाल सागर, दक्षिण में बाब-अल-मन्देब जलडमरूमध्य और अदन की खाड़ी के माध्यम से हिंद महासागर से जुड़ा हुआ है.
- उत्तरी लाल सागर में सिनाई प्रायद्वीप, अकाबा की खाड़ी और स्वेज की खाड़ी शामिल हैं, जो स्वेज नहर की ओर जाती है.
- यह ग्रेट रिफ्ट वैली (एफ्रो-अरेबियन रिफ्ट वैली) के एक हिस्से पर स्थित है.

अन्य तथ्य

- लाल सागर अन्तर्राष्ट्रीय पर्यटन का एक प्रमुख केन्द्र है, जो अपने गोताखोरी स्थलों और जीवंत समुद्री जीवन के लिए जाना जाता है.

कैस्पियन सागर

- विश्व के सबसे बड़े झील के लगातार सिकुड़ने को लेकर वैज्ञानिकों ने चिंता जाहिर की है. एक रिपोर्ट के अनुसार कजाकिस्तान के अक्तौ, ईरान का शहर रश्त, खाशयार जवांमरदी शहर से लगातार पानी सिमट रहा है.

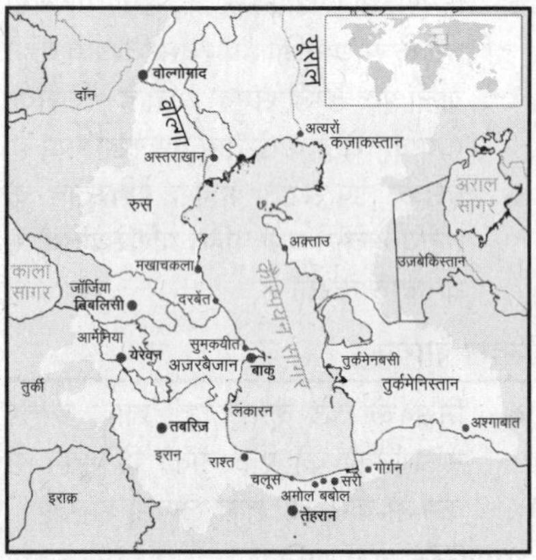

भौगोलिक अवस्थिति

- एशिया और यूरोप के बीच, काकेशस पर्वतमाला के पूर्व और मध्य एशियाई मैदान के पश्चिम में स्थित है.
- इसकी सीमा रूस (उत्तर-पश्चिम), अजरबैजान (पश्चिम), ईरान (दक्षिण), तुर्कमेनिस्तान (दक्षिण-पूर्व) और कजाकिस्तान (उत्तर-पूर्व) से लगती है.

संरचना और विशेषताएँ

- कैस्पियन सागर कभी प्रागैतिहासिक समुद्र का हिस्सा था जिसे पैराटेथिस के नाम से जाना जाता था. भूमि को ऊपर उठाने वाली टेक्टोनिक शक्तियों और समुद्र के स्तर में गिरावट के कारण 5 मिलियन वर्ष से भी ज्यादा पहले कैस्पियन सागर जमीन से घिरा हुआ था.
- तकनीकी रूप से यह एक झील है, क्योंकि यह समुद्र से सीधे सम्पर्क के बिना भूमि से घिरा हुआ है. यह दुनिया का सबसे बड़ा अंतर्देशीय जल निकाय है.
- **नदियाँ**—तीन प्रमुख नदियाँ वोल्गा, यूराल और टेरेक कैस्पियन में गिरती हैं.

आर्थिक महत्व

- अपतटीय और तटीय क्षेत्रों में महत्वपूर्ण तेल और प्राकृतिक गैस भण्डार हैं.
- कैस्पियन सागर दुनिया के अधिकांश कैवियार (विभिन्न बड़ी मछलियों के अंडे) के उत्पादन के लिए जाना जाता है.

जॉर्जिया

- लगभग एक सदी के लम्बे प्रयास के बाद, जॉर्जिया को विश्व स्वास्थ्य संगठन (WHO) द्वारा मलेरिया मुक्त प्रमाणित किया गया है.

राजनीतिक विशेषताएँ

- जार्जिया, पूर्वी यूरोप और पश्चिम एशिया के चौराहे पर ट्रांसकेशिया क्षेत्र में स्थित देश है.

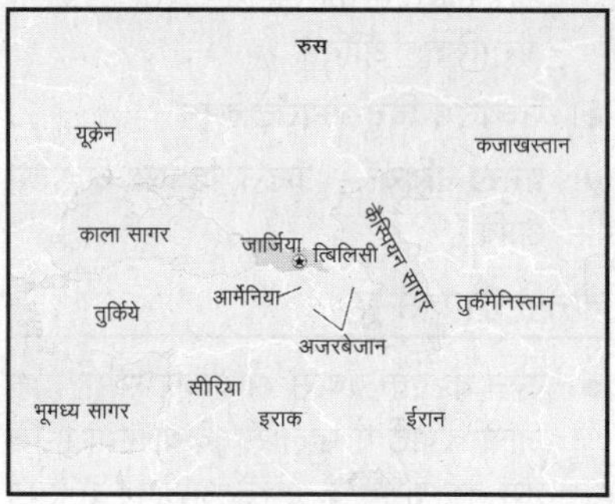

- **सीमावर्ती देश**—रूस (उत्तर और उत्तर-पूर्व); अजरबैजान (पूर्व और दक्षिण-पूर्व); आर्मेनिया और तुर्किए (दक्षिण).
- **सीमावर्ती जल निकाय**—काला सागर.

भौगोलिक विशेषताएँ

- **सबसे ऊँचा बिंदु**—माउंट शेखरा (5,068 मीटर)
- **पर्वत शृंखलाएँ**—ग्रेटर काकेशस रेंज, लेसर काकेशस रेंज
- **प्रमुख नदियाँ**—इंगुरी, रियोनी, मटकवारी और कोडोरी

स्वेज नहर

- हाल ही में, मिस्र ने स्वेज नहर के नए चैनल विस्तार का ट्रायल रन पूरा किया.
- चैनल का दो-तरफा खंड अब 72 किमी से बढ़कर 82 किमी हो गया है, जिसकी कुल लम्बाई 193 किमी है.

स्वेज नहर के बारे में

- **उद्घाटन तिथि**—निर्माण 1859 में शुरू हुआ, 1869 में पूरी हुई.
- स्वेज नहर स्वेज भूमध्य सागर को लाल सागर के माध्यम से हिंद महासागर से जोड़ती है.
- **महत्व**—वैश्विक व्यापार का लगभग 12% सँभालती है और 30 किमी चौड़ी बाब-अल-मन्दाब जलडमरूमध्य के माध्यम से एशिया से यात्रा करने वाले जहाजों द्वारा पहुँचा जाता है.

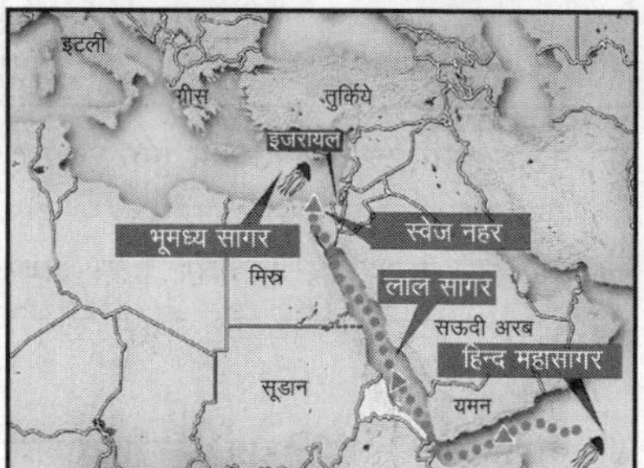

घटना/विषय	चर्चा में क्यों?	विशेष	प्रारम्भिक परीक्षा के लिए महत्वपूर्ण तथ्य
सिद्दी जनजातीय समुदाय	भारतीय राष्ट्रपति द्वारा 72% से अधिक साक्षरता दर की सराहना	भारत के विशेष रूप से कमजोर जनजातीय समूह (PVTG) में शामिल.	अफ्रीकी मूल के बंटू/बतू समुदाय से सम्बन्धित. अन्य नाम—हब्शी, बादशा. 7वीं शताब्दी में अरब व्यापारियों के साथ और फिर 16वीं शताब्दी में पुर्तगालियों और अंग्रेजों के साथ (अक्सर दास के रूप में) भारत आए. गुजरात, कर्नाटक, महाराष्ट्र, आंध्र प्रदेश आदि में भौगोलिक वितरण.

डेन्यूब नदी	सर्बिया-क्रोएशिया सीमा पर नौका पलटने की घटना के कारण चर्चा में	यूरोप की दूसरी सबसे लम्बी नदी (वोल्गा के बाद) तथा पश्चिम से पूर्व की ओर बहने वाली एकमात्र प्रमुख यूरोपीय नदी.	**उद्गम**—जर्मनी के ब्लैक फॉरेस्ट पर्वत. विलय/मुहानाः काला सागर. **संरक्षित क्षेत्र**—मुहाने पर डेन्यूब डेल्टा (यूनेस्को विश्व धरोहर स्थल). **प्रवाह क्षेत्र**—10 देश—जर्मनी, ऑस्ट्रिया, स्लोवाकिया, हंगरी, क्रोएशिया, सर्बिया, बुल्गारिया, रोमानिया, मोल्दोवा और यूक्रेन. 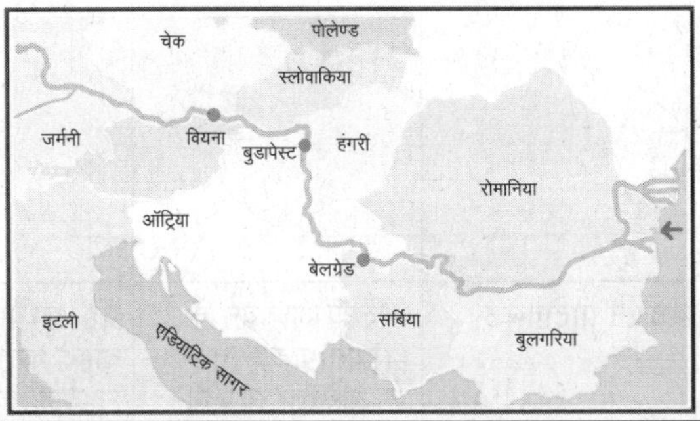
अलमट्टी बाँध	कर्नाटक सरकार द्वारा बाँध की ऊँचाई बढ़ाने की कथित योजना का स्थानीय नेताओं द्वारा विरोध.	यह एक जलविद्युत् और सिंचाई परियोजना है. अन्य नाम—लाल बहादुर शास्त्री बाँध.	कृष्णा नदी पर स्थित. कर्नाटक का विजयपुरा (बीजापुर) जिला. **उद्देश्य**—सिंचाई और 560 एमयू बिजली उत्पादन.
कावेरी नदी	कर्नाटक के मुख्यमंत्री ने तमिलनाडु के साथ इस वर्ष जल-साझेदारी को लेकर कोई विवाद न होने की घोषणा की है.	बेसिन राज्य/UT; तमिलनाडु, कर्नाटक, केरल और पुडुचेरी. अन्य नामरू 'दक्षिण भारत की गंगा' और तमिलनाडु में 'पोन्नी'	तीसरी सबसे बड़ी दक्षिण भारतीय नदी. उद्गम—तलकावेरी, ब्रह्मगिरी रेंज (पश्चिमी घाट), कर्नाटक. डेल्टा में जलोढ़ मिट्टी. सहायक नदीरू बाएँ—हेमवती, हारंगी. दाएँ—कबिनी, भवानी. प्रमुख बाँध—कृष्ण राजसागर, मेत्तूर. 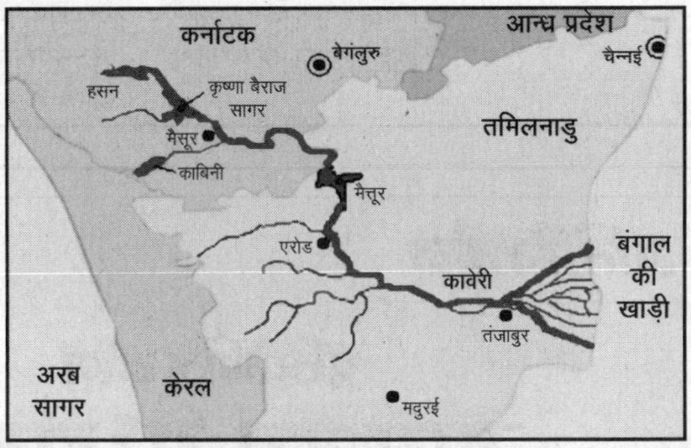
सीन नदी	100 वर्ष बाद सार्वजनिक तैराकी हेतु पुनः खुली (सफाई अभियान)	फ्रांस की दूसरी सबसे लम्बी नदी. पेरिस इसी के किनारे है.	**उद्गम**—लाग्र पठार, उत्तरी फ्रांस. **अपवाह**—इंग्लिश चैनल. **मुख्य सहायक नदियाँ**—मार्ने, योन्ने, ओइस, औबे. 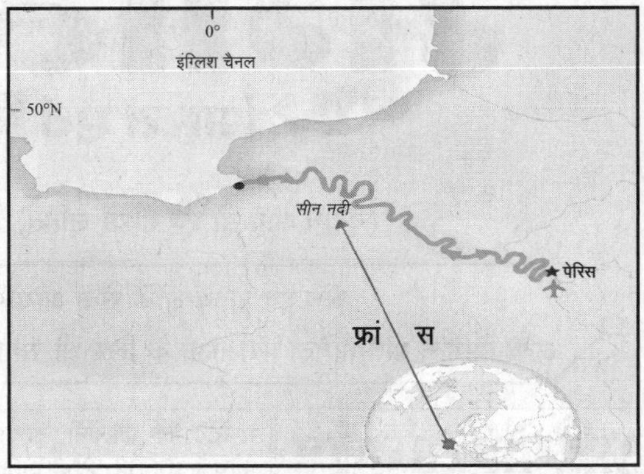

कृष्णा नदी	अत्यधिक गर्मी/ सूखे के कारण कर्नाटक (बागलकोट, विजयपुरा) में जल्दी सूख गई.	प्रायद्वीपीय भारत की प्रमुख नदी. तीसरी सबसे लम्बी नदी (गंगा, गोदावरी के बाद)	**उत्पत्ति**—महाबलेश्वर (पश्चिमी घाट, महाराष्ट्र) **अपवाह क्षेत्र (बेसिन)**—महाराष्ट्र कर्नाटक तेलंगाना आंध्र प्रदेश. **सबसे बड़ी सहायक**—तुंगभद्रा (दायाँ तट) बाएँ तट—भीमा, मूसी. **प्रमुख परियोजनाएँ**—श्रीशैलम, नागार्जुन सागर, तुंगभद्रा. 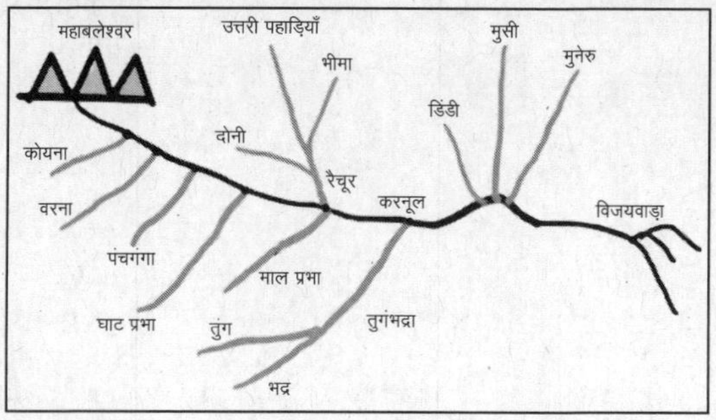
हेडियन प्रोटोक्रस्ट	हालिया अध्ययन ने हेडियन प्रोटोक्रस्ट के अस्तित्व से प्लेट टेक्टोनिक्स पर सवाल उठाए हैं.	यह पृथ्वी की सबसे बाहरी परत है, जो प्रथम भू-वैज्ञानिक कल्प में बनी थी. यह दर्शाता है कि महाद्वीपीय क्रस्ट का निर्माण पहले ही शुरू हो गया था (प्लेटों के सबडक्शन से भी पहले)	यह लगभग 4 से 4·6 बिलियन वर्ष पहले (पृथ्वी की उत्पत्ति के बाद) हेडियन नाम ग्रीक देवता 'हेडीज' से लिया गया है. समय के साथ मैग्मा महासागर के ठण्डा होने से क्रस्ट के पहले टुकड़े बने. **अध्ययनकर्ता**—मैक्वेरी विश्वविद्यालय, ऑस्ट्रेलिया
किलाउआ ज्वालामुखी (हवाई द्वीप)	अगस्त 2025 में यह ज्वालामुखी फिर से फटना शुरू हो गया.	यह विश्व के सबसे सक्रिय ज्वालामुखियों में से एक है.	यह एक सक्रिय शील्ड ज्वालामुखी है, जो अत्यधिक तरल लावा से बनता है. **संरचना**—लम्बा गुम्बद और उथले ढलान.
सांता एना हवाएँ	इनके कारण कैलिफोर्निया के मालिबू तटीय शहर में तेज और विनाशकारी जंगल की आग लगी	यह दक्षिणी कैलिफोर्निया में चलने वाली स्थानीय, गर्म और शुष्क हवाएँ हैं. ये हवाएँ 'शैतान हवाओं' के नाम से भी जानी जाती हैं.	**स्थान**—दक्षिणी कैलिफोर्निया. **उत्पत्ति**—ग्रेट बेसिन पर उच्च दबाव और कैलिफोर्निया तट पर निम्न दबाव. **प्रकृति**—जब हवाएँ पहाड़ों से नीचे उतरती हैं, तो संपीड़ित होकर गर्म हो जाती हैं और नमी अत्यधिक कम हो जाती है.

●●●

सामान्य अध्ययन

(प्रथम प्रश्न-पत्र)

1. 'रक्त' के सन्दर्भ में, निम्नलिखित में से कौनसा/से कथन सही है/हैं ?
   1. रक्त, प्लाज्मा और विभिन्न प्रकार की कोशिकाओं से बना होता है.
   2. हीमोग्लोबिन की उपस्थिति रक्त को लालिमायुक्त बनाती है.

   नीचे दिए गए कूट से सही उत्तर चुनिए—

   कूट :

   (A) न तो 1 न ही 2
   (B) केवल 1
   (C) केवल 2
   (D) 1 और 2 दोनों

2. सूची-I को सूची-II से सुमेलित कीजिए तथा सूचियों के नीचे दिए गए कूट से सही उत्तर चुनिए—

सूची-I (लेखक)	**सूची-II (ग्रन्थ)**
(a) त्रिविक्रम भट्ट	1. गीत गोविन्द
(b) सोमदेव	2. बृहत्कथामंजरी
(c) जयदेव	3. नल चम्पू
(d) क्षेमेन्द्र	4. कथा सरित सागर

कूट :

	(a)	(b)	(c)	(d)
(A)	4	3	2	1
(B)	3	4	2	1
(C)	3	4	1	2
(D)	4	3	1	2

3. ज्ञानपीठ पुरस्कार के सन्दर्भ में निम्नलिखित में से कौनसा/से कथन सही है/हैं ?
   1. 58वाँ ज्ञानपीठ पुरस्कार संस्कृत विद्वान जगद्गुरु रामभद्राचार्यजी को प्रदान किया गया.
   2. पहला ज्ञानपीठ पुरस्कार 1965 में दिया गया था.

   नीचे दिए गए कूट से सही उत्तर चुनिए—

   कूट :

   (A) न तो 1 न ही 2
   (B) केवल 1
   (C) केवल 2
   (D) 1 और 2 दोनों

4. निम्नलिखित विद्युत् चुम्बकीय विकिरण को उनकी आवृत्तियों के घटते क्रम में व्यवस्थित कीजिए—
   1. गामा किरणें 2. पराबैंगनी किरणें
   3. रेडियो तरंगें 4. X-किरणें

   नीचे दिए गए कूट से सही उत्तर चुनिए—

   कूट :

   (A) 4, 1, 2, 3 (B) 4, 1, 3, 2
   (C) 1, 4, 3, 2 (D) 1, 4, 2, 3

5. जून 2025 में 'आदि कर्मयोगी बीटा संस्करण—एक उत्तरदायी शासन पहल' का शुभारम्भ निम्नलिखित में से किस मंत्रालय द्वारा किया गया ?
   1. आयुष मंत्रालय
   2. महिला एवं बाल विकास मंत्रालय
   3. सामाजिक न्याय और अधिकारिता मंत्रालय
   4. जनजातीय कार्य मंत्रालय

   नीचे दिए गए कूट से सही उत्तर चुनिए—

   कूट :

   (A) केवल 4
   (B) केवल 1
   (C) केवल 1 और 2
   (D) केवल 2 और 3

6. निम्नलिखित में से कौनसा/से विभाग उत्तर प्रदेश में सतत् विकास लक्ष्यों से सम्बन्धित राष्ट्रीय संकेतक ढाँचा प्रगति रिपोर्ट तैयार करता है/हैं ?
   1. वित्त विभाग
   2. शिक्षा विभाग
   3. योजना विभाग

   नीचे दिए गए कूट से सही उत्तर चुनिए—

   (A) केवल 3 (B) केवल 1
   (C) 1 और 2 (D) 1 और 3

7. 'बेकिंग सोडा' के सन्दर्भ में, निम्नलिखित में से कौनसा/से कथन सही है/हैं ?
   1. यह सोडियम हाइड्रोजन कार्बोनेट है.
   2. यह अग्निशामक यंत्र में प्रयुक्त होता है.

   नीचे दिए गए कूट से सही उत्तर चुनिए—

   कूट :

   (A) न तो 1 न ही 2
   (B) केवल 1
   (C) केवल 2
   (D) 1 और 2 दोनों

8. नीचे दो कथन दिए गए हैं, जिनमें से एक को अभिकथन (A) तथा दूसरे को कारण (R) कहा गया है.

   अभिकथन (A) : उपभोक्ता अधिकतम खुदरा मूल्य (एम.आर.पी.) से कम पर मोलभाव कर सकते हैं.

   कारण (R) : एम.आर.पी. वह मूल्य है, जो विक्रेता को क्रेता से वसूलना ही होता है.

   (A) (A) गलत है, किन्तु (R) सही है
   (B) (A) और (R) दोनों सही हैं और (R), (A) की सही व्याख्या करता है
   (C) (A) और (R) दोनों सही हैं, किन्तु (R), (A) की सही व्याख्या नहीं करता है
   (D) (A) सही है, किन्तु (R) गलत है

9. सूची-I को सूची-II से सुमेलित कीजिए और सूचियों के नीचे दिए गए कूट का प्रयोग कर सही उत्तर चुनिए—

सूची-I (परमाणु शक्ति संयंत्र)	**सूची-II (राज्य)**
(a) कुडनकुलम	1. कर्नाटक
(b) काकरापार	2. तमिलनाडु
(c) कैगा	3. राजस्थान
(d) रावतभाटा	4. गुजरात

कूट :

	(a)	(b)	(c)	(d)
(A)	2	4	3	1
(B)	4	2	3	1
(C)	4	2	1	3
(D)	2	4	1	3

10. एक सामान्य 70 किग्रा व्यक्ति में पाए जाने वाले निम्नलिखित तत्वों पर विचार कीजिए तथा इन्हें सही बढ़ते क्रम में व्यवस्थित कीजिए—
    1. सोडियम 2. पोटैशियम
    3. ताँबा 4. लोहा

    नीचे दिए गए कूट से सही उत्तर चुनिए—

    कूट :

    (A) 3, 4, 2, 1 (B) 4, 3, 2, 1
    (C) 4, 3, 1, 2 (D) 3, 4, 1, 2

11. निम्नलिखित संतों को सही कालक्रमानुसार क्रम में व्यवस्थित कीजिए तथा नीचे दिए गए कूट से सही उत्तर चुनिए—
    1. नानक 2. चैतन्य महाप्रभु
    3. नामदेव 4. कबीर

    कूट :

    (A) 4, 3, 1, 2 (B) 4, 3, 2, 1
    (C) 3, 4, 2, 1 (D) 3, 4, 1, 2

12. निम्नलिखित पर विचार कीजिए तथा उन्हें सही कालक्रमानुसार क्रम में व्यवस्थित कीजिए—
1. जवाहर रोजगार योजना
2. ग्रामीण क्षेत्र में महिलाओं और बच्चों का विकास
3. एकीकृत ग्रामीण विकास कार्यक्रम
4. राष्ट्रीय ग्रामीण रोजगार कार्यक्रम
नीचे दिए गए कूट से सही उत्तर चुनिए—
कूट :
(A) 4, 3, 2, 1 (B) 3, 4, 2, 1
(C) 3, 4, 1, 2 (D) 4, 3, 1, 2

13. नई अखिल भारतीय सेवा बनाने के सन्दर्भ में निम्नलिखित में से कौनसा/से कथन सही है/हैं ?
1. राष्ट्र हित में, राज्य सभा नई अखिल भारतीय सेवा बनाने का प्रस्ताव पारित कर सकती है.
2. नई अखिल भारतीय सेवा बनाने का प्रस्ताव राज्य सभा में कुल सदस्य संख्या के दो-तिहाई बहुमत से पारित होना आवश्यक है.
नीचे दिए गए कूट से सही उत्तर चुनिए—
कूट :
(A) न तो 1 न ही 2
(B) केवल 1
(C) केवल 2
(D) 1 और 2 दोनों

14. गरीबी से सम्बन्धित निम्नलिखित समितियों पर विचार कीजिए तथा इनके गठन को सही कालक्रमानुसार क्रम में व्यवस्थित कीजिए—
1. लकड़ावाला समिति
2. रंगराजन समिति
3. तेंदुलकर समिति
4. दांडेकर और रथ समिति
नीचे दिए गए कूट से सही उत्तर चुनिए—
कूट :
(A) 1, 4, 3, 2 (B) 4, 1, 3, 2
(C) 4, 1, 2, 3 (D) 1, 4, 2, 3

15. 'ब्राजील' के सन्दर्भ में निम्नलिखित में से कौनसा/से कथन सही है/हैं ?
1. ब्राजील के भूमध्यरेखीय वर्षा वनों को 'सेल्वा' कहते हैं.
2. यहाँ की गहरे काले रंग की उपजाऊ भूमि को 'टेरा रोक्सा' कहते हैं.
नीचे दिए गए कूट से सही उत्तर चुनिए—
कूट :
(A) न तो 1 न ही 2
(B) केवल 1
(C) केवल 2
(D) 1 और 2 दोनों

16. निम्नलिखित घटनाओं पर विचार कीजिए तथा इन्हें सही कालक्रमानुसार क्रम में व्यवस्थित कीजिए—
1. पूना समझौता
2. सविनय अवज्ञा आन्दोलन की समाप्ति
3. गाँधी-इरविन समझौता
4. द्वितीय गोलमेज सम्मेलन
नीचे दिए गए कूट से सही उत्तर चुनिए—
कूट :
(A) 4, 3, 1, 2 (B) 3, 4, 1, 2
(C) 3, 4, 2, 1 (D) 4, 3, 2, 1

17. सन् 2025 में घोषित साहित्य अकादमी युवा पुरस्कारों के सन्दर्भ मे निम्नलिखित में से कौनसा/से कथन सही है/हैं ?
1. युवा पुरस्कार 23 भारतीय भाषाओं में घोषित किए गए.
2. इस वर्ष डोगरी में कोई युवा पुरस्कार नहीं है.
नीचे दिए गए कूट से सही उत्तर चुनिए—
कूट :
(A) न तो 1 न ही 2
(B) केवल 1
(C) केवल 2
(D) 1 और 2 दोनों

18. निम्नलिखित युद्धों पर विचार कीजिए तथा इन्हें सही कालक्रमानुसार क्रम में व्यवस्थित कीजिए—
1. प्रथम एंग्लो-मैसूर युद्ध
2. द्वितीय एंग्लो-फ्रांसीसी युद्ध
3. प्रथम एंग्लो-सिख युद्ध
4. प्रथम एंग्लो-अफगान युद्ध
नीचे दिए गए कूट से सही उत्तर चुनिए—
कूट :
(A) 1, 2, 3, 4 (B) 2, 1, 3, 4
(C) 2, 1, 4, 3 (D) 1, 2, 4, 3

19. मार्च 2025 में भारत ने 'ऑपरेशन ब्रह्मा' निम्नलिखित में से किस देश को मानवीय सहायता प्रदान करने के लिए शुरू किया था ?
1. बांग्लादेश 2. म्यांमार
3. श्रीलंका 4. मलेशिया
नीचे दिए गए कूट से सही उत्तर चुनिए—
कूट :
(A) केवल 2 और 4
(B) केवल 1
(C) केवल 2
(D) केवल 1 और 3

20. एक्स-ला-चैपल 1748 की सन्धि के सन्दर्भ में निम्नलिखित में से कौनसा/से कथन सही है/हैं ?
1. प्रथम कर्नाटक युद्ध समाप्त हुआ.
2. मद्रास अंग्रेजों को वापस कर दिया गया.
नीचे दिए गए कूट से सही उत्तर चुनिए—
कूट :
(A) न तो 1 न ही 2
(B) केवल 1
(C) केवल 2
(D) 1 और 2 दोनों

21. निम्नलिखित में से किसके द्वारा खाद्य सुरक्षा में अधिकार की अवधारणा प्रस्तावित की गई है ?
1. एम. एस. स्वामीनाथन
2. अतुल प्रणय
3. समाली श्रीकांत
4. अमर्त्य सेन
नीचे दिए गए कूट से सही उत्तर चुनिए:
कूट :
(A) केवल 4 (B) केवल 1
(C) 1 और 2 (D) 3 और 4

22. सूची-I को सूची-II से सुमेलित कीजिए और सूचियों के नीचे दिए गए कूट से सही उत्तर चुनिए—

सूची-I (राज्य)	**सूची-II (राज्य सभा में सीटों की संख्या)**
(a) महाराष्ट्र	1. 16
(b) कर्नाटक	2. 18
(c) बिहार	3. 19
(d) तमिलनाडु	4. 12

कूट :

	(a)	(b)	(c)	(d)
(A)	2	4	3	1
(B)	3	4	1	2
(C)	2	1	3	4
(D)	1	2	4	3

23. निम्नलिखित विद्रोहों पर विचार कीजिए तथा इन्हें सही कालक्रमानुसार क्रम में व्यवस्थित कीजिए—
1. पबना 2. नील
3. कूका 4. संन्यासी
नीचे दिए गए कूट से सही उत्तर चुनिए—
कूट :
(A) 3, 4, 1, 2 (B) 4, 2, 3, 1
(C) 4, 3, 2, 1 (D) 3, 4, 2, 1

24. नीचे दो कथन दिए गए हैं, जिनमें से एक को अभिकथन (A) तथा दूसरे को कारण (R) कहा गया है.
अभिकथन (A) : ऑस्ट्रेलिया का भीतरी भाग मरुस्थलीय तथा अर्द्ध-मरुस्थलीय है.

कारण (R) : उत्तरी ऑस्ट्रेलिया समशीतोष्ण कटिबंध क्षेत्र में स्थित है.

नीचे दिए गए कूट से सही उत्तर चुनिए—

कूट :

(A) (A) गलत है, किन्तु (R) सही है

(B) (A) और (R) दोनों सही हैं और (R), (A) की व्याख्या करता है

(C) (A) और (R) दोनों सही हैं, किन्तु (R), (A) की सही व्याख्या नहीं करता है

(D) (A) सही है, किन्तु (R) गलत है

25. नीचे दो कथन दिए गए हैं, जिनमें एक को अभिकथन (A) तथा दूसरे को कारण (R) कहा गया है.

अभिकथन (A) : मानव त्वचा से पसीने का वाष्पीकरण शरीर की गर्मी को नष्ट कर देता है.

कारण (R) : गर्म दिन में उच्च आर्द्रता से परेशानी बढ़ जाती है.

नीचे दिए गए कूट से सही उत्तर चुनिए—

कूट :

(A) (A) गलत है, किन्तु (R) सही है

(B) (A) और (R) दोनों सही हैं और (R), (A) की सही व्याख्या करता है

(C) (A) और (R) दोनों सही हैं, किन्तु (R), (A) की सही व्याख्या नहीं करता है

(D) (A) सही है, किन्तु (R) गलत है

26. नीचे दो कथन दिए गए हैं जिनमें एक को अभिकथन (A) तथा दूसरे को कारण (R) कहा गया है.

अभिकथन (A) : हिमालय पर्वत में विभिन्न प्रकार की वनस्पतियाँ पायी जाती है.

कारण (R) : हिमालय में ऊँचाई के साथ जलवायु में भिन्नताएँ है.

नीचे दिए गए कूट से सही उत्तर चुनिए—

कूट :

(A) (A) गलत है, किन्तु (R) सही है

(B) (A) और (R) दोनों सही हैं और (R) (A) की सही व्याख्या करता है

(C) (A) और (R) दोनों सही हैं, किन्तु (R), (A) की सही व्याख्या नहीं करता है

(D) (A) सही है, किन्तु (R) गलत है

27. बहु-आयामी गरीबी सूचकांक के सन्दर्भ में निम्नलिखित में से कौनसा/से कथन सही है/हैं ?

1. इसे 2010 में विकसित और प्रस्तुत किया गया.
2. यह अत्यधिक गरीबी को मापता है और प्रतिदिन 1 डॉलर से कम पर जीवन यापन करने वालों को शामिल करता है.

नीचे दिए गए कूट से सही उत्तर चुनिए—

कूट :

(A) न तो 1 न ही 2

(B) केवल 1

(C) केवल 2

(D) 1 और 2 दोनों

28. सूची-I को सूची-II से सुमेलित कीजिए तथा सूचियों के नीचे दिए कूट का प्रयोग कर सही उत्तर चुनिए—

सूची-I (सम्राट)	**सूची-II (शहर जहाँ मकबरा स्थित है)**
(a) बाबर	1. आगरा
(b) हुमायूँ	2. लाहौर
(c) जहाँगीर	3. दिल्ली
(d) शाहजहाँ	4. काबुल

कूट :

	(a)	(b)	(c)	(d)
(A)	3	4	1	2
(B)	4	3	1	2
(C)	4	3	2	1
(D)	3	4	2	1

29. लोक लेखा समिति के सन्दर्भ में निम्नलिखित में से कौनसा/से कथन सही है/हैं ?

1. लोक लेखा समिति अपनी रिपोर्ट लोक सभा को सौंपती है.
2. लोक लेखा समिति में राज्य सभा के 15 सदस्य होते हैं.

नीचे दिए गए कूट से सही उत्तर चुनिए—

कूट :

(A) न तो 1 न ही 2

(B) केवल 1

(C) 1 और 2 दोनों

(D) केवल 2

30. तटरेखा आवास और मूर्त आय के लिए मैंग्रोव पहल (मिष्टी) के सन्दर्भ में निम्नलिखित में से कौनसा/से कथन सही है/हैं ?

1. इसे 2019 में प्रारम्भ किया गया था.
2. इसका उद्देश्य मैंग्रोव वनों को पुनर्स्थापित करना है.

नीचे दिए गए कूट से सही उत्तर चुनिए—

कूट :

(A) न तो 1 न ही 2

(B) केवल 1

(C) केवल 2

(D) 1 और 2 दोनों

31. निम्नलिखित घटनाओं पर विचार कीजिए तथा इन्हें सही कालक्रमानुसार क्रम में व्यवस्थित कीजिए—

1. क्रिप्स मिशन
2. कैबिनेट मिशन
3. शिमला सम्मेलन
4. वेवेल योजना

नीचे दिए गए कूट से सही उत्तर चुनिए—

कूट :

(A) 4, 1, 2, 3 (B) 1, 4, 2, 3

(C) 1, 4, 3, 2 (D) 4, 1, 3, 2

32. निम्नलिखित में से कौनसी नदी अरब सागर में गिरती है ?

1. पेरियार
2. पेन्नार
3. पलार

नीचे दिए गए कूट से सही उत्तर चुनिए—

कूट :

(A) केवल 3 (B) 1 और 2

(C) केवल 1 (D) 2 और 3

33. सूची-I को सूची-II से सुमेलित कीजिए और सूचियों के नीचे दिए गए कूट का प्रयोग कर सही उत्तर चुनिए—

सूची-I (कोयला क्षेत्र)	**सूची-II (देश)**
(a) अपालेशियन	1. इंगलैण्ड
(b) लंकाशायर	2. जर्मनी
(c) रूर	3. रूस
(d) कुजबास	4. संयुक्त राज्य अमेरिका

कूट :

	(a)	(b)	(c)	(d)
(A)	1	4	3	2
(B)	4	1	3	2
(C)	4	1	2	3
(D)	1	4	2	3

34. निम्नलिखित कथनों में से कौनसा/से कथन सही है/हैं ?

1. डॉल्फिन और ह्वेल ब्लोहोल्स के माध्यम से साँस लेती हैं.
2. केचुए अपनी त्वचा के माध्यम से साँस लेते हैं.

नीचे दिए गए कूट से सही उत्तर चुनिए—

कूट :

(A) न तो 1 न ही 2

(B) केवल 1

(C) केवल 2

(D) 1 और 2 दोनों

35. निम्नलिखित में से कौनसा ग्रन्थ कालिदास के द्वारा नहीं लिखा गया है ?

1. मेघदूत
2. रघुवंशम्
3. शृंगार शतक

नीचे दिए गए कूट से सही उत्तर चुनिए—

कूट :

(A) केवल 3 (B) केवल 1

(C) 1 और 2 (D) 2 और 3

36. भारतीय संविधान के भाग और उसके विषय का निम्नलिखित में से कौनसा/से युग्म सही सुमेलित नहीं है/हैं ?

1. भाग IV A – मौलिक कर्तव्य
2. भाग VI – राज्य
3. भाग XI – नगरपालिकाएँ

नीचे दिए गए कूट से सही उत्तर चुनिए—

कूट :

(A) केवल 3 (B) केवल 1

(C) 1 और 2 (D) 2 और 3

37. नीचे दो कथन दिए गए हैं, जिनमें एक को अभिकथन (A) तथा दूसरे को कारण (R) कहा गया है.

अभिकथन (A) : पुरुषों और महिलाओं की आवाजें अलग-अलग होती हैं.

कारण (R) : पुरुषों और महिलाओं में वोकल कॉर्ड की लम्बाई और मोटाई अलग-अलग होती है.

नीचे दिए गए कूट से सही उत्तर चुनिए—

कूट :

(A) (A) गलत है, किन्तु (R) सही है

(B) (A) और (R) दोनों सही हैं और (R), (A) की सही व्याख्या करता है

(C) (A) और (R) दोनों सही है, किन्तु (R) (A) की सही व्याख्या नहीं करता है

(D) (A) सही है, किन्तु (R) गलत है

38. सूची-I को सूची-II से सुमेलित कीजिए और सूचियों के नीचे दिए गए कूट का प्रयोग कर सही उत्तर चुनिए—

सूची-I (परिष्करण शाला)	सूची-II (राज्य)
(a) नायरा	1. असम
(b) मनाली	2. गुजरात
(c) नुमालीगढ़	3. आन्ध्र प्रदेश
(d) तातीपाका	4. तमिलनाडु

कूट :

	(a)	(b)	(c)	(d)
(A)	2	4	1	3
(B)	4	2	1	3
(C)	4	2	3	1
(D)	2	4	3	1

39. 'ऑपरेशन ओलिविया' के सन्दर्भ में निम्नलिखित में से कौनसा/से कथन सही है/हैं ?

1. यह ओडिशा के तट पर ओलिव रिडले कछुओं की सुरक्षा के लिए भारतीय तट रक्षकों की एक पहल है.
2. ऑपरेशन ओलिविया अगस्त के महीने के दौरान चलाया जाता है, जो ओलिव रिडले कछुओं के घोंसले बनाने का समय होता है.

नीचे दिए गए कूट से सही उत्तर चुनिए—

कूट :

(A) न तो 1 न ही 2

(B) केवल 1

(C) केवल 2

(D) 1 और 2 दोनों

40. अन्तर्राष्ट्रीय पुलिस सहयोग के लिए ऑनलाइन पोर्टल 'भारतपोल' निम्नलिखित में से किसके द्वारा विकसित किया गया ?

1. केन्द्रीय जाँच ब्यूरो
2. अनुसंधान और विश्लेषण विंग
3. आसूचना ब्यूरो
4. प्रवर्तन निदेशालय

नीचे दिए गए कूट से सही उत्तर चुनिए—

कूट :

(A) 3 और 4 (B) केवल 1

(C) 2 और 3 (D) केवल 3

41. 42वें संविधान संशोधन द्वारा भारतीय संविधान की प्रस्तावना में निम्नलिखित में से कौनसे शब्द जोड़े गए थे ?

1. समाजवादी 2. धर्मनिरपेक्षता

3. सम्प्रभुता 4. गणतंत्र

नीचे दिए गए कूट से सही उत्तर चुनिए—

कूट :

(A) 3 और 4 (B) 1 और 2

(C) 1 और 3 (D) 2 और 3

42. 'अन्तर्राष्ट्रीय सौर गठबन्धन' के सन्दर्भ में निम्नलिखित में से कौनसा /से कथन सही है/हैं ?

1. यह पहला संधि आधारित अन्तर-सरकारी संगठन है जिसका मुख्यालय भारत में है और इसमें 38 सदस्य देश हैं.
2. विश्व सौर बैंक और वन सन वन वर्ल्ड वन ग्रिड की पहल इसके अन्तर्गत की गई है.

नीचे दिए गए कूट से सही उत्तर चुनिए—

कूट :

(A) न तो 1 न ही 2

(B) केवल 1

(C) केवल 2

(D) 1 और 2 दोनों

43. नीचे दो कथन दिए गए हैं, जिनमें एक को अभिकथन (A) तथा दूसरे को कारण (R) कहा गया है.

अभिकथन (A) : मुगल सम्राट अकबर ने फतेहपुर सीकरी में बुलन्द दरवाजा का निर्माण करवाया था.

कारण (R) : अकबर ने इस स्मारक का निर्माण अपने पुत्र जहाँगीर के जन्म की याद में कराया था.

नीचे दिए गए कूट से सही उत्तर चुनिए—

कूट :

(A) (A) गलत है, किन्तु (R) सही है

(B) (A) और (R) दोनों सही हैं और (R), (A) की सही व्याख्या करता है

(C) (A) और (R) दोनों सही हैं, किन्तु (R), (A) की सही व्याख्या नहीं करता है

(D) (A) सही है, किन्तु (R) गलत है

44. भारत के निम्नलिखित राज्यों के गठन पर विचार कीजिए तथा इन्हें सबसे पहले से लेकर आखिरी तक के सही कालक्रमानुसार क्रम में व्यवस्थित कीजिए—

1. पंजाब
2. अरुणाचल प्रदेश
3. नगालैण्ड
4. सिक्किम

नीचे दिए गए कूट से सही उत्तर चुनिए—

कूट :

(A) 3, 4, 1, 2

(B) 2, 3, 4, 1

(C) 3, 2, 4, 1

(D) 3, 1, 4, 2

45. सूची-I को सूची-II से सुमेलित कीजिए तथा सूचियों के नीचे दिए गए कूट का प्रयोग कर सही उत्तर चुनिए—

सूची-I (पुलित्जर पुरस्कार की श्रेणी)	सूची-II (2025 में विजेता)
(a) फिक्शन	1. जेसन रॉबर्ट्स
(b) संगीत	2. ब्रैंडेन जैकब्स-जेनकिंस
(c) जीवनी	3. सूसी इबारा
(d) ड्रामा/नाटक	4. पर्सीवल एवरेट

कूट :

	(a)	(b)	(c)	(d)
(A)	4	3	1	2
(B)	3	4	1	2
(C)	3	4	2	1
(D)	4	3	2	1

46. सूची-I को सूची-II से सुमेलित कीजिए तथा सूचियों के नीचे दिए गए कूट का प्रयोग कर सही उत्तर चुनिए—

सूची-I (गवर्नर जनरल/ वायसराय)	सूची-II (महत्वपूर्ण योगदान/कार्य)
(a) लॉर्ड डलहौजी	1. बंगाल का स्थायी बन्दोबस्त
(b) लॉर्ड कर्जन	2. सती प्रथा का निषेध
(c) लॉर्ड विलियम	3. बंगाल का विभाजन
(d) लॉर्ड कार्नवालिस	4. व्यपगत का सिद्धान्त

कूट :

	(a)	(b)	(c)	(d)
(A)	3	4	2	1
(B)	4	3	2	1
(C)	4	3	1	2
(D)	3	4	1	2

47. उत्तर प्रदेश की एक जिला एक उत्पाद (ओ. डी. ओ. पी.) योजना के अनुसार, मूंज उत्पाद निम्नलिखित में से किस जिले से सम्बन्धित है ?
1. अमेठी
2. सुल्तानपुर
3. संत कबीर नगर

नीचे दिए गए कूट से सही उत्तर चुनिए—

कूट :

(A) केवल 3 (B) 1 और 2
(C) 1 और 3 (D) 2 और 3

48. निम्नलिखित में से कौनसा/से युग्म सही सुमेलित नहीं है/हैं ?

(बायोस्फीयर रिजर्व)		(राज्य)
1. नोकरेक	—	मणिपुर
2. मानस	—	असम
3. अगस्त्यमलाई	—	केरल

नीचे दिए गए कूट से सही उत्तर चुनिए—

कूट :

(A) केवल 3 (B) केवल 1
(C) 1 और 2 (D) 2 और 3

49. गोबी मरुस्थल निम्नलिखित में से कौनसे देशों में फैला है ?
1. मंगोलिया 2. चीन
3. रूस 4. कजाखस्तान

नीचे दिए गए कूट से सही उत्तर चुनिए—

कूट :

(A) केवल 1, 2 और 4
(B) केवल 1
(C) केवल 1 और 2
(D) केवल 1, 2 और 3

50. 'अम्ल और क्षार' के सन्दर्भ में, निम्नलिखित में से कौनसा/से कथन सही है/हैं ?
1. अम्लीय विलयन 7 से अधिक pH का होता है.
2. क्षारीय विलयन का pH 7 से कम होता है.

नीचे दिए गए कूट से सही उत्तर चुनिए—

कूट :

(A) न तो 1 न ही 2
(B) केवल 1
(C) केवल 2
(D) 1 और 2 दोनों

51. नगरपालिका के सन्दर्भ में निम्नलिखित में से कौनसा/से कथन सही है/हैं ?
1. नगरपालिका सदस्य बनने के लिए अर्हता आयु 25 वर्ष है.
2. नगरपालिकाओं में सीधे चुनाव से आने वाले कुल सदस्य संख्या का एक-तिहाई स्थान महिलाओं के लिए आरक्षित है.

नीचे दिए गए कूट से सही उत्तर चुनिए—

कूट :

(A) न तो 1 न ही 2
(B) केवल 1
(C) 1 और 2 दोनों
(D) केवल 2

52. निम्नलिखित युग्मों में से कौनसा/से सही सुमेलित है/हैं ?

कोयला उत्पादक क्षेत्र		राज्य
1. मावलोंग	—	अरुणाचल प्रदेश
2. रानीगंज	—	पश्चिम बंगाल
3. रामगढ़	—	झारखण्ड
4. तालचेर	—	ओडिशा

नीचे दिए गए कूट से सही उत्तर चुनिए—

कूट :

(A) केवल 2, 3 और 4
(B) केवल 1
(C) केवल 1 और 2
(D) केवल 1, 2 और 3

53. अलाउद्दीन खिलजी की निम्नलिखित विजयों को सही कालक्रमानुसार क्रम में व्यवस्थित कीजिए तथा नीचे दिए गए कूट से सही उत्तर को चुनिए—
1. रणथम्औार 2. जैसलमेर
3. वारंगल 4. चित्तौड़

कूट :

(A) 2, 1, 4, 3 (B) 1, 2, 4, 3
(C) 1, 2, 3, 4 (D) 2, 1, 3, 4

54. नई पंबन ब्रिज से सन्दर्भ में निम्नलिखित में से कौनसा/से कथन सही है/हैं ?
1. इसका निर्माण रेल विकास निगम लिमिटेड द्वारा किया गया है, जो रेल मंत्रालय के तहत् एक 'नवरत्न' सार्वजनिक क्षेत्र की इकाई है.
2. यह भारत का पहला वर्टिकल लिफ्ट रेलवे सी ब्रिज है.

नीचे दिए गए कूट से सही उत्तर चुनिए—

कूट :

(A) न तो 1 न ही 2
(B) केवल 1
(C) केवल 2
(D) 1 और 2 दोनों

55. निम्नलिखित में से कौनसा/से रामसर आर्द्रभूमि स्थल उत्तर प्रदेश में स्थित नहीं है/हैं ?
1. सरसई नावर झील
2. समसपुर पक्षी अभयारण्य
3. रुद्रसागर झील
4. सुल्तानपुर राष्ट्रीय उद्यान

नीचे दिए गए कूट से सही उत्तर चुनिए—

कूट :

(A) 3 और 4 (B) 1 और 2
(C) 1 और 3 (D) 2 और 3

56. मार्च 2025 में संयुक्त विशेष बल अभ्यास 'खंजर-XII' भारत और निम्नलिखित में से किन देशों के बीच आयोजित किया गया था ?
1. रूस 2. तुर्कमेनिस्तान
3. किर्गिजस्तान 4. मंगोलिया

नीचे दिए गए कूट से सही उत्तर चुनिए—

कूट :

(A) 3 और 4 (B) केवल 1
(C) 2 और 3 (D) केवल 3

57. निम्नलिखित में से कौन फजल अली आयोग के सदस्य थे ?
1. के. टी. शाह
2. के एम. पणिक्कर
3. पी. सीतारमैया
4. एच. एन. कुंजरू

नीचे दिए गए कूट से सही उत्तर चुनिए—

कूट :

(A) 2 और 4 (B) 1 और 2
(C) 1 और 3 (D) 2 और 3

58. सूची-I को सूची-II से सुमेलित कीजिए तथा सूचियों के नीचे दिए गए कूट से सही उत्तर चुनिए—

सूची-I (राष्ट्रीय उद्यान/वन्यजीव अभयारण्य)	सूची-II (राज्य/केन्द्र-शासित प्रदेश)
(a) दाचीगाम	1. मध्य प्रदेश
(b) केवलादेव	2. राजस्थान

(c) कान्हा 3. केरल

(d) पेरियार 4. जम्मू और कश्मीर

कूट :

	(a)	(b)	(c)	(d)
(A)	2	4	1	3
(B)	4	2	1	3
(C)	4	2	3	1
(D)	2	4	3	1

59. निम्नलिखित में से कौनसा/से युग्म सही सुमेलित नहीं है/हैं ?

जनजाति		आवास क्षेत्र
1. बुशमैन	—	कालाहारी मरुस्थल
2. एस्किमो	—	उत्तरी कनाडा
3. पिग्मी	—	कांगो बेसिन
4. मसाई	—	पश्चिम अफ्रीका

नीचे दिए गए कूट से सही उत्तर चुनिए—

कूट :

(A) केवल 4

(B) केवल 1

(C) केवल 1, 2 और 3

(D) केवल 3 और 4

60. नीचे दो कथन दिए गए हैं, जिनमें से एक को अभिकथन (A) तथा दूसरे को कारण (R) कहा गया है.

अभिकथन (A) : खाद्य सुरक्षा, अधिशेष खाद्य उत्पादन वर्षों में भी आवश्यक है.

कारण (R) : असमान वितरण और दुर्गम/पहुँच के बाहर होने के कारण भुखमरी अभी भी हो सकती है.

नीचे दिए गए कूट से सही उत्तर चुनिए—

कूट :

(A) (A) गलत है, किन्तु (R) सही है

(B) (A) और (R) दोनों सही हैं और (R), (A) की सही व्याख्या करता है

(C) (A) और (R) दोनों सही हैं, किन्तु (R), (A) की सही व्याख्या नहीं करता है

(D) (A) सही है, किन्तु (R) गलत है

61. सूची-I को सूची-II से सुमेलित कीजिए तथा सूचियों के नीचे दिए गए कूट का प्रयोग कर सही उत्तर चुनिए—

सूची-I (शिष्य)	सूची-II (गुरु)
(a) कबीर	1. गुरु नानक देव
(b) अमीर खुसरो	2. स्वामी रामानन्द
(c) सूरदास	3. निज़ामुद्दीन औलिया
(d) मर्दाना	4. बल्लभाचार्य

कूट :

	(a)	(b)	(c)	(d)
(A)	3	2	1	4
(B)	2	3	1	4
(C)	3	2	4	1
(D)	2	3	4	1

62. नीचे दो कथन दिए गए हैं, जिनमें एक को अभिकथन (A) तथा दूसरे को कारण (R) कहा गया है.

अभिकथन (A) : भारत में जनहित याचिका कानून के शासन के लिए आवश्यक है.

कारण (R) : जनहित याचिका सामाजिक और आर्थिक रूप से कमजोर वर्गों को न्याय तक प्रभावकारी पहुँच प्रदान करता है.

नीचे दिए गए कूट से सही उत्तर चुनिए—

कूट :

(A) (A) गलत है, किन्तु (R) सही है

(B) (A) और (R) दोनों सही हैं और (R), (A) की सही व्याख्या करता है

(C) (A) और (R) दोनों सही हैं, किन्तु (R), (A) की सही व्याख्या नहीं करता है

(D) (A) सही है, किन्तु (R) गलत है

63. निम्नलिखित घटनाओं को सही कालक्रमानुसार क्रम में व्यवस्थित कीजिए तथा दिए गए कूट से सही उत्तर को चुनिए—

1. कन्नौज का युद्ध
2. दौराह का युद्ध
3. समूगढ़ का युद्ध
4. चौसा का युद्ध

कूट :

(A) 4, 2, 1, 3 (B) 2, 4, 1, 3

(C) 2, 4, 3, 1 (D) 4, 2, 3, 1

64. भारत के निम्नलिखित राज्यों को उनके क्षेत्रफल के आधार पर आरोही क्रम में व्यवस्थित कीजिए तथा नीचे दिए गए कूट से सही उत्तर चुनिए—

1. हरियाणा
2. हिमाचल प्रदेश
3. पंजाब
4. उत्तराखण्ड

कूट :

(A) 3, 1, 4, 2 (B) 1, 3, 4, 2

(C) 1, 3, 2, 4 (D) 3, 1, 2, 4

65. उत्तर भारत में जलविद्युत् के संदर्भ में, निम्नलिखित में से कौनसा/से कथन सही है/हैं ?

1. हिमालय क्षेत्र में जलविद्युत् की विशाल सम्भावनाएँ हैं.
2. पूर्वी उत्तर प्रदेश और बिहार इस क्षमता का उपयोग नहीं कर सकते, क्योंकि इनके उत्तर में स्थित हिमालय नेपाल की सीमा में आता है.

नीचे दिए गए कूट से सही उत्तर चुनिए—

कूट :

(A) न तो 1 न ही 2

(B) केवल 1

(C) केवल 2

(D) 1 और 2 दोनों

66. समस्थानिक (आइसोटोप) के सन्दर्भ में, निम्नलिखित में से कौनसा/से कथन सही है/हैं ?

1. समान परमाणु क्रमांक किन्तु अलग परमाणु द्रव्यमान वाले परमाणुओं को समस्थानिक कहते हैं.
2. प्रोटियम, ड्यूटेरियम और ट्रिटियम कार्बन के समस्थानिक हैं.

नीचे दिए गए कूट से सही उत्तर चुनिए—

कूट :

(A) न तो 1 न ही 2

(B) केवल 1

(C) केवल 2

(D) 1 और 2 दोनों

67. सूची-I को सूची-II से सुमेलित कीजिए और सूचियों के नीचे दिए गए कूट का प्रयोग कर सही उत्तर चुनिए—

सूची-I (संविधान सभा की समितियाँ)	सूची-II (समितियों के अध्यक्ष)
(a) संघीय संविधान समिति	1. डॉ. राजेन्द्र प्रसाद
(b) प्रक्रिया नियम समिति	2. जे. बी. कृपलानी
(c) प्रारूप समिति	3. डॉ. बी. आर. अम्बेडकर
(d) मौलिक अधिकार उप-समिति	4. जवाहरलाल नेहरू

कूट :

	(a)	(b)	(c)	(d)
(A)	1	4	3	2
(B)	1	2	3	4
(C)	2	1	3	4
(D)	4	1	3	2

68. 'केचुए' के सन्दर्भ में निम्नलिखित में से कौनसा/से कथन सही है/हैं ?

1. केचुए मिट्टी की उर्वरता को बढ़ाते हैं और किसानों के मित्र के रूप में जाने जाते हैं.
2. केचुए में दो जोड़ी हृदय होते हैं.

नीचे दिए गए कूट से सही उत्तर चुनिए–

कूट :

(A) न तो 1 न ही 2

(B) केवल 1

(C) केवल 2

(D) 1 और 2 दोनों

69. 'अटल सुरंग' के सन्दर्भ में निम्नलिखित में से कौनसा/से कथन सही है/हैं ?

1. यह सुरंग विश्व की सबसे लम्बी राजमार्ग सुरंग है.
2. यह सुरंग हिमालय की पीर पंजाल शृंखला में बनाई गई है.

नीचे दिए गए कूट से सही उत्तर चुनिए–

कूट :

(A) न तो 1 न ही 2

(B) केवल 1

(C) केवल 2

(D) 1 और 2 दोनों

70. सिन्धु घाटी सभ्यता से सम्बन्धित निम्नलिखित पुरातात्विक स्थलों में से कौन आज के उत्तर प्रदेश में स्थित हैं ?

1. मंडी
2. राखीगढ़ी
3. हुलास

नीचे दिए गए कूट से सही उत्तर चुनिए–

कूट :

(A) केवल 3 (B) केवल 1

(C) 1 और 2 (D) 1 और 3

71. सूची-I को सूची-II से सुमेलित कीजिए तथा के नीचे दिए गए कूट से सही उत्तर चुनिए–

सूची-I (पद्म विभूषण क्षेत्र 2025)	**सूची-II (विजेता 2025)**
(a) व्यापार और उद्योग	1. श्री लक्ष्मीनारायण सुब्रमण्यम
(b) साहित्य और शिक्षा	2. श्री ओसामु सुजुकी
(c) दवा	3. श्री एम. टी. वासुदेवन नायर
(d) कला	4. श्री डी. नागेश्वर रेड्डी

कूट :

	(a)	(b)	(c)	(d)
(A)	2	3	4	1
(B)	3	2	4	1
(C)	3	2	1	4
(D)	2	3	1	4

72. निम्नलिखित में से कौनसी घटनाएँ वर्ष 1911 में घटित हुई ?

1. बंगाल का विभाजन रद्द करना.
2. राजधानी का कलकत्ता से दिल्ली परिवर्तन.
3. कांग्रेस तथा मुस्लिम लीग के बीच लखनऊ समझौता

नीचे दिए गए कूट से सही उत्तर चुनिए –

कूट :

(A) केवल 3 (B) केवल 1

(C) 1 और 2 (D) 2 और 3

73. सूची-I को सूची-II से सुमेलित कीजिए और सूचियों के नीचे दिए गए कूट का प्रयोग कर सही उत्तर चुनिए–

सूची-I (वित्त आयोग)	**सूची-II (अध्यक्ष)**
(a) ग्यारहवाँ	1. डॉ. सी. रंगराजन
(b) बारहवाँ	2. डॉ. वाई. वी. रेड्डी
(c) तेरहवाँ	3. प्रो. ए. एम. खुसरो
(d) चौदहवाँ	4. डॉ. विजय एल. केलकर

कूट :

	(a)	(b)	(c)	(d)
(A)	2	3	4	1
(B)	1	3	2	4
(C)	3	1	4	2
(D)	3	2	1	4

74. निम्नलिखित में से कौनसा/से कार्यक्रम/योजना, राष्ट्रीय शिक्षा नीति 2020 के उद्देश्यों को पूरा करने में शामिल नहीं हैं ?

1. उल्लास
2. दीक्षा
3. भारत निर्माण कार्यक्रम

नीचे दिए गए कूट से सही उत्तर चुनिए–

कूट :

(A) केवल 3 (B) केवल 1

(C) 1 और 2 (D) 1 और 3

75. वैश्विक वित्तीय स्थिरता रिपोर्ट निम्नलिखित में से किनके द्वारा जारी की जाती है ?

1. अन्तर्राष्ट्रीय मुद्रा कोष
2. विश्व आर्थिक मंच
3. विश्व बैंक

नीचे दिए गए कूट से सही उत्तर चुनिए–

कूट :

(A) केवल 3 (B) केवल 1

(C) 1 और 2 (D) 2 और 3

76. स्वेज नहर निम्नलिखित में से किन्हें जोड़ती है ?

1. अटलांटिक महासागर
2. लाल सागर
3. भूमध्य सागर
4. हिन्द महासागर

नीचे दिए गए कूट से सही उत्तर चुनिए–

कूट :

(A) 3 और 4 (B) 1 और 2

(C) 1 और 3 (D) 2 और 3

77. अप्पिको आन्दोलन निम्नलिखित में से किन भारतीय राज्यों से सम्बन्धित है/हैं ?

1. उत्तराखण्ड 2. उत्तर प्रदेश
3. केरल 4. कर्नाटक

नीचे दिए गए कूट से सही उत्तर चुनिए–

कूट :

(A) केवल 4 (B) केवल 1

(C) 1 और 2 (D) 3 और 4

78. आयरन डोम मिसाइल रक्षा प्रणाली निम्नलिखित में से किस देश की है ?

1. फ्रांस
2. संयुक्त राज्य अमेरिका
3. इजरायल

नीचे दिए गए कूट से सही उत्तर चुनिए–

कूट :

(A) केवल 3 (B) केवल 1

(C) 1 और 2 (D) 2 और 3

79. लाइकेन के सन्दर्भ में निम्नलिखित में से कौनसा/से कथन सही है/हैं ?

1. लाइकेन प्रदूषण के बहुत अच्छे संकेतक हैं.
2. लाइकेन प्रदूषित क्षेत्रों में अच्छी तरह से उगते हैं.

नीचे दिए गए कूट से सही उत्तर चुनिए–

कूट :

(A) न तो 1 न ही 2

(B) केवल 1

(C) केवल 2

(D) 1 और 2 दोनों

80. नीचे दो कथन दिए गए हैं, जिनमें एक को अभिकथन (A) तथा दूसरे को कारण (R) कहा गया है.

अभिकथन (A) : भारत में संसदीय शासन प्रणाली है.

कारण (R) : भारत में कार्यपालिका व्यवस्थापिका के प्रति उत्तरदायी होती है.

नीचे दिए गए कूट से सही उत्तर चुनिए–

कूट :

(A) (A) गलत है, किन्तु (R) सही है

(B) (A) और (R) दोनों सही हैं और (R), (A) की सही व्याख्या करता है

(C) (A) और (R) दोनों सही हैं, किन्तु (R), (A) की सही व्याख्या नहीं करता है

(D) (A) सही है, किन्तु (R) गलत है

81. 'पर्यावरण की वहन क्षमता' के सन्दर्भ में निम्नलिखित में से कौनसा/से कथन सही है/हैं ?

1. संसाधन निष्कर्षण की दर, संसाधन सृजन की दर से अधिक रहनी चाहिए.
2. अपशिष्ट का उत्पादन, पर्यावरण की अवशोषण क्षमता के भीतर रहना चाहिए.

नीचे दिए गए कूट से सही उत्तर चुनिए—

कूट :

(A) न तो 1 न ही 2
(B) केवल 1
(C) केवल 2
(D) 1 और 2 दोनों

82. सूची-I को सूची-II से सुमेलित कीजिए तथा सूचियों के नीचे दिए गए कूट का प्रयोग कर सही उत्तर चुनिए—

सूची-I (शासक)	सूची-II (राजवंश)
(a) महेन्द्रवर्मन प्रथम	1. राष्ट्रकूट
(b) कडुंगोन	2. पल्लव
(c) अमोघवर्ष प्रथम	3. चोल
(d) राजराज प्रथम	4. पांड्य

कूट :

	(a)	(b)	(c)	(d)
(A)	2	4	1	3
(B)	4	2	1	3
(C)	4	2	3	1
(D)	2	4	3	1

83. सूची-I को सूची-II से सुमेलित कीजिए तथा सूचियों के नीचे दिए गए कूट से सही उत्तर चुनिए—

सूची-I (राज्य)	सूची-II (सबसे ऊँची चोटी)
(a) तमिलनाडु	1. धूपगढ़
(b) राजस्थान	2. डोड्डाबेट्टा
(c) नगालैण्ड	3. गुरु शिखर
(d) मध्य प्रदेश	4. सारामति

कूट :

	(a)	(b)	(c)	(d)
(A)	3	2	4	1
(B)	2	3	4	1
(C)	2	3	1	4
(D)	3	2	1	4

84. नीचे दो कथन दिए गए हैं, जिनमें एक को अभिकथन (A) तथा दूसरे को कारण (R) कहा गया है.

अभिकथन (A) : बाबर ने चगताई तुर्की में तुजुक-ए-बाबरी लिखा.

कारण (R) : तुर्की मुगल दरबार की राजभाषा थी.

नीचे दिए गए कूट से सही उत्तर चुनिए—

कूट :

(A) (A) गलत है, किन्तु (R) सही है
(B) (A) और (R) दोनों सही हैं और (R), (A) की सही व्याख्या करता है
(C) (A) और (R) दोनों सही हैं, किन्तु (R), (A) की सही व्याख्या नहीं करता है
(D) (A) सही है, किन्तु (R) गलत है

85. लाइफस्टाइल फॉर द एनवायरमेंट (लाइफ) के सन्दर्भ में निम्नलिखित में से कौनसा/से कथन सही है/हैं ?

1. इसे जून 2022 में लॉन्च किया गया था.
2. इसके विचार को मैड्रिड, स्पेन में कॉप 25 में प्रस्तावित किया गया था.

नीचे दिए गए कूट से सही उत्तर चुनिए—

कूट :

(A) न तो 1 न ही 2
(B) केवल 1
(C) केवल 2
(D) 1 और 2 दोनों

86. नीचे दो कथन दिए गए हैं, जिनमें एक को अभिकथन (A) तथा दूसरे को कारण (R) कहा गया है.

अभिकथन (A) : राष्ट्रीय एकता की अवधारणा में राजनीतिक, आर्थिक, सामाजिक, सांस्कृतिक एवं मनोवैज्ञानिक आयाम तथा उनके बीच आन्तरिक सम्बन्ध सम्मिलित हैं.

कारण (R) : राष्ट्रीय एकता परिषद् का गठन 1961 में 'अनेकता में एकता' के सिद्धान्त के आधार पर किया गया.

नीचे दिए गए कूट से सही उत्तर चुनिए—

कूट :

(A) (A) गलत है, किन्तु (R) सही है
(B) (A) और (R) दोनों सही हैं और (R), (A) की सही व्याख्या करता है
(C) (A) और (R) दोनों सही हैं, किन्तु (R), (A) की सही व्याख्या नहीं करता है
(D) (A) सही है, किन्तु (R) गलत है

87. निम्नलिखित पर विचार कीजिए तथा उन्हें सही कालक्रमानुसार क्रम में व्यवस्थित कीजिए—

1. काम के बदले अनाज कार्यक्रम
2. सामुदायिक विकास कार्यक्रम
3. स्व रोजगार के लिए ग्रामीण युवाओं का प्रशिक्षण (ट्राइसेम)
4. सूखा प्रवण क्षेत्र कार्यक्रम

नीचे दिए गए कूट से सही उत्तर चुनिए—

कूट :

(A) 2, 4, 1, 3
(B) 4, 2, 1, 3
(C) 4, 2, 3, 1
(D) 2, 4, 3, 1

88. निम्नलिखित में से किसके द्वारा वार्षिक भूजल गुणवत्ता रिपोर्ट 2024 तैयार की गई ?

1. केन्द्रीय प्रदूषण नियंत्रण बोर्ड
2. केन्द्रीय जल आयोग
3. केन्द्रीय भूजल बोर्ड

नीचे दिए गए कूट से सही उत्तर चुनिए—

कूट :

(A) केवल 3 (B) केवल 1
(C) 1 और 2 (D) 2 और 3

89. 'ओजोन परत' के सन्दर्भ में निम्नलिखित में से कौनसा/से कथन सही है/हैं ?

1. ओजोन परत पृथ्वी की सतह को सूर्य से आने वाली पराबैंगनी विकिरण से बचाती है.
2. ओजोन क्षरण को क्लोरोफ्लोरो-कार्बन से जोड़ा गया है.

नीचे दिए गए कूट से सही उत्तर चुनिए—

कूट :

(A) न तो 1 न ही 2
(B) केवल 1
(C) केवल 2
(D) 1 और 2 दोनों

90. भारत वन स्थिति रिपोर्ट 2023 के अनुसार, उत्तर प्रदेश के निम्नलिखित में से किन जिलों में उनके कुल क्षेत्रफल के 20% से अधिक पर वन है ?

1. बहराइच
2. चंदौली
3. श्रावस्ती

नीचे दिए गए कूट से सही उत्तर चुनिए—

कूट :

(A) केवल 3 (B) केवल 1
(C) 1 और 2 (D) 2 और 3

91. निम्नलिखित घटनाओं पर विचार कीजिए तथा इन्हें सही कालक्रमानुसार क्रम में व्यवस्थित कीजिए—

1. अंग्रेजों द्वारा अवध का अधिग्रहण
2. इल्बर्ट बिल विवाद
3. नील विद्रोह
4. द्वितीय एंग्लो-अफगान युद्ध

नीचे दिए गए कूट से सही उत्तर चुनिए—

कूट :

(A) 3, 1, 2, 4
(B) 1, 3, 2, 4
(C) 1, 3, 4, 2
(D) 3, 1, 4, 2

92. उत्तर प्रदेश के निम्नलिखित जिलों में से कौनसा/से जिले उत्तर प्रदेश के केवल एक अन्य जिले के साथ अपनी सीमा साझा करते है/हैं ?
1. ललितपुर
2. सहारनपुर
3. सोनभद्र
नीचे दिए गए कूट से सही उत्तर चुनिए—
कूट :
(A) सभी 1, 2 और 3
(B) केवल 1
(C) केवल 1 और 2
(D) केवल 2 और 3

93. निम्नलिखित में से कौनसा/से युग्म सही सुमेलित है/हैं ?

रेलवे मण्डल		मुख्यालय
1. उत्तर रेलवे	—	नई दिल्ली
2. उत्तर-पूर्वी रेलवे	—	गोरखपुर
3. दक्षिण-पूर्वी रेलवे	—	कटक

नीचे दिए गए कूट से सही उत्तर चुनिए—
कूट :
(A) केवल 3
(B) केवल 1
(C) केवल 1 और 2
(D) केवल 2 और 3

94. नीचे दो कथन दिए गए हैं, जिनमें से एक को अभिकथन (A) तथा दूसरे को कारण (R) कहा गया है.
अभिकथन (A) : मानव पूँजी में निवेश से भविष्य में लाभ मिलता है.
कारण (R) : शिक्षा और स्वास्थ्य लोगों को अधिक उत्पादक बनाते हैं.
नीचे दिए गए कूट से सही उत्तर चुनिए—
कूट :
(A) (A) गलत है, किन्तु (R) सही है
(B) (A) और (R) दोनों सही हैं और (R), (A) की सही व्याख्या करता है
(C) (A) और (R) दोनों सही हैं, किन्तु (R), (A) की सही व्याख्या नहीं करता है
(D) (A) सही है, किन्तु (R) गलत है

95. 'संसद की संयुक्त बैठक' के सन्दर्भ में निम्नलिखित में से कौनसा/से कथन सही है/हैं ?
1. भारत के संविधान का अनुच्छेद 109 संसद की संयुक्त बैठक का प्रावधान करता है.
2. संविधान संशोधन विधेयक को पारित करने के लिए संसद की संयुक्त बैठक आहूत की जा सकती है.
नीचे दिए गए कूट से सही उत्तर चुनिए—
कूट :
(A) न तो 1 न ही 2
(B) केवल 1
(C) 1 और 2 दोनों
(D) केवल 2

96. विश्व बैंक और अन्तर्राष्ट्रीय मुद्रा कोष के सन्दर्भ में निम्नलिखित में से कौनसा/से कथन सही है/हैं ?
1. विश्व बैंक और अन्तर्राष्ट्रीय मुद्रा कोष की स्थापना एक साथ की गई और इन्हें लोकप्रिय रूप से ब्रेटन वुड जुड़वाँ कहा जाता है.
2. अन्तर्राष्ट्रीय मुद्रा कोष और विश्व बैंक का मुख्यालय क्रमशः वाशिंगटन डी.सी. और न्यूयॉर्क में स्थित है.
नीचे दिए गए कूट से सही उत्तर चुनिए—
कूट :
(A) न तो 1 न ही 2
(B) केवल 1
(C) केवल 2
(D) 1 और 2 दोनों

97. सूची-I को सूची-II से सुमेलित कीजिए और सूचियों के नीचे दिए गए कूट का प्रयोग कर सही उत्तर चुनिए—

सूची-I (लोक सभा)	सूची-II (लोक सभा अध्यक्ष)
(a) 11वीं लोक सभा	1. ओम बिड़ला
(b) 12वीं लोक सभा	2. पी.ए. संगमा
(c) 14वीं लोक सभा	3. सोमनाथ चटर्जी
(d) 17वीं लोक सभा	4. जी.एम.सी. बालयोगी

कूट :

	(a)	(b)	(c)	(d)
(A)	4	2	3	1
(B)	2	3	4	1
(C)	2	4	3	1
(D)	3	2	4	1

98. प्रधानमंत्री मुद्रा योजना निम्नलिखित में से किसके अन्तर्गत आती है ?
1. कॉर्पोरेट मामलों का मंत्रालय
2. ग्रामीण विकास मंत्रालय
3. वित्त मंत्रालय
नीचे दिए गए कूट से सही उत्तर चुनिए—
कूट :
(A) केवल 3 (B) केवल 1
(C) 1 और 2 (D) 2 और 3

99. निम्नलिखित में से कौन दो, बायोगैस के प्रमुख घटक हैं ?
1. मिथेन
2. ब्यूटेन
3. कार्बन डाइऑक्साइड
4. कार्बन मोनोऑक्साइड
नीचे दिए गए कूट से सही उत्तर चुनिए—
कूट :
(A) 3 और 4 (B) 1 और 2
(C) 1 और 3 (D) 2 और 3

100. निम्नलिखित में से कौन भारतीय उपन्यासकार और पत्रकार 2026 के अन्तर्राष्ट्रीय बुकर पुरस्कार की पाँच सदस्यीय समिति का हिस्सा है/हैं ?
1. नताशा ब्राउन
2. किरण देसाई
3. नीलांजना एस. रॉय
4. रजनी चौहान
नीचे दिए गए कूट से सही उत्तर चुनिए—
कूट :
(A) 3 और 4 (B) केवल 1
(C) 2 और 3 (D) केवल 3

101. निम्नलिखित में से किसने जलियाँवाला बाग हत्याकाण्ड से दुखी होकर वायसराय की कार्यकारिणी परिषद् से इस्तीफा दे दिया था ?
1. चेट्टूर शंकरन नायर
2. ईश्वरी प्रसाद
3. मुहम्मद शफी
4. इकबाल नारायण गुरटू
नीचे दिए गए कूट से सही उत्तर चुनिए—
कूट :
(A) केवल 4 (B) केवल 1
(C) 2 और 3 (D) 3 और 4

102. निम्नलिखित में से कौनसा/से जिले उत्तर प्रदेश में देवीपाटन मण्डल का हिस्सा है/हैं ?
1. बस्ती
2. बहराइच
3. बलरामपुर
नीचे दिए गए कूट से सही उत्तर चुनिए—
कूट :
(A) केवल 3
(B) केवल 1
(C) केवल 1 और 2
(D) केवल 2 और 3

103. भारत में निम्नलिखित चुनाव सुधारों पर विचार कीजिए तथा इन्हें सबसे पहले से लेकर आखिरी तक के सही कालक्रमानुसार क्रम में व्यवस्थित कीजिए—
1. मतदाता फोटो पहचान-पत्र
2. इलेक्ट्रॉनिक वोटिंग मशीन

3. वोटर वेरिफिएबल पेपर ऑडिट ट्रेल
4. नोटा

नीचे दिए गए कूट से सही उत्तर चुनिए—

कूट :

(A) 1, 2, 4, 3
(B) 2, 1, 4, 3
(C) 2, 1, 3, 4
(D) 1, 2, 3, 4

104. वैश्विक पर्यावरण सुविधा के सन्दर्भ में निम्नलिखित में से कौनसा/से कथन सही है/हैं ?

1. इसकी स्थापना 1991 में हुई थी.
2. केवल विकसित देश ही इसके दाता (डोनर) हैं.

नीचे दिए गए कूट से सही उत्तर चुनिए—

कूट :

(A) न तो 1 न ही 2
(B) केवल 1
(C) केवल 2
(D) 1 और 2 दोनों

105. सूची-I को सूची-II से सुमेलित कीजिए तथा सूचियों के नीचे दिए गए कूट से सही उत्तर चुनिए—

सूची-I (सतत् विकास लक्ष्य)	सूची-II (लक्ष्य का क्षेत्र)
(a) लक्ष्य 1	1. स्वच्छ जल और स्वच्छता
(b) लक्ष्य 3	2. गुणवत्तापूर्ण शिक्षा
(c) लक्ष्य 4	3. गरीबी के सभी रूपों को खत्म करना
(d) लक्ष्य 6	4. अच्छा स्वास्थ्य और कल्याण

कूट :

	(a)	(b)	(c)	(d)
(A)	3	4	2	1
(B)	4	3	2	1
(C)	4	3	1	2
(D)	3	4	1	2

106. निम्नलिखित में से किस संगठन द्वारा वैश्विक वेतन रिपोर्ट 2024-25 जारी की गई है ?

1. अन्तर्राष्ट्रीय श्रम संगठन
2. विश्व बैंक
3. अन्तर्राष्ट्रीय पुनर्निर्माण एवं विकास बैंक

नीचे दिए गए कूट से सही उत्तर चुनिए—

कूट :

(A) केवल 3 (B) केवल 1
(C) 1 और 2 (D) 2 और 3

107. सूची-I को सूची-II से सुमेलित कीजिए और सूचियों के नीचे दिए गए कूट प्रयोग कर सही उत्तर चुनिए—

सूची-I (पत्तन)	सूची-II (राज्य)
(a) पारादीप	1. तमिलनाडु
(b) तूतिकोरिन	2. केरल
(c) काकीनाडा	3. ओडिशा
(d) अलप्पुझा	4. आन्ध्र प्रदेश

कूट :

	(a)	(b)	(c)	(d)
(A)	3	1	4	2
(B)	1	3	4	2
(C)	1	3	2	4
(D)	3	1	2	4

108. निम्नलिखित में से कौनसी गैस हवा से हल्की है/हैं ?

1. हाइड्रोजन क्लोराइड
2. सल्फर डाइऑक्साइड
3. हीलियम

नीचे दिए गए कूट से सही उत्तर चुनिए—

कूट :

(A) केवल 3 (B) केवल 1
(C) 1 और 2 (D) 2 और 3

109. पूर्वोत्तर के लिए महिला उद्यमिता कार्यक्रम 'स्वावलम्बिनी' निम्नलिखित में से किस मंत्रालय द्वारा शुरू किया गया है ?

1. कौशल विकास और उद्यमिता मंत्रालय
2. महिला एवं बाल विकास मंत्रालय
3. सूक्ष्म, लघु और मध्यम उद्यम मंत्रालय

नीचे दिए गए कूट से सही उत्तर चुनिए—

कूट :

(A) केवल 3 (B) केवल 1
(C) 1 और 2 (D) 2 और 3

110. निम्नलिखित को उनके शासन के कालक्रमानुसार क्रम में व्यवस्थित कीजिए तथा नीचे दिए गए कूट से सही उत्तर चुनिए—

1. बाजीराव I
2. बालाजी बाजीराव
3. बालाजी विश्वनाथ
4. माधव राव I

कूट :

(A) 3, 1, 4, 2
(B) 1, 3, 4, 2
(C) 1,3, 2, 4
(D) 3, 1, 2, 4

111. निम्नलिखित भाषाओं में से कौनसी भारतीय संविधान की आठवीं अनुसूची में शामिल नहीं है/हैं ?

1. नेपाली 2. डोगरी
3. बोडो 4. भोजपुरी

नीचे दिए गए कूट से सही उत्तर का चयन कीजिए—

कूट :

(A) केवल 4 (B) केवल 1
(C) 1 और 2 (D) 3 और 4

112. 'चाँदी की वस्तुओं' के सन्दर्भ में, निम्नलिखित में से कौनसा/से कथन सही है/हैं ?

1. चाँदी की वस्तुएँ हवा के सम्पर्क में आने पर कुछ समय बाद काली हो जाती हैं.
2. ऐसा सिल्वर सल्फाइड की कोटिंग के कारण होता है.

नीचे दिए गए कूट से सही उत्तर चुनिए—

कूट :

(A) न तो 1 न ही 2
(B) केवल 1
(C) केवल 2
(D) 1 और 2 दोनों

113. 'दिल्ली सरकार के बायो-डीकम्पोजर एवं स्प्रे कार्यक्रम' के सन्दर्भ में निम्नलिखित में से कौनसा/से कथन सही है/हैं ?

1. पराली को खाद में बदलने में मदद के लिए किसानों को बायो-डीकम्पोजर घोल मुफ्त में उपलब्ध कराया जाता है.
2. बायो-डीकम्पोजर घोल कई कवकों का उपयोग करके तैयार किया जाता है.

नीचे दिए गए कूट से सही उत्तर चुनिए—

कूट :

(A) न तो 1 न ही 2
(B) केवल 1
(C) केवल 2
(D) 1 और 2 दोनों

114. निम्नलिखित में से कौनसा भारत के संसद में वित्तीय समिति है/हैं ?

1. लोक लेखा समिति
2. प्राक्कलन समिति
3. सार्वजनिक उपक्रम समिति

नीचे दिए गए कूट से सही उत्तर चुनिए—

कूट :

(A) सभी 1, 2 और 3
(B) केवल 1
(C) केवल 1 और 2
(D) केवल 2 और 3

115. निम्नलिखित में से कौनसा/से देश खाड़ी सहयोग परिषद् का हिस्सा नहीं है/हैं ?

1. बहरीन 2. ईरान
3. इराक 4. कतर

नीचे दिए गए कूट से सही उत्तर चुनिए—

कूट :

(A) 3 और 4 (B) केवल 1
(C) 2 और 3 (D) केवल 3

116. 'मानव विकास सूचकांक' के सन्दर्भ में निम्नलिखित में से कौनसा/से कथन सही है/हैं ?

1. यू. एन. डी. पी. ने 1990 में अपनी पहली मानव विकास रिपोर्ट प्रकाशित की थी जिसमें मानव विकास सूचकांक था.
2. मानव विकास सूचकांक विकसित करने वाली पहली टीम का नेतृत्व महबूब-उल-हक और एस. प्रीसनर ने किया.

नीचे दिए गए कूट से सही उत्तर चुनिए—

कूट :

(A) न तो 1 न ही 2
(B) केवल 1
(C) केवल 2
(D) 1 और 2 दोनों

117. निम्नलिखित में से कौनसा/से युग्म सही सुमेलित नहीं है/हैं ?

1. राष्ट्रीय मतदाता दिवस (भारत)—25 जनवरी
2. संविधान दिवस (भारत)—27 जनवरी
3. मानवाधिकार दिवस (विश्व)—29 जनवरी

नीचे दिए गए कूट से सही उत्तर चुनिए—

कूट :

(A) केवल 3 (B) केवल 1
(C) 1 और 2 (D) 2 और 3

118. निम्नलिखित पर विचार करें तथा उन्हें सही कालक्रमानुसार क्रम में व्यवस्थित करें—

1. अटल कायाकल्प और शहरी परिवर्तन मिशन
2. जवाहरलाल नेहरू राष्ट्रीय शहरी नवीकरण मिशन
3. जल जीवन मिशन
4. राष्ट्रीय शहरी आवास एवं पर्यावास नीति

नीचे दिए गए कूट से सही उत्तर चुनिए—

कूट :

(A) 4, 2, 1, 3
(B) 4, 2, 3, 1
(C) 2, 4, 1, 3
(D) 2, 4, 3, 1

119. निम्नलिखित में से कौनसा/से युग्म सही सुमेलित नहीं है/हैं ?

दर्रा	राज्य/केन्द्र-शासित प्रदेश
1. लिपुलेख	— लद्दाख
2. नाथू ला	— सिक्किम
3. बोमडिला	— अरुणाचल प्रदेश
4. शिपकी ला	— हिमाचल प्रदेश

नीचे दिए गए कूट से सही उत्तर चुनिए—

कूट :

(A) केवल 2, 3 और 4
(B) केवल 1
(C) केवल 1 और 2
(D) केवल 1, 2 और 3

120. 'पारिस्थितिकी तंत्र' के सन्दर्भ में, निम्नलिखित में से कौनसा/से कथन सही है/हैं ?

1. हरे पौधे, स्थलीय पारिस्थितिकी तंत्र में अपनी पत्तियों पर पड़ने वाली सूर्य की रोशनी की लगभग 1% ऊर्जा को ग्रहण करते हैं.
2. लगभग 10% कार्बनिक पदार्थ उपभोक्ताओं के अगले उच्च स्तर तक पहुँचता है.

नीचे दिए गए कूट से सही उत्तर चुनिए—

कूट :

(A) न तो 1 न ही 2
(B) केवल 1
(C) केवल 2
(D) 1 और 2 दोनों

121. प्रोटीन के पाचन के लिए आमाशय में निम्नलिखित में कौनसा/से एंजाइम निकलता है ?

1. काइमोट्रिप्सिन
2. ट्रिप्सिन
3. पेप्सिन

नीचे दिए गए कूट से सही उत्तर चुनिए—

कूट :

(A) केवल 3
(B) 1, 2 और 3
(C) केवल 1 और 2
(D) केवल 2 और 3

122. सूची-I को सूची-II से सुमेलित कीजिए और सूचियों के नीचे दिए गए कूट का प्रयोग कर सही उत्तर चुनिए—

सूची-I (लौह-अयस्क खदान)	सूची-II (राज्य)
(a) गुरुमहिसानी	1. झारखण्ड
(b) बैलाडिला	2. कर्नाटक
(c) नोआमुण्डी	3. ओडिशा
(d) कुद्रेमुख	4. छत्तीसगढ़

कूट :

	(a)	(b)	(c)	(d)
(A)	4	3	1	2
(B)	3	4	1	2
(C)	3	4	2	1
(D)	4	3	2	1

123. निम्नलिखित में से कौनसा/से देश 'बंगाल की खाड़ी बहु-क्षेत्रीय तकनीकी और आर्थिक सहयोग पहल (बिम्सटेक)' का सदस्य नहीं है ?

1. थाइलैण्ड 2. नेपाल
3. भूटान 4. इण्डोनेशिया

नीचे दिए गए कूट से सही उत्तर चुनिए—

कूट :

(A) केवल 4 (B) केवल 1
(C) 2 और 3 (D) 1 और 4

124. निम्नलिखित में से कौनसी जगह 1816 की सुगौली संधि के तहत् ब्रिटिश ईस्ट इण्डिया कम्पनी द्वारा प्राप्त की गई थीं ?

1. काठमाण्डू 2. शिमला
3. रानीखेत 4. नैनीताल

नीचे दिए गए कूट से सही उत्तर चुनिए—

कूट :

(A) केवल 3 और 4
(B) केवल 1
(C) 1 और 2
(D) 2, 3 और 4

125. नीचे दो कथन दिए गए हैं, जिनमें से एक को अभिकथन (A) तथा दूसरे को कारण (R) कहा गया है.

अभिकथन (A) : निर्धनता रेखा समय और देशों के अनुरूप भिन्न होती है.

कारण (R) : लोगों की मूलभूत आवश्यकताएँ क्षेत्रों और समय के अनुसार भिन्न होती है.

नीचे दिए गए कूट से सही उत्तर चुनिए—

कूट :

(A) (A) गलत है, किन्तु (R) सही है
(B) (A) और (R) दोनों सही हैं और (R), (A) की सही व्याख्या करता है
(C) (A) और (R) दोनों सही हैं, किन्तु (R), (A)की सही व्याख्या नहीं करता है
(D) (A) सही है, किन्तु (R) गलत है

126. भारत के निम्नलिखित राष्ट्रपतियों के कार्यकाल पर विचार कीजिए तथा इन्हें सबसे पहले से आखिरी तक के सही कालक्रमानुसार क्रम में व्यवस्थित कीजिए—

1. नीलम संजीव रेड्डी
2. के. आर. नारायणन
3. ए. पी. जे. अब्दुल कलाम
4. आर. वेंकटरमन

नीचे दिए गए कूट से सही उत्तर चुनिए—

कूट :

(A) 4, 1, 3, 2
(B) 1, 4, 3, 2
(C) 1, 4, 2, 3
(D) 4, 1, 2, 3

127. 'उत्तर प्रदेश' के सन्दर्भ में निम्नलिखित में से कौनसा/से कथन सही है/हैं ?

1. उत्तर प्रदेश, देश में आलू का अग्रणी उत्पादक है.
2. भारत सरकार ने अलीगढ़ में अन्तर्राष्ट्रीय आलू केन्द्र के दक्षिण एशिया क्षेत्रीय केन्द्र की स्थापना को मंजूरी दी है.

नीचे दिए गए कूट से सही उत्तर चुनिए–

कूट :

(A) न तो 1 न ही 2

(B) केवल 1

(C) केवल 2

(D) 1 और 2 दोनों

128. सूची-I को सूची-II से सुमेलित कीजिए और सूचियों के नीचे दिए गए कूट का प्रयोग कर सही उत्तर चुनिए–

सूची-I (अनुसूची)	सूची-II (विषय)
(a) 7वीं	1. भाषा
(b) 8वीं	2. दल-बदल के आधार पर अयोग्यता
(c) 9वीं	3. संघ, राज्य और समवर्ती सूचियाँ
(d) 10वीं	4. कुछ अधिनियमों और विनियमों का सत्यापन

कूट :

	(a)	(b)	(c)	(d)
(A)	3	1	4	2
(B)	4	2	1	3
(C)	3	1	2	4
(D)	2	3	4	1

129. नीचे दो कथन दिए गए हैं, जिनमें से एक को अभिकथन (A) तथा दूसरे को कारण (R) कहा गया है.

अभिकथन (A) : सामान्यतः सीसा तथा टिन की मिश्र धातु का प्रयोग फ्यूज तार के पदार्थ के रूप में किया जाता है.

कारण (R) : सीसा व टिन की मिश्र धातु का गलनांक ताँबे व एल्युमिनियम के गलनांक से अधिक होता है.

नीचे दिए गए कूट से सही उत्तर चुनिए –

कूट :

(A) (A) गलत है, किन्तु (R) सही है

(B) (A) और (R) दोनों सही हैं और (R), (A) की सही व्याख्या करता है

(C) (A) और (R) दोनों सही हैं, किन्तु (R), (A) की सही व्याख्या नहीं करता है

(D) (A) सही है, किन्तु (R) गलत है

130. निम्नलिखित युग्मों में कौनसा/से सही सुमेलित नहीं है/हैं ?

दिवस		तारीख
1. अन्तर्राष्ट्रीय ओजोन दिवस	–	16 सितम्बर
2. विश्व पर्यावरण दिवस	–	5 जून
3. विश्व वन्यजीव दिवस	–	22 मार्च

नीचे दिए गए कूट से सही उत्तर चुनिए–

कूट :

(A) केवल 3 (B) केवल 1

(C) 1 और 3 (D) 2 और 3

131. निम्नलिखित में से कौनसा/से युग्म सही सुमेलित नहीं है/हैं ?

नगर		नदी
1. बुडापेस्ट	–	डेन्यूब
2. कोलोन	–	राइन
3. न्यू ऑरलियन्स	–	मिसौरी
4. हैदराबाद (भारत)	–	पलेरू

नीचे दिए गए कूट से सही उत्तर चुनिए–

कूट :

(A) केवल 3 और 4

(B) केवल 1 और 2

(C) केवल 1, 2 और 3

(D) केवल 2, 3 और 4

132. निम्नलिखित में से कौनसा/से खाद्य सुरक्षा का आयाम नहीं है/हैं ?

1. उपलब्धता 2. पहुँच
3. सामर्थ्य 4. जवाबदेही

नीचे दिए गए कूट से सही उत्तर चुनिए–

कूट :

(A) केवल 4 (B) केवल 1

(C) 1 और 2 (D) 2, 3 और 4

133. चार बौद्ध संगीतियाँ निम्नलिखित स्थानों पर सम्पन्न हुई थी. इन्हें सही कालक्रमानुसार क्रम में व्यवस्थित कीजिए तथा नीचे दिए गए कूट से सही उत्तर चुनिए–

1. वैशाली 2. राजगृह
3. कुण्डलवन 4. पाटलिपुत्र

कूट :

(A) 2, 1, 3, 4

(B) 1, 2, 3, 4

(C) 1, 2, 4, 3

(D) 2, 1, 4, 3

134. नीचे दो कथन दिए गए हैं, जिनमें से एक को अभिकथन (A) तथा दूसरे को कारण (R) कहा गया है.

अभिकथन (A): हिमालय अनेक बड़ी सततवाहिनी नदियों का उद्गम स्थल है.

कारण (R) : हिमालय की ऊँची श्रेणियाँ सदा हिमाच्छादित रहती हैं.

नीचे दिए गए कूट से सही उत्तर चुनिए–

कूट :

(A) (A) गलत है, किन्तु (R) सही है

(B) (A) और (R) दोनों सही हैं और (R), (A) की सही व्याख्या करता है

(C) (A) और (R) दोनों सही हैं, किन्तु (R), (A) की सही व्याख्या नहीं करता है

(D) (A) सही है, किन्तु (R) गलत है

135. नीचे दो कथन दिए गए हैं, जिनमें से एक को अभिकथन (A) तथा दूसरे को कारण (R) कहा गया है.

अभिकथन (A): सतत् विकास लक्ष्यों की वैश्विक सफलता के लिए भारत की सफलता महत्वपूर्ण है.

कारण (R) : भारत में विश्व की कुल जनसंख्या का लगभग छठा हिस्सा निवास करता है.

नीचे दिए गए कूट से सही उत्तर चुनिए–

कूट :

(A) (A) गलत है, किन्तु (R) सही है

(B) (A) और (R) दोनों सही हैं और (R), (A) की सही व्याख्या करता है

(C) (A) और (R) दोनों सही हैं, किन्तु (R), (A) की सही व्याख्या नहीं करता है

(D) (A) सही है, किन्तु (R) गलत है

136. मई 2025 में पुष्कर कुम्भ मेला 2025 का आयोजन निम्नलिखित में से किन राज्य/राज्यों में किया गया था ?

1. राजस्थान
2. उत्तर प्रदेश
3. उत्तराखण्ड

नीचे दिए गए कूट से सही उत्तर चुनिए–

कूट :

(A) केवल 3 (B) केवल 1

(C) 1 और 2 (D) 2 और 3

137. भारत में पंचायती राज संस्थाओं के सन्दर्भ में निम्नलिखित में से कौनसा/से कथन सही है/हैं ?

1. पंचायती राज संस्थाओं का कार्यकाल 5 वर्ष का होगा.
2. पंचायती राज संस्थाओं में आरक्षित स्थानों में से 1/4 स्थान अनुसूचित जाति एवं अनुसूचित जनजाति की महिलाओं के लिए आरक्षित होंगे.

नीचे दिए गए कूट से सही उत्तर चुनिए–

कूट :

(A) न तो 1 न ही 2

(B) केवल 1

(C) केवल 2
(D) 1 और 2 दोनों

138. निम्नलिखित में से कौन निर्धनता का सामाजिक संकेतक नहीं है ?
1. निरक्षरता
2. सुरक्षित पेयजल
3. रोजगार के अवसर
4. घर का आकार
नीचे दिए गए कूट से सही उत्तर चुनिए—
कूट :
(A) केवल 4 (B) केवल 1
(C) 1 और 2 (D) 3 और 4

139. निम्नलिखित में से कौनसी ठण्डी महासागरीय धारा नहीं हैं ?
1. अगुलहास धारा
2. ब्राजील धारा
3. हम्बोल्ट धारा
4. कैलिफोर्निया धारा
नीचे दिए गए कूट से सही उत्तर चुनिए—
कूट :
(A) 3 और 4 (B) 1 और 2
(C) 1 और 3 (D) 2 और 3

140. निम्नलिखित में से कौनसा/से युग्म सही सुमेलित नहीं है/हैं ?

अम्ल		अम्ल पाया जाता है
1. लैक्टिक अम्ल	—	दही
2. टार्टरिक अम्ल	—	अंगूर
3. एसिटिक अम्ल	—	आलू

नीचे दिए गए कूट से सही उत्तर चुनिए—
कूट :
(A) केवल 3 (B) केवल 1
(C) 1 और 2 (D) 2 और 3

141. नीचे दो कथन दिए गए हैं, जिनमें एक को अभिकथन (A) तथा दूसरे को कारण (R) कहा गया है.
अभिकथन (A): सल्तनत के क्षेत्रों को मोटे तौर पर दो भागों में विभाजित किया जा सकता है—खालसा और जागीरें.
कारण (R): जागीरों में राज्य के नियंत्रण में आने वाली भूमि शामिल थी.
नीचे दिए गए कूट से सही उत्तर चुनिए—
कूट :
(A) (A) गलत है, किन्तु (R) सही है
(B) (A) और (R) दोनों सही हैं और (R), (A) की सही व्याख्या करता है
(C) (A) और (R) दोनों सही हैं, किन्तु (R), (A) की सही व्याख्या नहीं करता है
(D) (A) सही है, किन्तु (R) गलत है

142. नीचे दो कथन दिए गए हैं, जिनमें एक को अभिकथन (A) तथा दूसरे को कारण (R) कहा गया है.
अभिकथन (A): आधुनिक लोकतांत्रिक राज्य में आर्थिक, सामाजिक और राजनीतिक कार्यों हेतु निदेशक सिद्धान्त महत्वपूर्ण हैं.
कारण (R) : आर्थिक और सामाजिक लोकतंत्र की स्थापना करना ही निदेशक सिद्धान्तों का मूल उद्देश्य है.
नीचे दिए गए कूट से सही उत्तर चुनिए—
कूट :
(A) (A) गलत है, किन्तु (R) सही है
(B) (A) और (R) दोनों सही हैं और (R), (A) की सही व्याख्या करता है
(C) (A) और (R) दोनों सही हैं, किन्तु (R), (A) की सही व्याख्या नहीं करता है
(D) (A) सही है, किन्तु (R) गलत है

143. नीचे दो कथन दिए गए हैं, जिनमें से एक को अभिकयन (A) तथा दूसरे को कारण (R) कहा गया है.
अभिकथन (A): सतत् विकास पर्यावरण को नुकसान पहुँचाए बिना होना चाहिए और वर्तमान के विकास को भविष्य की पीढ़ियों की जरूरतों के साथ समझौता नहीं करना चाहिए.
कारण (R) : एजेंडा 21 पर विश्व नेताओं द्वारा 1995 में हस्ताक्षर किए गए थे.
नीचे दिए गए कूट से सही उत्तर चुनिए—
कूट :
(A) (A) गलत है, किन्तु (R) सही है
(B) (A) और (R) दोनों सही हैं और (R), (A) की सही व्याख्या करता है
(C) (A) और (R) दोनों सही हैं, किन्तु (R), (A) की सही व्याख्या नहीं करता है
(D) (A) सही है, किन्तु (R) गलत है

144. सूची-I को सूची-II से सुमेलित कीजिए तथा सूचियों के नीचे दिए गए कूट का प्रयोग कर सही उत्तर चनिए—

सूची-I (मिशन)	सूची-II (प्रक्षेपण तिथि)
(a) चन्द्रयान-3	1. 2 सितम्बर, 2023
(b) आदित्य L1	2. 17 फरवरी, 2024
(c) INSAT-3DS	3. 14 जुलाई, 2023
(d) RLV-LEX -01	4. 2 अप्रैल, 2023

कूट :

	(a)	(b)	(c)	(d)
(A)	3	1	2	4
(B)	1	3	2	4
(C)	1	3	4	2
(D)	3	1	4	2

145. 'हिन्द महासागर' के सन्दर्भ में निम्नलिखित में से कौनसा/से कथन सही है/हैं ?
1. इसे प्राचीन यूनानियों ने इरिथियन सागर कहा था.
2. यह भूमध्य रेखा के दोनों तरफ फैला हुआ है.
नीचे दिए गए कूट से सही उत्तर चुनिए—
कूट :
(A) न तो 1 न ही 2
(B) केवल 1
(C) केवल 2
(D) 1 और 2 दोनों

146. विश्व जल आपूर्ति के निम्नलिखित स्रोतों पर विचार कीजिए तथा इन्हें अवरोही क्रम में व्यवस्थित कीजिए—
1. महासागर
2. नदियाँ
3. ध्रुवीय बर्फ और हिमनद
4. भूगर्भ जल/भूजल
नीचे दिए गए कूट से सही उत्तर चुनिए—
कूट :
(A) 1, 2, 4, 3
(B) 1, 4, 3, 2
(C) 1, 3, 4, 2
(D) 1, 2, 3, 4

147. निम्नलिखित में से कौनसा/से युग्म सही सुमेलित नहीं है/हैं ?

बाँध		नदी
1. बगलिहार बाँध	—	चिनाब
2. पंडोह बाँध	—	रावी
3. श्रीशैलम बाँध	—	तुंगभद्रा

नीचे दिए गए कूट से सही उत्तर चुनिए—
कूट :
(A) केवल 3 (B) केवल 1
(C) 1 और 2 (D) 2 और 3

148. नीचे दो कथन दिए गए हैं जिनमें एक को अधिकथन (A) तथा दूसरे को कारण (R) कहा गया है.
अभिकथन (A): भारत विश्व का दूसरा सबसे बड़ा मोबाइल गेमिंग बाजार है.
कारण (R): भारत में 950 मिलियन से ज्यादा इंटरनेट के उपयोगकर्ता है.
नीचे दिए गए कूट से सही उत्तर चुनिए—
कूट :
(A) (A) गलत है, किन्तु (R) सही है
(B) (A) और (R) दोनों सही हैं और (R), (A) की सही व्याख्या करता है

(C) (A) और (R) दोनों सही हैं, किन्तु (R), (A) की सही व्याख्या नहीं करता है

(D) (A) सही है, किन्तु (R) गलत है

149. निम्नलिखित में से किसने 2025 में अन्तर्राष्ट्रीय बुकर पुरस्कार जीता है ?

1. बानू मुश्ताक
2. दीपा भस्थी
3. संजय चौहान

नीचे दिए गए कूट से सही उत्तर चुनिए—

कूट :

(A) केवल 3 (B) केवल 1

(C) 1 और 2 (D) 2 और 3

150. 'भारत के उप-राष्ट्रपति' के सन्दर्भ में निम्नलिखित में से कौनसा/से कथन सही है/हैं ?

1. उप-राष्ट्रपति, राज्य सभा के पदेन सभापति होते हैं.
2. उप-राष्ट्रपति राज्य सभा के सदस्य होते हैं.

नीचे दिए गए कूट से सही उत्तर चुनिए—

कूट :

(A) न तो 1 न ही 2

(B) केवल 1

(C) 1 और 2 दोनों

(D) केवल 2

उत्तर व्याख्या सहित

1. (D) रक्त मुख्य रूप से दो भागों में विभाजित होता है—तरल भाग जिसे प्लाज्मा कहते हैं और ठोस भाग जिसमें लाल रक्त कोशिकाएँ, श्वेत रक्त कोशिकाएँ और प्लेटलेट्स शामिल हैं. प्लाज्मा में प्रोटीन, खनिज और अन्य महत्वपूर्ण तत्व घुले होते हैं, जबकि कोशिकाएँ विभिन्न कार्य करती हैं, जैसे—ऑक्सीजन ले जाना, रोग प्रतिरोध और थक्का जमना.

लाल रक्त कणिकाओं में उपस्थित हीमोग्लोबिन एक लौह युक्त प्रोटीन है, जो ऑक्सीजन के साथ मिलकर रक्त को लाल रंग प्रदान करता है. यह वर्णक ऑक्सीजन को फेफड़ों से शरीर के विभिन्न हिस्सों तक पहुँचाने में मदद करता है और इसी की वजह से रक्त का रंग लाल दिखाई देता है.

2. (C)

सूची-I (लेखक)	सूची-II (ग्रन्थ)
(a) त्रिविक्रम भट्ट	नल चम्पू
(b) सोमदेव	कथासरित्सागर
(c) जयदेव	गीतगोविन्द
(d) क्षेमेन्द्र	बृहत्तकथामंजरी

3. (D) 16 मई, 2025 को राष्ट्रपति द्रौपदी मुर्मू ने नई दिल्ली में संस्कृत विद्वान जगद्गुरु रामभद्राचार्य को 58वाँ ज्ञानपीठ पुरस्कार प्रदान किया. गौरतलब है कि जगद्गुरु रामभद्राचार्य और प्रसिद्ध उर्दू कवि और गीतकार गुलजार को 2023 के इस प्रतिष्ठित पुरस्कार के लिए चुना गया था. 59वाँ ज्ञानपीठ पुरस्कार हिन्दी लेखक विनोद कुमार शुक्ल को दिए जाने की घोषणा की गई है.

- पहला ज्ञानपीठ पुरस्कार 1965 में मलयालम कवि जी. शंकर कुरुप को उनके कविता संग्रह ओडक्कुझल (द बैम्बू फ्लूट) के लिए दिया गया था. यह पुरस्कार, जो भारत का सर्वोच्च साहित्यिक सम्मान है, 1961 में भारतीय ज्ञानपीठ संगठन द्वारा स्थापित किया गया था.

4. (D) विद्युत् चुम्बकीय विकिरणों को आवृत्ति के घटते क्रम में व्यवस्थित करें तो सही क्रम होगा—

गामा किरणें > एक्स-रे > पराबैंगनी किरणें > रेडियो तरंगें

प्रमुख विकिरण	आवृत्ति सीमा	उत्पत्ति/प्रकृति
गामा किरणें	सर्वाधिक (10^{19}-10^{24})	नाभिकीय प्रक्रिया
X-किरणें	10^{16}-10^{19}	इलेक्ट्रॉन संक्रमण
पराबैंगनी किरणें	10^{15}-10^{16}	दृश्य वर्णक्रम
रेडियो तरंगें	न्यूनतम (10^3-10^9)	संचार हेतु प्रयुक्त

5. (A) 26-27 जून, 2025 को वाणिज्य भवन, नई दिल्ली में 'आदि अन्वेषण' शीर्षक से आयोजित राष्ट्रीय सम्मेलन में जनजातीय कार्य मंत्रालय द्वारा 'आदि कर्मयोगी बीटा संस्करण' का शुभारम्भ किया गया. इस कार्यक्रम का उद्देश्य नागरिक-केन्द्रित विचार और वितरण पर जोर देते हुए क्षेत्र-स्तरीय अधिकारियों के दृष्टिकोण और प्रेरणा में एक मौलिक बदलाव लाना है.

6. (A) उत्तर प्रदेश में, नियोजन/योजना विभाग सतत् विकास लक्ष्यों (एसडीजी) की प्रगति की निगरानी और रिपोर्टिंग के लिए जिम्मेदार नोडल विभाग है. यह राज्य के लक्ष्यों को नीति आयोग के राष्ट्रीय ढाँचे के साथ संरेखित करने के लिए 'उत्तर प्रदेश एसडीजी प्रगति रिपोर्ट' और 'राष्ट्रीय संकेतक ढाँचा (एनआईएफ) प्रगति रिपोर्ट' तैयार करता है.

7. (D) बेकिंग सोडा का रासायनिक नाम सोडियम हाइड्रोजन कार्बोनेट ($NaHCO_3$) है, जिसे आमतौर पर सोडियम बाइकार्बोनेट के नाम से जाना जाता है. इस सफेद, क्रिस्टलीय पाउडर का प्रमुख उपयोग भोजन पकाने में (जैसे—केक और ब्रेड को फुलाने में) एक हल्के बेस के रूप में होता है, क्योंकि गर्म करने पर यह कार्बन डाइऑक्साइड (CO_2) गैस मुक्त करता है.

बेकिंग सोडा का उपयोग विशेष रूप से सोडा-एसिड अग्निशामक यंत्रों में भी किया जाता है. इन यंत्रों में, बेकिंग सोडा को एक अम्ल (जैसे—सल्फ्यूरिक एसिड) के साथ अलग से रखा जाता है.

8. (D) अधिकतम खुदरा मूल्य (MRP) वह अधिकतम कीमत है जिस पर कोई उत्पाद खुदरा विक्रेता द्वारा उपभोक्ता को बेचा जा सकता है. मोलभाव के माध्यम से उपभोक्ता अक्सर कम कीमत प्राप्त कर सकते हैं, खासकर गैर-आवश्यक वस्तुओं या उन उत्पादों पर जो एमआरपी से कम पर बेचे जा रहे हैं.

ध्यातव्य है कि एमआरपी वह अधिकतम सीमा है, न कि वह अनिवार्य मूल्य जो वसूलना ही होता है. विक्रेता एमआरपी या उससे कम कीमत पर बेच सकता है, लेकिन अधिक पर नहीं.

9. (D)

10. (D) एक सामान्य 70 किग्रा वजन वाले वयस्क मानव शरीर में इन तत्वों की अनुमानित मात्रा (वजन) इस प्रकार है—

तत्व	अनुमानित मात्रा (मिलीग्राम/ग्राम)
ताँबा (Cu)	≈100-150 मिलीग्राम
लोहा (Fe)	≈3-5 ग्राम
सोडियम (Na)	≈70-100 ग्राम
पोटैशियम (K)	≈140-200 ग्राम

अत: मात्रा का बढ़ता क्रम—ताँबा < लोहा < सोडियम < पोटैशियम होगा.

11. (D)

संत का नाम	काल (लगभग)
नामदेव	1270-1350 ई.
कबीर	लगभग 1440-1518 ई.
नानक	1469-1539 ई.
चैतन्य महाप्रभु	1486-1533 ई.

12. (B)

13. (B)

- अनुच्छेद 312 (1) के अनुसार, राष्ट्रहित में राज्य सभा के सदस्यों की उपस्थित

और मतदान करने वालों के दो-तिहाई बहुमत से प्रस्ताव पारित करने पर नई अखिल भारतीय सेवा बनाई जा सकती है.

- अतः कथन 1 सही है, परन्तु कथन 2 में 'कुल सदस्य संख्या' कहा गया है, जोकि गलत है.

14. (B) गरीबी से सम्बन्धित गठित समितियों का कालानुक्रम—

- **दांडेकर और रथ समिति (1971)**—न्यूनतम कैलोरी सेवन के आधार पर पहली बार गरीबी का अनुमान लगाया गया.
- **लकड़वाला समिति (1993)**—कैलोरी मानकों और राज्य-विशिष्ट मूल्य सूचकांकों के आधार पर गरीबी का अनुमान लगाने की सिफारिश की गई.
- **तेंदुलकर समिति (2009)**—कार्यप्रणाली को कैलोरी-आधारित से व्यय-आधारित में परिवर्तित कर दिया गया तथा इसमें स्वास्थ्य, शिक्षा और आवास को भी शामिल किया गया.
- **रंगराजन समिति (2014)**—गरीबी रेखा की समीक्षा की गई तथा शहरी और ग्रामीण क्षेत्रों के लिए उच्च सीमा का सुझाव दिया गया.

15. (D)

16. (B)

घटना	वर्ष
गाँधी-इरविन समझौता	मार्च 1931 ई.
द्वितीय गोलमेज सम्मेलन	सितम्बर1931-दिसम्बर 1931 ई.
पूना पैक्ट (समझौता)	सितम्बर 1932 ई.
सविनय अवज्ञा आन्दोलन का अन्त	1934 ई.

17. (D) साहित्य अकादमी युवा पुरस्कार 2025 कुल 23 भाषाओं के लिए दिए गए, हालाँकि साहित्य अकादमी की कुल 24 भाषाओं में युवा और बाल साहित्य पुरस्कार की घोषणा की गई है. 2025 के लिए युवा पुरस्कार डोगरी भाषा में नहीं दिया गया.

- इस वर्ष विजेताओं में अंग्रेजी के लिए अद्वैत कोत्तारी (उपन्यास—सिद्धार्थ : द बॉय हू बिकेम द बुद्ध) (हिन्दी के लिए पार्वती तिर्की (कविता संग्रह—फिर उगना) और उर्दू के लिए नेहा रुबाब (उपन्यास—मजहरुल हक : तहरीक-ए-आजादी-ए-हिन्द : हिन्द का फरामोश करदह कायद) को यह पुरस्कार दिया गया है.

18. (C)

युद्ध	वर्ष
द्वितीय आंग्ल फ्रांसीसी-युद्ध	1748 ई.
प्रथम आंग्ल-मैसूर युद्ध	1767-1769 ई.
प्रथम आंग्ल-अफगान युद्ध	1839-1842 ई.
प्रथम आंग्ल-सिख युद्ध	1845-1846 ई.

19. (C) भारत ने 28 मार्च, 2025 को म्यांमार में आए विनाशकारी भूकम्प के बाद, खोज और बचाव (एसएआर), मानवीय सहायता, आपदा राहत और चिकित्सा सहायता सहित आवश्यक सहायता प्रदान करने के लिए 'ऑपरेशन ब्रह्मा' शुरू किया था.

20. (D) 1748 ई. में एक्स-ला-शैपल सन्धि यूरोपीय शक्तियों के बीच ऑस्ट्रियन उत्तराधिकार युद्ध को समाप्त करने के लिए की गई थी. इसके परिणामस्वरूप प्रथम कर्नाटक युद्ध (1746-1748) भी समाप्त हुआ. इस सन्धि के अन्तर्गत फ्रांसीसियों ने मद्रास को अंग्रेजों को लौटा दिया, जबकि अंग्रेजों ने लुईसबर्ग को फ्रांसीसियों को वापस कर दिया.

21. (A) नोबेल पुरस्कार विजेता अर्थशास्त्री अमर्त्य सेन ने अपनी 1981 की पुस्तक, 'पॉवर्टी एंड फैमिन्स' में यह तर्क दिया कि अकाल मुख्य रूप से भोजन की कुल कमी के कारण नहीं, बल्कि लोगों के भोजन तक पहुँचने के वैध अधिकारों की विफलता के कारण पड़ते हैं. यह अधिकार उनकी क्रय शक्ति, उत्पादन क्षमता और विनिमय (जैसे—काम के बदले मजदूरी) पर निर्भर करता है.

एम. एस. स्वामीनाथन को भारत में हरित क्रान्ति का जनक माना जाता है, जो मुख्य रूप से उत्पादन वृद्धि से सम्बन्धित है.

22. (B)

महाराष्ट्र – 19 सीटें
कर्नाटक – 12 सीटें
बिहार – 16 सीटें
तमिलनाडु– 18 सीटें

23. (B)

विद्रोह	वर्ष
संन्यासी विद्रोह	1770-1800 ई.
नील (इण्डिगो) विद्रोह	1859-1860 ई.
कूका विद्रोह	1872 ई.
पबना विद्रोह	1873-1876 ई.

24. (D) ऑस्ट्रेलिया का आंतरिक भाग, जिसे अक्सर 'आउटबैक' कहा जाता है, मुख्य रूप से शुष्क या अर्द्ध-शुष्क है. यह शुष्कता मुख्य रूप से देश के केन्द्र में उच्च दबाव वाली प्रणालियों की लगातार उपस्थिति और तटीय क्षेत्रों से दूर होने के कारण आर्द्रता की कमी के कारण है. इस विशाल शुष्क क्षेत्र में देश के अधिकांश बड़े रेगिस्तान शामिल हैं, जिनमें प्रमुख हैं—

- ग्रेट विक्टोरिया डेजर्ट
- ग्रेट सैंडी डेजर्ट
- सिम्पसन डेजर्ट
- तानामी डेजर्ट
- गिब्सन डेजर्ट

अतः अभिकथन (A) सही है.

ऑस्ट्रेलिया का उत्तरी भाग (जिसे अक्सर 'टॉप एंड' कहा जाता है) पूरी तरह से उष्णकटिबंधीय क्षेत्र में स्थित है. यह क्षेत्र कर्क रेखा के उत्तर में पड़ता है. यहाँ गर्म और आर्द्र उष्णकटिबंधीय जलवायु है और मानसूनी वर्षा होती है, विशेषकर डार्विन और केप यॉर्क प्रायद्वीप जैसे क्षेत्रों में. अतः कारण (R) गलत है.

25. (C) 26. (B)

27. (B) बहु-आयामी गरीबी सूचकांक (MPI) को पहली बार वर्ष 2010 में ऑक्सफोर्ड पॉवर्टी एण्ड ह्यूमन डेवलपमेंट इनिशिएटिव (OPHI) और संयुक्त राष्ट्र विकास कार्यक्रम (UNDP) द्वारा प्रस्तुत किया गया था. यह सूचकांक गरीबी को एक व्यापक दृष्टिकोण से देखता है, जो स्वास्थ्य, शिक्षा और जीवन स्तर के 10 संकेतकों पर आधारित है. यह केवल आय (पैसे) की कमी को नहीं मापता, बल्कि यह देखता है कि कोई व्यक्ति इन मूलभूत आवश्यकताओं और सेवाओं से कितनी गम्भीरता से वंचित है. यह सूचकांक राष्ट्रीय और उप-राष्ट्रीय स्तर पर गरीबी के विभिन्न पहलुओं को उजागर करने में सरकारों और नीति-निर्माताओं की सहायता करता है.

कथन 2 गलत है, क्योंकि MPI 'अत्यधिक गरीबी' को प्रतिदिन 1 डॉलर से कम पर जीवन यापन करने वाले लोगों के रूप में परिभाषित नहीं करता. प्रतिदिन \$ 2·15 से कम पर जीवन यापन करने वाले लोगों को मापने वाला पैमाना अन्तर्राष्ट्रीय गरीबी रेखा कहलाता है, जो एक मौद्रिक गरीबी का माप है. इसके विपरीत, MPI गरीबी के गैर-मौद्रिक आयामों जैसे—पर्याप्त पोषण, बच्चों का स्कूल जाना, सुरक्षित पेयजल और बिजली तक पहुँच को भी शामिल करता है.

28. (C)

29. (B)
- लोक लेखा समिति अपनी रिपोर्ट लोक सभा अध्यक्ष को प्रस्तुत करती है, जो बाद में चर्चा के लिए संसद के समक्ष रखते थे.
- इस समिति में केवल 1 वर्ष की अवधि के साथ 22 सदस्य (लोक सभा) अध्यक्ष द्वारा 15 सदस्य एवं राज्य सभा के सभापति द्वारा चुने गए 7 सदस्य) शामिल होते हैं.

30. (C) तटीय आवास एवं मूर्त आय के लिए मैंग्रोव पहल (मिष्टी) को पर्यावरण, वन और जलवायु परिवर्तन मंत्रालय द्वारा विश्व पर्यावरण दिवस, यानी 5 जून, 2023 के अवसर पर लॉन्च किया गया था.
- इस पहल का लक्ष्य 2023-24 से शुरू होकर अगले 5 वर्षों में 9 राज्यों और 3 केन्द्रशासित प्रदेशों में फैले लगभग 540 वर्ग किमी क्षेत्र में मैंग्रोव के पुनरुद्धार/पुनर्वनीकरण की परिकल्पना करना है.

31. (C)

घटना	वर्ष
क्रिप्स मिशन	1942 ई.
वेवेल योजना	जून 1945 ई.
शिमला सम्मेलन	जुलाई 1945 ई.
कैबिनेट मिशन	1946 ई.

32. (C)
- पेरियार नदी, केरल की सबसे लम्बी नदी है, जो पश्चिमी घाटों से निकलती है. यह पश्चिम की ओर बहती है और कोच्चि के पास अरब सागर में मिलती है.
- पेन्नार नदी, कर्नाटक के नंदी हिल्स से निकलती है और आंध्र प्रदेश से होकर बहती है, अंत में बंगाल की खाड़ी में गिरती है.
- पलार नदी भी नंदी हिल्स, कर्नाटक से निकलती है और तमिलनाडु से होकर बहती है, अंत में चेन्नई के पास बंगाल की खाड़ी में गिरती है.

33. (C)
- अपलेशियन (संयुक्त राज्य अमेरिका) दुनिया के सबसे बड़े और प्राचीन कोयला क्षेत्रों में से एक है, जो पेंसिल्वेनिया से अलबामा तक फैला हुआ है और मुख्य रूप से बिट्यूमिनस कोयले का स्रोत है.
- लंकाशायर (इंग्लैण्ड) औद्योगिक क्रान्ति के दौरान कपड़ा उद्योगों को कोयला उपलब्ध कराने के लिए महत्वपूर्ण था.
- रूर (जर्मनी), जिसे जर्मनी का औद्योगिक हृदयस्थल कहा जाता है, बिट्यूमिनस कोयले में समृद्ध है और लोहा-इस्पात उत्पादन का केन्द्र है.
- कुजबास (रूस), जो कुजनेत्स बेसिन का संक्षिप्त नाम है और दक्षिण-पश्चिमी साइबेरिया में स्थित है, रूस के सबसे बड़े कोयला उत्पादक क्षेत्रों में से एक है और उच्च गुणवत्ता वाले कोकिंग कोयले के लिए प्रसिद्ध है.

34. (D) डॉल्फिन और ह्वेल स्तनधारी हैं, मछलियाँ नहीं. इसलिए, उनके पास गलफड़े नहीं होते. वे हवा में साँस लेने के लिए फेफड़ों का उपयोग करते हैं. साँस लेने के लिए, उनके सिर के ऊपरी हिस्से पर एक या दो छिद्र होते हैं जिन्हें ब्लोहोल कहते हैं. जब ये जीव पानी की सतह पर आते हैं, तो ये ब्लोहोल खोलकर बाहर हवा छोड़ते हैं (जिसे अक्सर पानी के फव्वारे के रूप में देखा जाता है) और फिर ताजी हवा अन्दर खींचते हैं, जबकि केंचुआ जलीय जीवों के समान अपनी श्वसन क्रिया के लिए एक विशेष श्वसन अंग का उपयोग नहीं करता. यह अपनी नम और पतली त्वचा के माध्यम से गैसों का विनिमय करता है. ऑक्सीजन सीधे उसकी त्वचा से रक्त वाहिकाओं में विसरित होती है और कार्बन डाइऑक्साइड बाहर निकल जाती है. इस प्रकार के श्वसन को त्वचीय श्वसन कहते हैं.

35. (A) मेघदूत और रघुवंशम् दोनों कालिदास की प्रसिद्ध रचनाएँ हैं, जबकि 'श्रृंगार शतक' की रचना भर्तृहरि ने की थी, न कि कालिदास ने.

36. (A)
- भाग VI—राज्य कार्यपालिका, विधायिका एवं न्यायपालिका से सम्बन्धित
- भाग IV A—मौलिक कर्तव्य
- भाग IX-A—नगरपालिकाएँ

अतः भाग XI नगरपालिकाओं से नहीं, बल्कि केन्द्र-राज्यों सम्बन्धों से सम्बन्धित है.

37. (B)

38. (A) सही सुमेलन इस प्रकार है–
- नायरा परिष्करण शाला–गुजरात
- मनाली परिष्करण शाला–तमिलनाडु
- नुमालीगढ़ परिष्करण शाला–असम
- तातीपाका परिष्करण शाला–आंध्र प्रदेश

39. (B) 'ऑपरेशन ओलिविया' को ओडिशा के तट पर भारतीय तटरक्षक बल (आईसीजी) द्वारा चलाया जाता है. यह एक वार्षिक अभियान है, जो नवम्बर माह में शुरू होकर मई तक चलता है.
- इसे 1980 के दशक के प्रारम्भ में ओडिशा तट पर प्रजनन और घोंसले के मौसम के दौरान ओलिव रिडले कछुओं की सुरक्षा के लिए शुरू किया गया था.

40. (B) भारतपोल पोर्टल केन्द्रीय अन्वेषण ब्यूरो (सीबीआई) द्वारा अन्तर्राष्ट्रीय पुलिस सहयोग को सुगम बनाने और इंटरपोल के माध्यम से सहायता के अनुरोधों को सरल बनाने के लिए विकसित किया गया था.

41. (B)
- 42वाँ संविधान संशोधन अधिनियम 1976 के अन्तर्गत भारतीय संविधान की प्रस्तावना में 'समाजवादी और धर्मनिरपेक्षता' शब्द जोड़े गए.
- इस संशोधन के द्वारा भाग IV (क) में नागरिकों के लिए मौलिक कर्तव्यों को जोड़ा गया.

42. (C) आईएसए भारत और फ्रांस के बीच एक सहयोगात्मक पहल है जिसका उद्देश्य सौर ऊर्जा समाधानों को लागू करके जलवायु परिवर्तन से निपटने के प्रयासों को एकजुट करना है. इसकी संकल्पना 2015 में पेरिस में COP21 के दौरान की गई थी. इसके फ्रेमवर्क समझौते में 2020 में संशोधन के बाद, अब सभी संयुक्त राष्ट्र सदस्य देश इस गठबन्धन में शामिल होने के पात्र हैं. वर्तमान में, 124 देश इस पर हस्ताक्षर कर चुके हैं, और 107 से अधिक देशों ने पूर्ण सदस्य बनने के लिए अनुमोदन कर दिया है. इसका लक्ष्य 2030 तक सौर ऊर्जा में 1 ट्रिलियन डॉलर के निवेश को बढ़ावा देना है, साथ ही प्रौद्योगिकी और वित्तपोषण लागत को कम करना है.

43. (D) अकबर ने बुलंद दरवाजा अपनी गुजरात विजय (1573) की स्मृति में बनवाया था, न कि अपने पुत्र जहाँगीर (सलीम) के जन्म के उपलक्ष्य में.

44. (D)
- नगालैण्ड (1963), नागा हिल्स और तुएनसांग क्षेत्र को असम से अलग कर बनाया गया था, यह भारत का 16वाँ राज्य बना.
- **सिक्किम (1975)**—प्रारम्भ में भारत के अधीन एक 'संरक्षित राज्य' रहा है, वर्ष 1974 में इसे सहयोगी राज्य का दर्जा दिया गया वर्ष 1975 में पूर्ण राज्य का दर्जा दिया गया.
- 1966 के पंजाब पुनर्गठन अधिनियम के तहत् पंजाब (सिखों और पंजाबी भाषियों के लिए एक नए राज्य) का गठन किया गया.
- अरुणाचल प्रदेश को 20 फरवरी, 1987 को पूर्ण राज्य का दर्जा प्रदान किया गया.

45. (A) 46. (B)

47. (B) उत्तर प्रदेश के ओडीओपी पोर्टल के आधार पर अमेठी और सुल्तानपुर में मूंज-आधारित उत्पादों जैसे—रस्सियों, बुनी हुई खाटों आदि के लिए जाना जाता है.
- संत कबीर नगर अपने 'पीतल शिल्प' के लिए जाना जाता है.

48. (B)

49. (C) गोबी मरुस्थल उत्तरी चीन और दक्षिणी मंगोलिया में फैला हुआ है. यह प्रमुखतः दक्षिणी मंगोलिया के ओम्नोगोवी और डुंडगोवी प्रान्तों और उत्तरी चीन के आन्तरिक मंगोलिया और गांसु प्रान्तों में फैला है.

50. (A) pH की अवधारणा को सबसे पहले 1909 में कार्ल्सबर्ग लैबॉरेट्री के डेनिश रसायनशास्त्री, सॉरेन पेडर लॉरिट्ज सॉरेनसेन ने प्रस्तुत किया था. pH स्केल एक मात्रात्मक पैमाना है, जो किसी विलयन की अम्लता या क्षारीयता को मापने के लिए उपयोग किया जाता है. pH स्केल का दायरा 0 से 14 तक होता है, जहाँ 7 उदासीन माना जाता है.

pH मान	प्रकृति	उदाहरण
0-6	अम्लीय	नींबू का रस, सिरका, पेट की गैस
7	उदासीन	शुद्ध पानी
8-14	क्षारीय	साबुन, बेकिंग सोडा, ब्लीच

51. (D)

- **कथन 1 गलत है :** अनुच्छेद 243 V (74वें संविधान संशोधन अधिनियम, 1992) के अनुसार, नगरपालिका चुनाव लड़ने की न्यूनतम आयु 21 वर्ष है.
- **कथन 2 सही है :** अनुच्छेद 243 टी (3) के अनुसार, प्रत्येक नगरपालिका में प्रत्यक्ष चुनाव द्वारा भरी जाने वाली कुल सीटों में से कम-से-कम एक-तिहाई सीटें महिलाओं के लिए आरक्षित होंगी. इसमें SC, ST के लिए भी आरक्षित सीटें शामिल हैं.

52. (A)

- अरुणाचल प्रदेश में मावलोंग नाम का कोई बड़ा कोयला क्षेत्र नहीं है. हालाँकि, अरुणाचल प्रदेश में कुछ कोयला भण्डार हैं, खासकर नामचिक-नामफुक क्षेत्र में. मावलोंग को एक प्रमुख कोयला उत्पादक क्षेत्र के रूप में मान्यता नहीं दी गई है.

53. (A) अलाउद्दीन खिलजी की विजयों का सही कालानुक्रमिक क्रम (सही क्रम) इस प्रकार है—

राज्य	तिथि
जैसलमेर	1299 ई.
रणथंभौर	1301 ई.
चित्तौड़	1303 ई.
वारंगल	1308 ई.

54. (D) प्रधानमंत्री श्री नरेन्द्र मोदी ने 6 अप्रैल, 2025 को नए पंबन ब्रिज का उद्घाटन किया.

- यह तमिलनाडु में पाक जलडमरूमध्य पर फैला 2·07 किमी लम्बा भारत का पहला वर्टिकल लिफ्ट रेलवे सी ब्रिज है.
- नया पंबन ब्रिज रेल विकास निगम लिमिटेड (आरवीएनएल) द्वारा बनाया गया था, जो रेल मंत्रालय के तहत् एक नवरत्न पीएसयू है.

55. (A) सरसई नावर झील उत्तर प्रदेश के इटावा जिले में व समसपुर पक्षी अभयारण्य उत्तर प्रदेश के रायबरेली जिले में सलोन के पास स्थित आर्द्रभूमि है, जिन्हें रामसर साइट के रूप में मान्यता प्राप्त है.

- रुद्रसागर झील, त्रिपुरा के सिपाहीजाला जिले में मेलाघर के पास स्थित. वहीं सुल्तानपुर राष्ट्रीय उद्यान, हरियाणा के गुरुग्राम जिले में स्थित रामसर स्थल है, जो फ्लेमिंगो और पेलिकन जैसे प्रवासी पक्षियों के लिए प्रसिद्ध है.
- अक्टूबर 2025 तक भारत में कुल 93 रामसर स्थल हैं.

56. (D) किर्गिस्तान में, विशेष रूप से टोकमोक में, 10-23 मार्च, 2025 के बीच किर्गिस्तान के टोकमोक में खंजर-XII अभ्यास आयोजित किया गया. यह संयुक्त सैन्य अभ्यास भारत और किर्गिस्तान के बीच आयोजित किया जाता है.

57. (A)

- फजल अली आयोग के सदस्य के. एम. पणिक्कर एवं एच. एन. कुंजरू थे.
- राज्य पुनर्गठन आयोग, जिसे फजल अली आयोग के नाम से जाना जाता था वर्ष 1953 में गठित किया गया था.

58. (B)

- दाचिगाम राष्ट्रीय उद्यान श्रीनगर, जम्मू और कश्मीर में स्थित है, जो मुख्य रूप से हंगुल (कश्मीर स्टैग) के संरक्षण के लिए प्रसिद्ध है और इसका नाम दस गाँवों के नाम पर पड़ा है जिन्हें इसके निर्माण हेतु हटाया गया था.
- केवलादेव राष्ट्रीय उद्यान राजस्थान के भरतपुर में स्थित एक विश्व धरोहर स्थल है, जो हजारों प्रवासी पक्षियों, विशेषकर साइबेरियाई सारस का प्रमुख शीतकालीन आवास है.
- मध्य प्रदेश स्थित कान्हा राष्ट्रीय उद्यान न केवल बाघों के लिए बल्कि दुर्लभ बारहसिंगा की उप-प्रजाति के संरक्षण के लिए भी प्रसिद्ध है और इसी से रुडयार्ड किपलिंग की 'जंगल बुक' को प्रेरणा मिली थी.
- केरल का पेरियार वन्यजीव अभयारण्य अपने सुन्दर परिदृश्य, पेरियार झील, हाथियों और बाघों की उपस्थिति के लिए जाना जाता है, जो इसे दक्षिण भारत का एक प्रमुख जैव-विविधता क्षेत्र बनाता है.

59. (A)

- **मसाई**—ये लोग पूर्वी अफ्रीका के विशिष्ट सवाना घास के मैदानों में निवास करते हैं. इनका मुख्य क्षेत्र केन्या और उत्तरी तंजानिया में है. यह महत्वपूर्ण है कि वे पश्चिमी अफ्रीका में नहीं पाए जाते हैं. मसाई जनजाति अपनी विशिष्ट सांस्कृतिक पोशाक और मवेशियों को पालने के लिए प्रसिद्ध है. उनका जीवन मुख्य रूप से उनके पशुधन पर निर्भर करता है, जिससे वे एक अर्द्ध-खानाबदोश जीवन शैली जीते हैं.

60. (B) खाद्य सुरक्षा का अर्थ केवल उत्पादन की मात्रा से नहीं है, बल्कि यह सुनिश्चित करना है कि सभी लोगों को हर समय पर्याप्त, सुरक्षित और पौष्टिक भोजन की पहुँच हो. भले ही कुल उत्पादन अधिक हो (अधिशेष), खाद्य सुरक्षा फिर भी महत्वपूर्ण है.

अर्थशास्त्री अमर्त्य सेन के 'अधिकारों की अवधारणा' के अनुसार, अकाल और भुखमरी भोजन की उपलब्धता में कमी के बजाए वितरण प्रणाली की विफलता और लोगों की पहुँच की कमी के कारण होती है. यानी, गोदामों में भोजन हो सकता है, लेकिन यदि गरीब लोगों के पास उसे खरीदने या प्राप्त करने का साधन नहीं है, तो वे भूखे रहेंगे.

61. (D)

62. (B)

- **अभिकथन (A) सत्य है**—जनहित याचिका सामाजिक परिवर्तन और कानून के शासन को बनाए रखने तथा कानून एवं न्याय के बीच संतुलन को तीव्र गति देना एक महत्वपूर्ण साधन है.
- **कारण (R) सत्य है**—जनहित याचिकाओं का मूल उद्देश्य गरीबों एवं हाशिए के वर्ग के लोगों के लिए न्याय को सुलभ या न्याय संगत बनाना है. यह सभी के लिए न्याय की पहुँच का लोकतंत्रीकरण करता है.

63. (B) सभी युद्धों का सही कालानुक्रमिक क्रम इस प्रकार है—

युद्ध	वर्ष
दौराहा का युद्ध	1532 ई.
चौसा का युद्ध	1539 ई.
कन्नौज का युद्ध	1540 ई.
समुगढ़ का युद्ध	1658 ई.

64. (B) भारतीय आधिकारिक आँकड़ों के अनुसार–

- हरियाणा का क्षेत्रफल 44,212 वर्ग किमी है. यह दिए गए राज्यों में सबसे छोटा है और राष्ट्रीय राजधानी क्षेत्र (NCR) का एक बड़ा हिस्सा शामिल करता है, जो इसे अत्यधिक औद्योगिक और कृषि प्रधान बनाता है.
- हिमाचल प्रदेश का क्षेत्रफल 55,673 वर्ग किमी है. यह दिए गए चारों राज्यों में सबसे बड़ा है. यह पूरी तरह से हिमालय की पर्वत शृंखलाओं में स्थित है और इसका अधिकांश भौगोलिक क्षेत्र पहाड़ी और दुर्गम है.
- पंजाब का क्षेत्रफल 50,362 वर्ग किमी है. यह भारत के प्रमुख कृषि राज्यों में से एक है, जो हरियाणा से भौगोलिक रूप से बड़ा है, लेकिन उत्तराखण्ड और हिमाचल प्रदेश से छोटा है.
- उत्तराखण्ड का क्षेत्रफल 53,483 वर्ग किमी है. यह राज्य हिमालय की तलहटी और पहाड़ों में स्थित है. इसका अधिकांश क्षेत्रफल पहाड़ी है, जो इसे पंजाब की तुलना में थोड़ा बड़ा बनाता है.

अतः क्षेत्रफल के अनुसार इन राज्यों का क्रम बढ़ते क्रम में इस प्रकार है– हरियाणा < पंजाब < उत्तराखण्ड < हिमाचल प्रदेश.

65. (D)

- हिमालयी क्षेत्र में अपनी खड़ी ढलानों, तेज बहने वाली नदियों (जैसे–गंगा, यमुना, सतलुज, चिनाब और तीस्ता) और उच्च वर्षा के कारण जलविद्युत् की अपार सम्भावनाएँ हैं. इसलिए हिमाचल प्रदेश, उत्तराखण्ड और जम्मू-कश्मीर जैसे राज्यों में प्रमुख जलविद्युत् परियोजनाएँ हैं (जैसे–भाखड़ा नांगल, टिहरी, नाथपा झाकड़ी). अतः कथन 1 सही है.
- पूर्वी उत्तर प्रदेश और बिहार इस क्षमता का प्रभावी ढंग से उपयोग नहीं कर सकते, क्योंकि उनके उत्तर में हिमालय का विस्तार नेपाल में है, भारत में नहीं. इसलिए, इन राज्यों में प्रवेश करते समय नदी का प्रवाह समतल और धीमा हो जाता है, जिससे जलविद्युत् क्षमता कम हो जाती है. अतः कथन 2 भी सही है.

66. (B) समस्थानिक (आइसोटोप) एक ही तत्व के परमाणु होते हैं जिनकी परमाणु संख्या समान होती है, जिसका अर्थ है कि उनमें प्रोटॉन की संख्या समान होती है, लेकिन उनकी परमाणु द्रव्यमान संख्या भिन्न होती है, क्योंकि उनमें न्यूट्रॉन की संख्या भिन्न होती है.

जबकि प्रोटियम ड्यूटेरियम और ट्रिटियम हाइड्रोजन तत्व के समस्थानिक हैं. ये कार्बन के समस्थानिक नहीं हैं, क्योंकि कार्बन के समस्थानिक कार्बन-12, कार्बन-13 और कार्बन-14 हैं.

67. (D)

- संघ संविधान समिति के अध्यक्ष जवाहर लाल नेहरू थे, इस समिति में संघ सरकार की संरचना और शक्तियों से सम्बन्धित विवरण शामिल थे.
- प्रक्रिया नियम समिति, के अध्यक्ष डॉ. राजेन्द्र प्रसाद थे, इस समिति का प्रमुख कार्य संविधान सभा के लिए कार्यप्रणाली तैयार करना है.
- प्रारूपण समिति के अध्यक्ष डॉ. भीमराव अम्बेडकर थे, इस समिति को संविधान का अंतिम मसौदा तैयार करने का कार्य सौंपा गया.
- मौलिक अधिकार उप-समिति के अध्यक्ष जे.बी. कृपलानी थे, इस समिति ने वल्लभभाई पटेल की अध्यक्षता वाली सलाहकार समिति के अधीन कार्य किया था.

68. (B) केंचुए मिट्टी की खुदाई करके उसमें हवा का संचार करते हैं. वे जैविक पदार्थों को विघटित करते हैं, जिससे ह्यूमस बनता है. यह मिट्टी की उर्वरता बढ़ाता है. इसलिए इन्हें 'किसानों का मित्र' कहा जाता है.

हालाँकि, केंचुओं में 2 जोड़ी नहीं, बल्कि 5 जोड़ी (यानि 10 कुल) अर्धवृत्ताकार हृदय पाए जाते हैं. ये हृदय उनके शरीर के 7वें से 11वें खण्डों में स्थित होते हैं. इनका कार्य रक्त को पम्प करना होता है, परन्तु ये मानव हृदय की तरह पूर्ण रूप से विकसित नहीं होते.

69. (C) विश्व की सबसे लम्बी राजमार्ग सुरंग नॉर्वे की लेर्डल सुरंग है, जिसकी लम्बाई 24·51 किमी है. भारत में स्थित अटल सुरंग (9·02 किमी) सर्वाधिक ऊँचाई (लगभग 10,000 फीट) पर अवस्थित विश्व की सबसे लम्बी राजमार्ग सुरंग है.

- अटल सुरंग, हिमालय की पीर पंजाल शृंखला में रोहतांग दर्रे के नीचे बनाया गया है, जो मनाली और लाहौल-स्पीति के बीच सभी मौसम में सम्पर्क प्रदान करता है.

70. (D) उत्तर प्रदेश में हड़प्पाकालीन स्थल हुलास सहारनपुर जिले और मंडी मुजफ्फरनगर में स्थित है. उत्तर प्रदेश में हड़प्पा सभ्यता के अन्य महत्वपूर्ण स्थल हैं, जैसे–आलमगीरपुर (मेरठ) और हुलासखेड़ा (लखनऊ).

71. (A)

72. (C) 1911 में बंगाल विभाजन रद्द हुआ एवं राजधानी कोलकाता से दिल्ली स्थानांतरित की गई थी. लखनऊ समझौता 1916 में हुआ था.

73. (C)

वित्त आयोग	स्थापना वर्ष	अध्यक्ष	परिचालन अवधि
ग्यारहवाँ	1998	ए.एम. खुसरो	2000-05
बारहवाँ	2002	सी. रंगराजन	2005-10
तेरहवाँ	2007	डॉ. विजय एल. केलकर	2010-15
चौदहवाँ	2013	डॉ. वाई. वी. रेड्डी	2015-20
पंद्रहवाँ	2017	एन. के. सिंह	2020-21; 2021-26
सोलहवाँ	2023	अरविंद पनगढ़िया	2026-31

74. (A) भारत निर्माण कार्यक्रम जिसे 2005 में लॉन्च किया गया था, ग्रामीण बुनियादी ढाँचे के सुधार के लिए केन्द्र सरकार का एक महत्वाकांक्षी कार्यक्रम है जिसमें ग्रामीण सड़कें, ग्रामीण आवास, ग्रामीण टेलीफोनी, ग्रामीण विद्युतीकरण, ग्रामीण जलापूर्ति और सिंचाई का विकास शामिल है. भारत निर्माण के अन्तर्गत अन्य प्रमुख कार्यक्रम हैं–सर्व शिक्षा अभियान, राष्ट्रीय ग्रामीण रोजगार गारण्टी कार्यक्रम, एकीकृत बाल विकास योजना, मध्याह्न भोजन योजना, राष्ट्रीय ग्रामीण स्वास्थ्य मिशन, जवाहरलाल नेहरू राष्ट्रीय शहरी नवीकरण मिशन और सूचना का अधिकार अधिनियम.

75. (B) वैश्विक वित्तीय स्थिरता रिपोर्ट अन्तर्राष्ट्रीय मुद्रा कोष की एक अर्द्ध-वार्षिक प्रमुख रिपोर्ट है, जिसे वर्ष में दो

बार (आमतौर पर अप्रैल और अक्टूबर में) जारी किया जाता है. यह रिपोर्ट वैश्विक वित्तीय प्रणाली और बाजारों की स्थिरता का मूल्यांकन करती है.

इसका मुख्य उद्देश्य वर्तमान बाजार स्थितियों, वित्तीय और संरचनात्मक असंतुलन जैसे सम्भावित प्रणालीगत जोखिमों पर प्रकाश डालना है, जो वैश्विक वित्तीय स्थिरता को खतरे में डाल सकते हैं.

76. (D)

- स्वेज नहर एक मानव निर्मित जलमार्ग है, जो मिस्र से होकर गुजरता है. यह नहर उत्तर में भूमध्य सागर और दक्षिण में लाल सागर को जोड़ती है. इस नहर के निर्माण से एशिया और यूरोप/उत्तरी अमेरिका के बीच समुद्री यात्रा की दूरी में भारी कमी आई है.
- स्वेज नहर दुनिया के सबसे महत्वपूर्ण अन्तर्राष्ट्रीय शिपिंग मार्गों में से एक है. इसके बनने से पहले जहाजों को अफ्रीका के केप ऑफ गुड होप का लम्बा चक्कर लगाना पड़ता था, जबकि अब यह नहर इस यात्रा में हजारों किमी की बचत करती है.

77. (A) अप्पिको आन्दोलन 1983 में कर्नाटक के उत्तर कन्नड़ जिले के कलसे वन क्षेत्र में शुरू हुआ था. इसे उत्तराखण्ड के चिपको आन्दोलन से प्रेरणा मिली थी. 'अप्पिको' का कन्नड़ भाषा में अर्थ है 'गले लगाना'. इस आन्दोलन में लोग पेड़ों को बचाने के लिए उन्हें गले लगाते थे. यह पर्यावरण संरक्षण आन्दोलन था जिसका मुख्य उद्देश्य वनों की कटाई को रोकना था.

78. (A) आयरन डोम, कम दूरी की वायु रक्षा प्रणाली है जिसे राफेल एडवांस्ड डिफेंस सिस्टम्स और इजरायल एयरोस्पेस इण्डस्ट्रीज ने इजरायल के लिए विकसित किया है, जिसमें रेथियॉन का अतिरिक्त सहयोग भी शामिल है.

- रेथियॉन एक प्रमुख अमेरिकी रक्षा आयुध निर्माता और औद्योगिक निगम है, जो अब आरटीएक्स कॉर्पोरेशन की एक व्यावसायिक इकाई है.

79. (B) लाइकेन दो अवयवों के सहजीवी मेल को परिलक्षित करते हैं जिसमें मायकोबायोंट के रूप में कवक एवं फोटोबायोंट के रूप में कम-से-कम एक प्रकाश संश्लेषी जीव जो सूक्ष्म शैवाल (सामान्यतः हरित शैवाल) या सायनोबैक्टरियम युक्त या दोनों होता है. ये सम्पूर्ण विश्व के 8 प्रतिशत भाग में व्याप्त हैं जिसमें पृथ्वी के कुछ दुर्लभ वातावरण भी शामिल हैं.

चूँकि लाइकेन वायु प्रदूषण, विशेष रूप से सल्फर डाइऑक्साइड (SO_2) प्रदूषण के प्रति अत्यन्त संवेदनशील होते हैं. वे अपने पोषण के लिए सीधे हवा से पोषक तत्व और जल अवशोषित करते हैं. इसलिए, अगर किसी क्षेत्र में लाइकेन पाए जाते हैं, तो यह संकेत है कि वहाँ की वायु शुद्ध है. इसी वजह से लाइकेन को जैव-संकेतक माना जाता है. साथ ही किसी क्षेत्र में लाइकेन की अनुपस्थिति या विरलता उच्च प्रदूषण स्तर का संकेत देती है.

80. (B)

- भारत में संसदीय शासन प्रणाली है. संसदीय प्रणाली में, कार्यपालिका, सामूहिक रूप से विधायिका के प्रति उत्तरदायी होती है.
- संसदीय प्रणाली की सरकार के विधायी और कार्यकारी अंगों के बीच सामंजस्यपूर्ण सम्बन्ध और सहयोग सुनिश्चित करती है.

81. (C) संसाधनों को निष्कर्षित करने की दर कभी भी संसाधनों के पुनः उत्पादन की दर से अधिक नहीं होनी चाहिए. अगर ऐसा होता है, तो संसाधन समाप्त हो जाएंगे और यह अस्थिर विकास कहलाता है. सतत् विकास का सिद्धांत यही कहता है कि संसाधन उपयोग पर्यावरण की वहन क्षमता के भीतर हो.

पर्यावरण कुछ हद तक अपशिष्टों को प्राकृतिक रूप से नष्ट या पुनः चक्रित कर सकता है इसे ही अवशोषण क्षमता कहते हैं. यदि अपशिष्ट इससे अधिक हुआ, तो वह प्रदूषण और स्वास्थ्य खतरों का कारण बनता है.

82. (A) 83. (B)

84. (D) मुगल दरबार की राजभाषा फारसी थी, जो सांस्कृतिक, शैक्षणिक और प्रशासनिक कार्यों में उपयोग की जाती थी. बाद में अकबर ने 1570 में इसे साम्राज्य की एकमात्र आधिकारिक भाषा घोषित किया, जिससे इसका महत्व और बढ़ गया.

85. (B) लाइफ (पर्यावरण के लिए जीवनशैली) को 5 जून, 2022 को प्रधानमंत्री नरेन्द्र मोदी द्वारा वैश्विक स्तर पर लॉन्च किया गया था. इस अवधारणा का प्रस्ताव ग्लासगो (नवम्बर 2021) में आयोजित COP26 में रखा गया था, न कि मैड्रिड में आयोजित COP25 में.

86. (C)

- राष्ट्रीय एकता की अवधारणा में राजनीतिक, आर्थिक, सामाजिक, सांस्कृतिक एवं मनोवैज्ञानिक आयाम तथा उनके बीच आन्तरिक सम्बन्ध सम्मिलित है.
- राष्ट्रीय एकता परिषद् का गठन 1961 में 'अनेकता में एकता' के सिद्धान्त के आधार पर किया गया. इसकी स्थापना प्रधानमंत्री जवाहरलाल नेहरू द्वारा की गई थी.

87. (A)

- सामुदायिक विकास कार्यक्रम (1952)
- सूखा प्रवण क्षेत्र कार्यक्रम (1973-74)
- काम के बदले भोजन कार्यक्रम (1977)
- स्वरोजगार के लिए ग्रामीण युवाओं के लिए प्रशिक्षण (1979)

88. (A) वार्षिक भूजल गुणवत्ता रिपोर्ट 2024, जल शक्ति मंत्रालय के अन्तर्गत केन्द्रीय भूजल बोर्ड (CGWB) द्वारा तैयार की जाती है.

- केन्द्रीय प्रदूषण नियंत्रण बोर्ड (CPCB) सतही जल और वायु गुणवत्ता की निगरानी करता है, जबकि केन्द्रीय जल आयोग (CWC) जल संसाधन प्रबन्धन का कार्य सँभालता है.

89. (D) ओजोन परत समताप मण्डल में स्थित है. यह सूर्य से आने वाली हानिकारक पराबैंगनी विकिरणों, विशेष रूप से UV-B विकिरणों के अधिकांश भाग को अवशोषित कर लेती है और उन्हें पृथ्वी की सतह तक पहुँचने से रोकती है.

ओजोन क्षरण, जिसे आमतौर पर 'ओजोन छिद्र' कहा जाता है, मुख्य रूप से मानव निर्मित ओजोन क्षयकारी पदार्थों के कारण होता है.

इनमें सबसे प्रमुख क्लोरोफ्लोरोकार्बन (CFCs) हैं, जो रेफ्रिजरेटर, एयर कण्डीशनर और एयरोसोल स्प्रे में उपयोग किए जाते थे.

समताप मण्डल में पहुँचने पर, CFCs से क्लोरीन परमाणु मुक्त होते हैं, जो ओजोन अणुओं (O_3) को तोड़कर ऑक्सीजन (O_2) में बदल देते हैं, जिससे ओजोन परत पतली हो जाती है.

90. (D) भारत वन स्थिति रिपोर्ट 2023 के अनुसार, चंदौली (21·63%) और श्रावस्ती (20·95%) का वन क्षेत्र उनके भौगोलिक क्षेत्र के 20% से अधिक है. बहराइच में वन क्षेत्र उसके कुल भौगोलिक क्षेत्र का 10·15% है.

91. (C)

घटना	वर्ष
अधिग्रहण अवध का	1856
नील विद्रोह	1859-60
दूसरा अफगान युद्ध	1878-80
इल्बर्ट बिल विवाद	1883

92. (B) ललितपुर की सीमा केवल झाँसी से लगती है. सहारनपुर की सीमा शामली और मुजफ्फरनगर से लगती है. सोनभद्र की सीमा मिर्जापुर और चंदौली से लगती है.

93. (C) दक्षिण-पूर्व रेलवे का मुख्यालय गार्डन रीच, कोलकाता में स्थित है. उत्तर रेलवे का मुख्यालय बड़ौदा हाउस, नई दिल्ली में स्थित है. गोरखपुर पूर्वोत्तर रेलवे का मुख्यालय है.

94. (B) मानव पूँजी से तात्पर्य लोगों में निहित कौशल और ज्ञान से है, जो शिक्षा और स्वास्थ्य पर निवेश करने से बढ़ता है. यह निवेश (जैसे—शिक्षा पर खर्च) भविष्य में अधिक आय, बेहतर नवाचार और उच्च उत्पादकता के रूप में लाभ देता है.

शिक्षा से लोगों को ज्ञान और कौशल मिलता है, जिससे वे जटिल कार्य अधिक कुशलता से कर पाते हैं. स्वास्थ्य (जैसे—बेहतर पोषण और चिकित्सा देखभाल) लोगों को लम्बे समय तक काम करने योग्य और बीमारी से मुक्त रखता है. ये दोनों कारक मिलकर व्यक्तियों की कार्यकुशलता और उत्पादन क्षमता को बढ़ाते हैं.

अतः दोनों कथन सत्य हैं और कारण, अभिकथन की सही व्याख्या करता है.

95. (A)

- भारतीय संविधान के अनुच्छेद 108 में संसद की संयुक्त बैठक का प्रावधान है.
- संविधान के अनुच्छेद 108 का प्रयोग निम्नलिखित परिस्थितियों में किया जा सकता है—
  - जब कोई विधेयक एक सदन द्वारा पारित कर दिया जाता है, लेकिन दूसरे सदन द्वारा अस्वीकृत कर दिया जाता है या वापस नहीं किया जाता है.
  - जब राष्ट्रपति किस विधेयक को पुनर्विचार के लिए वापस करता है.
- संविधान संशोधन के लिए संयुक्त बैठक का भारतीय संविधान में कोई प्रावधान नहीं है.

96. (B) द्वितीय विश्व युद्ध के बाद अन्तर्राष्ट्रीय आर्थिक सहयोग को बढ़ावा देने के लिए, 1944 में संयुक्त राज्य अमेरिका के ब्रेटन वुड्स, न्यू हैम्पशायर में एक सम्मेलन आयोजित किया गया था.

इस सम्मेलन के परिणामस्वरूप ही अन्तर्राष्ट्रीय मुद्रा कोष और अन्तर्राष्ट्रीय पुनर्निर्माण और विकास बैंक की स्थापना हुई, जिसे बाद में विश्व बैंक समूह का हिस्सा बनाया गया. इन दोनों संस्थानों को सामूहिक रूप से 'ब्रेटन वुड्स जुड़वाँ' के नाम से जाना जाता है.

अन्तर्राष्ट्रीय मुद्रा कोष और विश्व बैंक समूह का मुख्यालय वाशिंगटन डी.सी. में जबकि संयुक्त राष्ट्र का मुख्यालय न्यूयॉर्क में स्थित है.

97. (C)

- 11वीं लोक सभा (23 मई, 1996 से 23 मार्च, 1998) के अध्यक्ष पी.ए. संगमा थे.
- 12वीं लोक सभा (1998 से 2002) के अध्यक्ष जीएमसी बालयोगी थे.
- 14वीं लोक सभा (जून 2004 से मई 2009) के अध्यक्ष सोमनाथ चटर्जी थे.
- 17वीं लोक सभा (जून 2019 से जून 2024) के अध्यक्ष ओम बिड़ला थे.

98. (A) प्रधानमंत्री मुद्रा योजना (पीएम एमवाई) वित्त मंत्रालय के अन्तर्गत वित्तीय सेवा विभाग के अन्तर्गत आती है. यह योजना भारतीय लघु उद्योग विकास बैंक (सिडबी) की पूर्ण स्वामित्व वाली सहायक कम्पनी, सूक्ष्म इकाई विकास एवं पुनर्वित्त एजेंसी (मुद्रा) द्वारा गैर-कॉर्पोरेट, गैर-कृषि क्षेत्रों में छोटे व्यवसायों को सूक्ष्म ऋण प्रदान करने के लिए कार्यान्वित की जाती है.

99. (C) बायोगैस के दो प्रमुख घटक मीथेन (CH_4) और कार्बन डाइऑक्साइड (CO_2) होते हैं. इसकी विशिष्ट संरचना में लगभग 50-75% मीथेन और 25-50% कार्बन डाइऑक्साइड होती है, जबकि हाइड्रोजन सल्फाइड, हाइड्रोजन और नाइट्रोजन जैसी अन्य गैसें बहुत ही कम मात्रा में पाई जाती हैं. मीथेन बायोगैस का ज्वलनशील और ऊर्जा-उत्पादक घटक है, जबकि कार्बन डाइऑक्साइड गैर-ज्वलनशील होती है, किन्तु ब्यूटेन और कार्बन मोनोऑक्साइड जैसी गैसें बायोगैस में उपस्थित नहीं होती या नगण्य मात्रा में होती हैं, इसलिए इन्हें बायोगैस के महत्वपूर्ण घटक नहीं माना जाता.

100. (D) भारतीय उपन्यासकार और पत्रकार नीलांजना एस. रॉय 2026 के अन्तर्राष्ट्रीय बुकर पुरस्कार के लिए सदस्यीय निर्णायक मण्डल में निर्णायक के रूप में शामिल हैं. 2026 के अन्तर्राष्ट्रीय बुकर पुरस्कार निर्णायक मण्डल में अध्यक्ष नताशा ब्राउन के साथ नीलांजना एस. रॉय, मार्कस डू सौतोय, सोफी ह्यूजेस और ट्रॅय ओनयांगो शामिल हैं.

101. (B) वर्ष 1919 में जलियाँवाला बाग नरसंहार के विरोध में सर शंकरन नायर वायसराय की कार्यकारी परिषद् से इस्तीफा दे दिया था.

102. (D) देवीपाटन मण्डल उत्तर प्रदेश के पूर्वी भाग में स्थित है, जिसमें 4 जिले शामिल हैं—गोंडा, बहराइच, बलरामपुर और श्रावस्ती. बस्ती, बस्ती मण्डल का हिस्सा है, जिसमें संत कबीर नगर और सिद्धार्थनगर जिले भी शामिल हैं. उत्तर प्रदेश में 18 प्रशासनिक मण्डल हैं.

103. (C)

- मतदाता फोटो पहचान पत्र – 1993
- इलेक्ट्रॉनिक वोटिंग मशीन – 1982
- वोटर वेरिफिकेशन पेपर ऑडिट ट्रेल – 10 अगस्त 2013
- नोटा – 27 सितम्बर, 2013

नोट—आयोग द्वारा जारी उत्तर कुंजी में इसका उत्तर (B) माना गया है.

104. (B) वैश्विक पर्यावरण सुविधा (जीईएफ) की स्थापना 1991 में हुई थी. 1994 में पुनर्गठित, यह जैव विविधता पर संयुक्त राष्ट्र सम्मेलन और जलवायु परिवर्तन पर संयुक्त राष्ट्र फ्रेमवर्क कन्वेंशन के लिए वित्तीय तंत्र बन गया.

- विकसित और विकासशील दोनों देश जीईएफ ट्रस्ट फंड के दाता हैं या रहे हैं. अपनी स्थापना के बाद से जीईएफ को भारत सहित 40 दाता देशों से योगदान प्राप्त हुआ है.

105. (A)

106. (B) अन्तर्राष्ट्रीय श्रम संगठन (आईएलओ) द्वारा जारी वैश्विक वेतन रिपोर्ट 2024-25, दुनिया भर में और विभिन्न क्षेत्रों में वेतन प्रवृत्तियों पर एक विस्तृत नजर डालती है, जिसमें वेतन असमानता और वास्तविक वेतन वृद्धि में बदलावों पर प्रकाश डाला गया है. यह वैश्विक स्तर पर श्रमिकों के सामने आने वाली प्रमुख चुनौतियों का पता लगाती है और देशों के बीच और उनके भीतर आय अन्तर के पैटर्न पर प्रकाश डालती है.

107. (A)

108.(A) हवा का औसत सापेक्ष आणविक द्रव्यमान लगभग 29 ग्राम प्रति मोल होता है. किसी गैस के हल्का या भारी होने का निर्धारण उसके आणविक द्रव्यमान की तुलना से किया जाता है. हाइड्रोजन क्लोराइड (HCl) का आणविक द्रव्यमान लगभग 36·5 g/mol और सल्फर डाइऑक्साइड (SO_2) का लगभग 64 g/mol होता है, जो दोनों ही हवा से भारी गैसें हैं. इसके विपरीत, हीलियम (He) का आणविक द्रव्यमान केवल 4 g/mol होता है, जो हवा से काफी हल्का है. इसलिए, इन विकल्पों में केवल हीलियम ही एक ऐसी गैस है, जो हवा से हल्की है.

109.(B) स्वावलंबिनी कार्यक्रम कौशल विकास और उद्यमिता मंत्रालय (एमएसडीई) और नीति आयोग द्वारा महिला उद्यमिता को बढ़ावा देने के लिए एक पहल है, जिसका एक पायलट कार्यक्रम पूर्वोत्तर राज्यों असम, मेघालय और मिजोरम में चलाया जा रहा है.

110. (D)

पेशवा	कार्यकाल
बालाजी विश्वनाथ	1713-1720
बाजीराव प्रथम	1720-1740
बालाजी बाजीराव	1740-1761
माधवराव प्रथम	1761-1772

111.(A)

- भारतीय संविधान की आठवीं अनुसूची की 22 भाषाओं में भोजपुरी शामिल नहीं है.
- भारतीय संविधान का भाग XVII में अनुच्छेद 343 से 351 तक शामिल अनुच्छेद आधिकारिक भाषाओं से सम्बन्धित है.

112.(D) जब चाँदी की वस्तुएँ लम्बे समय तक हवा के सम्पर्क में रहती हैं, तो वे धीरे-धीरे काली पड़ने लगती हैं. यह एक सामान्य प्रक्रिया है जिसे टार्निशिंग कहा जाता है.

हवा में उपस्थित हाइड्रोजन सल्फाइड (H_2S) गैस चाँदी से अभिक्रिया कर सिल्वर सल्फाइड (Ag_2S) बनाती है. यही काली परत चाँदी की सतह पर जम जाती है.

रासायनिक अभिक्रिया : $2Ag(s) + H_2S(g) \rightarrow Ag_2S(s) + H_2(g)$

113.(D) अक्टूबर 2024 तक, दिल्ली सरकार ने पराली जलाने की समस्या से निपटने के लिए खेतों में निःशुल्क बायो-डीकम्पोजर छिड़काव शुरू किया. पूसा डीकम्पोजर जैसे बायो-डीकम्पोजर घोल, 7 विभिन्न कवक प्रजातियों के मिश्रण से तैयार किए जाते हैं, जो धान के भूसे जैसे फसल अवशेषों में सेल्यूलोज, लिग्निन और पेक्टिन जैसे पदार्थों को विघटित करने में मदद करते हैं.

114.(A)

- लोक लेखा समिति, प्राक्कलन समिति एवं सार्वजनिक उपक्रम समिति भारत के संसद में वित्तीय समिति है.
- लोक लेखा समिति का प्रमुख उद्देश्य सरकार के वार्षिक वित्त लेखों और व्यय को पूरा करने के लिए सदन द्वारा दी गई राशि के विनियोग को दर्शाने वाले लेखों की जाँच करना है.
- प्राक्कलन समिति, बजट अनुमानों की जाँच करती है तथा दक्षता एवं मितव्ययिता में सुधार का सुझाव देती है.
- सार्वजनिक उपक्रम समिति सार्वजनिक क्षेत्रों की रिपोर्ट एवं वित्तीय विवरणों की जाँच में मदद करती है.

115.(C) सऊदी अरब, संयुक्त अरब अमीरात, कतर, कुवैत, बहरीन और ओमान खाड़ी सहयोग परिषद् के सदस्य हैं, जिसका मुख्यालय रियाद, सऊदी अरब में है.

116.(B) पहली मानव विकास रिपोर्ट 1990 में प्रकाशित हुई थी. मानव विकास सूचकांक विकसित करने वाली पहली टीम का नेतृत्व पाकिस्तानी अर्थशास्त्री महबूब-उल-हक ने किया था और इसमें नोबेल पुरस्कार विजेता अमर्त्य सेन भी शामिल थे.

117.(D) 26 नवम्बर को भारत में प्रति वर्ष संविधान दिवस के रूप में मनाया जाता है, जो 26 नवम्बर, 1949 को भारत के संविधान को अपनाने की स्मृति में मनाया जाता है.

- मानवाधिकार दिवस प्रति वर्ष 10 दिसम्बर को संयुक्त राष्ट्र महासभा द्वारा 10 दिसम्बर, 1948 को मानवाधिकारों की सार्वभौमिक घोषणा को अपनाने की स्मृति में मनाया जाता है.

118.(C) योजनाओं और नीतियों का सही कालानुक्रमिक क्रम इस प्रकार है—जवाहरलाल नेहरू राष्ट्रीय शहरी नवीकरण मिशन (2005), राष्ट्रीय शहरी आवास और पर्यावास नीति (2007), अटल कायाकल्प और शहरी परिवर्तन मिशन (2015), जल जीवन मिशन (2019).

119.(B)

- लिपुलेख दर्रा वास्तव में उत्तराखण्ड राज्य के पिथौरागढ़ जिले में स्थित है. यह दर्रा भारत, नेपाल और चीन (तिब्बत) के बीच एक त्रिकोणीय सीमा बिन्दु है और यह प्राचीन कैलाश मानसरोवर यात्रा के लिए एक महत्वपूर्ण मार्ग है.

120.(D) स्थलीय पारिस्थितिकी तंत्र में हरे पौधे अपनी पत्तियों पर पड़ने वाली सूर्य की रोशनी की लगभग 1% ऊर्जा ग्रहण करते हैं. शेष ऊर्जा परावर्तित, संचरित या ऊष्मा के रूप में नष्ट हो जाती है, जबकि लगभग 10% कार्बनिक पदार्थ उपभोक्ताओं के अगले उच्च स्तर तक पहुँचता है. यह पारिस्थितिक तंत्रों में ऊर्जा हस्तांतरण के 10% नियम को सन्दर्भित करता है. लगभग 10% ऊर्जा एक पोषी स्तर से अगले उच्च स्तर तक स्थानांतरित होती है, क्योंकि अधिकांश ऊर्जा ऊष्मा के रूप में नष्ट हो जाती है, चयापचय में उपयोग हो जाती है, या उपभोग नहीं की जाती है.

121.(A) आमाशय में प्रोटीन पाचन के लिए केवल पेप्सिन एंजाइम स्रावित होता है.

एंजाइम	स्रावित होने का स्थान	मुख्य कार्य
पेप्सिन	आमाशय	यह प्रोटीन को प्रोटिओज और पेप्टोन जैसे छोटे पेप्टाइडों में तोड़ता है. यह अम्लीय माध्यम (pH1·5 से 2·5) में सक्रिय होता है.
काइमोट्रिप्सिन	अग्न्याशय द्वारा स्रावित होकर छोटी आँत में कार्य करता है.	यह प्रोटीन और पेप्टाइडों को और छोटे पेप्टाइडों में तोड़ता है.
ट्रिप्सिन	अग्न्याशय द्वारा स्रावित होकर छोटी आँत में कार्य करता है.	यह प्रोटीन को पेप्टाइडों में तोड़ता है और काइमोट्रिप्सिन को सक्रिय करने में मदद करता है.

122.(B)

123.(A) बांग्लादेश, भूटान, भारत, म्यांमार, नेपाल, श्रीलंका और थाइलैण्ड, जो बंगाल की खाड़ी के तटवर्ती देश हैं, बंगाल की खाड़ी बहु-क्षेत्रीय तकनीकी और आर्थिक सहयोग पहल (BIMSTEC) के सदस्य हैं.

124.(D) 1816 की सुगौली सन्धि के तहत् ब्रिटिशों को कुमाऊँ और गढ़वाल के क्षेत्र, तराई के कुछ हिस्से और सिक्किम मिले थे. इस सन्धि ने ब्रिटिश ईस्ट इण्डिया कम्पनी को शिमला, रानीखेत और नैनीताल जैसे महत्वपूर्ण पहाड़ी क्षेत्रों पर नियंत्रण भी दे दिया था.

125.(B) जीवन-यापन की लागत, आर्थिक विकास और सामाजिक मानदण्डों में भिन्नता के कारण गरीबी रेखाएँ समय और देशों के अनुसार भिन्न होती हैं. कैलोरी की जरूरतों, प्रति व्यक्ति आय, जीवन स्तर और आवश्यक वस्तुओं की लागत में भिन्नता के कारण विभिन्न देश अलग-अलग गरीबी रेखाएँ अपनाते हैं.

126.(C)

- नीलम संजीव रेड्डी (जुलाई 1977 से जुलाई 1982) भारत के छठे राष्ट्रपति थे.
- के. आर. नारायणन (जुलाई 1997 से जुलाई 2002) भारत के 10वें राष्ट्रपति थे.
- आर. वेंकटरमन (जुलाई 1987 से जुलाई 1992) भारत के 8वें राष्ट्रपति थे.
- डॉ. ए. पी. जे. अब्दुल कलाम (जुलाई 2002 से जुलाई 2007) भारत के 11वें राष्ट्रपति थे.

127.(B) उत्तर प्रदेश भारत का सबसे बड़ा आलू उत्पादक राज्य है, जो आलू उत्पादन में लगभग 30% का योगदान देता है. 27 जून, 2025 को, अन्तर्राष्ट्रीय आलू केन्द्र (सीआईपी) ने उत्तर प्रदेश के आगरा के सिंगना में सीआईपी दक्षिण एशिया क्षेत्रीय केन्द्र (सीएसएआरसी) की स्थापना की घोषणा की.

128.(A)

- 7वीं अनुसूची अनुच्छेद 246 संघ, राज्य और समवर्ती सूचियों से सम्बन्धित है.
- 8वीं अनुसूची, अनुच्छेद 344 से 351 में, संविधान द्वारा मान्यता प्राप्त 22 भाषाएँ है.
- 9वीं अनुसूची (पहला संविधान संशोधन अधिनियम, 1951) कुछ अधिनियमों और विनियमों के सत्यापन से सम्बन्धित है.
- 10वीं अनुसूची (52वाँ संविधान संशोधन अधिनियम, 1985) दल-बदल के आधार पर अयोग्यता से सम्बन्धित है.

129.(D)

130.(A) विश्व वन्यजीव दिवस प्रति वर्ष 3 मार्च को मनाया जाता है, जो लोगों और ग्रह के लिए वन्यजीवों की अद्वितीय भूमिकाओं और योगदान को मान्यता देता है. 22 मार्च प्रति वर्ष विश्व जल दिवस के रूप में मनाया जाता है.

131.(A)

132.(A) खाद्य सुरक्षा का अर्थ है सभी लोगों के लिए हर समय भोजन की उपलब्धता (भोजन तक भौतिक पहुँच), सुगम्यता (भोजन तक पर्याप्त पहुँच) और सामर्थ्य (एक निश्चित अवधि में वहनीय).

133.(D) चारों बौद्ध संगीतियाँ क्रमशः 483 ईसा पूर्व (राजगृह), 383 ईसा पूर्व (वैशाली), 251 ईसा पूर्व (पाटलिपुत्र), और पहली शताब्दी ईस्वी (कश्मीर) में आयोजित की गईं.

134.(B) हिमालय कई बड़ी सततवाहिनी नदियों, जैसे गंगा, सिंधु, ब्रह्मपुत्र, यमुना और सतलुज का उद्गम स्थल है. ये नदियाँ वर्ष भर बहती रहती हैं और कृषि, पेयजल और जलविद्युत् उत्पादन के लिए जल की निरन्तर आपूर्ति प्रदान करती हैं.

हिमालय की ऊँची श्रेणियाँ—विशेषकर हिमाद्रि और हिमाचल पर्वतमालाएँ वर्ष भर बर्फ से ढकी रहती हैं. गर्मी के महीनों में ग्लेशियरों और हिमखण्डों के पिघलने से इन बारहमासी नदियों को पानी का एक स्थिर स्रोत मिलता रहता है. अतः, कारण (R) सत्य है और यह सीधे तौर पर (A) के कारण की व्याख्या करता है.

135.(B) भारत वैश्विक जनसंख्या का लगभग 1/6वाँ भाग निवास करता है और दुनिया का सबसे अधिक आबादी वाला देश है. इसलिए, 2030 तक सतत् विकास लक्ष्यों (एसडीजी) की वैश्विक सफलता के लिए भारत की सफलता महत्वपूर्ण है.

136.(A) पुष्कर कुम्भ 2025, उत्तराखण्ड के बद्रीनाथ के पास माणा गाँव में 15-25 मई, 2025 तक आयोजित किया गया था. यह मेला बृहस्पति के मिथुन राशि में प्रवेश करने पर आयोजित किया जाता है. यह मेला 12 वर्षों के बाद केशव प्रयाग (अलकनन्दा और सरस्वती का संगम) में आयोजित किया गया था.

137.(B)

- **कथन 1 सही है**—73वें संविधान संशोधन अधिनियम, 1992 में प्रत्येक स्तर पर पंचायत को उसकी पहली बैठक की तिथि से 5 वर्ष का कार्यकाल प्रदान किया गया है. हालाँकि, इसे अपना कार्यकाल पूरा होने से पूर्व भी भंग किया जा सकता है.
- 73वें संविधान संशोधन द्वारा पंचायती राज संस्थाओं में SC, ST और महिलाओं के लिए एक-तिहाई आरक्षण का प्रावधान किया गया है.

138.(A) गरीबी के सामाजिक संकेतक सुरक्षित पेयजल की कमी, निरक्षरता, रोजगार के अवसरों की कमी, स्वास्थ्य सेवा तक पहुँच की कमी आदि हैं. घर का आकार गरीबी का भौतिक संकेतक है.

139.(B)

140.(A) केवल तीसरा युग्म सही सुमेलित नहीं है.

अम्ल	अम्ल पाया जाता है	सम्बन्धित तथ्य
लैक्टिक अम्ल	दही	दूध में किण्वन से दही और अन्य डेयरी उत्पाद बनते हैं, जिनमें लैक्टिक एसिड होता है.
टार्टरिक अम्ल	अंगूर	अंगूर, इमली और कुछ अन्य फलों में टार्टरिक एसिड प्रचुर मात्रा में पाया जाता है.
एसिटिक अम्ल	सिरका	एसिटिक एसिड का प्राथमिक स्रोत सिरका है, जो 5% से 8% एसिटिक एसिड का जलीय घोल होता है. आलू में मुख्य रूप से स्टार्च (कार्बोहाइड्रेट) पाया जाता है, एसिटिक एसिड नहीं.

141.(D)

142.(B)

- आधुनिक लोकतांत्रिक राज्य में आर्थिक, सामाजिक और राजनीतिक कार्यों हेतु निदेशक सिद्धान्त आवश्यक है.
- आर्थिक और सामाजिक लोकतंत्र की स्थापना करना ही निदेशक सिद्धान्तों का मूल उद्देश्य है.
- राज्य के नीति निर्देशक सिद्धान्त संविधान के भाग IV के अनुच्छेद 36 से 51 में निहित है.

143.(D) कथन (A) सतत् विकास की सर्वमान्य परिभाषा को सटीक रूप से दर्शाता है. ब्रंटलैण्ड कमीशन की 1987 की रिपोर्ट 'हमारा साझा भविष्य' में इसे परिभाषित किया गया था—"विकास जो

वर्तमान की जरूरतों को पूरा करता है, जबकि भविष्य की पीढ़ियों की अपनी जरूरतों को पूरा करने की क्षमता से समझौता नहीं करता."

हालाँकि, एजेंडा 21 पर विश्व नेताओं द्वारा 1992 में रियो डी जनेरियो (ब्राजील) में आयोजित पृथ्वी शिखर सम्मेलन में हस्ताक्षर किए गए थे, न कि 1995 में. इसलिए कारण (R) गलत है.

144.(A)

145.(D)

- प्राचीन यूनानियों ने हिन्द महासागर (विशेषकर उत्तर-पश्चिमी भाग) को एरिथ्रियन सागर कहा था. यह नाम पेरिप्लस ऑफ द एरिथ्रियन सी में मिलता है, जो एक यूनानी नौवहन ग्रन्थ (पहली शताब्दी ईस्वी) है, जिसमें लाल सागर, अरब सागर और भारतीय उपमहाद्वीप को जोड़ने वाले व्यापारिक मार्गों का वर्णन किया गया है. अतः कथन 1 सही है.
- हिन्द महासागर भूमध्य रेखा के उत्तर और दक्षिण दोनों ओर फैला हुआ है, जो उष्णकटिबन्धीय, उपोष्णकटिबन्धीय और समशीतोष्ण क्षेत्रों को कवर करता है. भूमध्य रेखा महासागर के मध्य से होकर गुजरती है, जिससे यह दोनों गोलार्धों में मौजूद है. कथन 2 भी सही है.

146.(C) पृथ्वी पर जल का वितरण अत्यधिक असमान है. अधिकांश जल महासागरों में पाया जाता है, उसके बाद ध्रुवीय बर्फ और ग्लेशियर, भूजल और फिर नदियाँ और झीलें हैं.

पृथ्वी पर जल का वितरण अनुमानित रूप से इस प्रकार है–

- महासागर–कुल जल का 97·2%.
- ध्रुवीय बर्फ और ग्लेशियर–2·15%.
- भूजल–0·63%.
- नदियाँ और झीलें–0·02%

इस प्रकार, अवरोही क्रम में (अधिकतम से न्यूनतम तक) है–महासागर > ध्रुवीय बर्फ और ग्लेशियर > भूजल > नदियाँ और झीलें.

147.(D)

148.(B) लुमिकाई की 'स्टेट ऑफ इण्डिया इण्टरएक्टिव मीडिया एण्ड गेमिंग रिपोर्ट' के अनुसार, मोबाइल गेमिंग डाउनलोड के मामले में भारत दुनिया का दूसरा सबसे बड़ा बाजार था, जो अमेरिका और ब्राजील से 3·5 गुना बड़ा था. मार्च 2024 तक, भारत में कुल 954·40 मिलियन इण्टरनेट ग्राहकों में से 398·35 मिलियन ग्रामीण इण्टरनेट ग्राहक थे.

149.(C) बानू मुश्ताक और दीपा भस्थी को उनके उपन्यास हार्ट लैंप के लिए 2025 का अन्तर्राष्ट्रीय बुकर पुरस्कार दिया गया. हार्ट लैंप इस पुरस्कार के लिए नामांकित होने वाली कन्नड़ से अनुवादित पहली पुस्तक है. दीपा भस्थी अन्तर्राष्ट्रीय बुकर पुरस्कार जीतने वाली पहली भारतीय अनुवादक बनीं.

150.(B)

- अनुच्छेद 64 के अनुसार भारत का उप-राष्ट्रपति राज्य सभा का पदेन सभापति होगा और कोई लाभ का पद नहीं ग्रहण करेगा.
- उप-राष्ट्रपति राज्य सभा का सदस्य नहीं होता है.
- राज्य-सभा के सभापति को पद से तभी हटाया जा सकता है, जब उसे भारत के, उप-राष्ट्रपति पद से हटा दिया जाए.

सामान्य अध्ययन

1. सूची-I को सूची-II से सुमेलित कीजिए और सूचियों के नीचे दिए गए कूट का प्रयोग कर सही उत्तर चुनिए—

सूची-I (संविधान संशोधन)	सूची-II (विवरण)
(a) 61वाँ संशोधन	1. वस्तु एवं सेवा कर लागू
(b) 78वाँ संशोधन	2. 243 एम में संशोधन
(c) 83वाँ संशोधन	3. भूमि सुधार कानूनों को नौवीं अनुसूची में
(d) 101वाँ संशोधन	4. मतदान की आयु 21 वर्ष से घटा. कर 18 वर्ष

कूट :

	(a)	(b)	(c)	(d)
(A)	1	2	3	4
(B)	4	3	2	1
(C)	3	4	1	2
(D)	2	3	4	1

2. निम्नलिखित कथनों पर विचार कीजिए एवं सही कथन की पुष्टि कीजिए—
   I. जिला न्यायाधीश की नियुक्ति राज्यपाल द्वारा उच्च न्यायालय की सलाह पर की जाती है.
   II. राज्यपाल उच्च न्यायालय की सलाह मानने के लिए बाध्य है.

कूट :
(A) केवल I
(B) केवल II
(C) I और II दोनों
(D) न तो I और न ही II

3. निम्नलिखित कथनों पर विचार कीजिए—

कथन-I : राज्य सूची में सूचीबद्ध निर्दिष्ट विषयों पर विधेयक केवल राष्ट्रपति की पूर्व सहमति से राज्य विधायिका में दायर किए जा सकते हैं.

कथन-II : राज्य किसी अन्तर्राज्यीय नदी को विनियमित करने या विकसित करने के लिए संसद द्वारा स्थापित प्राधिकरण को बेचे गए जल या विद्युत् की बिक्री पर कर लगा सकता है.

उपर्युक्त कथनों के सन्दर्भ में निम्नलिखित में से कौनसा एक सही है ?
(A) कथन I और कथन II दोनों सही हैं तथा कथन II, कथन I की व्याख्या करता है
(B) कथन I और II दोनों सही हैं, किन्तु कथन II, कथन I की व्याख्या नहीं करता है
(C) कथन I सही है, किन्तु कथन II सही नहीं है
(D) कथन I सही नहीं है, किन्तु कथन II सही है

4. निम्नलिखित कथनों पर विचार कीजिए—
   I. किसी राज्य की कार्यपालिका शक्ति उसके अनुसूचित क्षेत्रों तक विस्तारित होती है.
   II. पाँचवीं अनुसूची के क्षेत्रों को संविधान के भाग IX की पंचायत सम्बन्धी आवश्यकताओं से छूट प्राप्त है.
   III. जनजाति सलाहकार परिषदों के पास स्वायत्त जिला परिषदों (छठी अनुसूची के तहत् प्रदान की गई) जितनी शक्तियाँ नहीं हैं.

उपर्युक्त कथनों में से कौनसे सही हैं ?
(A) केवल I और II
(B) केवल II और III
(C) केवल I और III
(D) I, II और III

5. भारत के सर्वोच्च न्यायालय के परामर्शदात्री अधिकार से प्रयुक्त होता है कि वह—
(A) सार्वजनिक महत्व के कानूनी या तथ्यात्मक मामलों में राष्ट्रपति को परामर्श दे सकता है
(B) सभी संवैधानिक मामलों में भारत सरकार को परामर्श दे सकता है
(C) विधिक मामलों में प्रधानमंत्री को परामर्श दे सकता है
(D) उपर्युक्त सभी व्यक्तियों को परामर्श दे सकता है

6. 'प्रधानमंत्री' के विषय में, निम्नलिखित कथनों पर विचार कीजिए—
   I. संवैधानिक रूप से प्रधानमंत्री संसद के दोनों सदनों में से किसी का भी सदस्य हो सकता है, दूसरी ओर ब्रिटेन में प्रधानमंत्री को निश्चित रूप से निम्न सदन (हाउस ऑफ कॉमन्स) का सदस्य होना चाहिए.
   II. भारत के संविधान के 44वें संशोधन द्वारा लाए गए एक अनुच्छेद ने प्रधानमंत्री के चुनाव को न्यायिक पुनरावलोकन से परे कर दिया.

उपर्युक्त कथनों में से कौनसा/से सही है/हैं ?
(A) केवल I
(B) केवल II
(C) I और II
(D) न तो I और न ही II

7. निम्नलिखित कथनों पर विचार कीजिए—

कथन-I : जी.वी.के. राव समिति (1985) ने जिले को योजना की बुनियादी इकाई बनाने और नियमित चुनाव आयोजित करने की सिफारिश की.

कथन-II : प्रधानमंत्री राजीव गाँधी के कार्यकाल के दौरान सितम्बर 1991 में 72वें संविधान संशोधन विधेयक के रूप में एक व्यापक संशोधन प्रस्तुत किया गया.

कथन-III : अनुच्छेद 243L के अन्तर्गत मतदान सूची के अधीक्षण, निर्देशन और नियंत्रण के लिए प्रत्येक राज्य में 'स्वतंत्र चुनाव आयोग' होंगे.

उपर्युक्त कथनों के बारे में निम्नलिखित में से कौनसा एक सही है ?
(A) कथन II और कथन III दोनों सही हैं तथा वे दोनों कथन I की व्याख्या करते हैं
(B) कथन II और कथन III दोनों सही हैं, किन्तु उनमें से केवल एक कथन I की व्याख्या करता है
(C) कथन II और कथन III में से केवल एक सही है तथा वह कथन III की व्याख्या करता है
(D) न तो कथन II और न ही कथन III सही है

8. नागरिकता के सन्दर्भ में निम्नलिखित कथनों पर विचार कीजिए—
   I. नागरिकता एक व्यक्ति और राज्य के बीच की कानूनी स्थिति एवं सम्बन्ध हैं जिसमें विशिष्ट अधिकार एवं कर्तव्य शामिल होते हैं.
   II. नागरिकता अधिनियम, 1955 को अधिनियमित होने के बाद से 7 बार संशोधित किया है.

II. अनुच्छेद-6 विभाजन के दौरान पाकिस्तान से भारत आए लोगों की नागरिकता से सम्बन्धित है.

उपर्युक्त कथनों में से कौनसे सही हैं ?

(A) I और II

(B) I और III

(C) II और III

(D) इनमें से कोई नहीं

9. यदि भारत का राष्ट्रपति संविधान के अनुच्छेद 356 के अधीन यथा उपबंधित अपनी शक्तियों का किसी विशेष राज्य के सम्बन्ध में प्रयोग करता है, तो—

(A) उस राज्य की विधान सभा स्वतः भंग हो जाती है

(B) उस राज्य की विधान मण्डल की शक्तियाँ संसद द्वारा या उसके प्राधिकार के अधीन प्रयोज्य होंगी

(C) उस राज्य में अनुच्छेद-19 निलम्बित हो जाता है

(D) राष्ट्रपति उस राज्य से सम्बन्धित गतिविधियाँ बना सकता है

10. निम्नलिखित घटनाओं (उपराष्ट्रपति चयन क्रम) पर विचार कीजिए तथा उन्हें सही कालानुक्रम में व्यवस्थित कीजिए, सबसे पहले से लेकर आखिरी गतिविधि तक—

1. भैरो सिंह शेखावत
2. कृष्णकांत
3. के. आर. नारायणन
4. डॉ. शंकर दयाल शर्मा

नीचे दिए गए कूट में से सही उत्तर चुनिए—

(A) 2, 3, 4, 1 (B) 4, 2, 1, 3

(C) 1, 2, 3, 4 (D) 4, 3, 2, 1

11. निम्नलिखित में से कौनसा एक सुमेलित नहीं है ?

(A) अनुच्छेद 51—विश्व शांति और सुरक्षा की उन्नति

(B) अनुच्छेद 233—जिला न्यायाधीशों की नियुक्ति

(C) अनुच्छेद 235—अधीनस्थ न्यायालयों पर नियंत्रण

(D) अनुच्छेद 128—सर्वोच्च न्यायालय का अभिलेख न्यायालय होना

12. भारत में 'निर्वाचन प्रणाली सुधार' के विषय में निम्नलिखित कथनों पर विचार कीजिए—

I. सर्वोच्च न्यायालय ने वर्ष 2020 में राजनीतिक दलों को विधान सभा और लोक सभा चुनावों के लिए उम्मीदवारों का सम्पूर्ण आपराधिक इतिहास प्रकाशित करने का आदेश दिया.

II. आदर्श आचार संहिता की शुरुआत वर्ष 1960 में केरल में हुई थी.

III. वर्ष 1997 में मतदान फोटो पहचान पत्र (EPIC) की शुरुआत हुई थी.

उपर्युक्त कथनों में से कौनसे सही हैं ?

(A) केवल I और II

(B) केवल I और III

(C) केवल II और III

(D) I, II और III

13. भारत के संविधान के अनुसार, निम्नलिखित में से कौनसा/से कथन सही है/हैं ?

1. मुख्य चुनाव आयुक्त को पद से हटाने के लिए संविधान में 'महाभियोग' शब्द का प्रयोग नहीं किया गया है.
2. अनुच्छेद 279 के अन्तर्गत 'शुद्ध आय' की गणना CAG द्वारा प्रमाणित की जाती है, जिसका प्रमाण-पत्र अंतिम नहीं माना जाता है.
3. भारत का महान्यायवादी, सरकारी सेवकों की श्रेणी में नहीं आता है, अतः उसे निजी कानूनी अभ्यास से वंचित नहीं किया जाता है.

नीचे दिए गए कूट का प्रयोग कर सही उत्तर चुनिए—

(A) 1 और 2 (B) 1 और 3

(C) केवल 3 (D) 1, 2 और 3

14. निम्नलिखित में से कौन भारत में वरीयता क्रम सूची में शीर्ष पर है ?

(A) लोक सभा में विपक्ष के नेता

(B) भारत रत्न अलंकरण धारक

(C) अपने-अपने राज्यों के मुख्यमंत्री

(D) अपने-अपने राज्यों के बाहर के राज्यों के राज्यपाल

15. 'केन्द्रीय सतर्कता आयोग' के विषय में निम्नलिखित कथनों पर विचार कीजिए—

I. केन्द्रीय सतर्कता आयोग का गठन, वर्ष 1964 में (यू. एन. ढेबर) की अध्यक्षता वाली भ्रष्टाचार निरोधक समिति की सिफारिश पर गठित किया गया था.

II. केन्द्रीय सतर्कता आयोग किसी भी मंत्रालय के अधीन नहीं है, यह स्वतंत्र निकाय है, जो केवल संसद के प्रति उत्तरदायी है.

III. संसद द्वारा अधिनियमित केन्द्रीय सतर्कता आयोग अधिनियम, 2003 द्वारा इसे सांविधिक दर्जा प्रदान किया गया.

IV. विनीत नारायण एवं अन्य *बनाम* भारत संघ (1997) निर्णय में सर्वोच्च न्यायालय ने केन्द्रीय सतर्कता आयोग की अग्रणी भूमिका के बारे में निर्देश जारी किए.

उपर्युक्त कथनों में से कौनसा/से सही है/हैं ?

(A) केवल III (B) II और III

(C) I और IV (D) II, III और IV

16. चक्रवातों के बारे में निम्नलिखित कथनों पर विचार कीजिए—

1. चक्रवात निम्न दाब वाले क्षेत्रों के चारों ओर तेज वायु परिसंचरण होते हैं, जो उत्तरी गोलार्द्ध में वामावर्त और दक्षिणी गोलार्द्ध में दक्षिणावर्त घूमते हैं.
2. अरब सागर पर मैडेन-जूलियन ऑसीलेशन (MJO) के सक्रिय चरण में ऊर्ध्वाधर वायु प्रवाह अधिक होने के कारण चक्रवात के निर्माण को दबाया जाता है.

उपर्युक्त कथनों में से कौनसा/से सही है/हैं ?

(A) केवल 1

(B) केवल 2

(C) 1 और 2 दोनों

(D) न तो 1 और न ही 2

17. विश्व का निम्नलिखित में से कौनसा/से क्षेत्र भूकम्पीय रूप से सक्रिय है/हैं ?

1. मध्य-अटलांटिक कटक
2. अल्पाइन-हिमालयी बेल्ट
3. मध्य अफ्रीका

नीचे दिए गए कूट का प्रयोग कर सही उत्तर चुनिए—

(A) केवल 1 और 2

(B) केवल 2

(C) केवल 1 और 3

(D) 1, 2 और 3

18. भारत में आर्कियन चट्टान प्रणाली के सम्बन्ध में निम्नलिखित कथनों पर विचार कीजिए—

1. आर्कियन चट्टान प्रणाली सभी चट्टान प्रणालियों में सबसे युवा है.
2. यह अरावली पर्वतमाला, दक्कन प्रायद्वीप और उत्तर-पूर्वी भारत के कुछ भागों में पाया जाता है.
3. इन चट्टानों में लोहा, ताँबा और मैंगनीज जैसे धात्विक और अधात्विक खनिज प्रचुर मात्रा में पाए जाते हैं.

उपर्युक्त कथनों में से कितने सही हैं ?

(A) केवल एक (B) केवल दो

(C) तीनों (D) इनमें कोई नहीं

19. निम्नलिखित महासागरीय धाराओं और उनके सम्बद्ध महासागरों के बारे में विचार कीजिए—

धारा	सम्बद्ध महासागर
1. कैनरी धारा	उत्तरी अटलांटिक महासागर
2. ओयाशियो	हिन्द महासागर
3. बेंगुएला	उत्तरी अटलांटिक महासागर
4. पेरू	प्रशांत महासागर

उपर्युक्त में से कौनसे सही सुमेलित हैं ?

(A) केवल 1 और 2
(B) केवल 2 और 3
(C) केवल 1 और 4
(D) उपर्युक्त में से कोई नहीं

20. निम्नलिखित कथनों पर विचार कीजिए—

1. यह भारत के लक्षद्वीप में स्थित एक छोटा द्वीप है.
2. यहाँ कोई मानव निवास नहीं है.
3. यहाँ एक पक्षी अभयारण्य है.

उपर्युक्त कथन किस द्वीप के बारे में सही व्याख्या करता है ?

(A) पिटाली द्वीप (B) पराली द्वीप
(C) कवरत्ती (D) थिन्नाकारा द्वीप

21. काली मिट्टी के सन्दर्भ में, निम्नलिखित कथनों पर विचार कीजिए—

1. ये मिट्टी कपास की खेती के लिए उपयुक्त है.
2. ये मिट्टी दक्कन पठार क्षेत्र के उत्तर-पश्चिमी भागों में पाई जाती है.
3. ये मिट्टी महाराष्ट्र, मध्य प्रदेश और छत्तीसगढ़ के पठार पर पाई जाती है.

उपर्युक्त में से कितने कथन सही है/हैं ?

(A) केवल एक (B) केवल दो
(C) तीनों (D) इनमें से कोई नहीं

22. भूमध्यरेखीय क्षेत्र के सम्बन्ध में निम्नलिखित में से कौनसा/से कथन गलत है/हैं ?

1. इस क्षेत्र में वार्षिक वर्षा 200 सेमी से अधिक होती है.
2. यह शांत हवाओं का क्षेत्र है.
3. इस क्षेत्र में शीतोष्ण चक्रवातीय वर्षा होती है.
4. इस क्षेत्र में सामान्यत: एक ही प्रजाति के वृक्ष पाए जाते हैं.

नीचे दिए गए कूट से सही उत्तर चुनिए—

(A) केवल 1 और 2
(B) केवल 2 और 3
(C) केवल 2 और 4
(D) केवल 3 और 4

23. निम्नलिखित कथनों में से कितने कथन सही है/हैं ?

1. पृथ्वी की कुल परत का लगभग 98 प्रतिशत भाग टाइटेनियम, हाइड्रोजन, फॉस्फोरस, मैंगनीज और सल्फर से बना है.
2. पृथ्वी की पपड़ी में सभी तीन प्रकार की चट्टानें (आग्नेय, अवसादी और कायांतरित) पाई जा सकती हैं.
3. हमारे ग्रह पर सबसे पुरानी चट्टानें महाद्वीपीय क्रस्ट का हिस्सा हैं.

नीचे दिए गए कूट से सही उत्तर चुनिए—

(A) केवल एक (B) केवल दो
(C) तीनों (D) इनमें से कोई नहीं

24. निम्नलिखित युग्मों को सुमेलित कीजिए—

नदियाँ	उद्गम क्षेत्र
(a) कावेरी	1. सतपुड़ा श्रेणी
(b) साबरमती	2. ब्रह्मगिरि पहाड़ियाँ
(c) ताप्ती	3. अरावली पर्वतमाला
(d) दामोदर	4. छोटा नागपुर का पठार

नीचे दिए गए कूट का उपयोग करके सही उत्तर चुनें—

	(a)	(b)	(c)	(d)
(A)	2	3	1	4
(B)	4	1	3	2
(C)	1	2	4	3
(D)	3	2	1	4

25. मृत क्षेत्रों के सम्बन्ध में निम्नलिखित कथनों पर विचार कीजिए—

1. मृत क्षेत्र जल निकाय का वह क्षेत्र है जिसमें ऑक्सीजन की उच्च सांद्रता होती है.
2. यह मानवीय गतिविधियों से अत्यधिक पोषक तत्व प्रदूषण के कारण हो सकता है.
3. जलवायु परिवर्तन के कारण वातावरण के गर्म होने से समुद्र में 'मृत क्षेत्रों' का विस्तार हो सकता है.

उपर्युक्त कथनों में से कौनसा/से सही है/हैं ?

(A) केवल 1
(B) केवल 2 और 3
(C) सभी 1, 2 और 3
(D) उपर्युक्त में से कोई नहीं

26. इन भौगोलिक क्षेत्रों को पूर्व से पश्चिम की ओर व्यवस्थित कीजिए—

1. लक्षद्वीप सागर
2. अदन की खाड़ी
3. थाइलैण्ड की खाड़ी
4. दक्षिण चीन सागर

सही उत्तर कूट का चयन कीजिए—

(A) 4, 3, 2, 1 (B) 4, 3, 1, 2
(C) 2, 1, 3, 4 (D) 4, 1, 2, 3

27. कैस्पियन सागर का विस्तार निम्नलिखित में से किस देश में है ?

1. रूस 2. आर्मेनिया
3. तुर्कमेनिस्तान 4. अजरबेजान
5. ईरान 6. जॉर्जिया

नीचे दिए गए कूट से सही उत्तर चुनिए—

(A) केवल 1, 2, 4 और 5
(B) केवल 2, 3, 5 और 6
(C) केवल 1, 3, 4 और 5
(D) केवल 1, 2, 3 और 4

28. निम्नलिखित में से कौनसा कथन 'डोलड्रम्स' का सबसे अच्छा वर्णन करता है ?

(A) उपोष्णकटिबंधीय क्षेत्र में उच्च दबाव क्षेत्र जहाँ पश्चिमी हवाएँ उत्पन्न होती हैं
(B) भूमध्यरेखीय क्षेत्र में शांत क्षेत्र की पट्टी जहाँ प्रचलित व्यापारिक पवनें मिलती हैं
(C) हिन्द महासागर में उष्णकटिबंधीय क्षेत्र जहाँ अक्सर चक्रवात उत्पन्न होते हैं
(D) पृथ्वी का शीत क्षेत्र जहाँ वायुमण्डलीय परिसंचरण बहुत कम होता है

29. निम्नलिखित कथनों में से कौनसा/से गलत है/हैं ?

1. कोरोमण्डल तट पश्चिमी घाट और अरब सागर के बीच स्थित है.
2. डोड्डाबेट्टा दक्षिणी प्रायद्वीप की सबसे ऊँची चोटी है.
3. पालघाट दर्रा उत्तर में नीलगिरी पहाड़ियों और दक्षिण में अन्नामलाई पहाड़ियों के बीच स्थित है.

नीचे दिए गए कूट से सही उत्तर चुनिए—

(A) केवल 1, 2 (B) केवल 2, 3
(C) केवल 3 (D) केवल 1, 3

30. श्रीनगर स्थित डल झील के बारे में निम्नलिखित में से कौनसा/से कथन सत्य है/हैं ?

1. यह जम्मू-कश्मीर की सबसे बड़ी झील है, जो पीरपंजाल पहाड़ियों से घिरी हुई है.
2. इसका क्षेत्रफल 18 वर्ग किमी है तथा यह 'राड़' नामक तैरते उद्यानों सहित एक प्राकृतिक आर्द्रभूमि का हिस्सा है.
3. हाउसबोट 'शिकारा' के लिए प्रसिद्ध इस झील का तापमान सर्दियों में −11 डिग्री सेल्सियस तक पहुँच जाता है.

नीचे दिए गए कूट से सही उत्तर चुनिए—
(A) केवल 1 और 2
(B) केवल 1 और 3
(C) केवल 2
(D) केवल 2 और 3

31. स्वतंत्रता संग्राम में महिलाओं की भूमिका के बारे में निम्नलिखित कथनों पर विचार कीजिए—
1. स्वतंत्रता संग्राम के दौरान महिलाओं ने 'भारत माता' के प्रतीक से प्रेरित होकर क्षेत्रीय और सामुदायिक सीमाओं से ऊपर उठकर एकजुटता दिखाई. इससे राष्ट्रीय भावना को बल मिला और ब्रिटिश औपनिवेशिक शासन के विरुद्ध व्यापक समर्थन जुटाने में मदद मिली.
2 नमक सत्याग्रह (1930) में सरोजिनी नायडू और कमला नेहरू जैसी हस्तियों ने जुलूसों का नेतृत्व किया, नमक की दुकानों पर धरना दिया और ग्रामीण महिलाओं को संगठित किया, जिससे महिलाएँ मुख्यधारा के संघर्ष में शामिल हो गईं.
उपर्युक्त कथनों में से कौनसा/से सही है/हैं ?
(A) केवल 1
(B) केवल 2
(C) 1 और 2 दोनों
(D) न तो 1 और न ही 2

32. भारत छोड़ो आन्दोलन के उदय के कारकों के सम्बन्ध में निम्नलिखित कथनों पर विचार कीजिए—
1. ब्रिटेन ने भारतीय नेताओं से परामर्श किए बिना भारत को द्वितीय विश्व युद्ध में शामिल कर लिया. कांग्रेस ने समर्थन के बदले पूर्ण स्वतंत्रता की माँग की, लेकिन ब्रिटेन ने इनकार कर दिया, जिससे व्यापक आक्रोश फैल गया.
2. बर्मा पर जापान के आक्रमण ने युद्ध को भारत के दरवाजे तक ला दिया, जिससे आक्रमण की आशंका बढ़ गई तथा ब्रिटिशों की वापसी की आवश्यकता महसूस होने लगी.
3. क्रिप्स मिशन की विफलता ने गाँधी जी को एक निर्णायक संघर्ष के लिए प्रेरित किया जिसकी परिणति भारत छोड़ो आन्दोलन के रूप में हुई.
उपर्युक्त कथनों में से कौनसे सही हैं ?
(A) केवल 1, 2 और 3
(B) केवल 2 और 3
(C) केवल 1 और 2
(D) उपर्युक्त में से कोई नहीं

33. राजेन्द्र चोल प्रथम (1014 से 1044 ई.) के सम्बन्ध में निम्नलिखित कथनों पर विचार कीजिए—
1. वे पहले भारतीय शासक थे जिन्होंने विदेशी सैन्य अभियानों का नेतृत्व किया और चोल साम्राज्य के प्रभाव को दक्षिण तथा दक्षिण-पूर्व एशिया में विस्तार किया.
2. उन्होंने बृहदेश्वर मन्दिर (गंगईकोंडा-चोलीश्वरम) और चोल गंगम झील (पोननेरी) का निर्माण कराया, जो वर्तमान में तमिलनाडु के अरियालूर जिले में स्थित हैं.
3. वे वैष्णव धर्म के अनुयायी थे.
उपर्युक्त कथनों में से कौनसे सही हैं ?
(A) केवल 1, 2 और 3
(B) केवल 2 और 3
(C) केवल 1 और 2
(D) उपर्युक्त में से कोई नहीं

34. सूची-I को सूची-II से सुमेलित कीजिए और सूचियों के नीचे दिए गए कूट का प्रयोग कर सही उत्तर चुनिए—.

सूची-I (संस्थापक)	सूची-II (मत)
(a) भण्डारकर	1. राजपूतों की क्षत्रिय उत्पत्ति
(b) चन्दबरदाई	2. राजपूतों की विदेशी उत्पत्ति
(c) कर्नल टॉड	3. अग्निकुण्ड से राजपूत उत्पत्ति
(d) गौरीशंकर ओझा	4. राजपूतों की हूण उत्पत्ति

कूट :

	(a)	(b)	(c)	(d)
(A)	4	3	2	1
(B)	1	2	3	4
(C)	1	3	4	2
(D)	1	2	4	3

35. ऋग्वेद में ऋषि विश्वामित्र और दो नदियों के बीच संवाद के रूप में एक स्तोत्र है, जिसे देवी के रूप में पूजा जाता था. ये नदियाँ कौनसी हैं ?
(A) अलकनंदा और भागीरथी
(B) रावी और चिनाब
(C) गंगा और यमुना
(D) ब्यास और सतलुज

36. सातवाहन राजवंश के सन्दर्भ में, निम्नलिखित कथनों पर विचार कीजिए—
1. दक्कन और मध्य भारत में मौर्य शासन के पश्चात् सातवाहन वंश (ईसा पूर्व पहली शताब्दी से ईसवी तीसरी शताब्दी के प्रारम्भ तक) का प्रभुत्व स्थापित हुआ, जिनका आरम्भिक शासन केन्द्र उत्तर महाराष्ट्र (ऊपरी गोदावरी घाटी) था.
2. अमरावती स्तूप का पुनर्निर्माण सातवाहन काल के दौरान किया गया था, जिसमें बुद्ध के जीवन से सम्बन्धित जटिल मूर्तियों का अंकन किया गया है.
3. सातवाहन प्रथम शासक थे जिन्होंने ब्राह्मणों को भूमि दान दी.
उपर्युक्त कथनों में से कौनसा/से सही है/हैं ?
(A) केवल 1
(B) केवल 1 और 2
(C) केवल 2 और 3
(D) 1, 2 और 3

37. 'अष्ट प्रधान' किस राजवंश के शासन-काल में मंत्रिपरिषद् थी ?
(A) गुप्त प्रशासन में
(B) चोल प्रशासन में
(C) विजयनगर प्रशासन में
(D) मराठा प्रशासन में

38. निम्नलिखित युग्मों में कौन सही सुमेलित नहीं है ?
(A) ध्रुवदास—भगत नामावली
(B) नाभादास—भक्तमाल
(C) रसखान—रसिक प्रिया
(D) उस्मान—चित्रावली

39. नीचे दो कथन दिए गए हैं. एक को कथन (A) तथा दूसरे को कारण (R) कहा गया है—
कथन (A) : 1946 ई. में मुस्लिम लीग में 'कैबिनेट मिशन प्लान' के लिए दी गई अपनी स्वीकृति वापस ले ली थी.
कारण (R) : 1946 में गठित अंतरिम सरकार में मुस्लिम लीग शामिल हुई थी.
नीचे दिए कूट में से सही उत्तर चुनिए—
कूट :
(A) कथन (A) तथा कारण (R) दोनों सही हैं तथा कारण (R) कथन (A) की सही व्याख्या है
(B) कथन (A) तथा कारण (R) दोनों सही हैं, परन्तु कारण (R) कथन (A) की व्याख्या नहीं है
(C) कथन (A) सही है, परन्तु कारण (R) गलत है
(D) कथन (A) गलत है, परन्तु कारण (R) सही है

40. डॉ. बी. आर. अम्बेडकर के सन्दर्भ में, निम्नलिखित कथनों पर विचार कीजिए—
1. अम्बेडकर ने जाति व्यवस्था के पूर्ण उन्मूलन का आह्वान नहीं किया.
2. नवयान बौद्ध धर्म की स्थापना वर्ष 1956 में अम्बेडकर द्वारा भारत में

एक दलित बौद्ध आन्दोलन के रूप में की गई थी.

3. अम्बेडकर ने ऐतिहासिक अन्याय को दूर करने के लिए राज्य के नेतृत्व वाली सकारात्मक कार्रवाई का समर्थन किया तथा इस बात पर बल दिया कि "लोकतंत्र सरकार का एक रूप नहीं है, बल्कि सामाजिक संगठन का एक रूप है."

उपर्युक्त कथनों में से कौनसा/से सही है/हैं ?

(A) केवल 1
(B) केवल 1 और 2
(C) केवल 2 और 3
(D) 1, 2 और 3

41. निम्नलिखित में से किस एक देशी रियासत के संविधान का प्रारूप महात्मा गाँधी द्वारा तैयार किया गया था ?

(A) आन्ध्र (B) बड़ौदा
(C) जामनगर (D) मैसूर

42. निम्नलिखित में से किस एक ने 1916 में लखनऊ में आयोजित भारतीय राष्ट्रीय कांग्रेस के वार्षिक अधिवेशन की अध्यक्षता की थी ?

(A) एनी बेसेण्ट
(B) लाला लाजपत राय
(C) मोतीलाल नेहरू
(D) ए. सी. मजूमदार

43. सम्राट अशोक के सन्दर्भ में निम्नलिखित कथनों पर विचार कीजिए—

1. अशोक का पुराणों में अंकित पूरा नाम अशोकवर्द्धन है, परन्तु अपने अभिलेखों में उसने अपने व्यक्तिगत नाम का कभी प्रयोग नहीं किया.
2. भारत में उपलब्ध एकमात्र पुरालेखीय दस्तावेज जिसमें अशोक के नाम का उल्लेख हुआ है, पश्चिमी क्षत्रप रुद्रद्रामन का अभिलेख है.

उपर्युक्त कथनों में से कौनसे सही है/हैं ?

(A) केवल 1
(B) केवल 2
(C) 1 और 2 दोनों
(D) न तो 1 और न ही 2

44. वाराह नामक सिक्का किस राजवंश द्वारा चलाया गया ?

(A) मुगल (B) बहमनी
(C) विजयनगर (D) सल्तनत

45. जलियाँवाला बाग हत्याकाण्ड के सन्दर्भ में निम्नलिखित कथनों पर विचार कीजिए—

1. ब्रिटिश सरकार ने जलियाँवाला बाग हत्याकाण्ड की जाँच के लिए हण्टर आयोग (वर्ष 1919) का गठन किया और हण्टर आयोग ने वर्ष 1920 की रिपोर्ट में जनरल डायर के कृत्यों की सर्वसम्मति से निंदा की.
2. काँग्रेस ने घटना की जाँच के लिए मदन मोहन मालवीय की अध्यक्षता में एक गैर-सरकारी समिति गठित की, जिसमें डायर के कृत्यों की अमानवीयता की निंदा की गई तथा पंजाब में मार्शल लॉ लागू करने को अनुचित बताया गया.
3. उधम सिंह, मूल नाम राम मोहम्मद सिंह आजाद, ने वर्ष 1919 के जलियाँवाला बाग हत्याकाण्ड के लिए जिम्मेदार लेफ्टिनेंट गवर्नर माइकल ओ'डायर की हत्या कर दी थी.

उपर्युक्त कथनों में से कौनसे सही हैं ?

(A) केवल 1 और 3
(B) केवल 1 और 2
(C) केवल 2 और 3
(D) 1, 2 और 3

46. निम्नलिखित मंदिरों (Temples) को कालानुक्रम में व्यवस्थित कीजिए और नीचे दिए गए कूटों में से सही उत्तर चुनिए—

1. बृहदीश्वर मंदिर
2. गंगैकोण्ड चोलापुरम मंदिर
3. महाबलीपुरम का तटीय मंदिर
4. सप्त पैगोडा

कूट :

(A) 1, 2, 4, 3 (B) 2, 1, 3, 4
(C) 3, 2, 1, 4 (D) 4, 3, 1, 2

47. रबीन्द्रनाथ टैगोर के बारे में निम्नलिखित कथनों पर विचार कीजिए—

1. वह अपनी कृति गीतांजलि के लिए साहित्य के क्षेत्र में 1917 में नोबेल पुरस्कार प्राप्त करने वाले पहले गैर-यूरोपीय थे.
2. उन्होंने रंगमंच, संगीत और शास्त्रीय भारतीय नृत्य को मिलाकर चित्रांगदा, श्यामा और चंडालिका जैसी नृत्य नाटिकाएँ रचीं.

उपर्युक्त कथनों में से कौनसा/से सही है/हैं ?

(A) केवल 1
(B) केवल 2
(C) 1 और 2 दोनों
(D) न तो 1 और न ही 2

48. सूची-I को सूची-II से सुमेलित कीजिए और सूचियों के नीचे दिए गए कूट का प्रयोग कर सही उत्तर चुनिए—

सूची-I (आन्दोलन)	सूची-II (वर्ष)
(a) पाबना	1. 1855-56
(b) एका	2. 1873-85
(c) संथाल	3. 1922
(d) ताना भगत	4. 1914

कूट :

	(a)	(b)	(c)	(d)
(A)	1	2	4	3
(B)	2	3	1	4
(C)	3	1	4	2
(D)	4	3	2	1

49. औरंगजेब की नीतियों के सन्दर्भ में, निम्नलिखित कथनों पर विचार कीजिए—

1. औरंगजेब ने मनसबदारों की वित्तीय स्वायत्तता पर अंकुश लगाया, जिससे वे केन्द्रीय कोष पर निर्भर हो गए तथा धोखाधड़ी को रोकने के लिए दाग (घोड़े पर दाग लगाना) और चेहरा (सैनिक पहचान) प्रणालियों के माध्यम से सैन्य दक्षता में वृद्धि की.
2. वर्ष 1679 में, औरंगजेब ने एक फरमान जारी कर काशी विश्वनाथ मंदिर (वाराणसी) और केशवदेव मंदिर (मथुरा) सहित प्रमुख हिन्दू मंदिरों को ध्वस्त करने का आदेश दिया.
3. उसने राजस्व संग्रह की जब्त प्रणाली जारी रखी, जिसने फसल की विफलता के बावजूद उच्च, अनम्य कर लगाए, जिससे किसान संकटग्रस्त हो गए और खाद्यान्न की कमी हो गई. सिंचाई और कृषि सुधारों में निवेश की कमी से आर्थिक स्थिरता और खराब हो गई.

उपर्युक्त कथनों में से कौनसा/से सही है/हैं?

(A) केवल 1
(B) केवल 1 और 3
(C) केवल 2 और 3
(D) 1, 2 और 3

50. सती प्रथा को समाप्त करने के लिए उठाए गए कदमों के सन्दर्भ में, निम्नलिखित कथनों पर विचार कीजिए—

1. 'वर्ष 1582 में सम्राट अकबर ने अपने सम्पूर्ण साम्राज्य में अधिकारियों को आदेश दिया कि यदि वे देखें कि किसी महिला के साथ सती होने के लिए जबरदस्ती की जा रही है, तो उसे सती चढ़ाने से रोका जाए.
2. मराठों ने अपने क्षेत्र में सती प्रथा पर प्रतिबंध लगा दिया था.
3. ब्रिटिश गवर्नर-जनरल विलियम मैकाले ने बंगाल सती विनियमन, 1829 के तहत् सती प्रथा को अवैध और आपराधिक न्यायालयों द्वारा दण्डनीय घोषित किया.

उपर्युक्त कथनों में से कौनसा/से सही है/हैं?

(A) केवल 1

(B) केवल 1 और 2

(C) केवल 2 और 3

(D) 1, 2 और 3

51. वर्ष 2025 के भौतिकी के नोबेल पुरस्कार के सम्बन्ध में निम्नलिखित में से कौनसा/से कथन सही है/हैं ?

1. यह पुरस्कार जॉन क्लार्क, मिशेल एच. डेवोरेट और जॉन एम. मार्टिनिस को दिया गया.
2. यह 'विद्युत् परिपथ में मैक्रोस्कोपिक क्वाण्टम मैकेनिकल टनलिंग और ऊर्जा क्वाण्टीकरण की खोज के लिए' दिया गया.
3. उनके प्रयोगों में क्वाण्टम प्रभावों को प्रदर्शित करने के लिए कमरे के तापमान पर संचालित अर्द्धचालक शामिल थे.

कूट का उपयोग करके सही उत्तर चुनिए—

(A) केवल 1 और 2

(B) केवल 1 और 3

(C) केवल 2 और 3

(D) 1, 2 और 3

52. वर्ष 2025 के चिकित्सा के नोबेल पुरस्कार के सम्बन्ध में निम्नलिखित कथनों पर विचार कीजिए—

1. यह पुरस्कार मैरी ई. ब्रंको, फ्रेड राम्सडेल और शिमोन साकागुची को परिधीय प्रतिरक्षा सहिष्णुता से सम्बन्धित खोजों के लिए दिया गया.
2. उनके शोध ने फॉक्स पी3 जीन को नियामक टी-कोशिकाओं के विकास और कार्य के लिए आवश्यक के रूप में पहचाना.
3. विजेताओं ने एक नई साइटोकाइन की खोज की जो टी-कोशिका सक्रियण को दबाती है.

इनमें से कौनसे कथन सही हैं ?

(A) केवल 1 और 2

(B) केवल 1 और 3

(C) केवल 2 और 3

(D) 1, 2, और 3

53. बैटरी चालित वाहन के सन्दर्भ में, निम्नलिखित कथनों पर विचार कीजिए—

1. ये वाहन पेट्रोल एवं डीजल की जगह इलेक्ट्रिक मोटर द्वारा चालित होते हैं.
2. इस प्रकार के वाहन पर्यावरण हितैषी, प्रदूषण मुक्त एवं ऊर्जा मितव्ययी होते हैं.
3. निकेल धातु हाइड्राइड बैटरी इन वाहनों के लिए सबसे उपयुक्त बैटरी प्रकार हैं.

उपर्युक्त में से कितने कथन सही हैं ?

(A) केवल एक (B) केवल दो

(C) सभी तीन (D) कोई भी नहीं

54. निम्नलिखित युग्मों पर विचार कीजिए—

1. α **किरणें**—ये द्विआयनित हीलियम परमाणुओं की बनी होती हैं.
2. β **किरणें**—ये किरणें इलेक्ट्रॉनों की बनी होती हैं.
3. γ **गामा किरणें**—ये किरणें फोटॉनों की बनी होती हैं.

उपर्युक्त में से कितने युग्म सही सुमेलित हैं ?

(A) केवल एक युग्म

(B) केवल दो युग्म

(C) सभी तीन युग्म

(D) कोई भी युग्म नहीं

55. सरल टूल के बारे में निम्नलिखित कथनों पर विचार कीजिए—

1. इसे विज्ञान एवं प्रौद्योगिकी विभाग द्वारा विकसित किया गया है.
2. यह सार्वजनिक प्रसार के लिए वीडियो और पॉडकास्ट जैसी सामग्री तैयार करता है.
3. यह डीप-टेक स्टार्ट-अप और वैश्विक अनुसंधान एवं विकास नेतृत्व को बढ़ावा देने की एक व्यापक पहल का हिस्सा है.

ऊपर दिए गए कथनों में से कौनसा/से सही है/हैं ?

(A) केवल 1 और 2

(B) केवल 2

(C) केवल 2 और 3

(D) 1, 2 और 3

56. वैश्विक मौसम विज्ञान उपग्रह डेटा के सन्दर्भ में 'डायरेक्ट ब्रॉडकास्ट नेटवर्क' के बारे में निम्नलिखित कथनों पर विचार कीजिए—

1. यह निम्न पृथ्वी कक्षा उपग्रहों से डेटा तेजी से प्राप्त करने के लिए विश्व मौसम विज्ञान संगठन की पहल है.
2. इसका उद्देश्य मौसम पूर्वानुमान के लिए उपग्रह डेटा मिलने में होने वाली देरी को कम करना है.
3. यह स्थानीय उपग्रह डेटा को संसाधित करता है और वैश्विक मानकों के साथ जाँचता है.
4. डायरेक्ट ब्रॉडकास्ट नेटवर्क स्टेशन हमेशा किसी भी स्थान से सभी उपग्रहों से संकेत प्राप्त कर सकता है.

ऊपर दिए गए कथनों में से कौनसे सही हैं ?

(A) केवल 1 और 2

(B) केवल 1, 3 और 4

(C) केवल 1, 2 और 3

(D) 1, 2, 3 और 4

57. प्रकाश-आधारित कम्प्यूटिंग के सन्दर्भ में निम्नलिखित कथनों पर विचार कीजिए—

1. यह डेटा को संसाधित करने और प्रसारित करने के लिए इलेक्ट्रॉनों की जगह फोटॉनों का उपयोग करता है.
2. ऑप्टिकल इण्टरकनेक्ट एआई सिस्टम में डेटा ट्रांसफर की बाधाओं को दूर करने में मदद कर सकते हैं.
3. इसकी एक खामी यह है कि ऑप्टिकल सिस्टम विद्युत् प्रतिरोध के कारण काफी गर्मी उत्पन्न करते हैं.

उपर्युक्त में से कौनसे कथन सही हैं ?

(A) केवल 1 और 2

(B) केवल 1 और 3

(C) केवल 2 और 3

(D) 1, 2 और 3

58. डीएनए की संरचना को सही ढंग से वर्णित करता है—

1. यह दो पॉलीन्यूक्लियोटाइड चेन से मिलकर डबल हेलिक्स बनाता है.
2. इसके प्रत्येक न्यूक्लियोटाइड में शुगर राइबोज होता है.
3. इसमें एडेनिन थाइमिन से हाइड्रोजन बॉण्ड के जरिए जुड़ता है.
4. साइटोसिन ग्वानिन से आयनिक बॉण्ड के जरिए जुड़ता है.

सही उत्तर चुनिए—

(A) केवल 1 और 3

(B) केवल 1, 2 और 3

(C) केवल 2, 3 और 4

(D) 1, 2, 3 और 4

59. एक पूर्ण चंद्रग्रहण के लिए निम्नलिखित में से कौनसा संरेखण आवश्यक है ?

(A) चंद्रमा—पृथ्वी—सूर्य

(B) पृथ्वी—चंद्रमा—सूर्य

(C) सूर्य—पृथ्वी—चंद्रमा

(D) सूर्य—चंद्रमा—पृथ्वी

60. निम्नलिखित में से कौनसे तत्व सामान्यतः प्रोटीन में पाए जाते हैं ?

1. कार्बन 2. नाइट्रोजन

3. सल्फर 4. फॉस्फोरस

सही उत्तर चुनिए—

(A) केवल 1, 2 और 3

(B) केवल 1, 3 और 4

(C) केवल 2, 3 और 4

(D) 1, 2, 3 और 4

61. 'प्रदूषण नियंत्रण बोर्ड' के सन्दर्भ में, निम्नलिखित कथनों पर विचार कीजिए—

1. केन्द्रीय प्रदूषण नियंत्रण बोर्ड की स्थापना वायु (रोकथाम और प्रदूषण

नियंत्रण) अधिनियम, 1981 के तहत् की गई थी.

2. प्रत्येक राज्य का अपना राज्य प्रदूषण नियंत्रण बोर्ड है या केन्द्र-शासित प्रदेशों में प्रदूषण नियंत्रण समिति है.

ऊपर दिए गए कथनों में से कौनसा/से सही है/हैं ?

(A) केवल 1
(B) केवल 2
(C) 1 और 2 दोनों
(D) न तो 1 और न ही 2

62. 'इण्टरनेशनल बिग कैट एलायंस' के सन्दर्भ में, निम्नलिखित कथनों पर विचार कीजिए—

1. IBCA की स्थापना 2023 में पर्यावरण, वन और जलवायु परिवर्तन मंत्रालय के तहत् राष्ट्रीय बाघ संरक्षण प्राधिकरण द्वारा की गई थी.
2. इसके अधिदेश में सात बड़ी बिल्लियों—बाघ, शेर, तेंदुआ, हिम तेंदुआ, चीता, जगुआर और प्यूमा का संरक्षण शामिल है.

ऊपर दिए गए कथनों में से कौनसा/से सही है/हैं ?

(A) केवल 1
(B) केवल 2
(C) 1 और 2 दोनों
(D) न तो 1 और न ही 2

63. स्लॉथ भालू के सम्बन्ध में, निम्नलिखित कथनों पर विचार कीजिए—

1. यह केवल भारत में पाए जाते हैं.
2. इन्हें आईयूसीएन की लाल सूची में संकटग्रस्त के रूप में सूचीबद्ध किया गया है.
3. ये वन्यजीव (संरक्षण) अधिनियम, 1972 की अनुसूची I के अन्तर्गत संरक्षित हैं और साइट्स परिशिष्ट I में शामिल हैं.

उपर्युक्त में से कौनसे कथन सही हैं ?

(A) केवल 1 और 2
(B) केवल 1 और 3
(C) केवल 2 और 3
(D) 1, 2 और 3

64. भारत में एशियाई शेरों की आबादी के सम्बन्ध में निम्नलिखित कथनों पर विचार कीजिए—

1. 2015 और 2025 के बीच एशियाई शेरों की आबादी में 70% से अधिक की वृद्धि हुई है.
2. वर्तमान में 80% से अधिक शेर गिर राष्ट्रीय उद्यान के मुख्य क्षेत्र में निवास कर रहे हैं.
3. अमरेली जिले में शेरों की सबसे अधिक संख्या दर्ज की गई है.

ऊपर दिए गए कथनों में से कौनसा/से सही है/हैं ?

(A) केवल 2
(B) केवल 1 और 3
(C) केवल 2 और 3
(D) 1, 2 और 3

65. निम्नलिखित कथनों पर विचार कीजिए—

कथन-I : मैंग्रोव लवणीय क्षेत्रों में पाए जाने वाले पादप समुदाय हैं.

कथन-II : भारत में पाए जाने वाले कुल मैंग्रोव क्षेत्र में से 10% क्षेत्र केवल पश्चिम बंगाल के सुन्दरबन में स्थित हैं.

उपर्युक्त कथनों के बारे में निम्नलिखित में से कौनसा एक सही है ?

(A) कथन-I और कथन-II दोनों सही हैं तथा कथन-II, कथन-I की सही व्याख्या है
(B) कथन-I और कथन-II दोनों सही हैं तथा कथन-II, कथन-I की सही व्याख्या नहीं है
(C) कथन-I सही है, किन्तु कथन-II गलत है
(D) कथन-I गलत है, किन्तु कथन-II सही है

66. मिनामाटा कन्वेंशन/सम्मेलन के सम्बन्ध में निम्नलिखित कथनों पर विचार कीजिए—

1. मिनामाटा कन्वेंशन विशेष रूप से प्लास्टिक अपशिष्ट प्रबंधन पर केन्द्रित है.
2. सम्मेलन का उद्देश्य मानव स्वास्थ्य और पर्यावरण को पारा प्रदूषण से बचाना है.

उपर्युक्त कथनों में से कौनसा/से सही है/हैं ?

(A) केवल 1
(B) केवल 2
(C) 1 और 2 दोनों
(D) न तो 1 और न ही 2

67. निम्नलिखित कथनों पर विचार कीजिए—

कथन-I : जैविक खेती फसल वृद्धि को बढ़ावा देने के लिए सिंथेटिक उर्वरकों और कीटनाशकों के उपयोग पर निर्भर करती है.

कथन-II : पर्माकल्चर पारिस्थितिक सिद्धांतों पर आधारित एक समग्र डिजाइन प्रणाली है.

उपर्युक्त कथनों के सम्बन्ध में निम्नलिखित में से कौनसा सही है ?

(A) कथन-I और कथन-II दोनों सही हैं तथा कथन-II, कथन-I की सही व्याख्या है
(B) कथन-I और कथन-II दोनों सही हैं तथा कथन-II, कथन-I के लिए सही व्याख्या नहीं है
(C) कथन-I सही है, किन्तु कथन-II सही नहीं है
(D) कथन-I सही नहीं है, किन्तु कथन-II सही है

68. निम्नलिखित कथनों पर विचार कीजिए—

कथन-I : वेटलैण्ड्स पर रामसर कन्वेंशन वेटलैण्ड्स के संरक्षण और टिकाऊ उपयोग के लिए एक अन्तर्राष्ट्रीय संधि है.

कथन-II : यह सम्मेलन समुद्री जैव विविधता के संरक्षण पर केन्द्रित है.

उपर्युक्त कथनों के सम्बन्ध में निम्नलिखित में से कौनसा सही है ?

(A) कथन-I और कथन-II दोनों सही हैं तथा कथन-II, कथन-I की सही व्याख्या है
(B) कथन-I और कथन-II दोनों सही हैं तथा कथन-II, कथन-I के लिए सही व्याख्या नहीं है
(C) कथन-I सही है, किन्तु कथन II सही नहीं है
(D) कथन-I सही नहीं है, किन्तु कथन-II सही है

69. किगाली समझौते के बारे में निम्नलिखित कथनों पर विचार कीजिए—

1. यह समझौता किगाली, रवांडा में अपनाया गया था और इसका उद्देश्य हाइड्रोफ्लोरोकार्बन (एचएफसी) को चरणबद्ध तरीके से समाप्त करना है.
2. एचएफसी ग्रीनहाउस गैसें हैं, जो ग्लोबल वार्मिंग में योगदान करती हैं.
3. किगाली समझौता प्लास्टिक कचरे को कम करने पर केन्द्रित है.

उपर्युक्त में से कितने कथन सही हैं ?

(A) केवल एक (B) केवल दो
(C) केवल तीन (D) कोई भी नहीं

70. निम्नलिखित पर विचार कीजिए—

1. मक्खियाँ 2. कॉकरोच
3. केंकड़े 4. जेलीफिश

उपर्युक्त में से कितने जीव अपरदाहारी कहलाते हैं ?

(A) केवल एक (B) केवल दो
(C) केवल तीन (D) सभी चार

71. पीएम-सेतु (PM-SETU) के बारे में निम्नलिखित कथनों पर विचार कीजिए—

I. पीएम-सेतु उच्चीकृत औद्योगिक प्रशिक्षण संस्थानों के माध्यम से कौशल और रोजगार रूपान्तरण की केन्द्र प्रायोजित योजना है.

II. पीएम-सेतु आईटीआई पारिस्थितिकी तंत्र को पुनर्परिभाषित करते हुए इन्हें सरकारी स्वामित्व के अन्तर्गत उद्योग-प्रबन्धित संस्थान के रूप में विकसित करने पर लक्षित है.

III. यह योजना विश्व बैंक तथा एशियाई विकास बैंक से वैश्विक सह-वित्त पोषित है.

IV. पीएम-सेतु योजना के कार्यान्वयन के पहले चरण में पटना और दरभंगा के औद्योगिक प्रशिक्षण संस्थानों को चुना गया है.

उपर्युक्त में से कितने कथन सही हैं ?

(A) केवल एक (B) केवल दो
(C) केवल तीन (D) सभी चार

72. उच्चाधिकार प्राप्त मौद्रिक नीति समिति निम्नलिखित में से किसका निर्धारण करती है ?

I. नीतिगत रेपो दर
II. मुद्रास्फीति लक्ष्य
III. सांविधिक तरलता अनुपात
IV. बैंक दर

उपर्युक्त में से सही है/हैं—

(A) केवल I एवं II
(B) केवल I
(C) केवल I, III, IV
(D) I, II, III, IV सभी

73. न्यूनतम समर्थन मूल्य के सन्दर्भ में निम्नलिखित कथनों पर विचार कीजिए—

I. भारत में सबसे पहली बार न्यूनतम समर्थन मूल्य गेहूँ के लिए 1966-67 में निर्धारित किया गया.

II. न्यूनतम समर्थन मूल्य की सिफारिश कृषि लागत एवं मूल्य आयोग द्वारा की जाती है.

III. न्यूनतम समर्थन मूल्य का निर्धारण आर्थिक मामलों की मंत्रिमण्डलीय समिति द्वारा किया जाता है.

IV. न्यूनतम समर्थन मूल्य किसी फसल के लिए वह न्यूनतम कीमत है जिसे सरकार कृषकों के लिए लाभकारी मानती है तथा सहायता देने के लिए उचित समझती है.

V. वर्तमान में सरकार 23 कृषि जिंसों के लिए न्यूनतम समर्थन मूल्य का निर्धारण करती है, लेकिन इन जिंसों की बाजारी कीमतें न्यूनतम समर्थन मूल्य से नीचे जाने पर भी इन जिंसों की सम्पूर्ण मात्रा को खरीदने के लिए वैधानिक रूप से बाध्य नहीं है.

उपर्युक्त में से कितने कथन सही हैं ?

(A) केवल दो (B) केवल तीन
(C) केवल चार (D) सभी पाँच

74. विधान मण्डल के प्रति कार्यपालिका की वित्तीय जबावदेही समितियों की एक प्रणाली के माध्यम से सुनिश्चित की जाती है. निम्नलिखित में से कौनसी समिति इस प्रणाली का हिस्सा नहीं है ?

I. आर्थिक मामलों पर मंत्रिमण्डलीय समिति
II. लोक लेखा समिति
III. प्राक्कलन समिति
IV. सार्वजनिक उपक्रम समिति

सही कूट है—

(A) केवल I
(B) केवल I एवं IV
(C) केवल I, III
(D) केवल III, IV

75. केन्द्र सरकार निम्नलिखित में से किस निधि/लेखा से धन की निकासी संसद की अनुमति के बिना भी कर सकती है ?

I. भारत की संचित निधि
II. भारत की आकस्मिकता निधि
III. लोक लेखा

सही कूट है—

(A) केवल I
(B) केवल II
(C) केवल II एवं III
(D) I, II, III सभी

76. औद्योगिक उत्पादन सूचकांक (IIP) के सन्दर्भ में निम्नलिखित कथनों पर विचार कीजिए—

I. अखिल भारतीय औद्योगिक उत्पादन सूचकांक राष्ट्रीय सांख्यिकी कार्यालय द्वारा संकलित एवं जारी किया जाता है.

II. अखिल भारतीय औद्योगिक उत्पादन सूचकांक का आधार वर्ष 2011-12 से संशोधित करके 2022-23 कर दिया गया है.

III. प्रमुख उद्योगों के उत्पादन का मासिक सूचकांक आर्थिक सलाहकार का कार्यालय, उद्योग संवर्धन और आन्तरिक व्यापार विभाग द्वारा संकलित और जारी किया जाता है.

उपर्युक्त में से सही है/हैं—

(A) केवल I
(B) केवल I एवं III
(C) I, II, III सभी
(D) केवल II

77. निम्नलिखित कथनों पर विचार कीजिए—

I. भारत के कुल औपचारिक विनिर्माण में आधे से अधिक ग्रामीण क्षेत्रों से आता है.

II. व्यापक रूप से कुल विनिर्माण में फैक्टरियों में विनिर्मित उत्पाद, उसके उप-उत्पाद, दूसरों के लिए विनिर्माण के माध्यम से अर्जित धन तथा किराए या बिजली की बिक्री जैसे गैर-औद्योगिक स्रोतों से अर्जित धन शामिल है.

III. देश के कुल विनिर्माण उत्पादन में शहरी हिस्सेदारी 2018-19 में 50·5% से घटकर 2023-24 में 49·5% रह गई.

उपर्युक्त में से कौनसा/से कथन सही है/हैं ?

(A) केवल I एवं II
(B) केवल II
(C) केवल II एवं III
(D) I, II, III सभी

78. यूरोपीय मुक्त व्यापार संघ (EFTA) के साथ भारत के बीच हस्ताक्षरित ट्रेड एण्ड इकोनॉमिक पार्टनरशिप एग्रीमेन्ट (TEPA) के सन्दर्भ में निम्नलिखित कथनों पर विचार कीजिए—

I. भारत और एफ्टा के बीच ट्रेड एण्ड इकॉनॉमिक पार्टनरशिप एग्रीमेन्ट 1 अक्टूबर, 2025 से लागू हो गया है.

II. एफ्टा समूह में आइसलैण्ड, स्विट्ज़रलैण्ड, नॉर्वे तथा लिंकटन स्टाइन देश शामिल है जिनमें से स्विट्ज़रलैण्ड भारत का सबसे बड़ा व्यापारिक भागीदार है.

III. यह समझौता यूरोप के किसी देश या ब्लॉक के साथ लागू होने वाला भारत का पहला व्यापार समझौता है.

उपर्युक्त में से सही है—

(A) केवल I एवं II
(B) केवल II एवं III
(C) केवल I, II
(D) I, II, III सभी

79. वस्तु एवं सेवा कर परिषद् की 56वीं बैठक में लिए गए निर्णयों में शामिल है—

I. वस्तु एवं सेवा कर की 5%, 12%, 18%, 28% दरों को घटाकर केवल दो—5% और 18% करना.

II. विलासिता एवं अहितकारी वस्तुओं पर 40% की विशेष दर लागू करना.

III. राष्ट्रीय मुनाफाखोरी विरोधी प्राधिकरण (NAA) का गठन करना.

IV. वस्तु एवं सेवा कर अपीलीय प्राधिकरण (GSTAT) को दिसम्बर 2025 तक चालू करना.

सही कूट है—

(A) केवल I एवं II
(B) केवल I, II, III
(C) केवल I, II, IV
(D) I, II, III, IV सभी

80. राष्ट्रीय कृषि एवं ग्रामीण विकास बैंक (नाबार्ड) के ग्रामीण धारणा सर्वेक्षण, सितम्बर 2025 के सन्दर्भ में निम्नलिखित कथनों पर विचार कीजिए—

I. भारत के 54·5 प्रतिशत ग्रामीण परिवार केवल औपचारिक स्रोतों से ऋण लेते हैं.

II. भारत के 22 प्रतिशत ग्रामीण परिवार पूरी तरह अनौपचारिक स्रोतों से प्राप्त ऋणों पर निर्भर है.

III. अनौपचारिक स्रोतों से प्राप्त ऋणों पर ब्याज दर 17-18 प्रतिशत के आस-पास है जिनमें से एक-तिहाई कर्जधारक 20% वार्षिक दर से अधिक ब्याज भुगतान करते हैं.

उपर्युक्त में से कितने कथन सही हैं ?

(A) केवल एक

(B) केवल दो

(C) सभी तीन

(D) उपर्युक्त में से कोई नहीं

81. भुगतान नियामक बोर्ड (PRB) के सन्दर्भ में निम्नलिखित कथनों पर विचार कीजिए–

I. भुगतान नियामक बोर्ड 6 सदस्यीय बोर्ड है जिसमें तीन सदस्य केन्द्र सरकार द्वारा नामित तथा तीन सदस्य भारतीय रिजर्व बैंक के पदाधिकारी होते हैं.

II. भारतीय रिजर्व बैंक के गवर्नर भुगतान नियामक बोर्ड के पदेन अध्यक्ष हैं.

III. भुगतान नियामक बोर्ड ने आरबीआई के केन्द्रीय बोर्ड की एक समिति, भुगतान एवं निपटान प्रणाली विनियमन एवं पर्यवेक्षण बोर्ड (BPSS) का स्थान लिया है.

IV. भुगतान नियामक बोर्ड को केन्द्रीय वित्त मंत्रालय के वित्तीय सेवाएँ विभाग द्वारा सहायता प्रदान की जाएगी.

उपर्युक्त में से कौनसा कथन सही है ?

(A) केवल I एवं II

(B) केवल I, II, III

(C) केवल I, II, IV

(D) I, II, III, IV सभी

82. मुद्रास्फीति को नियन्त्रित करने तथा आम नागरिकों पर इसके प्रभावों को समाप्त करने के लिए केन्द्र सरकार द्वारा निम्नलिखित में से कौनसा/से उपाय किया गया/गए ?

I. ₹ 12 लाख तक की वार्षिक आय (वेतनभोगियों के लिए ₹ 12·75 लाख) को आयकर से छूट देकर व्यक्तियों की प्रयोज्य आय में वृद्धि करना.

II. वस्तु एवं सेवा कर सुधार 2·0 लागू करना.

III. भारत ब्राण्ड के तहत् चुनिंदा खाद्य पदार्थों की रियायती दरों पर बिक्री करना.

IV. चुनिंदा वस्तुओं की बाजार में अधिक आपूर्ति बढ़ाने के लिए स्टॉक सीमा का कार्यान्वयन.

उपर्युक्त में से कौनसे कथन सही हैं ?

(A) केवल I एवं II

(B) केवल II एवं IV

(C) केवल III एवं IV

(D) I, II, III एवं IV सभी

83. भारतीय रिजर्व बैंक द्वारा बैंकों के कर्ज की लागत को घटाने और ऋण प्रवाह को बढ़ाने के उद्देश्य से निम्नलिखित में से कौनसा उपाय किया गया है ?

I. आवास ऋण के लिए जोखिम भार में बदलाव करना.

II. भारत की गैर-वित्तीय क्षेत्र की कम्पनियों के अधिग्रहण के लिए बैंकों को कर्ज देने की अनुमति देना.

III. बैंकों द्वारा मौजूदा नुकसान ढाँचे की जगह अपेक्षित ऋण नुकसान (ECL) ढ़ाँचे को अपनाने के लिए समय-सीमा तय करना.

सही कूट है–

(A) केवल I

(B) केवल I एवं II

(C) I, II, III सभी

(D) उपर्युक्त में से कोई नहीं

84. दलहन आत्मनिर्भरता मिशन के सन्दर्भ में निम्नलिखित में से कौनसा कथन सही नहीं है ?

(A) यह मिशन 2025-26 से 2034-35 तक 6 वर्षों में क्रियान्वित किया जाएगा

(B) यह मिशन अनुसंधान, बीज प्रणाली, दलहनों के अन्तर्गत रकवा विस्तार, दलहनों की खरीद तथा मूल्य स्थिरता की रणनीति अपनाएगा

(C) अगले 4 वर्षों के दौरान किसानों से न्यूनतम समर्थन मूल्य पर अरहर, उड़द और मसूर की 100% खरीद सुनिश्चित करना

(D) खाद्य प्रसंस्करण उद्योग को बढ़ावा देना

85. हाल ही में जारी वार्षिक उद्योग सर्वेक्षण (2023-24), निम्नलिखित में से किस चिन्ता को प्रमुखता के साथ रेखांकित करता है ?

(A) धीमी वेतन वृद्धि, आर्थिक संवृद्धि और समानता के लिए कठिन चुनौतियाँ उत्पन्न कर सकती है

(B) सकल घरेलू उत्पाद में औपचारिक विनिर्माण क्षेत्रक की हिस्सेदारी में गिरावट की सम्भावना

(C) जेनेरेटिव कृत्रिम मेधा प्रौद्योगिकी से श्वेतवसन रोजगार अवसरों में कमी

(D) औपचारिक क्षेत्र में रोजगार की गुणवत्ता और परिमाण में ह्रास

86. नवनिर्वाचित उपराष्ट्रपति सी.पी. राधाकृष्णन के सम्बन्ध में सही नहीं है–

(A) इनका पूरा नाम चन्द्रपुरम पोन्नुसामी राधाकृष्णन है

(B) इन्होंने कुल 152 मतों से विपक्षी उम्मीदवार को हराया

(C) व्यक्ति के रूप में वह देश के 17वें उपराष्ट्रपति हैं

(D) 12 सितम्बर, 2025 को राष्ट्रपति द्रौपदी मुर्मू ने उन्हें पद की शपथ दिलाई

87. उच्च शैक्षणिक संस्थाओं की शिक्षा मंत्रालय की अखिल भारतीय रैंकिंग, 2025 के सम्बन्ध में सही सुमेलित नहीं है–

(A) समग्र रूप से शीर्ष शैक्षणिक संस्था –आईआईटी, मद्रास

(B) शीर्ष विश्वविद्यालय –भारतीय विज्ञान संस्थान, बेंगलुरु

(C) शीर्ष कौशल विश्वविद्यालय –सिम्बायोसिस स्किल्स एण्ड प्रोफेशनल यूनिवर्सिटी, पुणे

(D) शीर्ष प्रबन्धन संस्थान –भारतीय प्रबन्धन संस्थान, कोझीकोड

88. क्यूएस (क्वाक्वारेली साइमंड्स) रैंकिंग 2026 में विश्व के शीर्ष 100 प्रबन्धन संस्थाओं में भारत के कौनसे तीन संस्थान सम्मिलित हैं ?

I. भारतीय प्रबन्धन संस्थान, बेंगलुरु

II. आईआईएम, अहमदाबाद

III. आईआईएम, कोलकाता

IV. आईआईएम, इन्दौर

कूट :

(A) केवल I, II और IV

(B) केवल II, III और IV

(C) केवल I, III और IV

(D) केवल I, II और III

89. भारत की प्राचीन पाण्डुलिपियों में बिखरे ज्ञान को संरक्षित कर नई पीढ़ी तक पहुँचाने तथा आने वाली पीढ़ियों के लिए संरक्षित रखने के लिए किस मिशन की शुरुआत की गई है ?

(A) ज्ञान भारतम मिशन

(B) भारतम ज्ञान मिशन

(C) ज्ञात अमृत मिशन

(D) ज्ञान धारा मिशन

90. रेल आधारित मोबाइल नेटवर्क से अग्निप्राइम के पहले परीक्षण के सम्बन्ध में विचार कीजिए–

I. यह परीक्षण 'भारतीय अन्तरिक्ष अनुसंधान संस्थान' (इसरो) द्वारा किया गया.

II. यह 200 किमी दूरी की मारक क्षमता वाली मध्यम दूरी की अग्निप्राइम मिसाइल है.

III. यह परीक्षण ओडिशा की चाँदीपुर रेंज से किया गया.

उपर्युक्त में से कितने कथन सही हैं ?
(A) केवल एक (B) केवल दो
(C) केवल तीन (D) उपर्युक्त सभी

91. किस राज्य सरकार द्वारा महिलाओं की सामाजिक-आर्थिक सशक्तिकरण के लिए 'दीन दयाल लाडो-लक्ष्मी योजना' प्रारम्भ की है ?
(A) उत्तर प्रदेश (B) बिहार
(C) राजस्थान (D) हरियाणा

92. सितम्बर 2025 में भारत के किस पड़ोसी देश में जेन-जैड आन्दोलन के बाद सुशीला कार्की को वहाँ का अन्तरिम प्रधानमंत्री नियुक्त किया गया है ?
(A) बांग्लादेश (B) नेपाल
(C) भूटान (D) श्रीलंका

93. अगस्त-सितम्बर 2025 में भारत यात्रा पर आए प्रधानमंत्रियों और उनके देश के सम्बन्ध में सही सुमेलन है—
I. सिटिवेनी राबुका — फिजी
II. नवीनचन्द्र रामगुलाम — मॉरिशस
III. लॉरेंस वाँग — सिंगापुर
कूट :
(A) केवल I और II
(B) केवल II और III
(C) केवल III
(D) I, II और III

94. हाल ही में हुई प्रमुख नियुक्तियों के सम्बन्ध में सही सुमेलन नहीं है—
(A) अमित खरे
—उपराष्ट्रपति राधाकृष्णन के सचिव
(B) प्रदीप कुमार प्रजापति
—अखिल भारतीय आयुर्वेद संस्थान के निदेशक
(C) श्रीनिवास इंजेती
—राष्ट्रीय स्टॉक एक्सचेंज के चेयरमैन
(D) क्रिस्टोफर कूटर
—भारत में अमेरिका के राजदूत

95. 23 सितम्बर, 2025 को नई दिल्ली में 71वें राष्ट्रीय फिल्म पुरस्कार वितरण समारोह में किसे वर्ष 2023 के लिए 'दादा साहेब फाल्के' पुरस्कार से सम्मानित किया गया है ?
(A) मिथुन चक्रवर्ती
(B) मोहनलाल
(C) वहीदा रहमान
(D) रजनीकांत

96. रेमन मैग्सेसे पुरस्कार, 2025 के विजेताओं और उनसे सम्बन्धित देश के सम्बन्ध में सही नहीं है—
I. एजुकेट गर्ल्स —भारत
II. विलानुएवा फ्लेवियानो एंटोनियो एल. —मालदीव
III. पर्यावरणवादी शाहिना अली —फिलीपींस
कूट :
(A) केवल I और II
(B) केवल II और III
(C) केवल III
(D) I, II और III

97. फ्रांसीसी फुटबॉल पत्रिका का बैलन डि' ओर व अन्य सम्बन्धित पुरस्कार (2025) के सम्बन्ध में सही सुमेलन नहीं है—
(A) वर्ष के सर्वश्रेष्ठ (पुरुष) फुटबॉलर का बैलन डि' ओर पुरस्कार
—उस्मान डेम्बेले
(B) वर्ष के सर्वश्रेष्ठ फुटबॉलर का बैलन डि' ओर फेमिनिन
—ऐताना बोनमाटी
(C) सर्वश्रेष्ठ युवा फुटबॉलर (कोपा ट्रॉफी) —लैमीन यमाल
(D) सर्वश्रेष्ठ गोलकीपर (याशिन ट्रॉफी)
—विक्टर ग्योकेरेस

98. जलवायु परिवर्तन पर संयुक्त राष्ट्र जलवायु फ्रेमवर्क कन्वेंशन (यूएनएफसीसी) का 30वाँ सत्र किस देश में आयोजित किया जाएगा ?
(A) भारत (B) ब्राजील
(C) ऑस्ट्रेलिया (D) इंग्लैण्ड

99. प्रमुख दिवस एवं उनसे सम्बन्धित प्रमुख तिथि के सम्बन्ध में सही सुमेलन नहीं है —
(A) राष्ट्रीय आयुर्वेद दिवस
—23 सितम्बर
(B) विश्व पर्यटन दिवस—27 सितम्बर
(C) अन्तर्राष्ट्रीय साक्षरता दिवस
—8 अगस्त
(D) विश्व ओजोन परत संरक्षण दिवस
—16 सितम्बर

100. प्रमुख पुस्तकों एवं उनके लेखकों के सम्बन्ध में कितने जोड़े सही सुमेलित हैं ?
I. ट्रुथ विदाउट एपॉलॉजी
—आचार्य प्रशान्त
II. हैप्पिनेस हैपंस —चेतन भगत
III. विकसित भारत : इण्डिया @ 2047
—किरण देसाई
कूट :
(A) केवल एक
(B) केवल दो
(C) उपर्युक्त सभी
(D) उपर्युक्त में से कोई नहीं

उत्तर व्याख्या सहित

1. (B)
- संविधान (61वाँ संशोधन) अधिनियम, 1989 के अन्तर्गत मतदान की आयु 21 वर्ष से घटाकर 18 वर्ष कर दी गई है.
- संविधान (78वाँ संशोधन अधिनियम, 1992), भूमि सुधार कानून को नौवीं अनुसूची में रखता है.
- संविधान (83वाँ संशोधन) अधिनियम 2000, अनुच्छेद 243 एम में एक नया खण्ड (3ए) जोड़ता है.
- संविधान (101वाँ संशोधन अधिनियम, 2017) के तहत् देश में 1 जुलाई से वस्तु एवं सेवा कर लागू हुआ.

2. (A)
- जिला न्यायाधीश की नियुक्ति राज्यपाल द्वारा उच्च न्यायालय की सलाह पर की जाती है.
- राज्यपाल उच्च न्यायालय की सलाह मानने के लिए बाध्य नहीं है.

3. (B)
- राज्य सूची में सूचीबद्ध निर्दिष्ट विषयों पर विधेयक केवल राष्ट्रपति की पूर्व सहमति से ही राज्य विधायिका में दायर किए जा सकते हैं. उदाहरण के लिए, अन्तर्राष्ट्रीय व्यापार एवं वाणिज्य.
- राज्य किसी अन्तर्राज्यीय नदी को विनियमित करने या विकसित करने के लिए संसद द्वारा स्थापित प्राधिकरण को बेचे गए जल या विद्युत् की बिक्री पर कर लगा सकता है.

4. (D)
- किसी राज्य की कार्यपालिका शक्ति उसके अनुसूचित क्षेत्रों तक विस्तारित है.
- पाँचवीं अनुसूची के क्षेत्रों को संविधान के भाग IX की पंचायत सम्बन्धी आवश्यकताओं से छूट प्राप्त है.
- पाँचवीं अनुसूची भारत के 10 राज्यों में जनजातीय क्षेत्रों के प्रशासन का प्रावधान करती है.
- जनजाति सलाहकार परिषदों के पास स्वायत्त जिला परिषदों (छठी अनुसूची के तहत् प्रदान की गई) जितनी शक्तियाँ नहीं है.

5. (A)
- भारत के सर्वोच्च न्यायालय का परामर्शदात्री अधिकार से प्रयुक्त होता है कि वह सार्वजनिक महत्व के कानूनी या तथ्यात्मक मामलों में राष्ट्रपति को परामर्श दे सकता है.
- अनुच्छेद 143 (सलाहकार क्षेत्राधिकार) भारत के राष्ट्रपति को कानून या तथ्य के किसी भी प्रश्न पर सर्वोच्च न्यायालय की सलाहकार राय लेने का अधिकार देता है.

6. (A)
- संवैधानिक रूप से प्रधानमंत्री संसद के दोनों सदनों में से किसी का भी सदस्य हो सकता है, दूसरी ओर ब्रिटेन में प्रधानमंत्री को निश्चित रूप से निम्न सदन (हाउस ऑफ कॉमन्स) का सदस्य होना चाहिए.

- वर्ष 1997 में सर्वोच्च न्यायालय ने कहा कि जो व्यक्ति संसद के किसी भी सदन का सदस्य नहीं है; उसे सदस्यता से पूर्व भी माह के लिए प्रधानमंत्री नियुक्त किया जा सकता है.

7. (D)
- प्रधानमंत्री पी.वी. नरसिम्हा राव के कार्यकाल के दौरान सितम्बर 1991 में 72वें संविधान संशोधन विधेयक के रूप में एक व्यापक संशोधन प्रस्तुत किया गया.
- अनुच्छेद 243K मतदान सूची के अधीक्षण, निर्देशन और नियंत्रण के लिए प्रत्येक राज्य में स्वतंत्र चुनाव आयोग होगा.

8. (B)
- नागरिकता अधिनियम, 1955 को अधिनियमित होने के बाद से 6 बार संशोधित किया है.
- ये संशोधन वर्ष 1986, 1992, 2003, 2005, 2015 और 2019 में किए गए थे.

9. (B)
- भारत का राष्ट्रपति यदि संविधान के अनुच्छेद 356 के अधीन यथा उपबंधित अपनी शक्तियों का किसी विशेष राज्य के सम्बन्ध में प्रयोग करता है, तो उस राज्य की विधान मण्डल की शक्तियाँ संसद द्वारा या उसके अधिकार के अधीन प्रयोज्य होगी.
- राष्ट्रपति शासन की घोषणा के 2 माह के भीतर संसद के दोनों सदनों द्वारा अनुमोदित किया जाना चाहिए.

10. (D)
- डॉ. शंकर दयाल शर्मा—सितम्बर 1987 से जुलाई 1992
- के. आर. नारायणन—अगस्त 1992 से जुलाई 1997
- कृष्णकांत—अगस्त 1997 से जुलाई 2002
- भैरो सिंह शेखावत—अगस्त 2002 से जुलाई 2007

11. (D)
- **भारतीय संविधान का अनुच्छेद-129** सर्वोच्च न्यायालय को अभिलेख न्यायालय के रूप में मान्यता देता है.
- **अभिलेख न्यायालय** के अन्तर्गत, सर्वोच्च न्यायालय के पास वह स्वयं की अवमानना के लिए दण्डित करने की शक्ति भी शामिल है.

12. (A)
- टी. एन. शेषन (10वेंमुख्य निर्वाचन आयुक्त) का कार्यकाल (12 दिसम्बर, 1990 से 11 दिसम्बर, 1996) आदर्श आचार संहिता के सख्त प्रवर्तन, चुनावी सुधारों और वर्ष 1993 में मतदाता फोटो पहचान-पत्र की शुरुआत के लिए जाना जाता है.
- वर्ष 2013 में सर्वोच्च न्यायालय के निर्देश के बाद इलेक्ट्रॉनिक वोटिंग मशीन (ईवीएम) में NOTA (None of the Above) का विकल्प दिया गया.

13. (B)
- मुख्य चुनाव आयुक्त को पद से हटाने के लिए संविधान में 'महाभियोग' शब्द का प्रयोग नहीं किया जाता है. महाभियोग शब्द का प्रयोग केवल राष्ट्रपति को हटाने के लिए किया जाता है.
- अनुच्छेद 279 के अन्तर्गत 'शुद्ध आय' की गणना सीएजी द्वारा प्रमाणित की जाती है जिसका प्रमाण-पत्र अंतिम माना जाता है.
- भारत का महान्यायवादी, सरकारी सेवकों की श्रेणी में नहीं आता है, अतः उसे निजी कानूनी अभ्यास से वंचित नहीं किया जाता है.

14. (C)
- दिए गए विकल्पों में अपने-अपने राज्यों के मुख्यमंत्री वरीयता क्रम सूची में शीर्ष पर हैं.
- अपने-अपने राज्यों के मुख्यमंत्री > लोक सभा में विपक्ष के नेता > भारत रत्न अलंकरण धारक > अपने-अपने राज्यों के बाहर के राज्यों के राज्यपाल.

15. (D)
- केन्द्रीय सतर्कता आयोग का गठन वर्ष 1964 में के. संथानम की अध्यक्षता वाली भ्रष्टाचार निरोधक समिति की सिफारिशों पर स्थापित किया गया था.
- केन्द्रीय सर्तकता आयोग कोई अन्वेषण एजेंसी नहीं है. यह या तो सीबीआई के माध्यम से या सरकारी कार्यालयों में मुख्य सर्तकता अधिकारियों के माध्यम से मामले की जाँच एवं अन्वेषण करता है.

16. (A)
- चक्रवात निम्न दाब वाले क्षेत्रों के चारों ओर तेज वायु परिसंचरण होते हैं, जो उत्तरी गोलार्द्ध में वामावर्त और दक्षिणी गोलार्द्ध में दक्षिणावर्त घूमते हैं, जिससे अक्सर तूफान तथा गम्भीर मौसम की स्थितियाँ उत्पन्न होती हैं.
- मैडेन-जूलियन ऑसीलेशन (MJO) एक विशाल मौसमी प्रणाली है, जो उष्णकटिबंधीय क्षेत्रों में पूर्व दिशा की ओर गतिशील रूप से बढ़ती है. जब इसका सक्रिय चरण अरब सागर के ऊपर होता है, तो यह चक्रवात के निर्माण के लिए अनुकूल परिस्थितियाँ उत्पन्न करता है, जिनमें अधिक आर्द्रता, निम्न पवन अपरूपण और तेज ऊर्ध्वगामी वायु प्रवाह शामिल हैं.

17. (A)
- भूकम्पीय बेल्ट, पृथ्वी की सतह पर एक संकीर्ण भौगोलिक क्षेत्र है जिसके साथ अधिकांश भूकम्पीय गतिविधियाँ होती हैं.
- दो प्रमुख भूकम्पीय बेल्ट हैं—प्रशांत महासागर के चारों ओर स्थित परि-प्रशांत बेल्ट और अल्पाइन बेल्ट या अल्पाइन-हिमालयी पर्वतजनित बेल्ट, जो अजोरेस से भूमध्य सागर और मध्य पूर्व होते हुए हिमालय और इण्डोनेशिया तक फैली हुई है, जहाँ यह प्रशांत महासागर के चारों ओर स्थित परि-प्रशांत बेल्ट से मिलती है. एक विशुद्ध रूप से महासागरीय भूकम्पीय बेल्ट मध्य-अटलांटिक कटक के साथ स्थित है.
- पश्चिम और मध्य अफ्रीका की भूकम्पीयता कम से मध्यम है, जैसा कि स्थिर महाद्वीपीय के साथ सामान्य है.

18. (B) 19. (C)

20. (A)
- लक्षद्वीप 32 वर्ग किमी के छोटे से क्षेत्र में फैला हुआ है. कवरत्ती द्वीप, लक्षद्वीप का प्रशासनिक मुख्यालय है. इस द्वीप समूह पर विभिन्न प्रकार की वनस्पतियाँ और जीव-जन्तु पाए जाते हैं.
- पिटाली द्वीप, जहाँ कोई मानव निवास नहीं है, में एक पक्षी अभयारण्य है. पिटाली द्वीप को वर्ष 1987 में पक्षी अभयारण्य घोषित किया गया था. यह द्वीप विभिन्न प्रकार के समुद्री पक्षियों का घर है, जिनमें फ्रिगेटबर्ड, टर्न, बूबी और गैनेट शामिल हैं.

21. (C)
- काली मिट्टी को 'रेगुर' मिट्टी भी कहा जाता है. इसे कपास की खेती के लिए उपयुक्त माना जाता है. इसमें नमी धारण करने की उत्कृष्ट क्षमता होती है, जो कपास जैसी जल-गहन फसल के लिए महत्वपूर्ण है. यही कारण है कि इसे अक्सर 'काली कपास मिट्टी' भी कहा जाता है.
- काली मिट्टी के निर्माण में जलवायु और मूल चट्टानों का महत्वपूर्ण योगदान रहा है. इस प्रकार की मिट्टी मुख्य रूप से दक्कन के पठार के बड़े हिस्से को आच्छादित करती है. यह विशेष रूप से पठार के उत्तर-पश्चिमी भागों में पाई जाती है, जो बेसाल्ट शैलों के विखण्डन से बनी है.
- इस मिट्टी का वितरण महाराष्ट्र, मध्य प्रदेश, गुजरात और छत्तीसगढ़ के कुछ पठारी क्षेत्रों तक फैला हुआ है.

22. (D)
- भूमध्यरेखीय क्षेत्रों में उच्च तापमान और उच्च आर्द्रता के कारण वर्ष भर भारी

वर्षा होती है, जो अक्सर 200 सेमी से अधिक होती है.

- भूमध्यरेखीय क्षेत्र, जिसे डोलड्रम्स भी कहा जाता है, निम्न दबाव का क्षेत्र है जहाँ हवाएँ सामान्यतः बहुत शांत होती हैं.
- भूमध्यरेखीय क्षेत्र में मुख्यतः संवहनी वर्षा होती है. शीतोष्ण चक्रवातीय वर्षा मध्य अक्षांशों (शीतोष्ण क्षेत्रों) की विशेषता है.
- भूमध्यरेखीय वर्षावन पृथ्वी पर सबसे अधिक जैव विविधता वाले क्षेत्र हैं. यहाँ विभिन्न प्रजातियों के वृक्ष पाए जाते हैं, न कि सामान्यतः एक ही प्रजाति के.

23. (B)

24. (A)

- कावेरी नदी कर्नाटक के कुर्ग जिले में पश्चिमी घाट की ब्रह्मगिरी पर्वतमाला से निकलती है.
- साबरमती नदी का उद्गम राजस्थान के उदयपुर जिले में अरावली पर्वतमाला से होता है और फिर राजस्थान और गुजरात में दक्षिण-पश्चिम दिशा की ओर बहते हुए 371 किमी का सफर तय करने के बाद यह खम्भात की खाड़ी में विलय हो जाती है.
- ताप्ती नदी की उत्पत्ति मध्य प्रदेश के बेतुल जिले में मुलताई से सतपुड़ा पर्वत शृंखला में हुई है.
- दामोदर नदी का उद्गम झारखण्ड में छोटानागपुर पठार पर खमरपत पहाड़ी से होता है. हुगली नदी में मिलने से पहले यह 592 किमी की दूरी तय करती है.

25. (B)

26. (B)

- **दक्षिण चीन सागर**—यह पूर्वी एशिया में चीन, वियतनाम, फिलीपींस और इण्डोनेशिया के बीच स्थित है, जो सबसे पूर्व में है.
- **थाइलैण्ड की खाड़ी**—यह दक्षिण चीन सागर की एक उथली सीमांत खाड़ी है, जो दक्षिण चीन सागर के पश्चिम में स्थित है.
- **लक्षद्वीप सागर**—यह भारत (लक्षद्वीप द्वीप समूह सहित), मालदीव और श्रीलंका के पास स्थित है, जो अरब सागर का हिस्सा है. यह बंगाल की खाड़ी और थाइलैण्ड की खाड़ी से बहुत पश्चिम में है.
- **अदन की खाड़ी**—यह यमन, सोमालिया और जिबूती के बीच अरब सागर में स्थित है और यह भूमध्य सागर की ओर जाने वाले स्वेज नहर मार्ग का हिस्सा है. यह सबसे पश्चिम में है.

अतः इन भौगोलिक क्षेत्रों को पूर्व से पश्चिम की ओर व्यवस्थित करने पर सही क्रम है—दक्षिण चीन सागर, थाइलैण्ड की खाड़ी, लक्षद्वीप सागर, अदन की खाड़ी.

27. (C)

- कैस्पियन सागर क्षेत्रफल के हिसाब से विश्व की सबसे बड़ी झील है. इसका क्षेत्रफल 3,71,000 वर्ग किमी है.
- कैस्पियन सागर में, विश्व की सभी झीलों के कुल जल का 40-44% जल है. तुर्कमेनिस्तान, कजाखस्तान, रूस, अजरबैजान, ईरान इसके तटवर्ती देश हैं.

28. (B)

- डोलड्रम्स भूमध्य रेखा के पास शांत वायु की एक पट्टी है, जिसे अंतर-उष्णकटिबंधीय अभिसरण क्षेत्र (ITCZ) भी कहा जाता है.
- यह वह क्षेत्र है जहाँ उत्तरी गोलार्द्ध की उत्तर-पूर्वी व्यापारिक पवनें और दक्षिणी गोलार्द्ध की दक्षिण-पूर्वी व्यापारिक पवनें मिलती हैं.
- इस क्षेत्र में हवाएँ मुख्य रूप से ऊर्ध्वाधर रूप से ऊपर उठती हैं, जिससे सतह पर क्षैतिज पवनें बहुत कम या बिल्कुल नहीं होती हैं.
- ऐतिहासिक रूप से, पाल नौकायन करने वाले जहाजों के लिए यह क्षेत्र शांत हवाओं के कारण यात्रा में कठिनाई उत्पन्न करता था, जिस कारण इसका नाम 'डोलड्रम्स' पड़ा (जिसका अर्थ है गतिहीन या उदास).

29. (A)

- कोरोमण्डल तट भारत के पूर्वी तट पर तमिलनाडु राज्य के पूर्वी भाग में स्थित है. यह पूर्वी घाट और बंगाल की खाड़ी के बीच स्थित है. पश्चिमी घाट और अरब सागर के बीच स्थित तट को पश्चिमी तटीय मैदान या विशेष रूप से, कोंकण तट (उत्तर में) और मालाबार तट (दक्षिण में) कहा जाता है.
- डोड्डाबेट्टा (2,637 मीटर) नीलगिरी पहाड़ियों की सबसे ऊँची चोटी है, लेकिन यह दक्षिणी प्रायद्वीप की सबसे ऊँची चोटी नहीं है. दक्षिणी प्रायद्वीप की सबसे ऊँची चोटी (अनाई मुडी) है, जो अन्नामलाई पहाड़ियों में स्थित है और जिसकी ऊँचाई 2,695 मीटर है.
- पालघाट दर्रा, जिसे पालक्काड दर्रा भी कहा जाता है, केरल और तमिलनाडु के बीच स्थित है. यह उत्तर में नीलगिरी पहाड़ियों और दक्षिण में अन्नामलाई पहाड़ियों के बीच एक महत्वपूर्ण दर्रा है.

30. (D)

- डल झील, जम्मू-कश्मीर की दूसरी सबसे बड़ी झील है, जबकि वुलर झील जम्मू और कश्मीर की सबसे बड़ी झील है.
- पीरपंजाल पहाड़ियों से घिरी हुई डल झील को 'कश्मीर के मुकुट या श्रीनगर का रत्न' कहा जाता है.
- इसका क्षेत्रफल 18 वर्ग किमी है तथा यह 'राड़' नामक तैरते उद्यानों सहित एक प्राकृतिक आर्द्रभूमि का हिस्सा है. इस आर्द्रभूमि को चार घाटियों में विभाजित किया गया है—गगरीबल, लोकुट डल, बोड डल और नागिन.

31. (C) स्वतंत्रता संग्राम में महिलाओं ने 'भारत माता' के प्रतीक से प्रेरित होकर सामाजिक-क्षेत्रीय सीमाएँ पार कीं, जिससे राष्ट्रीय एकता और ब्रिटिश शासन के विरुद्ध समर्थन को बल मिला. नमक सत्याग्रह में सरोजिनी नायडू, कमला नेहरू जैसी महिलाओं ने प्रत्यक्ष नेतृत्व कर ग्रामीण महिलाओं को संगठित किया, जिससे महिलाएँ संघर्ष की मुख्यधारा में शामिल हुईं.

स्वतंत्रता संग्राम में महिलाओं ने क्षेत्रीय सीमाएँ लांघकर राष्ट्रीय एकता को सशक्त किया. नमक सत्याग्रह में सरोजिनी नायडू, कमला नेहरू जैसी नेताओं ने आन्दोलन का नेतृत्व कर ग्रामीण महिलाओं को संगठित किया.

32. (A) भारत छोड़ो आन्दोलन के उदय के कारण—

- द्वितीय विश्व युद्ध (1939-45) का प्रभाव
- क्रिप्स मिशन की विफलता (मार्च 1942)
- राष्ट्रवादी भावना और आर्थिक कठिनाइयाँ
- बर्मा का पतन (1942)
- महात्मा गाँधी का नेतृत्व

33. (C) राजेंद्र चोल प्रथम (1014 से 1044 ई.), राजा राजराज चोल प्रथम के पुत्र थे और चोल साम्राज्य के महानतम शासकों में से एक माने जाते हैं. वे पहले भारतीय शासक थे जिन्होंने विदेशी सैन्य अभियानों का नेतृत्व किया और चोल साम्राज्य के प्रभाव को दक्षिण तथा दक्षिण-पूर्व एशिया में विस्तार किया. उन्होंने गंगईकोंडा चोलन (बंगाल में पाल वंश पर विजय के उपरांत), कदारम कोंडन (श्रीविजय साम्राज्य पर नौसैनिक विजय के बाद), पंडित चोलन और मुडिकोंडन जैसी उपाधियाँ धारण कीं. अपनी उत्तरी विजयों की स्मृति में एक नई राजधानी गंगईकोंडाचोलपुरम की स्थापना की. उन्होंने बृहदेश्वर मंदिर (गंगईकोंडाचोलीश्वरम) और चोल गंगम झील (पोननेरी) का निर्माण

कराया, जो वर्तमान में तमिलनाडु के अरियालूर जिले में स्थित हैं. वे शैव धर्म के अनुयायी थे, फिर भी वैष्णव और बौद्ध धर्मों के प्रति धार्मिक सहिष्णुता बनाए रखी.

34. (A) राजपूतों की उत्पत्ति के सम्बन्ध में विभिन्न इतिहासकारों के मतों का सही सुमेल है—

भण्डाकर	—	राजपूतों की हूण उत्पत्ति
चन्दबरदाई	—	अग्निकुण्ड से राजपूत उत्पत्ति
कर्नल टाड	—	राजपूतों की विदेशी उत्पत्ति
गौरीशंकर ओझा	—	राजपूतों की क्षत्रिय उत्पत्ति

35. (D) ऋग्वेद में ऋषि विश्वामित्र के बीच संवाद के रूप में एक ऋचा है और दो नदियों ब्यास और सतलुज को देवी के रूप में पूजा जाता था.

36. (D) 37. (D)

38. (C) रसिक प्रिया आचार्य केशवदास की एक प्रसिद्ध रचना है. इसमें कुल 16 प्रकाश हैं.

39. (B)

40. (C) अम्बेडकर ने जाति के पूर्ण उन्मूलन का आह्वान किया एवं जाति उत्पीड़न को वैध बनाने वाले ग्रंथों की कड़ी आलोचना भी की. 'जाति का संहार' (1936) में उन्होंने हिन्दू सामाजिक व्यवस्था को 'भयावहता का वास्तविक कक्ष' बताया. जब गाँधी जी ने दलितों के लिए हरिजन शब्द दिया, जिसे अम्बेडकर ने संरक्षणवादी कहकर अस्वीकार कर दिया.

41. (B) देशी रियासत बड़ौदा के संविधान का प्रारूप महात्मा गाँधी द्वारा तैयार किया गया था.

42. (D) 1916 ई. में 'लखनऊ अधिवेशन' में कांग्रेस तथा मुस्लिम में समझौता हुआ. इस अधिवेशन में 1907 ई. में सूरत में पड़ी कांग्रेस में फूट में पुनः एकता स्थापित हुई. इस अधिवेशन की अध्यक्षता अम्बिकाचरण मजूमदार ने की थी.

43. (D) अशोक का पुराणों में नाम अशोकवर्द्धन मिलता है तथा मास्की, गुर्जरा, नेत्तुर तथा उडेगोलय के लेखों में अशोक का व्यक्तिगत नाम भी मिलता है.

44. (C)

45. (A) ब्रिटिश सरकार ने जलियाँवाला बाग हत्याकाण्ड की जाँच के लिए हंटर आयोग (वर्ष 1919) का गठन किया और अपनी वर्ष 1920 की रिपोर्ट में जनरल डायर के कृत्यों की सर्वसम्मति से निंदा की. हालाँकि, उसने उनके खिलाफ किसी दण्डात्मक या अनुशासनात्मक कार्यवाही की सिफारिश नहीं की.

कांग्रेस ने घटना की जाँच के लिए मोतीलाल नेहरू, गाँधी और अन्य लोगों की एक गैर-सरकारी समिति गठित की, जिसमें डायर के कृत्यों की अमानवीयता की निंदा की गई तथा पंजाब में मार्शल लॉ लागू करने को अनुचित बताया गया.

46. (D)

सप्त पैगोडा	—	630-668 ई.
महाबलीपुरम का तटीय मंदिर	—	700-728 ई.
बृहदीश्वर मंदिर	—	985-1014 ई.
गंगैकोण्ड चोला पुरम मंदिर	—	1014-1044 ई.

47. (B) रबींद्रनाथ टैगोर का जन्म 7 मई, 1861 को कलकत्ता में हुआ था. वे एक बंगाली कवि, उपन्यासकार, नाटककार, संगीतकार, चित्रकार, दार्शनिक और शिक्षाविद् थे. वह अपनी कृति गीतांजलि के लिए साहित्य में नोबेल पुरस्कार (1913) प्राप्त करने वाले पहले गैर-यूरोपीय थे. उन्होंने रंगमंच, संगीत और शास्त्रीय भारतीय नृत्य को मिलाकर चित्रांगदा, श्यामा और चंडालिका जैसी नृत्य नाटिकाएँ रचीं.

48. (B)

49. (B) वर्ष 1669 में, औरंगजेब ने एक फरमान जारी कर काशी विश्वनाथ मंदिर (वाराणसी) और केशवदेव मंदिर (मथुरा) सहित प्रमुख हिन्दू मंदिरों को ध्वस्त करने का आदेश दिया.

50. (B) सती प्रथा को रोकने के लिए समय-समय पर उठाए गए कदम—

- वर्ष 1582 में सम्राट अकबर ने अपने सम्पूर्ण साम्राज्य में अधिकारियों को आदेश दिया कि यदि वे देखें कि किसी महिला के साथ बलि चढ़ाने के लिए जबरदस्ती की जा रही है, तो उसे बलि चढ़ाने से रोका जाए. उन्होंने विधवा को यह प्रथा बंद करने के लिए पेंशन, उपहार और पुनर्वास की भी पेशकश की.
- सिख गुरु अमर दास ने 15वीं-16वीं शताब्दी में इस प्रथा की निंदा की.
- मराठों ने अपने क्षेत्र में सती प्रथा पर प्रतिबंध लगा दिया था.
- डच, पुर्तगाली और फ्रांसीसियों ने भी भारत में अपने उपनिवेशों में सती प्रथा पर प्रतिबंध लगाया.
- ब्रिटिश गवर्नर-जनरल विलियम बेंटिंक ने बंगाल सती विनियमन, 1829 के तहत् सती प्रथा को अवैध और आपराधिक न्यायालयों द्वारा दण्डनीय घोषित किया.

51. (A) वर्ष 2025 के भौतिकी के नोबेल पुरस्कार विजेता जॉन क्लार्क, मिशेल एच. डेवोरेट और जॉन एम. मार्टिनिस हैं. उन्हें यह पुरस्कार विद्युत् परिपथ में मैक्रोस्कोपिक क्वांटम मैकेनिकल टनलिंग और ऊर्जा क्वांटीकरण की खोज के लिए दिया गया है. उनके प्रयोगों में अतिचालक सर्किट (अर्द्धचालक नहीं) का उपयोग किया गया था और कम तापमान पर संचालित किया गया था (अतिचालकता बनाए रखने के लिए).

52. (A) 2025 का चिकित्सा का नोबेल पुरस्कार मैरी ई. ब्रंको, फ्रेड राम्सडेल और शिमोन साकागुची को उनके परिधीय प्रतिरक्षा सहिष्णुता के सम्बन्ध में महत्वपूर्ण खोजों के लिए दिया गया. उनके कार्य ने यह समझाया कि नियामक टी-कोशिकाएँ किस प्रकार प्रतिरक्षा प्रणाली को शरीर के अपने ही ऊतकों पर हमला करने से रोकती हैं, जो ऑटोइम्यून बीमारियों को रोकने और अंग प्रत्यारोपण की स्वीकृति बढ़ाने के लिए महत्वपूर्ण है. उनके शोध ने फॉक्स पी3 जीन को नियामक टी-कोशिकाओं के विकास और कार्य के लिए आवश्यक माना. इस जीन में उत्परिवर्तन मानवों में आईपीईएक्स सिंड्रोम और चूहों में स्कर्फी जैसी ऑटोइम्यून बीमारियों से जुड़ा हुआ है. विजेताओं ने कोई नई साइटोकाइन खोजी नहीं जो टी-कोशिका सक्रियण को दबाती हो, बल्कि उनका कार्य नियामक टी-कोशिकाओं और फॉक्स पी3 जीन के प्रतिरक्षा प्रणाली के नियमन में भूमिका को समझने पर केन्द्रित था.

53. (B) 54. (C)

55. (C) सरल (सरलीकृत व स्वचालित अनुसंधान प्रवर्धन एवं अधिगम) को अनुसंधान राष्ट्रीय अनुसंधान फाउण्डेशन (ANRF) द्वारा विकसित किया गया है, न कि विज्ञान एवं प्रौद्योगिकी विभाग द्वारा.

- सरल अनुसंधान को सुलभ बनाने के लिए वीडियो, पॉडकास्ट, पोस्टर और प्रस्तुतियाँ तैयार करता है. यह भारत की ₹ 1 लाख करोड़ की अनुसंधान और विकास पहल के साथ संरेखित है, जो डीप-टेक स्टार्टअप और वैश्विक अनुसंधान और विकास नेतृत्व का समर्थन करती है.

56. (C) डायरेक्ट ब्रॉडकास्ट नेटवर्क विश्व मौसम विज्ञान संगठन की पहल है. इसका उद्देश्य स्थानीय डायरेक्ट

ब्रॉडकास्ट रिसीविंग स्टेशन रखकर उपग्रह डेटा की उपलब्धता में विलम्ब को कम करना है. स्थानीय रूप से प्राप्त डेटा को मानकीकृत तरीके से संसाधित किया जाता है और इसे वैश्विक डेटा से मिलान किया जाता है.

- स्थानीय डायरेक्ट ब्रॉडकास्ट स्टेशन केवल तभी उपग्रह संकेत प्राप्त कर सकता है जब उपग्रह स्टेशन के ऊपर या दृश्य सीमा में हो. इसका वैश्विक कवरेज नहीं होता.

57. (A) प्रकाश-आधारित कम्प्यूटिंग में फोटॉन का उपयोग किया जाता है.
ऑप्टिकल इण्टरकनेक्ट (जैसे—सिलिकॉन फोटोनिक्स) एआई डेटा ट्रांसफर को तेज और कुशल बना सकते हैं.

- फोटॉन विद्युत् प्रतिरोध का सामना नहीं करते, इसलिए गर्मी बहुत कम उत्पन्न होती है.

58. (A) डीएनए दो पॉलीन्यूक्लियोटाइड चेन से बना होता है, जो डबल हेलिक्स बनाते हैं.
इसमें शुगर डिऑक्सीराइबोज होता है, राइबोज नहीं (राइबोज आरएनए में होता है)

- एडेनिन थाइमिन के साथ हाइड्रोजन बॉन्ड के जरिए जुड़ता है.
साइटोसिन ग्वानिन से भी हाइड्रोजन बॉण्ड के जरिए जुड़ता है, आयनिक बॉण्ड से नहीं.

59. (C) एक पूर्ण चंद्रग्रहण में, पृथ्वी सूर्य और चंद्रमा के बीच में होती है और सूर्य की सीधी रोशनी चंद्रमा तक नहीं पहुँचती. यही संरेखण चंद्रमा को पृथ्वी की छाया (अम्ब्रा) में ले जाता है.

60. (A) प्रोटीन मुख्य रूप से कार्बन, हाइड्रोजन, ऑक्सीजन और नाइट्रोजन से बना होता है. कुछ में सल्फर भी होता है.

- फॉस्फोरस आमतौर पर न्यूक्लिक एसिड (डीएनए, आरएनए) में पाया जाता है, प्रोटीन में नहीं.

61. (B) हाल ही में, भारत के सर्वोच्च न्यायालय ने पुष्टि की है कि प्रदूषण नियंत्रण बोर्ड को जल (रोकथाम और प्रदूषण नियंत्रण) अधिनियम, 1974 और वायु (रोकथाम और प्रदूषण नियंत्रण) अधिनियम, 1981 के तहत् क्षतिपूर्ति और प्रतिपूरक हर्जाना लगाने का अधिकार है.

- केन्द्रीय प्रदूषण नियंत्रण बोर्ड की स्थापना जल (रोकथाम और प्रदूषण नियंत्रण) अधिनियम, 1974 के तहत् की गई थी और बाद में इसे वायु (रोकथाम और प्रदूषण नियंत्रण) अधिनियम, 1981 और पर्यावरण (संरक्षण) अधिनियम, 1986 द्वारा अधिकार दिया गया.
- प्रत्येक राज्य का अपना राज्य प्रदूषण नियंत्रण बोर्ड है या केन्द्रशासित प्रदेशों में प्रदूषण नियंत्रण समिति है.

62. (C) इण्टरनेशनल बिग कैट एलायंस की स्थापना नोडल संगठन, अर्थात् राष्ट्रीय बाघ संरक्षण प्राधिकरण, पर्यावरण, वन और जलवायु परिवर्तन मंत्रालय, 2023 के माध्यम से की गई थी.

- निकारागुआ, ईस्वातिनी, भारत, सोमालिया और लाइबेरिया—5 देशों द्वारा इण्टरनेशनल बिग कैट एलायंस का औपचारिक रूप से सदस्य बनने के लिए फ्रेमवर्क समझौते पर हस्ताक्षर करने के बाद यह एक कानूनी इकाई बन गया.
- यह 96 रेंज देशों का एक गठबंधन है. इसका प्राथमिक उद्देश्य 7 बड़ी बिल्लियों—अर्थात् बाघ, शेर, तेंदुआ, हिम तेंदुआ, चीता, जगुआर और प्यूमा के संरक्षण पर है.

63. (C) स्लॉथ भालू भारत, श्रीलंका और नेपाल के कुछ हिस्सों में पाए जाते हैं. ये आईयूसीएन के अनुसार संकटग्रस्त हैं और भारतीय कानून (अनुसूची I) और साइट्स परिशिष्ट I के अन्तर्गत संरक्षित हैं.

64. (B) एशियाई शेरों की आबादी 2015 में 523 से बढ़कर 2025 में 891 हो गई—70·36% की वृद्धि.
केवल 20% शेर मुख्य क्षेत्र में रहते हैं; अधिकांश बफर और आसपास के क्षेत्रों में हैं.

- अमरेली जिले में शेरों की संख्या सबसे अधिक है, जिसमें 82 नर, 117 मादा और 79 शावक शामिल हैं.

65. (C) भारत में मैंग्रोव क्षेत्र मैंग्रोव लवणीय क्षेत्रों में पाए जाने वाले पादप समुदाय हैं. ये विश्व के उष्णकटिबन्धीय और उपोष्ण कटिबन्धीय अन्तर-ज्वारीय क्षेत्रों में पाए जाते हैं, जिनमें वर्षा 1000-3000 मिमी और तापमान 26-35°C होता है. उच्च लवणता में उगने के लिए इनमें अनुकूलन पाया जाता है. इन अनुकूलनों में जरायुजता और श्वसन मूल की उपस्थिति प्रमुख है.

- भारत राज्य वन रिपोर्ट 2023 के अनुसार, भारत में मैंग्रोव क्षेत्र 4,991·68 वर्ग किमी है. साथ ही देश में पाए जाने वाले कुल मैंग्रोव क्षेत्र में से लगभग 42·45% क्षेत्र केवल पश्चिम बंगाल के सुन्दरबन में स्थित है.

66. (B) मिनामाटा कन्वेंशन/सम्मेलन एक अन्तर्राष्ट्रीय संधि है जिसका उद्देश्य मानव स्वास्थ्य और पर्यावरण को पारा प्रदूषण से बचाना है. यह प्लास्टिक अपशिष्ट प्रबंधन पर ध्यान केन्द्रित नहीं करता है. यह कन्वेंशन 2013 में अपनाया गया था और 2017 में लागू हुआ. इसे 134 देशों द्वारा अनुमोदित किया गया है.

- मिनामाता कन्वेंशन पारा प्रदूषण के खिलाफ लड़ाई में एक महत्वपूर्ण उपलब्धि है. यह पारा प्रदूषण को व्यापक तरीके से सम्बोधित करने वाली पहली वैश्विक संधि है. इस सम्मेलन से वैश्विक पारा चक्र पर बड़ा प्रभाव पड़ने और मानव स्वास्थ्य और पर्यावरण को पारा के हानिकारक प्रभावों से बचाने की उम्मीद है.

67. (D) जैविक खेती सिंथेटिक उर्वरकों और कीटनाशकों के उपयोग पर निर्भर नहीं करती है. इसके बजाए, यह प्राकृतिक उर्वरकों, जैसे कि खाद और जैविक कीट नियंत्रण विधियों के उपयोग पर निर्भर करता है.

- पर्माकल्चर वास्तव में पारिस्थितिक सिद्धांतों पर आधारित एक समग्र डिजाइन प्रणाली है. इसे वर्ष 1970 के दशक में बिल मोलिसन और डेविड होल्मग्रेन द्वारा आधुनिक समाज की पर्यावरणीय चुनौतियों और अस्थिर प्रथाओं की प्रतिक्रिया के रूप में विकसित किया गया था. शब्द 'पर्माकल्चर' 'स्थायी कृषि' और स्थायी संस्कृतिष् का एक संयोजन है, जो टिकाऊ और पुनर्योजी प्रणाली बनाने के इसके उद्देश्य को दर्शाता है, जो लम्बे समय तक चल सकता है.

68. (A) रामसर कन्वेंशन वर्ष 1971 में अपनाया गया था और वर्तमान में इसमें 171 अनुबंधित पार्टियाँ हैं. कन्वेंशन वेटलेण्ड्स को 'दलदल, पीटलैण्ड या पानी के क्षेत्र, चाहे प्राकृतिक या कृत्रिम, स्थायी या अस्थायी, स्थिर या बहने वाला, ताजा, खारा पानी वाला क्षेत्र, समुद्री पानी के क्षेत्रो सहित, जिनकी गहराई कम ज्वार पर 6 मीटर से अधिक नहीं होती है के रूप में परिभाषित करती है.

- रामसर कन्वेंशन समुद्री जैव विविधता पर नहीं, बल्कि आर्द्रभूमि के संरक्षण पर केन्द्रित है. समुद्री जैव विविधता समुद्र में जीवन की विविधता है. जैविक विविधता पर कन्वेंशन (सीबीडी) एक अन्तर्राष्ट्रीय संधि है, जो समुद्री जैव विविधता के संरक्षण पर केन्द्रित है.

इस प्रकार, कथन-1 और कथन-II दोनों सही हैं तथा कथन-II, कथन-I की सही व्याख्या है.

69. (B) किगाली समझौता वर्ष 2016 में अपनाया गया था तथा वर्ष 2019 में लागू हुआ. समझौते का उद्देश्य एचएफसी के उत्पादन और खपत को चरणबद्ध करना है, जो ग्रीनहाउस गैसें हैं, जो ग्लोबल वार्मिंग में योगदान करती हैं.

एचएफसी यानि हाइड्रोक्लोरोफ्लोरो कार्बन का उपयोग प्रशीतन, एयर कण्डीशनिंग और फोम ब्लोइंग सहित विभिन्न अनुप्रयोगों में किया जाता है. एचएफसी बहुत शक्तिशाली ग्रीनहाउस गैसें हैं और उनकी ग्लोबल वार्मिंग क्षमता कार्बन डाइऑक्साइड से हजारों गुना अधिक है.

- किगाली समझौता प्लास्टिक कचरे को कम करने पर केन्द्रित नहीं है. यह समझौता एचएफसी के उत्पादन और खपत को चरणबद्ध तरीके से कम करने पर केन्द्रित है, जो ग्रीनहाउस गैसें हैं, जो ग्लोबल वार्मिंग में योगदान करती हैं.

70. (C) एक अपरदाहारी वह जीव होता है, जो कूड़े-कचरे जैसे जैविक अपशिष्ट, मलबा और सूखे मल आदि का सेवन करता है. मक्खियाँ, कॉकरोच, केंकड़े, केंचुए, दीमक और काष्ठ चींटी इसके प्रमुख उदाहरण हैं. अपरदाहारी और अपघटक दोनों ही मृत एवं सड़े-गले पदार्थों के विघटन में सहायक होते हैं तथा इन्हीं अपशिष्ट पदार्थों से ऊर्जा प्राप्त करते हैं. इनके अभाव में पृथ्वी मृत जीवों और कचरे से भर जाती हैं, जहाँ अपरदाहारी सीधे कचरे को खा जाते हैं, वहीं अपघटक एंजाइम स्रावित कर कचरे को पचाते हैं और फिर उससे मुक्त अणुओं को अवशोषित कर लेते हैं. अपघटक एक अतिरिक्त भूमिका भी निभाते हैं—वे विघटित पोषक तत्वों को पारितंत्र में वापस लौटा कर मृदा की उर्वरता बनाए रखते हैं.

71. (D) पीएम-सेतु एक केन्द्र प्रायोजित योजना है. ₹ 60,000 करोड़ निवेश वाली इस योजना को प्रधानमंत्री नरेन्द्र मोदी द्वारा 4 अक्टूबर, 2025 को विज्ञान भवन, नई दिल्ली में लॉन्च किया गया.

72. (B) संशोधित आरबीआई अधिनियम, 1934 की धारा 45ZB में अधिकार प्राप्त 6 सदस्यीय मौद्रिक नीति समिति केन्द्र सरकार द्वारा निर्धारित मुद्रास्फीति लक्ष्य को प्राप्त करने के लिए आवश्यक नीतिगत रेपो दर निर्धारित करती है. सांविधिक तरलता अनुपात आरबीआई द्वारा निर्धारित किया जाता है, जबकि बैंक दर आरबीआई अधिनियम 1934 की धारा 49 के तहत् प्रकाशित की जाती है. इस दर को सीमान्त स्थायी सुविधा दर के अनुरूप किया गया है. जब सीमान्त स्थायी सुविधा दर नीतिगत रेपो दर में परिवर्तन के साथ बदलती है, तो बैंक दर भी स्वचालित रूप से बदल जाती है.

73. (D)

74. (A) आर्थिक मामलों की मंत्रिमण्डलीय समिति का उल्लेख यद्यपि भारतीय संविधान में नहीं है, लेकिन ये लम्बे समय से प्रक्रियात्मक नियमों के अनुसार कार्य करती है. इसका गठन प्रधानमंत्री के निर्देशानुसार किया जाता है. अन्य तीनों समितियों का गठन लोक सभा, राज्यों की विधान सभाओं की प्रक्रिया एवं कार्य संचालन नियमों के अन्तर्गत किया जाता है.

75. (C) भारतीय संविधान में सरकार के खातों के रखरखाव की प्रक्रिया का प्रावधान भारत की संचित निधि, आकस्मिकता निधि और लोक लेखा के रूप में किया गया है. सरकार द्वारा प्राप्त सभी राजस्व लिए गए ऋण और ऋणों के पुनर्भुगतान से प्राप्त सभी धनराशियाँ भारत की संचित निधि में जमा की जाती हैं इस निधि से धन तभी खर्च किया जा सकता है जब संसद द्वारा विनियोजित किया जाए. सरकार द्वारा या उसकी ओर से प्राप्त अन्य सभी धनराशियाँ लोक लेखा में जमा की जाती हैं, जिसमें से धन की निकासी के लिए संसद के अनुमोदन की आवश्यकता नहीं होती. आकस्मिकता निधि सरकार को अप्रत्याशित व्यय को पूरा करने में सक्षम बनाती है, जिसके लिए संसद की स्वीकृति की आवश्यकता नहीं होती है.

76. (B) अखिल भारतीय औद्योगिक उत्पादन सूचकांक का आधार वर्ष अभी भी 2011-12 ही है जिसे 2004-05 से संशोधित करके निर्धारित किया गया था. सांख्यिकी एवं कार्यक्रम क्रियान्वयन मंत्रालय द्वारा सकल घरेलू उत्पाद, औद्योगिक उत्पादन सूचकांक एवं उपभोक्ता मूल्य सूचकांक के आधार वर्ष को 2011-12 से संशोधित करके 2022-23 किए जाने की प्रक्रिया प्रारम्भ की गई है.

77. (D)

78. (D) आइसलैण्ड, स्विट्जरलैण्ड नॉर्वे तथा लिंकटनस्टाइन देशों की सदस्यता वाले यूरोपीय मुक्त व्यापार संघ (EFTA) के साथ भारत ने ट्रेड एण्ड इकोनॉमिक पार्टनरशिप समझौते पर 10 मार्च, 2024 को हस्ताक्षर किए थे. इसके तहत् भारत ने एफ्टा देशों के 80-85 प्रतिशत उत्पादों पर शून्य प्रशुल्क लगाने का वादा किया है, जबकि भारत को 99 प्रतिशत वस्तुओं पर प्रशुल्क मुक्त बाजार पहुँच प्राप्त होगी. समझौता लागू होने के 10 वर्षों के भीतर एफ्टा देशों से भारत में 50 अरब डॉलर का निवेश और अगले 5 वर्षों में 50 अरब डॉलर का अतिरिक्त निवेश प्राप्त होने की आशा है.

79. (C) वस्तु एवं सेवा कर अधिनियम, 2017 की धारा 171 के तहत् राष्ट्रीय मुनाफाखोरी विरोधी प्राधिकरण का गठन 8 जनवरी, 2019 को किया गया था. इसे बाद में समाप्त कर दिया गया तथा इसने 1 अप्रैल, 2025 से नई शिकायतें स्वीकार करना बन्द कर दिया. 30 सितम्बर, 2024 की अधिसूचना द्वारा इसके कार्य वस्तु एवं सेवा कर अपीलीय प्राधिकरण को हस्तान्तरित कर दिए गए.

80. (C) नाबार्ड के ग्रामीण धारणा सर्वेक्षण 2025 के अनुसार, भारत के 54·5% ग्रामीण परिवार औपचारिक स्रोतों से, लगभग 22% ग्रामीण परिवार अनौपचारिक स्रोतों से तथा लगभग 24% ग्रामीण परिवार औपचारिक और अनौपचारिक दोनों ही स्रोतों से ऋण लेते हैं.

81. (B) भुगतान नियामक बोर्ड को भारतीय रिजर्व बैंक के भुगतान एवं निपटान प्रणाली विभाग द्वारा सहायता प्रदान की जाएगी, जो सीधे उसे रिपोर्ट करेगा.

82. (D) 83. (C)

84. (A) दलहन आत्मनिर्भरता मिशन ₹ 11,440 करोड़ के परिव्यय से 2025-26 से 2030-31 तक 6 वर्षों में क्रियान्वित किया जाएगा.

85. (A)

86. (C)

- भारतीय जनता पार्टी के नेतृत्व वाले एनडीए के उम्मीदवार सी.पी. राधा-कृष्णन व्यक्ति रूप में 15वें उपराष्ट्रपति निर्वाचित हुए हैं.
- उपराष्ट्रपति पद के लिए यह 17वाँ चुनाव था, किन्तु सर्वपल्ली राधाकृष्णन व हामिद अंसारी के दो-दो कार्यकाल तक उपराष्ट्रपति रहने के कारण इस पद को सुशोभित करने वाले वह 15वें व्यक्ति हैं.

87. (D) प्रबन्धन (मैनेजमेंट) वर्ग में आईआईएम, अहमदाबाद वर्ष 2025 में भी शीर्ष पर है. इस श्रेणी में दूसरा स्थान

शेष पृष्ठ 191 पर

उद्योग, व्यापार एवं बैंकिंग सचेतता

1. वित्तीय वर्ष 2025-26 की पहली तिमाही में देश की जीडीपी में 7·8 प्रतिशत की वृद्धि अनन्तिम आँकड़ों के अनुसार प्राप्त की गई थी. इस पूरे वित्तीय वर्ष 2025-26 में भारत में जीडीपी में वृद्धि कितने प्रतिशत रहने का भारतीय रिजर्व बैंक का अक्टूबर 2025 का ताजा पूर्वानुमान है ?
(A) 6·3 प्रतिशत (B) 6·8 प्रतिशत
(C) 7·2 प्रतिशत (D) 7·5 प्रतिशत

2. विश्व बैंक ने अक्टूबर 2025 की अपनी रिपोर्ट में 2025-26 में भारत में जीडीपी वृद्धि कितने प्रतिशत रहने का संशोधित अनुमान व्यक्त किया है ?
(A) 6·3 प्रतिशत (B) 6·5 प्रतिशत
(C) 7·2 प्रतिशत (D) 7·5 प्रतिशत

3. अन्तर्राष्ट्रीय मुद्रा कोष ने 2025-26 में भारत में जीडीपी वृद्धि कितने प्रतिशत रहने का संशोधित पूर्वानुमान अक्टूबर 2025 में अपनी रिपोर्ट में व्यक्त किया है ?
(A) 6·2 प्रतिशत (B) 6·6 प्रतिशत
(C) 7·0 प्रतिशत (D) 7·5 प्रतिशत

4. विपणन वर्ष 2026-27 के लिए गेहूँ का न्यूनतम समर्थन मूल्य कितने रुपए प्रति क्विंटल सरकार ने निर्धारित किया है ?
(A) ₹ 2450 प्रति क्विंटल
(B) ₹ 2525 प्रति क्विंटल
(C) ₹ 2585 प्रति क्विंटल
(D) ₹ 2625 प्रति क्विंटल

5. निम्नलिखित में से किस उपज के न्यूनतम समर्थन मूल्य में 2026-27 के लिए प्रति क्विंटल सर्वाधिक वृद्धि सरकार ने की है ?
(A) गेहूँ (B) चना
(C) मसूर (D) सैफ्लॉवर

6. ब्रह्मोस मिसाइलों के उत्पादन हेतु ब्रह्मोस एयरोस्पेस यूनिट उत्तर प्रदेश के किस शहर में स्थापित है ?
(A) वाराणसी (B) गोरखपुर
(C) प्रयागराज (D) लखनऊ

7. हिन्दुस्तान एयरोनॉटिक्स लि. की नासिक इकाई में निर्माणाधीन मार्क-1ए विमानों के लिए इंजन किस देश से आयात किए जा रहे हैं ?
(A) अमेरिका
(B) इजरायल
(C) फ्रांस
(D) इन इंजनों का उत्पादन देश में ही किया जा रहा है

8. निम्नलिखित में से किसे उद्योग व्यापार जगत के प्रमुख संगठन फिक्की (FICCI) का 2025-26 के लिए अध्यक्ष चुना गया है ?
(A) अभ्युदय जिंदल
(B) अनन्त गोयनका
(C) संजय नायर
(D) विजय शंकर

9. निम्नलिखित में से किसे उद्योग व्यापार जगत के संगठन 'एसोचैम' (ASSOCHAM) का अध्यक्ष 2025-26 के लिए बनाया गया है ?
(A) हर्षवर्धन अग्रवाल
(B) बृजभूषण अग्रवाल
(C) निर्मल कुमार मिंडा
(D) किरण मजूमदार शॉ

10. एक्सिस बैंक के प्रबन्ध निदेशक सह सीईओ अमिताभ चौधरी उद्योग व्यापार जगत के किस संगठन के सीनियर वाइस प्रेजीडेंट 2025-26 के लिए बनाए गए हैं ?
(A) फिक्की (FICCI)
(B) एसोचैम (ASSOCHAM)
(C) इण्डियन चैम्बर ऑफ कॉमर्स (ICC)
(D) फिओ (FIEO)

11. बैंकिंग सम्बन्धी अमेरिकी पत्रिका ग्लोबल फाइनेंस के बैंकिंग सम्बन्धी वर्ष 2025 के पुरस्कारों में भारत के किस बैंक को विश्व के सर्वश्रेष्ठ उपभोक्ता बैंक के रूप में अक्टूबर 2025 में पुरस्कृत किया गया है ?
(A) एचडीएफसी बैंक
(B) आईसीआईसीआई बैंक
(C) एक्सिस बैंक
(D) भारतीय स्टेट बैंक

12. ग्लोबल फाइनेंस के वर्ष 2025 के उपर्युक्त पुरस्कारों में किस बैंक को सर्वश्रेष्ठ कॉर्पोरेट बैंक का पुरस्कार दिया गया है ?
(A) एचडीएफसी बैंक
(B) जेपी मॉर्गन चेज
(C) बीबीवीए
(D) आईसीआईसीआई बैंक

13. भारतीय नौसेना में अक्टूबर 2025 में कमीशन किए गए युद्धपोत आईएनएस आन्द्रोत भारत की किस शिप बिल्डिंग कम्पनी द्वारा निर्मित है ?
(A) गार्डनरीच शिपबिल्डर्स एण्ड इंजीनियर्स लि. (GRSE)
(B) गोवा शिपयार्ड लि. (GSL)
(C) कोचीन शिपयार्ड लि.
(D) मझगाँव डॉक शिपबिल्डर्स लि.

14. विश्व में 'रेयर अर्थ मिनरल्स' के उत्पादन में पहला स्थान किस देश का है ?
(A) यूक्रेन (B) चीन
(C) द. कोरिया (D) अमेरिका

15. निम्नलिखित में से कौन भारतीय रिजर्व बैंक के नए डिप्टी गवर्नर अक्टूबर 2025 में नियुक्त किए गए हैं ?
(A) एम. राजेश्वर राव
(B) जे. स्वामीनाथन
(C) शिरीश चंद्र मुर्मू
(D) पूनम गुप्ता

16. वर्ष 2025 के फिल्म फेयर पुरस्कारों में सर्वाधिक 14 पुरस्कार जीतने वाली फिल्म 'लापता लेडीज' का निर्देशन किसने किया है ?
(A) मणि रत्नम
(B) किरण राव
(C) अनुराग कश्यप
(D) संजय लीला भंसाली

17. मौद्रिक नीति की 1 अक्टूबर, 2025 को घोषित द्वैमासिक समीक्षा में निम्नलिखित में से किस दर में 0·25 प्रतिशत बिन्दु की कटौती की गई है ?
(A) रेपो दर
(B) रिवर्स रेपो दर
(C) बैंक दर
(D) उपर्युक्त में से कोई नहीं

18. उपर्युक्त नीति की घोषणा के पश्चात् भारत में बैंकों के लिए सांविधिक तरलता अनुपात (SLR) अक्टूबर 2025 के अन्त में कितना था ?
(A) 3·35 प्रतिशत (B) 5·25 प्रतिशत
(C) 6·50 प्रतिशत (D) 18·00 प्रतिशत

19. दुग्ध उत्पादन में विश्व में पहला स्थान किस देश का है ?
(A) भारत (B) चीन
(C) ब्राजील (D) द. अफ्रीका

20. पूर्व वर्ष की समान अवधि की तुलना में 2025-26 की पहली छमाही (अप्रैल-सितम्बर 2025) में भारत के वस्तुगत निर्यातों में लगभग कितने प्रतिशत की वृद्धि वाणिज्य मंत्रालय के अनन्तिम आँकड़ों के अनुसार हुई है ?
(A) 3 प्रतिशत (B) 5 प्रतिशत
(C) –5 प्रतिशत (D) –3 प्रतिशत

उत्तरमाला

1. (B)	2. (B)	3. (B)	4. (C)
5. (D)	6. (D)	7. (A)	8. (B)
9. (C)	10. (B)	11. (D)	12. (C)
13. (A)	14. (B)	15. (C)	16. (B)
17. (D)	18. (D)	19. (A)	20. (A)

समसामयिक वस्तुनिष्ठ प्रश्न

1. अभी हाल ही में भारत के किस जैवमण्डल रिजर्व (Biosphere Reserve) को यूनेस्को के वर्ल्ड नेटवर्क ऑफ बायोस्फेयर रिजर्व में शामिल किया गया है ?
(A) शीत रेगिस्तान जैवमण्डल रिजर्व, हिमाचल प्रदेश
(B) कच्छ का रण, गुजरात
(C) शेषाचलम पहाड़ियाँ जैवमण्डल, आन्ध्र प्रदेश
(D) डिबरू-साइखोवा जैवमण्डल, असम

2. भारत में रामसर नम स्थलों के सन्दर्भ में निम्नलिखित कथनों पर विचार कीजिए—
I. गोकुल जलाशय (बक्सर-बिहार) तथा उदयपुर झील (पश्चिमी चम्पारण-बिहार) को रामसर नम स्थल घोषित किया गया.
II. भारत में रामसर नम स्थलों की संख्या 93 हो गई है.
उपर्युक्त में से सही है—
(A) केवल I
(B) केवल II
(C) I एवं II दोनों
(D) न I और न II

3. निम्नलिखित में से कौनसा निकाय भारत में विभिन्न स्कूल शिक्षा बोर्डों द्वारा प्रदान किए गए माध्यमिक (कक्षा 10वीं) तथा वरिष्ठ माध्यमिक (कक्षा 12वीं) प्रमाण-पत्रों को समकक्षता प्रदान करता है ?
(A) विश्वविद्यालय अनुदान आयोग
(B) भारत सरकार का विद्यालयी शिक्षा एवं साक्षरता विभाग
(C) राष्ट्रीय शैक्षिक अनुसंधान और प्रशिक्षण परिषद्
(D) भारतीय विश्वविद्यालय संघ

4. निम्नलिखित में से किसे भारतीय क्रिकेट कन्ट्रोल बोर्ड (BCCI) का नया अध्यक्ष चुना गया है ?
(A) मिथुन मन्हास
(B) कपिल देव
(C) मदन लाल
(D) अनिल कुम्बले

5. निम्नलिखित देशों पर विचार कीजिए—
I. बांग्लादेश
II. नेपाल
III. मोरक्को
IV. इण्डोनेशिया
V. मंगोलिया
उपर्युक्त में से किन देशों में यथा स्थिति के प्रति तीव्र असंतोष के चलते जेन-जेड (Gen-Z) के अन्तर्गत हजारों युवाओं ने सड़कों पर उतर कर सत्ता प्रतिष्ठानों के विरुद्ध आन्दोलन किए ?
(A) केवल I एवं II
(B) केवल II
(C) केवल I, II, III, IV
(D) I, II, III, IV, V सभी

6. चिकित्सा (फिजियोलॉजी) का नोबेल पुरस्कार 2025 निम्नलिखित में से किसे प्रदान किया गया ?
I. मैरी ई. ब्रुंको
II. फ्रेड रामस्डेल
III. शिमोन साकागुची
सही कूट है—
(A) केवल I
(B) केवल II एवं III
(C) I, II, III संयुक्त रूप से
(D) केवल I एवं III

7. निम्नलिखित भौतिकशास्त्रियों के नामों पर विचार कीजिए—
I. जॉन क्लार्क
II. मिशेल एच. डेवोरेट
III. जॉन एम. मार्टिनिस
रॉयल स्वीडिश एकेडमी ऑफ साइंसेज द्वारा 2025 का भौतिकशास्त्र में नोबेल पुरस्कार, किसे दिए जाने की घोषणा की गई ?
(A) केवल I एवं II
(B) केवल II एवं III
(C) केवल III
(D) I, II, III सभी

8. निम्नलिखित रसायनशास्त्रियों के नामों पर विचार कीजिए—
I. सुसुमु कितागावा (जापान)
II. रिचर्ड रॉबसन (ऑस्ट्रेलिया)
III. ओमर एम. याघी (सं.रा. अमेरिका)
उपर्युक्त में से किसे रसायनशास्त्र में नोबेल पुरस्कार, 2025 से सम्मानित किए जाने की घोषणा की गई है ?
(A) केवल I
(B) केवल II
(C) II एवं III संयुक्त रूप से
(D) I, II, III संयुक्त रूप से

9. समाचारों की सुर्खियों में रहे लास्जलो क्रास्ज्नाहोरकाई के बारे में निम्नलिखित कथनों पर विचार कीजिए—
I. 2025 का साहित्य में नोबेल पुरस्कार लास्जलो क्रास्ज्नाहोरकाई को प्रदान किया गया.
II. हंगरी निवासी लास्जलो क्रास्ज्नाहोरकाई उपन्यासकार, कवि, कहानीकार तथा सिनेमा पटकथा लेखक है.
III. संतातागो, 'द मलान्क्ली ऑफ रेजिस्टेंस', 'वार एण्ड वार' तथा 'एनीमल इन साइड' क्रास्ज्नाहोरकाई के चर्चित उपन्यास हैं.
उपर्युक्त में से कितने कथन सही हैं ?
(A) केवल एक
(B) केवल दो
(C) सभी तीन
(D) उपर्युक्त में से कोई नहीं

10. समाचारों की सुर्खियों में रहीं मारिया कोरिना मचाडो के बारे में निम्नलिखित में से कौनसा कथन असत्य है ?
(A) मारिया कोरिना मचाडो को 2025 के नोबेल शांति पुरस्कार से सम्मानित किया गया है
(B) वे वेनेजुएला की 'आयरन लेडी' के रूप में मशहूर हैं
(C) मचाडो को वेनेजुएला में तानाशाही से लोकतंत्र में एक न्यायसंगत और शांतिपूर्ण बदलाव लाने के लिए किए गए संघर्ष के लिए सम्मानित किया गया है
(D) मचाडो एक सामाजिक सक्रियतावादी है

11. अर्थशास्त्र में नोबेल पुरस्कार के सन्दर्भ में निम्नलिखित में से कौनसा कथन सही है ?
(A) आर्थिक विज्ञान में नोबेल पुरस्कार स्वीडन के केन्द्रीय बैंक स्वेरिग्स रिक्सबैंक द्वारा 1968 में स्वीडिश व्यवसायी और रसायनशास्त्री एल्फ्रेड नोबेल की स्मृति में प्रारम्भ किया गया
(B) एल्फ्रेड नोबेल ने डायनामाइट का आविष्कार किया था और उनके द्वारा चिकित्सा, भौतिक विज्ञान, रसायन विज्ञान, साहित्य, शांति सहित कुल 5 नोबेल पुरस्कारों की स्थापना की थी
(C) कतिपय विशेषज्ञों के अनुसार आर्थिक विज्ञान में स्वेरिग्स रिक्सबैंक पुरस्कार नोबेल पुरस्कार नहीं है, लेकिन इसे अन्य 5 नोबेल पुरस्कारों के साथ प्रति वर्ष 10 दिसम्बर को प्रदान किया जाता है
(D) उपर्युक्त सभी

12. हमास-इजरायल युद्ध विराम तथा शांति हेतु समझौते पर निम्नलिखित में से किसने हस्ताक्षर किए ?

I. डोनाल्ड जे. ट्रम्प—संयुक्त राज्य अमेरिका के राष्ट्रपति

II. अब्देल फतेह अल-सिसी—मिस्र अरब गणराज्य के राष्ट्रपति

III. तमीम बिन हमद अल-थानी—कतर के अमीर

IV. रेसेप तैय्यप एर्दोआन—तुर्किए गणराज्य के राष्ट्रपति

V. बेंजामिन नेतन्याहू—इजरायल के प्रधानमंत्री

VI. याहया सिनवार—हमास राजनीतिक ब्यूरो के अध्यक्ष

सही कूट है—

(A) केवल II, III, V, VI
(B) केवल I, II, III, IV
(C) केवल II, V, VI
(D) I, II, III, IV, V, VI सभी

13. भारतीय नौसेना और.........के बीच द्विपक्षीय अभ्यास 'समुद्रशक्ति' का पाँचवाँ संस्करण 14-17 अक्टूबर, 2025 के दौरान विशाखापट्टनम में सम्पन्न हुआ.

(A) इण्डोनेशियाई नौसेना
(B) द. कोरियाई नौसेना
(C) रॉयल थाई नेवी
(D) ऑस्ट्रेलियाई नेवी

14. समाचारों की सुर्खियों में रहे 'Wild Tamil Nadu' के बारे में निम्नलिखित कथनों पर विचार कीजिए—

I. यह एक डाक्यूमेन्ट्री फिल्म है.

II. इसका निर्माण सुन्दरम् फास्टनर्स की कॉरपोरेट सोशल रेसपोंसिबिलिटी पहल के तहत् किया गया है.

III. इसके निर्माण में नेचर इनफोक्स (Nature Infocus) की सहभागिता है.

IV. इसका निर्माण तमिलनाडु राज्य सरकार के वन विभाग की सहायता से हुआ है.

उपर्युक्त में से कितने कथन सही है ?

(A) केवल एक (B) केवल दो
(C) केवल तीन (D) सभी चार

15. समाचारों की सुर्खियों में रहे 'आईएनएस मगदला' के बारे में निम्नलिखित कथनों पर विचार कीजिए—

I. 18 अक्टूबर, 2025 को कमीशन किया गया आईएनएस मगदला उथले जल में चल सकने वाला क्राफ्ट है.

II. यह अप्रैल 2019 में हस्ताक्षरित 8 जहाजों के अनुबंध के तहत् निर्मित शृंखला का छठा पोत है.

III. यह पोत भारतीय नौसेना के अभय श्रेणी के कोरवेट का स्थान लेगा.

IV. यह पोत समुन्नत अण्डरवाटर सेंसर, हल्के टॉरपीडो एएसडब्ल्यू रॉकेट और समुद्र में बारूदी सुरंगें बिछाने की क्षमता से लैस है.

उपर्युक्त में से कितने कथन सही है ?

(A) केवल एक (B) केवल दो
(C) केवल तीन (D) सभी चार

16. डीसीआई ड्रेज 'गोदावरी' के बारे में निम्नलिखित में से कौनसा कथन सही नहीं है ?

(A) इसका निर्माण कोचीन शिपयॉर्ड द्वारा ड्रेजिंग कॉर्पोरेशन ऑफ इण्डिया के लिए किया गया है

(B) यह भारत का सबसे बड़ा और सबसे उन्नत ड्रेजर है

(C) इसका निर्माण रॉयल आईएचसी नीदरलैण्ड के सहयोग से किया गया है

(D) इसे 18 सितम्बर, 2025 को लॉन्च किया गया

17. हाइब्रिड इलेक्ट्रिक मेथनॉल–रेडी सीएसओवी के बारे में निम्नलिखित में से कौनसा सत्य है ?

I. इसका निर्माण कोचीन शिपयार्ड लि. द्वारा किया गया है.

II. यह अपतटीय पवन टर्बाइनों की स्थापना, उन्हें चालू करना तथा उनके रखरखाव में सहायता करेगा.

III. यह हाइब्रिड इलेक्ट्रिक प्रोपल्शन, मेथनॉल-रेडी इंजिन, बड़े आकार के लिथियम-आयन बैटरी पैक, डायनेमिक पोजिशनिंग (DP_2) और मोशन कंपन्सेटेड गैंगवे सिस्टम से लैस है.

IV. यह अपतटीय तकनीशियनों के लिए एक 'तैरते होटल' के रूप में भी कार्य करेगा.

सही कूट है—

(A) केवल I, II, III
(B) केवल II, III, IV
(C) केवल III, IV
(D) I, II, III, IV सभी

18. निम्नलिखित युग्मों पर विचार कीजिए—

I. दी गुड राइस एलायंस (TGRA) —बेयर (Bayer)

II. प्रोजेक्ट उन्नति एप्पल—कोका-कोला इण्डिया फाउण्डेशन

III. सेल्फ-रिलायंट इनीशिएटिव—थ्रू-जवाइंट एक्शन (SRIJAN) पब्लिक चेरिटेबुल ट्रस्ट

उपर्युक्त में से कितने युग्म सही सुमेलित हैं ?

(A) केवल एक
(B) केवल दो
(C) सभी तीन
(D) उपर्युक्त में से कोई नहीं

19. निम्नलिखित में से कौनसी योजना कर्मचारी राज्य बीमा निगम (ESIC) द्वारा लॉन्च की गई है ?

I. SPREE-2025

II. AMNESTY-2025

सही कूट है—

(A) केवल I
(B) केवल II
(C) I एवं II दोनों
(D) न I और न II

20. 131वें संविधान (संशोधन) विधेयक, 2025 के बारे में निम्नलिखित में से कौनसा कथन सत्य है ?

I. इसके द्वारा भारतीय संविधान के अनुच्छेद 75, 164 एवं 239AA को संशोधित किए जाने का प्रस्ताव है.

II. भारत के प्रधानमंत्री, राज्यों के मुख्यमंत्री या कोई मंत्री लगातार गम्भीर आपराधिक आरोपों में 30 दिन तक न्यायिक अभिरक्षा में रहता है, तो 31वें दिन उसे पदच्युत मान लिया जाएगा.

III. न्यायालय द्वारा जमानत दिए जाने पर ऐसा पदधारक पुनः निर्धारित प्रक्रिया का पालन करते हुए पदधारित कर सकता है.

उपर्युक्त में से कितने कथन सही है ?

(A) केवल एक
(B) केवल दो
(C) सभी तीन
(D) उपर्युक्त में से कोई नहीं

21. भारत में चुनाव सुधारों के सन्दर्भ में निम्नलिखित युग्मों पर विचार कीजिए—

I. विदेशों में रह रहे भारतीयों को मताधिकार : 2010

II. NOTA प्रावधान लागू होना : 2014

III. इलेक्ट्रॉनिक EPIC जारी करना : 2021

IV. दिव्यांगजनों एवं 85 वर्ष से अधिक आयु वालों के लिए घर से मत देने की व्यवस्था : 2025

उपर्युक्त में से कितने कथन सही हैं ?

(A) केवल एक (B) केवल दो
(C) केवल तीन (D) सभी चार

22. सभासार एआई (Sabhasaar AI) टूल किसके द्वारा लॉन्च किया गया है ?
(A) शिक्षा मंत्रालय
(B) पंचायती राज मंत्रालय
(C) जनजातीय मामलों का मंत्रालय
(D) विश्वविद्यालय अनुदान आयोग

23. निम्नलिखित पहलों पर विचार कीजिए—
I. पंचायत निर्णय (NIRNAY)
II. ग्राम मानचित्र
III. ई-ग्राम स्वराज
IV. राष्ट्रीय ग्राम स्वराज अभियान
V. SVAMITVA योजना
उपर्युक्त में से किस पहल का सम्बन्ध ग्राम पंचायतों से है ?
(A) केवल I, III, IV
(B) केवल I, II, V
(C) केवल I
(D) I, II, III, IV, V सभी

24. कतिपय अवस्था में ओवरसीज सिटीजन ऑफ इण्डिया (OCI) कार्ड रद्द किया जा सकता है—
I. भारतीय संविधान के विरुद्ध कोई वक्तव्य देना.
II. युद्ध के दौरान शत्रु की सहायता करना.
III. 2 या 2 वर्ष से अधिक की कारावास की सजा.
IV. 7 वर्ष या इससे अधिक अवधि के लिए कारावास की सजा के प्रावधान वाले अपराधों में न्यायालय द्वारा आरोप-पत्र दे दिया जाना.
V. भारत की सम्प्रभुता, अखण्डता, सुरक्षा, विदेशी मामलों या जनहित के विरुद्ध प्रतिकूल कार्य करना
नागरिकता अधिनियम, 1955 की धारा 7D के अन्तर्गत उपर्युक्त में से कौनसा नया प्रावधान जोड़ा गया है ?
(A) केवल I, II, III
(B) केवल III एवं IV
(C) केवल II, III, IV
(D) I, II, III, IV सभी

25. समाचारों की सुर्खियों में रही राष्ट्रीय संकट प्रबन्धन समिति के बारे में निम्नलिखित में से कौनसा कथन सही है ?
(A) इस समिति का गठन औपचारिक रूप से आपदा प्रबन्धन अधिनियम, 2005 की धारा 8A(2) के तहत् गृह मंत्रालय द्वारा किया गया
(B) संशोधित आपदा प्रबन्धन अधिनियम, 2025 के तहत् राष्ट्रीय आपदा अनुक्रिया समन्वयन हेतु इस समिति को शीर्ष निर्णयन निकाय बनाते हुए सांवधिक दर्जा प्रदान कर दिया गया है
(C) गृहमंत्री इस समिति के पदेन अध्यक्ष होते हैं
(D) समिति का अध्यक्ष केन्द्र सरकार/राज्य सरकारों/अन्य संगठनों से विशेषज्ञों को इस समिति में शामिल कर सकता है

26. समुद्री विधिक फ्रेमवर्क के आधुनिकीकरण एवं उपनिवेश कालीन पुराने कानूनों को बदलते हुए निम्नलिखित में से कौनसा विधेयक अभी हाल ही में संसद द्वारा पारित किया गया है ?
I. तटीय जहाज रानी विधेयक, 2025
II. मर्चेण्ट जहाजरानी विधेयक, 2025
III. समुद्री रास्ते से वस्तुओं को लाना-ले जाना विधेयक 2025
सही कूट है—
(A) केवल I एवं II
(B) केवल II एवं III
(C) केवल I एवं III
(D) I, II, III सभी

27. हाल ही में चर्चा में आए खान एवं खनिज (संशोधन) विधेयक 2025 के सन्दर्भ में कौनसा/से प्रावधान शामिल है/हैं ?
I. सरकार खनिज एक्सचेंजों की स्थापना कर सकती है.
II. राष्ट्रीय खनिज अन्वेषण ट्रस्ट (NMET) का नाम बदल कर राष्ट्रीय खनिज अन्वेषण एवं विकास ट्रस्ट (NMEDT) कर दिया गया है.
III. खनिज अन्वेषण एवं खान विकास के वित्तीयन हेतु रॉयल्टी को 2% से बढ़ाकर 3% कर दिया गया है.
सही कूट है—
(A) केवल I (B) केवल II एवं III
(C) केवल III (D) I, II, III सभी

28. केन्द्रशासित क्षेत्रों के सन्दर्भ में निम्नलिखित में से कौनसा कथन सही नहीं है ?
(A) केवल जम्मू एवं कश्मीर, एनसीटी दिल्ली तथा पुदुचेरी ऐसे केन्द्रशासित क्षेत्र हैं जिनकी अपनी विधायिका है
(B) केवल जम्मू एवं कश्मीर, एनसीटी दिल्ली, पुदुचेरी तथा अण्डमान एवं निकोबार द्वीप समूह ऐसे केन्द्रशासित क्षेत्र हैं जिनका प्रतिनिधित्व राज्य सभा में है
(C) राष्ट्रीय राजधानी क्षेत्र दिल्ली की विधान सभा में एक भी सदस्य नामित नहीं होता है
(D) केन्द्र सरकार पुदुचेरी विधान सभा में 3 सदस्य तक नामित कर सकती है

29. बैंकिंग कानून (संशोधन) अधिनियम, 2025 द्वारा निम्नलिखित में से कौनसा अधिनियम संशोधित किया गया है ?
I. भारतीय रिजर्व बैंक अधिनियम, 1934
II. बैंकिंग नियमन अधिनियम, 1949
III. भारतीय स्टेट बैंक अधिनियम, 1955
IV. बैंकिंग कम्पनी अधिग्रहण एवं ट्रांसफर ऑफ अण्डरटेकिंग अधिनियम, 1970 &1980
V. क्षेत्रीय ग्रामीण बैंक अधिनियम, 1976
सही कूट है—
(A) केवल I, II, III, IV
(B) केवल II, III, IV, V
(C) केवल I, III, IV, V
(D) I, II, III, IV, V सभी

30. वैकल्पिक निवेश फण्डों (AIF) में विनियमित निकायों द्वारा निवेश की सीमा निर्धारण सम्बन्धी नए मानक भारतीय रिजर्व बैंक द्वारा जारी किए गए है. इनका उद्देश्य निम्नलिखित में से किसकी रोकथाम करना है ?
I. एवरग्रीनिंग को रोकना.
II. जोखिमों के संकेन्द्रण को कम करना.
III. वित्तीय जोखिम प्रबन्धन को सुधारना.
सही कूट है—
(A) केवल I एवं II
(B) केवल II एवं III
(C) I, II, III सभी
(D) केवल I एवं III

31. संयुक्त राष्ट्र खाद्य एवं कृषि संगठन की एक हालिया रिपोर्ट वैश्विक वन संसाधन मूल्यांकन (GFRA) 2025 के सन्दर्भ में निम्नलिखित कथनों पर विचार कीजिए—
I. विश्व का कुल वन क्षेत्र 4·14 अरब हेक्टेयर है, जो पृथ्वी के कुल क्षेत्रफल का 32% है.
II. विश्व के कुल वन क्षेत्रफल का 54% मात्र 5 देशों—रूस, ब्राजील, कनाडा, सं. रा. अमेरिका तथा चीन में है.
III. वैश्विक स्तर पर वन क्षेत्र के मामले में विश्व में भारत का स्थान 9वाँ है.
IV. 2015 और 2025 के बीच वन क्षेत्र में सर्वाधिक सालाना वृद्धि भारत में हुई है.
उपर्युक्त में से कौनसे कथन सही हैं ?
(A) केवल I, II, III
(B) केवल I, III, IV
(C) केवल II, III, IV
(D) I, II, III, IV सभी

32. संयुक्त राष्ट्र खाद्य एवं कृषि संगठन द्वारा जारी वैश्विक वन संसाधन मूल्यांकन रिपोर्ट 2025 के सन्दर्भ में निम्नलिखित कथनों पर विचार कीजिए—
I. लैटिन अमेरिका विश्व का एकमात्र ऐसा क्षेत्र है, जहाँ 1990 से 2025 के बीच वन क्षेत्र में लगातार वृद्धि दर्ज की गई है.
II. इसमें ब्राजील तथा अर्जेंटीना का योगदान सर्वाधिक है.

उपर्युक्त में से कौनसा/से कथन सही है/हैं ?
(A) केवल I
(B) केवल II
(C) I एवं II दोनों
(D) न I और न II

33. भारत में बौद्धिक सम्पदा अधिकारों के सुदृढ़ीकरण हेतु भारत सरकार द्वारा कौनसी पहल की गई है ?
I. राष्ट्रीय बौद्धिक सम्पदा अधिकार नीति, 2016
II. कपिला (KAPILA)
III. निपम (NIPAM)
IV. एम (AIM)
सही कूट है–
(A) केवल I, II, III
(B) केवल I, III, IV
(C) केवल I, II
(D) I, II, III, IV सभी

34. पार्थेनियम एक आक्रामक खरपतवार है, जो मानव और पशु स्वास्थ्य पर घातक प्रभाव डालता है. यह निम्नलिखित में से किस वन्यजीव अभयारण्य के लिए खतरा बनती जा रही है ?
I. पोबितोरा वन्यजीव अभयारण्य, असम
II. अचानकर वन्यजीव अभयारण्य, छत्तीसगढ़
III. राजा जी राष्ट्रीय पार्क, उत्तराखण्ड
IV. नैरोबी राष्ट्रीय पार्क, केन्या
सही कूट है–
(A) केवल IV
(B) केवल I, II
(C) केवल I, II, III
(D) I, II, III, IV सभी

35. केन्द्रीय भूजल बोर्ड द्वारा जारी वार्षिक भूजल गुणवत्ता रिपोर्ट 2024 में भारत में बढ़ते भूजल प्रदूषण के लिए निम्नलिखित में से कौनसा कारण प्रमुख रूप से उत्तरदायी है ?
I. सीसा (लैड), कैडमियम, क्रोमियम तथा पारा जैसे जहरीले रसायनों और भारी धातुओं का जलस्रोतों में अनियमित निर्वहन.
II. रासायनिक उर्वरकों का अतिशय उपयोग.
III. सैप्टिक टैंकों एवं सीवेज प्रणाली से रिसाव.
IV. फ्लोराइड, आर्सेनिक तथा यूरेनियम आदि का जमीन में पाया जाना.
सही कूट है–
(A) केवल I एवं II
(B) केवल II, III
(C) केवल I, III, IV
(D) I, II, III, IV सभी

36. अन्तरिक्ष परियोजनाओं से सम्बन्धित निम्नलिखित युग्मों पर विचार कीजिए–
I. स्टारलिंक (Starlink)–स्पेस एक्स (लियो)
II. वन वेब–यूटेलास्ट (फ्रांस)
III. क्वानफैन–चीन
IV. प्रोजेक्ट कुइपर–एमेजान
उपर्युक्त में से कितने युग्म सही सुमेलित हैं ?
(A) केवल एक (B) केवल दो
(C) केवल तीन (D) सभी चार

37. निम्नलिखित में से कौनसी जूनोटिक (Zoonotic) बीमारी नहीं है ?
(A) तपेदिक (B) एन्थ्रैक्स
(C) हैजा (D) रेबीज

38. निम्नलिखित स्थान हालिया दिनों में समाचारों की सुर्खियों में रहे हैं. उनकी लोकेशन के सन्दर्भ में कौनसा युग्म सही सुमेलित है ?
I. बृहदीश्वर मन्दिर–कर्नाटक
II. सारनाथ–उत्तर प्रदेश
III. पैथानी साड़ी–महाराष्ट्र
सही कूट है–
(A) केवल I, II (B) केवल II, III
(C) केवल I, III (D) I, II, III सभी

39. हाल ही में जारी स्टेट ऑफ फूड सिक्योरिटी एण्ड न्यूट्रीशन इन दी वर्ल्ड (Sofi) 2025 के अनुसार, विश्व में भुखमरी के शिकार लोगों की संख्या घटकर 673 मिलियन रह गई है. यह रिपोर्ट निम्नलिखित में से किस निकाय द्वारा जारी की गई ?
I. सं. रा. खाद्य एवं कृषि संगठन
II. कृषि विकास हेतु अन्तर्राष्ट्रीय कोष
III. यूनीसेफ
IV. सं. रा. विश्व खाद्य कार्यक्रम
V. विश्व स्वास्थ्य संगठन
सही कूट है–
(A) केवल I, II, III, IV
(B) केवल I, III, IV, V
(C) केवल I, II, IV, V
(D) I, II, III, IV, V सभी

40. समाचारों की सुर्खियों में रहने के सन्दर्भ में सूची-I तथा सूची-II पर विचार कीजिए–

सूची-I (स्थल)	सूची-II (समाचारों की सुर्खियों में रहने का कारण)
(a) मन्नार की खाड़ी	1. भारत-चीन व्यापार मार्ग
(b) डारडानेल्स जलडमरूमध्य	2. कोरल ब्लीचिंग
(c) लिपुलेख दर्रा	3. जेन-जी आन्दोलन
(d) लेह	4. जंगली आग

सही कूट है–

	(a)	(b)	(c)	(d)
(A)	2	4	1	3
(B)	4	2	1	3
(C)	4	2	3	1
(D)	4	3	2	1

उत्तर व्याख्या सहित

1. (A) 27 सितम्बर, 2025 को सम्पन्न यूनेस्को की अन्तर्राष्ट्रीय समन्वयन काउंसिल–मानव एवं जैवमण्डल के 37वें सत्र में हिमाचल प्रदेश के पिन घाटी राष्ट्रीय पार्क तथा उसके आस-पास का क्षेत्र, चन्द्रताल एवं सारचू और किन्नेर वाइल्ड लाइफ अभयारण्य स्थित ठण्डे रेगिस्तानी इलाके वाले जैवमण्डल रिजर्व को यूनेस्को के वर्ल्ड नेटवर्क ऑफ बायोस्फेयर रिजर्व में शामिल किया गया है. यह सम्मान पाने वाला यह भारत का 13वाँ जैवमण्डल है.
2. (C)
3. (C) भारत सरकार के विद्यालयी शिक्षा एवं साक्षरता विभाग द्वारा 6 सितम्बर, 2025 को राजपत्र में प्रकाशित एक अधिसूचना द्वारा राष्ट्रीय शैक्षिक अनुसंधान और प्रशिक्षण परिषद् (NCERT) को भारत के विभिन्न स्कूल शिक्षा बोर्डों द्वारा प्रदत्त माध्यमिक शिक्षा (कक्षा 10वीं) एवं वरिष्ठ माध्यमिक शिक्षा (कक्षा 12वीं) प्रमाण-पत्रों को समकक्षता प्रदान करने की जिम्मेदारी सौंपी है. इससे पूर्व 15 नवम्बर, 2021 को राजपत्र में प्रकाशित अधिसूचना के अनुसार यह कार्य भारतीय विश्वविद्यालय संघ द्वारा किया जाता था. एनसीईआरटी राष्ट्रीय शिक्षा नीति 2020 के तहत् स्थापित राष्ट्रीय मूल्यांकन केन्द्र, प्रदर्शन मूल्यांकन समीक्षा और समग्र विकास के लिए ज्ञान का विश्लेषण (Performance, Assessment, Review and Analysis of Knowledge for Holistic Development—PARAKH) के माध्यम से इस जिम्मेदारी का निर्वहन करेगा.
4. (A) दिल्ली के पूर्व कप्तान मिथुन मन्हास को 28 सितम्बर, 2025 को भारतीय क्रिकेट कन्ट्रोल बोर्ड की 94वीं वार्षिक आम सभा की बैठक में निर्विरोध अध्यक्ष चुना गया, वे BCCI के 37वें अध्यक्ष बने, उन्होंने रोजर बिन्नी का स्थान लिया जिन्होंने 70 वर्ष की आयु पूरी होने पर त्यागपत्र दे दिया था. मन्हास रोजर बिन्नी और भारतीय टीम के पूर्व कप्तान

सौरव गांगुली के बाद BCCI के अध्यक्ष बनने वाले लगातार तीसरे प्रथम श्रेणी के क्रिकेटर हैं.

5. (D)

6. (C) शरीर की रक्षा प्रणाली (इम्यून सिस्टम) को बेहतर समझने की खोज–पेरिफेरल इम्यून टॉलरेंस के लिए 2025 का चिकित्सा नोबेल पुरस्कार सिएटल स्थित इंस्टीट्यूट ऑफ सिस्टमस बायोलॉजी में वरिष्ठ कार्यक्रम प्रबंधक मैरी ई. ब्रुंको, सैन फ्रांसिस्को स्थित सोनामा बायोथेरेप्यूटिक्स में वैज्ञानिक सलाहकार फ्रेड रामस्डेल तथा ओसाका विश्वविद्यालय के इम्यूनोलॉजी फ्रंटियर रिसर्च सेंटर में विशिष्ट प्रोफेसर शिमोन साकागुची को प्रदान किया गया है.

7. (D) भौतिकी में नोबेल पुरस्कार पाने वाले तीनों अमेरिकी वैज्ञानिकों-कैलीफोर्निया विश्वविद्यालय बर्कले के जॉन क्लार्क, येल विश्वविद्यालय सांता बारबरा के मिशेल एच. डेवोरेट तथा कैलीफोर्निया विश्वविद्यालय सांता बारबरा के जॉन एम. मार्टिनिस को 'इलेक्ट्रिक सर्किट में मैक्रोस्कोपिक क्वांटम मेकेनिकल टनलिंग और ऊर्जा क्वांटीकरण की खोज' के लिए प्रदान किया गया.

8. (D) प्रश्नगत दिए तीनों रसायनशास्त्रियों को 'धातु-कार्बनिक ढाँचे के विकास' के लिए रसायन विज्ञान का नोबेल पुरस्कार 2025 से सम्मानित किए जाने की घोषणा 8 अक्टूबर, 2025 को की गई.

9. (C)

10. (D) मचाडो वेनेजुएला की विपक्षी राजनीतिज्ञ हैं, उन्होंने सुमाते नामक संगठन की स्थापना की है, जो लोकतंत्र की बहाली और बेहतरी के लिए कार्य करता रहता है. मारिया कोरिना मचाडो वर्ष 2024 के चुनाव से पहले विपक्ष की राष्ट्रपति उम्मीदवार थी, लेकिन वेनेजुएला सरकार ने उनकी उम्मीदवारी रद्द कर दी थी.

11. (D)

12. (B) इजरायल और हमास के बीच फिलिस्तीन स्थित गाजा में चल रहे संघर्ष को समाप्त करने के लिए मिस्र के लाल सागर रिसोर्ट शर्म-अल-शेख में आयोजित अन्तर्राष्ट्रीय शिखर सम्मेलन में 13 अक्टूबर, 2025 को एक संधि पत्र पर अमेरिकी राष्ट्रपति डोनाल्ड ट्रम्प, मिस्र के राष्ट्रपति अल-सीसी, तुर्किए के राष्ट्रपति एर्दोआन तथा कतर के अमीर अल-थानी ने हस्ताक्षर किए. इस शिखर सम्मेलन में 35 से अधिक देशों के प्रतिनिधियों ने भाग लिया, लेकिन इजरायल, फिलिस्तीन, हमास का कोई प्रतिनिधि शामिल नहीं था. विदेशी मामलों के राज्य मंत्री कीर्तिवर्धन सिंह ने इस सम्मेलन में भारत का प्रतिनिधित्व किया .

13. (A) 14. (D) 15. (D)

16. (D) डीसीआई ड्रेज गोदावरी को 18 सितम्बर, 2025 को लॉन्च किया गया.

17. (D)

18. (C) दी गुड राइंस एलायंस (TGRA) कृषि क्षेत्र की कम्पनी बेयर, Gen Zero तथा शेल एनर्जी इण्डिया की संयुक्त पहल है, जो धान की खेती में ग्रीन हाउस गैसों के उत्सर्जन को कम करने के लिए अल्टरनेटिव वोटिंग तथा ड्राइंग तकनीकों पर कार्य करने सम्बन्धी पहल है. प्रोजेक्ट उन्नति एप्पल के तहत् आनन्दना-कोका-कोला फाउण्डेशन उत्तराखण्ड में सेब की खेती में उत्पादकता बढ़ाने के लिए प्रयासरत है. सृजन (SRIJAN) एक सार्वजनिक चैरिटेबल ट्रस्ट है, जो महिलाओं के कृषक उत्पादक कम्पनियों के माध्यम से खेती को बढ़ावा दे रही है.

19. (C) कर्मचारी राज्य बीमा निगम द्वारा 9 सितम्बर, 2025 को Scheme for Promoting Registration of Employers and Employees-SPREE 2025 लॉन्च की गई जो 31 दिसम्बर, 2025 तक चालू रहेगी. इसी के साथ AMNESTY योजना भी शुरु की गई है. विवादों के निपटारे हेतु यह योजना 1 अक्टूबर, 2025 से 30 सितम्बर, 2026 तक चलेगी.

20. (C) 21. (D)

22. (B) ग्राम सभा बैठकों की कार्यवाही की ऑडियो-वीडियो रिकॉर्डिंग को जनरेट करने की स्वचालित प्रक्रिया के लिए केन्द्रीय पंचायती राज मंत्रालय द्वारा Sabhasaar कृत्रिम मेधा टूल लॉन्च किया गया. इसे Bhasini (BHASHA INTERFACE for India) के साथ एकीकृत किया गया है, जो 13 भारतीय भाषाओं में बहुभाषी सामग्री का ट्रांसलेशन करने में सक्षम है.

23. (D)

24. (B) गृह मंत्रालय द्वारा नागरिकता अधिनियम, 1955 की धारा 7D के अन्तर्गत ओसीआई कार्ड रद्द किए जाने सम्बन्धी प्रावधानों में दो नए प्रावधान (कथन III एवं IV जोड़े गए हैं)

25. (C) कैबिनेट सचिव राष्ट्रीय संकट प्रबन्धन समिति के पदेन अध्यक्ष होते हैं.

26. (D) 27. (D)

28. (B) राज्य सभा में केवल उन्हीं राज्यों/केन्द्रशासित क्षेत्रों का प्रतिनिधित्व होता है जिनका अपना विधानमण्डल है. चूँकि अण्डमान एवं निकोबार द्वीप समूह का अपना विधानमण्डल नहीं है इसलिए अण्डमान एवं निकोबार द्वीप समूह का राज्य सभा में अपना प्रतिनिधित्व नहीं है. जम्मू एवं कश्मीर से राज्य सभा की 4 सीटों के लिए मतदान 24 अक्टूबर, 2025 को 5 वर्ष की अवधि के बाद हुआ.

29. (A) 30. (C)

31. (A) वैश्विक वन संसाधन मूल्यांकन (GFRA) 2025 के अनुसार, 2015 और 2025 के बीच वन क्षेत्र में सर्वाधिक सालाना वृद्धि (0·16 करोड़ हेक्टेयर प्रति वर्ष) चीन में दर्ज की गई है. इसके बाद रूस (942000 हेक्टेयर/वर्ष) तथा भारत (1,91,000 हेक्टेयर/वर्ष) का स्थान है.

32. (D) वैश्विक वन संसाधन मूल्यांकन (GFRA) 2025 के अनुसार, एशिया एकमात्र ऐसा क्षेत्र है, जहाँ 1990 से 2025 के बीच वन क्षेत्र में लगातार बढ़ोतरी दर्ज की गई है. इस वृद्धि में चीन और भारत का योगदान सर्वाधिक रहा है.

33. (D) KAPILA : कलाम प्रोगाम फॉर इन्टेलेक्चुअल प्रोपर्टी लिटरेसी एण्ड अवेयर्नस कम्पैन; NIPAM : नेशनल आईपी अवेयर्नस मिशन; AIM : अटल इनोवेशन मिशन

34. (D) 35. (D) 36. (D)

37. (C) एक हालिया रिपोर्ट के अनुसार, विश्व की लगभग 9% जनसंख्या जूनोटिक बीमारियों, जो जीवाणु, विषाणु, पैरासाइट्स, फंगाई आदि से फैलती है से ग्रसित है. इन बीमारियों में मुख्य रूप से एन्थ्रैक्स, इनफ्लुएंजा (H1N1एवं 5) निपाह, कोविड-19, ब्रूसलोसिस, तपेदिक, एबोला तथा सार्स शामिल हैं.

38. (D) प्रधानमंत्री नरेन्द्र मोदी ने आदि थिरूवथिराई उत्सव के दौरान गंगाई कोंडा चोलापुरम तथा बृहदीश्वर मंदिर (तमिलनाडु) में पूजा-अर्चना की. वाराणसी के निकट सारनाथ (उत्तर प्रदेश) को यूनेस्को विश्व विरासत सूची में शामिल किए जाने हेतु 2025-26 चक्र के लिए नामित किया गया है. प्रधानमंत्री नरेन्द्र मोदी ने महाराष्ट्र राज्य में महावस्त्र के रूप में प्रसिद्ध पैथानी साड़ी के सांस्कृतिक महत्व तथा पारम्परिक दस्तकारी की सराहना की.

39. (D) 40. (A)

आर्थिक घटनाचक्र : वस्तुनिष्ठ प्रश्न

1. समाचारों की सुर्खियों में रहे एफ्टा (EFTA) के बारे में निम्नलिखित कथनों पर विचार कीजिए—
   I. एफ्टा यूरोप के चार ऐसे देशों का संगठन है, जो न तो यूरोपीय संघ के देश हैं और न यूरो मुद्रा जोन के.
   II. एफ्टा ब्लॉक में आइसलैण्ड, स्विट्ज़रलैण्ड, नॉर्वे तथा लिकटें-स्टीन शामिल हैं
   III. भारत ने एफ्टा देशों के साथ ट्रेड एण्ड इकोनॉमिक पार्टनरशिप एग्रीमेन्ट (टीईपीए) पर हस्ताक्षर किए हैं.
   IV. टीईपीए 1 अक्टूबर, 2025 से प्रभावी है.
   उपर्युक्त में से कितने कथन सही हैं ?
   (A) केवल एक
   (B) केवल दो
   (C) केवल तीन
   (D) सभी चार

2. पीएम-सेतु (PM-SETU) के बारे में निम्नलिखित में से कौनसा कथन सही है ?
   I. प्रधानमंत्री स्किलिंग एण्ड एम्प्लॉयबिलिटी ट्रांसफोर्मेशन थ्रो अपग्रेडेड आई.टी.आई. (PM-SETU) 4 अक्टूबर, 2025 को नई दिल्ली में लॉन्च किया गया.
   II. पीएम-सेतु केन्द्रीय क्षेत्र की योजना है.
   III. पीएम-सेतु का परिव्यय ₹1,60,000 करोड़ है.
   IV. पीएम-सेतु का उद्देश्य 'हब-एण्ड-स्पोक' मॉडल पर देश के 1000 सरकारी औद्योगिक प्रशिक्षण केन्द्रों का उच्चीकरण करना है
   सही कूट है—
   (A) केवल I, II, III
   (B) केवल I, II, IV
   (C) केवल I, III
   (D) I, II, III, IV सभी

3. पीएम-ऊषा के बारे में निम्नलिखित में से कौनसा कथन सही नहीं है ?
   (A) पीएम-ऊषा (PM-USHA) से तात्पर्य प्रधानमंत्री उच्चतर शिक्षा अभियान से है
   (B) पीएम-ऊषा 2013 से चले आ रहे केन्द्र प्रायोजित कार्यक्रम–राष्ट्रीय उच्चतर शिक्षा अभियान (RUSA) का समुन्नत रूप है
   (C) पीएम-ऊषा के अन्तर्गत राज्यों एवं संघशासित क्षेत्रों के सरकारी, सरकारी सहायता प्राप्त निजी उच्चतर शिक्षा संस्थान आच्छादित हैं
   (D) पीएम-ऊषा का उद्देश्य नीति आयोग द्वारा केन्द्र प्रायोजित योजनाओं की मूल्यांकन रिपोर्ट में चिह्नित प्रमुख अन्तरालों और मुद्दों को दूर करना है

4. भारतीय रिजर्व बैंक ने कॉर्पोरेट, सूक्ष्म-लघु-मझोले उपक्रमों तथा स्थावर सम्पदा क्षेत्र के लिए जोखिम भार सम्बन्धी सुधारों में शामिल किया हैं—
   I. बैंकों के खुदरा पोर्टफोलियो जिसमें क्रेडिट कार्ड और ओवरड्राफ्ट शामिल हैं, के लिए 75% जोखिम भार.
   II. यदि एमएसएमई किसी समूह का हिस्सा है, तो समेकित समूह की रिपोर्ट की गई वार्षिक बिक्री ₹500 करोड़ से कम होनी चाहिए.
   III. व्यक्तिगत जोखिम की सीमा ₹7·5 करोड़ तय की गई है.
   उपर्युक्त में से कितने कथन सही हैं ?
   (A) केवल एक
   (B) केवल दो
   (C) सभी तीन
   (D) उपर्युक्त में से कोई नहीं

5. समाचारों की सुर्खियों में रहा 'अरटई' और जोहो के बारे में निम्नलिखित में से कौनसा कथन सही नहीं है ?
   (A) अरटई एक स्वदेशी मैसेजिंग एप है
   (B) अरटई एप को भारतीय टेक कम्पनी जोहो द्वारा विकसित किया गया है
   (C) अरटई एप डाउनलोड के मामले में गूगल जेमिनाई और चैट जीपीटी को पछाड़ कर शीर्ष पर पहुँच गया है
   (D) जोहो महिन्द्रा एण्ड महिन्द्रा की अनुषंगी कम्पनी है

6. ई-राष्ट्रीय कृषि बाजार (e-NAM) पर क्रय-विक्रय के लिए उपलब्ध कृषि जिंसों की संख्या 8 अक्टूबर, 2025 को कितनी हो गई ?
   (A) 242 (B) 247
   (C) 254 (D) 262

7. भारत के प्रधानमंत्री नरेन्द्र मोदी तथा यू.के. के प्रधानमंत्री कीर स्टार्मर के बीच डेलीगेशन स्तर की शिखर वार्ताएं 9 अक्टूबर, 2025 को कहाँ सम्पन्न हुई ?
   (A) नई दिल्ली (B) हैदराबाद
   (C) मुम्बई (D) बेंगलुरु

8. भारत में 22 कृषि जिंसों के लिए न्यूनतम समर्थन मूल्य निर्धारण में महत्वपूर्ण कारक कौनसे हैं ?
   I. उत्पादन लागत के ऊपर कम-से-कम 50% का मार्जिन
   II. उत्पादन लागत
   III. अन्तर-फसल समता
   IV. घरेलू एवं अन्तर्राष्ट्रीय कीमतें
   V. कृषि मूल्य नीति का शेष अर्थव्यवस्था पर प्रभाव
   VI. कृषि एवं गैर-कृषि क्षेत्र के बीच व्यापार की शर्तें
   सही कूट है—
   (A) केवल I, II, IV, V
   (B) केवल II, III, IV, V
   (C) केवल I, IV, V, VI
   (D) I, II, III, IV, V, VI सभी

9. भारतीय रिजर्व बैंक के सितम्बर बुलेटिन 2025 में भारत में निर्धनता के स्तर के सन्दर्भ में निम्नलिखित राज्यों पर विचार कीजिए—
   I. बिहार II. झारखण्ड
   III. उत्तर प्रदेश IV. मध्य प्रदेश
   कुल जनसंख्या में निर्धनों की जनसंख्या के घटते प्रतिशत में उपर्युक्त राज्यों का कौनसा क्रम सही है ?
   (A) I, II, III, IV
   (B) II, IV, III, I
   (C) IV, III, II, I
   (D) IV, II, III, I

10. आरबीआई सितम्बर 2025 बुलेटिन में प्रकाशित एक रिपोर्ट के अनुसार, भारत के विभिन्न राज्यों में वर्ष 2022-23 में निर्धनता अनुपात (कुल जनसंख्या में निर्धनों की जनसंख्या का प्रतिशत) के सन्दर्भ में सूची-I (राज्य) तथा सूची-II (निर्धनता अनुपात) पर विचार करके उत्तर का सही विकल्प चुनिए—

सूची-I	सूची-II
(a) तमिलनाडु	1. 1·2%
(b) हिमाचल प्रदेश	2. 1·6%
(c) आन्ध्र प्रदेश	3. 2·0%
(d) पंजाब	4. 1·7%

सही कूट है—

	(a)	(b)	(c)	(d)
(A)	1	2	3	4
(B)	4	3	2	1
(C)	3	1	4	2
(D)	1	3	2	4

11. आर. बी. आई. सितम्बर 2025 बुलेटिन में प्रकाशित एक रिपोर्ट के अनुसार, 2010-11 एवं 2022-23 के बीच निर्धनता अनुपात (कुल जनसंख्या में निर्धनता रेखा से नीचे रह रही जनसंख्या का प्रतिशत) में सर्वाधिक कमी हुई है—
(A) बिहार (B) मध्य प्रदेश
(C) उत्तर प्रदेश (D) ओडिशा

12. नीति आयोग द्वारा हाल ही में जारी कर नीति कार्यक्षेत्र में व्यापक प्रभाव वाले कर सुधारों के लिए दिए गए सुझावों में शामिल हैं—
I. आपराधिक प्रावधान सरल, सटीक तथा स्पष्ट हों, जो प्रशासनिक या तकनीकी प्रकृति के हैं.
II. 12 अपराधों, जो प्रशासनिक या तकनीकी प्रकृति के हैं को पूरी तरह से अपराध मुक्त कर दिया जाए.
III. धोखाधड़ी या दुर्भावना का इरादा साबित किए जा सकने वाले 17 प्रकार के अपराधों के मामले में आपराधिक दायित्व बनाए रखा जाए.
IV. इरादतन और उच्च मूल्य की कर चोरी या सबूतों के निर्माण से सम्बन्धित 6 मुख्य अपराधों के लिए मुकदमा चलाना जारी रखा जाए.
उपर्युक्त में से कितने कथन सही हैं ?
(A) केवल एक (B) केवल दो
(C) केवल तीन (D) सभी चार

13. प्रधानमंत्री नरेन्द्र मोदी द्वारा (11 अक्टूबर, 2025) निम्नलिखित में से कौनसी योजना लॉन्च की गई ?
I. प्रधानमंत्री धन-धान्य कृषि योजना
II. दलहनों में आत्मनिर्भरता मिशन
III. भारती पहल (BHARATI INITIATIVE)
IV. महत्वपूर्ण खनिज पुनर्चक्रण प्रोन्नयन प्रोत्साहन योजना
सही कूट है—
(A) केवल I एवं II
(B) केवल III एवं IV
(C) केवल I एवं III
(D) केवल II एवं IV

14. उद्योगों के वार्षिक सर्वेक्षण 2023-24 के सन्दर्भ में निम्नलिखित में से कौनसा कथन सही है ?
I. अखिल भारतीय प्रति कारखाना कामगार औसत मजदूरी वर्ष 2023-24 में ₹ 3·20 लाख थी.
II. वर्ष 2023-24 में प्रति कारखाना कामगार सर्वाधिक औसत मजदूरी झारखण्ड में ₹ 3·20 लाख थी.
सही कूट है—
(A) केवल I
(B) केवल II
(C) I एवं II दोनों
(D) न I और न II

15. उद्योगों के वार्षिक सर्वेक्षण 2023-24 के सन्दर्भ में निम्नलिखित में से कौनसा कथन सही है ?
I. कारखाना श्रमिकों की उत्पादकता (कारखाना श्रमिकों की प्रति श्रमिक सकल मूल्य वर्द्धन) अखिल भारतीय स्तर पर ₹ 12·55 लाख थी.
II. कारखाना श्रमिकों की उत्पादकता झारखण्ड में ₹ 23·88 लाख तथा ओडिशा में ₹ 20·87 लाख थी.
सही कूट है—
(A) केवल I
(B) केवल II
(C) I एवं II दोनों
(D) न I और न II

16. वर्ष 2023-24 में श्रम उत्पादकता के सन्दर्भ में देश के शीर्ष 5 राज्य थे—
(A) झारखण्ड, ओडिशा, मध्य प्रदेश, महाराष्ट्र, कर्नाटक
(B) कर्नाटक, ओडिशा, झारखण्ड, महाराष्ट्र, मध्य प्रदेश
(C) महाराष्ट्र, कर्नाटक, ओडिशा, झारखण्ड, मध्य प्रदेश
(D) ओडिशा, झारखण्ड, महाराष्ट्र, मध्य प्रदेश, कर्नाटक

17. वर्ष 2023-24 में 'कारखाना श्रमिकों की औसत वार्षिक मजदूरी के सन्दर्भ में देश के शीर्ष 5 राज्य थे—
(A) केरल, झारखण्ड, कर्नाटक, ओडिशा, महाराष्ट्र
(B) झारखण्ड, कर्नाटक, महाराष्ट्र, ओडिशा, केरल
(C) झारखण्ड, ओडिशा, महाराष्ट्र, कर्नाटक, केरल
(D) कर्नाटक, महाराष्ट्र, केरल, ओडिशा, झारखण्ड

18. वर्ष 2023-24 में निम्नलिखित में से किस क्षेत्रक में औसत वार्षिक मजदूरी सर्वाधिक थी ?
(A) बुनियादी धातुएँ उद्योग
(B) फार्मास्यूटिकल्स उद्योग
(C) कोक एवं परिशोधित पेट्रोलियम उत्पाद उद्योग
(D) मशीनरी एवं उपकरणों की मरम्मत एवं स्थापना उद्योग

19. दलहनों के सन्दर्भ में निम्नलिखित में से कौनसा कथन सही है ?
I. भारत विश्व का सबसे बड़ा दलहन उत्पादक तथा उपभोक्ता देश है.
II. दालों का उत्पादन वर्ष 2014-15 में 17·2 मिलियन टन से 46·14 प्रतिशत बढ़कर 2024-25 में 25·4 मिलियन टन होने का अनुमान है.
सही कूट है—
(A) केवल I
(B) केवल II
(C) I एवं II दोनों
(D) न I और न II

20. अर्थशास्त्र में नोबेल पुरस्कार 2025 के सन्दर्भ में निम्नलिखित कथनों पर विचार कीजिए—
I. वर्ष 2025 का आर्थिक विज्ञान में स्वेरिजेस रिक्सबैंक पुरस्कार जोएल मोकिर, फिलिप अघियन और पीटर होविट को संयुक्त रूप से प्रदान किए जाने की घोषणा की गई है.
II. पुरस्कार का आधा हिस्सा मोकिर को 'तकनीकी प्रगति के माध्यम से सतत् विकास के लिए आवश्यक शर्तों की पहचान करने के लिए' प्रदान किया गया है.
III. पुरस्कार का शेष आधा हिस्सा फिलिप अघियन और पीटर होविट को 'सृजनात्मक विनाश' के माध्यम से सतत् विकास के लिए संयुक्त रूप से दिया जाएगा.
उपर्युक्त में से कितने कथन सही है ?
(A) केवल एक
(B) केवल दो
(C) सभी तीन
(D) उपर्युक्त में से कोई नहीं

21. 'किराए से फुरसत' (Fare se Fursat) पहल निम्नलिखित में से किस एयरलाइन्स द्वारा प्रारम्भ की गई है ?
(A) एलायन्स एयर
(B) एयर इण्डिया

(C) जोएयर
(D) इण्डिगो

22. समाचारों की सुर्खियों में रहे LEAPS 2025 के बारे में निम्नलिखित में से कौनसा कथन सत्य नहीं है ?
(A) LEAPS (लॉजिस्टिक उत्कृष्टता, उन्नति और प्रदर्शन शील्ड) 13 अक्टूबर, 2025 को सरकार द्वारा लॉन्च किया गया
(B) LEAPS सड़क परिवहन एवं राजमार्ग मंत्रालय की एक पहल है
(C) LEAPS 2025 में हवाई, सड़क समुद्री और रेलमाल संचालक, वेयर-हाउसिंग, मल्टीमॉडल ट्रांसपोर्टर, एमएसएमई, स्टार्टअप तथा शिक्षा जगत की सम्पूर्ण शृंखला शामिल है
(D) LEAPS 2025 का उद्देश्य लॉजिस्टिक उत्कृष्टता का मानकीकरण करना है

23. निम्नलिखित में से किस माह में थोक मूल्य सूचकांक आधारित मुद्रास्फीति की दर ऋणात्मक थी ?
I. अप्रैल 2025
II. मई 2025
III. जून 2025
IV. जुलाई 2025
सही कूट है—
(A) केवल I एवं II
(B) केवल II एवं III
(C) केवल III एवं IV
(D) केवल IV

24. उपभोक्ता मूल्य सूचकांक आधारित मुद्रास्फीति के सन्दर्भ में निम्नलिखित में से कौनसा कथन सत्य है ?
I. सितम्बर 2025 में मुद्रास्फीति की दर (1·54%) विगत 99 महीनों में सबसे निचले स्तर पर थी.
II. आवासन स्फीति में वृद्धि होने के कारण सितम्बर 2025 में कोर मुद्रास्फीति में वृद्धि हुई.
III. कोर मुद्रास्फीति मुद्रास्फीति का वह माप है जिसमें खाद्य और ऊर्जा जैसी अस्थिर वस्तुओं को गणना से बाहर रखा जाता है.
(A) केवल I एवं II
(B) केवल II एवं III
(C) I, II, III सभी
(D) उपर्युक्त में से कोई नहीं

25. समाचारों की सुर्खियों में रहे चूना पत्थर के बारे में निम्नलिखित में से कौनसा कथन सत्य है ?
I. खनन मंत्रालय ने एक हालिया अधिसूचना द्वारा चूना पत्थर को प्रमुख खनिज श्रेणी में शामिल किया है.
II. 10 अक्टूबर, 2025 से पहले चूना पत्थर लघु खनिज रियायत नियमों के तहत् लघु खनिज के रूप में सूचीबद्ध है.
III. सीमेण्ट, उर्वरक, स्मेल्टर, चीनी, इस्पात आदि उद्योगों में उपयोग होने पर चूना पत्थर को प्रमुख खनिज ही माना जाता था.
IV. कोयला, लिग्नाइट, पेट्रोलियम तथा प्राकृतिक गैस को प्रमुख खनिज माना जाता है.
V. लघु खनिजों में संगमरमर, स्लेट, शैल आदि शामिल हैं.
सही कूट है—
(A) केवल I
(B) केवल II, III
(C) केवल IV एवं V
(D) I, II, III, IV, V सभी

26. 16वें वित्त आयोग के बारे में निम्नलिखित में से कौनसा कथन सही नहीं है ?
(A) केन्द्र सरकार द्वारा 16वें वित्त आयोग का कार्यकाल बढ़ाकर 31 दिसम्बर, 2025 तक कर दिया है
(B) 16वें वित्त आयोग की सिफारिशें 1 अप्रैल, 2026 से 31 मार्च, 2031 तक लागू होगी
(C) अरविन्द पनगढ़िया की अध्यक्षता वाले 16वें वित्त आयोग में एनी जॉर्ज मैथ्यू एवं मनोज पांडा पूर्ण कालिक सदस्य तथा सौम्यकांति घोष और टी. रबीशंकर अंशकालिक सदस्य है
(D) ऋत्विक पांडे 16वें वित्त आयोग के सचिव हैं

27. विभिन्न एजेंसियों द्वारा भारतीय अर्थ-व्यवस्था में वित्त वर्ष 2025-26 में आर्थिक विकास की दर के अनुमानों के सन्दर्भ में सूची-I (एजेन्सी) तथा सूची-II (वित्त वर्ष 2025-26 में भारतीय अर्थव्यवस्था में अनुमानित विकास दर) पर विचार कीजिए तथा उत्तर का सही विकल्प चुनिए—

सूची-I	सूची-II
(a) अन्तर्राष्ट्रीय मुद्रा कोष	1. 6·5%
(b) भारतीय रिजर्व बैंक	2. 6·6%
(c) एशियाई विकास बैंक	3. 6·7%
(d) ओईसीडी	4. 6·8%

सही कूट है—

	(a)	(b)	(c)	(d)
(A)	2	4	1	3
(B)	1	2	3	4
(C)	4	3	2	1
(D)	3	4	1	2

28. विपणन सत्र 2026-27 के लिए रबी की किस फसल के लिए न्यूनतम समर्थन मूल्य में सर्वाधिक वृद्धि की गई है ?
(A) गेहूँ (B) मसूर
(C) सरसों (D) सूरजमुखी

29. जून 2025 के अन्त में भारत पर बकाया विदेशी ऋण कितना था ?
(A) US $ 747·2 बिलियन
(B) US $ 735·6 बिलियन
(C) US $ 724·8 बिलियन
(D) US $ 718·2 बिलियन

30. निम्नलिखित में से कौन भुगतान नियामक आयोग की बैठकों में स्थायी आमन्त्रित सदस्य होता है ?
(A) नीति आयोग के उपाध्यक्ष
(B) भारत सरकार के वित्त सचिव
(C) नाबार्ड के अध्यक्ष
(D) भारतीय रिजर्व बैंक का प्रधान विधिक परामर्शदाता

31. राज्य खनन तत्परता सूचकांक (एस-एमआरआई) 2025 के सन्दर्भ में निम्न-लिखित में से कौनसा कथन सही है ?
I. यह सूचकांक नीति आयोग द्वारा बनाया और जारी किया गया है.
II. यह सूचकांक और इसके आधार पर राज्यों की रैंकिंग केन्द्रीय बजट 2025-26 के अन्तर्गत की गई घोषणा के अनुरूप है.
III. एसएमआरआई के अन्तर्गत राज्यों को उनके खनिज भण्डार के आधार पर तीन श्रेणियों में वगीकृत किया गया है.
IV. श्रेणी 'ए' में शीर्ष स्थान प्राप्त करने वाले राज्य मध्य प्रदेश, राजस्थान और गुजरात हैं, जबकि 'बी' श्रेणी में गोवा, उत्तर प्रदेश और असम शीर्ष पर हैं. श्रेणी 'सी' में पंजाब, उत्तराखण्ड और त्रिपुरा ने शीर्ष स्थान प्राप्त किया है.
सही कूट है—
(A) केवल I, II, III
(B) केवल II, III, IV
(C) केवल I, III, IV
(D) I, II, III, IV सभी

32. भारतीय खाद्य सुरक्षा एवं मानक प्राधिकरण (FSSAI) ने हाल ही में खाद्य पदार्थों के किसी ब्राण्ड पर ओरल रिहाइड्रेशन साल्ट (ORS) का लेवल नहीं लगाने सम्बन्धी निर्देश जारी किया गया है. ऐसा निम्नलिखित किस कारण से किया गया है.
(A) अनाधिकृत ओआरएस पैकेटों में प्रिजरवेटिव की मात्रा मानक से अधिक पायी गई

(B) अनाधिकृत ओआरएस पैकेटों में शुगर की मात्रा मानक से अधिक पायी गई

(C) जब तक ओआरएस उत्पाद को विश्व स्वास्थ्य संगठन द्वारा अनुमोदित नहीं किया जाता तब तक उस पर ओआरएस लेवल नहीं लगाया जा सकता

(D) उपर्युक्त में से कोई नहीं

33. खनन मंत्रालय द्वारा हाल ही में जारी किए गए राज्य खनन तत्परता सूचकांक 2025 के प्रमुख संघटक हैं—

I. खनन पट्टों की नीलामी में प्रदर्शन.

II. खानों में खनन कार्य जल्दी शुरू होना.

III. खनिजों की खोज पर जोर.

IV. कोयले के अलावा दूसरे खनिजों का सतत् खनन.

सही कूट है—

(A) केवल I, II एवं III

(B) केवल II, III, IV

(C) केवल I, III, IV

(D) I, II, III, IV सभी

34. निम्नलिखित में से कौनसा कथन सत्य है ?

I. भारत और ब्राजील के बीच सीमित व्यापार समझौता है.

II. भारत-ब्राजील सीमित व्यापार समझौता लैटिन अमेरिकी देशों के समूह मर्कोसुर के साथ हुए तरजीही व्यापार समझौते (PTA) का हिस्सा है.

सही कूट है—

(A) केवल I

(B) केवल II

(C) I एवं II दोनों

(D) न I और न II

35. भारतीय रिजर्व बैंक की विभिन्न पहलों के जरिए सीमा पार डिजिटल भुगतान सहयोग बढ़ रहा है. इन पहलों में शामिल हैं—

I. अन्य देशों की त्वरित भुगतान प्रणालियों के साथ भारत की एकीकृत भुगतान प्रणाली (UPI) को जोड़ना.

II. यूपीआई क्यूआर कोड से मर्चेन्ट भुगतान को युक्त बनाना.

III. भागीदार देशों में यूपीआई जैसे सॉवरिन मंचों के साथ जुड़ना.

सही कूट है—

(A) केवल I

(B) केवल I एवं II

(C) I, II, III सभी

(D) उपर्युक्त में से कोई नहीं

36. डिजिटल पब्लिक प्लेटफॉर्म (DPP) में शामिल है—

I. डिजिटल पहचान जैसे अन्तर-सम्बद्धित डिजिटल बिल्डिंग ब्लॉक.

II. तुरन्त भुगतान प्रणालियाँ.

III. सुरक्षित डेटा.

सही कूट है—

(A) केवल II

(B) केवल I एवं III

(C) केवल I

(D) I, II, III सभी

37. मॉड्यूलर ओपन-सोर्स आइडेंटिटी प्लेटफॉर्म (MOSIP) के बारे में निम्नलिखित में से कौनसा कथन सही है ?

I. एमओएसआईपी को भारत में डिजिटल पहचान के लिए विकसित किया गया है.

II. यह मुफ्त, सुरक्षित और स्केलेबल प्लेटफॉर्म है, जो अन्य देशों को अपनी राष्ट्रीय डिजिटल आईडी प्रणाली बनाने की अनुमति देता है.

III. 27 देश वर्तमान में अपने नागरिकों को आवश्यक सेवाएँ शीघ्रता से, सीधे और निर्बाध रूप से प्रदान करने के लिए एमओएस आई पी-आधारित प्रणालियों को अपना रहे हैं या अपनाने पर विचार कर रहे हैं.

IV. एमओएसआईपी एक ओपन-सोर्स, गैर-लाभकारी प्लेटफार्म है, जो सरकारों को सुरक्षित, स्केलेबल और अनुकूलन योग्य पहचान प्रणालियों के स्वामित्व और संचालन हेतु सशक्त बनाता है.

उपर्युक्त में से कितने कथन सही हैं ?

(A) केवल एक

(B) केवल दो

(C) केवल तीन

(D) सभी चार

38. निम्नलिखित में से कौनसा डिजिटल भुगतान प्रणाली को अपनाने का लाभ माना जाता है ?

I. इससे वितरण लागत में कमी आती है.

II. इससे राजस्व रिसाव कम हुआ है.

III. इससे आपातकालीन राहत कार्य-क्रमों को तेजी से लागू करना आसान हुआ है.

सही कूट है—

(A) केवल I एवं II

(B) केवल II एवं III

(C) केवल I एवं III

(D) I, II, III सभी

39. यूनीफाइड पेमेण्ट इण्टरफेस (UPI) को अपनाने के प्रभावों के सन्दर्भ में भारतीय रिजर्व बैंक के गवर्नर संजय मल्होत्रा द्वारा उर्द्धत निम्नलिखित शोध निष्कर्षों पर विचार कीजिए—

I. यूपीआई का अधिक उपयोग नकदी की कम माँग से जुड़ा है.

II. यूपीआई लेन-देन के परिमाण में एक प्रतिशत की वृद्धि, सकल घरेलू उत्पाद की वृद्धि में 0·03 प्रतिशत की वृद्धि से सम्बन्धित है.

उपर्युक्त में से कौनसा/ये कथन सही है/हैं?

(A) केवल I

(B) केवल II

(C) I एवं II दोनों

(D) न I और न II

40. सितम्बर 2025 के महीनों में भारत का व्यापार घाटा 13 महीनों में सर्वाधिक स्तर पर पहुँच गया. ऐसा निम्नलिखित में से किस कारण से हुआ ?

(A) अमेरिकी राष्ट्रपति डोनाल्ड ट्रम्प द्वारा भारतीय आयातों पर 50% दण्डात्मक प्रशुल्क लगा देना

(B) स्वर्ण आयात में भारी वृद्धि हो जाना

(C) पेट्रोलियम उत्पादों के आयात में भारी वृद्धि हो जाना

(D) निर्यातों में कमी हो जाना

उत्तर व्याख्या सहित

1. (D)

2. (B) 4 अक्टूबर, 2025 को विज्ञान भवन, नई दिल्ली में प्रधानमंत्री नरेन्द्र मोदी द्वारा लॉन्च की गई ₹ 60,000 करोड़ परिव्यय वाली पीएम-सेतु एक केन्द्र प्रायोजित योजना है जिसका उद्देश्य देश के 1000 सरकारी आईटीआई का उच्चीकरण करना है.

3. (C) प्रधानमंत्री उच्चतर शिक्षा अभियान (PM-USHA) के अन्तर्गत राज्यों/केन्द्रशासित क्षेत्रों के सरकारी एवं अनुदानित शिक्षण संस्थाओं को वित्तीय सहायता प्रदान की जाती है.

4. (C)

5. (D) जोहो श्रीधर बेम्बू द्वारा स्थापित स्वदेशी टेक कम्पनी है.

6. (B) भारत सरकार के कृषि एवं कृषक कल्याण विभाग ने ई-राष्ट्रीय कृषि

बाजार प्लेटफॉर्म पर क्रय-विक्रय के लिए अनुमन्य कृषि जिंसों की संख्या 238 से बढ़ाकर 247 कर दी. नई 9 जिंस हैं—ग्रीन टी, चाय, अश्वगंधा की सूखी जड़ें, सरसों का तेल, लैवेंडर का तेल, मेंथा का तेल, वर्जिन जैतून का तेल, लैवेंडर के सूखे फूल, टूटे चावल.

7. (C) 8. (D)

9. (B) आरबीआई बुलेटिन सितम्बर 2025 में प्रकाशित एक रिपोर्ट के अनुसार, वर्ष 2022-23 में कुल जनसंख्या में निर्धनों की जनसंख्या का प्रतिशत झारखण्ड में 14·6%, मध्य प्रदेश में 10·6%, उत्तर प्रदेश में 7·8% तथा बिहार में 7·5% था.

10. (C)

11. (A) 2010-11 एवं 2022-23 के बीच निर्धनता अनुपात में प्रतिशतांक कमी बिहार में 38·0, उत्तर प्रदेश में 34·1, मध्य प्रदेश में 33·1 तथा ओडिशा में 32·7 थी.

12. (D)

13. (A) प्रधानमंत्री नरेन्द्र मोदी ने 11 अक्टूबर, 2025 को भारतीय कृषि अनुसंधान संस्थान परिसर में ₹24,000 करोड़ परिव्यय वाली प्रधानमंत्री धन-धान्य कृषि योजना लॉन्च की जिसका उद्देश्य चयनित 100 जिलों में कृषि उत्पादकता में वृद्धि करना, फसल विविधीकरण और सम्पोषणीय कृषि पद्धतियों को अपनाना, पंचायत और ब्लॉक स्तर पर फसलोंपरांत भण्डारण को बढ़ाना, सिंचाई सुविधाओं में सुधार करना और दीर्घकालिक और अल्पकालिक ऋण की उपलब्धता को सुनिश्चित करना है. इसी अवसर पर शुरू किए गए दलहन आत्मनिर्भरता मिशन का उद्देश्य दलहन उत्पादकता में सुधार, दलहनी फसलों के अन्तर्गत रकबे में विस्तार, मूल्य शृंखला-खरीद-भण्डारण प्रसंस्करण को मजबूत करना और दलहन खेती तथा व्यवसाय में हानियों को कम करना है.

14. (B) उद्योगों के वार्षिक सर्वेक्षण 2023-24 के अनुसार, अखिल भारतीय कारखाना कामगार औसत मजदूरी ₹2·16 लाख थी. झारखण्ड में यह ₹3·20 लाख, ओडिशा में ₹2·74 लाख, महाराष्ट्र में ₹2·66 लाख थी, वहीं उत्तराखण्ड में ₹1·96 लाख, तमिलनाडु में ₹1·98 लाख और हरियाणा में ₹2·02 लाख थी.

15. (C)

16. (A) उद्योगों के सर्वेक्षण 2023-24 के अनुसार श्रम उत्पादकता (प्रति कारखाना कामगार सकल मूल्य वर्द्धन) झारखण्ड में ₹23·87 लाख, ओडिशा में ₹20·87 लाख, मध्य प्रदेश में ₹16.78 लाख, महाराष्ट्र में ₹15·46 लाख तथा कर्नाटक में ₹14·90 लाख थी. झारखण्ड में श्रम उत्पादकता राष्ट्रीय औसत (₹12·55 लाख) से लगभग 90 प्रतिशत अधिक थी.

17. (C) उद्योगों के वार्षिक सर्वेक्षण 2023-24 के अनुसार, कारखाना श्रमिकों की औसत वार्षिक मजदूरी झारखण्ड में ₹3·20 लाख, ओडिशा में ₹2·74 लाख, महाराष्ट्र में ₹2·66 लाख, कर्नाटक में ₹2·56 लाख तथा केरल में ₹2·46 लाख थी.

18. (C) उद्योगों के वार्षिक सर्वेक्षण 2023-24 के अनुसार सर्वाधिक औसत मजदूरी कोक एवं परिशोधित पेट्रोलियम उत्पाद उद्योग (₹4·05 लाख) थी. उसके बाद मशीनरी एवं उपकरणों की मरम्मत तथा स्थापना उद्योग (₹3·83 लाख), प्रकाशन (₹3·26 लाख), बुनियादी धातुएँ (₹2·85 लाख) तथा फार्मास्यूटीकल्स उद्योग (₹2·84 लाख) का स्थान था.

19. (C)

20. (C) जोएल मोकिर अमेरिका के नॉर्थ-वेस्टर्न विश्वविद्यालय से जुड़े हैं, जबकि फिलिप अघियन फ्रांस के कॉलेज डी फ्रांस और INSEAD तथा ब्रिटेन के द लंदन स्कूल ऑफ इकोनॉमिक्स एण्ड पॉलिटिकल साइंस से जुड़े हैं. पीटर होविट अमेरिका के ब्राउन विश्वविद्यालय से सम्बद्ध है.

21. (A) नागरिक उड्डयन मंत्री किंजरापु राम मोहन नायडू द्वारा 13 अक्टूबर, 2025 को सार्वजनिक क्षेत्र की क्षेत्रीय एयरलाइन्स-एलायन्स एयर की फेयर से फुरसत पहल लॉन्च की. 13 अक्टूबर से 31 दिसम्बर, 2025 तक प्रायोगिक आधार पर चलाई जाने वाली इस पहल के अन्तर्गत एलायन्स एयर यात्रियों से एक ही दर से किराया वसूलेगी.

22. (B) LEAPS उद्योग एवं आन्तरिक व्यापार प्रोन्नयन विभाग (DPIIT) की एक पहल है.

23. (C) थोक मूल्य सूचकांक आधारित मुद्रास्फीति दर अप्रैल 2025 में 0·85% मई 2025 में 0·13%, जून 2025 में (–) 0·19% तथा जुलाई 2025 में (–) 0·58% रही.

24. (C) 25. (D)

26. (A) सरकार ने 16वें वित्त आयोग का कार्यकाल एक महीना बढ़ाकर 30 नवम्बर, 2025 तक कर दिया है. इस आयोग को अपनी रिपोर्ट 31 अक्टूबर, 2025 तक देनी थी.

27. (A)

28. (D) विपणन सत्र 2026-27 के लिए रबी फसलों के न्यूनतम समर्थन मूल्य में सर्वाधिक वृद्धि सूरजमुखी (₹600 प्रति क्विंटल) के लिए की गई है, गेहूँ में यह वृद्धि सबसे कम (₹160 प्रति क्विंटल) है, उसके बाद जौ (₹170 प्रति क्विंटल), चना (₹225 प्रति क्विंटल), मसूर (प्रति ₹300 क्विंटल), तथा सरसो (₹250 प्रति क्विंटल) का स्थान है.

29. (A)

30. (D) भुगतान नियामक बोर्ड विनियम 2025 के विनियम 3(2) के प्रावधानों के तहत् बोर्ड की बैठकों में भाग लेने के लिए भारतीय रिजर्व बैंक का प्रधान विधिक परामर्शदाता स्थायी आमन्त्रित सदस्य होता है.

31. (B) राज्य खनन तत्परता सूचकांक 2025 खान मंत्रालय द्वारा जारी किया गया है.

32. (C) भारत में कई खाद्य ब्राण्ड जैसे—फल आधारित पेय, गैर-कार्बोनेटेड पेय और रेडी-टू-ड्रिंक पेय अपने ब्राण्ड नाम में ओआरएस शब्द का प्रयोग विश्व स्वास्थ्य संगठन के अनुमोदन के बिना कर रहे हैं. एफएसएसएआई के हालिया निर्देश का उल्लंघन खाद्य संरक्षा एवं मानक अधिनियम, 2006 के प्रावधानों के तहत् ₹3-10 लाख तक के आर्थिक दण्ड का प्रावधान है.

33. (D) 34. (C)

35. (C) भारत में डिजिटल पब्लिक प्लेटफॉर्म में सलीके से विकसित ढाँचा, डिजिटल बिल्डिंग ब्लॉक से परस्पर जुड़ी बहुस्तरीय प्रणाली है और इसे आधार के जरिए डिजिटल पहचान, यूपीआई रो त्वरित भुगतान प्रणालियाँ और डेटा सक्षम और संरक्षण आर्किटेक्चर (DEPA) से सुरक्षित रूप से डेटा साझा करना शामिल है.

36. (D) 37. (D) 38. (D) 39. (C)

40. (B) सितम्बर 2025 में सोने का आयात 9·6 बिलियन डॉलर था, जो सितम्बर 2024 में हुए आयात से 107% अधिक था.

कि श्वेत वामन तारे (White Dwarf Star) का निर्माण कैसे होता है ?

☞ श्वेत वामन तारे (White Dwarf Star) का निर्माण तब होता है जब किसी तारे का जीवन अन्त की ओर बढ़ने लगता है.

निर्माण की प्रक्रिया

- **मुख्य अनुक्रम तारा (Main Sequence Star)**—शुरुआत में तारा अपने केन्द्र (क्रोड) में हाइड्रोजन को हीलियम में बदलकर ऊर्जा उत्पन्न करता है. यह चरण बहुत लम्बे समय तक चलता है.
- **रेड जायंट (Red Giant) अवस्था**—जब तारे के क्रोड में हाइड्रोजन समाप्त हो जाती है, तो ऊर्जा उत्पादन घट जाता है. परिणामस्वरूप तारे का बाहरी आवरण फैलकर बहुत बड़ा और ठण्डा हो जाता है. तत्पश्चात् तारा 'रेड जायंट' बन जाता है.
- **हीलियम संलयन (Helium Fusion)**—तारे के क्रोड में अत्यधिक ताप और दाब उत्पन्न होते हैं. अब हीलियम के नाभिक मिलकर कार्बन और ऑक्सीजन जैसे भारी तत्व बनाते हैं. इस प्रक्रिया में बहुत अधिक ऊर्जा निकलती है.
- **ऊर्जा का अन्त और संकुचन (Collapse)**—जब हीलियम भी पूरी तरह समाप्त हो जाता है, तब नाभिकीय संलयन बन्द हो जाता है और कोई नई ऊर्जा उत्पन्न नहीं होती. तारे का बाहरी आवरण अन्तरिक्ष में विलीन हो जाता है, जिससे प्लानेटरी नीहारिका बनती है और तारे का केवल क्रोड बचता है.
- **श्वेत वामन (White Dwarf) का निर्माण**—यह शेष क्रोड बहुत छोटा, परन्तु अत्यधिक घना और गर्म होता है. इसमें अब कोई नाभिकीय संलयन नहीं होता. यह श्वेत वामन तारा कहलाता है. समय के साथ यह धीरे-धीरे ठण्डा होकर मन्द प्रकाश देने लगता है.
- **अन्य तथ्य**—श्वेत वामन केवल उन तारों से बनते हैं जिनका द्रव्यमान सूर्य के समान या उससे कम होता है. इनका आकार पृथ्वी के बराबर होता है, परन्तु इनमें तारे का लगभग आधा द्रव्यमान होता है. यह तारे का अंतिम स्थायी चरण होता है, जिसके बाद यह धीरे-धीरे ठण्डा होकर ब्लैक ड्वार्फ में परिवर्तित हो जाता है.

कि लोक सभा चुनाव में अनुसूचित जाति से उम्मीदवार बनने की मुख्य पात्रताएँ क्या हैं ?

☞

- किसी भी सामान्य सीट से चुनाव लड़ने के लिए व्यक्ति का भारत का नागरिक होना और किसी भी राज्य या संघ राज्य क्षेत्र के किसी निर्वाचन क्षेत्र में पंजीकृत मतदाता होना आवश्यक है. यदि सीट अनुसूचित जाति के लिए आरक्षित है, तो उम्मीदवार का किसी भी राज्य की अनुसूचित जाति से सम्बन्धित होना तथा किसी भी संसदीय निर्वाचन क्षेत्र में मतदाता के रूप में पंजीकृत होना आवश्यक है.
- अनुसूचित जनजातियों के लिए आरक्षित सीटों में कुछ विशेष प्रावधन हैं. असम के स्वायत्तशासी जिलों और लक्षद्वीप में स्थित आरक्षित सीटों के लिए उम्मीदवार को उसी क्षेत्र की अनुसूचित जनजाति का सदस्य होना चाहिए और उसी जिले या क्षेत्र का पंजीकृत मतदाता भी होना अनिवार्य है.
- देश के अन्य भागों में अनुसूचित जनजातियों के लिए आरक्षित सीटों पर उम्मीदवार किसी भी राज्य की अनुसूचित जनजाति का सदस्य हो सकता है, बशर्ते वह किसी भी संसदीय क्षेत्र का मतदाता हो.
- सिक्किम की लोक सभा सीट पर नामांकन के लिए उम्मीदवार का उसी संसदीय क्षेत्र का मतदाता होना आवश्यक है. इसके विपरीत, राज्य सभा के चुनावों हेतु यह आवश्यकता नहीं रखी गई कि उम्मीदवार उसी राज्य का मतदाता हो; यह प्रावधान 2003 में समाप्त कर दिया गया है.

कि भारत में महिलाओं के विवाह की आयु के सम्बन्ध में किन प्रावधानों को अपनाया गया है ?

☞

- लोक सभा में बाल विवाह निषेध (संशोधन) विधेयक, 2021 के माध्यम से महिलाओं की न्यूनतम विवाह आयु 18 से बढ़ाकर 21 वर्ष करने का प्रस्ताव (वर्तमान में पारित नहीं) किया गया है. यह कदम केन्द्र सरकार के एक कार्यबल की सिफारिशों पर आधारित है, जिसकी अध्यक्षता जया जेटली ने की थी.
- प्राचीन भारत में वैदिक युग के दौरान महिलाओं के विवाह की आयु 20 वर्ष मानी जाती थी और पुराणों में भी कम आयु में विवाह का उल्लेख नहीं मिलता, किन्तु मध्यकाल तक आते-आते खासकर छठी सदी के बाद ब्राह्मण समुदाय में लड़कियों का विवाह 8-10 वर्ष में करने की प्रथा विकसित हो गई.
- औपनिवेशिक काल में 1891 के सम्मति आयु अधिनियम ने यौन सम्बन्ध के लिए सहमति की आयु 10 से बढ़ाकर 12 वर्ष की, पर विवाह पर सीधा नियंत्रण नहीं था. 1929 का शारदा अधिनियम पहली बार विवाह की न्यूनतम आयु तय करने का प्रयास था लड़कियों के लिए 14 और लड़कों के लिए 18 वर्ष.
- स्वतंत्रता के बाद विशेष विवाह अधिनियम, 1954, हिन्दू विवाह अधिनियम, 1955 और बाल विवाह प्रतिषेध अधिनियम, 2006 में लड़कियों के लिए 18 और लड़कों के लिए 21 वर्ष की न्यूनतम विवाह आयु तय की गई है.

कि रैपिड एजिंग (Rapid Aging) का सम्बन्ध जनसंख्या के स्थिरीकरण की ओर अग्रसर होने से है ?

☞

- रैपिड एजिंग से आशय किसी देश जनांकिकीय संक्रमण की दूसरी अवस्था (उच्च जन्म दर, निम्न मृत्यु दर) से तीसरी अवस्था (निम्न जन्म दर, निम्न मृत्यु दर) में प्रवेश के फलस्वरूप वहाँ की जनसंख्या के स्थिरीकरण की ओर अग्रसर होने से है.
- ऐसी स्थिति में उस देश के कुल श्रमबल के आकार में कमी होने लगती है. श्रम बल का एक बड़ा हिस्सा कार्यशील आयु-समूह से बाहर हो जाता है और उनके द्वारा निर्मित रिक्त स्थान को भरने के लिए युवाओं की उपलब्धता अपर्याप्त होती है.
- परिणामतः निर्भरता अनुपात में भी बढ़ोतरी होती जाती है. स्पष्ट है कि रैपिड एजिंग से तात्पर्य कार्यशील जनसंख्या की औसत उम्र में होने वाली वृद्धि से है जिसकी तार्किक परिणति बुजुर्गों की बढ़ती आबादी और बढ़ते निर्भरता अनुपात के रूप में होती है.

अपना ज्ञान बढ़ाइए

प्रश्न—जैविक विभव और पर्यावरणीय प्रतिरोध के मध्य सम्बन्ध को स्पष्ट कीजिए.

उत्तर—किसी भी प्रजाति की बढ़ने और अपनी संख्या बढ़ाने की एक प्राकृतिक क्षमता होती है. जब सभी परिस्थितियाँ आदर्श होती हैं और संसाधन असीमित होते हैं, तो उस प्रजाति की संतानोत्पत्ति की अधिकतम दर को ही उसका जैविक विभव कहा जाता है.

- उदाहरण के लिए, जीवाणु और चूहे जैसी प्रजातियाँ बहुत कम समय में बड़ी संख्या में संतान उत्पन्न कर सकती हैं, इसलिए उनका जैविक विभव ऊँचा होता है.
- इसके विपरीत, हाथी और मानव जैसे जीव, जो धीरे-धीरे और कम संतान उत्पन्न करते हैं, उनका जैविक विभव कम होता है.
- जैविक विभव के प्रभाव से केवल यदि जनसंख्या बढ़े, तो प्राकृतिक रूप से प्रत्येक जीव की संख्या विस्फोटक रूप से बढ़ जाएगी, लेकिन ऐसा कभी नहीं होता, क्योंकि प्रकृति स्वयं इससे संतुलन बनाए रखती है.
- यह संतुलन पर्यावरणीय प्रतिरोध द्वारा सम्भव होता है. पर्यावरणीय प्रतिरोध उन सभी कारकों का समूह है, जो किसी समुदाय की संख्या वृद्धि को सीमित करते हैं.
- इनमें प्रमुख हैं—परभक्षण, प्रतिस्पर्धा, भोजन की कमी, बीमारियाँ, जलवायु की विपरीत स्थितियाँ और उपयुक्त आवास का अभाव.
- इस प्रकार, जैविक विभव किसी प्रजाति की अधिकतम वृद्धि की क्षमता है जबकि पर्यावरणीय प्रतिरोध उस वृद्धि को नियंत्रित करने वाला प्राकृतिक तंत्र है.
- जब ये दोनों एक संतुलित अवस्था में रहते हैं, तब ही किसी प्रजाति की जनसंख्या स्थिर बनी रहती है और पारिस्थितिकी तंत्र में संतुलन बना रहता है.

प्रश्न—भारत के नियंत्रक एवं महालेखा परीक्षक की शक्तियों और कार्य का उल्लेख कीजिए.

उत्तर—भारत के संविधान के अनुच्छेद 148(1) के तहत् नियंत्रक एवं महालेखा परीक्षक (CAG) का पद स्थापित किया गया है. सीएजी सीधे पब्लिक फण्ड के प्राप्ति और निर्गम को नियंत्रित नहीं करता, बल्कि बाद में उनका ऑडिट करता है. इसकी रिपोर्ट संसद की लोक लेखा समिति के समक्ष रखी जाती हैं, जो इस पर विचार करती है.

इसके मुख्य कार्य इस प्रकार हैं—

(1) केन्द्र और राज्य सरकारों के राजस्व से देश और विदेश में किए गए व्यय एवं लेन-देन की जाँच करना.

(2) व्यापारिक और निर्माण सम्बन्धी लाभ-हानि खातों का ऑडिट करना.

(3) सरकारी भण्डारगृहों की ऑडिट जाँच करना.

(4) राष्ट्रपति के आदेश पर स्थानीय निकायों का ऑडिट करना.

(5) सरकारी कम्पनियों एवं निगमों की ऑडिट प्रक्रिया में सक्रिय भूमिका निभाना.

ध्यान देने योग्य बात है कि सीएजी केवल लेखा परीक्षा का काम करता है, नियंत्रक का नहीं. इसकी भूमिका प्रशासनिक वित्तीय स्वच्छता बनाए रखने में महत्वपूर्ण है, जबकि ब्रिटेन में नियंत्रक एवं महालेखा परीक्षक को धन के निर्गम और लेखा परीक्षा दोनों प्रकार के अधिकार प्राप्त हैं, भारत में यह कार्य विभाजित है.

प्रश्न—सच्चिदानंद सिन्हा को 'आधुनिक बिहार प्रान्त का वास्तविक निर्माता' क्यों कहा जाता है ?

उत्तर—सच्चिदानंद सिन्हा भारत के प्रख्यात राजनीतिक नेता, शिक्षाविद्, अधिवक्ता और पत्रकार थे, जिन्हें इतिहासकार प्रमोदानन्द दास ने 'आधुनिक बिहार प्रान्त का वास्तविक निर्माता' कहा है.

- वे बिहार के बंगाल से पृथक्करण आन्दोलन के प्रमुख प्रणेता थे. उनके अथक् प्रयासों से बिहार और उड़ीसा प्रान्त का गठन सम्भव हुआ.
- सच्चिदानंद सिन्हा को संविधान सभा का प्रथम अस्थायी अध्यक्ष चुना गया था.
- 9 दिसम्बर, 1946 को संसद भवन के सेन्ट्रल हॉल में संविधान सभा की पहली बैठक उनकी अध्यक्षता में हुई, जो स्वतंत्र भारत के संविधान निर्माण की ऐतिहासिक शुरुआत थी.

प्रश्न—परभक्षण की प्रक्रिया किस प्रकार परभक्षी और भक्ष्य की जनसंख्या में संतुलन बनाए रखती है ? उदाहरण सहित स्पष्ट कीजिए.

उत्तर—परभक्षण वह पारस्परिक क्रिया है जिसमें एक जीव (परभक्षी) दूसरे जीव (भक्ष्य) को मारकर खा जाता है. उदाहरण के तौर पर बाघ हिरण को भोजन के रूप में इस्तेमाल करता है.

- यह सम्बन्ध केवल खाने तक सीमित नहीं, बल्कि पूरे पारिस्थितिकी तंत्र में संतुलन बनाए रखने में मदद करता है. यदि परभक्षी जैसे बाघ की संख्या बढ़ जाती है, तो यह अधिक हिरणों का शिकार करेगा, जिससे हिरणों की संख्या घटेगी.
- जब हिरण कम हो जाएंगे तो बाघों को पर्याप्त भोजन नहीं मिलेगा, कुछ भूखे मर सकते हैं या क्षेत्र बदल देंगे, जिससे बाघों की संख्या घट जाएगी.
- इसके विपरीत, जब परभक्षी कम होंगे, तो हिरणों की संख्या तेजी से बढ़ेगी, क्योंकि उन्हें खाने वाला कम होगा. अधिक संख्या में हिरण घास का अधिक चरन करेंगे, जिससे घास की मात्रा घटेगी.
- घास कम होने पर हिरणों के लिए भोजन की कमी हो जाएगी और उनकी संख्या फिर घटने लगेगी. इस तरह परभक्षी और भक्ष्य दोनों की जनसंख्या एक-दूसरे को प्रभावित करती रहती है.
- यह प्रक्रिया दर्शाती है कि परभक्षी-भक्ष्य सम्बन्ध केवल एक आहार शृंखला नहीं है, बल्कि प्रकृति का एक संतुलन तंत्र है, जो जनसंख्या के उतार-चढ़ाव के बावजूद समुदाय को स्थिर बनाए रखने में मदद करता है.

प्रश्न—अपरदन और निक्षेपण में क्या अन्तर है तथा ये एक-दूसरे से कैसे जुड़े हैं ?

उत्तर—अपरदन वह प्रक्रिया है जिसमें प्राकृतिक कारक जैसे—जल, वायु, हिमनद आदि पृथ्वी की सतह को काटकर या पत्थरों को विखण्डित कर एक स्थान से दूसरे स्थान पर ले जाते हैं. इसमें चट्टानों का टूटना, घुलना या बह जाना शामिल होता है.

- जब इन कारकों का वेग या ऊर्जा अधिक होती है, तो वे भूमि की सतह को काटकर बहा ले जाते हैं.
- यह मृदा या पत्थर धीरे-धीरे कहीं और जाकर जमा होती है, जिसे निक्षेपण कहा जाता है.
- निक्षेपण तब होता है जब प्रवाह की गति घट जाती है और वह अपने साथ लाई हुई सामग्री को गिरा देता है. पहले भारी और बाद में हल्की वस्तुएँ जमती हैं.
- इस प्रकार जलोढ़ पंख, मैदान और डेल्टा जैसी संरचनाएँ बनती हैं. इसलिए अपरदन और निक्षेपण एक-दूसरे के पूरक हैं—एक भूमि को काटता है और दूसरा नई स्थालाकृतियाँ बनाता है.

प्रथम पुरस्कृत निबन्ध

''समाज और प्रकृति के साथ सामंजस्य सफलता का अचूक मंत्र''

—आशीष अम्बर

समाज और प्रकृति से तालमेल बिठाकर ही मनुष्य सच्ची और स्थायी सफलता प्राप्त कर सकता है, क्योंकि दोनों एक-दूसरे के पूरक हैं और व्यक्ति के अस्तित्व के लिए आवश्यक हैं. प्रकृति हमें स्थिरता, विनम्रता और असफलता के बाद उठ खड़े होने का पाठ सिखाती हैं, जबकि समाज में सामंजस्य और सहयोग से ही एक समृद्ध और खुशहाल जीवन सम्भव है. प्रकृति के उपहारों का सम्मान करना और समाज में सह-अस्तित्व बनाए रखना ही हमें बाहरी उपलब्धियों के साथ-साथ आन्तरिक शान्ति और सन्तुष्टि दिलाता है, जो सच्ची सफलता का मूल है.

समाज से तालमेल

- **सामंजस्य और सहयोग**—प्रकृति की तरह, जहाँ विभिन्न जीव-जन्तु मिल-जुलकर रहते हैं, हमें भी समाज में सह-अस्तित्व और सामंजस्य बनाए रखना चाहिए. इससे एक सुखी और समृद्ध समाज का निर्माण होता है.
- **सामाजिक दायित्व**—हमें समाज के प्रति अपने उत्तरदायित्वों को समझना चाहिए और ऐसे कार्य करने चाहिए जिनसे समाज का भला हो, न कि उसे हानि पहुँचे.
- **सकारात्मक सम्बन्ध**—समाज में सकारात्मक सम्बन्ध बनाने चाहिए. ऐसे दोस्त बनाने चाहिए जो हमें आगे बढ़ने, में मदद करें और मुश्किल समय में हमारा साथ दें.

प्रकृति से सामंजस्य

- **पतझड़ और बसन्त**—पतझड़ में पत्तियों का गिरना हमें सिखाता है कि कठिनाइयाँ जीवन का अन्त नहीं है, बल्कि हर मुश्किल के बाद फिर से उठने का अवसर होता है.
- **झुका हुआ पेड़**—फलों से लदा पेड़, जो नीचे की ओर झुका होता है, हमें विनम्र और शालीनता सिखाता है. भले ही हमें कितनी भी सफलता मिले.
- **नदी का बहाव**—नदी बहती हुई हमें निरन्तरता और समर्पण के साथ अपने लक्ष्यों को प्राप्त करने की प्रेरणा देती है.
- **सादा जीवन**—प्रकृति के महत्व को समझते हुए, हमें सादा जीवन और उच्च विचार को अपनाना चाहिए न कि केवल भौतिक समृद्धि के पीछे भागना चाहिए.

आचार्य चाणक्य ने अपने अमरग्रंथ अर्थशास्त्र में लिखा है कि सामान्य समाज एवं प्रकृति के बीच अपनी योग्यता को साबित करना ही सफलता है. साधु-संत उन्हें सफल मानते हैं, जो सासारिक वस्तुओं से ऊपर उठकर सोचते है अथवा वे व्यक्ति सफल है जिन्होंने अपनी वासनाओं पर विजय प्राप्त कर ली है. वैसे संक्षेप में यह कह कहते है कि सफलता एक अमूर्त विषय है. इसे नापने के लिए कोई तराजू अथवा मीटर उपलब्ध नहीं है, फिर भी लोग सफलता को मापने के लिए पैमाना बनाने का प्रयत्न करते हैं. सफलता का रहस्य मनुष्य की सोच और सफलता को देखने की क्षमता में निहित है. प्रसिद्ध अमेरिकी दार्शनिक विलियम जेम्स का कहना है कि हम जो सोचते है, उसे प्राप्त कर सकते है. प्रत्येक व्यक्ति में ऐसी शक्तियाँ अन्तनिर्हित रहती है, जो उसे किसी भी प्रकार की बाधा पर विजय प्राप्त करा सकती है.

इसलिए कहा जाता है कि—A man can do what man has done.

सुकरात एवं अरस्तू जैसे महापुरुषों ने वर्षों पूर्व घोषणा की थी कि—"मानव एक सामाजिक प्राणी है और समाज के बिना मनुष्य का अस्तित्व सम्भव नहीं है." यह कथन आज के दौर में भी अक्षरशः सत्य प्रतीत हो रहा है. विभिन्न प्रकार के समाजों का निर्माण तो भौगोलिक दशाओं, सांस्कृतिक गतिविधियों (यानि वेशभूषा, रहन-सहन, खान-पान सहित संस्कारित जीवन), जाति, वाणिज्य व्यापारों आदि चीजों पर निर्भर होता है. इसमें व्यक्तिगत वैचारिक भिन्नता अथवा अभिन्नता दोनों ही सम्भवतः होते हैं; फिर भी समाज की संरचना के लिए उनके बीच गहरा सामूहिक भातृत्व प्रेम सह-अस्तित्व व बड़े ही सौहार्द की भावना का होना अति महत्वपूर्ण है. इसके अभाव में मानवीय मूल्यों में ह्रास होता है; जो हिंसा, प्रतिहिंसा, तनाव, उत्पीड़न, चिन्ता, विनाश जैसी घटनाएँ उत्पन्न होती हैं. मानव को प्रकृति के साथ भी खूब सुन्दरतम सामंजस्य के साथ जीवन जीने लायक बनाना चाहिए. प्रकृति के वन, वृक्ष, इन पर लगे फूल की सुगन्ध, बैठे पक्षियों के कलरव तो मानव मन के जीवन को बिल्कुल निहाल कर देता है. ऐसा प्रतीत होता है कि मानव साहचर्य की अपेक्षा प्रकृति का साहचर्य हमारे स्वभाव के अधिक अनुकूलता रखता है, तभी तो हिन्दी के प्रसिद्ध उपन्यासकार मुंशी प्रेमचन्द ने एक स्थान पर बड़ी सटीकता से लिखा है कि—"साहित्य में आदर्शवाद का वही स्थान हो, जो जीवन में प्रकृति का स्थान है." जब हम समाज की घुटन, ऊब, दुर्गन्ध एवं कुण्ठा भरे जीवन से ऊब जाते हैं, तब खुली हवा पाने के लिए किसी वन, उपवन अथवा फले-फूले उद्यान में जाना चाहते है. इसी प्रकार से जीवन में समाज की विषमताओं व विडम्बनाओं से युक्त काव्य की ऊबन-घुटन मिटाने के लिए हम कदम आदर्शवाद की ओर बढ़ाते हैं. उपन्यासकार महोदय के कहने का तात्पर्य साफ रहा है कि माता की गोद की भाँति ही प्रकृति हमारे लिए सुख-चैन प्रदाता एवं संकटमोचन कोड की विधान भी करती है. ये सब प्रकृति के कलाकृति है, जो मानव जीवन हेतु प्रेरणा प्रदान करती है.

इंसान जीवन में आरम्भ से लेकर अंत-अंत तक न जाने कितने सहारों को थामते-थामते आगे बढ़ता है. उसका परिवेश अवश्य ही उसके व्यक्तित्व को भावनात्मक, भौतिक व आध्यात्मिक दृष्टि से यूँ निखारने, सँवारने, सफल होने आदि में मददगार सिद्ध होता है. जन्म के बाद एक जीवन, जीवन के बाद परिवारजन से और परिवारजन के बाद एक समाज का निर्माण होता है. इस तरह समाज एक ऐसी इकाई है, जो वाकई जीवन को सजाने-सँवारने में परम योगदान करती है. हालाँकि, समाज में हर कोई भाग्यशाली और वैभवशाली नहीं होता है. न जाने कितने ही लोग इन विशेषाधिकारों से वंचित रहकर पूरा ही जीवन अभाव में व्यतीत करने को विवश रहते हैं. इसी क्रम में जो लोग जीवन में सफल होते हैं; वो अपने से कमजोर, पीड़ित एवं अभावग्रस्त समाज के लोगों को काफी हद तक मदद करते हुए उसे बचाने का अथक प्रयास करते हैं. बिना कोई अपेक्षा रखकर वंचित वर्गों को शिक्षित करते हैं व जीवन की कलाकृति में पारंगत होने की परिपूर्ण परिष्कृति करते रहते हैं. इस प्रकार सामान्य जीवन-यापन करने वाले निःस्वार्थ भाव से समाज के प्रति ऋण को चुकाते हैं. समाज में आध्यात्मिक चेतना को जगाने के लिए आगे हाथ बँटाते हैं. सम्पूर्ण संसार में अवसाद भरे समाज को वे शान्ति, प्रेम, भाईचारे की सच्ची कृति को फैलाकर संदेश देकर सद्गति प्रदान करते है. इस प्रकार मानव जाति के साथ सामंजस्य बनाकर ऋणी होने की ओर उन्मुख करते हैं; जो मानव का सर्वोत्तम ही धर्म है. ऐसे धर्म के कर्म से ही सफलता का अचूक सूत्र बनाते हैं.

विंस्टन एस. चर्चिल ने कहा है—"A pessimist sees the difficulty in every opportunity, an optimist sees the opportunity in every difficulty." अर्थात् एक निराशावादी हर अवसर में कठिनाई देखता है और एक आशावादी हर कठिनाई में अवसर देखता है. इस तरह हर एक इंसान अपने जीवन पर गौर फरमाएँ, तो स्पष्ट समझ में आएगा कि सफलता किसी भी विशेष व्यक्ति को मुहूर्त विशेष में घटना विशेष के घटने पर प्राप्त होती हो, ऐसा कुछ नहीं है. सफलता तो किसी भी व्यक्ति को जीवन के किसी भी पड़ाव में किसी भी क्षेत्र में कभी भी कहीं भी हासिल हो सकती हैं. बशर्ते, उसे अवसर को पहचानना एवं उसका सदुपयोग करना आ जाए. यहाँ दो शब्द एक अवसर व दूसरा अहसास अवसर यानि कि Opportunity और एहसास की बातें रखते हैं. बहुत से लोग सुने कि अवसर प्रत्येक जगह व प्रत्येक समय है, किन्तु उस अवसर को महसूस कर पाना एहसास कर पाना दुर्लभ होता है. हमें इसी अवसर और एहसास के बीच सामंजस्य स्थापित करना निश्चित रूप से करना सीखना होगा. फिलहाल कोरोना के समय कई लोगों ने इसे अवसर समझकर असहाय, निःसहाय, गरीब, अनाथ बच्चों, बुजुर्गों के बीच मदद के रूप में जरूरत की सामग्री उपलब्ध करवाएँ उसके साथ अच्छे रूप से समाज के अभिन्न सदस्य मानते हुए खूब सुन्दर सामंजस्य को बनाएँ, लाखों-करोड़ों लोगों का सहारा बनें कुछ लोग इस अवसर का एहसास अपने रूढ़िगत सोच के कारण नहीं कर सके व सिर्फ सिर पर हाथ रखकर आँसू बहाते रह गए. ऐसे लोग अवसर व एहसास के बीच सामंजस्य स्थापित करने में असफल रहे फलतः सफलता के अति महत्वपूर्ण सूत्र स्थापित न कर असफलता को गले-से-गले मिलाएँ. ऐसे लोग मुंगेरीलाल के हसीन सपने देखते है, परन्तु सच में करने की नोबत आती है, तो वो सपने में सोए-सोए व खोए-खोए रह जाते हैं. मतलब साफ है कि सोचने व करने के बीच तालमेल नहीं है. जब तक सामंजस्य स्थापित नहीं हो, तब तक अपनी सोच को कार्यरूप में परिणत करने हेतु सतत् प्रयोग प्रयासरत रहना ही होगा. जाने कि इस दुनिया में कोई भी काम अकेले नहीं होता है. कहा जाता है कि—"अकेला चना भाड़ नहीं फोड़ पाता" टीम वर्क के महत्व को समझते हुए समाज के प्रति व प्रकृति के साथ सामंजस्य बनाकर सुन्दरतम् सुर, ताल व माहौल कायम करना होगा तभी सफलता का अचूक सूत्र बन पाएगा. न्यायोचित कविता के कुछ अंश सारगर्भित जरूर है—

जीवन का हर्ष-उत्कर्ष दुर्भावना में नहीं,
वो तो सद्भावना में है.
जीवन का हर्ष-संघर्ष उत्तेजना में नहीं,
वो तो संवेदना में है.
समायोजन का हर्ष-सहर्ष अवहेलना में नहीं,
वो तो परम सामंजस्य की भावना में है.

हमारा पर्यावरण पृथ्वी, जल, अग्नि, वायु एवं आकाश इन पंच महाभूतों या तत्वों से निर्मित है. प्राचीन भारत में लगभग 1500 ईसा पूर्व से लेकर 600 ईसा पूर्व तक के समय वैदिक काल ने भारतीय धर्म व समाज की नींव को आकार देने में बड़ी ही सामंजस्यपूर्ण भूमिका निभाई है. भारत वर्ष में सम्राट अशोक, गौतम बुद्ध, वर्धमान महावीर, मुगल सम्राट अकबर, गाँधी, टैगोर, पटेल, भगत सिंह, टेरेसा, जैनुल आबदीन कलाम जैसे इतिहास पुरुषों ने समाज एवं प्रकृति के साथ तालमेल कर सफलता के सूत्र की नींव रखी थी.

निष्कर्षतः यह स्पष्ट है कि मानव अपने समाज में रहकर एवं प्रकृति से जुड़कर ही सफलता प्राप्त कर सकता है.

●●●

शेष पृष्ठ 176 का

भारतीय प्रबन्धन संस्थान, बेंगलुरु व तीसरा स्थान भारतीय प्रबन्धन संस्थान, कोझीकोड का रहा है.

88. (D)
- उच्च शिक्षा की संस्थाओं एवं विषयों की वैश्विक रैंकिंग का आकलन करने वाली लन्दन स्थित एजेंसी क्वाक्वारेली साइमंड्स (क्यूएस) ने मैनेजमेन्ट संस्थाओं की वर्ष 2026 की रैंकिंग जारी की है. इसमें विभिन्न मानकों के आधार पर विश्व के 359 मैनेजमेंट इंस्टिट्यूट को रैंकिंग प्रदान की गई है.
- कुल 359 प्रबन्धन संस्थाओं में भारत के कुल 14 संस्थान इसमें सम्मिलित किए गए हैं.
- शीर्ष 100 प्रबन्धन संस्थाओं में भारत की तीन संस्थाओं ने स्थान पाया है. इनमें भारतीय प्रबन्धन संस्थान, बेंगलुरु (भारत के प्रबन्धन संस्थाओं में शीर्ष स्थान) का शीर्ष 52वाँ स्थान, आईआईएम, अहमदाबाद (भारत में दूसरा) का 58वाँ स्थान व आईआईएम, कोलकाता (भारत में तीसरा) को 64वाँ स्थान प्राप्त हुआ है.

89. (A)
90. (A) रक्षा अनुसंधान एवं विकास संगठन (DRDO) ने 2000 किमी दूरी की मारक क्षमता वाली मध्यम दूरी की अग्नि-प्राइम मिसाइल का पहली बार ओडिशा की चाँदीपुर रेंज से रेल आधारित मोबाइल लॉन्चर से सफल परीक्षण किया.
91. (D) 92. (B) 93. (D)
94. (D) क्रिस्टोफर कूटर भारत में कनाडा के नए राजदूत नियुक्त किए गए हैं.
95. (B) मलयालम फिल्मों के सुपरस्टार मोहनलाल (पूरा नाम—मोहनलाल विश्वनाथन नायर) को देश में सिनेमा जगत के सर्वोच्च दादा-साहेब फाल्के पुरस्कार से राष्ट्रपति द्रौपदी मुर्मू द्वारा सम्मानित किया गया.
96. (B)
- वर्ष 2025 के रेमन मैग्सेसे पुरस्कार के लिए चुने गए विजेताओं में पहला भारतीय संगठन एजुकेट गर्ल्स है.
- अन्य विजेताओं में गरीबों के उत्थान के लिए प्रयासरत फिलीपींस के विलानुएवा फ्लेवियानो एण्टोनियो एल. व मालदीव की पर्यावरणवादी शाहिना अली शामिल है.

97. (D)
- विश्व के सर्वश्रेष्ठ गोलकीपर के लिए यासिन ट्रॉफी की शुरुआत फ्रांस की फुटबॉलर पत्रिका द्वारा वर्ष 2019 से की गई थी. इस वर्ष यह ट्रॉफी पुरुष खिलाड़ियों में मेनचेस्टर सिटी के लिए खेलने वाले इटली के जियानलुइगी डोनारुम्मा तथा महिलाओं में इंग्लैण्ड व चैल्सी की हन्ना हैम्पटन ने जीती है.
- विक्टर ग्योकेरेस (स्वीडन) को 'स्ट्राइकर ऑफ द ईयर' (गर्ड मुलर ट्रॉफी) पुरस्कार प्रदान किया गया है. महिलाओं में यह पुरस्कार बार्सीलोना के लिए खेलने वाली इवा पाजोर को दिया गया.

98. (B) 10-21 नवम्बर, 2025 के बीच यूएनएफसीसीसी का 30वाँ सत्र ब्राजील के तटीय शहर बेलेम में आयोजित किया जाएगा.
99. (C) अन्तर्राष्ट्रीय साक्षरता दिवस प्रति वर्ष 8 सितम्बर को मनाया जाता है.
100. (A) पुस्तक एवं उनके लेखक से सम्बन्धित सही सुमेलन है—
- हैप्पिनेस हैंपस—रॉबिन सिंह.
- विकसित भारत : इण्डिया @ 2047—आदित्य पिट्टी
- द लोनलीलैस ऑफ सोनिया एण्ड सनी—किरण देसाई
- 12 ईयर्स : मार्कमेस्ड-अप लव स्टोरी—चेतन भगत

●●●

प्रतियोगिता दर्पण
हिन्दी मासिक

निबन्ध प्रतियोगिता क्रमांक-555 का परिणाम

प्रथम

द्वितीय

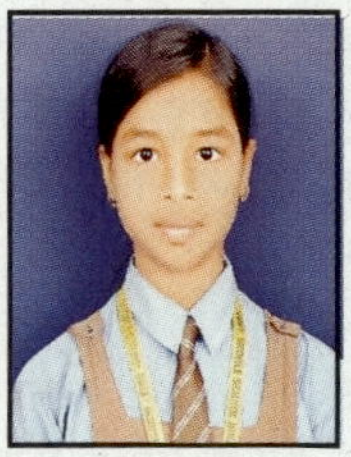
तृतीय

विषय : **"समाज और प्रकृति के साथ सामंजस्य सफलता का अचूक मंत्र."**

प्रथम– आशीष अम्बर
C/o सुरेश कुमार प्रसाद
ग्राम + पो.–रमनीरामपुर छतवन
जिला–दरभंगा (बिहार)
पिन–847 337

द्वितीय– साधना श्रीवास्तव
C/o प्रियंका तिवारी
नारायण दास पुरा, झूंसी
जिला–प्रयागराज (उत्तर प्रदेश)
पिन–211 019

तृतीय– रिषिका कुमारी
S/o सुधीर कुमार
जिला–बेगूसराय (बिहार)

अन्य प्रशंसनीय प्रयास

1. प्रभात कुमार भारती
S/o कपिलदेव मंडल
बेहट, झंझारपुर
जिला–मधुबनी (बिहार)
पिन–847 403

2. रामबाबू सहनी
हनुमाननगर
नन्देनगर बलहा
जिला–समस्तीपुर (बिहार)
पिन–848 117

➡ उपर्युक्त प्रशंसित निबन्ध प्रतियोगियों में से प्रत्येक को उपकार प्रकाशन की ₹ 300 मूल्य की वांछित पुस्तक/पुस्तकें भेंटस्वरूप प्रदान की जाएंगी. **कृपया अपनी पसन्द की पुस्तक अलग से प्रकाशक के नाम पत्र द्वारा सूचित करें.** यदि ₹ 300 से अधिक मूल्य की पुस्तक की माँग की गई है, तो उसके मूल्य में से ₹ 300 पुरस्कारस्वरूप कम कर दिए जाएंगे.

सामान्य ज्ञान प्रतियोगिता क्रमांक–228 का सर्वशुद्ध हल एवं पुरस्कार विजेता

प्रतियोगिता के नियमानुसार प्रवेश प्रारूप-पत्र पर प्राप्त हलों के परीक्षण के उपरान्त निम्नलिखित प्रतियोगी पुरस्कार प्राप्त करने में सफल हुए हैं. '**प्रतियोगिता दर्पण**' उनकी सफलता पर शुभकामनाएँ प्रेषित कर उनके उज्ज्वल भविष्य की कामना करती है तथा उनकी खोजपूर्ण प्रवृत्ति के प्रति आभार व्यक्त करती है.

पुरस्कृत विजेता

प्रथम पुरस्कार प्रज्ञा बसेड़ा
C/o हीरा सिंह बसेड़ा
आवास सं.-05, हरिवास कॉलोनी,
रेसकोर्स, निकट विधायक निवास
जिला–देहरादून (उत्तराखण्ड)
पिन–248 001

द्वितीय पुरस्कार शाहिदा परवीन
मुहल्ला–सेनापत कॉलोनी
जिला–दरभंगा (बिहार)
पिन–846 004

तृतीय पुरस्कार नीतु प्रजापत
D/o राम रतन प्रजापत
मु. पो.–सिरियारी
वाया–राणावास
जिला–पाली (राजस्थान)
पिन–306 023

सर्वशुद्ध हल

1. (B) 2. (D) 3. (B) 4. (A) 5. (C) 6. (A) 7. (D)
8. (B) 9. (C) 10. (C) 11. (B) 12. (D) 13. (A) 14. (D)
15. (B) 16. (B) 17. (D) 18. (C) 19. (B) 20. (D) 21. (A)
22. (C) 23. (B) 24. (A) 25. (D) 26. (C) 27. (B) 28. (B)

निबन्ध प्रतियोगिता

विषय–''प्रशुल्क युद्ध जनित नवसंरक्षणवाद के सन्दर्भ में भारत-अमेरिका के बीच द्विपक्षीय सम्बन्ध''.

अन्तिम तिथि–28 दिसम्बर, 2025.

शब्द संख्या–लगभग 2000 शब्द.

1. अपना निबन्ध स्वहस्तलिखित, ई-मेल, whatsapp अथवा अन्य किसी भी माध्यम से प्रतियोगिता दर्पण को भेजें. e-mail : care@pdgroup.in, whatsapp : 9634167776

2. निबन्ध के साथ प्रतियोगी अपना पासपोर्ट आकार का फोटो अवश्य भेजें. प्रथम तीन स्थान पाने वाले प्रतिभागियों के फ़ोटो को पत्रिका में सम्मान दिया जाता है. प्रथम तीन निबन्धों पर क्रमश: ₹ 2000, ₹ 1500 व ₹ 1000 चेक के माध्यम से व प्रमाण-पत्र पुरस्कार के रूप में दिए जाएंगे. अन्य 5 अनुशंसित निबन्धों को आकर्षक प्रमाण-पत्र व उपकार प्रकाशन की ₹ 300 मूल्य तक की वांछित पुस्तक पुरस्कारस्वरूप दी जाएगी.

3. प्रत्येक प्रविष्टि पर अपना नाम English में लिखें, जिस नाम से आपका बैंक खाता हो. बैंक का नाम, खाता नम्बर व बैंक का IFSC कोड भी अवश्य लिखें.

सामान्य ज्ञान प्रतियोगिता

1. निम्नलिखित कथनों में से कौनसा/से सही है/हैं ?
I. रॉबर्ट ब्रूस फुट ने 1863 ई. में भारत में पाषाणकालीन बस्तियों के अन्वेषण की शुरुआत की थी.
II. क्रिश्चियन जगैनसन थॉमसन ने कोपेन हेगन संग्रहालय की सामग्री से पाषाण, कांस्य और लौह युग का त्रियुगीन विभाजन किया था.
III. मध्य पाषाणिक काल में पशुपालन के प्रमाण भारत में आदमगढ़ (म.प्र.) और बागोर (राजस्थान) से मिले हैं.
कूट :
(A) केवल I (B) केवल II और III
(C) केवल III (D) I, II और III

2. नवीनतम खोजों के आधार पर भारतीय उपमहाद्वीप में कहाँ से प्राचीनतम कृषि (विशेषतः चावल) के साक्ष्य मिले हैं ?
I. लहुरादेव II. मेहरगढ़
III. कोलडिहवा IV. टोकवा
कूट :
(A) केवल I, II और III
(B) केवल II और III
(C) केवल I और IV
(D) I, II, III और IV

3. जम्मू-कश्मीर में श्रीनगर के निकट उत्तर-पश्चिम में स्थित बुर्जहोम से नवपाषाणिक अवस्था में मानव कंकाल के साथ किस जानवर के कंकाल भी शवाधान से प्राप्त हुआ है ?
(A) घोड़ा (B) कुत्ता
(C) बकरी (D) हिरण

4. निम्नलिखित युग्मों पर विचार कीजिए—
(ऐतिहासिक स्थान)
: (प्रसिद्धि का कारण)
I. गणेश्वर : टेराकोटा कला
II. बुर्जहोम : दोहरी पेंचदार ताम्र बाणाग्र
III. चन्द्रकेतुगढ़ : शैलकृत देव मन्दिर
उपर्युक्त युग्मों में से कौनसा/से सही सुमेलित नहीं है/हैं ?
(A) केवल I
(B) केवल I और II
(C) केवल II और III
(D) I, II और III

5. सैंधव सभ्यता के विनाश के कारणों पर विभिन्न इतिहासकारों ने अलग-अलग मत दिए हैं. निम्नलिखित विद्वानों में से जलवायु परिवर्तन के कारण सैंधव सभ्यता के विनाश का कारण माना है ?
(A) आरेन स्टीन और अमलानन्द घोष
(B) मार्शल, मैके और एस.आर. राव
(C) गार्डेन चाइल्ड और मार्टीमर ह्वीलर
(D) के.यू.आर. केनेडी

6. बुद्ध का किसके सिक्कों पर अंकन हुआ है ?
(A) कार्तिकेय (B) वासुदेव
(C) कनिष्क (D) विम कडफिसेज

7. भारत के प्रधानमंत्री के सम्बन्ध में कौनसा विकल्प सही नहीं है ?
(A) नियुक्ति राष्ट्रपति द्वारा
(B) मंत्रिपरिषद् का प्रमुख
(C) नियुक्ति के समय संसद के किसी सदन का सदस्य होना आवश्यक
(D) संघ की कार्यपालिका शक्ति निहित

8. मंत्रिपरिषद् की सामूहिक उत्तरदायी सम्बन्ध में सही है/हैं—
I. लोक सभा के प्रति
II. अनुच्छेद 74(3) के अनुसार
III. एक संवैधानिक बाध्यता के अन्तर्गत
कूट :
(A) केवल I और III
(B) केवल III
(C) केवल II और III
(D) I, II और III

9. निम्नलिखित में से किसका/किन लोगों का स्वतंत्र भारत के प्रथम मंत्रिमण्डल (1947) का पोर्टफोलियो उनके अन्तरिम सरकार (1946) के पोर्टफोलियो के ही समान था ?
I. डॉ. राजेन्द्र प्रसाद
II. जगजीवन राम
III. सरदार बलदेव सिंह
IV. सी.एच. भाभा
कूट :
(A) केवल I और IV
(B) केवल II और III
(C) केवल IV
(D) I, II और III

10. नीचे दिए गए प्रधानमंत्रियों में से किसे दो बार कार्यकारी प्रधानमंत्री नियुक्त किया गया है ?
(A) अटल बिहारी वाजपेयी
(B) इंदिरा गाँधी
(C) गुलजारी लाल नंदा
(D) उपर्युक्त सभी

11. भारत के प्रधानमंत्री जो किसी राज्य के मुख्यमंत्री भी रहे हैं—
I. मोरारजी देसाई
II. पी.वी. नरसिम्हा राव
III. चरण सिंह
IV. नरेन्द्र मोदी
कूट :
(A) केवल I
(B) केवल II और III
(C) केवल I, II और IV
(D) I, II, III और IV

12. पहले भारतीय जो एलफिंस्टन कॉलेज, बम्बई में गणित एवं भौतिकी के प्रोफेसर नियुक्त हुए थे—
(A) सर सैयद अहमद खाँ
(B) दादा भाई नौरोजी
(C) रास बिहारी बोस
(D) सुरेन्द्रनाथ बनर्जी

13. मुस्लिम लीग के सम्बन्ध में कौनसा कथन सही नहीं है ?
(A) इसकी स्थापना वर्ष 1906 में ढाका में की गई थी
(B) 1907 में इसका वार्षिक अधिवेशन लाहौर में हुआ
(C) 1908 में इसका वार्षिक अधिवेशन अमृतसर में हुआ
(D) इसके संस्थापक ढाका के नवाब सलीमउल्ला थे

14. 1920 ई. में निम्नलिखित में से किसने अपना नाम परिवर्तित करके 'स्वराज सभा' रखा था ?
(A) हिन्दू महासभा
(B) ऑल इण्डिया होमरूल लीग
(C) साउथ इण्डियन लिबरल फेडरेशन
(D) द सर्वेन्ट्स ऑफ इण्डिया सोसाइटी

15. निम्नांकित में से किसका समाधि स्थल के सन्दर्भ में सुमेलन नहीं है ?
(A) राजीव गाँधी — वीर भूमि
(B) शंकर दयाल शर्मा — कर्म भूमि
(C) इंदिरा गाँधी — शक्ति स्थल
(D) जे. एल. नेहरू — विजय घाट

16. किस क्षेत्र में सर्वश्रेष्ठ प्रदर्शन के लिए राजस्थान सरकार द्वारा महाराणा प्रताप पुरस्कार प्रदान किया जाता है ?
(A) कला प्रदर्शन
(B) विज्ञान एवं तकनीकी
(C) खेल
(D) सामाजिक कार्य

17. नोबेल शान्ति पुरस्कार के लिए फैसला करने के लिए अल्फ्रेड नोबेल ने अपनी वसीयत में किस देश की संसद को अधिकृत किया था ?
(A) स्वीडन (B) नॉर्वे
(C) अमेरिका (D) स्विट्जरलैण्ड

18. चित्रा मुद्गल को उनकी रचना 'आवा' के लिए कौनसा पुरस्कार दिया गया था ?
(A) ज्ञानपीठ सम्मान
(B) सरस्वती सम्मान
(C) व्यास सम्मान
(D) स्वर्ण कमल

19. सुविख्यात चित्र 'सत्यम् शिवम् सुन्दरम्' की रचना की थी—
(A) शिवनन्दन नौटियाल
(B) विश्वनाथ मेहता
(C) महेन्द्रनाथ सिंह
(D) नन्दकिशोर शर्मा

20. पृथ्वी के इतिहास का वर्णन करने के लिए जिन कालों में विभाजन किया गया है, वह है—
I. इओन II. महाकल्प
III. कल्प IV. युग

कूट :

(A) केवल II और III (B) केवल I और IV
(C) केवल III (D) I, II, III और IV

21. बृहस्पति ग्रह के प्रमुख उपग्रहों में सम्मिलित नहीं है—
I. लैपटेस II. ओबेरॉन III. कैलिस्टो IV. फोबोस

कूट :

(A) केवल I और II (B) केवल II, III और IV
(C) केवल I, II और IV (D) I, II, III और IV

22. गोल्डीलॉक्स जोन में स्थित ग्रह है—
(A) शनि (B) बृहस्पति (C) मंगल (D) पृथ्वी

23. मकर रेखा दक्षिण अमेरिका के किन देशों से होकर गुजरती है ?
I. अर्जेन्टीना II. ब्राजील III. चिली IV. पराग्वे

कूट :

(A) केवल I और II (B) केवल II, III और IV
(C) केवल III और IV (D) I, II, III और IV

24. यह उन विलासिता वस्तुओं और सेवाओं पर खर्च को दर्शाता है, जिनका उपयोग वित्तीय शक्ति एवं सामाजिक प्रतिष्ठा को प्रदर्शित करने के लिए किया जाता है—
(A) गिफेन प्रभाव (B) गिनी गुणांक
(C) वेब्लेन प्रभाव (D) फर्म का सिद्धान्त

25. ऑटोमोबाइल बनाने के लिए इस्तेमाल की जाने वाली स्टील शीट और बर्तन बनाने के लिए इस्तेमाल किया जाने वाला ताँबा कैसी वस्तुओं के उदाहरण हैं ?
(A) पूरक वस्तुएँ (B) मध्यवर्ती वस्तुएँ
(C) अंतिम वस्तुएँ (D) इनमें से कोई नहीं

26. उच्च आईसीओआर (परिमाणात्मक पूँजी उत्पाद अनुपात) का अर्थ है कि देश की उत्पादन क्षमता है—
(A) अधिक कुशल (B) कम कुशल
(C) न्यूट्रल (D) इनमें से कोई नहीं

27. दिए गए चित्र को पहचानिए—
(A) मोहनलाल (B) रजनीकांत
(C) रिषभ शेट्टी (D) अनुपम खैर

28. दिया गया चित्र निम्नलिखित में से किसका है ?
(A) संजय मल्होत्रा (B) शक्तिकांत दास
(C) उर्जित पटेल (D) सी. रंगराजन

●●●

सामान्य ज्ञान प्रतियोगिता में सम्मिलित होने के नियम

1. इसमें सभी विद्यार्थी अथवा किसी प्रतियोगिता परीक्षा में सम्मिलित होने वाले प्रत्याशी भाग ले सकेंगे.
2. प्रतियोगिता में भाग लेने वाले प्रत्याशियों को निर्धारित तिथि तक अपने उत्तर भेजना आवश्यक है. प्रविष्टियाँ सामान्य डाक से ही भेजी जाएं तथा लिफाफे पर बाईं ओर **'सामान्य ज्ञान प्रतियोगिता'** अवश्य लिखें.
3. प्रतियोगिता के उत्तर पत्रिका में दिए गए प्रपत्र पर ही मान्य होंगे.
4. उत्तर-पत्र में प्रश्न के क्रमांक के आगे चार खाने बने हैं. प्रतियोगी जिस उत्तर को ठीक समझें उस कॉलम में केवल गुणा (×) का चिह्न लगाएं. एक प्रश्न का एक से अधिक उत्तर देने पर वह प्रश्न निरस्त कर दिया जाएगा.
5. प्रतियोगी जितने प्रश्न हल करें उनकी संख्या स्वयं अवश्य लिखें.
6. अशुद्ध उत्तर देने पर अंक काटे जाएंगे.
7. सर्वाधिक शुद्ध हल भेजने वाले प्रतियोगी को प्रथम पुरस्कारस्वरूप ₹ 900 दिए जाएंगे. उससे कम शुद्ध हल भेजने वाले प्रतियोगियों को क्रमशः द्वितीय व तृतीय पुरस्कार दिया जाएगा, जो क्रमशः ₹ 700 व ₹ 500 का होगा. यदि किसी पुरस्कार को प्राप्त करने वाले प्रतियोगियों की संख्या एक से अधिक होगी, तो पुरस्कार राशि उनमें समान रूप से विभक्त कर दी जाएगी.
8. पुरस्कार के विषय में सम्पादक का निर्णय सर्वमान्य होगा. किसी भी दशा में वह न्यायालय का विषय नहीं होगा.

प्रतियोगिता प्रवेश प्रारूप

सामान्य ज्ञान प्रतियोगिता क्रमांक–229 का हल भेजने की अन्तिम तिथि 10 दिसम्बर, 2025

नाम श्री/कु./श्रीमती ____________

पूरा पता ____________

____

____

राज्य .... पिन कोड नं. ☐☐☐☐☐☐

मो. नं. ____________

आयु .... शैक्षणिक योग्यता ....

प्रतियोगिता परीक्षा जिसकी तैयारी कर रहे/रही हैं ____________

____

मैंने प्रतियोगिता दर्पण द्वारा आयोजित **सामान्य ज्ञान प्रतियोगिता** के नियमों का अध्ययन कर लिया है और मैं उनसे सहमत हूँ।

....

(हस्ताक्षर)

परिणाम

कुल हल किए प्रश्नों की संख्या ____________

शुद्ध हल प्रश्नों की संख्या ____________

अशुद्ध हल प्रश्नों की संख्या ____________

अर्जित अंक ____________

उत्तर-पत्र

प्रश्न संख्या	A	B	C	D	प्रश्न संख्या	A	B	C	D
1.	☐	☐	☐	☐	15.	☐	☐	☐	☐
2.	☐	☐	☐	☐	16.	☐	☐	☐	☐
3.	☐	☐	☐	☐	17.	☐	☐	☐	☐
4.	☐	☐	☐	☐	18.	☐	☐	☐	☐
5.	☐	☐	☐	☐	19.	☐	☐	☐	☐
6.	☐	☐	☐	☐	20.	☐	☐	☐	☐
7.	☐	☐	☐	☐	21.	☐	☐	☐	☐
8.	☐	☐	☐	☐	22.	☐	☐	☐	☐
9.	☐	☐	☐	☐	23.	☐	☐	☐	☐
10.	☐	☐	☐	☐	24.	☐	☐	☐	☐
11.	☐	☐	☐	☐	25.	☐	☐	☐	☐
12.	☐	☐	☐	☐	26.	☐	☐	☐	☐
13.	☐	☐	☐	☐	27.	☐	☐	☐	☐
14.	☐	☐	☐	☐	28.	☐	☐	☐	☐

सम्पादक, प्रकाशक एवं मुद्रक राहुल जैन द्वारा मैसर्स प्रतियोगिता दर्पण के लिए उन्हीं के द्वारा थॉमसन प्रेस (इंडिया) लि. 18/35
देहली–मथुरा रोड, फरीदाबाद–121 007 (हरियाणा) से मुद्रित एवं 2/11A, स्वदेशी बीमा नगर, आगरा-2 से प्रकाशित